古 代 汉 语

主　编　张盛桥　熊细滚
副主编　陈晓凌　许实年　梁枝林　胡　英
参　编　（以姓氏笔画为序）
　　　　朱秀莲　陈　琦　杨晓英
　　　　张　璐　涂　歆　凌从桂

内 容 简 介

本书为师范专科语文教育专业和其他相关专业所使用的古代汉语教材。这套教材顺应师范院校21世纪教学内容和课程体系改革的需要，吸收了学术界的许多新成果和一线教师的教学经验，以科学性、实践性、时代性、工具性为编写宗旨，具有较强的实用性和师范性的特色。

全书分为四章，分章讲述了汉字、词汇、语法、古汉语基础知识的综合运用。为了便于学生自主学习和把握全章，每章前撰有学习提示，每节后安排了思考和练习。整个教材每章结构体现了基础知识——选词概述——文选阅读——思考练习"四位一体"的格局。知识部分侧重于基础性，要求掌握汉字、词汇、语法和古汉语基础知识的综合运用的相关知识；选词概述侧重于归纳性，引导学生对学过的字词进行归纳，为今后的学习夯实基础；文选阅读侧重于实用性，选文以散文为主，兼选少量的诗歌，要求学以致用；思考与练习侧重于实践性，目的是考查学习效果。

本书在语法章淡化了语法，只讲与现代汉语不同的主要语法现象；文中所列举文言文例句基本上出自中学语文教材和本书文选阅读部分。在各章之末，设专节讲述该章知识在中小学文言文教学中的应用，突出教材编写的目的性和实用性。

图书在版编目(CIP)数据

古代汉语 / 张盛桥,熊细滚主编. —北京：北京大学出版社,2012.1
（全国高等院校规划教材·人文素养系列）
ISBN 978-7-301-20021-6

Ⅰ. ①古… Ⅱ. ①张…②熊… Ⅲ. ①古汉语—高等职业教育—教材 Ⅳ. ①H109.2

中国版本图书馆 CIP 数据核字(2011)第 281177 号

书　　　名：	古代汉语
著作责任者：	张盛桥　熊细滚　主编
责 任 编 辑：	李　玥　王耐刚
标 准 书 号：	ISBN 978-7-301-20021-6/G·3292
出 版 发 行：	北京大学出版社
地　　　址：	北京市海淀区成府路205号　100871
电　　　话：	邮购部 62752015　发行部 62750672　编辑部 62765126　出版部 62754962
网　　　址：	http://www.pup.cn
电 子 信 箱：	zyjy@pup.cn
印　刷　者：	三河市博文印刷有限公司
经　销　者：	新华书店
	787毫米×1092毫米　16开本　24印张　585千字
	2012年1月第1版　2022年8月第9次印刷
定　　　价：	43.00元

未经许可，不得以任何方式复制或抄袭本书之部分或全部内容。
版权所有，侵权必究
举报电话：010-62752024　电子信箱：fd@pup.pku.edu.cn

前　言

古代汉语是师范专业开设的一门专业基础课，但是，适合全国师范院校通用的古代汉语教材，尚不多见。主要原因是有些教材知识内容多、难度大，学生学习起来十分困难。本书是根据目前学生的学习实际和课程自身的特点来编写的。

本书以素质教育为指针，力求突出师范性、实用性，强调培养学生的基本的语言素质、锻炼学生的阅读能力。师范性主要表现在，与中小学文言文教学距离较远的内容尽可能地从略；而且在每章最后都有一节内容，专讲该章基本理论和基本知识与中小学文言文教学的结合。实用性主要表现在，以理论学习为主，通过理论知识的讲授与古代文选的讲读，提高学生的古书阅读能力。全书分为四章，分章讲述了汉字、词汇、语法、古汉语基础知识的综合运用。为了便于学生自主学习和把握全章，每章章前撰有学习提示；每节节后安排了思考和练习。整个教材每章结构体现了基础知识——选词概述——文选阅读——思考练习"四位一体"的格局。知识部分侧重于基础性，要求掌握汉字、词汇、语法和古汉语基础知识的综合运用的相关知识；选词概述侧重于归纳性，引导学生对学过的字词进行归纳，为今后的学习夯实基础；文选阅读侧重于实用性，选文以散文为主，兼选少量的诗歌，要求学以致用；思考与练习侧重于实践性，目的是考查学习效果。由于学生学习时间与接受能力有限，我们在编写时没有安排修辞内容，对于音韵内容也没有另立章节，只是把诗律和词律安排在第四章"古汉语基础知识的综合运用"中。为了让学生更好地阅读古文，增宽知识面，我们在教材的附录中专门安排了"中国古代文化常识"。此外，本书对于语法进行了淡化，只讲与现代汉语不同的主要语法现象，文中所列举文言文例句基本上出自中学语文教材和本书文选阅读部分。

文选阅读的编排顺序，采取了联系基础知识的原则。过去讲文选大多按照作品的时代顺序，先先秦，后两汉，再唐宋等。有的教材，一位作家的几篇文选分在几个单元里。本书改变这种编排顺序，采取先易后难、适用理论学习的原则，一个单元出现同一个作家的两部作品，或者同一本文选中的两篇文章，目的是为了理论知识的学习和吸收。总之，编写本书的目的，就是努力使本书成为一本实用、易学的教材。

诚然，因编写本书时间紧迫，加上编写者水平有限，本书在内容上肯定存在不尽如人意的地方，敬请有识之士不吝指正，以待修订、完善。

本书由九江职业大学的张盛桥、熊细滚组织策划与主编，并负责全书的统稿、审稿、定稿、编辑整理。陈晓凌、许实年、梁枝林、胡英为副主编，朱秀莲、陈琦、杨晓英、张璐、涂歆、凌从桂等参编。前言由熊细滚编写，第一章由胡英编写，第二章由梁枝林编写，第三章由许实年编写，第四章由张盛桥、陈晓凌编写，中国古代文化常识由陈晓凌整理。特别要说明的是，本书在编写过程中得到了胡玉东教授的关心和指导，在此表示感谢！

编　者
2011年5月

目　　录

第一章　汉字 ··· 1
　第一节　汉字的产生和发展 ··· 1
　第二节　汉字的特点 ·· 20
　第三节　汉字的构造 ·· 22
　第四节　古书的用字 ·· 35
　第五节　文字学知识与中小学语文教学 ······························· 47
　选词概述 ·· 52
　　文　穷　尽　缘　舍　悉　具　开　爱　国　贰　完　袭　伐　侵
　　羹　患　城　池　都　饥　饿　窃　贼　寇　盗　疾　病　陈　列
　文选阅读 ·· 59
　　一、精卫填海 ·· 59
　　二、氓 ·· 60
　　三、劝学（节选） ·· 63
　　四、齐桓公伐楚 ·· 67
　　五、郑伯克段于鄢 ·· 69
　　六、谏逐客书 ·· 73

第二章　词汇 ··· 78
　第一节　词的产生和发展 ··· 78
　第二节　古代汉语词汇的构成 ··· 81
　第三节　古今词义的异同 ··· 89
　第四节　词的本义与引申义 ··· 96
　第五节　同义词 ·· 104
　第六节　语汇知识与中小学文言文教学 ······························· 111
　选词概述 ·· 118
　　介　访　谤　恨　走　逐　网　集　及　然　田　引　征　攻　军
　　师　士　兵　辟　间　适　归　道　制　如　辞　说　难　权　果
　文选阅读 ·· 127
　　一、齐晋鞌之战 ·· 127
　　二、鲁仲连义不帝秦 ·· 131
　　三、齐桓晋文之事 ·· 138
　　四、五蠹（节选） ·· 144
　　五、淮阴侯列传 ·· 150
　　六、报任安书 ·· 167

第三章　语法 ………………………………………………………… 176
 第一节　语法概说 ……………………………………………… 176
 第二节　名词作状语 …………………………………………… 178
 第三节　词类活用 ……………………………………………… 181
 第四节　常用虚词用法举隅 …………………………………… 190
 第五节　判断句和被动句 ……………………………………… 211
 第六节　宾语的位置与句子成分的省略 ……………………… 219
 第七节　语法知识与中学文言文教学 ………………………… 227
 选词概述 ………………………………………………………… 230
  朝　绩　淫　旋　殆　端　酣　息　搏　独　复　辞　顾　渐　劝
  修　信　怜　谋　达　移　少　纵　卒　再　策　过　事　就　毕
 文选阅读 ………………………………………………………… 239
  一、季氏将伐颛臾 …………………………………………… 239
  二、秋水（节选） …………………………………………… 241
  三、敬姜论劳逸 ……………………………………………… 244
  四、冯谖客孟尝君 …………………………………………… 247
  五、货殖列传序 ……………………………………………… 252
  六、郑阳狱中上梁王书 ……………………………………… 256

第四章　古汉语基础知识的综合运用 …………………………… 263
 第一节　古汉语基础知识的综合运用概说 …………………… 263
 第二节　探求和诠释古代文献词义的方法 …………………… 264
 第三节　古文的标点 …………………………………………… 272
 第四节　古文今译 ……………………………………………… 282
 第五节　诗律 …………………………………………………… 292
 第六节　词律 …………………………………………………… 302
 第七节　字典、词典的使用 …………………………………… 310
 选词概述 ………………………………………………………… 319
  相　观　除　拜　毙　厌　即　封　质　谢　市　北　乘　步　给
  所　树　就　薄　礼　逝　遗　去　令　暴　奔　好　将　宗　名
 文选阅读 ………………………………………………………… 324
  一、子路、曾皙、冉有、公西华侍坐 ……………………… 324
  二、登楼赋 …………………………………………………… 327
  三、兰亭集序 ………………………………………………… 329
  四、答李翊书 ………………………………………………… 331
  五、祭十二郎文 ……………………………………………… 336
  六、留侯论 …………………………………………………… 341

附录　中国古代文化常识 ………………………………………… 344
参考文献 …………………………………………………………… 378

第一章 汉　　字

【学习提示】

本章学习古代汉语中关于文字学方面的基础知识，并附有相关文选和选词释义。

本章学习包括五节内容：汉字的产生和发展，汉字的特点，汉字的构造，古书的用字及文字学知识与中小学语文教学。

本章重点掌握：

1. 汉字的产生及书写形体的发展流变；
2. 懂得汉字是表意体系的文字，它的发展是从象形表意到符号表意的发展；
3. 掌握"六书"界说，初步学会运用"六书"的知识对汉字形体进行分析，理解字义；掌握《说文解字》的常用部首；
4. 了解古书的用字，了解古今字、通假字、异体字的产生原因，能辨别常用的古今字、通假字，能区分通假与假借；
5. 文字学知识在中小学识字与正字教学中的应用。

第一节　汉字的产生和发展

一、汉字的起源

中国汉字源远流长，博大精深，它孕育了中国的古老文明，也促进着中华民族的文化发展，汉字是我们传递信息、进行交流的工具，汉字是中国文化的载体，它将博大精深的中华文化传于异地、流于异时，是连接民族历史、现实和未来的桥梁；汉字还是中华文化的象征，一个个历史悠久的汉字本身就是中华文化的活化石。

关于汉字的起源，历史上曾有过种种传说，如伏羲造字，神龟献书等传说，现代学者在对汉字进行大量研究的基础上，一般认为，汉字的源头有两个：一是刻划记号，一是原始绘画。而所说的古老的八卦与结绳记事虽然与汉字起源有着某种联系，但是由于它们都不能直接产生文字，因此，都不能算是汉字的源头。

　　古者庖牺氏之王天下也，仰则观象于天，俯则观法于地，视鸟兽之纹与地之宜，近取诸身，远取诸物，于是始作《易》八卦，以垂宪象。及神农氏，结绳为治而统其事。庶业其繁，饰伪萌生，黄帝之史仓颉，见鸟兽蹄迒之迹，知分理之可相别异也，初造书契。

——《说文解字·叙》

（一）刻划记号

刻划记号，是指古代刻划在某些对象上用以记载事件的符号，它是汉字的来源之一。

根据所刻划的载体不同，又可分为两种：一是书契，一是陶符。

书契，书，书写；契为刻意，凭证之义后起。书契是指刻在一些作为凭证的竹木片或甲骨等物上的符号，也指刻有记事或记数符号的实物凭证。《周易·系辞下》："上古结绳而治，后世圣人易之以书契。"郑玄注："书之于木，刻其侧为契，各持其一，后以相考合。"这里的书契就是指一种能供考据的凭证。《周礼·质人》："质人……掌稽市之书契，同其度量，壹其淳制，巡而考之，犯禁者举而罚之。"郑玄注："书契，取予市场之券也。其券之象，书两札、刻其侧。"① 这里的"书契"指刻有记号的实物凭证。书契，是先民用以记事、记数的工具，其中的一些记号，随着文化的发展具有了一定的读音和语义后，就成为了早期文字，例如：一、二、三、四、五（甲骨文分别写作 一、二、三、亖、𠄡）。

陶符，是指刻在陶器等物上的具有某种区别意义的符号。学术界一般认为，这些符号是具有文字性质的符号，也是汉字的源头之一。郭沫若在研究西安半坡仰韶文化②遗址出土的陶符时指出："刻划的意义至今虽尚未阐明，但无疑是具有文字性质的符号，如花押或者族徽之类。我国后来的器物上，无论是陶器、铜器或者其他成品，有'物勒工名'的传统。……也就如黄河下游以溯源于星宿海，彩陶上的那些刻划记号，可以肯定地说就是中国文字的起源，或者中国文字的孑遗。"③

此外，一些学者还援引人类学、民俗学的知识，来证明刻划记号是汉字的起源，大都言之有据，信而有徵。④

（二）原始绘画

说汉字另一个源头是原始绘画是很有根据的，绘画能给人更直观的形象，尤其是在语音的发展还不成熟的先古时代，先民可以通过画出自己所看到的直观的形象来记录事物，同时也有辅助记忆，达到交流与表达的目的。而当社会发展到一定阶段，人们所绘的图画，慢慢地便有了一定的读音和确切的词义，成为记录语言的符号。这时图画便发展成为文字。经过很长的时期，人类由渔猎社会，进入了农业社会，有了相当安定的居处，人与人的关系进一步密切，许多歧异的语言混合起来，有了较普通较广泛的交流。在这个时候，有人画出一只老虎，任

---

① 易国杰、姜宝琦. 古代汉语 [M]. 北京：高等教育出版社，2000.
② 1952年，在陕西西安的半坡村发现了距今6000年的30个文字符号，由于这些文字符号刻划在陶钵口沿上，多年来一直没有人能辨识出来，有的学者认为是汉字的起源，还有的学者认为不是汉字。根据考古及结绳记事的结论和推论，经过分析、整理和辨识，发现这些文字符号大部分是象形文字，可以分成两套，并且都是表示1—9数字的，其中有一套数字就是利用于河图、洛书中"五"象形的方法创造出来的。半坡陶符不仅是确切的数字，而且还可以作为表达其他确切含义的数码；由于这些数码使用频率很高，它们必然有确切的读音；有了这些数码，人类就自然而然地由数码结绳记事阶段过渡到数码符号记事阶段了。分析研究指出，半坡的文字符号已达到相当成熟的地步，它们已成为汉字的字形并为造字方式确定了基本框架。
③ 郭沫若：《古代文字之辩证的发展》[J]. 北京：考古，1972（3）.
④ 易国杰、姜宝琦. 古代汉语 [M]. 北京：高等教育出版社，2000.

何人见了都会叫做'虎',画出一只象,任何人见了都会说'象',有了图画,加上了统一的语言,如其那时的文化已经发展到的那种需要,就立刻有了文字。"①

而我们现今所看到的甲骨文、金文中,有很多都是先民根据实物描画出来的图画,这也足以证明汉字是脱胎于图画的。

二、汉字产生的时代

汉字是世界上最古老的文字之一。创造并使用文字,是人类从荒蛮走向文明的象征。当地球上的许多人群还处于原始、蒙昧时期的时候,我们中华民族的祖先早已发明了文字并用以记载自己的历史和文化,进入"有册有典"的文明时代了。

汉字本身就是一种文化,这种文化的产生和发展不是短时间能完成的,而是经历了一段漫长的时期,就是到今天,我们的汉字还是处在不断发展和变化当中的。我们根据考古资料与古代传说所记载,将汉字的产生和发展大致分为两个时期:

(一)汉字的初步创立时期

汉字的初步创立时期,大概在距今5000年至4500年前后,是汉字从无到有,从无确定的音、形、义发展演变为初步形成汉字基本特点的这一时期。据古代传说记载,汉字产生于黄帝时代,但据考古资料来看,汉字的产生要远远早于这个时期。前文已述,陶符是

---

① 唐兰. 中国文字学 [M]. 上海:上海古籍出版社,1979 (9).

古代汉语

汉字的来源之一，目前发现最早的陶符距今已有7350年至7800余年，这些陶符出土于甘肃秦安大地湾新石器遗址，绘制在钵形陶器内壁上，共有十余种，形状与半坡陶符相似①，它是仰韶文化陶符的源头。而仰韶文化的陶符距今也有六千余年，这一时期的陶符除了西安半坡之外，在黄河流域的其他地方与长江流域也发现许多。其后还有甘肃、青海等地发现的马家窑文化（如青海乐都柳湾陶符），山东发现的龙山文化，浙江、江苏等地发现的良渚文化。这一情况说明，陶符作为一种创制中的文字，正在发展之中。② 在山东省莒县陵阳河遗址出土距今约有4500年的一些陶器刻划符号，已被认为是汉字了。它们包括：斤、戉、炅。唐兰先生将这三个释为"钺（戉）、斤、炅"③。

（二）汉字的体系形成时期

初步创立时期的汉字，不仅数量少，而且相对来说写法因人而异，也就是说不同的人对同一个事物所刻划出来的记号是不一样的，就算是同一个人不同的时候所刻划出来的符号也可能不同的，另外，这些符号还是彼此孤立的，不能形成比较系统的、完整的语言用于交流。而我们所说的体系形成时期的文字，是能够用于表达完整的意义，能被大多数人所接受，并能顺畅的用于交流的一种语言。这种文字一定要数量比较多，表意功能比较强，还能适应当时生产生活交流的需要，随着时间和社会的发展，在距今4000年至4500年期间适应这种需要的文字形体应运而生。

迄今发现的最早的成体系的汉字是甲骨文，说它是成体系的最早的文字，是因为迄今出土的甲骨文已经能系统地记录语言，符合表达的需要，而且我们用以判断文字构造的六书在甲骨文中已经具备。根据考古发现这种文字至少已有3300多年的历史，近几十年来，又发现了一大批早于甲骨文的陶文。如20世纪70年代在江西吴城商代遗址中就发现了194个陶符，其中大部分可以确认为汉字，而且有的器物上有由5字、7字，甚至12个字组成的句型④，这足以说明当时的文字已有记录句子的功能。而在李学勤的《考古发现与中国文字起源》一文中提到的在新石器时期的龙山文化、大汶口文化、良渚文化，及夏商时期的二里头文化等遗址中也都发现了相当批量的陶符，其中相当一部分可确认为汉字。它们的时代大约在距今4000年至4500年间。据此，有的学者认为："大汶口文化晚期和良渚文化的材料说明，在公元前2500年至前2000年，已经存在形体比较固定的文字。同样的文字出现于不同的地区，又说明当时文字传播范围的广阔。"⑤而文字形体相对固定，则是文字形成体系的重要标志之一。1986年5月1日《光明日报》报道，在陕西省西安西郊出土了一批甲骨文，"它的笔划细若蚊足，刚劲有力，字形清晰，字体结构布局严谨，与殷代甲骨文字体接近……有关专家分析认为这里出土的甲骨文比过去发现的认为最早的甲骨文——河南安阳殷墟出土的甲骨文，时代要早一千二百年以上"。凡此种种，足以说明，汉字体系的形成，是在距今4000年至4500年这一期间内。⑥

---

① 甘肃省博物馆文物工作队. 甘肃秦安大地湾遗址1978年至1982年发掘的主要收获［J］. 北京：文物，1983（11）．
② 易国杰、姜宝琦. 古代汉语［M］. 北京：高等教育出版社，2000．
③ 唐兰. 关于江西吴城文化遗址与文字的初步探索［J］. 北京：文物，1975（7）．
④ 高明. 论陶符兼谈文字的起源［J］. 北京大学学报（哲社版），1984（6）．
⑤ 李学勤. 考古发现与中国文字起源［J］. 中国文化（二）. 上海：复旦大学出版社，1985．
⑥ 易国杰、姜宝琦. 古代汉语［M］. 北京：高等教育出版社，2000．

三、汉字的发明

关于文字神授的传说

（黄帝）游于洛水之上，见大鱼，杀五牲以醮之。天乃甚雨，七日七夜，鱼流于海，得图书焉。《龙图》出河，《龟书》出洛，赤文篆字，以授轩辕。

——《竹书纪年》

在我国古代，有关文字发明者的传说很多。但是我们知道，文字和文化一样，并不是某人某一时能创造出来的，而是劳动人民在生产和生活的过程中一点一滴慢慢积累起来的，所以我们说文字是劳动人民集体智慧的结晶。文字在产生之初，必定是十分混乱和分散的，只有当社会慢慢向前发展，随着人们交流的日益频繁、生产和生活的发展需要以及文字自身的慢慢向前发展，于是就渐渐趋于统一，那么如果当时有人顺应历史发展需要，对这种形成时期的文字加以采集，整理，改进，使之成为系统的为社会所接受的文字，就会被误认为是该人所创造了文字。历史上，在脑体劳动分工之初，文化活动一般由巫、史承担。黄帝时期，关于仓颉造字的传说，可能是有位名叫仓颉的史官整理过文字，但是如果说汉字是仓颉发明的，则失之武断。①

四、汉字的书体演变

汉字和汉字文化都是中华文化的重要组成部分，又是中华历史和文化的书面记录。无论是要研究中华文化还是要研究汉语言文字的本身，都应该了解汉字的发展、演变，具备一定的传统文字学知识。

和世界上的万事万物都在变化一样，汉字从产生的时候开始，就随着社会的进步和汉语的发展而不断发展变化。汉字是音、形、义一体的文字。因而汉字的发展变化也同时表现在字音、字形和字义三个方面。虽说这三者各自有其相对的独立变化规律，但也彼此相关联。字形是字义和字音赖以寄存的躯壳，要了解不同时代（特别是上古）汉字的音与义，总离不开对汉字形体的分析；而不同阶段的汉字形体又往往有很大的差异。所以要想全面地、历史地掌握汉字，并借助它来释读古代文献或研究有关问题，首先就要对汉字形体的演变有个明确的了解。

汉字的形体是其构形、笔道形态和书写体势三个方面的综合体现。所谓演变，就是演化和变革。演化，是指汉字形体的细微渐变，是量的积累；变革，是演化的阶段性总结，是汉字形体的部分质变。汉字形体的演变，是人们在长期的使用过程中，不断对它进行改造、改进而约定俗成的结果。其中有一脉相承、变化轨迹较为清晰的一面（主要方面），也有中途断裂、分合乖僻而纷繁复杂的一面，涉及的问题很多。我们这里只介绍一些基本的与古代汉语学习至为相关的问题。

（一）汉字形体演变的几个阶段及其代表字体

从有系统可寻的商代甲骨文到现在所使用的楷体，汉字的形体演变经历了一个漫长的过程。为描述不同历史时期汉字的大体形貌，我们以各个时代官方的正式字体为主干，人

---

① 易国杰、姜宝琦. 古代汉语 [M]. 北京：高等教育出版社，2000.

为地将汉字形体的演变划分为六个阶段。这六个阶段及其代表字体分别是：商代的甲骨文、周代的金文、战国时代的金石竹帛文（统称战国文字）、秦代的小篆、汉代的隶书（包括草隶即章草）、魏晋至今的楷书（包括行书与今草）。其中以秦汉之际为界，秦代的小篆和小篆以前的字体统为古文字，汉代的隶书和隶书以后的字体统称为今文字。古文字与今文字之间的过渡字体是秦汉之际流行的古隶（又称秦隶）。

下面分别对这六个阶段的代表字作简要的介绍。

1. 甲骨文

汉字虽然产生较早，但黄帝以前的文字尚属萌芽状态，黄帝至夏代的文字，因出土材料不足，还难以作出结论。殷商文字是迄今所能看到的最早的成体系文字。它包括甲骨文、金文和少量刻制在陶器、玉器上的文字。其中以甲骨文为代表。

甲骨文是指刻在龟甲兽骨上的文字。古人崇尚鬼神，凡祭祀、征伐、田猎、出行、婚丧嫁娶、年成风雨、疾病、灾害等活动都会用龟甲兽骨占卜吉凶。既卜之后，就将所卜之事，有时连同应验的结果都刻在特制的龟甲兽骨上（也有少数是非占卜的纪事刻辞），谓之卜辞。甲骨文又称卜辞、殷虚文字等。这些特殊的文字资料随着殷商王朝的灭亡和殷都（在今河南安阳小屯村）被夷为废墟而长期埋没于地下，直到1899年才被人发现。之后经过多次发掘，到目前为止，从安阳出土的有字甲骨已达十万以上。甲骨文字的单字据孙海波《甲骨文编》的统计，多达5949个（其中多有同字异构现象，据最新研究，约为3500个左右）。甲骨文的发现，为研究上古史、古汉字和上古汉语等提供了大量可靠的新材料。

甲骨文是我们现在所能见到的、记录了大量上古汉语的比较早期的汉字。它虽然已成体系，但字形还多不规范，因而具有不同于成熟阶段汉字的特点：

（1）象形、象意字多，形声字只占很小一部分。这些象形、象意字虽然对所象之物都经过了高度的抽象，与图画已有本质的区别，但也还有不少字依然保留着很强的图画性。

（2）字的写法每每都无定性，异构特多。有的正反无别，如"人"字写作㇏，也可写作㇀；有的字笔划可多可少，如"帝"字写作帚，也可写作帚；有的偏旁部首的位置可以移

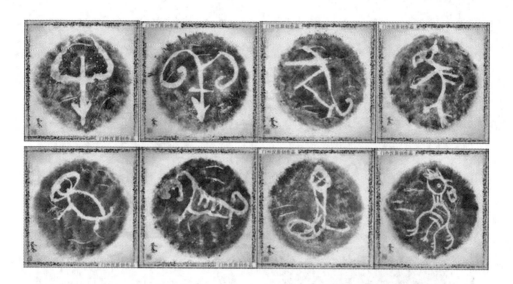

易，如"陟"字作 ![], 也作 ![], 有的会意可因某些义符表意的相同或相通而更换义符，如"奚"字可从大作 ![], 也可从女作 ![], 从人作 ![]; 有的可在原象形的基础上增加义符或声符，如"遘"字作 ![], 也作 ![] 或 ![] 字等等。这些现象说明，甲骨文时代汉字的构形还处于比较活跃的阶段，异体字、繁简字特多，因而造成了这一时期汉字的诸多歧异，以至给我们今天的辨识带来了困难，不过也为后来汉字的逐步定型化提供了大量可供选择的字样。

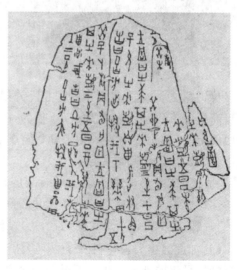

（3）异字同形。就是一个字形同时代表两个完全不同的字，这大多由于汉字在高度抽象化以后变为简单的线条结构而造成形体混同的结构。这种不多见的现象与文字的本质是矛盾的，所以在汉字后来的发展进程中逐渐消亡了。

因其特殊用途，甲骨文可能不是殷商文字的全部。根据卜辞来看，殷商文字基本上能够适应当时记录语言的需要，且已具备了"六书"的所有类型，是一种相当发达的文字。

2. 西周文字

现在所能看到的西周文字有金文、甲骨文、陶文等，其中又以金文为代表。

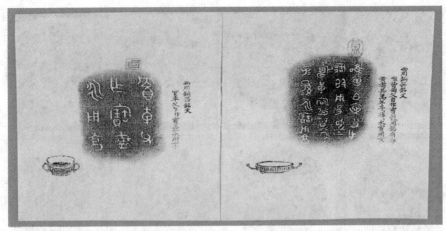

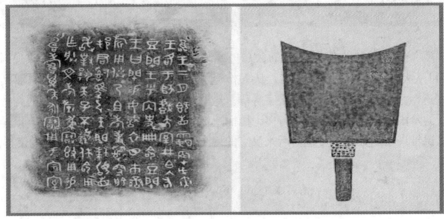

金文又称钟鼎文、铜器铭文等，是古代铸刻在青铜器物上的文字。在青铜器物上铸文，始于夏商，盛于两周，延续至秦汉。作为一个时代独具风格的字体，这里主要是指鼎盛时期的西周金文，可以大盂鼎、毛公鼎、虢季子白盘、墙盘等铜器铭文为代表。西周金文与商代甲骨文比较，具有如下特点：

（1）直观表意的象形、象意结构形态减弱，便于书写的符号形态增强。例如"虎、马、犬"等字，无论是单独成字还是作偏旁部首，几乎都不再用甲骨文中那种以双线条勾勒其躯体的写法，也不再追求形象的逼真，只是还注意突出其最其特征的部分以便字形的区别罢了。（比如虎突出大头与利齿🐅、马突出长鬃🐎、犬突出卷尾🐕）。这就把象形字向不再象形的符号化推进了一步。不过西周金文中的极少数字，特别是那些族徽性的字，甚至还保留着比甲骨文字原始、图画性更强的形态。

（2）趋向定型化，但异体依然不少。趋向定型化的主要表现在：第一，形旁之意相通而混用的现象大为减少。如甲骨文中的"牧"字，有从牛、从羊、从马等多种形态，西周金文中则只用从牛一体，淘汰了另外两体。第二，偏旁部首的位置有了较多的固定。例如"彳"旁，甲骨文置于左右都可以，西周金文则基本上固定在左边。第三，异字同形、合文、反书等现象大为减少。从总体上看，西周金文是朝着定型化方向发展的，不过同字异构的现象依然不少。

（3）形声字大量增加。一是在原独体字上增加形符和声符，使之变为形声字；一是新造的字多为形声字，例如《金文编》食部所收的 19 个字，除 4 个甲骨文已有之外，新造的 15 个字中有 13 个是明显的形声字。有人曾作过统计，甲骨文中的形声字只有 20% 左右，而金文中的形声字则已达到 50% 以上。

（4）在书写形式上，越来越注意字形与铭文整体的协调、美观。由于铭文是器物所有文饰的一个有机组成部分，所以作者对每个字的结构、用笔和整体的章法布局都极尽精美之能事。如果说写刻文字的讲求书法，在甲骨文中表现得还不够普遍、明显的话，那么在西周文中则是处处可见了。过去曾有人说先秦三代人写字"不计工拙"，是毫无根据的。

3. 战国文字

战国文字的品类很多，有用毛笔写在竹简上的简册文、写在缯帛上的帛书、写在玉片上的盟书墨迹，有铸刻在铜、铁、器物上的铭文、符节文和货布文，有刻于石上的石刻文，有镌为公私印章上的玺印文等等。这些都是可见于出土文物上的战国文字的真迹。此外，许慎《说文解字》中所收的古文和籀文、三本石经中的古文、郭忠如《汗简》中所收的古文等，也大都是当时人们所见到并笔录下来的战国文字。战国文字的材料众多，字体也极为异样，因而无论哪一种附着物上的字体，都不能代表这一时期的所有文字，所以这一时期的文字不能像商代甲骨文、西周金文那样以其附着物来命，只好以时代来标称，统称为战国文字。

战国文字最突出的特点是形体歧异多。由于群雄割据，"诸侯力政，不统于王，恶礼乐之害已而皆去其典籍"（《说文解字》），再加上连年战争，诸事急迫，被御用的文化人不能像西周大一统时那样从容不迫地精心制作，于是写字作书每每越出常轨、任意省改、草率从事而求急就，因而造成了严重的"文字异形"的局面。同一个字不仅在不同的地区构形有歧异，就是在同一个地区不同写手的笔下也每有不同。由于这一时期汉字的随意性过大，因而字体出现了大量无规律可循的省变或讹变，六国古文的显著特点为：地域性强，即同一字的写法各国不同，且简体盛行，渐趋草率。此外，还产生了"鸟虫书"一类

的美术字，六国古文虽仍属汉字体系，但严重破坏了汉字的统一性和规范性，给各地间的交流造成困难。不过从总体上讲，战国文字还是上承甲骨文、金文，下启小篆、古隶的。某些金石器物上的文字依然保持着西周金文的遗风。比如秦国的石鼓文。

春秋战国之际，秦国通行的文字为大篆。大篆即籀文，是西周末年周宣王时太史籀撰写《史籀篇》所用的文字，故称籀文。它是周王朝在金文充分发展的基础上制定的规范性文字。其主要特点是：笔画工整匀称，更趋于线条化；且线条绵长圆转，故称"篆"书。《说文》："篆，引书也。"引书即线条延长的意思。籀文形体结构繁叠重复；在同一处写的文字，大小也完全一致；字的造型结构，安排也较金文合理，但字的笔画有增繁趋势。

目前能看到的大篆真迹只有石鼓文。

石鼓文，是春秋或战国早期秦国刻在十个鼓形石上的四言诗。上面有字六百余个，经两千多年的剥蚀磨灭，现只剩下二三百字。石鼓现存北京故宫博物院。此外，《说文解字》

还收有籀文223个。

从历史发展的角度看，战国文字的多歧异，又反面促进了秦代对文字的统一和改革，也为后来汉字形体的突变——隶变准备了条件。

4. 秦文字

小篆是秦始皇统一中国之后实行"书同文"政策时颁行的标准字体。秦始皇统一天下以后，不久就开始"车同轨，书同文"的措施，许慎在《说文解字·序》中说"秦始皇帝初兼天下，丞相李斯乃奏同之。罢其不与秦文合者，斯作《仓颉篇》、中车府令赵高作《爰历篇》、太史令胡母敬作《博学篇》，皆取史籀大篆，或颇省改，所谓小篆者也。"

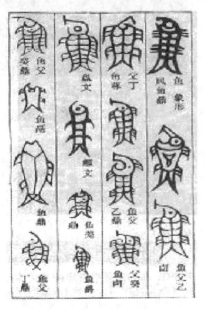
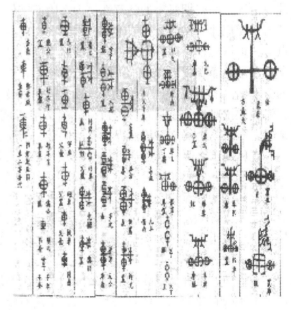

从这里我们可以看出，李斯等人在统一六国文字时做了三件事：第一，以秦国原有的文字作为统一的标准，"罢"（扬弃、废除）掉一切与秦文不同的六国俗体、异构，只保留其中与秦文一致的部分；第二，拟订出统一的标准字样；第三，写出定型后的标准字样广布天下。这第一、第三两件事情很明确，只有第二件事情历来有争议。李斯等人在拟订统一的标准字体时，所根据的到底是什么字样？按照许慎的说法，"皆取史籀大篆，或颇省改，所谓小篆者也"。用一个"皆"字告诉人们，李斯等人依据的完全是史籀大篆，小篆这种字体是他们对大篆"颇加省改"新创造出来的。这就与第一件事相矛盾，也于情理难通：所谓史籀大篆，传说是周宣王时的史官名叫籀的人写来教儿童识字学书的十篇文字（早已亡佚），李斯等人在拟订统一的标准字体时，不可能抛开秦国现实的文字而不顾，去搬用五六百年前的学童教科书来作标定国家文字的根据而创作新的字体。如果用这种复古的作法来确定新字体，无论怎样省改，总会有时代的差距而脱离现实，不仅东方六国的人不易辨识，就是秦人自己恐怕也难于适应。比如著名的石鼓文、诅楚文、商鞅方升名文、新虎符铭文等（均为战国时代的秦文），都存在大量与小篆相同的字，尤其是后二者，几乎完全就是小篆了。这就有力地证明，李斯等人在拟订统一字体的时候，不是"皆取史籀大篆，或颇加省改"，而应该是"皆取现实秦文，或颇加省改"，进行一番整理与加工，使之更为定型化、标准化，以便于推行。许慎之所以说是"皆取史籀大篆"，推其情由大致有二：一是战国时期的秦文确实是较好地继承了西周金文的传统，这样说可以表明小篆的来源；二是为了抬高小篆的身价，因为他的《说文解字》是以小篆为正篆来加以分析研究的。

小篆是古文字的终结，它的主要特点，首先是固定了偏旁部首的位置和写法，基本上做到了定型化。其次是书写形式整齐划一，笔划不论横竖曲直，一律用粗细均匀的线条，这样一来，古文字中的象形象意字就被进一步抽象化、线条化、规整化，从而也就更加符号化了。原有的"画成其物"、"视而可识"的直观表意功能继金文之后进一步减化，以

至在许多字中已经完全消失；再次也使整个构形系统得到进一步的完善与加强。汉字的构形系统从甲骨文开始就具有了，它是以一定数量的基本构件为基础、以构件的一定置向为外部平面组合的模式、以构件在内部的不同层次组合为构形理据而形成的。经过全面整理的小篆，其基本构件更加纯净，外部的平面组合和内部的层次组合调整得更为合理、规范和完善，从而使汉字的整个构形系统得以巩固和加强，为后来今文字（隶书、楷书）的发展奠定了良好的基础。

秦始皇利用政权的力量来统一文字，推行小篆，并在一定的程度上实现了标准化、规范化，很快结束了长期以来汉字异构丛生、形体杂乱的局面。为增强汉字的社会职能，促进民族的团结、文化的统一、经济的发展，无疑作出了巨大的贡献。

现在能看到的秦时小篆主要有残存的秦代石刻文字，如琅玡台刻石，泰山刻石（仅存九个半字）、峄山刻石等，有出土的秦时器物铭文。另外，《说文解字》所收的9353个字也是小篆，但它历经传写刻印，已不是当时的真迹，只能大体上反映小篆的面貌了。

5. 两汉文字

隶书历史上也称佐书、史书、八分，是以点、横、撇、捺等笔画结构取代篆书的线条结构而使之便于书写的一种字体。小篆虽然整齐规范，但其形体曲屈回环，极不便于书写。相传秦始皇时代有个叫程邈的人，得罪下狱成了徒隶，在狱中对小篆进行改革而创造了一种新的字体。秦始皇对此很欣赏，给他免罪升官，于是把他拟定的字体称为"隶书"。其实，据现在已出土的文字资料看来，早在秦始皇推行小篆之前，民间早已有隶书的萌芽，即便程邈真有其人其事，他也不过是作了些收集、整理和加工的工作罢了。晋代卫恒在《四体书势》中说："秦既用篆，奏事繁多，篆字难成，即令隶人佐书，曰隶字。"所谓隶人，殆为衙门中专掌文书的书吏；所谓隶字，即是这些人在日常工作中所习用的字体。秦王朝在推行小篆的同时，为了"以趋约易"，确实是大量地使用了隶书。

隶书在它的演变过程中，其设计的构形和笔道（点画）形态是有很大变化的。在初创阶段，多数字尚带有浓厚的篆书意味，点画用笔的特点也不很突出，尤其是撇、捺不明显。后为经过长期的使用，特别是经过汉代文化人的加工、改造和美化，隶书才从根本上改变了篆书的构形和笔道形态，成为一种独具特色的新字体。后人称初创阶段的隶书为古隶或秦隶，称成熟阶段的隶书为汉隶。汉隶是汉代官方的正式字体。一般所谓隶书，主要是指汉隶。除此而外，隶书在字的结构、表意方式等方面，都发生了质的变化，它的出现，从根本上改变了古汉字的象形面貌，进一步声化和符号化，这是迄今所能看到的汉字史上一次最剧烈的变革，它结束了古文字时代，开创了今文字新时期，这个演变从战国后期开始，到汉代中叶汉隶形成结束，经过了二三百年的时间。其间以秦汉之际的变革为最激烈，在汉字史上被称为"隶变"。

我们用秦篆（小篆）与汉隶作比较来说明隶变中的问题。

汉字在隶变之前，从商代的甲骨文到秦代的小篆，形体外观虽然发生了很大的变化，但是若从内在的构形来考察，仍然没有超出以基本构件的象形为特征的线条表意结构的范畴，在构形过程中能反映造字意图的"笔意"依旧存在，只不过是不断有所淡化罢了。经过隶变则不然，它仅用不同形态的不同点画取代了篆书单一的线条，变化了行笔的方向，从根本上摒弃了原有的象形特征，而且对整个汉字的构形作了一番全面的大调整，使篆书的笔意几乎被完全隐没，代之而起的是点画组合而便于书写的"笔势"。

纵观隶变前的篆书形体和隶变后的隶书形体，从不同角度和不同层面上我们可以看到种种不同的现象。通过对这些现象的分析，可以归纳出隶变在汉字构形过程中的一点规律：

（1）用一个新的构件取代篆书中的不同构件（如包括某一构件的局部和相关构件组合后的合部或局部）。

例如"秦、春、舂、奉、奏"等五个字，在篆书中它们的上部都不尽相同，隶变之后都被同一个新的构件"夫"所取代：

（秦）盦　（春）萅　（舂）䕌　（奉）𡴀　（奏）𡴠

从篆书的角度看，就是这些字中原本构形不同的那个部分被完全"同化"了。这种用同一构件取代不同构件的现象可以简单地称为"混合"，是隶变过程中使用得最多的一种作法。

（2）将篆书中的同一构件形态分异成不同的构件形态。

在篆书中，同一个构件的形态与写法在不同的字中是基本不变的，隶变中却往往因字而异，变化这一构件的形态与写法，使之变成两个或两个以上的不同形态的构件。简单地说，就是把一个构件的一种写法变成了几种不同的写法。例如"令、危、辟、御、色"五个字，它们在篆书中所共同具有的构件，尽管所处方位有异，但其形态与写法是完全相同的。隶变之后，这个构件却因所处方位的不同而分别变化出了五种不同的形态和写法：

（令）令　已（危）厃　尸（辟）辟　卩（卸）卸　巴（色）㔾

也就是说，篆书的构件卩，到了隶书以后被分异出了五个形态不同的变体与之相对应，有了五种不同的写法。这种分异现象，在我们平常所说的偏旁部首（成字构件）中也时常可见，比如"心"作为偏旁部首字，在小篆中无论在什么位置上都写作㣺（情、慕）；隶变后，在左旁写作"忄"（性、惟），在下边则作"心"（忠、志）或作"小"（恭、慕）。再如首部字"手"、"火"、"大"、"水"等，都有这种情况。

小篆经过整理在建立其构形体系的时候，对汉字的基本构件（特别是成字构件）的形态与写法，已经作过高度的规范，尽量减少变化，这使得简化汉字的构形系统、显现字的构形理据、识别字的难度加大。照理说隶变是不应该再出现构件的分异而使汉字形体变得更为复杂化的。推求这种分异现象出现的原因大致有三：一是隶变并非从小篆开始，有的分化现象在小篆之前本已存在；二是适应笔势发展变化的需要，便于字的书写；三是为了隶书在形体结构上的均衡、协调而达到美观的目的。

（3）省变篆书繁复的结构和笔划。具体作法主要有：①改变某个构件的写法，减少其中的笔划，例如☐—書；②减少构件，例如☐—雷；③舍去笔划多或是重复的构件后选用一个笔划少的构件来代替，例如☐—則；④合拼两个构件的同时加以改造，例如☐—晉；⑤在一定的部位简化部首构件，例如"阜"在左简化作"阝"，如"阿"；"邑"在右简化作"阝"，如"邦"。从总体上看，隶变后的汉字形确实要比篆书简练得多，同时也更便于书写。

（4）别构一体。有些字在隶变之后，无论是笔道方向、笔顺还是整个字的构形，都与小篆有明显差异，几乎是变得面目皆非，很难找到前后两者的对应关系了。例如"☐、☐、☐、☐"，隶变之后分别作"泉、冬、西、票"，与原来的小篆形体大为异样。这些经过改变其构形，书写起来既简便又顺当。

以上介绍的是隶变对汉字形体作全面调整时所采用的几种主要的方式与方法。这里需要说明一点：这些方式与方法在具体的实施过程中往往不是单一使用的，时常是几种方式与方法的交错并用，比如在混同构件时往往带有省变，而在省变过程中又时常包含构件混同；我们之所以分项表述，仅仅是为了说明问题的方便。

隶变使汉字形体彻底摆脱了古汉字象形、象意的桎梏，冲破了篆书线条结构的严密裹束，由"描绘"符号一变而为"书写"符号、面目焕然一新、简洁明快，能更好地适应毛笔的性能，便于书写，大大提高了汉字作为汉语工具的功效。直到今天，两千多年过去了，实用中的汉字形体（指文字构形）从总体上看，并没有发生根本性的变化。由此可见，隶变在汉字发展史上确实是一次质的飞跃，所以人们把它看做是古今文字的分水岭。

隶变在汉字发展史上的意义是十分重大的。以象形、象意为主体的古汉字，虽然具有直观表意的功能，便于人们察形见义，但这只限于本义。而人世间的事物及其发展是无限的，绝非几千个本字本义所能概括得了。即便是在殷商时代的甲骨卜辞中，应用本字本义也为数极少，在绝大多数的场合是用假借义和引申义，而假借义和较远的引申义是与字形没有直接关系的。可见作为语言载体即记录符号的字形，是不可能标示语言中的全部词义的。反过来说，字形不直接标明词义也同样可以充当记录语言的符号。既然如此，那么这种符号在不丧失构形理据的前提下，总是越简单、越便于书写越好。象形、象意的古汉字形体繁杂，极不便于书写，很不适应社会进步和语言、文化发展的需要。先民在长期使用古汉字的过程中，也力图将它改造，使之简单化、符号化，但由于种种原因，这种改造的进程总不快。直到战国时期，文化、学术上出现了百家争鸣的局面，人们的思想有所解放，为适应现实生活的需要，对古汉字形体的改造也有较大的突破，可惜由于国家分裂而形成歧异混乱的局面。秦始皇统一中国，统一文字，固然是一种进步；但是他为着显示自己是商周的承系天子，鄙视诸侯，用确立直接继承甲骨文、金文传统的小篆来统一六国异文，"罢其不与秦文合者"，无疑是把六国文字中一些对古汉字有所突破的合理成分排斥掉了，这实际上是人为地把古汉字的发展引进了一条复古的死胡同，因为形体繁复、结构法则森严的小篆，比起甲骨、金文来，除了更加规范化以外，在写法上并不方便多少。所以秦始皇在颁布小篆的同时，在"官狱职务繁"、诸事紧急的情况下，不得不大量使用当时的民间俗体——古隶。这也就是说，秦始皇统一六国文字是对的，但在各诸侯国（包括秦国）对古文字已有不同程度的突破的时候，不采用已有的进步字形，因势利导，反而推行落后于时代的小篆，这就走了一段回头路。而实践证明，这条路是走不通的。隶变的意义就在于，在这条路走不通的时候，能及时适应社会发展的需要，对汉字进行了一次全面的改造，既从书写形式上实现了革新，大大提高了汉字的使用效率，又在本质上保留着汉字的表义特性，从而使古老的汉字面貌焕然一新，大大增强了它的生命力。秦王朝灭之后，生机勃勃的隶书便随着汉王朝的兴起而取代了小篆的官方正式字体的地位，经过四百多年的发展之后，又蜕化出楷书，一直沿用至今。

6. 魏晋及其以后的文字

魏晋时期，又在隶书的基础上逐渐形成了一种新的字体，叫做楷书。"楷"是"法式、标准"的意思，自魏晋以来，这种文字一直是规划标准的字体，所以叫做楷书，也叫真书、正书。

楷书产生于汉末，盛行于魏晋南北朝，到了唐代，楷书臻于成熟。印刷术的出现，又使这种形体得以巩固，一直沿用至今。楷书是由隶书经过长期演变慢慢蜕化出来的，在它成为一种新字体的相当长的时间里，还或多或少地带有隶书的意味，所以楷书在历史上也被称为"今隶"。楷书与它的母体隶书相比，有两个明显的特点：

（1）彻底摆脱了篆书的影响，构形单一。隶书以点画结构取代篆书的线条结构，从篆书的严密束缚中解放出来后，又出现了构形自由、同字可得异形的倾向。不少字既有因承篆书、略带篆意的构形，又有解散篆体、重新结构的构形，楷书流行之后，在摒弃带有篆书意味而不便书写的隶书构形的同时，也尽力排斥这种构形"自由化"的倾向，每个字的构形尽可能单一化。

（2）点画形态比隶书丰富。楷书不仅比隶书增加了斜勾"乀"（隶书用撇捺）、挑"⺀"（隶书是横画斜写）、折"⼕"（隶书是横画与竖画的自然结合）等基本点画，而且每种基本点画的"个性特征"都比隶书鲜明。隶书除了撇捺、挑、点具有较为突出的特点之外，其他（如横、竖）都依然不同程度地沿用着篆书的线条形成，只不过是把篆书的线条形态，可以充分利用毛笔富于弹性、能粗能细、能方能圆的优势，写出品式众多、情状各异的点画形态来。所以从字体的演变过程来看，虽然隶书的形成是汉字由线条结构变为笔画结构的标志，但是汉字点画结构的典型字体不是隶书而是楷书。

此外，今文字中还有草书、行书。草书是隶、楷的草率写法，其特点是简略自由，字迹潦草，一般只有艺术观赏价值而较少实用价值。行书是楷书的手写体，介于楷、草之间。草书与行书的特点仅在于书写风格上，而在形体结构、表意方式等方面与隶、楷并无本质区别，因此，它们只是一种辅助性文字。

（二）汉字演变的其他若干方面[①]

上文从总体上概括了汉字演变的历程，现从不同的侧面再阐述下汉字的演变情况，以便对汉字的演变有更深入的了解。

---

① 易国杰、姜宝琦. 古代汉语［M］. 北京：高等教育出版社，2000.

1. 表意方式的演变

汉字的特点之一是字形可以表意，但表意方式却在不断演变着。总体趋势是从象形表意发展为符号表意。

所谓象形表意，就是文字像事物的形状，从而通过这种形状来表示该字所要表示的意义。这种文字是通过画出事物的形象，也就是说使人一看到这个字就可以通过它的字形知道所表示的语素义。如"🐦"，其文字形体是自然界中的"鸟"的简笔画，头尾翼足俱全，让人一看就能知道它所表示的意义。"✋"，其文字形体表示人手握一把禾，以此形体表示"握"、"拿"或"一把禾"诸义。这类字的形体与它们所要表示的事物，有的较为相似，有的只是略具其形，聊以示意而已；形体示义，或颇为显豁，或较为隐晦。但无论怎样，该类字表意的方式却是相同的，即通过文字自身的形体来直接示义。

所谓符号表意，是指文字的形体是作为词义的符号而存在，并以此示义，所谓词义的符号，指的是该字形体本身和实物不像，只是后来人们赋予这个形体一个特定的意义，并约定俗成地规定这个符号就对应这个意义。用这种方式来表意的字叫做符号表意文字。

如"水"，甲骨文作 ⁑，像河流的形状，但今天"水"本身这个形体已经看不出来水流的形状了，它只是作为水的一个符号而固定下来。又如"旦"，甲骨文作 ⊖，金文作 ⊖，像太阳冉冉升起离开地面之状，以此表示早晨；楷书则作"旦"，从字形中，已看不出太阳了，其中"日"这个四方形仅仅是太阳的表意符号。再如"涉"，甲骨文作 ⥾，金文作 ⥿，像两足落在水的两旁，以此表示步行过河；楷书则作"涉"，形体已无足迹与河流的形状，但它仍然可以表示"涉水"，这是因为它是作为"涉水"一词的表意符号存在的。

符号表意文字的最大特点是字形作为一定语素的符号而存在。何种形体表示何种语素，只要约定俗成、社会认可就行，而不必考虑该形体与它所标示的那个事物本身是否具有形体上的联系。

汉字表意方式的这种演变是一种渐进的过程。越古老的文字，象形的意味越浓，随着时代的发展，象形意味逐渐削弱，符号性逐渐增强。

2. 字体的演变

所谓字体，即字的整体态势，亦即字的总体风格。从古文字到今文字的过程中，字体也由最初刻划的线条逐渐演变成后来的笔画，这与文字写作者所用的工具相关，同时也和汉字的发展相关，由于是刻划的原因，加上早期文字是描摹事物形状，所以线条长短不齐，曲直不一，起止不定，随着构形的需要而变化，无定规可言，写出的字就呈不规则性。如甲骨文与早期金文。其后，为追求美观，逐渐形成了略带圆形的字体，如西周中叶以后的金文及篆书。今文字用来构字的基本材料，是笔画，而不是线条，即一（横）、丨（竖）、丿（撇）、乀（捺）、丶（点）、𠃍（折）、㇀（提）、亅（钩）八种基本笔形。笔画与线条不同，它具有明确的起止，规范的写法，笔形基本上是平、直短线，这就为今文字方块形的字体奠定了基础。今文字的构形方法是书写而不是勾画。所谓书写，是着眼于文字本身的形体来构形的，而不是像古文字那样依照"象形"的原则去构形。书写的原则不是像事物的形状，而是文字自身的工整美观与书写的简易方便。这样，写成的字就成为平直方正的方块了。

3. 字形的演变

字形，是指由字的构件及其组合方式所决定的字的形体，即通常我们所说的偏旁、部首和结构的变化。例如"埜"之所以有别于"野"是因为两字所用的构件不同，"岑"之所以不同于"岭"，是因为两个字构件的组合方式不同；"願"之所以不同于"愿"是因为两个字的构件与组合方式都不同。字形不同于字体，字体是指字的整体上的态势，即书写风格，而字形则指由该字内部构成因素所决定的形体面貌。

从甲骨文到楷书，许多汉字的形体都发生了变化，这种变化主要有如下形式：

（1）增繁。即一个字因增加笔画或偏旁而导致形体繁复，这种增加或更易偏旁，有的是为使词义更加显豁；有的是由于本字借作它用，只好添加偏旁以资区别；有的则是汉字形声化的结果。

如"从"，甲骨文作 𠤎，像二人相随之形，后加足，"𨑢"，后又加形符作 𨒌，表示二人相随于路上。"网"，甲骨文作 𦉫，像捕捉动物之网，后加声符作"網"。类似的情况又如：

支—枝　　州—洲　　自—鼻　　鬥—鬭　　吅—喧

（2）省减。即一字因减少线条、笔画或偏旁而使形体简易，其目的在于使字形简易，以利人们的辨认和书写。如"輦"，金文作 𨎥，像二人挽车之形，小篆省作 𨎥，楷书简体省作辇。"雲"简化为"云"，"無"简化为"无"。有的字在作偏旁时，形体省减一部分，如，"高"，在"亭、毫"等字中都省作"亠"。"老"，在"考、孝"字中省作"耂"。省减的字又如：

氣—气　　禮—礼　　陽—阳　　當—当　　習—习　　鷄—鸡

省减是汉字演变的基本趋势之一，但是，省减也是有限度的，字形过分简易，就会脱离汉字的表意体系，降低文字的认读分辨率。在结构尚未定型、异体众多的古文字时代，除小篆而外，无论是甲骨文、金文还是战国文字，在同字异构当中，往往繁简并存，同时流行。比如"车"、"宝"等就是这样。在形体演变的过程中，形体有趋简的，大凡在甲骨文中带有浓厚图画描绘性笔意的过繁的异构（如虎（𧇂）、马（𩡧）等字以双线绘其身的构形），后世即被扬弃，只继承其单线条的简单结构 𧇂、𩡧。战国时代的六国文字对传统的字形曾作过大规模的省变，小篆对繁缛的前代文字也颇加省改，隶变过程中大量采用混同和省简的手段来调整字形等等，都是趋简的一面。但是也有相反的趋繁一面，主要表现有：

① 在形体演变过程中为了使字形表意明显或便于识读，大量在原字形的基础上增加义符或声符。例如"祖、酒、從、復"等字，在商代和周初大多写作"且、酉、从、复"。

② 某些小篆在定型时弃简而取繁。例如"州、鄙、时、齐、寮、寿、庙、绾"等字，在小篆之前的异体字中都有比小篆省简的形体，小篆都采用了繁体而摒弃简体。

③ 汉魏六朝的碑刻中本已有大量的"简笔字"，如泽（澤）、万（萬）、寿（壽）等，唐人在对楷书正字时也大都取繁而弃简。

④ 大凡后世新出的累增字以及分化字中的大部分字，形体都有所增繁，其例不胜枚举。

纵观汉字发展和演变的过程，字形的趋简与趋繁是相互交错、间而有之的。有的学者认为，汉字发展演变的过程就是汉字形体逐步简化的过程，似乎今文字就一定比古文字简，后一个时期的字就一定比前一个时期的字简。这是忽略了趋繁的一面而夸大了趋简的一面所得出的结论，而事实并非如此，也不可能如此。因为字形的过繁和过简都于实用不利。当一些字繁得不便书于写的时候就需要简，而当一些字简到不便辨形别义的时候又要适当地增繁。在历史上，繁与简多是通过社会用字的自然选择来进行调剂和寻找平衡的。从汉字发展演变的阶段上来考察，趋简趋繁的情形大致是：从商代甲骨文到西周金文，繁简相当，变化不大；从周代金文到战国文字，简略多于繁；从战国文字（这里主要指除秦以外的六国文字）到秦篆，繁略多于简；从秦篆到汉隶，简明显多于繁；由于汉隶到唐楷，繁又略多于简。在没有现代科学手段做分析、调剂，又没有严格的正字法的古代，这是社会用字自然选择的结果。

　　汉字发展演变过程中的趋简与趋繁，从表面上看只是个笔画的多与寡、书写的难与易的问题，但实际上却往往涉及字形的表意或表声，弄清字形的繁简变化，对认识汉字的性质，对了解汉字的历史，对古汉字的识别与考释，对古代文献的研读等，都是很有意义的。

　　有时，汉字增繁甚至成为主要趋势。例如大篆的出现就是如此。还有汉字形声化，也使许多汉字增加了偏旁。当然，字形增繁到一定程度，妨碍人们的认读、书写时，就又会出现省减现象。增繁和省减构成了汉字形体演变的一对基本矛盾。它们相辅相成，是汉字形体演变的一种主要形式。

　　（3）讹变。一个字在演变过程中，其形体脱离了原来的基础与造字意图，使我们今天不论是根据该字的字形还是该字的符号都无法得出该字当初造出来所要表达的意义，这样的变化叫做讹变。例如，"前"，甲文作 ，像足置于某种工具之上在路途中行进。小篆作 ，许慎释其为："不行而进谓之歬。从止在舟上。"而我们今天根本看不出来"前"字像足置于某种步行的工具之上。"更"，小篆作 ，从攴、丙声，意为更改。在楷书中整体讹变，完全脱离了原来的造字结构与意图。讹变不仅使一些字变得面目全非，而且还会造成某些字的混同。例如" "，从肉、兆声，是一种祭祀的名称，" "，从月、兆声，意为"晦而月见西方"。在楷书中二字都写作"朓"，形体完全混同了。整字同化的现象极为少见，更多的是一些字在作偏旁时发生讹变，以致形体混同。如"肉、舟"都讹变为"月"。"胡、肥、胄、股"等字从"肉"，"服、俞、朕"等字从"舟"，在楷书中，这些字的意符都与"月"相混同了。还有些字讹变后，局部形体混同。如"表"，作" "形；"责"，是" "字；"青"，上部本是"生"字，"素"，上部本是"垂"字。这些字的上部在楷书中都讹变为"主"，混同为一了。

　　讹变是指汉字形体在演变过程中，由于误解字形或为了书写的方便而破坏原本表义结构的变形。这种形变造成了字形与字义的乖戾，丧失了构形的理据。后世以讹传讹，因错就错，遂成定型。例如"射"字（它的古文字形体见汉字形体演变简表），甲骨文像弓上搭箭之形 ，金文增加一"又"（手） ，表示开弓放箭，其"射"义十分明了。到了战国时代的石鼓文，突然将弓分为两段 ，原本尖利的箭头变成了"平头戟"，人们从这个形体再也看不出"射"的意思了。小篆定型时又将石鼓文的断弓误认为是"身"字，于是把"射"字写成"射"或"躲"。

讹变与前面所说的隶变不同。隶变是整个汉字体系演化到一个阶段时所作的整体性的形体调整，基本上是有规律可寻的、普遍性的形变。讹变则是个别的、毫无规律的"写错字"，并且在汉字形体演变过程中的任何一个阶段都有发生。虽说在隶变过程中也含有讹变的因素，但二者毕竟是性质不同的两种现象。

造成讹变的原因很多，主要有：

① 因形体相近而致误。例如"则"字，本来是从鼎从刀会意作 ，由于金文中"贝"字常写作 ，与"鼎"字写法近似，因而一些书手便误将"则"字写成"䬃"（从贝从刀）了。

② 因割裂象形性笔画而致误。象形字虽然具有一定的图画性，但是都经过高度的抽象和概括。对于一个象形字的局部所象之形，如果离开了这个字的整体，就很容易误解是像别的东西，故而导致书写的讹误。如"桑"，甲骨文作 ，本像桑树之形。后世"桑"写作了 。许慎编著《说文》时，便把桑字一分为二，说是从叒从木，单立一个"叒"部，而所属者又只有一个"桑"字。

③ 因增加装饰性的笔画而致误。先民在应用汉字的过程中，不仅讲求实用，而且还追求其形体的美观，因此往往在一些字形中加上一些装饰性的笔画，久而成习，就改变了原有的构形。如"年"字，甲骨文本作 ，像人负禾之形，周代金文多于"人"的身上加一个装饰性的笔划，作 ，后来圆点又变成了一横（圆点不如一横易写），于是到小篆中，年便写作了 ，"从禾从千声"，由会意字变成了形声字。

④ 因增加声符而破坏了原来的象形、象意结构。例如"饮"字，本作 ，像人俯首伸舌就着酒坛饮酒之形，本是象形字，后来又增加了一个声符"今"，遂形变作 ，"贪饮"之状便不复存在。

⑤ 讹变是汉字在尚未定型、尚未规范化的古文字时代甚为常见的一种特殊现象。由于它破坏了字形与字义的联系，我们在凭借字形推求字义的时候，要特别注意这一点，否则很容易对汉字进行错误的分析。

讹变多数发生在古文字阶段，往往在隶变后最终定型。讹变使字形变化完全脱离了原来的运动轨迹，失去了原有的表意功能，从而背离了汉字的表意体系，从造字理据上来看是一种消极的变化。

(4) 分化。即指一个字分化为几个不同的形体。主要是指一些字在作偏旁时形体的分化。如"心"，小篆作 ，像心脏之形，隶变后作偏旁时分化为"心、忄、⺗"三种形体。"刀"，小篆作 ，在今文中作偏旁，分化为"刀、刂、⺈"三种写法。"水"，小篆作 ，像水流之形，在楷书中作偏旁，写作"氵、水、氺"几种不同的形体。分化，仅仅是同一个表意符号的变化，这些分化后的字，尽管与原来的形体不同，但仍然保留着原来的意义，这是分化与讹变的本质区别。

4. 其他方面的演变

在其他方面，汉字也在不断地发展、变化着。例如，古文字规范程度低，异体字、假借字的现象异常普遍；而今文字则规范程度高，字的写法、用法，多已定型化、标准化。古文字中，纯表意字多，带有表音成分的字少；而今文字则带有表音成分的占绝大多数。古文字大多是一字记一词，因此单音词多，而现代文字则大多是一字记一个词素，因此复音词多等等。

汉字的演变使它充满了活力，能够不断地适应语言和社会的需要，随着历史不断前进，历经数千年而不衰，至今仍是记录汉语的最主要工具。但是汉字的演变又使它古今异形，给后人识古字、读古书造成了极大的困难。因此，我们要了解汉字的演变及其规律，以便更好地学习古汉字，认识古汉字。

思考与练习

一、汉字产生的源头有哪些？汉字发展经历的阶段及各阶段的特点是什么？
二、怎样看待传说中关于文字的发明和创造？
三、汉字有哪些方面的演变？各演变的特点是什么？
四、什么是字体？汉字演变阶段有哪些字体？什么是字形？关于汉字字形的演变有哪些方面？
五、什么是象形表意？什么是符号表意？各表意方式的特点是什么？请举例说明。
六、举例说明汉字字形的增繁、省减、讹变与分化；并对各种变化简要分析。

第二节 汉字的特点

一、汉字具有很强的表意性

文字是记录语言书写符号的系统，是最重要的辅助、扩大和完善语言的交际作用的工具。文字不完全等于"字"，"字"只是文字系统中单个的书写符号，是文字系统中的个别成员。文字包括汉字的所有构字部件（主要指由基本笔画构成的各种偏旁，如形旁、声旁等）、汉字中所有的字、汉字的书写规则（如每个字的书写笔顺，组成文章的字自上而下或自左而右的书写顺序等），以及作为汉字标记语言的辅助性符号的标点符号及其使用规则。正因为文字是形成了完整体系的书写符号，所以它才能正确地记录语言。

传统的看法是，世界文字根据标记语言音义的不同，可以分为表音文字和表意文字两大类型。英语、法语、德语、俄文等文字采用拼音字母标记语音，属于表音文字；而汉字利用特定的形体可以标记语义，属于表意文字。这是因为汉字不是直接表示音素或音节的字母，而是用成千上万个符号去表示或区别不同的语素、词的意义，用不同笔画构成的大量表意符号来记录汉语的单音节语素，从而代表了语素的声音。这样，汉字记录的就不只是汉语结构系统中的语音单位，而且还是一个有构词意义的构词单位。汉字的字形不仅记录了语言中的一个音节，而且还表达了语言中的意义。

唐代著名训诂学家孔颖达在《尚书·序》的正义（"正义"是古代一种注释的名称）中说："言者意之声，书者言之记。"这句话的意思是说：语言（言）是思想（意）的声音表现形式，而文字（书）是记录语言的书面符号。这句话清楚地说明了文字（书）同语言（言）和思想（意）之间的关系。汉字是世界上历史最悠久、使用人口最多的文字之一，是一种表意体系的文字。同其他民族的文字（如英文、俄文、阿拉伯文、法文）相比，汉字的根本特点，就在于每一个字都是形、音、义三者的统一体。

每一个汉字都有其固定的书写形式，这就是"形"；每一个汉字都有其固定的读音，这就是"音"；每一个汉字都表示一个同它的字形结构紧密相联的特定的含义，这就是"义"。形、音、义三者密不可分，紧紧结合。

例如，"牟"字，现代读音为 móu，在造字之初，其含意为"牛鸣也"。"牟"的字形与"牛鸣"之义紧密相联：下部的"牛"，表示动作的主体是牛；上部的"厶"则"像其声气从口出"。"牟"字的字形实际上就像一头牛在鸣叫的样子，其读音 móu 也与"牛鸣"之声相近。

再如，"黑"字，现代读音为 hēi，其造字之义为"火所熏之色也"。"黑"的字形与"火所熏之色"的意义紧密相联：在"黑"的篆体字形中，上部是古文"囱"字，中、下部合成一个"炎"字；以"炎上出囱"的形体表示"火所熏之色"，真是确切至极。

又如，"颖"字，其含义为"禾末也"，即禾穗上的芒刺，清代最杰出的文字学家段玉裁在《说文解字注》中指出："近于穗及贯于穗者"都叫"颖"。"颖"这个字的结构，是"从禾，顷声"，即由"禾"和"顷"两个部分组成；"从禾"，表示"颖"的含义与"禾"有关；"顷声"，表示"颖"古代的读音与"顷"相同或相近。"颖"字的形、音、义三个方面，就是这样紧密地结合在一起的。

了解汉字的这一特点，对于深刻理解汉字的结构，从而准确地掌握古汉语的词义，提高文言文的阅读鉴赏能力，具有十分重要的意义，不可等闲视之。

二、汉字是音节——语素文字

从文字与语言单位的对应关系来看，汉字一个形体代表一个音节，这与汉语语素以单音节为主的特点是相适应的，汉语拼音的特点就是音节分明，在先秦时期的上古汉语中，一个音节大多表示一个词，也就是说，单音节词占主导地位，在一般情况下，一个汉字代表一个音节，而一个音节又代表一个词。汉魏以后，汉语中的双音节词急剧增加，汉语词汇逐渐由单音节词为主向双音节为主发展，现代汉语已经形成双音节词占绝大多数的词汇系统，在一般情况下，一个音节不再代表一个词，往往只是标志一个语素，于是，汉字成为音节——语素文字。

这是就一般情况而言，还有少数例外。汉字多为一字一音，但在古代就有一字二音甚至三字二音的记载，如：《淮南子·主术训》："赵武灵王贝带鵔鸃而朝。"高诱注：鵔鸃，读曰私鈚头，二字三音也。现代汉语中也曾经用一字标记二音的，如"浬"读作（hǎilǐ）两个音节，长度单位表示"海里"；"瓩（qiānwǎ）"，功率单位，表示"千瓦"。为符合汉字一字一音的传统，这样的字现在都已经废除，改为"海里""千瓦"两个汉字。但还有一个标记儿化音的"儿"字，如"花儿（huār）"，字面上是两个汉字，但却是一个音节。

汉字有不少字并不表示词或语素。在记录汉语连绵词时，两个汉字对应于一个语素，如"窈窕"、"踌躇"等，在记录外来音译词时几个汉字对应一个语素，如"马克思"、"陀思妥耶夫斯基"等，每个汉字并不单独代表语素，而是共同记录一个语素。就总体而言，汉字的一字一音，标志着汉字是音节——语素文字。

第三节　汉字的构造

为什么要研究汉字的造字结构呢？因为汉字属于表意体系的文字。在造字时，人们是根据一定的意义来造字的，而不是随便或根据其他目的来造字的。汉字的造字结构与字义有紧密的联系。研究汉字的造字结构，能了解汉字的本义。当我们了解了造字时字的最初意义，也就是说把字义的根源找出来了，这对我们掌握古汉语词义，自然是很有帮助的。"章"，从音，所以它与音乐有关。它又从十，"十"是什么意思呢？"十"是表示结束的意思。我们数数儿，数到十就结束了，得从头再从一数起。《说文解字》云："乐竟为一章，从音从十。十，数之终也。"音乐告一段落叫一章，今天我们还说几个乐章。乐章的"章"正是用"章"的本义。"章"还可以用来指诗歌的一段。《诗经·硕鼠》这首诗有三段，我们就说有三章。古代的诗与音乐有密切的关系，许多诗是要唱的，要配乐的，因此，用"章"来指称诗的一段是很自然的。文章也是有段落的，"章"又可用来指文章的一段。例如《孟子》这本书共有七篇，每篇之中又分若干章。分析汉字结构，有助于我们了解字义，特别是字的本义。另外，分析汉字结构对了解古音也是有用的。

早在先秦时期，古代学者就开始对这些问题进行探讨，而后累代相传，形成了系统的"六书"理论。

一、"六书"的由来[①]

汉代六书理论形成。有三种说法：一是郑众的《周礼注》，即象形、会意、转注、处事、假借、谐声；一是班固的《汉书·艺文志》，即象形、象事、象意、象声、转注、假借；一是许慎《说文解字·序》，即指事、象形、形声、会意、转注、假借。

杨树达先生认为，造文字应该是先文而后字（独体为文，合体为字）。象形以图画表具体之形，较为容易。指事以符号表抽象之事，较难。会意难作而易穷，形声易为而无尽。形声之作，补充会意之穷，应当在会意后。转注因字而造字，假借以不造字为造字。造者在前，不造者在后。此说甚确。现在，六书的名称大致采用许慎的，次序则采用班固的，即象形、指事、会意、形声（谐声）、转注、假借。

必须指出的是，古人并非先定出六书的原则，再造字。六书只是后人根据汉字的实际情况，加以客观分析得出的结论。这种结论是符合汉字实际的。

最先对六书做出说解的著作是《说文解字》。《说文解字》是东汉许慎的著作。许慎是第一个给"六书"下定义并据以说解汉字音形义的人。《说文解字》是我国语言学史上的第一部以六书理论分析字形、说解字义的字典。创立了540部首，用少数零件合成9353个汉字，也找到了汉字组合的规律即"六书"。经过许慎的创造性劳动，汉字由过去没有体系变得有体系，由没有规律变得有规律。而且，《说文》部首是文字学原则的部首，而不是检字法原则的部首。前者是依据六书体系的，后者摆脱了六书体系。

[①] 段玉裁论六书："六书者，文字、声音、义理之总汇也。有指事、象形、形声、会意，而字形尽于此矣；字各有音，而声音尽于此矣；有转注、假借，而字义尽于此矣。"

《说文》说解体例一般为：先列字形，再说字义，后以六书理论分析字形，再标音读，有时在说解中还引用经传、群书、方言、通人之说作为佐证。许慎在《说文解字·序》中指出："保氏教国子，先以六书。一曰指事。指事者，视而可识，察而可见，'上''下'是也。二曰象形。象形者，画成其物，随体诘诎，'日''月'是也。三曰形声。形声者，以事为名，取譬相成，'江''河'是也。四曰会意。会意者，比类合谊，以见指撝，'武''信'是也。五曰转注。转注者，建类一首，同意相受，'考''老'是也。六曰假借。假借者，本无其字，依声托事，'令''长'是也。"

二、"六书"说解

（一）象形

《说文》云："象形者，画成其物，随体诘诎（jiéqū），'日''月'是也。"意思是说：象形是把事物的形态描绘下来，随事物形体不同而曲折变化，也就是随物赋形，"日"、"月"两字就属于这一类字。"日"，篆书写作☉，画的就是一个太阳的外形，圆形中间加一小点。"月"，写成一个半月形状☽，月相缺时长，圆时短，所以画个半月形，既与表示太阳的日有区别，又反映了月的外形特点。

象形通过描摹词所概括的客观实物来表达词义，描摹实物，可以勾勒其整体轮廓，如"象"，甲骨文作🐘；也可以只勾画出它具有特征的局部形状，如甲骨文"牛"作Ψ，只是一个牛头的形状，用以表示整体牛。用象形的方法造出的字就叫象形字。象形，又分为独体象形与合体象形（也叫衬托象形）两类。

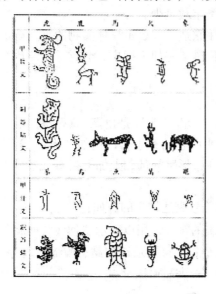

原则		舉　　例							釋意
象形	a	人	女	子	口	鼻	目	(手) 止(足)	人體全部或一部
	b	馬	虎	犬	象	鹿	羊	繩 黽	動物正像或旁像
	c	日	月	雨	(電)中	山	水	禾 木	自然物體符號
	d	壺	禺	弓	矢	絲	冊	卜 兆	人工器物符號

1. 独体象形，指用一个独立的形体来描绘词所概括的事物。如：

羊 ，像有角有耳的正面羊头。又如：人 女 目 止 行 貝 卜 水 火 ，它们都是对对象基本特征和轮廓的描绘，都是用一个独立的形体来表示的。独体象形，特征鲜明，区别性强，无须造成环境，不必烘托陪衬，这类字占象形字的多数。

2. 合体象形，指用一个附加的形体来烘托该字所表示的那个事物的形体。如：

，甲骨文"眉"字。"眉"的形体为 ，如果仅画其形，则易与其他事物相混，词义不够显豁。故在眉毛下面再画上眼睛，它所要表示的意义就清楚了。

，甲骨文"果"字，其形由果实与木组成。如果仅画出果实，则意义不够显明；下面再出现"木"，表示"果实"的意义就被烘托出来了。合体象形字，都是用一个附加形体来烘托主体，从而显示其词义。合体象形字特征不鲜明，易造成对象间的混淆，需加背景，用相邻相关的事物加以烘托、陪衬。这类字数量少。

象形，是一种原始、简约的造字法，只能用它造一些表示具体实物的字，至于一些概括抽象的概念，就无法用这种方法来造字了。但是，它却为指事、会意、形声造字法创造了基本条件。

（二）指事

许慎说："指事者，视而可识，察而见意，'上''下'是也。"意思是：指事是指看到它可以知道它指的是什么，仔细观察后就能明白它的意思了，例如"上"、"下"就属于这一类字。指事是用纯粹符号式的笔画，或在象形字的基础上加上指事符号，以表示无法描画具体形状的客观事物或抽象的概念。

1. 独体指事，又称纯指事字。它是以抽象符号表达词义的。如：

，甲骨文"回"字，其形为一个曲折回旋的符号，用以表示"回转、回旋"之义。

，甲骨文"纠"字，是用一个纠结的抽象符号来表示"纠结、缠绕"之意。

，甲骨文"贮"字，是以四周遮挡，中间空虚的形体来表示。

一　二　三　五　上　下　高

以上都取自于甲骨文，这些字都是由抽象符号构成，不表示任何具体事物。这类字在汉字中为数很少。

2. 加体指事，又称合体指事字。它是以象形为基础加上指示性符号来表明词义的汉字。如：

甘，小篆"甘"字，以"一"标示口含甘美之物来表示抽象的味觉。

刃，小篆"刃"字，㇇是刀，以"ノ"标示刀锋的部位，又如：

亦（腋）　日　本　朱　末　刃

"亦"是"腋"字的初文。在人的两腋加短划指示部位。
"曰"字在口上标出短横代表口中发出的言语声音。

以上各字取自小篆，它们都是加体指事字所附加的符号，这种符号不独立使用，指在构字的时候充当一种强调的特征，标明所指事物的局部特征，反应事物难以表现的属性。加体指事在指事字中相对较多。

两种指事造字法的局限性都大，故汉字中的指事字不多。

象形字与指事字有何联系与区别呢？以"木"、"上"为例。象形字和指事字都是独体字。一般地，象形字意义具体，有形可象；指事字意义抽象，无形可象。那么，请看下面两字：末、果，其区别是什么呢？指事字的象形部分起衬托作用，指事符号表示意义所在，重在指示意义。象形字的象形部分是主体，重在描绘形状。

（三）会意

许慎云："会意者，比类合谊，以见指㧑，'武''信'是也。""比类合谊"是说把两个（或几个）相关的字放在一起。合谊就是合义。古代把意义的义写作友谊的谊。以见指㧑，"㧑"就是今天指挥的"挥"，指㧑，是说所指的意义。"比类合谊，以见指㧑"，意思是说把相关的两个字的字义合在一块，以表示一个新的意义。"武"和"信"就属于这种字。许慎认为"武"是由"戈"和"止"两个字合成的，"止戈"就意味着停止战争，停止战争是武的目的。这是战国到汉代人们对"武"字的看法，它并不符合"武"的本义。"武"小篆作𢼄，上为戈，表示武器；"止"是脚，"武"表示外出征伐。"信"由"人"、"言"两个部分合成，"人"、"言"为"信"，这也是古人的一种观念。

会意又称"象意"。它是指组合两个或两个以上的表意符号而产生一个新字的造字法。根据组合的情况，大体可以归纳为以下两类：

1. 同体会意，即由两个或两个以上相同的表意符号组合成的新字。

如：棘，篆文"棘"字。由两个"朿"组成，"朿"即木本植物上的尖刺。"棘"即酸枣，形小而多刺，且多丛生，所以用二"朿"合成新义。

卉，小篆"卉"字，由三个"屮"组成，"屮"即草之古字。

三个"屮"表示草的总体。《说文》："卉，草之总名也。"又如

比　北　友　森　品　晶

以上例字均为小篆,都属同体会意字。

2. 异体会意,指由两个或两个以上不同的表意符号组合成的新字。如:

孚,金文"孚"字,即俘的古字,用爪与子会合成字,以此表示俘获义。

牧,金文"牧"字,从牛从攴。像人手执鞭策赶牛之状,以此表示放牧义。

鼓,金文"鼓"字,从豆从攴。像人手执鼓槌击鼓之状,以此表示击鼓义。

寇,金文"寇"字,从宀从元从攴。像手执武器人室击人头部之形,以此表示施暴义,又如:

败 年 即 闻 宿 寒 昃 楚 监

以上取自金文,都是异体会意字。

这里应指出:有的字尽管是由两个以上的表意符号组成,但若不表示新义,则不能算作会意字。

会意字与指事字的区别:会意字是合体字,合几字的意义成一字;指事字是独体字,有的指事字是在象形字上加指示符号成为一字,字义主要由指事符号指示。

(四) 形声

许慎云:"形声者,以事为名,取譬相成,'江''河'是也。"以事为名的名,指字。事,指事物的类别、特点。以事为名,就是说照事物的类别来选一个字作为造新字的一部分,也就是形旁。取譬相成,就是指再用一个字,譬况发音,作为新字的声符,义符与声符相配组成一个新字,江,河二字就属这种类型的字。这里需要指出来的是所谓的义符是指意义的类属,不代表具体的意义。以"氵"为例,是表示和水相关的意义,而不是具体的水的意义,这就解释了为什么同样具有"水"这个义符的字,如"江、渴、泉"等意义不同了,"江"是表示有水的河流,而"渴"则表示缺水导致的状态;同样的声符只是表示读音类别,而该读音类别还是古音的读音类别,这就解释了"江"为什么是工声(今音工和江差别甚远),这个声是指古代的读音。

1. 形声字中有几种特殊的类型:亦声字、省形字、省声字

(1) 亦声字,即形声字的声符兼表意义。

亦声字声符表义较义符更为明确。如"巡、训、顺、驯"都以巛(川)为声符,《说文》:"巛,贯穿通流也。"(巜,即灾,水流受阻成灾。)巡,巡视、来往查看,能够来往查看当然顺畅;训,解说,解说就是使意思顺畅好懂;顺,指顺畅;驯,马驯服,骑起来就顺畅。故"巡、训、顺、驯"皆有顺畅义。

(2) 省形字,即省掉形符的一部分。

如:弑,从杀省,式声;寐,从寱省、未声;考,从老省、丂声。亭,《说文》:"民所安定也,亭有楼。从高省,丁声。"

(3) 省声字,即省去声符的一部分。

这种省声字应以原来不省的写法作证。如:融,从鬲、蟲省声;珊,从玉、删省声。

2. 形声字的声符和义符

形声字的重要性反映在数量上。《说文》收字9353个,其中百分之八十以上属形声字。形声是一种最能产的造字法。形声字由形符和声符两部分组成,象形、指事、会意三

种字都可以成为形符、声符来组合新字,形声字本身可以作为一个部件(一般作声符)去组成新字。这种扩展可以分为两个方面。一是横向的,即在一个平面扩展,如上会意字"莫"作为声符与不同的形符结合可构成:嗼、膜、摸、幕、蓦、慕、蟆、墓、募、蟆、嫫、模、馍、暮等。一是纵向的,也就是一代一代地发展。如"寺",古文作𡬻,从寸之声。如果把之、寸看成第一代字,寺就是第二代字,寺加日成为"时",是第三代字。每一代在横向平面上又可扩展,如从寺的字就有诗、峙、侍、持等。

(1)声符的表音功能。形声字的声符具有标示词的读音功能,例如"中"标示着"仲、忠、盅、衷"等词的读音。但从词的现有读音来看,许多声符已经与它所标示的词的读音不一致,有的甚至相去甚远。如"工"是"江"的声符,"各"是"路"的声符,"台"是"治"的声符,但现在这些词的读音与它们声符的读音都相差甚远。"占"是"店"的声符,"瓜"是"狐"的声符,但现在这些词的读音与它们声符的读音也只是近似而已。导致这一现象的原因在于:一是在造字之初,有的声符与所标示的词的读音就只是近似,而不是完全相同;二是因为语音变化较快,有些形声字在造字之初本与其声符音同或音近,但后来读音起了很大变化,就看不出"形声"的痕迹了。

(2)形符的表意功能。再谈谈形符的问题。形符也叫义符,表示形声字本义所属的意义范围。义符相同的形声字,在意义上大都和义符表示的事物或行为有关,如以"攴"(攵)为意符的字"牧、放、败、敲"等,都与打击有关;以"金"为义符的字"铜、铁、锡、铝、镁、钱"等都与金属有关。形声字的形符具有表意功能是指形符与形声字的本义有关联,如"贪",从贝,今声,本意是贪图财物。贝,古时曾作货币,"贪"以贝为形符,表明它与财货有关。但是形符表义,只是标志词义的类别,由于它涵量大,包容广,故所标示的词义常常是概括的而不是具体的,是多角度的而不是固定的。例如,"水"作为意符,可以表示形态如水的液体,如"汗、酒、浆、尿"等;也可表示与水有关的行为,如"泳、潜、洗、浇"等;还可表示由水组成的事物,如"江、河、湖、海"等;又可表示水的状态,如"流、淌、涸、溢"等;另外,还可表示与水有关的现象,如"湿、潮、渴"等。形符标志词义尽管粗疏,却能指明辨识方向,提示思考线索,有助于理解所写词的词义。如从"心"的字,多与人的思想感情有关。

此外,某些义符的表意功能是相通的,不同的义符可表示相同或相近的意义。如"火、日、光"都可以表示光明,"晖"从日,"辉"从光,"煇"从火。"宀、尸、户"都可表示与建筑物相关的意义。"室"从宀,"屋"从尸,"房"从户。

因此,义符是判断本义和引申义、假借义的重要参照。下面举例说明:

过:《左传·隐公元年》:"大都不过参国之一。""过"指超过。《左传·宣公二年》:"人谁无过?过而改,善莫大焉。"过指过错、犯错误。《论语·微子》:"楚狂接舆歌而过孔子之门。""过"指走过。《说文》:"过,度也;从辵(辶),咼(guō)声。"辶(chuò),《说文》:"辵行辵止。"即走走停停,义与行走有关。可见,"走过"、"经过"是过的本义,"超过"是引申义,"过错"则是更远的引申义(正如过犹不及,超过有时也是犯错误)。

征:《左传·僖公四年》:"五侯九伯,女实征之,以夹辅周室。""征"指征伐。又"昭王南征而不复,寡人是问。"征:巡行。《孟子·滕文公下》:"什一,去关市之征。"

征，征税，"徵"的假借字。徵，求也。引申为征税。"徵"正是"征"的本字。但是，意义范围并不等于词义本身。因此义符相同词义并不一定相同。如"败"、"财"同以贝为义符，但两者意义迥异。因此，讨论义符时有几点要注意：

① 义符与假借义无关，与引申义也无必然联系。如上例，征税就与"征"的本义"旅行"无关；"过错"就与经过意义相差甚远。

② 后起形声字的所谓"义符"，并不一定表示本义所属的意义范围。如"影"字，古书一般写作"景"。《说文》："景，日光也；从日，京声。"（依段玉裁校）本来就是形声字，以日为义符。《颜氏家训·书证篇》："凡阴景者因光而生，故即为景。"这说明阴影是引申义。

③ 有些义符可以通用。如"彳"、"辶"、"足"、"走"，都与行走有关，有时相通。这就产生了一些异体字，徯蹊、逴趠等。

形声是最能产的造字法，在《说文解字》中，形声字占80%以上，而在现代汉字中，形声字比例更高，所以，学习六书，重点在于掌握形声字。

3. 关于形声字，还有若干问题需要了解

（1）形声字中义符和声符组合的位置

常见的结构有左形右声，如"河"、"杜"、"缔"；右形左声，如"鸭"、"颈"、"欺"；上形下声，如"苹"、"竿"、"室"；下形上声，如"壁"、"盂"、"忠"；外形内声，如"圃"、"闻"、"匣"；内形外声，如"辩"、"闻"、"衷"。也有一些特殊的结构，这类字形符和声符比较难以辨别，分析时须细加考察，如"倏"、"彀"、"旌"、"徒"、"游"。

（2）字形的变化

前文已述，汉字在发展过程中，字形发生很大变化，这表现在形声字中，主要有省形、省声和讹变三种情况。所谓省形，是指形声字的形符被减省。如："星"，从晶省，生声。即是说，"星"字的形符是"晶"，但在组字时，省作"日"；又如"耆"从老省，旨声。所谓省声，是指形声字的声符被减省。如："豪"，从豕，高省声；"疫"，从疒，役省声。讹变：是指形声字的形体讹变，如"贼"，小篆作𧵪，从戈、则声；"责"小篆作𧴎，从贝、朿声；"奉"，小篆作𡘕，从手从廾丰声。这些字在楷书中或整体讹变，或部分讹变，已经无法进行内部结构的分析了。

（五）转注

徐锴论"转注"

> 转注者建类一首，同意相受，谓老之别名有耆、有耋、有寿、有耄。又孝，子养老是也。一首者，谓此孝等诸字皆取类于老，则皆从老；若松、柏等皆木之别名，皆同受意于木，故皆从木。
>
> ——《说文系传》卷一"上"字注

许慎云："转注者，建类一首，同意相受，考老是也。"大意就是将相同部首的字组成一个类别，相同意义的字可以互相训释。如："考，老也"，这就可以解释为什么墓碑上有考妣，先考等的字眼了。

从文字的角度来看，转注和假借并不能造出新的汉字来，因此确切地说它们都只是用字的方法。

（六）假借

孙诒让论"假借"

　　盖天下之事无穷，造字之初，苟无假借一例，则将逐事而为之字，而字有不可胜造之数，此必穷之势也，故依声而托以事焉。视之不必是其本字，而言之则其声也；闻之足以相喻，用之可以不尽；是假借者，所以救造字之穷而通其变。

——《与王子庄论假借书》

　　许慎云："假借者，本无其字，依声托事，'令''长'是也。""本无其字，"是指本来没有这个字；"依声托事"，是说找一个同音字来代替表示某一字。借用什么字？只有借用同音的字或音近的字，同音或音近的字念起来是能够听懂的。将汉字作为表音的符号来使用，这就是假借。①

　　在古文里假借的现象非常普遍。例如如："离"《说文》："黄仓庚也，鸣则蚕生。"可见"離"的本义是鸟名，后来被借为"分离、离别"之"离"，只是因为音同。

　　还有，有的放矢的"矢"字，古文字就写作𠂆，像一支箭的形状。《史记》里说赵国年迈的大将廉颇在吃一顿饭的工夫，"顷之三遗矢矣"，就是说一顿饭间好几次去厕所，说明年老了，大便失禁。这里"矢"通屎尿的屎。这里就是假借。

　　假借字通常分为两类：第一，本无其字。"来"，段玉裁《说文解字注》："周所受瑞麦来麰（móu）也。二麦一夆，象其芒束（cì）之形。天所来也，故为行来之来。""来"，本指麦，后借作来去之来。"我"，本指兵器，后借作第一人称代词。"其"，本指运土的工具，后作代词。第二，本有其字。"信"借作申，指申张、申明。《谷梁传·隐公元年》："《春秋》贵义而不贵惠，信道而不信邪。"范宁注："信，申字古今所共用。"《汉书·宣帝纪》："信威北夷。"颜师古注："信，读为申，古通用字。""申"也借作"信"，指守信用。《管子·七臣七主》："申主任势，守数以为常。"王念孙《读书杂志》引王引之曰："申读曰信……信之通作申，犹申之通作信也。出政而信于民，故曰信主。"（数，礼数）

　　假借字的重要性表现在两个方面：第一，它扩大了字的使用范围，特别在造字初期，汉字字数比较少，没有假借这种方法，汉字就难以发挥它记录汉语的作用。有时，用同音的字表示与本义无关的意义，即根据假借的原则来用字。甲骨文中有这样一句话："其自东来雨？"（其，表示推测语气。《马说》："其真不知马也。"）意思是说，该是从东边来雨吗？这里五个字，除"雨"字外，其他四个均属假借用法。"其"本指畚箕，一种撮土的工具，这里借音表意，用作虚拟语气词。"自"，本指鼻子，这里是假借用法，作介词。"东"，本指类似口袋的东西，这里借用来示方位。"来"，本义指小麦，古"来""麦"同音，借来表示动词来去的"来"。据吉林大学古文字研究室统计，在甲骨文时期，按假借的办法来用字占百分之九十。清代文字学家胡秉虔说："文字之用，惟假借不穷，经典之中，亦假借最夥。"第二，假借是创造新字的桥梁。假借本身是用字的问题，不造成新字，但它是创造新字的桥梁。例如"其"字假借用作代词，语气词，那么本义只好再造"箕"字。假借扩大了字的使用范围，推动了新字的创造。如"莫"字，"莫"上下四个

---

①　学术界对假借一词的定义基本认同，但对于许慎所举出的"令长是也"来说明假借颇有争议。有人认同：令本义为发号，长本指久远，县令、家长、县长之本无其字，假借令、长为之。有人反对：令，本指发出命令，引申为县令。长，本指长幼之长，长者为尊，故引申为作首领、作长官。令、长实际上是词义引申，不是假借。

角表示的是草,中间是一个日字,太阳落在草中,表示天黑了。这上下的草也是一个字"茻"(mǎng),就是草丛的意思。"莫"后来用作否定词,于是在"莫"下加一个日,就成了今天的"暮"字。

假借,虽然没有产生新体,但却为某些词赢得了书写形式,所以,有人称它为不造字的造字法。假借的出现,改变了汉字形与义的紧密结合、以形示意的表义方法,使汉字成为纯粹的记音符号。

另外,六书的假借是本无其字,永久借用的用字法,它与本有其义、临时借用的通假不同。

三、因形求义与古书阅读

寓义于形是表意文字的本质特征。汉字的最初构形与它原本要记录的词义有着必然的联系。在汉字的使用中,人们习惯上把字形所能反映的、又能从文献用例中得到证实的某一义项称为字的本义,把这个字称为本字。所谓因形求义,就是凭借对字形的分析来判定本字及其本义。这是传统训诂学的重要训释方法,后世的训诂学家把它与声训相对,称之为形训。

(一)因形求义的意义

古汉字的原始构形,往往是上古人们的社会生产和社会生活以至社会意识的反映,因此因形求义不仅对研究古汉字和古汉语极为重要,同时也是学人利用古汉字来研究上古历史和文化的重要途径。这里我们主要谈谈与学习古代汉语关系至大的几点。

1. 有助于准确地把握住文句中某个字的含义,从而得以深入、具体、形象地理解文辞的意思

古人作文每用本字本义,而这些本字本义在现代汉语中多数已根本不用或很少使用了,有的连字辞书中也查不到确切的解释,这就造成了阅读古代文献的困难。要解决问题,就要懂得汉字的构形规律,学会因形求义的方法。有了这个基本功,问题往往可以迎刃而解。例如《尚书·酒诰》中有这么一句:

人无于水监,当于民监。

这里的"监"字如果按现在"监察"、"监督"等意思去解释显然不通。如果我们去考查一下"监"字在上古的构形,疑难则可以立即冰释。"监"字甲骨文作🙲,西周金文作🙲,均像一人睁目俯视器皿之形,是上古未有铜镜之前人们以水取影照面的生动写照。所以"监"的本义,是以水照影,即后来所谓的"照镜子"。"监"是"鉴"的本字。在《尚书》这句话中,人与民相对,人指统治者,民指庶民;水监与民监相对,水监是具体的人人皆知的生活常事,民监则是用喻,用以水监影作比方,说明一条抽象的政治哲理:黎民百姓像一盆清水,能清清楚楚地反映出统治者的形象;统治者要想知道自己的"尊容"即政德,应该时常体察黎民百姓对你的反映。这个例子说明古人用字是何等的准确、形象。再举一个例子,《老子》第二十九章有这么一句:

是以圣人去甚、去奢、去泰。

这里的"奢"是指物质消费的奢侈,"泰"是指生活起居的安逸,意思是明确易懂;可是"甚"指的什么就不那么明白易懂了。查专供读古书用的《辞源》,"甚"字之下列有五个义项:①厉害,过分;②超过;③很;④诚,真;⑤什么,怎么。《辞海》只列两

个义项，意思与《辞源》第①、第⑤相同。如果分别用这些解释去理解，只有"过分"的意思比较接近，于是一般注本就把"甚"解释为"过分的事情"，意似可通，然而句中的"奢"和"泰"都有具体所指，"过分的事情"究意是指何事，也理应有实指。实指什么？我们不妨用因形求义的办法试一试。查甚字金文作 ，小篆作 。《说文》："甚，尤安乐也。从甘匹，耦也。""尤安乐"即特别安乐；"耦"同"偶"，指配偶。朱骏声在他的《说文通训定声》中作了进一步的解释："甘者饮食，匹者男女人之大欲存焉，故训安乐之大。"由此可知，"甚"字从甘匹会意，甘匹即甘于匹配，本义指沉湎于色情之事。老子所谓"去甚"，用的也是本字义。主张清静、无为、寡欲以养生的道家，当然首先要远离和除去溺于色情之事。

典籍中这样的例子很多，如果不求甚解，就很难确切地把握文意。有时囫囵吞枣地似乎读懂了，实则所得非真。要想探寻古人用字立意的良苦用心，对文辞得到真真切切的理解，除了其他途径之外，因形求义实在是不可不用的有效方法，我们应该学会使用它。

2. 有助于了解和把握有关字群的相关含义

由于我国汉字多是由独体的文形声相益复合而成的，因而在"据形系意"的合体字的字群中，每每都有因涵有共同的某个形体而带出意思相关或相通的一些信息。所以因形求义不仅便于了解某一个字的本义，而且有助于以简驭繁、举一反三地去把握有关字群的相关含义。例如

执，小篆作 ，像一个人跪跽双手被铐的样子，《说文》解释为："捕罪人也。"是本义。《左传·襄公十九年》："执邾悼公，以其伐我故也。"用的正是本义。

报，《说文》释为"当（判决）罪人也。从䇂从 ， 服罪也"。甲骨文作 ，像以手抑之头使人跪跽之形，即"服"的本字。判决意在使囚犯伏罪，所以从䇂从 会意。《韩非子·五蠹》："闻死刑之报，君涕流为。"用的正是本义。

睪，《说文》释为"司视也。从目从䇂。今吏将目捕罪人也。"（从段玉裁《说文解字注》）"司视"就是侦察。"吏将目捕罪人"即官吏指使耳目（便衣之类）缉捕罪犯。《荀子·王霸》："睪牢天下而治之。""睪牢天下"即缉捕而牢笼天下之人。

圉，从囗从䇂，本义是囹圄，即监牢。《汉书·王褒传》："昔周公躬吐捉之劳，故有圉空之隆。""圉空"是说由于教化流行，人民绝少犯罪入狱。"圉"字用的正是本义。

"执、报、睪、圉"等字都是会意字（《说文》均入䇂部）。对会意字的因形求义一定要弄清构形中各文之间的关系及其会意方式。

因形求义同样也适用于形声字。这主要是通过分析形声字的义符来把握字义的范畴，比如说，从"人"的字多和人或人事有关，从"贝"的字多与钱财有关，从"宀"的字多与宫室居处有关，等等。这是因为形声字的构形表意大体上遵循着一个总的原则，即物以类聚，事由物别，形声字的义符是区分不同事物类别的标志。明白了这一点，对我们了解、把握形声字的本义大有好处。举例来说，"页"字，甲骨文作 ，小篆作 ，均突出人的头部，《说文》："页，头也。从首，从儿（人）。""页"本义指人头，凡以页为义符的字都与"头"有关，如"头"（頭）、"额"、"颈"、"颊"、"颜"等。有的从页的字今义似乎与头无关了，但是它们的古义都与头密切相关。试看下列诸字：

颠，从页真声，本义是头顶。《墨子·修身》："华发隳颠"，是说花白的头发从头顶

掉落了，所以孙诒让作注即谓之"秃顶"。又《诗经·秦风·车邻》："有马白颠"，是说马的头顶是白的。头顶是人的最高处，引申为凡顶端之称，所以山顶也可称颠，《诗经·唐风·采苓》："首阳之颠"，后来山颠的"颠"写作"巅"。

顾，从页雇声，本义是回头看。《庄子·秋水》："庄子持竿不顾。"《汉书·张释之传》：[王生]顾谓释之："为我结袜。"由回头看引申为一般的看，再引申为顾及。

题，从页是声，本义是额。《楚辞·招魂》："雕题黑齿。""雕题"即刻其额头。又引申为事物的前端，今所谓"标题"即缘此而来。

颇，从页皮声，本义是偏头，引申为凡偏差之称，例如《尚书·洪范》："无偏无颇，遵王之义。"

硕，从页石声，本义是头大，引申为凡丰大之称。

以上这些字现在常用的意思都是由它们与头相关的本义引申出来的。由此可见，对形声字的因形求义，首先要判定它们的义符和声符，进而弄清义符的本义及其范畴，然后才能结合文献用例推定这个形声字的本义。陈过候在《说文提要·序》中说："每见一字，先求其母，如山旁言山，水旁言水，此则万无移易者。因其偏旁所合之字，详其为何义，审其为何声，虽不中，不远矣。"本义既得，理解其引申义、辨明其假借义，自然就不难了。

3. 可以纠正前人的错误

前人囿于材料的不足和时代、认识的局限，往往导致分析字形和解释字义的错误。今天我们可以根据新的材料和新的认识来予以订正。例如"具"字，《说文》只据小篆作 ![字] 而释为"共置也，从廾从贝省。古以贝为货。"查"具"字在甲骨文和早期金文中均作 ![字]，乃从鼎从廾会意。"鼎"在上古为食器。双手捧鼎表示饭食已经具备，故"具"字在典籍中常当饭食讲，习见的"草具"、"太牢具"即其例。"具"字的其他义项也多由饭具备的本义引申得来。"具"字的形体到春秋战国时已有讹误，小篆承其讹误而定型，故导致了许慎析形释义的错误。后世又承许慎以讹传讹引出一些附会之说。

（二）因形求义的步骤和方法

因形求义就其实质而言，是寻求出造字之初形与义的对应关系，也就是弄明白造字人为记录某词而造就某字的构形意图。所以因形求义必须从认真分析字形入手，再去求证形与义的一致。具体地说，有如下的步骤和方法：

1. 还原汉字古形

汉字经过多次形体演变，特别是经过隶变之后，多数字形已发生了巨大的变化，古文字的直观表意构形在今文字中已不复存在。因此，因形求义的形必须是古文字的字形而不是今文字的字形。从前面讲字体演变时所举字例可以看出，越是古老的字形，越能体现造字的意图。因形求义的第一步，是要沿着字体演变的线索，查找出汉字在隶变前的古形，而且最好是能多找出几个，以便比较、分析。现在已有许多专门的字书，为我们查找古字形提供了方便。比如孙海波的《甲骨文编》，可查商代的甲骨文，容庚的《金文编》可查西周到战国时代的金文，徐中舒主编《汉语古文字字形表》和高明的《古文字类编》可查到有代表性的从甲骨文到小篆的古字形，《汉语大字典》也兼收有古字形。我们可以充分利用这些现成的资料。当然，这些工具书中都有程度不同的错误与遗漏，在利用时还需要核对原始材料和参考有关的新的研究成果。

2. 辨明汉字的构形方法

字的构形方法即造字方法，主要是象形、指事、会意、形声四种。不同的构形方法，具有不同的表意方式和特点。我们在查到汉字的古形之后，就要判定它是象形、指事，还是会意、形声。构形方法一经明了，便可依据其表意方式和特点来推究其构形意图、判定其本义了。象形字直观，弄清所象之形即得其义；指事字与象形字近似，且字数极少，找到指事符号所在，义亦自明。最难辨明的是会意字与形声字，因为两者均为合体字，在外表上没有任何区别的标志。这要从两个方面考察。一是从会意的界说出发，视其各文之间是否存在某种"比类合谊"的关系，有，则是会意；无，则是形声（纯形声字）。因为凡会意字，各文的形或义彼此间都有极密切的内在联系，而单纯的形声字则没有。二是从形声字具有标声成分这一点来考察，查该字的读音是否与其中某文的读音有音同音近的关系。若有，则可能是形声，若无，则可能是单纯的会意。这样考察的结果，不但可以辨明是会意还是形声，而且还能确定是不是会意兼形声（形声兼会意）。例如"短"字，最早见于小篆作短，由"矢"和"豆"复合而成，矢是箭矢，豆是古代盛食物或酒的器具。一为武器，一为食器，二者之间没有任何外在或内在的联系，无论从什么角度都无法"比类合谊"，据此可以初步断定它不是会意字。然而，既是合体字，不是会意便是形声。于是再从声音上来考察，"短"与"豆"为双声，那么"短"字是形声而非会意就可确定无疑了。再查《说文》，"短"在矢部："短，有所长短，以矢为正。从矢豆声。"正与我们的判断相一致。已知为形声，则字义主在义符"矢"。自古造矢，长短轻重必有一定之规，否则即会影响发射的准确性。而弓矢又是古人出门常带之物，故可随时用矢当作尺子量物之短长。"短"的本义便由此可知，再如前文所举监字，甲骨文从皿从见，其"比类合谊"的构形意图已从字形表象而易见，是会意字无疑。再从声音上来考察，"见"还兼有标声的作用，可知"监"字是会意兼形声。《说文》将"监"字置于卧部之下，并解释为"临下也，从卧衉省声"，是许慎只据已形讹之小篆而误认为是单纯的形声字了。由于析形有误，连带着本义也搞错了。

3. 参考和利用《说文》的正确解释

许慎的《说文》是专门通过分析字形来推求字义的字学专著，从现在的观点来看，书中对所收的九千多字所作的形体分析，大多数是基本正确的。释义也多为本义或最接近本义的引申义。试看《说文》对下列诸字的说解：

（弃）"捐也。从廾推苹弃之。从𠫓，𠫓逆子也"。今按：查甲骨文弃字作𢍀，正像双手用畚箕抛弃一倒置婴儿之形。所谓逆子殆即逆生之子，人以之为不祥，厌恶之极则弃之。

（童）"男有辠曰奴，奴曰童，女曰妾。从辛重省声"。今按辛、𨐌实为一字，甲骨文作𨐌、或𨐌，是一种施黥刑的刑具。凡从辛（立）之字均与犯罪或治罪有关。古人犯罪，若罪不及死即被收为官奴，男奴叫童，女奴叫妾，其例习见于典籍。许慎对童、妾以及其他多数从辛（立）之字的解释都是正确的。

（救）"止也。从攴求声"。今按：凡从攴字均与人的行为动作有关。许慎指出"救"字的本义为止（使之止）是极精准的。典籍中用救字本义之例很多，如《论语·八佾》：

"女弗能救与？"意思是你不能使之停止吗？《诗经·大雅·板》："多将熇熇，不可救药。"意为政事对百姓毒害太甚，不可药治而令止。后世所谓有"救灾救难"是使灾难止息、免于害人之意。"救命"也是使害命之灾止息而使命得存活的意思。

（故）"使为之也。从支古声"。今按："使为之"谓受人指派而为之。《大戴记·保傅》："及秦则不然，……所尚者刑罚也。故赵高傅胡亥而教之以狱。"《汉书·贾谊传》引此"故"作"使"。《尔雅》训"古"为治，治与"使为之"意相通。卜辞中常见有"古王事"语，"古王事"者，使为王室公干之谓也。古、故实为古今字。

当然，《说文》的析形释义也有不少错误的地方，这一点我们已在前文说过。《说文》析形以小篆为依据，大凡小篆与甲骨文、金文一脉相承者，其说多确；小篆若已形讹者，其说多误。所以我们在参考和利用《说文》的同时，也要结合考察字的古形。

4. 查找例证

通过分析字形，初步判断某字本义当为某之后，还需要进一步求证。求证可以从两个方面进行，一是从古代文献资料中查找用例，这是最有力的直接证明；二是查找字形相关、意有相通的其他字来作旁证，这也有很大的说服力。此外，如果还能从语源上找到证据，那就更好了。只有这样的因形求义，才能令人确信无疑。例如"行"字，甲骨文、金文均作 ，像两大道相交之形，本义当为道路。查《诗经》，"行"字当道路讲的例子不少，比如《小雅·鹿鸣》："示我周行"，毛传，"行，道也。"这是文献用例的直接证明。再查形体与行有关的字，其本义也与道路或行路有关，如：术，是邑中之道；衢，是四达之道；冲，是通道；卫，是宿卫必巡回其道；等等。这是有说服力的旁证。有了这两个方面的确凿证据，行字的本义为道路就确定无疑了。《说文》："行，人之步趋也。从彳从亍。"把"行"当作会意字来解释，是由于"行"的小篆已形变为 的缘故。

（三）因形求义要注意的问题

从春秋战国时代起，人们为了不同的目的，就开始通过分析字形来说解字义了。汉代以后，因形求义成了解释词义的重要方法。到了近代，除了解释词义之外，人们还往往把它用于研究上古社会和文化的一种手段或依据。如果查一查两千多年来人们对汉字所作的形形色色的因形说义或因形求义，就会发现其中有许多令人折服的精到之说，也有许多不伦不类、荒谬可笑之解。总结前人成功的经验和失误的教训，我们觉得，要想做到因形求义有效而无误，需要特别注意如下几点：

1. 所依据的字形要正确

因形求义不仅要依据古文字的字形，而且所依据的古字形还必须准确无误。在考查古字形时宜特别注意两条，首先要考察清楚在字体演变过程中是否发生过隶变和其他形式的形变（如省简、增繁、笔道形态的改变等）。如果所依据的是发生过隶变或其他形变的字形，就会发生误解而得出错误的结论。《说文》中的错误多缘于此，前面所举"具"、"监"、"行"等诸字之误即其例。其次是要考察清楚所据古字形是否出于后人的伪造或误摹。汉唐以来，尤其是宋代，一些好事者喜欢生造古文字，后人失辨，把这些伪古字和真古字鱼目混珠地编入辞书，令学人真假难分。比如《六书通》、《康熙字典》中的不少"古文"即系伪字。有的字书所收古字，虽非伪造，但由于各种原因也导致某些字的误摹而失真。所以我们在利用各种辞书的时候，要注意辨伪、辨误，要根据所标出处去认真查对原始材料。字形，是因形求义的前提，一定要做到万无一失。前提不符，那就只能是缘木而求鱼了。

2. 分析和判断字的构形要正确

找到了真实可靠的字形，并不等于求得了字义，只有对字形进行分析研究，判定出它属于哪种造字法的构形，才有可能求得字的本义。这是因形求义中至为关键的一环。不抓住这一环节，因形求义就失去了灵魂，其释义的准确性势必受到影响。我们分析判定字的构形时不得疏忽大意，否则就会差之毫厘、谬以千里。要做到分析和判断构形的准确，首先要熟悉四种造字法的条例，其次是要多作比较研究。因为任何一种构字法都不是孤立的，彼此之间既要有联系又有各自不同的特点和规律，要善于从比较中去分辨。

3. 证据要充分

因形求义求的既是本义，那么本义就必须有可靠的形体依据和文献用例的证明，这是两个缺一不可的条件，缺少任何一个，本义就不能成立。此外，上文说过，还可以从相关的字或语源上去找旁证。所有证据都必须坚实可靠，不能是"书传一时偶然之语"，似是而实非。有人讲汉字源流的时候，只讲字形，说某字像某之形，某字像某之意，还辅以图画相比附，可就是找不出文献用例或其他方面的佐证，这就难以令人信服了。

4. 并非所有汉字都能因形求义

因形求义是汉字被使用了数千年之后人们通过探求远古之人的造字意图来解释字义的一种手段，它是建立在汉字以象形、象意为基础这一基点上的。汉字虽然主要来源于图，但是并非全部来源于图画。即使是来源于图画的字，也是经过高度抽象，已与图画有本质的不同了。另外，作为记录语言的符号，汉字不需要也不可能字字都寓义于形，只要约定俗成，得以公认即可流行。所以现在能见到的古汉字，并不是每一个字都能搞清楚其原始构形意图的。有的是由于时代久远，情随事迁，再加上字形的不断抽象化，现在已无法推知其原始构形意图，这样的字实际上已变成了单纯的记音符号；根本就没有什么寓义于形的意图。比如"乃、以、乍、才、公"等，就很难弄清其构形意图。有些古汉字之所以至今还无法考释出来，主要原因也在这里。由此我们应该明晰，因形求义并不是放之所有汉字而皆准的释义的唯一方法。不看到这一点，很容易把这种有用的方法引向绝对化的歧途。

思考与练习

一、什么是"六书"，各种造字法的特点是什么？举例说明之。

二、分析下列会意字的结构，并简要分析其形义关系：集、既、莫、戍、秉、逐、盥、取、林、及、北、从、比、初、孚、间、青、宿

第四节　古书的用字

文字作为记录语言的符号，作为社会交际的工具，总是随着语言和社会的进步而发展、变化的，但同时又受着语言的和社会的制约。汉字也是这样。汉语的发展和社会用字习惯的部分移易，总对汉字的符号体系、记词功能和书写形式等不断进行调整。调整的结果，既有代代因循、古今一致的一面（主导的一面），又有因时而异、前后相乖的一面。

这后者的历史积存,就形成了古书中的种种不同于今的用字现象。下面仅扼要介绍古今字、通假字、异体字、繁简字等几种常见的古书用字现象。

一、古今字

(一) 什么是古今字

在古代,特别是上古时期,文字的数量相对来说要少得多。由于词义的引申和假借,一个字常常要表示很多个意思,为了文字记录语言更加精密,也为了交流和阅读的方便,古人就另造出一些新字来分担某个字的某项或某几项意义。

其中产生在前的叫古字,产生在后的叫今字,合称古今字。例如"债",本作"责",后写成"债",在"债务"义上,"责"与"债"是古今字的关系;表示成熟义的字本作"孰",后写成"熟",在"成熟"义上,"孰"与"熟"就是一对古今字。

尤其要注意的是,古今字是仅就一定的意义范畴而言的,在某个义项上可能互为古今字,而在其他的义项上可能就不是古今字了,如"益"和"溢"是一对古今字,这只是就"水漫出来"这个义项上说的,但是,"益"还有"富足、增加、利益"等义项,"溢"还有"充满、过度"等义项,在这些意义方面,它们就形不成古今关系,自然就不是古今字了。

(二) 古今字产生的原因

古今字来源主要有三个,这就是:由于汉字的分化,母字与后造分化字构成的古今字;同音假借,被借字与借字构成的古今字;古今对异体字的异用构成的古今字。由于汉字的分化,母字与后造分化字构成的古今字。这里所谓汉字的分化,是指由于汉字表意职务的分化而导致汉字的增益。上古字少,一个字往往承担着多项表意职务,为了减少其兼职,后世便另造新字来分担。比如"共"字,在上古就兼有几个表意职务,分别表示不同的意思:

① 父之仇,弗与共戴天。(《礼记·曲礼》)
② 行李之往来,共其乏困。(《左传·烛之武退秦师》)
③ 为政以德,譬如北辰,居其所而众星共之。(《论语·为政》)
④ 民不知礼,未生其共。(《左传·城濮之战》)

例①是共同的意思,例②是供给的意思,例③是拱揖的意思,④是恭顺的意思。一个"共"字身兼四职,也就是分别记录了四个不同的词。这对运用文字来说是经济的,但字的兼职过多,容易造成表意的含混、模糊。为了增强表意的明确性,后世就造了"供"、"拱"、"恭"三个新字来分别分担它的兼职,"共"字本身就要用以表示"共同"、"共合"这一个义项了。像这样,我们把原先一字多职共享字"共"称为母字,把后来特地为分担母字兼职而造的"供、拱、恭"等称为分化字。从记录同一个词(比如供给的供)所用字的时代先后来说,古用"共"而今用"供",于是"共"与"供"构成古今字。同样,"共"与"拱"、"共"与"恭"也分别是古今字。如"取",既要表示其本义"获取",又要表示它的分化义"娶妻";"舍",既要表示其本义"房舍",又要表示其假借义"舍弃"。这种情况虽然增加了字的功能,但却容易引起字与词关系的混乱,给人们的阅读和理解造成障碍。于是人们便以新造字"娶"来表示"娶妻"义,以新造字"捨"来表示"舍弃"义,这样,"取"与"娶"、"舍"与"捨",就成了两对古今字。

形成古今字的原因还可细分为两种：一是为区分词的本义和引申分化义而造区别字；二是为区分词的本义和假借义而造区别字。前者如，"奉"本义为"手捧"，后由此义又引申分化出"奉献"义。为区别这两个不同义项，后人又造"捧"，来表示"用手捧着"的意义，而让"奉"专表"奉献"义，这样就以不同的形体将词的本义与引申义区别开来。又如，"见—现"、"坐—座"、"受—授"都属此类。后者如，"戚"本义是"一种斧子"，因为同音关系，它又被假借为"悲戚"的"戚"，为求区别，后人又造"慼"，来表示这一假借义，而"戚"仍表它的本义。又如，"卒—猝"、"辟—避"、"度—渡"等都属此类。

（三）今字的形体

今字为古字的后起字，一般都是在古字的基础上增改而成，细分则有如下几种：

1. 在古字的形体上增加偏旁形成今字

（1）增加形符。如"擒"原作"禽"，后增加形符"扌"，成为今字；"智"，原作"知"，后增加形符"曰"成为今字。同类例字还有：

  章—彰 弟—悌 反—返 斯—撕 队—坠 止—趾
  共—供 采—採 受—授 然—燃 莫—暮 辟—避

（2）增加声符。如"网"，增声符作"罔"；"鼻"原作"自"，后增声符"畀"作"鼻"；"食"，指把食物给人或动物吃，后增声符"司"，作"饲"。

2. 变更古字的偏旁成为今字

（1）变更形符。如："买酒"原作"沽"，后作"酤"；"人死而消失"，原作"没"，后作"殁"；"膨胀"，原作"张"，后作"胀"。又如：

  赴—讣 闻—问 错—措 唱—倡 说—悦 敛—殓
  徹—澈 隔—膈 振—赈

（2）更易声符。如"指挥"的"挥"，原作"撝"，后作"挥"。"凄惨"的"惨"，原作"憯"，后作"惨"。

3. 对古字形体略加改易而成今字

如"军阵"的"阵"，原作"陈"，后作"阵"；"太子""太极"的"太"，本作"大"，后作"太"。

4. 此外，还有些古字与今字，形体完全不同，没有传承关系

如，"要"，原被借来表示"邀请"义，此义后改作"邀"；"伯"，具有"诸侯之长"义，后改作"霸"；"战"具有"震颤"义，后改作"颤"。该类古今字是由于假借而形成的，其音同，而形不必同。还有个别的古今字由于造字方法不同而使形体各异。如"身"，为象形字，表示妇人怀孕的意思，后以形声造字法造"娠"，来表示怀孕义，于是"身—娠"就成为形体不同的古今字了。

（四）古今字与它们所记录的词义的关系

古今字的绝大多数是母字与其分化字构成的。这类古今字从表意的分工上看，又有几种情况：

1. 古字表引申义，今字表本义。例如：

  景—影 益—溢 丞—拯 奉—捧 责—债

2. 古字表假借义，今字表本义。例如：

"莫"与"暮"。"莫"字的古字形象日落草莽之中，本义为昏暮，因时常借用为"莫

须有"的"莫",后来便又加日旁新造"暮"字专表本义,"莫"与"暮"构成古今字。《诗经·齐风·东方未明》"不夙则莫",用古字。类似的还有:

　　孰—熟　　然—燃　　衰—蓑　　北—背
　　原—源　　午—杵　　县—悬　　它—蛇

3. 古字表本义和部分引申义,今字专表某一引申义。例如:

"解"与"懈"。解字从角从牛从刀会意,本义为解剖,引申又有"懈怠"、"松懈"的意思,后来加心旁新造"懈"字,用以专表"解"字的这一引申义,而本义和其他引申义(如放开、解脱等)仍由"解"字承担。古书先后在记录懈怠、松懈的"懈"时,"解"与"懈"构成古今字。《史记·李将军列传》:"胡虏益解",又《汉书·张释之传》:"王生老人,曰:'吾袜解'。"均用古字。类似的还有:

　　知—智　　被—披　　坐—座　　没—殁　　反—返
　　食—饲　　赴—讣　　振—赈　　潦—涝　　张—帐

4. 古字表本义,今字表假借义。例如:

"辟"与"避"、"辟"、"譬"、"僻"。古书先后在记录这些词时,"辟"字在不同词义上分别与"避"、"辟"、"譬"、"僻"构成古今字。《郑伯克段于鄢》:"姜氏欲之,焉辟害?"《晋灵公不君》:"晨往,寝门辟矣。"《晁错传》:"使主内亡邪辟之行,外无骞污之名。"《礼记·中庸》:"辟如行远必自迩。"皆用古字。类似的古今字还有:

　　栗—慄　　信—伸　　胃—谓　　舍—捨　　戚—慼　　采—彩
　　牟—眸　　师—狮　　荸—殍　　澹—赡　　母—毋　　与—欤

5. 古字和今字的表义具体化。例如:

"受"与"授"字甲骨文作,像彼此双方以手交接一凡(盘)之形,《说文》训为"相付"。"受"与"授",本是一个事物的两个方面,古代"施"、"受"同辞,接受和授予均由"受"字表示。《新唐书·高俭传赞》:"古者授姓受民,以旌有功。"这里的"受"即是赐予的意思,是用古字。后世新造授予专表授予义,而"受"字专表接受义。"祝—咒",也是古今字。"祝",甲骨文作,像一人跪于神位之前张口致辞之状。祈祷于神,可求赐于己,也可求降祸于他人,这个"祝"字本含有"祝福"和"诅咒"两方面的意思。《诗经·大雅·荡》:"侯作侯祝,靡届靡究。"疏:"口告而祝诅之也。"后世新造"咒"字,专表诅咒之义,而"祝"字专表祝福之义。"兽—狩",也是古今字。"兽"字甲骨文作,从单(狩猎武器)是"狩"的本字。古代"名动相因",行为动作与行为动作涉及的对象每用同一个来表示,故"兽"在上古兼有"禽兽"和"狩猎"两个方面的意思,后世新造"狩"字专表"狩猎"(动词),而"兽"字则专表"禽兽"(名词)了。像这样的古今字,其今字都是为表义的具体化而造的专字。

以上所列举的由母字和后造分化字构成的古今字,不仅具有造字早晚先后的区别,而且绝大多数的今字是在古字的基础上增加义符构成的形声字(古字为声符),这给我们识别这类古今字提供了一个很好的条件。

古代汉语的书面语在发展过程中,往往使用同音假借来调剂汉字的表意功能。原本由某个字担负的表意功能,到了某个历史阶段,因为种种原因,便改由另一个音同音近的字来承担了。而且往往一直承担下来,成为记录这个词的正字。于是前后两个字在彼此交接的那个词义上构成古今字，也就是被借字与借字就成了古今字。例如"伯"字，本主为"长"（老大），其引申义可特指"诸侯之长"，"春秋五霸"的"霸"原本作"伯"，《汉书·文帝纪》："五伯之霸也，勤而抚之。""伯"与"霸"所表示的词义判然有别。后世五伯的"伯"借用"霸"字充当。段玉裁在《说文解字注》"霸"字下说："俗用为'王霸'字，实'伯'之假借字也。"但一借"不还"，到唐代这个借字即已成为正字，至今不变。于是"伯—霸"在"诸侯之长"这词义上构成古今字。

　　由假借构成的古今字，常见的有两种情况。一种是古字（被借字）只把部分表意功能转移给今字（借字），而自身仍然承担着余下的职务。例如"何—荷"就是这样。"何"字甲骨文作𠂉，像人有所担荷之形。《说文》："何，儋也。""儋"即"担"字。由于"何"字经常要承担记录疑问代词"何"的职务，于是本义就另借荷花的"荷"字，而除本义之外的其他职务仍由"何"字自身承担。类似的古今字还有"内—纳"、"见—现"、"女—汝"、"閒—闲"、"泉—钱"等。这类古今字，在古字将部分词职务转移给今字之后，古字与今字分别记录的词，往往是词义不同、词也不同的词，因而在读音上也往往略有差别。

　　另一种是古字（被借字）把自己的记词职务完全转移给了今字（借字），今字通行为正字之后，古字往往被废弃。例如："彊—强"就是这样。"彊"字从弓畺声，本义是"弓有力"引申为凡强劲之称。这个字产生得很早，在西周金文中常用以表示强力、强大的意思。而"强"字从虫弘声，本义是一种虫子"蚚"，产生在战国之后。由于"彊"与"疆"形近易混，"强"又与"彊"同音，且"强"的本义极少用，于是后世便借"强"为"彊"，之后借了就一直沿用，遂使"彊"字完全被"强"字取代而废亡。这类古今字往往是古字的义项单一，今字的义项也不多，且本义罕用，所以今字在淘汰了古字之后，不仅不不会影响表义的明确，反而能使习用的汉字字数为之减少。这是社会对用字的正确选择。

　　由假借构成的古今字与由母字分化构成的古今字，虽然都是人们为了调剂词的职务而进行分工的结果，但是二者毕竟不是一回事。前者是借用已有的同音字来转移部分职务，即用增加乙字的兼职来减少或取代甲字的职务，不造成汉字的增益；而后者是采用新造分化字的办法来分担兼职，造字了汉字的增多（使用异体字来分担职务的结果，使原来的音义全同的一个字变成了意思不同的两个字，实际也等于造了新字）。

　　由假借构成的古今字与后面要讲的通假字也有区别。通假字是共时（同处于某个时代）的暂时借用现象，在某个词义上通假字不能完全取代被通假字的地位而成为记录这个词的正字；而由假借构成的古今字则是历时（前后不同时代）的永久性的借用现象，在某一词义上，借字（今字）完全取代了被借字（古字）的地位而成为记录这个词的正字。例如"早"与"蚤"是通假字，在早晚这个词义上，"蚤"只能在某一时代暂时借用为"早"，并不能最终取代"早"而成为记录"早"这个词的正字。"见"与"现"是由假借构成的古今字，在显现这个词义上，自从"见"把相应的兼职借给"现"字以后，"现"在后世便完全取代了"见"而成为记录显现这个词义的正字。

　　另外，古今对异体字的不同应用构成古今字。异体字本是音义全同、记词功能也一样，只是构形有异的字，但是随着汉语和社会用字的发展变化，一部分异体字也会发生变化。不同时代对异体字的不同应用也往往会构成古今字。大致有两种情况：一种是由于词义的分化而导致两个异体的记词职务有了分工，由某一体专门承担记录分化出来的某一义项，而另一体则承担记录其余义项。于是这两个异体便在不同时代的某一义项上构成了古今字。例如"常—裳"本是一对异体字，本义是"下帬"，即今所谓衣裳的裳。"常"除表本义外，还被借用为表示经常、曾经等。于是在词义分化的前后不同的时代，在"衣裳"这个义项上"常"与"裳"便成了古今字。又如"雅—鸦"是一对异体字，本义是鸟名，即乌鸦。雅又借用为"文雅"、"雅正"的雅。词义分化后，鸦专本义鸟名，"雅"则只表假借义文雅、雅正等。于是"雅"与"鸦"在鸟这个名义上构成古今字。这一类的古今字，实际上是由两个异体先分化成两个意义和用法都不同的字，然后才构成古今同词而异字的。被分化出来的一体，与前面所说的后出分化字所起的作用并没有实质的不同。这类古今字还有：邪—耶、犹—猷、谕—喻、吏—事、沈—沉、著—着，等等。

另一种情况是，两个异体的出现有很大的时代差距，可分为今体和古体，并且后世经过社会的选择，今体得以流传而古体被废弃。但它们在古代文献中也构成了记录同一个词而古今字不同的现象，所以也属于古今字的范畴，也就是古体和今体在同一词义上构成古今字。例如"埜—野"是一对时代不同的异体字，"埜"从土从林会意，最早见于商代甲骨文，以战国时代增加声符予作壄（又常作壄），同时又新造形声字"野"，"埜"（壄）与"野"是不同时代的异体。《汉书·司马相如传》："膏液润埜屮而不辞"，《楚辞·九歌》："天时坠兮威灵怒，严杀尽兮原壄"用的是"野"的古体。后世经过社会的选择，今体"野"得以通行而古体"埜（壄）"逐渐被废弃。但是它们在古书中同记一词，也具有"古用彼、今用此"的性质，所以"埜—野"也是古今字。又如"雚—鹳"，雚为鸟名，最早见于甲骨文字，是象形字，秦汉时始增鸟旁作鹳。《说文》："雚，雚爵也。……《诗》曰：雚鸣于垤。"段注："今《诗》作'鹳'。《释文》曰：'本又作雚'。"后世"鹳"行而"雚"废，但在古书的用字中，它们是古今字。

这里应指出的是：在古今字中，究竟哪个词占原形，哪词分出另造新字，不是随意的，而是取决于使用频率。通常是使用频率高的，占原形，因其笔画简约，能提高书写效率；频率低的让出原形，添偏旁，另造字，故占原字形的不一定是本义、古义。如上文第四类例字。

此外，还应注意：古今字虽反映时间的次序，但不能以著作的早晚来判断古今字。较早的著作可能使用今字，而晚出的古书很可能使用古字。

二、通假字

（一）什么是通假字

通假，又称古音通假，是指古书中本有其字而不用，却临时借用音同音近字来代替的用字现象。这个本该用的字叫做本字或正字，而用来代替本字的字就叫做借字，或叫通假字。例如，《鸿门宴》："距关，毋内诸侯。"本应用"拒"字，却用了"距"字，"拒"是本字，而"距"则是通假字。再如，《愚公移山》："甚矣，汝之不惠。"这里的"惠"是"聪明"的意思，本字应是"慧"，而"惠"则是通假字。例如：

① 庄公寤生，惊姜氏。（《左传·郑伯克段于鄢》）
② 举错不可不察也。（《汉书·张释之传》）
③ 往者屈也，来者信也，屈信相感而利生焉。（《周易·系辞下》）

十分明显，例①的"寤"本应用"牾"，牾训逆，牾生即逆生；例②的"错"本应用"措"，放置的意思；例③的"信"与"屈"相对，本应用"伸"，意思才能通畅。然而这些文句的作者没有用本来该用的字，而用了意思毫不相干只是音同音近的字来代替。这就是古书中的所谓通假现象。这里的"寤""错""信"三字是通假（借字）字，"悟""措""伸"则分别为它们的本字。

通借虽然前人也谓之假借，也是"依声托事"而借音表义，但是它与六书之一的"假借"是不同的。六书中的假借是造字的一种法则，是给某些词造专门书写符号而借用它词的书写符号来替代的法则，是"本无其字"的"依声托事"，没有所谓本字可言（后世再造本字者除外）；通借则是古人用字的一种变通现象，即放着本字不用而临时借用音同音近的它字来替代，是"本有其字"的"依声托事"。

为什么会产生本有其字而不用的通假现象呢？原因很多。从根本上说，汉字虽然是以象形、象意为基础发展起来的表意文字体系，但是由于种种原因，它并不能实现形与义的完全统一，因而在造字之初便有了假借。这说明汉字作为记录汉语的符号，本来就是允许和存在着借音表义的。用字的通假和造字的假借虽有不同，但在借音表义这一点上并没有本质的区别。只要在使用过程中能做到约定俗成、得到社会的公认就不会造成交际的障碍。因此，某些通假现象在某个时代通行，当时的人们习以为常，并不以之为怪。在没有正字法、也没有能促进用字规范化的工具书的古代，人们用字不像后世那样严格。另外，汉字在隶变之后，字形的直观表义功能已不复存在，音同音近的字又多，形体也难记，人们在仓猝下笔之际不及熟虑，也自然易写"别字"，正如郑玄所说的："其始书之也，仓卒无其字，或以音类比方假借为之，趣于近之而已。"至于有的典籍书已亡佚，后来只能根据某人的口授再笔录流传，笔录之时，也容易注重声而忽视字形。某些"别字"流传久了，也就渐渐相沿成了习惯，所以古书中的许多通假字与其本字之间的对应关系（即某通某）是相当固定的。

古书中大量使用通假字，是造成古书难读的原因之一。碰到通假字定要打破其字形的束缚，"以声求义"，找出它的本字，不能望文生义而"硬解"。清代学者王念孙说得好："字之声同声近者，经传往往假借。学者以声求义，破其假借之字而读以本字，则涣然冰释；如其假借之字而强为之解，则诘籟为病矣。"前人将上面所举例①"庄公寤生"的"寤"即如其字面解为"寐寤"，"谓武姜寐时生庄公，至寤时始觉其生。"一觉醒来孩子已生下，又何"惊"之有？所以这样的解释是"以文害辞"，可见明通假对阅读古书的重要性。

通假，与今天写别字相似，但性质不同。相同之处在于二者都是音同代替，不同之处在于今人写别字属个人不规范用字，应该纠正。而通假则是一种用字习惯，具有社会约定俗成性。通假字产生的最初原因确实是古人写了别字，诚如郑玄所说："其始书之也，仓卒无其字，或以音类比方假借为之，趣于近之而已。"然而，这种偶尔写别字的现象不仅为当时社会所认可，而且还被后人有意仿效，以致相沿成习，成为惯例。例如"蚤"借为"早"，在《诗经》、《左传》、《孟子》、《管子》、《庄子》、《墨子》、《荀子》、《史记》、《汉书》乃至唐宋古文中都能见到。从数量上看，通假字数目庞大。故通假在古代，并不是个别字的偶然现象，而是社会认可的普遍现象。后代文人的仿古作品，也常写通假字。

（二）通假字与被通假字之间的关系

古书用字的通假现象是复杂的。从不同的角度观察，通假字与被通假字之间具有不同的关系。主要有：

1. 从声音上看，通假字与被通假字具有或同音、或双声、或叠韵的关系。例如：
   ① 信以结之，则民不倍。(《礼记·缁衣》)
   ② 寡助之至，亲戚畔之。(《孟子·公孙丑》)
   ③ 故九万里则风斯在下矣，而后乃今培风。(《庄子·逍遥游》)
   ④ 没死以闻。(《战国策·赵策》)
   ⑤ 登是南邦。(《诗经·大雅·崧高》)
   ⑥ 从弟子女十人所。(《史记·滑稽列传补》)

例①的"倍"和例②的"畔"分别是"背"和"叛"的借字，"倍"与"背"、"畔"与"叛"同音；例③的"培"和例④的"没"分别是"凭"和"冒"的借字，"培"与"凭"、"没"与"冒"是双声；例⑤的"登"和例⑥的"所"分别是"成"和"许"的借字，"登"与"成"、"所"与"许"叠韵。

2. 从字形上看，通假字或被通假字如果是形声字的话，则多具有相同的声符。

由于汉字中形声字占的比例极大，通假以音同音近为前提，所以通假多见于形声字，而于形声字中又特以具有相同声符者居多。例如：财—材、涂—途、常—尝、倡—唱、底—砥、鄂—愕、匪—斐、静—净、僇—戮、说—脱、讼—颂、廪—懔、锡—赐、刑—形、政—征、悟—晤，等等。当然，声音相同相近的字并不限于声符相同的形声字，因而通假字与被通假字也并非都如此，比如：由—犹、时—伺、趣—促等，则是另外的情形，只是所占的比例较小罢了。

3. 从借代关系上看，通假字与被通假字有单借和互借之别。

所谓单借，是指甲能借乙，乙却不能借甲。背弃的"背"能借用倍数的"倍"来替代，而倍数的"倍"却不能借用背弃的"背"来替代。所谓互借，是指甲字和乙字可以相互替代，即甲为本字时乙为借字，乙为本字时则甲为借字。例如：
   ① 及以至是，言不辱者，所谓强颜耳，曷足贵乎？(司马迁《报任安书》)
   ② 年八十已上，赐米人月一石，肉二十斤，酒五斗。(《汉书·文帝纪》)
   ③ 安有为天下阽危者若是而上不惊者？(贾谊《论积贮疏》)
   ④ 江汉以濯之，秋阳以暴之，皜皜乎不可尚已。(《孟子·滕文公上》)

例①"以"是借字，"已"为其本字；例②"已"为借字，"以"为其本字。"以"与"已"互为通假。例③"上"是借字，"尚"为其本字；例④"尚"为借字，"上"为其本字。"尚"与"上"互为通假。类似的例字还有：爱—哀、才—裁、故—固等。古书用字的通假现象以单借为多，互借较少。

4. 从对应字数上看，通假字与被通假字一般是一对一的关系，即一个字仅被另一个字借用，但也有不少的字可被两个或两个以上的字借用，形成一对几的关系。
   ① 主齐盟者，谁能辩焉？(《左传·昭公元年》)
   ② 若夫乘天地之正而御六气之辩以遊无穷者，彼且恶乎待哉？(《逍遥遊》)
   ③ 望于山川，辩于群神。(《史记·五帝本纪》)
   ④ 其于宗庙朝廷，辩辩言，唯谨尔。(《史记·孔子世家》)

例① 杜预注云："辩，治也。"治办之意，即借为"办"；例② 郭庆藩《庄子集释》云："辩，读为变"；例③今《尚书·舜典》"辩"作"徧"（遍）；例④《论语·乡党》"辩辩"作"便便"。是"辩"可被"办""变""徧（遍）""便"等几个字共同借用。

此外，"距"通"柜""讵""巨"；"釐"可通"氂""来""赉""僖"；"能"可通"耐""乃""昵""而"等，都属于这一类。

（三）通假字的辨识

前面说过，通假是借音表义，以音同音近为前提，所以辨识通假字主要是以声音为线索。阅读中遇到某一个字不能用其本义或引申义去解释时，就应考虑到是否存在通假的问题。例如《论语·阳货》："阳货欲见孔子，孔子不见，归孔子豚。"这一句中的"归"字当作何解释呢？若依《说文》，"归"的本义是指女子出嫁，这用在本句显然不通；若用"归"的引申义"归还"似乎可通，但孔子并未借给阳货豚，又何以言归还？联系上下文意，是阳货想通过送豚给孔子，好让孔子依礼回拜时见到孔子，句中"归"字是赠送的意思。然而"归"字的本义和引申义中都没有"赠送"这一义项，可见古有赠送食物的专字"馈"与"归"音近，意思又正好吻合，于是可以初步断定"归"是"馈"的借字。查同书《微子》，又有"齐人归女乐，季桓子受之，三日不朝"之语，"归"同样当借为"馈"（意思是说齐国像馈赠美味一样将女乐送给鲁国）。再查别的古书，还有同类例证。这说明"归"借为"馈"，已沿用成习，并非偶然。这是同类例证。另外，古书中往往有不同的书同记一事而用字互异的情况，这也是我们弄清通假现象的好材料。"归孔子豚"一句，郑玄注本即"归作馈"。这是异文例证。有了这些同类例证和异文例证，"归"为"馈"的借字就可以确定无疑了。

在辨识通假字时要注意以下两点：

1. 要有音韵常识

所谓音同音近是就古音而言的，不是指今音。古今语音变化很大，古代音同音近的字，到现在不一定音同音近，有的可能变得完全不音近了；而原本读音不同不近的字，又有可能变得相同相近。所以当我们以声音为线索去辨认通假时，千万不可只据今音作准则。

2. 在没有别的例证时，不可只据音同音近而轻言通假

判定某字借用为某，一定要有充分的证据和理由。有的学者过分强调"以声求义"，把根本不是通借武断为通借而将古书解错的例子不少，我们应引以为戒。对于古书中常见的通假字，古今注文中多有注明，《辞源》、《辞海》一类普通字书中也有释例，初学者应该通过阅读和勤查工具书去掌握一批常用的通假字。

（四）关于通假字的其他问题

1. 通假字与本字的对应关系

在古音通假中，用哪个字借为哪个字，通常有一定的约定俗成性，而不是凡有同音或近音关系的字都可通假。例如与早同音的有"蚤、枣、澡、藻"等字，但一般只有"蚤"可通"早"，而其他字则不能借作"早"。在本字与通假字的数量对应关系上，通常是一对一，即某一个字只借为某一个字，但也有一对几，即同一字可借为几个不同的字；或"几"对"一"，即某几个字都可借为某一个字的情况。前者最为习见，后面两种情况可举例说明：

"適"可分别借为"谪、嫡、敌"。如："发闾左適戍渔阳九百人"（《史记·陈涉世家》），"適"借为"谪"；"立適以长不以贤"（《公羊传·隐公元年》），"適"借为"嫡"；"政適伐国"（《史记·范雎列传》），"適"借为"敌"。

"详、佯、阳"都可借为"佯"。"于是乎详僵而弃酒"（《史记·苏秦列传》，二例中"详、阳"都借为"佯"，是"假装"的意思。

通假字与本字之间，一般是单相通假，即甲字可借为乙字，而乙字却不能返转借作甲字，但也有些字可互相通假。如谓与为、已与以、辩与辨彼此之间都可互相通假。还有些字可以递相通假，即甲字借为乙字，乙字又借为丙字，如"故"借为"固"，"固"又借为"姑"；"取"借为"趣"，"趣"又借为"趋"。

2. 对于通假字的认定要慎重

认定通假字除了要有声韵上的依据而外，还必须有确凿的古代文献佐证，如异文、古注材料、同类例证等等，不能贸然下结论。即使是可以讲成通假的字，也要具体分析，例如，古书中"常"可通"尝"，但在苏轼《石钟山记》"是说也，人常疑之"中，就不宜看做通假。

三、异体字

（一）什么是异体字

异体字　又称或体字，是指读音、意义用法等全同而写法不同的一对或一组字，例如：覩—睹、徧—遍、罪—辠、飄—飌、宐—宜等。

有些字本义相同，读音也相同，但后来在某些词义的用法上有了分工，这样的字就不再是异体字而是分工不同的两个字了。例如"谕"和"喻"，在先秦两汉互相通用，都有"晓谕、譬喻"之义，是异体字，但后来，有了分工，"谕"用作"晓谕"之"谕"，"喻"用作"譬喻"之"喻"，互不通用，就不再是异体字。还有些字，两两之间在诸多义项上都可通用，但其本义不同，在某个义项上不能相通，这样的字也不算异体字。如"遊"与"游"，在"行走、交往、流动"等义项上都可通用，但"游泳"义就只能用"游"而不能用"遊"；"修"与"脩"在许多义项上都可通用，但在"干肉"义上就只能用"脩"而不能用"修"。

（二）异体字的类别

异体字可分为如下几类：

1. 结构类型不同的异体字

"灾"与"烖"，前者是会意字，后者是形声字；"野"与"埜"，前者是形声字，后者是会意字。

2. 构字偏旁不同的异体字

"体"与"軆"，二者都是会意字，但前者从"人"，后者从"身"。"唇"与"脣"，二者都是形声字，但形符不同，前者从"口"，后者从"肉"。又如："线"与"線"，二者义符相同，声符不同；又如"村"与"邨"，二者意符和声符都不同。

3. 偏旁位置不同的异体字

"够"与"夠"、"胸"与"胷"、"峰"与"峯"、"鞍"与"鞌"、"群"与"羣"、"秋"与"秌"。

4. 因书体演变或书写习惯不同而形成的异体字

如："朵"与"朶"、"污"与"汙"只是因为书写的习惯不同。

异体字绝大多数为两两相异的，但也有少数是三个或三个以上互为异体的。如："炮、砲、礮"，"咱、偺、喒、喒、喒"。

我国地域广，人数多，历史悠久，人们在不同的时期和环境中造字，因构思有别，取材不同，方法各异，所以给同一个词造出两个以上不同的书写形式实属自然。但异体字的存在，却成为人们学习、阅读古书的障碍。1955年12月，文化部和文字改革委员会公布了《第一批异体字整理表》，淘汰了1055个异体字。我们平时不应再写异体字，但是在古籍中异体字依然存在，所以学习古代汉语时，还应了解异体字的有关知识并掌握一些常用异体字。

四、繁简字

繁简字是繁体字和简体字的合称。所谓繁体字和简体字，是就同一个字构形时所使用的构件或笔画的多少相对而言的。构件或笔画多的是繁体，构件、笔画少的是简体字。同一个字（当然不是每一个字）的繁与简，自古就有。汉字在发展演变过程中，虽然有删繁就简的一面，但是这一面实行得并不彻底和广泛。由于不同的时代有不同的社会用字和风尚，在没有严格正字法的情况下，也往往繁简并行。比如"学"字有繁体作"斅"，也有简体作"學"；在古书中，"学"字用简体为多，也用有繁体的，《史记·张释之列传》："此两人言事曾不能出口，岂斅此啬夫谍谍利口捷给哉？""学"字即用繁体。所谓繁体和简体，是就同一个字在构形表明上的繁复与简单相对而言的，若就字的记词功能和用法而言，实质上属于异体字。由于它在社会用字中有一定的特殊性，所以才单列出来作专门的讲解。古代还有许多简体字没有能流传下来，也不被后世的一般字书所不收，比如汉魏六朝的碑刻文字中就有不少的简体字，被后世鄙视为"俗体"而多未能流传。

新中国成立后我国进行了简化字的颁布与推行，对于文化教育的普及，对于现代科技的发展，其意义是十分深远、重大的。不过对于需要阅读古代典籍及一切文献资料的人来说，只认识简化字还是不行的，还必须了解简化字与原来繁体字的种种对应关系，真正认识和掌握繁体字。

汉字的简化实际上包含两个方面的内容：一是简化字形，二是削减常用字的字数。前者采用各种方式（诸如简化偏旁部首、取原字形的某一部分或轮廓、草书楷化，重造新体等），将一部分常用字的形体进行改造，使字的结构简单、笔划减少而便于书写，所涉及的主要是"形"的问题。后者则选留某些字而同时废弃某些字，是对字的记词职能进行调整或归并，所涉及的主要是"义"的问题。这两个方面对阅读古书都有影响。如果光是字形的简化而不关字义，那问题就较为简单，只要能认识一些常用的繁体字就是了。比如"漢書"，你只要知道"汉书"这二字的简化就行了。若是既涉及字形同时又涉及字义，那问题就没有这般简单了。有几种情况值得注意：

（1）某字简化后的构形与古书中某个字构形完全一样，但两者的音义和用法完全不同

① 无是公听然而笑。（《史记·司马相如列传》）
② 价人维藩。（《诗经·大雅·板》）
③ 降此蟊贼，稼穑卒痒。（《诗经·大雅·桑柔》）

在这些古书的文句中，"听"音yǐn，意为"笑貌"，"价"音jiè，意为"善"；"痒"音yáng，意为"病"。现在简化字中听话的"听"（聽）、物价的价（價），搔痒的痒（癢）分别与之同形，但意义却迥然有别。属于这一类的简化字还有：厂（廠）、广（廣）、胜（勝）、坏（壞）、机（機）、苹（蘋）、筑（築）、适（適）、异（異）、腊（臘），等等。在古书中遇到这类字，若按现在简化字的音义去释读，就无法明了古人的语

意了。

（2）字形虽未简化，但却兼并了另外一个（或两个）音同或音近字的记词职能，而被兼并的字在"解除职务"后，多数被废弃，少数虽仍被"留用"，但记词职务大为减少。这样就使"兼并者"增加了它原来所不具有的义项，扩大了它们的记词职能。

例如"丑"，原本只表地支，在汉字简化时兼并了"醜"的记词职能，"醜"被"解职"废弃，于是"丑"字除了仍表地支之外，又增加了"丑恶"、"丑陋"的义项。再如"干"，原本只表干犯、干求义，汉字简化时兼并了"乾"的一部分职能（干湿）和"幹"的全部职能，于是"幹"被废弃，"乾"只余下"乾坤"的一个义项。类似的字还有：余［余，餘］、后［后，後］、斗［斗，鬥］、舍（舍，捨）、几（几，幾）、叶（叶，葉）等。

（3）字形简化，同时又兼并了另外一个音同或音字的记词职能，被简化的繁体和被兼并的字同时被废弃。

如"获"是"獲"（古指猎得禽兽）的简化，同时又兼并了"穫"（古指收割庄稼）的记词职能，于是"猎獲"和"农穫"两个义项统由"获"字兼任，獲、穫二字同时废弃。类似的例字还有：汇（滙、彙）、饥（飢、饑）、钟（鐘、鍾）、历（歷、曆）等。

对于以上几种既涉及字形、又涉及字义的简化字，我们格外留心。在阅读古书（特别是简化字排印的古书）时，一定要弄清它所对应的是原来的哪一个字，切不可望文生义或以今释古而误解了古书的意思。

思考与练习

一、解释下列概念。
　　古今字　通假字　异体字　繁简字
二、联系上节内容谈谈通假和假借的区别。
三、举例说明通假字的类型和需要注意的问题。
四、你能举出所学过的异体字吗？
五、你能写出一些常用词的繁体吗？
六、找出下列句中的古字、异体字、通假字，并写出与其相应的今字、通用字与本字。

1. 寒暑易节，始一反焉。（《列子·愚公移山》）
2. 便要还家，设酒杀鸡作食。（陶渊明《桃花源记》）
3. 从台上弹人，而观其辟丸也。（《左传·晋灵公不君》）
4. 公赐之食，食舍肉。（《左传·郑伯克段于鄢》）
5. 孰视之，自以为不如。（《战国策·邹忌讽齐王纳谏》）
6. 韩厥俛定其右。（《左传·鞌之战》）
7. 邹忌修八尺有余，形貌昳丽。（《战国策·邹忌讽齐王纳谏》）
8. 位尊而无功，奉厚而无劳。（《战国策·触龙说赵太后》）
9. 愿伯具言臣之不敢倍德也。（《史记·项羽本纪》）
10. 将军禽操，宜在今日。（《三国志·吴书·周瑜传》）
11. 此小大之辩也。（《庄子·逍遥游》）

12. 涂有狂夫，投刃而候。(《论衡·知实》)
13. 发闾左谪戍渔阳九百人。(《史记·陈涉世家》)
14. 宋，所为无雉兔狐狸者也。(《墨子·公输》)

第五节　文字学知识与中小学语文教学

一、文字学知识在小学文字教学中的应用

汉字区别于世界上其他拼音文字的最大特点，是富于直观意义，可以因形见义。语文教学中，用这一特点，从分析字形结构入手，帮助学生准确而透彻地理解字的音、形、义，可以收到事半功倍的效果。

如"大"字，只要学生能说出一横一撇一捺，有三画；"男"字只要能说出上下结构，老师即夸赞其"顶呱呱"。诚然，在学生初识笔画和结构阶段，这样的教学也是必要的，但在此之后仍千字一律地、毫不讲"理"（构字原理）地机械教学和机械识记，其结果当然就会是生字回生率高、书写错别字多。如果我们的教师在识字教学中能依据构字原理，把上述两字分别析解为："人"跨腿伸臂（一）表示"大"，古代在"田"间出"力"劳作的是"男"，那么，像"大"、"男"等字出现在学生面前时就不会是抽象的笔画符号，而是一幅幅图画，甚至还会浮现出动态性的内心视像。较之抽象的符号识记，这样讲"理"的识字，其"质"是根本不同的。识字要以感性知觉为先导，并有分析、综合以至推理、判断等思维活动参与，而最主要的过程是记忆。机械记忆容易遗忘，意义识记则印象深刻。依据汉字的构字原理和规律进行识字教学，可以说是中国古已有之的传统识字方法。由于汉字楷化和简化等原因，部分字的形义已有所变化，教学这些字时，当然不能"强词夺理"，是可以按笔画或结构部件识记的。但就大部分汉字来说，还是有"理"可说的，对这些字，我们就应依据其构字的原理进行解说和识记。在我国当代的诸多识字教学流派中，实际上有很多也是渗透字理识字的因素的，如集中识字，字根识字等，从广义上说，凡是依据构字原理进行析解记忆汉字（包括按字源理据和对部分简化字、形变字运用现代观念进行新的析解识记）的都属于字理识字，任何一种好的识字方法都应该渗透字理，机械识字绝不会是好的方法；而字理识字又必须常常借助集中识字、归类识字、谜语识字、趣味识字等方式进行。

根据汉字的特点，我们对小学的识字教学应该：

1. 弄清汉字笔画和部件的合成关系

汉字是由部件和笔画组成的，汉字各部分之间都是为表达某种意义而有机结合，它们之间的关系就体现了汉字的构形理据。例如"八"、"人"、"入"三个字，看去都是由撇和捺两画按相离、相接的关系组合，字形十分相似，书写时稍不注意就会出现错误，但是它们各自的构形理据却有根本的不同。"人"，小篆写作 𠆢，是人体侧面的象形；"入"，甲骨文写作 入，像尖锐物体形，因为尖锐才会使人有如锥刺股的直觉；"八"，甲骨文写作)(，像分别、相背形。只有弄清了它们各自的造字据理才能明确撇和捺这样组合的原理，从根本上掌握汉字形与义、音的关系。相当部分的汉字只要按照其字源意义讲析就能

使学生印象深刻地识记了。

2. 把握好汉字音形义的关系

最早的汉字都是见形知义的，稍后出现的形声字是表意兼表音的，因此，汉字的形、音、义三要素既有联系的一面，又有矛盾的一面。

在联系方面，由汉字的表意性，可以知道它们形义之间的联系是非常紧密的，即"见形知义"。又由于形声字的大量出现，其表意兼表音的作用逐渐成为主流，使汉字形与音的联系得到加强。然而，它又有矛盾的方面，一是出现了一字多形、一字多音、一字多义现象，二是出现了汉字同形（如：别动、分别、别针）、汉字同音（如：甘、杆、竿、柑），汉字同义（如：看、望、瞧）现象。这样，给学习和使用汉字带来极大的不便。

对于汉字音形义的矛盾，我们要追本溯源，从本质上去教学汉字，这样才能减少同音字、形近字的混淆，克服音形义矛盾带来的负效应。例如教学象形字、指事字、会意字就要尽量从其本义入手；教学形声字就要在理解形旁的基础上充分运用声旁的表音作用进行汉字读音的教学。对于同音字，只有从根本上理解其构形理据，才能正确地区分。如教学"清"、"蜻"、"晴"、"睛"、"请"等形近字，只有弄清其形旁所表示的汉字意义的类属关系，才能科学区分，正确使用。

3. 分清汉字与汉字的类属关系

在汉字这个庞大的系统中，汉字与汉字之间有着密切的联系。细察成千上万个汉字可以发现，这么多汉字中，经常出现相同的部件。如许多汉字中有"口"、有"贝"等。这样的部件虽然分布在不同的汉字中，却往往表示着相同或相近的意义。这样，从这个角度看，这些汉字常常由于一定的意义类属而形成一定的内在联系，并依照这种联系组合成汉字系统中的一个个子系统。忽视了这种关系，就会把几千个汉字看成是彼此孤立的、零散的，这样，只能在教学中要求学习者单凭机械识记去艰难地死记硬背几千个汉字。如果我们在教学中能抓住这个规律，注重它们之间的这种联系，就可以大大提高识字效率。如："迈"、"远"、"近"、"进"、"送"、"迎"、"返"、"还"、"逃"、"追"、"道"、"逢"、"遨"、"邂"等字，它们都有一个相同的部首走之旁，这些字都与人的行走有关；再如："怒"、"想"、"念"、"怀"、"忆"、"怕"、"恭"、"慕"等字，它们的形旁虽然分别是"心""忄"，而实际上"忄"却又是"心"的变体，也就是说它们的形旁实际都是心，这些字都是与人的心态有关。教学中如果能抓住它们之间的这种内在联系，有利于对这些汉字形音义的掌握，从而轻轻松松地教会一大串字。理解了相同形旁的组字意义同时也就能较好地区分不同形旁的同音字了。如"燥"指干燥炎热，故与"火"有关；而"躁"指性情急躁，因之就会躁动，故与"足"有关。明白这样的字理，就能正确地区分"燥"与"躁"了。

对于按象形、指事、会意、形声的原理重造的新字可跟析解其他汉字一样进行教学。如"胆"是"膽"的简体。教学中可不管其繁简，只按形声字教学"胆"就行了。对于恢复古体的字就按古字的理据进行教学。如"从"字，繁体写作"從"，甲骨文写作𠂉𠂉，表示一个人跟随另一个人的意思。现在的简化字"从"正好恢复了古体，教学中就不必再引出繁体了。对于草书楷化的字一般暂不讲字理，对于保留繁体一部分的字，好讲则讲，不好讲的不要勉强。对于有些符号化的字，我们可把文字学家运用的方法和研究成果迁移过来解析字理。如大家公认"又"是表示手，我们可以运用它来解释某些简化字。如"双"，它是由繁体"雙"简化而来，原义为手（又）持双"隹"。现我们可不管它的繁体，把两个"又"字释为两只手，也就是一双手的意思。再如繁体"雜"简化为"杂"，可灵活析解为：岭上的树"木"种类很多（九），这就是"杂"。这样的解析是合情合理的。但是这种办法要慎用，字理解析要科学，不然就会造成混乱。当然，通过奇特联想等去找到有效的记忆方法是允许的，一部分汉字楷化后，与古文字形变化较大，对这部分字亦可依据其现楷书字形和实用字义进行灵活地析解的。

4. 要把握好字理析解的度

立足于解析汉字的构形理据，是字理识字教学法的根本特点。离开了这点，就不成其为字理识字教学了。然而，由于汉字的复杂性，也由于初识汉字者的基础限制，在运用字理进行教学时，还必须处理好字理析解的广度和深度。

识字要讲字理，但根据学生的年龄特点和接受能力，有的字可暂不析解字理，可以在以后知识丰富的适当时候再去解决，这就是字理析解的广度问题。这是字理识字教学法至关重要的问题之一。我们既不要把学习者的接受能力估计过低，对适合进行字理分析的字不去分析，放弃提高教学效率的机会；也不要把学习者的能力估计过高，不顾汉字的复杂情况，强行分析字理，造成对知识的消化不良，反而降低教学效率。概言之，一切从实际出发。具体说来要注意以下几个方面：

（1）字理析解的重点在象形字、指事字、会意字和形声字，对于转注字和假借字要视其情况谨慎处理。如"也"字，甲骨文和小篆写如蛇形，本义指蛇，假借作语气词。现在一般不用本义，通常用假借义，与本义没有关系，我们可不讲它的构形理据，按常规教学随语言环境识字就行了。又如"又"字，古文字象右手形，本义指右手，现在已不用它的本义，仅用它的假借义作副词、连词用。在一般情况下，就不必讲它的理据了；讲了，可能造成与"右"的混淆。但是，"又"字作为部件出现在其他字中间时，往往保留了它表示手的本义，如"友"、"取"、"支"等字中，"又"都表示手，因此，了解它的本义对学习其他字带来极大的方便，在这种情况下，有必要讲清它的构形理据。又如"自"字，甲骨文和小篆均象鼻子形，本义指鼻子，后假借为"自从"的"自"。当我们要分析"鼻"、"息"、"臭"等字时，可以而且必须讲解它"象鼻子形"这个理，而在讲"自从"的"自"时，就不必从"象鼻子形"讲起了。而在讲"自己"的"自"时，仍可借助鼻子义讲解，因为人们在说到自身时仍常常是指着自己的鼻子而说的。类似的字还有："几"，讲"茶几"的"几"时讲字理，讲"几多"的"几"无须讲字理；"斗"，讲"谷斗"的"斗"时可讲字理，讲"斗争"的"斗"（繁体古文字"鬥"像两个人持械搏击的样子）时则无须讲字理。

（2）解析形与义音关系较明显的，变化太大或远离学生生活实际的可以不讲字理。汉字在长期的发展演变过程中，有些字已很难从字形上找得到它的意义联系了，这类字以现今的简化字最为突出。如"万"字，繁体为"萬"，甲骨文写如蝎子形，本义指蝎子。简化后已经完全符号化了，"万"字无论从字形还是从字义上说都与最初的"萬"字迥然不同了，因此可不析解其构形理据。

此外，还有一些字是某些部件符号化，这个符号化的部分已不能直接与字理挂上钩来，解析字理时只能适可而止，不要勉强。如繁体形声字"邓"（鄧）、"凤"（鳳）、"仅"（僅）、"汉"（漢）、"戏"（戲）、"欢"（歡）、"鸡"（鷄）简化后都用"又"代替其声旁，这些字形旁不变，"又"取代其声旁后，不能讲"又"表音，也不要勉强地把它们析解成形旁加"又"会意。

总的来说，根据汉字的特点析解汉字要根据各种实际情况而定，要在教学实践中去摸索和体会。

二、文字学知识在中学文言文教学中的运用

（一）正音

由于古文中大量存在古今字、通假字的情况，教学过程中常发现有些字的读音难以准确认定，而有时课文偏偏漏注或错注。这时，我们应该运用文字学知识加以确定。

例①《廉颇蔺相如列传》中，"奉"这个字多次出现。"王必无人，臣愿奉璧往使。""赵王于是遂遣相如奉璧西入秦。""相如奉璧奏秦王。""蔺相如前曰：'赵王窃闻秦王善为秦声，请奉盆缻秦王，以相娱乐。'"这四处"奉"字，文中均未加音，是不是没有必要呢，恐怕未必。"奉"是形声字，小篆作 𢉖，《说文》："承也。""从手从廾，丰声。"是手捧物的意思，由此可知，"奉"是"捧"的古字。"奉"又引伸为"进献"，现代汉语"奉献"的"奉"即"进献"意。对照《廉颇蔺相如列传》中四个"奉"字，三个是"捧"的古字，故应读 pěng，最后一个是"进献"、"奉献"的意思，应该读 fèng。

例②《诗经·伐檀》首句，"坎坎伐檀兮，置之河之干兮。""干"，解释为岸，这是不错，但读音未注。一般人都读成"gān"，一般工具书也注为"gān"，似乎已成定论。甲骨文作 丫，像防御武器，本义为盾牌，陶潜诗"刑天舞干戚"，可以为证，可见"干"与"河岸"风马牛不相及，"岸"，形声字，"屵"形，"干"声，"干"与"岸"同音通假，是讲得通的，通假字应读本字，这里的"干"，是应读为"àn"。

（二）辨形

有许多汉字，音相同，形相近，因学生使用中常常搞错，如果将这些字的形体结构以分析比较，就能帮助学生区别开来。

例③"即"和"既"。这两个字都是会意字，"即"，甲骨文写作 𝔖，左边是盛满食物的器皿，右边一个人面对着准备就餐，本义是走近去吃东西，引申为"靠近"再引申为"立刻"；"既"，骨文写作 𝔖，左边是盛满食物的器皿，右边一个背对着食物，表示一个人吃完东西将要离开的样子，本义是吃完东西，引申为"尽"、"完"，再引申为"已经"，将这两个字的形体结构以及意义一比较，就可以知道这是一对构词理据截然相反的词。

例④"瑕"、"暇"、"遐"，这三个字课本中经常出现，学生使用时经常混淆不清。同样，我们从分清结构、区别字义入手，可以帮助学生区别。"瑕"、"暇"、"遐"均为形声字，声符相同、形符有别，"瑕"，从玉，本义为玉中的斑点，成语白玉无瑕、白璧微瑕、瑕不掩瑜可以为证；"暇"，从日，本义空闲，成语"目不暇接"、"应接不暇"可以为证；"遐"，从"走"，本义远，成语声震遐迩、遐迩闻名可以为证．这样从字的结构意义、及其运用加以辨析，给学生的印象非常深刻。但古今词性有一定的变化，如果以现代汉语中的词性来推断，往往会出差错。追本求源，分析字形结构，也是可以帮助我们确定某些词的性质的。

例⑤《游褒禅山记》中"余于仆碑，又以悲夫古书之不存，后世之谬其传而莫能名

者，何可胜道也哉"？"名"，书后注解为识其本名，动词，这当然是对的，但由于强调了一下是动词，因此，一些执教者把它理解为名词活用，成了画蛇添足。"名"，会意字，从口夕，《说文》："冥不相见，故以口自名。"意思是，暗中看不见，自报名字。可见，"名"本来就是动词，活用从何而来？《廉颇蔺相如列传》中"于是相如前进缻。"将"前"作为名词活用为动词的例子。这同样是搞错了。"前"是个会意字，小篆写作𠝣，从止在舟上。人在舟上，不行而进。本义为前进，"前"作为方位名词是后起义。

（三）析义

从分析汉字结构入手来解释词义，可以正本清源，从而将词解释得更准确，更贴切。

例⑥《游褒禅山记》中"唐浮图慧褒始舍于其址而卒葬之"。"址"有些书解释为某个地方，其实不然。"址"是形声字，从土，止声。止是人的脚，形声字声符有表义功能，"址"应解释为山脚下，故《说文》训为"基也"，是很有道理的。

例⑦《游褒禅山记》中"夫夷以近，则游者众；险以远，则至者少"。"险"，文后未注，执教者从教参解释成危险，似乎也说得通，其实是望文生义，"险"，形声字，从阜，佥声，可见与地势有关，《说文》："阻难也。"本义为地势不平，与"夷"（地势平坦）意义相反。

综上所述，在语文教学中，一定要重视文字学知识的研究，否则不是误人子弟，便是贻笑大方。

思考与练习

一、如何理解文字学知识与小学语文教学的关系？
二、如何运用文字学知识来辅导小学语文教学？

古 代 汉 语

【选词概述】

文 穷 尽 缘 舍 悉 具 开 爱 国 贰 完 袭 伐 侵
羹 患 城 池 都 饥 饿 窃 贼 寇 盗 疾 病 陈 列

【文】①纹理，花纹。《左传·隐公元年》："仲子生而有文在其手。"②字，文字。张九龄《敕岁初处分》："我玄元皇帝著《道德经》五千文，明乎真宗，致于妙用。"③文章。《汉书·贾谊传》："以能诵《诗》《书》属文，称于郡中。"

【穷】①尽，完。《书·微子之命》："作宾于王家，与国咸休，永世无穷。"②终端，终极。《楚辞·九歌·云中君》："览冀州兮有余，横四海兮焉穷？"③空。《庄子·知北游》："道无问，问无应，无问问之，是问穷也。"④贫苦。《管子·五辅》："衣冻寒，食饥渴，匡贫窭，振罢露，资乏绝：此谓振其穷。"⑤困窘，窘急。《墨子·非儒下》："孔某穷于蔡陈之间。"⑥特指不得志。与"达"相对。《孟子·尽心上》："穷则独善其身，达则兼善天下。"⑦指"鳏"、"寡"、"孤"、"独"四种无依靠的人。郑玄注《周礼》："穷者有四：曰矜、曰寡、曰孤、曰独。"《淮南子·时则训》："天子命有司发困仓，助贫穷振乏绝。"⑧彻底推求，深入钻研。颜之推《颜氏家训·书证》："大抵服其为书，隐括有条例，剖析穷根源。"

【尽】①竭尽，完。《管子·乘马》："货尽而后知不足，是不知量也。"韩愈《秋怀》诗："退坐西壁下，读诗尽数编。"②农历月终。古以农历月终三十日为大尽，二十九日为小尽。③死。《庄子·齐物论》："一受其成形，不亡以待尽。"《史记·扁鹊仓公列传》："后五日死者，肝与心相去五分，故曰五日尽，尽即死矣。"④达到极限。《庄子·齐物论》："有以为未始有物者，至矣尽矣，不可以加矣。"⑤全部，整个。《左传·昭公二年》："周礼尽在鲁矣。"韩愈《元和圣德诗》："尽逐羣奸，靡有遗侣。"⑥全部使出。《战国策·秦策一》："然而甲兵顿，士民病……伯王之名不成，此无异故，谋臣皆不尽其忠也。"曾巩《宝月大师塔铭》："有疾者多归之，无贵贱贫富皆为之尽其术，未尝有所厚薄。"

【缘】①物之边沿。《周书·王罴传》："尝有台使，罴为其设食。使乃裂其薄饼缘。"梅曾亮《观渔》："网之缘，出水可寸许，缘愈狭，鱼之跃者愈多。"②攀援。元稹《连昌宫词》："荆榛栉比塞池塘，狐兔骄痴缘树木。"《明史·云南土司传一·曲靖》："友德以精兵蹙之，蛮众皆缘壁攀崖，坠死者不可胜数。"③凭借，依据。《荀子·正名》："征知，则缘耳而知声可也，缘目而知形可也。"《后汉书·班超传》："徐干谓超曰：'邑前亲毁君，欲败西域，今何不缘诏书留之，更遣它吏送侍子乎？'"④牵连。《新唐书·韦思谦传》："小则身诛，大则族夷，相缘共坐者庸可胜道？"⑤机缘，缘分。《文选·还旧园作见颜范二中书》："长与欢爱别，永绝平生缘。"

【舍】①放弃，舍弃。《易·比》："舍逆取顺，失前禽也。"《国语·楚语上》："女无亦谓我老耄而舍我。"②开释，赦免。《周礼·秋官·司圜》："能改者，上罪三年而舍，中罪二年而舍，下罪一年而舍。"《后汉书·陈忠传》："是以高祖舍周昌桀纣之譬，孝文嘉爰盎人豕之讥。"③发，发射。《诗·大雅·行苇》："舍矢既均，序宾以贤。"《文选·

西京赋》：" 矢不虚舍，鋋不苟跃。" 薛综注：" 舍，放也。" ④施舍。《逸周书·籴匡》：" 舍用振本或作'穷'。" 朱右曾校释：" 舍读为施舍不倦之舍。穷，穷也。"《京本通俗小说·错斩崔宁》：" 将这一半家私舍入尼姑庵中。" ⑤"捨"的简化字。

【悉】①尽，全。《书·汤誓》：" 王曰：'格尔众庶，悉听朕言。'"《东观汉记·光武纪》：" 六年春二月，吴汉下朐城，天下悉定。" ②知道，了解。《后汉书·酷吏传·周纡传》：" 乃密问守门人曰：'悉谁载藁入城者？'" 曹丕《善哉行》：" 众宾饱满归，主人苦不悉。" ③伸。赵晔《吴越春秋·王僚使公子光传》：" 伍子胥谓白公胜曰：'平王卒，吾志不悉矣。'" 沈佺期《被弹》诗：" 怀痛不见伸，抱怨竟难悉。"

【具】①供置。《书·盘庚中》：" 兹予有乱政同位，具乃贝玉。" ②完备，齐全。《礼记·乐记》：" 其功大者其乐备，其治辩者其礼具。" 程大昌《演繁露·七牢百牢》：" 牛、羊、豕具为太牢，但有羊、豕而无牛，则为少牢。" ③特指将衣冠穿戴整齐。岑参《赴嘉州过城固县寻永安超禅师房》诗：" 满寺枇杷冬着花，老僧相见具袈裟。" 周密《齐东野语·方蓥》：" 翼日，具冠裳造方。" ④尽，完全。《诗·小雅·节南山》：" 民具尔瞻。"《史记·项羽本纪》：" 良乃入，具告沛公。" ⑤陈述，开列。韩愈《与郑相公书》：" 伏惟不至远忧，续具一一，谘报不宣。" 张难先《日知会始末》：" 事略依次具后。" ⑥定案，判决。《史记·李斯列传》：" 二世二年七月，具斯五刑，论腰斩咸阳市。" ⑦饮食之器。《左传·襄公二十三年》：" 季孙喜，使饮己酒，而以具往，尽舍旃，故公鉏氏富。" ⑧特指棺椁。《礼记·檀弓上》：" 子柳之母死，子硕请具。" 周亮工《书影》卷十：" 父为老诸生，年七十又二，寻病，医药不效，日益笃，孝子忧之。族里劝孝子急治具。" ⑨才具，才能。旧题汉李陵《答苏武书》：" 其余佐命立功之士，贾谊、亚夫之徒，皆信命世之才，抱将相之具。" 杜甫《自京赴奉先县咏怀五百字》：" 当今廊庙具，构厦岂云缺？"

【开】①开启，打开。《诗·周颂·良耜》：" 以开百室，百室盈止，妇子宁止。" ②花朵开放。沈约《早发定山》诗：" 野棠开未落，山樱发欲然。" 韩愈《奉和虢州刘给事使君三堂新题二十一咏·花源》：" 丁宁红与紫，慎莫一时开。" ③宽解，舒畅。杜甫《秋尽》诗：" 不辞万里长为客，怀抱何时好一开。" ④开裂，分开。班固《幽通赋》：" 养流睇而猿号兮，李虎发而石开。" 阮籍《大人先生传》：" 天地解兮六合开。" ⑤云雾等消散。陶潜《咏贫士》：" 朝霞开宿雾，众鸟相与飞。" 韩愈《同水部张员外曲江春游寄白二十二舍人》诗：" 漠漠轻阴晚自开，青天白日映楼台。" ⑥冰雪融化。鲍照《拟古》诗之六：" 河渭冰未开，关陇雪正深。" ⑦开辟，开拓。扬雄《羽猎赋》：" 武帝广开上林……周袤数百里。" 郦道元《水经注·原公水》：" 魏兴，更开疆宇，分割太原四县，以为邦邑。" ⑧引起，导致。张衡《东京赋》：" 招有道于侧陋，开敢谏之直言。" ⑨设置，设立。班固《东都赋》：" 遂绥哀牢，开永昌。" ⑩指心情、意识的开豁、了然。刘肃《大唐新语·匡赞》：" 玄宗心益开，听之亹亹忘倦。"

【爱】①待人或物的深厚真挚感情。《庄子·山木》：" （孔子）徐行翔佯而归，绝学捐书，弟子无挹于前，其爱益加进。" 韩愈《原道》：" 博爱之谓仁。" ②喜欢，爱好。《论语·颜渊》：" 爱之欲其生，恶之欲其死。" 杜甫《戏为六绝句》之五：" 不薄今人爱古人，清词丽句必为邻。" ③仰慕。《鹖冠子·能大》：" 一者，德之贤也；圣者，贤之爱也。" 韩愈《与鄂州柳中丞书》之二：" 其所以服人心，在行事适机宜，而风采可畏爱故也。" ④舍不得，吝惜。《论语·八佾》：" 子贡欲去告朔之饩羊。子曰：'赐也！尔爱其羊，我爱其礼。'"《孟子·梁惠王上》:"百姓皆以王为爱也,臣固知王之不忍也。"

【国】①国家。《诗·小雅·节南山》:"秉国之均,四方是维。"②国都。《左传·隐公元年》:"先王之制,大都不过参国之一。"③泛指城邑。《国语·周语中》:"国有班事,县有序民。"《后汉书·陈龟传》:"举国掩户,尽种灰灭,孤儿寡妇,号哭空城。"④古代王、侯的封地。《易·师》:"开国承家,小人勿用。"《战国策·齐策四》:"孟尝君就国于薛。"⑤专指与帝王或皇室有关的(人物、事件)。如"国姓""国姻"。⑥指代表国家的。如"国旗""国徽"。

【贰】①副手,副职。《国语·晋语一》:"夫太子,君之贰也。"《三国志·蜀志·廖立传》:"立本意,自谓才名宜为诸葛亮之贰,而更游散在李严等下,常怀怏怏。"②辅佐。《后汉书·仲长统传》:"《周礼》六典,冢宰贰王而理天下。"《旧唐书·武宗纪》:"稽于谟训,谋及大臣,用建亲贤,以贰神器。"③增益,增添。《周礼·天官·酒正》:"大祭三贰,中祭再贰,小祭一贰。"④再次,重复。《礼记·曲礼上》:"虽贰不辞。"郑玄注:"贰,谓重殽膳也。"韩愈《颜子不贰过论》:"不贰者,盖能止之于始萌,绝之于未形,不贰之于言行也。"⑤匹敌,比并。《左传·哀公七年》:"且鲁赋八百乘,君之贰也。"《韩非子·八经》:"礼施异等,后姬不疑,分势不贰,庶适不争。"⑥不专一,怀有二心。《文选·张衡〈东京赋〉》:"于时蒸民,罔敢或贰。"⑦违背,背叛。《左传·昭公二十年》:"寡君命下臣于朝曰:'阿下执事。'臣不敢贰。"

【完】①完备,完整。《论语·子路》:"子谓卫公子荆,善居室。始有,曰:'苟合矣。'少有,曰:'苟完矣。'富有,曰:'苟美矣。'"②复原,恢复。《楚辞·九章·抽思》:"何毒药之謇謇兮?愿荪美之可完。"李贽《虚实说》:"其人庆幸虽深,魂魄尚未完也。"③完聚,团聚。《二刻拍案惊奇》卷三:"孺人道是'骨肉重完,旧物再现',喜欢无尽。"④修筑,修缮。《诗·大雅·韩奕》:"溥彼韩城,燕师所完。"《旧唐书·德宗纪上》:"朝廷增一城,浚一池,便飞语有辞,而诸盗完城缮甲,略无宁日。"⑤净尽,没有剩余。

【袭】①古丧礼中称以衣敛尸。《仪礼·士丧礼》:"主人袭反位。"《释名·释丧制》:"衣尸曰袭。袭,匝也,以衣周匝覆衣之也。"②穿衣加服。衣上加衣。《礼记·内则》:"寒不敢袭。"③亦专指古代盛礼时掩上敞开的外服。《礼记·曲礼下》:"执玉,其有藉者则裼;无藉者则袭。"④泛指穿衣,穿戴。曹植《五游咏》:"披我丹霞衣,袭我素霓裳。"王韬《淞滨琐话·白琼仙》:"袭云罗,曳雾縠,高髻堆鸦,不类近时装束。"⑤重复,重迭。《书·泰誓中》:"朕梦协朕卜,袭于休祥。"刘向《说苑·反质》:"珠玉重宝,积袭成山。"⑥合,调和。《荀子·不苟》:"山渊平,天地比,齐秦袭……是说之难持者也。"《淮南子·天文训》:"天地之袭精为阴阳。"⑦继承,沿袭。《墨子·非攻下》:"(周武王)袭汤之绪。"刘勰《文心雕龙·乐府》:"于是《武德》兴乎高祖,《四时》广于孝文,虽摹《韶》《夏》,而颇袭秦旧,中和之响,阒其不还。"董解元《西厢记诸宫调》卷三:"祖宗非此佌,也非是庶民白屋,不袭门荫,应中贤良科举。"⑧遮盖,掩藏。《礼记·少仪》:"剑则启椟,盖袭之。"《文选·张衡〈西京赋〉》:"大驾幸乎平乐,张甲乙而袭翠被。"⑨出其不意的进攻。《春秋·襄公二十三年》:"齐侯袭莒。"《续资治通鉴·宋太宗雍熙元年》:"辽招讨使韩德让以征党项回,遂袭河东,赐诏褒美。"

【伐】①砍伐。《诗·召南·甘棠》:"蔽芾甘棠,勿翦勿伐。"《史记·孝景本纪》:

"后九月,伐驰道树,殖兰池。"韩愈《论天旱人饥状》:"至闻有弃子逐妻,以求口食;圻屋伐树,以纳税钱。"②征讨,攻打。《孟子·梁惠王下》:"汤放桀,武王伐纣。"韩愈《论淮西事宜状》:"以天子之威,伐背叛之国。"③批评,抨击。王充《论衡·问孔》:"苟有不晓解之问,追难孔子,何伤于义?诚有传圣业之知,伐孔子之说,何逆于理?"④治疗,消除。苏轼《〈凫绎先生诗集〉叙》:"凿凿乎如五谷必可以疗饥,断断乎如药石必可以伐病。"⑤自我夸耀。《易·系辞上》:"劳而不伐,有功而不德,厚之至也。"元稹《唐南阳郡王赠某官碑文铭》:"自是,南阳王勋名显于代,性卑顺不伐。"⑥泛指功勋,功业。《左传·成公十六年》:"晋侯使郤至献楚捷于周,与单襄公语,骤称其伐。"

【侵】①特指不设钟鼓的进犯。《左传·庄公二十九年》:"夏,郑人侵许。凡师有钟鼓曰伐,无曰侵,轻曰袭。"②侵占,夺取。《左传·桓公二年》:"哀侯侵陉庭之田。"③指行事超出特定的范围、职权或限度。《韩非子·外储说右上》:"夫礼,天子爱天下,诸侯爱境内,大夫爱官职,士爱其家,过其所爱曰侵。"颜之推《颜氏家训·勉学》:"未知事君者,欲其观古人之守职无侵,见危授命,不忘诚谏。"④冒犯。《史记·魏其武安侯列传》:"及饮酒酣,夫起舞属丞相,丞相不起,夫从坐上语侵之。"蒲松龄《聊斋志异·申氏》:"申怒,与妻语相侵。妻含愤而眠。"⑤背弃。《史记·张耳陈余列传》:"中大夫泄公曰:'臣之邑子,素知之。此固赵国立名义不侵为然诺者也。'"顾炎武《赠路光禄太平》诗:"不侵贞士诺,逾笃故人情。"⑥指荒年。《谷梁传·襄公二十四年》:"五谷不升谓之大侵。"《墨子·七患》:"五谷不孰谓之大侵。"

【羹】①用肉类或菜蔬等制成的带浓汁的食物。《诗·商颂·烈祖》:"亦有和羹。"《左传·隐公元年》:"对曰:'小人有母,皆尝小人之食矣,未尝君之羹,请以遗之。'"《孟子·尽心上》:"箪食豆羹见于色。"②今多指煮成或蒸成的浓汁或糊状食品。如:鱼羹;豆腐羹;水果羹。③煮羹。《史记·货殖列传》:"楚越之地,地广人希,饭稻羹鱼。"

【患】①忧虑,担心。《论语·季氏》:"丘也闻有国有家者,不患寡而患不均。"《史记·项羽本纪》:"汉王患之,乃用陈平计间项王。"王安石《与马运判书》:"在阁下之明,宜已尽知,当患不得为耳。"②祸患,灾难。《易·既济》:"君子以思患而豫防之。"曾巩《本朝政要策·南蛮》:"南蛮于四夷为类最微,然动辄一方受其患。"③指为害。《孙子·谋攻》:"故君之所以患于军者三。"④弊病,疾病。《商君书·算地》:"凡世主之患,用兵者不量力,治草莱者不度地。"曹丕《典论·论文》:"语曰:'家有弊帚,享之千金。'斯不自见之患也。"⑤指生病。张鷟《朝野佥载》卷四:"渤海高巙巨富,忽患月余日,帖然而卒。"⑥不满意。《新唐书·儒林传上·敬播》:"玄龄患颜师古注《汉书》文繁,令掇其要为四十篇。"

【城】①都邑四周的墙垣。一般分两重,里面的叫城,外面的叫郭。城字单用时,多包含城与郭。城、郭对举时只指城。《诗·大雅·文王有声》:"筑城伊淢,作丰伊匹。"《孟子·公孙丑下》:"三里之城,七里之郭,环而攻之而不胜。"②犹国。古代王朝领地,诸侯封地,卿大夫采邑,都以有城垣的都邑为中心,皆可称城。《诗·大雅·瞻卬》:"哲夫成城,哲妇倾城。"③筑城。《诗·小雅·出车》:"天子命我,城彼朔方。"《汉书·惠帝纪》:"三年春,发长安六百里内男女十四万六千人城长安。"苏轼《儒者可与守成论》:"东城临洮,北筑辽水,民不得休息。"

【池】①城池,护城河。《诗·陈风·东门之池》:"东门之池,可以沤麻。"《孟子·

梁惠王下》："凿斯池也，筑斯城也，与民守之，效死而民弗去，则是可为也。"②水停积处，池塘。《书·泰誓上》："惟宫室、台榭、陂池、侈服以残害于尔万姓。"温庭筠《菩萨蛮》词之四："翠翘金缕双䴔鶒，水纹细起春池碧。"③指某些四周高中间低的池状物。傅玄《砚赋》："采阴山之潜璞，简众材之攸宜，节方圆以定形，锻金铁而为池。"④古代宫室檐下承接雨水的天沟，也称承溜。《汉书·宣帝纪》："金芝九茎产于函德殿铜池中。"⑤衣、被等边缘的镶饰。左思《娇女诗》："衣被皆重池，难与沈水碧。"赵令畤《侯鲭录》卷一："池者，缘饰之名，谓其形象水池耳……今人被头别施帛为缘者，犹呼为被池。"

【都】①古称建有宗庙的城邑。《左传·庄公二十八年》："筑郿，非都也。凡邑，有宗庙先君之主曰都，无曰邑。邑曰筑，都曰城。"《南史·毛喜传》："天嘉三年至都。"②周代王子弟及三公的封地、采地。《周礼·夏官·序官》："都司马每都上士二人。"③唐、五代宋初军队编制单位，以百人或千人为都。《新五代史·吴世家·杨行密世家》："行密收儒余兵数千，以皂衣蒙甲，号'黑云都'，常以为亲军。"④吏的俗称。犹都头、头目。《北齐书·神武帝纪上》："麻祥时为汤阴令，神武（高欢）呼之曰'麻都！'祥惭而逃。"⑤居，处于。《汉书·东方朔传》："苏秦、张仪一当万乘之主，而都卿相之位，泽及后世。"王通《中说·立命》："子曰：气为上，形为下，识都其中，而三才备矣。"⑥统领，统率。陆龟蒙《江湖散人歌》："大君年小丞相少，当轴自请都旌旗。"⑦美好，闲雅。《诗·郑风·有女同车》："彼美孟姜，洵美且都。"《史记·司马相如列传》："相如之临邛，从车骑，雍容闲雅甚都。"⑧总，总共。《汉书·食货志下》："而桑弘羊为治粟都尉……置平准于京师，都受天下委输。"贺铸《青玉案·横塘路》词："若问闲情都几许，一川烟草，满城风絮，梅子黄时雨。"

【饥】①年成很差或颗粒无收。《诗·小雅·雨无正》："降丧饥馑，斩伐四国。"《墨子·七患》："一谷不收谓之馑，二谷不收谓之旱，三谷不收谓之凶，四谷不收谓之馈，五谷不收谓之饥。"②通"饥"。肚子吃不饱，饥饿。《淮南子·说山训》："宁百刺以针，无一刺以刀；宁一引重，无久持轻；宁一月饥，无一旬饿。"③姓。殷之后有饥氏。

【饿】①饥之甚，不饱。《左传·宣公二年》："初，宣子田于首山，舍于翳桑，见灵辄饿，问其病。"《淮南子·说山训》："宁一月饥，无一旬饿。"②特指饿死。《论语·季氏》："伯夷、叔齐饿于首阳之下，民到于今称之。"③使受饿。《孟子·告子下》："劳其筋骨，饿其体肤，空乏其身。"韩愈《送孟东野序》："抑不知天将和其声，而使鸣国家之盛邪？抑将穷饿其身，思愁其心肠，而使自鸣其不幸邪？"④指饥荒。《东观汉记·朱晖传》："堪（张堪）后物故，南阳饿，晖闻堪妻子贫穷，乃自往候视，见其困厄，分所有以赈给之。"《太平御览》卷四〇七引此作"饥"。

【窃】①盗贼。《庄子·天道》："边竟有人焉，其名为窃。"②偷盗。《左传·僖公二十四年》："窃人之财，犹谓之盗，况贪天之功以为己力乎？"《淮南子·览冥训》："羿请不死之药于西王母，姮娥窃以奔月。"③侵害，危害。《吕氏春秋·辩土》："夫四序参发，大甽小畮，为青鱼胠，苗若直猎，地窃之也。既种而无行，耕而不长，则苗相窃也。"④抄袭。王逸《〈楚辞章句〉叙》："名儒博达之士著造词赋，莫不拟则其仪表，祖式其模范，取其要妙，窃其华藻。"⑤私下，私自。多用作谦词。《战国策·赵策四》："老臣病足，曾不能疾走，不得见久矣，窃自恕，恐太后玉体之有所郄也，故愿望见。"《汉书·韩信传》："臣愚，窃以为亦过矣。"⑥副词。偷偷地，暗地里。《韩非子·说难》："卫国之法，窃驾君车者罪刖。"《史记·孙子吴起列传》："齐使者如梁，孙膑以刑徒阴见，说齐使。齐使以为奇，窃载与之齐。"

【贼】①败坏，毁坏。《左传·文公十八年》："毁则为贼。"②杀戮，杀害。亦指杀人者。《书·舜典》："寇贼奸宄。"孔传："杀人曰贼。"③谓对国家、人民、社会道德风尚造成严重危害的人。《周礼·秋官·士师》："二曰邦贼。"④偷窃。韩愈《南阳樊绍述墓志铭》："惟古于词必己出，降而不能乃剽贼。"周清原《西湖二集·张采莲来年冤报》："从来道：'近奸近杀，近赌近贼'，此是一定之理。"⑤诈伪，狡黠。《韩非子·说疑》："言是如非，言非如是，内险以贼其外，小谨以征其善。"⑥暴虐，狠毒。《管子·形势解》："为主而贼，为父母而暴，为臣下而不忠，为子妇而不孝：四者人之大失也。"⑦一种专食苗节的害虫。《诗·小雅·大田》："去其螟螣，及其蟊贼。"

【寇】①暴乱，为害。《诗·大雅·桑柔》："民之未戾，职盗为寇。"《吕氏春秋·贵公》："故曰大匠不斫，大庖不豆，大勇不斗，大兵不寇。"②劫掠。《书·费誓》："无敢寇攘。"《汉书·陈汤传》："入康居东界，令军不得为寇。"③侵略，侵犯。《汉书·晁错传》："是时匈奴强，数寇边，上发兵以御之。"

【盗】①偷窃，劫掠。《左传·僖公二十四年》："窃人之财犹谓之盗，况贪天之功以为己力乎？"《史记·高祖本纪》："杀人者死，伤人及盗抵罪。"引申为用不正当的手段谋取。《后汉书·黄琼传》："处士纯盗虚声。"司马光《论夏令公谥第二状》："若有不令之臣，生则盗其禄位，死则盗其荣名。"②侵犯。《史记·酷吏列传》："吾使生居一郡，能无使虏入盗乎？"③指欺世惑众的人。苏洵《苏氏族谱亭记》："其舆马赫弈、婢妾靓丽，足以荡惑里巷之小人；其官爵、货力足以摇动府县；其矫诈修饰言语，足以欺罔君子：是州里之大盗也。"④对反叛者的贬称。《后汉书·光武帝纪赞》："炎正中微，大盗移国。"李贤注："大盗，谓王莽篡位也。"⑤私通。《汉书·陈平传》："闻平居家时盗其嫂。"蒲松龄《聊斋志异·韦公子》："盗婢私娼，其流弊殆不可问。"章炳麟《訄书·别录乙》："又好色，尝盗良家子。"

【疾】①病，病痛。王符《潜夫论·思贤》："夫治世不得真贤，譬犹治疾不得良医也。"陆游《雨后至近村》诗："年耄身犹健，秋高疾已平。"②患病。《左传·桓公六年》："故奉牲以告曰：博硕肥腯……谓其不疾瘯蠡也，谓其备腯咸有也。"《史记·扁鹊仓公列传》："简子疾，五日不知人。大夫皆惧，于是召扁鹊。"③废疾，废疾的人。《国语·晋语七》："养老幼，恤孤疾。"陆游《杂感》诗："比邻有老疾，亦复致一饷。"④泛指病人。《左传·襄公九年》："修器备，盛糇粮，归老幼，居疾于虎牢，肆眚，围郑。"⑤疫疠，发生疫疠。《国语·鲁语上》："夫苦成叔（郤犨）家欲任两国（晋、鲁），而无大德，其不存也，亡无日矣。譬之如疾，余恐易焉。"⑥痛苦，困苦。《管子·小问》："凡牧民者，必知其疾，而忧之以德。"《汉书·路温舒传》："涤烦文，除民疾。"⑦缺点，毛病。《论语·阳货》："古者民有三疾，今也或是之亡也。"《孟子·梁惠王下》："寡人有疾，寡人好色。"⑧指毒害之物。《左传·宣公十五年》："谚曰：'高下在心，川泽纳汙，山薮藏疾，瑾瑜匿瑕。'"⑨厌恶，憎恨。《书·君陈》："尔无忿疾于顽，无求备于一夫。"《史记·苏秦列传》："〔秦〕方诛商鞅，疾辩士，弗用。"⑩忧虑。《庄子·田子方》："草食之兽，不疾易薮；水生之虫，不疾易水。"

【病】①重病，伤痛严重。《论语·述而》："子疾病，子路请祷。"《左传·僖公二十八年》：" 魏犫伤于胸。公欲杀之，而爱其材。使问，且视之。病，将杀之。"②癖好。李贽《书小修手卷后》："我一生病洁，凡世间酒、色、财半点污染我不得。"③疲惫。《孟子·公孙丑上》："今日病矣，予助苗长矣。"④艰难困苦。《公羊传·僖公十年》："惠公曰：'尔既杀夫二孺子矣，又将图寡人，为尔君者，不亦病乎！'于是杀之。"⑤弊，不利。《史记·商君列传》："利则西侵秦，病则东收地。"⑥忧虑。韩愈《韦君墓志铭》："诸军岁旱，种不入土，募人就功，厚与之直而给其食，业成，人不病饥。"⑦怨恨，厌恶，不满。《左传·宣公十年》："公谓行父曰：'征舒似女。'对曰：'亦似君。'征舒病之。自其厩射而杀之。"

【陈】①陈列，排列。《易·系辞上》："卑高以陈，贵贱位矣。"《左传·襄公九年》："火所未至，彻小屋，涂大屋，陈畚挶，具绠缶，备水器。"②施展，施用。《商君书·禁使》："得势之至，不参官而洁，陈数而物当。"③公布，显示，呈现。《左传·文公六年》："古之王者知命之不长，是以并建圣哲，树之风声，分之采物，著之话言，为之律度，陈之艺极，引之表仪，予之法制。"④处置。《周礼·天官·内宰》："设其次，置其叙，正其肆，陈其货贿。"⑤上言，陈述，述说。《书·咸有一德》："伊尹既复政厥辟，将告归，乃陈戒于德。"⑥张扬。《礼记·表记》："子曰：事君欲谏不欲陈。"

【列】①"裂"的古字。分离，分裂。《荀子·哀公问》："两骖列，两服入厩。"杨倞注："列与裂同。谓外马擘裂，中马牵引而入厩。"②行列，位次。《公羊传·僖公二十二年》："宋公曰：'不可，吾闻之也，君子不鼓不成列。'"潘岳《秋兴赋序》："摄官承乏，猥厕朝列。"③属类，范围。韩愈《答吕医山人书》："如仆者，自度若世无孔子，不当在弟子之列。"④陈列，排列。《礼记·乐记》："铺筵席，陈尊俎，列笾豆，以升降为礼者，礼之末节也。"扬雄《长杨赋》："罗千乘于林莽，列万骑于山隅。"⑤陈述。《礼记·文王世子》："凡侍坐于大司成者……列事未尽不问。"《汉书·司马迁传》："拳拳之忠，终不能自列，因为诬上，卒从吏议。"

【文选阅读】

一、精卫填海

《山海經》

[學習指導]

這則神話選自《山海經·北山經》，題目是後加的。它通過對矢志復仇、不懈填海的精衛的歌頌，表現了先民征服自然、戰勝自然的堅定意志。

瞭解先古神話的特點，掌握文中"少、遊、河"的相關古文字知識。

又北二百里，曰發鳩之山[1]，其上多柘木[2]。有鳥焉，其狀如烏[3]，文首[4]，白喙，赤足，名曰"精衛"，其鳴自詨[5]。是炎帝之少女[6]，名曰女娃。女娃游於東海，溺而不返[7]，故爲精衛。常銜西山之木石，以湮於東海[8]。漳水出焉，東流注於河[9]。

[註釋]

[1] 發鳩之山：即發鳩山，舊說在今山西省子長縣西。
[2] 柘（zhè）木：柘樹，屬桑科樹木。
[3] 狀：形貌。烏：烏鴉。
[4] 文：同"紋"。
[5] 詨（xiào）：呼叫。"其鳴"句是說精衛鳥的叫聲就是自己呼叫自己的名字。
[6] 炎帝：傳說中的五帝之一，又稱神農氏。
[7] 返：回家。
[8] 湮（yān）：填塞。
[9] 河：上古專指黃河。

二、氓

《詩經·衛風》

[學習指導]

此詩選自《詩經·衛風》。它是一首棄婦詩,通過棄婦自敘自己從戀愛、結婚、受虐待、被棄及決絕的過程,譴責了負心男子的冷酷自私,反映了當時社會男女間的不平等。

掌握文中"匪、即、將、說、爽、遂、躬、已"的意義。

氓之蚩蚩[1],抱布貿絲[2]。匪來貿絲[3],來即我謀[4]。送子涉淇[5],至於頓丘[6]。匪我愆期[7],子無良媒[8]。將子無怒[9],秋以為期[10]。

[註釋]

[1] 氓(méng):民,男子的古稱,此處指棄婦的丈夫。一說為美男子,又有說是對男子無知時的稱呼。蚩蚩(chī):敦厚的樣子。一說同"嗤嗤",嬉笑的樣子。
[2] 布:葛麻布。一說古代的貨幣。貿:交換。
[3] 匪:同"非",不是。
[4] 即:就,接近。謀:商量婚事。
[5] 子:你,指氓。 淇:淇水,衛國河名,在今河南北部。
[6] 頓丘:本為高堆的通稱,後轉為衛國地名,在今河南頓縣。
[7] 愆(qiān)期:拖延婚期。愆,拖延,過。
[8] 良媒:好媒人。
[9] 將(qiāng):願,請。無:同"勿",不要。
[10] 秋以為期:以秋為期。期,指約定迎娶的日期。

乘彼垝垣[1],以望復關[2]。不見復關,泣涕漣漣[3];既見復關[4],載笑載言[5]。爾卜爾筮[6],體無咎言[7]。以爾車來[8],以我賄遷[9]。

[註釋]

[1] 乘:登上。垝垣(guǐyuán):坍塌的土牆。一說指高牆。
[2] 復關:地名,氓居住的地方。一說指返回的車子,又有說是返回城關。
[3] 涕:淚。漣漣:淚流不止的樣子。
[4] 既:已經。
[5] 載笑載言:又笑又說。載,一般釋為副詞,又、且。
[6] 爾:你。卜:用龜甲卜卦。筮(shì):用蓍草占卜。
[7] 體:卦體,卦象。即卜、筮所得的卦兆。 咎言:不吉利的話。
[8] 車:指迎娶的車。

[9] 賄：財物，此指嫁妝。遷，遷移，指搬到男子家中。

桑之未落，其葉沃若[1]。于嗟鳩兮[2]，無食桑葚[3]。于嗟女兮，無與士耽[4]。士之耽兮，猶可說也[5]；女之耽兮，不可說也。

[註釋]

[1] 沃若：形容樹葉潤澤柔嫩。
[2] 于嗟：感嘆詞。于，同"吁"。 鳩：鳥名，斑鳩。
[3] 桑葚（shèn）：桑樹的果實。古人認為，斑鳩吃多了桑葚會迷醉。
[4] 士：指年輕男子。耽（dān）：歡愛、玩樂過分。當指迷戀於愛情。
[5] 說：通"脫"，解脫。

桑之落矣，其黃而隕[1]。自我徂爾[2]，三歲食貧[3]。淇水湯湯[4]，漸車帷裳[5]。女也不爽[6]，士貳其行[7]。士也罔極[8]，二三其德[9]。

[註釋]

[1] 隕：落。此句喻指女子容老色衰。
[2] 徂（cú）：往，到，此指出嫁。
[3] 三歲食貧：多年過著貧苦的日子。古以三泛指多數。歲，年。
[4] 湯湯（shāng）：水勢盛大的樣子。
[5] 漸：浸濕。帷裳：車廂兩旁的帷幔。
[6] 也：語助詞，表示停頓和引起下文。爽：差錯，過失。
[7] 士貳其行：男子的行為前後不一致。貳，即"二"，不一。一說借為"忒"，過錯，差失。
[8] 罔極：沒有準則，反復無常。罔，無。極，準則。
[9] 二三其德：指男子三心二意，用情不專。

三歲為婦[1]，靡室勞矣[2]。夙興夜寐[3]，靡有朝矣[4]。言既遂矣[5]，至於暴矣[6]。兄弟不知[7]，咥其笑矣[8]。靜言思之[9]，躬自悼矣[10]。

[註釋]

[1] 三歲為婦：多年做媳婦。
[2] 靡室勞矣：不以操持家務為苦。靡：不。室勞：家務勞動。
[3] 夙興夜寐：早起晚睡。夙：早。興：起。
[4] 靡有朝矣：不止一日如此，即天天早起晚睡。朝：早晨，代指一日。
[5] 言：句首語助詞，一說指婚前的約言。遂：遂心，指衷心願已經滿足。一說意思為實現。
[6] 暴：虐待，粗暴地對待。
[7] 兄弟：指其娘家兄弟。不知：不瞭解內情。

［8］咥（xì）：譏笑的樣子。
［9］静言思之：静静地思前想後。言：語助詞。之：補足音節，亦作一般之代詞。
［10］躬自悼矣：自我傷悼。躬：自身。悼：哀傷。

及爾偕老[1]，老使我怨[2]。淇則有岸，隰則有泮[3]。總角之宴[4]，言笑晏晏[5]。信誓旦旦[6]，不思其反[7]。反是不思[8]，亦已焉哉[9]！

[註釋]

［1］及爾：和你。偕老：一同到老。
［2］老使我怨：老了反而使我產生怨恨。
［3］隰（xí）：低濕之地。一說爲水名，即漯河。泮：同"畔"，邊。
［4］總角：古時兒童的髮式，左右各束一向上豎的小辮，形似牛角，代指少年。總：紮起。宴：安樂，快樂。
［5］晏晏：和悅溫柔的樣子。
［6］信誓：誠實的誓言。旦旦：誠懇的樣子。
［7］不思：想不到。反：違反（自己的誓言）。
［8］反是不思：舊日的誓言都拒絕回想。是，代指當初的的誓言。
［9］亦已焉哉：也只好算了罷。已，止，指愛情結束。焉哉，虛詞叠用，加强語氣。

三、勸學（节选）[1]

《荀子》

[學習指導]

《勸學》是《荀子》的第一篇，"勸"是"勸勉""鼓勵"的意思。本篇論述了學習的意義、作用、方法和態度，反映了先秦儒家在教育方面的某些正確觀點，也體現了作爲先秦諸子思想集大成者的荀子文章的藝術風格。

掌握"勸、學、青、中、疾、致、假、絕、興、功、強、用"等常用文言文實詞；學習"於、者、而"等文言常用虛詞；學習課文中其他文言虛實詞；熟記"有（又）、暴（曝）、生（性）、輮（煣）、知（智）、乎（於）"等古今字和通假字，學習荀子用辯證的方法使文章的道理說得透徹淺顯卻又有氣勢，充沛又有說服力。

君子曰[2]：學不可以已[3]。青，取之于藍，而青于藍[4]；冰，水爲之，而寒于水。木直中繩[5]，輮以爲輪[6]，其曲中規[7]。雖有槁暴[8]，不復挺者[9]，輮使之然也。故木受繩則直，金就礪則利[10]，君子博學而日參省乎己[11]，則知明而行無過矣。

[註釋]

[1]《勸學》：這裏選錄《荀子·勸學篇》的前半部分。
[2] 君子曰：古人著論常借"君子曰"以示謹重。
[3] 已：止。
[4] 藍：即蓼藍，可以提取青色染料。
[5] 中：合於。繩：指墨繩，工匠用以取直。
[6] 輮（róu）：通"煣"，用微火煨木料，使之彎曲。
[7] 規：指圓規，工匠用以取圓的工具。
[8] 槁：枯。暴：同"曝"，曬乾。槁暴：枯乾。
[9] 挺：直。
[10] 金：指金屬制的刀斧一類工具；就，近。
[11] 參：參驗，檢查；省（xǐng），反省，檢查。

故不登高山，不知天之高也；不臨深谿，不知地之厚也；不聞先王之遺言，不知學問之大也。干，越，夷，貊之子[1]，生而同聲[2]，長而異俗，教使之然也。《詩》曰："嗟爾君子，無恒安息[3]。靖共爾位，好是正直[4]。神之聽之，介爾景福[5]。"神莫大於化道，福莫長於無禍[6]。

[註釋]

[1] 貊（mò）：古代東北部族名（亦作"貃"）。子：指嬰兒。干、越、夷、貊，泛指中國古代的各少數民族。

[2] 聲：指哭聲。
[3]《詩》：《詩經》。嗟：感歎詞。無：同"毋"，不要。恒：常常。安息：猶安處。
[4] 靖：恭敬。共：同"恭"。位：職位，職事。好：愛好。正直：指正直的道理。
[5] 神：神靈。聽：察覺。聽之：察看君子的行為。介：助。景：大。以上所引詩句出自《詩經·小雅·小明》。
[6] 神：這裏指學問修養達到最高境界時的精神狀態。化道：化於道，為學問道德所薰染氣質發生了變化。

吾嘗終日而思矣，不如須臾之所學也[1]。吾嘗跂而望矣，不如登高之博見也[2]。登高而招，臂非加長也，而見者遠；順風而呼，聲非加疾也[3]，而聞者彰[4]。假輿馬者[5]，非利足也[6]，而致千里[7]；假舟楫者，非能水也[8]，而絕江河[9]。君子生非異也[10]，善假於物也。

[註釋]

[1] 須臾：片刻。
[2] 跂（qì）：踮起腳後跟。
[3] 疾：疾速，指聲音宏大有力，傳播至遠。
[4] 彰：清楚，明顯。
[5] 假：憑藉，借助。
[6] 利足：指腳步快的人。
[7] 致：到達。
[8] 楫：船槳。
[9] 絕：橫渡。
[10] 生：同"性"，性情。

南方有鳥焉，名曰蒙鳩[1]，以羽為巢，而編之以髮，繫之葦苕[2]，風至苕折，卵破子死。巢非不完也，所繫者然也。西方有木焉，名曰射干[3]，莖長四寸，生於高山之上，而臨百仞之淵，木莖非能長也，所立者然也。蓬生麻中，不扶而直；白沙在涅[4]，與之俱黑。蘭槐之根是為芷[5]，其漸之滫[6]，君子不近，庶人不服[7]。其質非不美也，所漸者然也。故君子居必擇鄉，遊必就士[8]，所以防邪僻而近中正也。

[註釋]

[1] 蒙鳩：即鷦鷯（jiāo liáo），俗稱黃胚鳥，是一種善築巢的鳥。
[2] 苕：葦花。
[3] 射干：植物名，根狀莖可入藥。
[4] 涅：黑泥。本句與下句原本無，依王念孫說補。
[5] 蘭槐：香草名，其苗為蘭槐，其根名芷。
[6] 其：語氣副詞，表示假設。漸（jiān）：浸。滫（xiǔ）：淘米水，引申為髒水，臭水。

［7］服：佩戴。
［8］遊必就士：交遊一定接近賢德之士。

物類之起，必有所始。榮辱之來，必象其德[1]。肉腐出蟲，魚枯生蠹[2]。怠慢忘身，禍災乃作。強自取柱[3]，柔自取束。邪穢在身，怨之所構[4]。施薪若一[5]，火就燥也[6]，平地若一[7]，水就濕也[8]。草木疇生[9]，禽獸群焉[10]，物各從其類也。是故質的張[11]，而弓矢至焉；林木茂，而斧斤至焉；樹成蔭，而衆鳥息焉。醯酸，而蜹聚焉[12]。故言有召禍也，行有招辱也，君子慎其所立乎[13]！

[註釋]

［1］象：同"像"，依照。
［2］蠹：（dù）蛀蟲。
［3］柱：（zhù）斷絕。這句說，物太剛強，則自取斷折。
［4］構：結。
［5］施：放置。施薪若一：如果放置同樣的柴薪。
［6］火就燥：火向乾燥的地方燒。
［7］平地若一：假如是一樣子的地方。
［8］水就濕：水向潮濕的地方流。
［9］疇：同"儔"，類。
［10］禽獸群焉：同類的禽獸群居在一起。
［11］質：箭靶。的：箭靶的中心。
［12］醯（xī）：醋。蜹（ruì）：一種蚊類小飛蟲。
［13］所立：指立身行事。

積土成山，風雨興焉；積水成淵，蛟龍生焉；積善成德，而神明自得[1]，聖心備焉[2]。故不積蹞步[3]，無以至千里；不積小流，無以成江海。騏驥一躍[4]，不能十步；駑馬十駕[5]，功在不舍。鍥而舍之，朽木不折；鍥而不舍，金石可鏤[6]。螾無爪牙之利[7]，筋骨之強，上食埃土，下飲黃泉，用心一也。蟹六跪而二螯，非蛇蟺之穴無可寄託者，用心躁也[8]。是故無冥冥之志者，無昭昭之明；無惛惛之事者，無赫赫之功[9]。行衢道者不至[10]，事兩君者不容[11]。目不能兩視而明[12]，耳不能兩聽而聰[13]。螣蛇無足而飛[14]，梧鼠五技而窮[15]。《詩》曰："尸鳩在桑，其子七兮[16]。淑人君子[17]，其儀一兮[18]。其儀一兮，心如結兮[19]。"故君子結於一也[20]。

[註釋]

［1］而：則。神明：指智慧。
［2］聖心：聖人的思想。
［3］蹞步：即"跬步"，半步。
［4］騏驥：騏：一種有青黑色斑紋的馬。驥：千里馬。都是良馬。
［5］駑馬：劣馬。十駕：十次套車駕，即走十天。據王先謙考證，此句下脫"則亦

及之"一句。

[6] 鍥：用刀刻。鏤：義同"鍥"。
[7] 螾（yǐn）：同"蚓"，蚯蚓。
[8] 跪：足。躁，浮躁，不專一。虵：同"蛇"；蟺：同"蟮"。
[9] 冥冥：昏暗不明的樣子。冥冥之志：這裏指精誠專一的精神。昭昭：明顯的樣子。昭昭之明：指智慧豁然貫通。惛惛：略等於冥冥。惛惛之事：指默默無聞的工作。赫赫：略等於昭昭。赫赫之功：指輝煌之功績。
[10] 衢（qú）道：四通的道路，等於說歧路。
[11] 不容：不被雙方所寬容。
[12] 兩視：同時看兩樣東西。明，看得清楚。
[13] 聽：聽得清楚。
[14] 螣蛇：據說是一種能飛之蛇，能興雲霧而游於空中。
[15] 梧鼠：形狀像兔子。技：技能。據說這種鼠"能飛不能上屋，能緣不能窮木，能游不能度谷，能穴不能掩身，能走不能先人"，所以說五技而窮。
[16] 尸鳩：即鳲鳩，指布谷鳥，毛傳，"鳲鳩之養其子，朝從上下，暮從下上，平均如一。
[17] 淑人：善良的人。
[18] 儀：儀表，態度。其儀一：態度始終不變。
[19] 如結：像東西凝結在一起不散，比喻專心。
[20] 君子结於一：這是說君子爲學或做工作都應當把精神集中在一點上。

四、齊桓公伐楚

《左傳》

[學習指導]

齊桓公伐楚發生於魯僖公四年，公元前656年。

本篇選自《左傳》，它完整地記敍了發生在春秋時期齊國與楚國兩個大國之間的一場外交戰，其中外交辭令的描寫相當精彩傳神。作者並沒有描寫人物的舉止神態，但是我們通過人物的言辭卻完全可以非常生動地想象出每個人物的舉止神態。我們在閱讀這篇文章的時候對於這些精妙之處應當善於體會。

掌握文中"及、虞、如、次、陳、綏、社稷"等詞的意義和用法，以及熟悉"寡人是徵"、"寡人是問"的特殊句式。

四年春，齊侯以諸侯之師侵蔡[1]，蔡潰，遂伐楚。楚子使與師言曰[2]："君處北海，寡人處南海[3]，唯是風馬牛不相及也[4]。不虞君之涉吾地也[5]，何故？"管仲對曰："昔召康公命我先君大公曰[6]：'五侯九伯[7]，女實征之[8]，以夾輔周室。'賜我先君履[9]：東至於海，西至於河，南至於穆陵，北至於無棣[10]。爾貢包茅不入，王祭不共[11]，無以縮酒[12]，寡人是徵[13]；昭王南征而不復，寡人是問[14]。"對曰："貢之不入，寡君之罪也，敢不共給？昭王之不復，君其問諸水濱。"

師進，次於陘[15]。

[註釋]

[1] 諸侯之師：指參與侵蔡的魯、宋、陳、衛、鄭、許、曹等諸侯國的軍隊。蔡：諸侯國名，姬姓，在今河南汝南、上蔡、新蔡一帶。

[2] 楚子：指楚成王。與：介詞，跟，和。

[3] 北海、南海：泛指北方、南方邊遠的地方，不實指大海，形容兩國相距甚遠。

[4] 唯：句首語氣詞。風：公畜和母畜在發情期相互追逐引誘。這句話的意思是說由於相距遙遠，雖有引誘，也互不相干。

[5] 不虞：不料，沒有想到。涉：蹚水而過，這裏的意思是進入，委婉地指入侵。

[6] 召（shào）康公：召公奭。周成王時的太保，"康"是諡號。先君：已故的君主，大公：太公，指姜尚，他是齊國的開國君主。

[7] 五侯：公、侯、伯、子、男五等爵位的諸侯。九伯：九州的長官。五侯九伯泛指各國諸侯。

[8] 實：用于句中加強語氣的語氣詞。征之：可以征伐他們。

[9] 履：踐踏。這裏指齊國可以征伐的範圍。

[10] 海：指渤海和黃海。河：黃河。穆陵：齊國地名，即今山東的穆陵關。無棣：地名，齊國的北境，在今山東無棣縣附近。

[11] 貢：貢物。包：裹束。茅：菁茅。入：進貢。共：同"供"，供給。

[12] 縮酒：滲濾酒渣，祭祀時的儀式之一：把酒倒在束茅上滲下去，就像神飲了一樣（依鄭玄說，見《周禮甸師》注）。
[13] 寡人：古代君主自稱。徵：問責。是徵：問責這件事情。
[14] 昭王：周成王的孫子周昭王，名瑕。問：責問。
[15] 次：軍隊臨時駐紮。陘（xíng）：楚地名，在今河南偃城縣南。

夏，楚子使屈完如師[1]。師退，次於召陵[2]。齊侯陳諸侯之師，與屈完乘而觀之。齊侯曰："豈不穀是爲[3]？先君之好是繼。與不穀同好，如何？"對曰："君惠徼福於敝邑之社稷[4]，辱收寡君[5]，寡君之願也。"齊侯曰："以此眾戰[6]，誰能禦之！以此攻城，何城不克！"對曰"："君若以德綏諸侯[7]，誰敢不服？君若以力，楚國方城以爲城[8]，漢水以爲池，雖眾，無所用之！"

屈完及諸侯盟[9]。

[註釋]

[1] 屈完：楚國大夫。如：到，去。師：軍隊。
[2] 召（shào）陵：楚國地名，在今河南偃城東。
[3] 不穀：不善，諸侯自己的謙稱。
[4] 惠：恩惠，這裏作表示敬意的詞。徼（yāo）：求。敝邑（yì）：對自己國家的謙稱。
[5] 辱：屈辱，這裏作表示敬意的詞。
[6] 眾：指諸侯的軍隊。
[7] 綏（suí）：安撫。
[8] 方城：指楚國北境的大別山、桐柏山一帶山。
[9] 盟：訂立盟約。

五、鄭伯克段于鄢[1]

《左傳》

[學習指導]

此文選自《左傳·隱公元年》。全文通過對鄭莊公家庭內部矛盾的敘述，揭露了統治階級內部爭權奪利、殘酷奸詐、相互傾軋的醜惡面目，嘲諷了統治階級倫理道德的虛偽。

掌握文中"寤、驚、亟、巖、雉、焉、貳、乘、寵、請、斃、完"的意義，以及雙賓語、賓語前置句、語氣詞"其"的用法。

初[2]，鄭武公娶于申[3]，曰"武姜"[4]，生莊公及共叔段[5]。莊公寤生[6]，驚姜氏，故名曰"寤生"，遂惡之[7]。愛共叔段，欲立之。亟請於武公[8]，公弗許[9]。

[註釋]

[1] 此篇題目是《春秋》中的一句話，為後人所加，意思是鄭莊公在鄢地打敗了共叔段。鄭伯：鄭莊公（前743—前701年在位）。克：戰勝。段：共（gōng）叔段，莊公之弟。鄢（yān）：鄭邑名，在今河南鄢陵北。

[2] 初：當初。古書追述往事的習慣說法。

[3] 鄭武公：姬姓，名掘突，諡號武，前770—前744年在位。娶于申：從申國娶妻。申：國名，姜姓，在今河南南陽一帶。

[4] 武姜：武是丈夫的諡號，姜是娘家的姓。這是當時貴族婦女的一種習慣稱呼。

[5] 共：國名，在今河南輝縣，莊公的弟弟段曾逃亡到此地，故稱共叔段。

[6] 寤（wù）生：倒生，難產。寤：同"牾"。逆：倒著。

[7] 惡（wù）：厭惡。

[8] 亟（qì）：屢次。

[9] 弗許：沒有答應。

及莊公即位[1]，為之請制[2]。公曰："制，巖邑也[3]，虢叔死焉[4]，佗邑唯命[5]。"請京[6]，使居之，謂之京城大叔[7]。祭仲曰[8]："都城過百雉[9]，國之害也[10]。先王之制，大都不過參國之一；中，五之一；小，九之一[11]。今京不度[12]，非制也[13]，君將不堪[14]。"公曰："姜氏欲之，焉辟害[15]？"對曰："姜氏何厭之有[16]！不如早為之所[17]，無使滋蔓[18]。蔓，難圖也[19]。蔓草猶不可除，況君之寵弟乎？"公曰："多行不義，必自斃，子姑待之[20]。"

[註釋]

[1] 及：等到。即位：登天子或諸侯國國君之位。

[2] 為之請制：指姜氏替共叔段請求制地作為封邑。制：鄭地，又名虎牢關，在今河南滎陽縣氾水西，原為東虢（guó）國屬地，前767年為鄭所滅。

[3] 巖邑：險要的城邑。
[4] 虢叔：東虢國的國君。死焉：死在那裏。
[5] 佗（tā）邑：別的城邑。佗：同"他"。唯命：唯命是從。
[6] 京：鄭邑名，在今河南滎陽東南。
[7] 大：同"太"，位列在前。
[8] 祭（zhài）仲：字足，鄭國大夫。
[9] 都：一般的都邑。城：城牆。過：超過。雉：古時計算城牆長度的單位，長三丈、高一丈爲一雉。
[10] 害：禍害。
[11] 大都：大的城邑。參國之一：國都的三分之一。中：中等的城邑。五之一：國都的五分之一。小：小的城邑。九之一：國都的九分之一。
[12] 不度：不合法度。
[13] 制：制度，指先王的制度。
[14] 堪：忍受，這裏有控制之意。
[15] 姜氏：即武姜。欲之：想這樣。辟：同"避"，躲避。
[16] 何厭之有：怎麼能夠滿足。厭，滿足。
[17] 早爲之所：早點給他安排個地方。之：指共叔段。所：處所，地方。
[18] 無：不要。滋蔓：滋長蔓延。
[19] 圖：圖謀，對付。
[20] 自斃：自取滅亡。子：您，指祭仲。姑：姑且。待：等待。

既而大叔命西鄙、北鄙貳於己[1]。公子呂曰[2]："國不堪貳[3]，君將若之何[4]？欲與大叔，臣請事之[5]；若弗與，則請除之，無生民心[6]。"公曰："無庸，將自及[7]。"大叔又收貳以爲己邑[8]，至於廩延[9]。子封曰："可矣，厚將得衆[10]。"公曰："不義不暱[11]，厚將崩[12]。"

［註釋］

[1] 既而：不久。鄙：邊邑。貳於己：一方面屬於莊公，一方面屬於自己。貳：兩屬。
[2] 公子呂：字子封，鄭國大夫。
[3] 國不堪貳：國家不能容忍這種兩屬的情況。
[4] 若之何：對他怎麼處置。
[5] 與：交給，指把鄭國交給共叔段。事之：事奉他。
[6] 無生民心：不要使百姓產生二心。
[7] 庸：用。　將自及：將會自取其禍。
[8] 收貳以爲己邑：收取兩屬的地方作爲自己的封地。
[9] 至於：達到。　廩（lǐn）延：鄭邑名，在今河南省延津縣北。
[10] 厚：土地擴充，勢力增大。得衆：得到民衆的支持。
[11] 義：指君臣之義。暱（nì）：同"昵"，親近，指親近兄長。

[12] 崩：山塌，這裏指崩潰，垮臺。

大叔完聚[1]，繕甲兵[2]，具卒乘[3]，將襲鄭。夫人將啓之[4]。公聞其期，曰："可矣！"命子封帥車二百乘以伐京[5]。京叛大叔段，段入於鄢，公伐諸鄢[6]。五月辛丑[7]，大叔出奔共[8]。

[註釋]

[1] 完聚：修葺、積聚，這裏指修治城郭、積聚糧食。
[2] 繕：修理，整治。甲兵：戎裝和兵器。
[3] 具：準備。卒乘（shèng）：步兵和戰車。
[4] 夫人：指武姜。啓之：打開城門，即作內應。
[5] 帥：同"率"。 二百乘：春秋時戰車，一乘有甲士三人，步卒七十二人。二百乘有甲士六百人，步卒一萬四千多人。
[6] 諸：相當於"之於"。
[7] 五月辛丑：指魯隱公元年五月二十三日。
[8] 奔：逃亡。

書曰[1]："鄭伯克段于鄢。"段不弟[2]，故不言弟[3]；如二君，故曰"克"[4]；稱鄭伯，譏失教也[5]；謂之鄭志[6]，不言出奔，難之也[7]。

[註釋]

[1] 書：指《春秋》。
[2] 不弟：不守爲弟之道。
[3] 故：所以。不言弟：不說弟字。
[4] 如二君：如同兩國國君交戰。
[5] 譏失教：譏刺莊公對弟弟有失教誨，其意是說莊公作爲兄長本有教育弟弟的責任，而他不加教誨，姑息養奸。
[6] 鄭志：指鄭莊公有意殺弟的意圖。
[7] 難：責備。之：指鄭莊公。

遂寘姜氏於城潁[1]，而誓之曰："不及黃泉，無相見也！"既而悔之[2]。

[註釋]

[1] 寘：安置，這裏有放逐意。城潁：鄭地，在今河南臨潁西北。
[2] 黃泉：黃土地下的泉水，這裏指陰間。

潁考叔爲潁谷封人[1]，聞之，有獻於公[2]。公賜之食。食舍肉[3]。公問之，對曰："小人有母，皆嘗小人之食矣[4]，未嘗君之羹[5]，請以遺之[6]。"公曰："爾有母遺，繄我獨無[7]！"潁考叔曰："敢問何謂也[8]？"公語之故，且告之悔[9]。對曰："君何患焉[10]？

若闕地及泉，隧而相見，其誰曰不然[11]？"公從之。公入而賦[12]："大隧之中，其樂也融融[13]。"姜出而賦："大隧之外，其樂也洩洩[14]。"遂爲母子如初。

[註釋]

[1] 潁考叔：鄭大夫。潁谷：鄭國邊邑，在今河南登封西南。封人：管理疆界的官。封：疆界。
[2] 獻：貢獻禮物。
[3] 舍：放下，留下。
[4] 嘗：吃。
[5] 羹：肉湯，這裏指肉。
[6] 遺（wèi）：贈給，送與。
[7] 繄（yī）：句首語氣詞。
[8] 敢：表示謙敬之詞，相當於"冒昧"的意思。 何謂：說的是什麼。
[9] 語：告訴。故：原因。悔：後悔。
[10] 何患：憂慮什麼。
[11] 闕：同"掘"。隧：用作動詞，挖地道。其：語氣詞，加強反問。然：這樣，指黃泉相見。
[12] 賦：賦詩。
[13] 融融：和樂相得的樣子。
[14] 洩（yì）洩：舒暢快樂的樣子。

君子曰[1]："潁考叔，純孝也[2]。愛其母，施及莊公[3]。《詩》曰：'孝子不匱，永錫爾類[4]。'其是之謂乎[5]！"

[註釋]

[1] 君子：作者直接發表意見時所假託的評論者。
[2] 純孝：純正的孝子。
[3] 施（yì）：推廣，延及。
[4] "《詩》曰"幾句，見《詩經·大雅·既醉》。匱：竭盡，虧缺。錫：同"賜"，賜予。
[5] 其是之謂乎："其謂是乎"的倒裝。其：語氣詞，表推測。是，這種情況。

六、谏逐客书

李 斯

[學習指導]

關於本文寫作背景：韓國人鄭國來秦國遊說，修建水渠，後被秦國發現是消耗秦國國力的陰謀，於是秦國的宗室大臣認爲大多數從諸侯國來的人都是來離間秦國的，請求下令驅逐一切客卿，李斯同樣也在其中，李斯爲了能留在秦國，於是上奏了《諫逐客書》。

通過本文的學習，一是進一步認識議論文寫作的目的與意義，明確議論文寫作是簡單易爲的，只要用心，每個同學都能寫好議論文；二是依照本文的結構安排議論文的結構，容易理順寫作思路，可以使文章的中心突出、層次清晰；三是學習本文採用排比句式加強論說語氣的方法。

臣聞吏議逐客，竊以爲過矣。昔繆公求士，西取由余於戎[1]，東得百里奚於宛[2]，迎蹇叔於宋[3]，來丕豹、公孫支於晉[4]。此五子者，不產於秦[5]，而繆公用之，併國二十，遂霸西戎[6]。孝公用商鞅之法[7]，移風易俗，民以殷盛[8]，國以富強，百姓樂用，諸侯親服，獲楚、魏之師[9]，舉地千里，至今治強。惠王用張儀之計[10]，拔三川之地[11]，西併巴、蜀[12]，北收上郡[13]，南取漢中[14]，包九夷[15]，制鄢、郢[16]，東據成皋之險[17]，割膏腴之壤，遂散六國之從，使之西面事秦，功施到今[18]。昭王得范雎[19]，廢穰侯[20]，逐華陽[21]，強公室，杜私門，蠶食諸侯[22]，使秦成帝業。此四君者，皆以客之功。由此觀之，客何負於秦哉！向使四君卻客而不內[23]，疏士而不用，是使國無富利之實，而秦無強大之名也。

[註釋]

[1] 由余：亦作"繇余"，戎王的臣子，是晉人的後裔。繆公（穆公）屢次使人設法招致他歸秦，以客禮待之。入秦後，受到秦繆公重用。後幫助秦國攻滅西戎衆多小國，稱霸西戎。戎：古代中原人多稱西方少數部族爲戎。此指秦國西北部的西戎，活動範圍約在今陝西西南、甘肅東部、寧夏南部一帶。

[2] 百里奚：原爲虞國大夫。晉滅虞被俘，後作爲秦繆公夫人的陪嫁臣妾之一送往秦國。逃亡到宛，被楚人所執。秦繆公用五張黑公羊皮贖出，用上大夫，故稱"五羖大夫"。是輔佐秦繆公稱霸的重臣。宛（yuān）：楚國邑名，在今河南南陽市。

[3] 蹇（jiǎn）叔：百里奚的好友，經百里奚推薦，秦繆公把他從宋國請來，委任爲上大夫。百里奚對穆公說："臣不及臣友蹇叔，蹇叔賢而世莫知"。宋：國名，或稱"商"、"殷"，子姓，始封君爲商紂王庶兄微子啓，西周初周公平定武庚叛亂後將商舊都周圍地區封給微子啓，都於商丘（今河南商丘縣南），約有今河南東南部及所鄰山東、江蘇、安徽接界之地。公元前三世紀中葉，大臣剔成肸（即司城子罕）逐殺宋桓侯，戴氏代宋。公元前286年被齊國所滅。

[4] 丕豹：晉國大夫丕鄭之子，丕鄭被晉惠公殺死後，丕豹投奔秦國，秦繆公任爲大夫。"公孫支"，"支"或作"枝"，字子桑，秦人，曾游晉，後返秦任大夫。晉：國名，姬姓，始封君爲周成王之弟叔虞，建都于唐（今陝西翼城縣西），約有今山西西南部之地。春秋時，晉獻公遷都於絳，亦稱"翼"（今山西翼城縣東南），陸續攻滅周圍小國；晉文公成爲繼齊桓公之後的霸主；晉景公遷都新田（今山西侯馬市西），亦稱"新絳"，兼併赤狄，疆域擴展到今山西大部、河北西南部、河南北部和陝西一角。春秋後期，公室衰微，六卿強大。戰國初，被執政的韓、趙、魏三家所瓜分。公元前369年，最後一位國君晉桓公被廢爲庶人，國滅祀絕。

[5] 產：生，出生。

[6] 併國二十，遂霸西戎：《秦本紀》云秦繆公"益國十二，開地千里，遂霸西戎"。併：吞併。這裏的"二十"當是約數。

[7] 孝公：即秦孝公。商鞅：衛國公族，氏公孫，亦稱公孫鞅，初爲魏相公叔痤家臣，公叔痤死後入秦，受到秦孝公重用，任左庶長、大良造，因功封于商（今山西商縣東南）十五邑，號稱商君。於公元前356年和前350年兩次實行變法，奠定秦國富強的基礎。公元前338年，秦孝公去世，被車裂身死。

[8] 殷：多，眾多。殷盛：指百姓眾多而且富裕。

[9] 魏：國名，始封君魏文侯，係晉國大夫畢萬後裔，于公元前403年與韓景侯、趙烈侯聯合瓜分晉國，被周威烈王封爲諸侯，建都安邑（今山西夏縣西北）。魏文侯任用李悝改革內政，成爲強國。梁惠王時遷都大梁（今河南開封市），因亦稱"梁"。後國勢衰敗，公元前225年被秦國所滅。獲楚、魏之師：指戰勝楚國、魏國的軍隊。公元前340年，商鞅設計誘殺魏軍主將公子昂，大敗魏軍。同年又與楚戰，戰況不詳，據此，當也是秦軍獲勝。

[10] 惠王：即秦惠王，名駟，秦孝公之子，公元前337年至前311年在位。於公元前325年稱王。張儀：魏人，秦惠王時數次任秦相，鼓吹"連橫"，遊說各國諸侯事奉秦國，輔佐秦惠文君稱王，封武信君。秦武王即位，入魏爲相。於公元前310年去世。此句以下諸事，並非都是張儀之計，因爲張儀曾經作爲宰相，就把功勞歸功到他身上了。

[11] 三川之地：指黃河、雒水、伊水三川之地，在今河南西北部黃河以南的洛水、伊水流域。韓宣王在此設三川郡。公元前308年秦武王派兵攻取三川大縣宜陽（今河南宜陽縣西）。公元前249年秦滅東周，取得韓三川全郡，重設三川郡。

[12] 巴：國名，周武王滅商後被封爲子國，稱巴子國，在今四川東部、湖北西部一帶。戰國中期建都於巴（今四川重慶節縣）。公元前316年秦惠王派張儀、司馬錯等領兵攻滅巴國，在其地設置巴郡。蜀：國名，周武王時曾參加滅商的盟會，有今四川中部偏西地區。戰國中期建都於成都（今四川成都市）。公元前316年秦惠文王派張儀、司馬錯等領兵滅蜀，在其地設置蜀郡。

[13] 上郡：郡名，本來是魏地，在現在的陝西的榆林。魏文侯時置，轄境有今陝西洛河以東，黃梁河以北，東北到子長縣、延安市一帶。公元前328年魏割上郡十五縣給秦，前312年又將整個上郡獻秦。秦國于公元前304年於此設置上郡。

[14] 漢中：郡名，在現在的陝西漢中。楚懷王時置，轄境有陝西東南和湖北西北的漢水流域。公元前312年，被秦將魏章領兵攻取，秦於此重置漢中郡。

[15] 包：這裏有併吞的意思。九夷，此指楚國境內西北部的少數部族，在今陝西、湖北、四川三省交界地區。

[16] 鄢（yān）：楚國別都，在今湖北宜城縣東南。春秋時楚惠王曾都於此。郢（yǐng）：楚國都城，在今湖北江陵市西北紀南城。公元前279年秦將白起攻取鄢，翌年又攻取郢。

[17] 成皋：邑名，在今河南滎陽縣汜水鎮，地勢險要，是著名的軍事重地。春秋時屬鄭國稱虎牢，公元前375年韓國滅鄭屬韓，公元前249年被秦軍攻取。

[18] 六國：韓、魏、燕、趙、齊、楚。施（yì）：蔓延，延續。

[19] 昭王：即秦昭襄王，秦惠王之子，秦武王異母弟，公元前306年至前251年在位。范雎（jū），亦稱范叔，魏人，入秦後改名張祿，受到秦昭王信任，爲秦相，對內力主廢除外戚專權，對外採取遠交近攻策略，封於應（今河南寶豐縣西南），亦稱應侯，死於公元前255年。

[20] 穰（ráng）：穰侯，即魏冉，楚人後裔，秦昭王母宣太后之異父弟，秦武王去世，擁立秦昭王，任將軍，多次爲相，受封於穰（今河南鄧縣），故稱穰侯，後又加封陶（今山東定陶縣西北）。因秦昭王聽用范雎之言，被免去相職，終老於陶。

[21] 華陽：即華陽君羋戎，楚昭王母宣太后之同父弟，曾任將軍等職，與魏冉同掌國政，先受封於華陽（今河南新鄭縣北），故稱華陽君，後封於新城（今河南密縣東南），故又稱新城君。公元前266年，與魏冉同被免職遣歸封地。

[22] 蠶食：比喻像蠶吃桑葉那樣逐漸吞食侵佔。

[23] 向使：假使，倘若。內：同"納"，接納。

今陛下致昆山之玉[1]，有隨和之寶[2]，垂明月之珠[3]，服太阿之劍[4]，乘纖離之馬[5]，建翠鳳之旗[6]，樹靈鼉之鼓[7]。此數寶者，秦不生一焉，而陛下說之[8]，何也？必爲秦國之所生然後可，則是夜光之璧，不飾朝廷；犀象之器，不爲玩好[9]；鄭、衛之女不充後宮[10]，而駿馬駃騠不實外廄[11]，江南金錫不爲用[12]，西蜀丹青不爲采[13]。所以飾後宮，充下陳，娛心意，說耳目者[14]，必出於秦然後可，則是宛珠之簪[15]，傅璣之珥[16]，阿縞之衣[17]，錦繡之飾不進於前，而隨俗雅化，佳冶窈窕，趙女不立於側也[18]。夫擊甕叩缶彈箏搏髀[19]，而歌呼嗚嗚快耳者，真秦之聲也；鄭衛桑間，韶虞、武象[20]，異國之樂也。今棄擊甕叩缶而就鄭衛，退彈箏而取韶虞，若是者何也？快意當前，適觀而已矣[21]。今取人則不然。不問可否，不論曲直[22]，非秦者去，爲客者逐。然則是所重者在乎色樂珠玉，而所輕者在乎人民也。此非所以跨海內、制諸侯之術也。

[註釋]

[1] 陛下：對帝王的尊稱。致：達，得。昆山：即昆侖山，是傳說中的產玉之山。

[2] 隨和之寶：即所謂"隨侯珠"和"和氏璧"，傳說中春秋時隨侯所得的夜明珠和楚人卞和得到的美玉。

[3] 明月：寶珠名。
[4] 太阿（ē）：亦稱"泰阿"，寶劍名，相傳爲春秋著名工匠干將所鑄。
[5] 纖離：駿馬名。
[6] 翠鳳之旗：用翠鳳羽毛作爲裝飾的旗幟。
[7] 鼉（tuó）：亦稱揚子鰐，俗稱豬婆龍，皮可蒙鼓，古代把它視爲神物，故稱靈鼉。
[8] 說：通"悅"，喜悅，喜愛。
[9] 犀象之器：指用犀牛角和象牙製成的器具。
[10] 鄭：國名，姬姓，始封君爲周宣王弟友，公元前806年分封於鄭（今陝西華縣東）。春秋時建都新鄭（今河南新鄭縣），有今河南中部之地，公元前375年被韓國所滅。衛：國名，姬姓，始封君爲周武王弟康叔，初都朝歌（今河南淇縣），後遷都楚丘（今河南滑縣）、帝丘（今河南濮陽縣），有今河南北部、山東西部之地。公元前254年被魏國所滅。鄭、衛之女：鄭、衛之女善歌。後宮：嬪妃所居的宮室，也可用作嬪妃的代稱。
[11] 駃騠（jué tí）：駿馬名。外廄（jiù）：宮外的馬圈。
[12] 江南：長江以南地區。此指長江以南的楚地，素以出產金、錫著名。
[13] 丹：丹砂，可以製成紅色顏料。青：䨼，可以製成青黑色顏料。西蜀丹青：蜀地素以出產丹青礦石出名。采：彩色，彩繪。
[14] 下陳：殿堂下陳放禮器、站立賓從的地方。充下陳：此泛指將財物、美女充實府庫後宮。
[15] 宛：宛轉，纏繞。宛珠之簪：綴繞珍珠的髮簪。或以"宛"爲地名，指用宛（今河南南陽市）地出產的珍珠所作裝飾的髮簪。
[16] 傅：附着，鑲嵌。璣：不圓的珠子。此泛指珠子。珥（ěr）：耳飾。
[17] 阿：通"絅"，細繒，一種輕細的絲織物。或以"阿"爲地名，指齊國東阿（今山東東阿縣）。縞（gǎo）：未經染色的絹。
[18] 隨俗雅化：隨合時俗而雅致不凡。佳：美好，美麗。冶：妖冶，豔麗。窈窕（yǎo tiǎo）：美好的樣子。趙：國名，始封君趙烈侯，係晉國大夫趙衰後裔，于公元前403年與魏文侯、韓景侯聯合瓜分晉國，被周威烈王封爲諸侯，建都晉陽（今山西太原市東南），有今山西中部、陝西東北角、河北西南部。公元前386年遷都邯鄲（今河北邯鄲市）。公元前222年被秦國所滅。古人多以燕、趙爲出美女之地。
[19] 甕（wèng）：陶制的容器，古人用於打水。缶（fǒu）：一種口小腹大的陶器。秦人將甕、缶作爲打擊樂器。搏：擊打，拍打。髀（bì）：大腿。搏髀：拍打大腿，以此掌握音樂唱歌的節奏。
[20] 鄭衛桑間：指所謂世俗之樂。韶虞：指簫韶，相傳是虞舜時的音樂。武象，周武王時的一種歌舞，其樂曲稱"武"，舞蹈稱"象"。
[21] 適觀：適合觀賞。
[22] 曲直：邪正、是非。

臣聞地廣者粟多，國大者人衆，兵強則士勇。是以泰山不讓土壤[1]，故能成其大；河海不擇細流[2]，故能就其深；王者不卻衆庶[3]，故能明其德。是以地無四方，民無異國，四時充美，鬼神降福，此五帝三王之所以無敵也[4]。今乃棄黔首以資敵國[5]，卻賓客以業諸侯[6]，使天下之士退而不敢西向，裹足不入秦，此所謂"借寇兵而齎盜糧"者也[7]。

[註釋]

　　[1] 太山：即泰山。讓：辭讓，拒絕。
　　[2] 擇：捨棄，拋棄。細流，小水。
　　[3] 卻：推卻，拒絕。
　　[4] 五帝：指黃帝、顓頊、帝嚳、堯、舜。三王：指夏、商、周三代開國君主，即夏禹、商湯、周文王和周武王。
　　[5] 黔首：無爵平民不能服冠，只能以黑巾裹頭，故稱黔首。此泛指百姓。秦始皇統一六國後正式稱百姓爲黔首。《史記·秦始皇本紀》載：二十六年，"更名民曰黔首"。資，資助，供給。
　　[6] 業：使諸侯成就功業。
　　[7] 齎（jī）：送，送給。這句是說，把武器糧食供給寇盜。

　　夫物不產于秦，可寶者多；士不產于秦，而願忠者衆。今逐客以資敵國，損民以益讎[1]，內自虛而外樹怨於諸侯[2]，求國無危，不可得也。

[註釋]

　　[1] 益：增益，增多。讎：通"仇"，仇敵。減少本國的人口而增加敵國的人力。
　　[2] 外樹怨於諸侯：指賓客被驅逐出外必投奔其他諸侯，從而構樹新怨。

第二章 词　　汇

【学习提示】

本章学习古代汉语中关于词汇方面的基础知识，并附有相关文选和选词释义。

本章学习包括六节内容：词的产生和发展，词的构成，古今词义的异同，词的本义与引申义，同义词及语汇知识与中小学文言文教学。

本章重点掌握：

1. 古代汉语以单音词为主、单音词向复音词的发展、一词多义的三个特点；

2. 古代汉语词的构成、单音词的特点、复音词的不同类型、单音词与复音词的辨识方法；

3. 从词义的义项数量、演变的幅度、范围、感情色彩、演变的规律等方面辨析古今词义异同的方法；

4. 词的本义和引申义的概念，本义探求的方法，引申义与本义的关系及同义词与本义的形式关系；

5. 古代汉语同义词的概念、产生方式、类型、作用及其辨析的方法；

6. 语汇知识在中小学词语教学中的运用。

第一节　词的产生和发展

语音、词汇、语法是构成语言的三大要素，在这三大要素中，词汇是最活跃的因素，随着新旧事物的产生和消失，新旧词语也随之在不断地产生和消亡，词义处在不停的变化之中。可以说，汉语词汇从古到今一直在发展变化着。现代汉语词汇正是从古代汉语词汇继承而来，古今汉语词汇之间，既有联系又有差异。学好古代汉语词汇有助于加深理解现代汉语词汇。从古代汉语词汇的内容来看，我们学习古代汉语必须了解古代汉语的特点、词汇的构成以及词义演变与词义训释等等。

从词汇的音节形式和意义特点来观察古汉语词汇，其显著特点有以下三个方面。

一、古代汉语以单音词为主

单音词是指只有一个音节的词，在书面语中也就是一个汉字，古代汉语以单音词为主，绝大多数情况下一个字就是一个词。古代汉语中，单音词要比复音词数量多。单音词占优势是古代汉语的特点。古代汉语词的外部结构特点就是以单音词为主的，特别是先秦的文言文，很少有双音词，复音词居少数。

据统计，《庄子·逍遥游》全文用单字1465个，复音词只占80多个；《离骚》用字2470个，复音词只有140多个。《诗经》中单音词占总量的90.8%，《左传》中占89%，

《史记》、《尔雅》中占80%。了解了单音词在古汉语词中占优势这一特点，我们在阅读古书时，就要注意不要把两个单音词连用当成后代的一个复音词去理解。例如：

  郤克伤于矢，流血及屦，未绝鼓音，曰："余病矣！"张侯曰："自始合，而矢贯余手及肘，余折以御，左轮朱殷。岂敢言病？吾子忍之。"缓曰："自始合，苟有险，余必下推车。子岂识之？——然子病矣。"张侯曰："师之耳目，在吾旗鼓，进退从之。此车一人殿之，可以集事。若之何其以病败君之大事也？擐甲执兵，固即死也；病未及死，吾子勉之！"（《左传·成公二年》）

这段文字共120字，115词，除"郤克"、"张侯（两次）"、"吾子（两次）"外，皆为单音词，单音词有110个，其优势是十分明显的。如果译成现代汉语，字数几乎要增加一倍，这是因为现代汉语复音词占优势。

二、单音词向复音词的发展

单音词多义造成的语义模糊性，是单音词本质的弱点；单音词又容易形成同音词，这是它的伴生弱点。这两点造成了实质交际的不便。为了克服这些弱点，语言按自身的规律向表达日趋精密的方向发展——复音词越来越多了。通过统计，现代汉语中，复音词约占全部词汇的85%，这个比例倒正是古汉语中单音词的比例，说明了古汉语中单音词有一个向复音词逐渐发展的过程。这一发展，不单纯是音节增加的问题，而是标志着汉语构成方法的质变。

汉代以前，汉语复音化的速度较慢。魏晋六朝之后，复音词突然加快了前进的步伐。五代十国之后，复音词得到了突飞猛进的发展。

单音词向复音词发展的途径和类型是多样的，拿古代汉语的单音词与现代汉语中意义相当的复音词对比，我们不难发现汉语单音词演进为复音词的方式主要有三种情况：

1. 古代的单音词，加上词头或词尾，成为复音词。例如：

  虎——老虎 一——第一 豹——豹子 杯——杯子

  欣——欣然 燕——燕子 石——石头 斧——斧头

2. 与同义或近义的单音词构成现代的复音词。例如：

  艰——艰难 恐——恐惧 知——知道 将——将军

  洪——洪水 减——减少 道、路——道路 朋、友——朋友

3. 古代单音词被不同字面形式的复音词所代替。例如：

  途——道路 伐——攻打 好——漂亮 师——军队

  息——呼吸 御——抵挡 池——护城河 亡——丢失、逃跑

由于单音词发展为复音词，大大减少了语言中的同音词以及一词多义的现象，每个词的含义更加明确，增强了表达效果。这是汉语词汇发展的必然趋势。

三、一词多义

什么是一词多义？要探讨这个问题，大家首先要明白什么是单义词，什么是多义词。只有一个意义的词叫单义词，即一词一义；有两个或两个以上意义的词叫多义词，即一词多义。

因为单音词本身不带有起限制作用的其他语义成分，外延相对宽泛，易于承载较多的

义项，容易出现多义现象。欧阳修在谈到"打"的音义时说："其义本谓'考击'，故人相殴，以物相击，皆谓之'打'，而工造金银器，亦谓之'打'，可矣，盖有槌击之义也。至于造舟车者曰'打船'、'打车'，网鱼曰'打鱼'，汲水曰'打水'，役夫饷饭曰'打饭'，兵士给衣粮曰'打衣粮'，从者执伞曰'打伞'，以糊黏纸曰'打黏'，以丈尺量地曰'打量'，举手试眼之昏明曰'打试'，至于名儒硕学，语皆如此，触事皆谓之'打'。"（《归田录》卷二）欧阳修指出了"打"的 11 个义项，用现代汉语表示依次为：殴打、撞击、打制、制造、捕捞、汲取、领取、张举、黏贴、丈量、擦拭。到了现代汉语中，"打"的意义更加纷繁，2005 年出版的《现代汉语词典》共列出其动词意义 24 个，介词意义 1 个，真可谓"触事皆谓之打"了。

又如"负"是个多义词，古今都常用，仅《史记·廉颇蔺相如列传》中就有如下意义：

① 廉颇闻之，肉袒负荆，因宾客至蔺相如门谢罪。（用背部背）
② 均之二策，宁许以负秦曲。（承担）
③ 秦贪，负其强，以空言求璧。（依仗）
④ 相如度秦王虽斋，决负约不偿城。（违背）
⑤ 臣诚恐见欺于王而负赵。（辜负）

再如"党"字：

⑥ 一万两千五百家为乡，五百家为党。（《周礼》）
⑦ 吾党有直躬者。（《论语·子路》）
⑧ 皆乐氏之党也。（《左传·襄公二十一年》）
⑨ 举其偏，不为党。（《左传·襄公三年》）

"党"在例⑥中是其本意"古代的一种居民单位"；在例⑦中为"同伙之人"的意思；在例⑧中引申为"由利害关系而结成的集团"（注意：古汉语中"党"指"集团"时一般只用于贬义。"朋党、死党、党羽、结党营私"即是）；在例⑨中为"偏袒"的意思。

单音词的多义性，一方面体现了古代汉语词的功能的丰富多彩，但另一方面给我们阅读古书带来了许多困难。一个词在某处究竟是什么意思，往往难以确定。例如：

《孟子·梁惠王上》有这样一句话："挟太山以超北海，语人曰：'吾不能。'是诚不能也。为长者折枝，语人曰：'吾不能。'是不为也，非不能也。"其中的"折"与"枝"都是很常用的词，但"折"在这里可解作"按摩"、"折取"、"弯腰"，"枝"可解作"肢体"（枝与肢是同源词）、"树枝"，故赵岐注为"按摩折手节，解罢枝也"，陆善经注为"折草树枝"，陆筠注为"磬折腰肢，揖也"。三种注释皆喻轻而易举之事，皆可通。

但这类莫衷一是的情况毕竟是极少数，只要我们仔细揣摩上下文，联系当时其他古书的用词情况，参照古人的注释及今人的研究成果，绝大多数的词都能找出其具体语境中的准确含义。

思考与练习

一、从词汇的音节形式和意义特点来观察古汉语词汇，其有哪些显著特点，试举例论述。

二、标点下段古文，并统计单音词所占比例。

楚人和氏得玉璞楚山中奉而献之厉王厉王使玉人相之玉人曰石也王以和为诳而刖其左足及厉王薨武王即位和又奉其璞而献之武王武王使玉人相之又曰石也王又以和为诳而刖其右足武王薨文王即位和乃抱其璞而哭于楚山之下三日三夜泣尽而继之以血王闻之使人问其故曰天下之刖者多矣子奚哭之悲也和氏曰吾非悲刖也悲夫宝玉而题之以石贞士而名之以诳此吾所以悲也王乃使玉人理其璞而得宝焉遂命曰和氏之璧（《韩非子·和氏》）

第二节 古代汉语词汇的构成

一、单音词

只有一个音节的词叫单音词。单音词只包含一个语素，所以必然是单纯词。古代汉语词汇以单音词为主，绝大多数情况下一个字即一个词。古代汉语单音词有如下一些特点：

1. 多义性

古代汉语词汇中单音词最显著的特点是多义性，即一个单音词（字）往往兼有两个以上的意义。也就是一词多义。复音词虽也有一词多义的情况，但其数量和所含义项要少得多。古代一个词（字）往往兼有几个、甚至十几个意义。例如"辞"：

① 上下比罪，无僭乱辞。（《尚书·吕刑》）
② 君非姬氏，居不安，食不饱。我辞，姬必有罪。（《左传·僖公四年》）
③ 故说《诗》者，不以文害辞，不以辞害志。（《孟子·万章上》）
④ 大夫吊，当事而至，则辞焉。（《礼记·檀弓下》）
⑤ 朝辞白帝彩云间，千里江陵一日还。（李白《早发白帝城》）

"辞"，在例①中表示"诉讼的供词"，例②中表示"解说，辩解"，例③中表示"文词；言词"，例④中表示"告知，告诉"，例⑤中表示"告别，辞别"。

再如"临"：

① 不临深溪，不知地之厚也。（《荀子·劝学》）
② 〔古之君子〕立乎朝廷而正君臣，出入宗庙而临大事。（《章望之字序》）
③ 二年，又作师旅，临卫政殷，殷大震溃。（《逸周书·作洛》）
④ 据险临之，故当必克。（《隋书·李密传》）
⑤ 望美人兮未来，临风怳兮浩歌。（《楚辞·九歌·少司命》）
⑥ 必也临事而惧，好谋而成者也。（《论语·述而》）

"临"，在例①中表示"由上看下，居高面低"，例②中表示"监视，监临"，引申为"统治，治理"，例③中表示，"攻伐，胁制"，例④中表示"守卫"，例⑤中表示"面对，当着"，例⑥中表示"碰上，逢着"。

单音词的多义性，反映了词的多种功能。单音词含义较多，往往随文而异，必然给我们阅读古书带来困难。我们只有掌握它们的词义系统，结合具体的语言环境，深入推究，才能正确地确定它们在句中的含义。

2. 灵活性

单音词含义虽多，但所表示的每一项意义一般说来都没有达到十分精确的程度，具有某种模糊性。特别是那些表示抽象概念的词更是如此。这样，单音词在具体的语言环境中，就可以灵活地表示不尽相同的含义。

例如"严"是个多义词，有很多义项。其中一个义项是严格、严厉、严酷。这三个意义同属于一个概念，但在程度上感情色彩上有差别。现代汉语中复音词"严格"、"严厉"、"严酷"，可以把他们之间细微的差别明确地表示出来，而古汉语中与这些复音词对应的只是"严"这个单音词的一个义项。《史记·太史公自序》："法家严而少恩"中"严"，用"严格"、"严厉"和"严酷"去解释似乎都说得过去。究竟如何解释更为准确，更符合文意，就需要依靠具体的语言环境来考察。法家主张"赏罚必信"，即有功者一定要奖励，绝不失信。有罪者一定要惩罚，绝不宽恕。这说明法家的"严"绝不是一般的严格。在司马迁看来，"严"正是法家的优点，"少恩"才是缺点，因此这里的"严"也绝不是带有贬义的"严酷"。因此，这句中的"严"应是"严厉"的意思。

有些单音词由于处在特殊的语言环境或者由于某种修辞上的需要，可以在句中临时表示某种特殊的含义，表现出更大的灵活性。如《左传·隐公元年》："厚将得众"。"厚"既不指"东西的厚薄"，又不指"程度的深浅"，而是指"土地扩大"。又如《诗经·魏风·硕鼠》："乐土乐土，爰得我所。""所"不是指"一般的处所"，而是指"可以安居的处所"。又如《论语·季氏》："季氏将有事于颛臾。""事"不是指"一般的事情"，而是指"战争"。又如《孟子·梁惠王上》："涂有饿莩而不知发。""发"不是指"一般的打开"，而是指"打开粮仓"。某些词在文句中表示的这种特殊意义，仅仅是某人某书临时使用的，并不是这个词正式的义项。

3. 能产性

古汉语单音词大都有较强的构词能力，既可以单独使用，也可以与其同义词临时组合，同义连用，有的还作为语素与其他语素构成复音词。如"金"，可构成"金玉"，如《礼记·儒行》："儒有不宝金玉，而忠信以为宝。"也可构成"金石"，如《周礼·秋官·职金》："凡国有大故，而用金石，则掌其令。"还可构成"金革"，如《礼记·中庸》："衽金革，死而不厌，北方之强也。"还可构成"金柝"，如《木兰诗》："朔气传金柝，寒光照铁衣。"其他诸如"金汤"、"金创"、"金风"、"金丹"、"金兰"、"金貂"、"金鼓"、"金粉"、"金闺"、"金瓯"等等。有些单音词的某个义项就能构成一连串意义相同的复音词。例如"书"有很多义项，仅"书信"这个义项，构成的复音词就有"书信"、"书牍"、"书函"、"书简"、"书启"、"书札"、"书翰"等。正是因为古汉语单音词具有较强的构词性，因而汉语在长期历史发展过程中，复音词逐渐增多，最终完成了由以单音词为主向以复音词为主的演变。

二、复音词

古汉语词汇中以单音词为主，同时也存在相当数量的复音词。复音词是由两个或两个以上的音节构成，书面上是由两个或两个以上的字组成。古汉语中复音词与单音词相比，情况也比较复杂。根据所含语素多少，复音词可分为两大类：单纯复音词和合成复音词。

(一) 单纯复音词

单纯复音词只含一个语素，组成它的每一个字只代表一个音节，而不表示意义，只有两个音节联系在一起时，才表示某个意义。在古汉语中，单纯复音词包括叠音词和联绵词两类。

1. 叠音词

叠音词又称重言词，它是重叠两个相同的音节而成的双音词。叠音词在古汉语中数量相当多。例如：

① 桃之夭夭，灼灼其华。(《诗经·周南·桃夭》)
② 坎坎伐檀兮，置之河之干兮。(《诗经·魏风·伐檀》)
③ 关关雎鸠，在河之洲。(《诗经·周南·关雎》)
④ 老冉冉其将至兮，恐修名之不立。(《楚辞·离骚》)
⑤ 盈盈公府步。(《陌上桑》)

上列例句中"夭夭"、"灼灼"、"坎坎"、"关关"、"冉冉"、"盈盈"都是叠音词，它们跟单音词"夭"、"灼"、"坎"、"关"、"冉"、"盈"并不同义，也不是单音词的简单重复或组合。一般情况，叠音词要么描摹声音，要么描绘形态。

描摹声音的叠音词还有"丁丁"、"霍霍"、"嘤嘤"、"关关"、"潺潺"、"唧唧"等；描绘形态的叠音词还有"历历"、"离离"、"萋萋"、"恂恂"、"悠悠"、"漠漠"等。

很多叠音词的意义比较灵活，往往有多种含义。如"洋洋"，形容水大的样子，《诗经·卫风·硕人》："河水洋洋。"也形容盛大众多，刘向《说苑·尊贤》："传之后世，洋洋有余。"还表示美好的样子，《韩非子·难言》："言顺比滑泽，洋洋纚纚然，则见以为华而不实。"还形容漂泊的样子，屈原《楚辞·九章·哀郢》："焉洋洋而为客。"还形容高兴得意的样子，范仲淹《岳阳楼记》："把酒临风，其喜洋洋者矣。"又如"萧萧"，可以是马鸣声，《诗经·小雅·车攻》："萧萧马鸣。"也可以是风声，《楚辞·九怀·蓄英》："秋风兮萧萧。"还可以是落叶声，杜甫《登高》："无边落木萧萧下。"

叠音词在形式上与单音词的重叠形式相同，但在表意上是有区别的。例如，《孔雀东南飞》："物物各自异，种种在其中。"句中的"物物"、"种种"都是单音词的重叠形式，含有"遍指"、"每一"之义，这是叠音词所不具备的。又如《古诗十九首·行行重行行》："行行重行行，与君生别离。"句中的"行行"是单音词的重叠形式，意为"走了又走"、"走啊走"，表示动作的重复进行，这也是重言词所不具备的。单音词的重叠形式在古汉语中颇为常见，如"旦旦"(每天)、"卷卷"(每卷)、"朝朝"(每天早晨)、"暮暮"(每天晚上)、"人人"(每人)、"家家"(每家)、"处处"(每处)，等等。

2. 联绵词

由两个字联缀在一起，组成不可分割的整体，同表一意的复音单纯词叫作联绵词。也叫"连绵词"、"联绵字"。"联(连)绵"是连接不断、不可拆开之义。联绵词在书写上是两个字，这两个字只代表构成联绵词的两个音节的读音；这两个字(音)合在一起表示一个意义，不可拆开理解。组成联绵词的每一个字的含义，一般来说，都与联绵词的词义无关。例如，《庄子·秋水》："于是焉河伯始旋其面目，望洋向若而叹曰……"句中的"望洋"表示"仰视之貌"，是个联绵词，不可以拆成"望"、"洋"两个字理解成"望着海洋"。

联绵词一般都是描摹事物的声色形貌的,也有表示事物名称的,在古代典籍、特别是《诗经》中用得比较广泛。例如:

① 参差荇菜,左右流之。(《诗经·周南·关雎》)
② 窈窕淑女,君子好逑。(《诗经·周南·关雎》)
③ 蒹葭苍苍,白露为霜。(《诗经·秦风·蒹葭》)
④ 屈原既放,游于江潭,行吟泽畔;颜色憔悴,形容枯槁。(《楚辞·渔父》)
⑤ 孔雀东南飞,五里一徘徊。(《孔雀东南飞》)

例①中"参差"表示长短不齐之貌。例②中"窈窕"形容女子身形体态美好,有人将它译成"苗条"。例③中"蒹葭"是芦苇一类的植物。例④中"憔悴"形容瘦弱萎靡之貌。例⑤中"徘徊"为往返回旋之貌。

联绵词具有如下特点:

(1) 一个语素

在结构上,组成联绵词的音节之间紧密连缀,不能拆开,共同构成只具备一个语素的单纯词。有的联绵词拆开后各部分无意义,不能单独使用,如"徘徊"、"匍匐"、"窈窕"等;有的拆开后虽然可以单独使用,但单独使用时各自的意义与整体意义之间无联系,已是另外的词,如"参差"、"望洋"、"逍遥"等。

有极少数将联绵词拆开来使用的情况,它常常出现在一些韵文中,或特定的修辞场合。如"犹豫"在《老子》第十五章"豫焉若冬涉川,犹兮若畏四邻"中就拆开来使用,意思都是"犹豫"。这只是一种修辞方法,并不普遍。

(2) 词形多样

它们的写法往往不固定。例如,"望洋"还可以写成"望羊"、"望阳"、"旺洋";"徘徊"也作"裴回"、"徘回";"逶迤"也作"委移"、"逶陀"、"委它"、"委他"、"威夷"、"委蛇"、"委施";"匍匐"也作"匍伏"、"蒲伏";"黾勉"也作"闵勉"、"闵免"、"文莫"、"密勿"等等。

(3) 相同相近的读音

由于记录联绵词的两个字只表示读音,因此构成联绵词的两个字,在语音上往往有"双声"(两个字的声母相同)、"叠韵"(两个字的韵相同)或"双声兼叠韵"的关系。这是联绵词在语音上的一大特点。例如:

① 双声联绵词:参差、踟蹰、栗烈、侘傺、突梯、忸怩、便嬖、蒹葭、蓬勃、唏嘘、仓卒、倜傥、恍惚、留连。
② 叠韵联绵词:须臾、窈窕、天绍、婵媛、崔嵬、苤苢、仓庚、薜荔、彷徨、徘徊、堂皇、蹁跹、逡巡、妖娆、披靡、扶疏、荒唐、逍遥、混沌、蹉跎。
③ 双声兼叠韵的联绵词:辗转、优游。
④ 也有一些联绵词在语音上没有双声、叠韵关系,如:滂沱、浩荡、蜈蚣、狼藉、陵夷、逶迤、跋扈、芙蓉。

(二) 合成复音词

合成复音词是指由两个或两个以上单音节语素组合而成的词。从其结构角度看,主要可以分为偏正式、联合式和附加式三类。

1. 偏正式复音词

偏正式复音词的两个语素之间，具有修饰与被修饰的关系。例如："天下、足下、陛下、先生、天子、君子、公子、童子、小人、白鹭、黄鹂、太医、太史、太守、县长、县令、屯长、亭长、寡人、寡君"等等。这类复音词是由词组凝固而来，结构稳定，整体表义。

2. 联合式复音词

联合式复音词的两个语素之间，是并列关系，每个语素都表示具体意义，多数还能作为单音词独立使用。根据语素间的意义关系，可分为同义复词、反义复词、变义复词、偏义复词。

（1）同义复词

同义复词由两个意义相同或相近的语素组成，这两个语素往往可以单独作为单音词使用。例如：

① 寡君不敢顾昏姻。（《左传·成公十三年》）
② 婚姻之道缺，阳倡而阴不和，男行而女不随。（《诗经·郑风·丰序》）
③ 不忘恭敬，民之主也。（《左传·宣公二年》）

例①句中的"昏姻"、例②句中"婚姻"都指嫁娶之事，应看成同义复词。但"婚"、"姻"又可单用，例如《尔雅·释亲》："婿之父为姻，妇之父为婚。"例③句中"恭敬"是同义复词，但"恭"、"敬"可单用，例如《论语·子路》："居处恭，执事敬。"

与上述例句结构相似的同义复词还有："饥馑、恐惧、阻隘、朋友、康庄、宇宙、驽钝"等等。

（2）反义复词

反义复词由两个意义相反的语素组成，每个语素也可单独成词。例如："乾坤、臧否、呼吸"等等。

（3）变义复词

变义复词由两个意义相关或相反的语素组成，但这两个语素组成合成词后，其原先的含义发生了引申变化，产生了新意。也就是说，词义并非两个语素原义的相加。例如：

① 夫虽无四方之忧，然谋臣与爪牙之士，不可不养而择也。（《国语·越语上》）
② 非疏骨肉而爱过客也，多少之心异也。（《韩非子·五蠹》）
③ 是仆终已不得舒愤懑以晓左右。（司马迁《报任安书》）
④ 有客从外来，闻之常欢喜。迎问其消息，辄复非乡里。（蔡琰《悲愤诗》）

"爪"、"牙"本指野兽的脚爪、獠牙，"爪牙"喻指"国家的猛将"；"骨"和"肉"本指"骨头"、"肌肉"，它们组合成一个词后，不是"骨和肉"的意思，引申指具有血缘关系的至亲；"左"和"右"本指空间的两个方位，组合成一个词后，引申表示对别人的尊称，在书信中，则专指对方；"消"本指消失，"息"本指滋长，"消息"引申指"音信"、"音讯"。

（4）偏义复词

偏义复词是指由两个近义、反义或意义相关的语素组成的复音词，但在具体的语言环境中，其中只有一个语素有意义，并成为该复音词的意义，另一个语素只起充当一个音节的陪衬作用。

偏义复词的出现，往往跟上下文的偶数音节有关，是调节音节的一种手段。偏义复词意义偏在哪个语素上，要根据上下文的内容来确定。意义相对、相反或相关、相类的词并列在一起，有时偏义，有时不偏义，也要根据上下文的内容来确定。例如：

① 今有一人，入人园圃，窃其桃李。(《墨子·非攻上》)
② 无羽毛以与御寒暑。(《列子·杨朱》)
③ 骂其妻曰："生子不生男，有缓急，非有益也。"(《史记·文帝本纪》)
④ 多人不能无生得失。(《史记·刺客列传》)
⑤ 擅兵而别，多他利害。(《史记·吴王濞列传》)
⑥ 怀怒未发，休祲降于天。(《战国策·魏策四》)
⑦ 陟罚臧否，不宜异同。(诸葛亮《出师表》)
⑧ 昼夜勤作息，伶俜萦苦辛。(《孔雀东南飞》)

古代种树的地方叫"园"，种菜的地方叫"圃"，"园圃"的词义偏于"园"，"圃"字只作陪衬；"寒暑"义偏于"寒"，"暑"字只作陪衬；"缓急"在句中表示"急难之事"，词义偏于"急"，"缓"字只作陪衬；"得失"义偏于"失"，"得"字只作陪衬；"利"指益处，"害"指害处，句中"利害"义偏于"害"，"利"字只作陪衬；"休"指吉兆，"祲"指妖气，"休祲"指不祥的云气，义偏于"祲"，"休"字只作陪衬；句中"异同"义偏于"异"，"同"字只作陪衬；"作"指劳作，"息"指休息，句中"作息"义偏于"作"，"息"字只作陪衬。

3. 附加式复音词

附加式复音词是以一个实义语素为中心，在它前面或后面加上一个虚义语素组成的。根据虚义语素的位置，可分为前加式和后加式两类。

(1) 前加式，即在实义语素前加上词头。

古汉语中常见的词头有"有"、"其"、"言"、"于"、"薄"、"阿"等。

"有"常用于专有名词、一般名词和形容词之前。如："有周、有夏、有殷、有虞；有政、有帝；有仲、有洸、有溃。""其"一般用于形容词或不及物动词前面。如，《诗经·邶风·北风》："北风其凉，雨雪其雱。"《诗经·豳风·七月》："八月其获，十月陨萚。""言"用于动词之前。例如，《诗经·周南·葛覃》："言告师氏，言告言归。"《诗经·召南·草虫》："陟彼南山，言采其蕨。""于"也用在动词之前。例如，《诗经·周南·桃夭》："之子于归，宜其室家。"《诗经·王风·君子于役》："君子于役，不知其期。"《诗经·秦风·无衣》："王于兴师，修我戈矛，与子同仇。""薄"也用在动词之前。例如，《诗经·周南·葛覃》："薄污我私，薄澣我衣。""阿"一般用于名词前，如："阿爷、阿母、阿叔、阿姊、阿兄、阿弟、阿妹、阿子、阿公、阿姑、阿姨、阿娇（人名）、阿瞒（曹操小名）、阿蒙（人名）、阿环（仙女名）"。

(2) 后加式，即在实义语素后添加词尾。

古汉语中常用的词尾有"然"、"乎"、"焉"、"尔"、"如"、"若"等，它们一般用在形容词或动词之后。带词尾的双音词几乎都是形容词。例如："潸然、喟然、欣然、飘然、勃然、沛然、填然、油然、焕乎、确乎、怒焉、率尔、莞尔、荣如、辱如、纷若、沃若"，等等。

词尾也可用在双音词之后，构成三音节的形容词，如："飘飘然、欣欣然、恂恂如、徐徐焉"，等等。

合成复音词除了上述偏正式、联合式、附加式三类外，还有其他一些结构形式，如动宾式（将军、司马、司徒、司空、祭酒、执事）、述补式（匡正、扑灭）、主谓式（神明、心虚）等。

也有少数复音词与典故有关，其结构比较复杂，难以用正常方法分类。例如"友于"：《尚书·君陈》："惟孝友于兄弟。"意思是只有孝心笃厚的人才会对兄弟友爱。后来，取句中"友于"二字，表示"兄弟之间的友爱"，如《后汉书·史弼传》："陛下隆于友于。"有时则直接以"友于"表示"兄弟"，如曹植《求通亲亲表》："今之否隔，友于同忧。""友于"二字，"友"作动词，"于"是介词，其结构类型难以确定。例如"金兰"：《周易·系辞上》："二人同心，其利断金；同心之言，其臭如兰。"后来取"金兰"二字表示交友投合、友情深厚。如《世说新语·贤媛》："山公与嵇、阮一面，契若金兰。"后引申为结拜兄弟之辞，如"义结金兰"、"金兰簿"等。"金兰"二字似为"联合式"，但又不同于我们上文分析过的各种联合关系。

三、单音词与复音词的辨识

古汉语的合成复音词，最初是由两个单音词临时组合成短语使用的，后来逐渐凝固成为一个词。但在漫长的岁月里，它们时分时合，带有很大的随意性。故阅读古书时，要根据上下文来分析，加以辨识。

（一）复合词大多数由词组逐渐凝固而成

上古汉语本身是一个很长的时期，其间也有变化发展。当一个词组结合使用较长时间后，后来因循使用，不再辨析它的内部结构，而只作为一个整体来认识使用，它就逐渐成为一个词。理论上是这样。具体地说，古代汉语中，这些双音节的、现代汉语当作一个词的，什么时候是词组，什么时候已成为词，这是目前研究的一个问题。可以从意义结构、结合关系的密切程度、词重音、语法上的搭配等手段检测判定。举几个例子："知道"，《礼记·学记》："人不学，不知道。""知道"是动宾关系，是两个词。后来"知道"结合为一个双音词，是一个动词，它后面又可以带宾语了。"妻子"，当它表示妻和子女时，是词组；当它表示夫的配偶时，是双音词。"洗澡"，"洗"本是洗脚，"澡"本是洗手，"洗澡"是联合式词组，现在变成一个词，动作的对象扩大了，而且可以说"洗澡了"，"洗一个澡"。

（二）防止以今释古，把两个单音词连用误以为复合词

例如，《史记·屈原列传》："颜色憔悴，形容枯槁。"《冯婉贞》："婉贞于是率诸少年结束而出。"其中有一些连用的字很像双音词，如"颜色"、"形容"，"结束"，但它们都不是双音词，必须按单音词分开来解释，意义也和现代汉语双音词很不一样，"颜"指"面"，"色"指"气色"，"形"是"身形"，"容"是"面容"。"结束"是两个动词联合，"结"与"束"都是穿衣服的动作。所以，对古代汉语的词要防止以今释古，把两个单音词的连用误以为双音词。例如：

① 今齐地方千里。（《孟子·告子下》）
② 天下云集响应，赢粮而景从。（《史记·陈涉世家》）
③ 阡陌交通，鸡犬相闻。（陶渊明《桃花源记》）

④ 杨行密入宣州，诸将争取布帛。(《资治通鉴》)

例①句中"地"是"土地"，"方"是"方圆"，与今天"地方"的意思差别明显；例②句中"响"指"回声"，"应"指"回应"，"响应"是两个单音词的组合，意思是"像回声一样应和"；例③句中"交"是"交错"的意思，"通"是"相通"的意思，两词连用，"交通"就是"交错相通"的意思；例④句中"争"是"争先恐后"的意思，"取"是"夺取"的意思，两词连用，"争取"在这就是"争先恐后地抢夺"的意思。

（三）防止以古律今，把复音词误以为词组

上古汉语中双音复音词很少，只有那些组合以后意义不等于两个单音词的简单相加、而产生了新的意义的词，才可以认为是双音复音词。例如，《孟子·离娄》："良人者，所仰望而终身也。""良人"指丈夫。《左传·宣公二年》："君能有终，则社稷之固也。""社稷"则专指国家。这些词的意义已经不是组成它的单音词意义的简单相加，而是在高一层次上生成了一个新的总体意义，所以，它们已构成了双音复音词。对于这类词，我们不要把它们误以为词组。

思考与练习

一、解释下列名词术语。

1. 语素　2. 叠音词　3. 联绵词　4. 合成复音词

二、问答题。

试分析联合式复合词的类型，并举例加以说明。

三、分析下列句子中加点的部分，判断它们是词还是短语，并解释其在句中的意义。

1. 王曰："善哉！虽然，公输般为我为云梯，必取宋。"(《墨子·公输》)
2. 老者衣帛食肉，黎民不饥不寒，然而不王者，未之有也。(《孟子·梁惠王上》)
3. 彼兵者，所以禁暴除害也，非争夺也。(《荀子·议兵》)
4. 沉于国家之事，开罪于先生。(《战国策·冯谖客孟尝君》)
5. 夏后氏五十而贡，殷人七十而助，周人百亩而彻，其实皆什一也。(《孟子·滕文公上》)
6. 出门看火伴，火伴皆惊忙。(《木兰诗》)
7. 昨日入城市，归来泪满襟。遍身罗绮者，不是养蚕人。(《蚕妇》)
8. 一年之计，莫如树谷；十年之计，莫如树木；终身之计，莫如树人。(《管子·权修》)

四、标点并翻译下面的短文。

1. 陈涉少时尝与人佣耕辍耕之垄上怅恨久之曰苟富贵无相忘庸者笑而应曰若为佣耕何富贵也陈涉太息曰嗟乎燕雀安知鸿鹄之志哉(《史记·陈涉世家》)

2. 南霁云之乞救于贺兰也贺兰嫉巡远之声威功绩出己上不肯出师救爱霁云之勇且壮不听其语强留之具食与乐延霁云坐霁云慷慨语曰云来时睢阳人不食月余日矣云虽欲独食义不忍虽食且不下咽因拔所佩刀断一指血淋漓以示贺兰一座大惊皆感激为云泣下（韩愈《〈张中丞传〉后叙》）

第三节　古今词义的异同

语言中的词汇是三要素中变化最为显著的，尤其是词义，几乎处于经常的变动之中。故我们掌握词义要有历史的观念，要认识到在几千年的历史长河中，词义有继承也有发展。社会的进步、历史事物的消亡以及人们认识的变化等因素，都可导致语言中新词新义的产生，旧词旧义的消亡。即使是从古到今都有的词，它也有历史的继承性和时代的差异性。汉语的这种新陈代谢，使古今词汇和古今词义有了差异。一部分词在口语中消失，只被保存在古文献或字典辞书中；另一部分词一直流传至今，活跃在口语和书面语里。例如：

刖（yuè）：古代砍掉双脚或脚趾的酷刑。
觥（gōng）：是古代一种有兽头形的器盖或整个形状作兽形的酒器。
媵（yìng）：贵族女子出嫁时随嫁或陪嫁的人。

以上例字虽在古代是常用词，但今天已在口语中消失，只存于文献辞书或成语中。

还有一些旧词所反映的事物、观念等存在于社会生活中，但后代改变了说法。也就是说，某个意义由后代另一同义词来表示，旧词被后代的同义词所取代。如司马迁《报任安书》："文史星历，近乎卜祝之间，固主上所戏弄，倡优畜之，流俗之所轻也。""倡优"指表演歌舞和杂耍的艺人。现在一般用"艺人、演员"一类的词，旧词"倡优"也就消亡了。像这种古代常用词，尽管今天已消失，但仍是我们学习古汉语应该掌握的。

汉语中大多数的词存在着古、今义的问题，古义和今义既有联系又有区别，这种关系十分复杂。关于古今词义的异同，我们主要从以下三方面进行探讨：

一、古今词义基本相同

古今词义基本未变，主要表现为词汇中的基础词汇部分，它是语言中最本质的东西，具有稳固性和全民性。现代汉语词汇从古代汉语词汇中继承了不少基本词和一般词，例如：

有关自然的有：天、地、日、月、水、火……
有关人体的有：人、手、口、心、耳、鼻……
有关亲属的有：父、母、妻、子、兄、弟……
有关生产的有：马、牛、羊、农、牧、土……
有关物质的有：衣、巾、丝、壶、盘、杯……

这些词使用频率高，构词能力强，历经各语言时代，流传至今，千百年来，古今词性相同，概念基本没变。但是我们也应意识到，由于人们认识的不断深化，或因事物的发展，概念的内涵会有细微的变化。如"日"，《说文》："日，实也，太阳之精不亏。"《淮南子·天文训》："日者，阳之主也。"这是"日"又称为"太阳"的来源。现代对太阳的解释已很科学：太阳是银河系的恒星之一，是一大团炽热的气体，它是太阳系的中心天体。此外，还有一种情况，是古今所概括的对象虽然相同，但客观事物本身却有了变化，如"桥"，古今所概括的对象完全一致。《说文》："桥，水梁也"。桥在古代指水上并架的两根木头，所以字形从木。后来又有了石头砌的桥、砖砌的桥，现代还有钢筋与水泥混泥土造的桥及铁索桥。

还有些古代单音节的基本词，在现代汉语中虽不再作为单音词使用，但却作为构成新词的词素被继承下来。如："目"古代是一个常用词，现代汉语一般已不单独使用，但作为词素，保留在"目的、目标、目前、目光、目录、纲目、眉目、栏目"等双音词中。"忧"今天也单用，作为词素保留在"忧愁、忧伤、忧虑"等双音词中。这也是词汇继承性的一种表现。由于古今词义基本相同，故不构成阅读古书的障碍，可以跟着感觉走，但这类词在汉语词汇中只占少数。

二、古今词义具有差异

说古今词义有差异，一般是指它们有不同的义项；说古今词义微殊，一般也是指古义的某一义项和今义的另一个义项十分接近而稍有区别。所以，古今词义的比较，是以义项为单位来进行的。例如：

① 因人之力而敝之，不仁。(《左传·烛之武退秦师》)
② 谷阳竖献饮于子反，子反醉而不能见。(《左传·鄢陵之战》)
③ 为政以德，譬如北辰，居其所，而众星共之。(《论语·为政》)
④ 曰："许子奚为不自织？"曰："害于耕。"(《孟子·滕文公上》)

例①的"敝"，当"破败"讲，这是"敝"的本义。在现代汉语中，"敝"这个词除了个别文言气较重的书面语中偶或一用外，一般不太用了。其"破败"一义，也就被人们所淡忘。例②的"竖"当"小奴隶"、"小仆人"讲，也是古代汉语中专有的词义。由于这个义项所表示的事物已经消逝，现代汉语里，这个意义是绝不再用了。现代汉语中的"竖"，常用义是"直立"，而先秦文献中"直立"的意义一般习惯写"树"而很少写"竖"。例③的"居"当"占据（一个地位）"讲，现代汉语中，"居"的常用义是"住"，"占据"这个意义已经不是常用义，而且一般只限于与方位名词结合，例如"居中"、"居左"。但是，"居住"这个意义古代汉语中也不乏见，例如《愚公移山》"面山而居"，"居"即"居住"。例④里，"害"当"妨碍"讲。在现代汉语里，"害"虽然也可作为词素组成"妨害"这个双音词，但"害"单独使用时，却只有"危害"、"伤害"等意思，比"害于耕"的"害"意义要重得多。但是，现代汉语中的"害"的"危害"、"伤害"等义，古代汉语中并非没有，例如《屈原列传》"邪曲之害公也"，"害"即"危害"。

三、古今词义演变的规律

古汉语中很大一部分词汇被保留下来了，其中只有少数词的词义没有变化，是古今同义词。多数则为古今异义词。它们的古今词义发生了不同程度的变化，存在着形形色色的差异。

下面我们从不同角度来考察一下古今词义的差异：

（一）从义项数量看古今词义的差异

词义在演变的过程中，有新义的产生，也有旧义的消亡，因此，一个词的今义与古义相比，义项可能增加，也可能减少。

1. 义项的增加

一个词随着社会的发展产生新义，这是词义演变的重要方面。新义产生的主要形式是词义的引申（关于词义的引申后面专门介绍）。新义产生以后，新义、旧义可能长期并存，或并存一个时期，这样会导致词义的义项增加。如：

"长"，本义为"长短之长"。《孟子·滕文公上》："布帛长短同，则贾相若。"上古"长"还有引申义"长久"。《庄子·秋水》："吾长见笑于大方之家。"还有引申义"生长"。《孟子·公孙丑上》："予助苗长矣。"又为"年长"。《论语·微子》："长幼之节不可废也。"秦汉以后又有引申义"长辈"。《史记·魏其武安侯列传》："今日长者为寿。"又引申为"长官"。《三国志·吴书·周瑜传》："故求为居巢长。"还有引申义"经常"。苏轼《水调歌头·中秋》："不应有恨，何事长向别时圆。"又为"擅长"。《苕溪渔隐丛话·六一居士》："用其所长，事无不举。"

"族"，本义为"家庭，同姓的亲属"。《左传·僖公五年》："宫之奇以其族行。"后有引申义"灭族"。《史记·项羽本纪》："毋妄言，族矣。"还有引申义"聚结"。《庄子·养生主》："每至于族，吾见其难为，怵然为戒。"还有"众多，一般"的意思。《庄子·养生主》："族庖月更刀，折也。"

2. 义项的减少

有些词，原有两个或两个以上的义项，由于社会的发展以及其他种种原因，它的某些义项后来不再使用了，这是旧义的消亡。旧义的消亡可能导致词义项的减少。如：

"物"，原有两个意义。一是指事或物，《周礼·天官·大司徒》："以乡三物教万民，而宾兴之。"二是指人，《晋书·姚襄载记》："时或传襄创重不济，温军所得士女莫不北望挥涕。其得物情如此。"现代汉语"物"有事物的意思，至于人的意思，只存在于个别复音词和成语里，如"物议"、"待人接物"等。

"仅"，为副词，原也只有两个意义。一是"只不过"，表示甚少。《三国志·吴书·吴主传》："刘备奔走，仅以身免。"一是"几乎，将近"，表示甚多。韩愈《〈张中丞传〉后叙》："初守睢阳时，士卒仅万人，城中居人户亦且数万，巡因一见问姓名，其后无不识者。"杜甫《泊岳阳城下》："江国逾千里，山城仅百层。"今只保留第一个义项。

应该说明的是，一个词的古今义项在不同的历史时期，既可能增加，又可能减少。情况是复杂的。如"齿"，本义是"门牙"，也泛指"牙齿"。《左传·僖公五年》："唇亡齿寒。"汉代"齿"除了表示"牙齿"外，又指"年龄"。《汉书·赵充国传》："臣位至上卿，爵为列侯，犬马之齿七十六。"以上是义项的增加。现代汉语只保留了"齿"的牙齿义，年龄义则消亡了，这又是义项的减少。

（二）从演变的幅度看古今词义的差异

古今词义演变的幅度是不均衡的，因而古今词义差异的程度也就不同。大体上分为两种情况：一是差异较大，一是差异较小。

1. 古今词义差异较大

有些词古义和今义差异较大，但也存在某种联系，只是这种联系很不明显。这种情况可以说是异中有同。如：

"狱"，先秦指"诉讼之事"，相当于现代汉语的"官司"。《诗经·召南·行露》："谁谓女无家，何以速我狱？"因为"诉讼"往往与"坐牢"发生关系，大约汉代，"狱"

有了"监狱"的意思。杨恽《报孙会宗书》:"妻子满狱。"

"百姓",原指"百官",属于统治阶级的上层人物。在上古,只有统治阶级才有姓氏。《左传·隐公八年》:"天子建德,因生以赐姓,胙之土而命之氏。"意思是,天子立有德者为诸侯,根据其祖先所生之地而赐给姓,又分封土地并赐与氏。较早的古籍,凡称"百姓",多指"百官"的意思。《尚书·尧典》:"百姓昭明。"《国语·楚语下》:"百姓、千品、万官、亿丑。""百姓"在"千品"、"万官"之上,足见其地位相当高。后来,原来有姓氏的贵族苗裔,有很多变成了平民;而一般民众也渐渐取得了享有姓氏的权利,因而"百姓"的含义也就随之发生变化。在稍后的古籍中,"百姓"一般指平民,指"百官"的反而少见。《孟子》全书有"百姓"19次,其中18次指"平民",指"百官"仅1次,还是引用《尚书》的句子。

"消息","消"为"消灭,灭亡"。"息"为"增长,生长。""消息"古义指"盛衰生灭"。《易经·丰卦》:"天地盈虚,与时消息。"汉以后,引申为"音讯"。蔡琰《悲愤诗》:"迎问其消息,辄复非乡里。"

"行李",古义指"使节",指人而不指物。《左传·僖公三十年》:"若舍郑以为东道主,行李之往来,共其乏困。"今义指"出行所带的铺盖、衣物"等,指物而不指人。

一般说来,一个词的古义和今义差异无论多大,总是有其内在的联系,总是异中有同。但也有人认为,有的词古今词义完全不同。例如"该"字在上古和中古都只当"完备"讲,宋玉《招魂》:"招具该备,永啸呼些。"王逸注:"该,亦备也。"到了中古以后才有"应当"的意义,在这后起的意义和"完备"之间,我们看不出继承的关系来。像这样的词毕竟是少数。这少数字,有的只是同一个字,古今用法不同,表示不同的词;有的则是因为我们的研究不够,它们的来历还没有发现罢了。

2. 古今词义差异较小

有些词,古今词义之间只有细微的差异,因而容易被人忽略。这种情况可以说是同中有异。如:

"购",古指"悬赏征求",与今义"购买"有别。悬赏征求的对象当然不是商品。《史记·项羽本纪》:"吾闻汉购我头千金。"后来,"购"与"买"的意义逐渐接近,但仍有区别。《新唐书·褚遂良传》:"帝方博购王羲之故帖。"这里的"购"指重金收买,"购"的对象不是普通物品。

"暂",古义之一是表示"时间短暂",它只指一个短促的时段,不含有与将来对比的意思。晋刘琨《答卢谌》:"排终身之积惨,求数刻之暂欢。"干宝《晋纪总论》:"若积水于防燎火于原,未尝暂静也。"韩愈《进学解》:"暂为御史,遂窜南夷。"现代汉语的"暂"虽由此发展而来,但在意义上有细微的差别,表示"暂时这样,将来不这样",含有与将来对比之意。"暂为御史"按今义解释,是"暂时做御史,以后还要做别的官了"。而韩愈的意思只是"做御史的时间短",并不包含将来再做别的官的意思。

"两",古代用来指本来成双成对的事物。《论语·子罕》:"我叩其两端而竭焉。"《庄子·让王》:"两臂重于天下也,身亦重于两臂。""两端"、"两臂"都是本来成双的,故用"两"不用"二"。有时,不是本来成双的,代表双方,也用"两"。《左传·成公二年》:"且惧奔辟而忝两君。""两"用作状语,表示双方施行同一行为,或遭受同一行为。《荀子·劝学》:"目不能两视而明,耳不能两听而聪。"这里的"两"也不能用"二"代替。而在现代汉语里，"两"和"二"除了某些习惯用法不同外，几乎完全一样。

"给"，上古只表示"供给，供应"，没有"给予"的意思。《战国策·齐策》："孟尝君使人给其食用，无使乏。""给"的今义"给予"是从古义"供给"发展而来的，二者虽然有共同之处，但还是有差异的。

"劝"，古义是"劝勉，鼓励"。《说文》："劝，勉也。"《左传·成公二年》："赦之，以劝事君者。"《汉书·龚遂传》："劝民务农桑。""劝"的反义词是"惩"。《左传·成公二年》："所以惩不敬，劝有功也。"中古以后，引申为"劝而悦从"，即"劝解、规劝"的意思。《新唐书·褚遂良传》："帝欲自讨辽东，遂良固劝无行。""劝解"与"勉励"、"鼓励"既有联系，又有差异。

（三）从词义的范围看古今词义的差异

有些词古今词义演变的结果，是词义所反映的事物范围有所改变，也就是词义所表达的概念的内涵和外延发生了变化。大体上有三种情况：词义的扩大、词义的缩小、词义的转移。

1. 词义的扩大

词义的扩大是指一个词的今义与古义相比，所表达的概念外延扩大了，即由部分到整体，由个别到一般，由狭窄到宽泛。从词义的范围看，今义大于古义，古义包含在今义之中。如：

"睡"，古义是"坐着打瞌睡"。《说文》："睡，坐寐也。""坐寐"即"坐着打瞌睡"。《史记·商君列传》："孝公既见卫鞅，语事良久，孝公时时睡，弗听。"欧阳修《秋声赋》："童子莫对，垂头而睡。"后来，"睡"的意义扩大了，"一切时候和形式的睡眠"都可以称"睡"。

"响"，古义是回声。《玉篇》："响，应声也。""应声"即"回声"。《左传·昭公十二年》："吾子，楚国之望也，今与王言如响，国其若之何？"《说苑·君道》："故天下应人，如影之随形，响之效声也。"贾谊《过秦论》："天下云集而响应，赢粮而景从。"后来，"响"泛指"一切声音"，不限于回声。所以《说文》解释："响，声也。"段玉裁注："浑言之也。《天文志》曰：'响之应声'，析言之也。"

2. 词义的缩小

词义的缩小是指一个词的今义与古义相比，所表示的概念的外延收缩了，即由整体到部分，由一般到个别，由宽泛到狭窄。从词义范围上看，今义小于古义，是古义的一部分。如：

"臭"，本义"泛指一切气味"，不论好闻的气味，不好的气味，都可以用"臭"来表示。《周易·系辞》："其臭如兰。"此"臭"指"香气"。曹植《与杨德祖书》："海畔有逐臭之夫。"《左传·僖公四年》："一薰一莸，十年犹尚有臭。"此"臭"指"臭气"。有时表示不好闻的气味，在"臭"字前面加一个修饰语"恶"。《礼记·大学》："如恶恶臭。"《论语·乡党》："恶臭，不食。"今"臭"，只指"臭的气味"，不再表示"香的气味"了。

"子"，上古是"孩子的总称"，不论男孩女孩。《韩非子·五蠹》："今人有五子不为多。"这是指"儿子"。《论语·公冶长》："以其子妻之。""以其兄之子妻之。"这里的"子"指"女儿"。有时在"子"前面加上修饰语来分指男孩和女孩。《诗经·小雅·斯干》："乃生男子"，"乃生女子"。后来"子"一般只指儿子，不再指女儿。

"禽"，原是"飞禽和走兽的总称"。《周易·师》："田有禽。""田"是打猎。"禽"指"猎物"，包括"飞禽走兽"。古代称"打猎追逐禽兽"为"从禽"。《三国志·高堂隆传》："若逸于游田，晨出昏归，以一日从禽之娱，而忘无垠之衅，愚窃惑之。"《三国志·华佗传》："吾有一术，名五禽之戏。一曰虎，二曰鹿，三曰熊，四曰猿，五曰鸟。"把鸟同其他四种兽类合称"五禽"，可见汉以后"禽"还是"飞禽走兽的总称"。今"禽"专指"鸟类"。

3. 词义的转移

词义的转移指一个词今义与古义所表示的概念范围既没有扩大，也没有缩小，彼此不存在类属关系，而是由某一范围转移到另一范围，由某一事类转移到另一事类。今义与古义的概念范围不同，内涵与外延都没有变化，但还是有一定的联系。这种情况最为普遍。如：

"坟"，古义为"堤岸，高地。"《诗经·周南·汝坟》："遵彼汝坟，伐其条枚。"《楚辞·哀郢》："登大坟以远望兮，聊以舒吾忧心。"《礼记·檀弓上》："古也墓而不坟。"郑玄注："土之高者曰坟。""坟"的今义指"坟墓"。

"写"，古义为"描摹"，特指"画画"。《新序·杂事五》："屋室雕文以写龙。"《文心雕龙·情采》："敷写器象。"后引申为"抄录、抄写"。《后汉书·班超传》："为官写书，受直以养老母。"在现代汉语中，"写"是"书写"的意思，"抄录"义已不复存在，"画画"义仅见于某些复音词中，如"写生"、"写真"、"写意"等。

"涕"，上古是"眼泪"的意思，"鼻涕"称"泗"，不称"涕"。《诗经·陈风·泽陂》："涕泗滂沱。"毛传："自目曰涕，自鼻曰泗。"《诗经·小雅·小明》："念彼恭人，涕零如雨。"《庄子·大宗师》："孟孙才其母死，哭泣无涕，中心不戚。"大概由于哭时往往鼻涕一齐流下，"涕"后来才演变为"鼻涕"，一般不再表示"眼泪"。

"处分"，唐以前是"处置、安排"的意思。《孔雀东南飞》："处分适兄意，那得任专。"《晋书·杜预传》："预处分既定，乃启请伐吴之期。"唐宋时，"处分"有"吩咐、嘱咐"之义，即"口头处置"。白居易《过敷水》："垂鞭欲渡罗敷水，处分鸣驺且缓驱。"杨万里《晚兴》："处分新霜且留菊，辟差寒日早开梅。"但元明时，又由"口头处置"引申为"口头责备"。《窦娥冤》："婆婆，端云孩儿该打呵，看小生面则骂几句；当骂呵，则处分几句。"现代汉语中，"处分"是"对犯罪或犯错误的人按情节轻重做出处罚决定"。

（四）从词义的感情色彩看古今词义的差异

词义的感情色彩是指蕴涵在词义里的对客观事物的感情态度，包括尊重、轻蔑、喜爱、憎恶、肯定、否定等。某些词古今词义演变的结果，可能在词义的感情色彩，即褒贬方面也发生变化。词义感情色彩的变化情况可分为词义的贬降和扬升两类。

1. 词义的贬降

所谓词义的贬降是指一个词古义演变为今义过程中，加上了否定性的感情色彩。如：

"爪牙"，曾是褒义词，指"武臣"。《国语·越语上》："夫虽无四方之忧，然谋臣与爪牙之士，不可不养而择也。"又指"得力的助手和亲信"。《史记·酷吏列传》："择郡中豪敢任吏十余人，以为爪牙。"韩愈《与凤翔邢尚书书》："今阁下为王爪牙，为国藩垣。"

可能因为"爪牙为人驱使",渐渐带有贬义,今指"走狗,坏人的帮凶。"

"贿"、"赂",本义都是"财物",无贬义。《诗经·卫风·氓》:"以尔车来,以我贿迁。"《左传·庄公二十八年》:"齐侯伐卫,战,败卫师,数之以王命,取赂而还。"有用作动词,"赠送财物"。《左传·宣公九年》:"孟献子聘于周,王以为有礼,厚贿之。"《诗经·鲁颂·泮水》:"元龟象齿,大赂南金。"后来,非正当的谋私利的赠送,成为"贿",也称"赂",带有贬义。《隋书·炀帝纪下》:"政刑弛紊贿货公行,莫敢正言,道路以目。"《国语·晋语一》:"骊姬赂二五,使言于公。"现代汉语的双音词"贿赂",完全是贬义了。

"诽"、"谤",上古都是"批评"的意思,也无贬义。《吕氏春秋·决胜》:"义则敌孤独,……孤独则父兄怨,贤者诽,乱内作。"《墨子·经上》:"诽,明恶也。"《左传·襄公十四年》:"士传言,庶人谤。"《战国策·齐策》:"能谤讥于市朝,闻寡人之耳者,受下赏。"朱骏声《说文通训定声》给"诽"、"谤"、"讥"下的定义是:"放言曰谤,微言曰诽、曰讥。""诽谤"连用,原义也是"批评",中性词。《史记·高祖本纪》:"(沛公)还军霸上,召诸县父老豪杰曰:'父老苦秦苛法久矣,诽谤者族,偶语者弃市。'"后来"诽谤"指"无中生有的恶毒攻击",成为贬义词。

2. 词义的扬升

所谓词义的扬升,是指一个词的古义在演变为今义的过程中,逐渐附加上肯定性的感情色彩。如:

"加",原为贬义词,意思是"虚夸"。《说文》:"加,语相增加也。"段玉裁注:"诬人曰增,亦曰加。引申之,凡据其上曰加。"《左传·庄公十年》:"牺牲玉帛,弗敢加也,必以信。"又《左传·僖公十年》:"欲加之罪,其无辞乎?"《汉书·王尊传》:"浸润加诬,以复私怨。"这些"加"都指"以虚言诬人",有贬义。后来引申为"增加",贬义消失,属于中性词,有时还带有肯定性的色彩。

"锻炼",古代除有"冶炼"的意思外,还有"玩弄法律,对人诬陷"的意思,在这个意思上有贬义。《汉书·路温舒传》:"则锻炼而周内之。"《后汉书·韦彪传》:"锻炼之吏,持心近薄。""锻炼"的今义则为中性词。

从以上分析可见,古今词义的差异是词义发展演变的结果。今义和古义相比,词义大部分情况下既有联系,又有区别。学习时,要结合现代汉语和古代汉语的有关知识加以辨析。

思考与练习

一、问答题。

古今词义的异同,主要表现在哪些方面?请举例加以说明。

二、说明下列词语的古今词义演变的情况。

1. 走 2. 塘 3. 涕 4. 菜 5. 丈夫 6. 百姓 7. 感激 8. 锻炼

三、选择题。

1. 在下列四组词中,由古到今词义范围缩小的一组是(　　)。

　　A. 金,匠　　B. 瓦,臭　　C. 子,好　　D. 暂,宫

2. 在下列四组词中，由古到今词义转移的一组是（　　）。
   A. 睡，谤　　B. 脚，响　　C. 足，府　　D. 汤，涕
3. 在下列四组词中，由古到今词义褒贬义发生变化的一组是（　　）。
   A. 贿，谤　　B. 池，塘　　C. 禽，子　　D. 恨，病
4. 在下列四组词中，由古到今词义轻重发生变化的一组是（　　）。
   A. 慢，快　　B. 爪牙，锻炼　C. 贼，诬　　D. 走，党

四、标点并翻译下面的短文。

1. 于是入朝见威王曰臣诚知不如徐公美臣之妻私臣臣之妾畏臣臣之客欲有求于臣皆以美于徐公今齐地方千里百二十城宫妇左右莫不私王朝廷之臣莫不畏王四境之内莫不有求于王由此观之王之蔽甚矣（《战国策·齐策》）

2. 顷之烟炎张天人马烧溺死者甚众瑜等率轻锐继其后雷鼓大震北军大坏操引军从华容道步走遇泥泞道不通天又大风悉使羸兵负草填之骑乃得过羸兵为人马所蹈藉陷泥中死者甚众刘备周瑜水陆并进追操至南郡（《资治通鉴·赤壁之战》）

第四节　词的本义与引申义

一、词的本义

（一）怎样理解词的"本义"

所谓词的本义就是一个词的本来意义，是与该词书写形式相应的有参考文献参证的最古的意义。与引申义相对。本义应该是最早的原始意义。但是汉语历史非常悠久，早在汉字出现以前，汉语就已存在，可那时汉语的许多词的意义我们已无法考知。因此较合适的说法是：本义大都是指有文字形体可考、有文献资料可资参证的初始意义。或：由汉字和汉字记录的古代书面语体现出来的词的本来意义。

（二）怎样寻求本义

具体方法是：根据字形探求，辅以文献证据。在字形上难以看出本义时，更需要文献证据的帮助。根据字形分析和用文献证据证明，这两种手段常常是结合在一起的。如：
"元"、"本"、"牢"、"秉"的本义是什么？先看字形：

元——𠂭：像一个人的脑袋。　　　本——㞢：表示树根。

牢——牢：表示牲畜的圈。　　　秉：表示手里拿着的一把禾。

再求诸文献：

① 狄人归其元。（《左传·僖公三十三年》）
② 禽之而乘其车，系桑本焉，以徇齐垒。（《左传·成公二年》）
③ 亡羊而补牢，未为迟也。（《战国策·楚策》）
④ 彼有遗秉，此有滞穗。（《诗经·小雅·大田》）

"其元"，指"晋将军先轸的头"；"系桑本焉"，指"把桑树根拖在车后面"，"本"指"树根"；"牢"，表示"牲畜的圈"；"遗秉"，指"收割后剩在田里的禾把"。

"斯"的本义是什么？先看字形，这是个形声字，义符是"斤"，"斤"乃"斧子一类的工具"，至此，我们仍然难以确知"斯"的本义。于是求诸文献：

墓门有棘，斧以斯之。（《诗经·陈风·墓门》）

通过文献的语境，我们知道了"斯"的意义是"用斧子砍"，这便是文献资料中显示出的"斯"的本义。从这里可以看出，文献资料在探求词的本义的过程中往往起着决定性的作用。

再如，关于"鄙"的本义，我们也可以通过分析字形和考察文献结合的方法来求得。从字形上看，"鄙"是个形声字，义符是右耳旁"阝"，而右耳旁"阝"又是"邑"字的变体。"邑"是会意字，上为囗（wéi），表疆域，下为跪着的人形，表人口，合起来就表示城邑。由此，我们可以推测"鄙"的本义和"城邑"有关。例如：

① 四鄙之萌人。（《墨子·尚贤上》）
② 焚符破玺，而民朴鄙。（《庄子·胠箧》）
③ 肉食者鄙，未能远谋。（《左传·庄公十年》）
④ 今之争夺，非鄙也，财寡也。（《韩非子·五蠹》）
⑤ 我皆有礼，夫犹鄙我。（《左传·昭公十六年》）

"鄙"，在例①中的意思是"边邑"。在例②中的意思是"质朴，厚道"。在例③中的意思是"浅陋，庸俗"。在例④中的意思是"贪吝"。在例⑤中的意思是"鄙夷，看不起"。例②、例③、例④、例⑤诸义，都是从例①的"边邑"义引申而来。因此，可以确定"鄙"的本义是"边邑"。

（三）根据字形分析本义应注意的问题

由以上的说明可知，词的本义和字形密切相关，因此如果发现某个词的意义与字形无关，这个意义就不太可能是本义，因而还要求得文献资料的验证，如果没有文献资料的印证，这个"本义"就不可靠，因为这很容易流于主观臆测。当一个字的形体显示的意义与文献显示的实际语言中的词义相符时，这才是造字时的本义。

可是，古汉语里字和词并非完全一对一的关系，同样，字的本义和词的本义也不都是一致的，这就要求我们注意以下几点：

1. 注意六书中的假借字记录的词。

六书假借中有一种"本无其字的假借"。对那些本无其字、借用别的字来表达的词，不能根据字形来探求本义。例如：

"来"，有往来的"来"、"招徕"、"将来"等义。"来"是汉语中的基本词汇，这些意义是"来"的常用义，其中来往的"来"是最基本的意义，应该说这个意义很早就产生了。但"来"这个汉字，却不是为这个意义造的。在甲骨文中，"来"像"小麦"的样子，"小麦"是这个字的本义，《诗·周颂·思文》："贻我来牟。""来往"的"来"是其假借义。

"权"，有"黄华木"、"秤砣"、"权力"、"权衡"、"权术"、"权且"等意义。"黄华木"这个意义在汉语中已消失了，于是借"权"来表示"秤砣"等一系列意义，这个词的本义是"秤砣"，也就是说，"权"字记录了两个不同的词。

2. 不能根据词的引申义造的字推求本义。

"贯"，《说文》："钱贝之贯。从毌贝。"可见，许慎认为"穿钱的绳子"是本义，这是从"贯"的字形分析出来的。实际上，"穿钱的绳子"只是一个引申义。《说文》中有

"毌",义为"穿物持之"。其实"贯""毌"本为一词。这些字的意义本来是"干戈"的"干",被借用来表示"贯穿"的"贯",作"毌"。由此引申出了"穿钱的绳子"的意义,"贯"就是为"毌"的这个引申义所造的字,所以从"贝"。后来"贯"行而"毌"废,先秦文献资料中已不见用"毌"的例证了。

① 贯鱼。(《易·剥》)
② 京师之钱累巨万,贯朽而不可校。(史记·平准书)

例①中"贯鱼"的"贯"才是本义,但已不写作"毌"了,"贯朽"说的是"穿钱的绳子朽烂了",用的是引申义。许慎正是通过为引申义造的字"贯"寻求本义的,所以不准确。以上说解可以图示为:

贯穿(毌)→穿钱的绳子(贯)——引申义
　　　　→贯穿　　　　(贯)——本义

3. 要避免就讹变的字形来分析词的本义。

汉字在长期演变过程中,字形常会产生不少变化,有些字发生了讹变,这些都会给分析字形以探求本义的工作造成障碍,因此不可根据讹变后的字形来分析词的本义。如:

"爲",《说文》:"爲,母猴也。其为禽也好爪,爪,母猴象也,下腹为母猴形。"

"母猴"就是"马猴(猕猴)",亦即"大猴子",这是一种臆测,因为没有古文献资料可以印证。在甲骨文中,"爲"字像一只手牵一只象在劳动,即用手牵大象帮助人劳动,本义应是"做",此义有大量文献可证明。例如:

① 或出入风议,或靡事不为。(《诗·小雅·北山》)
② 见义不为,无勇也。(《论语·为政》)

二、词的引申义

词的引申义是在本义的基础上发展、派生出来的意义。这种派生和发展,笼统地说,就叫做引申。我们说某义是某词的引申义,这个词一定是个多义词。如,"解"的释义有多个:①分割动物肢体;②把系着的东西解开;③分解,融化;④和解,调解,排解;⑤消除;⑥解释;⑦理解,懂得;⑧懈怠,松弛。这些意义除"分割动物肢体"是本义外,其余的都是引申义。词义的引申则是词义发展变化的根本途径,也是多义词产生的重要原因。无论古代汉语还是现代汉语,多义词在词汇系统中占大多数,因此有必要弄清楚古汉语词义的引申方式、词义引申的一般规律和其他要注意的问题。

(一)词义引申的方式

1. 从引申义与本义的意义关系看,可分为直接引申和间接引申。

(1)直接引申

引申义是由本义发展衍化而来的,但是,古代汉语中一个词往往有许多引申义,这众多的引申义并不一定都与本义直接发生联系,从本义直接派生出来的意义叫做直接引申。如:

"月"的本义是"月亮",由月亮的明晦圆缺的特点引申为计时单位,如"一日不见,如三月兮"(《诗经·王风·采葛》),这是直接引申。

(2)间接引申

间接引申是指由直接引申而再引申,即在引申义的基础上又产生新的引申义,本义与引申义之间不是直接关系,而是间接关系。有些引申义,不仔细考察就不容易发现,如

"朝代"的"朝（cháo）"是"朝（zhāo）"引申来的，语音也变了，这不容易发现。"朝（zhāo）"本义是早晨，古人把在早上拜见君主称"朝（cháo）"，晚上拜见君主叫"夕"。《左传·成公十二年》："百官承事，朝而不夕"。后"朝见 → 朝廷（上朝）→ 朝代（宋朝）"，这样间接引申下去，意义越走越远，不仔细清理，其引申线索就不容易弄明白。

2. 从本义、引申义之间的形式关系而言，其结构方式有三种：

（1）辐射式引申

直接从本义出发，向不同方向引申出新的意义，这种引申方式就是辐射式引申。这种方式由本义引申出甲义，又由本义引申出乙义、丙义，各种引申义环绕着本义这个中心词义向四周辐射，这些引申义与本义之间的关系都是直接的。每一个引申义的产生方式都是直接引申。例如：

"节"，本义是竹节，《说文》："节，竹约也。"《史记·龟策列传》："竹，外有节理，中直空虚"。由这个本义引申出下列引申义：

① 木节（用于树木）：不遇盘根错节，何以别利器乎？（《后汉书·虞诩传》）
② 关节（用于动物）：彼节者有间，而刀刃者无厚。（《庄子·养生主》）
③ 节气、节令、季节（用于时日）：寒暑易节，始一反焉。（《列子·汤问》）
④ 节奏、节拍（用于音乐）：展诗兮会舞；应律兮合节。（《楚辞·九歌·东君》）
⑤ 法度（用于社会制度）：礼不踰节。（《礼记·曲礼》）
⑥ 节操（用于道德方面）：上壮其节，为流涕。（《汉书·高帝纪下》）
⑦ 节约（用于行为）：节用而爱人。（《论语·学而》）

再如：

"比"，从形体看，像两人排列在一起。本义应是"排列、并列"。如"比肩接踵"、"比翼齐飞"、"比翼鸟"、"比目鱼"中的"比"即用本义。从这个本义可以引申出：

① 比较（把人或事物排列在一起，就可以看出差别）
   曹操比于袁绍，则名微而众寡。（《三国志·诸葛亮传》）
② 紧密（两人排列在一起，一个紧挨着一个）
   其崇如墉，其比如栉。（粮垛高得像城墙，密得像木梳齿）（《诗·周颂·良耜》）
③ 相近（两人排列在一起，距离近）
   海内存知己，天涯若比邻（近邻）。（王勃《送杜少府之任蜀州》）
④ 勾结（两人挨在一起，靠得很紧，关系密切）
   君子周而不比，小人比而不周。（周：团结；朋比为奸）（《论语·为政》）
⑤ 接连（两人排在一起，一个跟着一个）
   孝惠崩，高后用事，春秋高，听诸吕，擅废帝更立，又比杀三赵王。（《史记·吕太后本纪》）

这种引申的方式是很灵活的，同一本义，可以从各种不同的角度去联想，因而就有各种不同角度的引申。如"曲"的本义是"弯曲"，从一个角度看，"曲"与"隅"同义，"偏于一隅"就是"局部、不全"，如《商君书·更法》："曲学多辩"。而从另一个角度看，"曲"有"曲折"义，曲折而无不到之处，因此就引申为全部、周全，《荀子·

非十二子》"宗原应变，曲得其宜"。于是同一个词，就引申出了两个很不相同的意义。

(2) 链条式引申

指以本义为起点，向纵深发展，即由本义引申出甲义，又由甲义引申出乙义，再由乙义引申出丙义，这样一环套一环，形成一个词义系列。这些引申义从跟本义的关系看，除了甲义是直接引申而来外，其他都是间接引申而来。例如：

"要"，是"腰"的古字，本义"腰"："昔者楚灵王好士细要。"（《墨子·兼爱》）

引申义：

 ① 中间：是王之地一经两海，要绝天下也。（《战国策·秦策四》）
 ② 半路拦截：吴人要而击之。（《左传·襄公三年》
 ③ 要挟：虽曰不要君，吾不信也。（《论语·宪问》）
 ④ 求得：非所以要誉于乡党朋友也。（《孟子·公孙丑上》）
 ⑤ 需要：地不知寒人要暖，少夺人衣作地衣。（白居易《红线毯》）

用图表示就是：

腰 → 中间 → 半路拦截 → 要挟 → 求得 → 需要

这种引申方式的特点是：其中一个意义只和它邻近的两个意义有直接联系，而与其他意义差得较远。以"要"为例，"需要"是现代汉语中常用的意义，它和"腰"的意义，初看起来是毫无关系的，但只要我们找到它们之间的中间环节，就能清楚地看到其间词义引申发展的脉落。反过来说，有些词或字古今意义之间看不出任何联系，也可能是我们还没有找到中间环节的缘故。再如：

"责"，"债"的本字，本义是"债务"："谁习计会，能为文收责于薛者乎？"（《战国策·齐策》）

引申义：

 ① 索取：宋多责赂于郑。（《左传·桓公三十年》）
 ② 要求：不教而责成功，虐也。（《荀子·宥坐》）
 ③ 责备、指摘：如君实责我以在位久。（王安石《答司马谏议书》）
 ④ 责罚：数加笞责。（《新五代史·梁家人传》）

用图表示就是：

责（债）→ 索取 → 要求 → 责备、指摘 → 责罚

(3) 综合式引申

当然，词义引申过程中，这两种方式并不是截然分开的，而是常常纠结在一起的。一个词的词义引申系列中，既可以有辐射式引申，也可以有链条式引申。例如：

"问"本义是"问、询问"："晏子怪而问之。"（《史记·管晏列传》）

引申义：

1. 询问 → ① 追究 → ② 干预
  ① 追究：昭王南征而不复，寡人是问。（《左传·僖公四年》）
  ② 干预、过问：汉王以为然，乃出黄金四万斤，与陈平，恣所为，不问其出入。（《史记·陈丞相世家》）

2. 询问 → ③打听、寻访 → ④考察
   ③打听、寻访：入竟而问禁，入国而问俗，入门而问讳。(《礼记·曲礼》)
   ④考察：欲审知其德，问以行。(要想了解他的品德，就要考察他的行为) (王安石《上皇帝书》)
3. 询问 → ⑤音讯 → ⑥告诉
   ⑤音讯：入据晋阳，始知坚死问。(《晋书·苻丕载记》)
   ⑥告诉：或以问孟尝君。(《战国策·齐策》)
4. 询问 → ⑦审问 → ⑧判决
   ⑦审问：凡犯罪被问之官，虽遇赦，不得复职。(《金史·世宗纪中》)
   ⑧判决：事发问斩。(沈德符《万历野获编》)
5. 询问 → ⑨问候 → ⑩聘问
   ⑨问候：周游城中，家家致问。(《三国志·吕蒙传》)
   ⑩聘问：小聘曰问。(聘：周诸侯国间互相访问的一种礼节) (《仪礼·聘礼》)
6. 询问 → ⑪问候 → ⑫赠送 → ⑬赠礼 (名词)
   ⑪问候：杂佩以问之，左右佩玉。(《诗·郑·女曰鸡鸣》)
   ⑫赠送：王使工尹襄问之以弓。(《国语·晋语六》)
   ⑬赠礼：若重问以召之，臣出晋君，君纳重耳，蔑不济矣。(《左传·僖公十年》)

(二) 词义引申的一般规律

词义的引申变化是一种有规律的运动，在古代汉语中，词义引申通常是从具体到抽象、从个别到一般、由实词到虚词。

1. 由具体到抽象

"业"，本义是"一种悬挂钟鼓的架子上作装饰用的木板"，又指"书册的夹板"。古人学习时把学到的东西写在上面。从老师那里接过知识叫"受业"，老师给学生知识叫"授业"，从事学习叫"肄学习、练习业"，学习完成了叫"结业、毕业"，这些"业"是"学业"义。

"道"，本义是"道路"，如《战国策·齐策》："民扶老携幼，迎君道中。"引申为"途径、方法"，如《孟子·梁惠王上》："交邻国有道乎？"又引申为"学说、道理"，如《论语·学而》："先王之道，斯为美。"

2. 由个别到一般

"莫(暮)"，本义是指"日落草中，日暮"的意思。这个具体的时段专用词，可引申到适应其他时间的"晚"义，于是，年底可以说"岁暮"；季节结束时也可以用"暮"，如"暮春"；一个人的晚年叫"暮年"。

"雌"、"雄"：本来都是专就鸟类而言的，《诗·小雅·正月》："谁知乌之雌雄？"兽类一般称"牝、牡"而不称"雌、雄"。后来，凡是动物都可以称雌雄，《木兰诗》："双兔傍地走，安能辨我是雄雌？"

"匠"原指"木匠"，《庄子·徐无鬼》："匠石运斤成风"(名叫石的木匠)，其他工匠另有称呼：陶匠叫"陶"，铁匠叫"冶"，玉石匠叫"工"，后来所有手工业工人即可叫"匠"，《论衡·量知》："能穿凿穴坎谓之土匠。"

裁：本指"剪裁衣服"，如《礼记·丧大记》："夷衾质杀之，裁犹冒之。"后引申为"裁剪、删减一切东西"，如《文心雕龙·镕裁》："剪截浮词谓之裁。"

3. 从实词到虚词

古汉语的连词和介词，有不少是从实词虚化而来的，虚化的一个重要途径，就是词义的引申，如：

"被"，本义是"被子"，《楚辞·招魂》："翡翠珠被。"引申为"覆盖"，《招魂》："皋兰被径兮"；阮籍《咏怀诗》："凝霜被野草。"又引申为"蒙受"，屈原《哀郢》："被以不慈之伪名。"《汉书·赵充国传》："身被二十余创。"又引申为介词，表示被动，《韩非子·五蠹》："今兄弟被侵必攻者，廉也。"这里的"被"还有一点"蒙受"意义，这正是由实词到虚词的痕迹，《史记·屈原列传》："信而见疑，忠而被谤"中的"被"则已经完全虚化了。

"和"，常见的意义是"和谐"，《老子》："音声相和"。引申为"搀和"，杜甫《岁晏行》："今许铅锡和青铜"。引申为"连带"，杜荀鹤《山中寡妇》："时挑野菜和根煮"成语有"和盘托出"、"和衣而睡"等。由"连带"引申为连词"同、与"，如岳飞《满江红》："八千里路云和月"。再引申为"连……都"，秦观《阮郎归·湘天风雨破寒初》："衡阳犹有雁传书，郴阳和雁无。"

再如，动词"会（会合、会见）"虚化为介词"会（适逢）"，《史记·陈涉世家》："会天大雨，道不通。"动词"以"（任用、使用）虚化为介词"以"（用、凭借），《韩非子·难一》："以子之矛攻子之盾"；《汉书·张骞传》："骞以郎应募使月氏。"

以上三点，只是词义引申发展的常见规律，在古代汉语中例外的现象也是存在的，如从抽象到具体、由一般到个别，但这种情况较少，只是一些变例，不能算作规律。如"金"，本义指"一切金属"，后引申用来专指"黄金"。

（三）掌握词的引申义应注意的问题

要注意词义引申与修辞手段的区别。

文学作品中修辞手法的运用常常影响词义的变化，如王安石《本末诗》"缲成白雪桑重绿，割尽黄云稻正青"，这里的"黄云"、"白雪"是一种修辞手法，它们的意义也相对有了变化，具有了临时的意义，"白雪"不再专门指雪，而是指像雪一样白的丝，"黄云"也不再专门指云，而是指象云一样多的金黄色的麦子，由于白雪、黄云离开了原诗，也就失去了它们的临时意义，不再有"丝"、"麦"的含义，所以它们还仅仅是修辞用法。如果一个词，由于修辞而产生的临时意义用得很普遍，约定俗成而形成了固定性的词义，这时就应该把这个固定性的意义看做是引申义了，虽然这个引申义的产生是来源于修辞。

比喻和借代是两种常见的修辞手段，它们在运用的过程中也最容易产生新的词义。

1. 比喻

"崩"，本义是"山倒塌"，古代的统治者把天子的死说成是犹如大山倒塌一样，所以后来"崩"就产生出"死（专指天子）"这个比喻义，如《战国策·赵策》："周烈王崩，诸侯皆吊。"

"股肱"，股：大腿；肱：手臂，胳膊由肘到肩的部分，比喻得力的大臣。如《左传·昭公九年》："卿佐是谓股肱。"

另如:"鼎沸"比喻人心浮动或形势动荡;"干戈"比喻战争;"风"比喻节操、品质、作风,等等。

2. 借代

"秋",《诗经·王风·采葛》:"一日不见,如三秋兮。""秋"指"年"。这是以局部代全体。

"坚"、"锐",《史记·陈涉世家》:"将军身被坚执锐。"坚,铠甲;锐,兵器。这是以性状代事物;

"丝竹",刘禹锡《陋室铭》:"无丝竹之乱耳。""丝竹"指音乐。这是以具体代抽象。

但是,这些借代义不能都算词义引申,"坚""锐",因为它们都是在一定的语言环境中临时产生的,并没有形成固定的词义。

掌握词的本义、引申义及其相互关系,便能以简御繁,掌握词的词义系统,使它在工具书和文献中所呈现的诸多义项不再显得杂乱无章,而是条理分明。根据各义项之间意义的联系,还可以帮助我们区别同音字、同形词。在了解古今词义发展变化、辨析同义词的异同等问题上,掌握好本义、引申义也有重要的作用。

思考与练习

一、解释下列名词术语。
1. 词的本义　2. 词的引申义　3. 直接引申　4. 间接引申

二、指出下列句子中加点词的词义,并说明使用的是本义、引申义还是假借义。

1. 节其流,开其源。(《荀子·富国》)
2. 贵土风俗,何以乃尔乎?(《三国志·蜀志·张裔传》)
3. 不怨天,不尤人。(《论语·宪问》)
4. 彼有遗秉,此有滞穗。(《诗经·小雅·大田》)
5. 晋侯在外十九年矣,而果得晋国。(《左传·僖公二十八年》)
6. 臣窃以为其人勇士,有智谋宜可使。(《史记·廉颇蔺相如列传》)
7. 使之虽病也,任之虽重也。(《礼记·檀弓下》)
8. 夫子喟然叹曰:"吾与点也。"(《论语·先进》)

三、标点短文,并把它翻译成现代汉语。

1. 庞涓果夜至斫木下见白书乃钻火烛之读其书未毕齐军万弩俱发魏军大乱相失庞涓自知智穷兵败乃自刭曰遂成竖子之名齐因乘胜尽破其军虏魏太子申以归孙膑以此名显天下世传其兵法(《史记·孙子吴起列传》)

2. 夫积贮者天下之大命也苟粟多而财有余何为而不成以攻则取以守则固以战则胜怀敌附远何招而不至今驱民而归之农皆著于本使天下各食其力末技游食之民转而缘南亩则畜积足而人乐其所矣可以为富安天下而直为此廪廪也窃为陛下惜之(贾谊《论积贮疏》)

第五节 同 义 词

一、同义词的产生和类型

(一) 同义词的产生

意义相同、相近或意义部分交叉的词叫作同义词。古汉语中的同义词数量多，运用范围广，这是汉语词汇丰富发达的重要标志。而字典和古书的注解又往往利用同义词辗转相训，因此，掌握了一批常见的同义词，对于阅读古书，是非常重要的。

同义词的形成途径很多：

1. 由词汇的历史发展、词义的引申形成的同义词。

由于词汇有漫长的发展史，经过历代积累、变化，有些上古同义词到了中古或近古则不再同义，也有些上古并非同义的词到了中古或近古变成了同义词。如"书"和"信"，"书"的本义是"写，记录"，《说文》："书，箸也。""信"的本义是"诚实"，《说文》："信，诚也。"二者本不同义。如《公羊传·僖公十六年》："朔有事则书，晦虽有事不书。"《老子》："美言不信，信言不美。""书"由"书写、记录"引申为"文字"，又由"文字"引申为"书信"，如《韩非子·外储说左上》："郢人有遗燕相国书者，夜书，火不明，因谓持烛者曰：'举烛'。"第一个"书"是"书信"的意思，第二个"书"是"书写"的意思。"信"由"诚实"引申为"讲信用"，引申为"相信"，再引申为"送信人"，再引申为"书信"。"书信"这个意义，大约是唐代才产生的，如元稹《书乐天纸》："半封京信半题诗。"这样在"书信"的意义上，"书"和"信"便成了同义词。

大多数同义词在词汇发展过程中几乎都经历了不同的分化与组合的过程。

2. 由不同方言形成的同义词。

我国幅员辽阔，各地人民语言异声，自古而然。古汉语的同义词中，有一些是方言词汇进入全民语言而形成的。如"黔首"原是秦方言，到战国末期始进入全民语言，同"黎民"、"百姓"构成同义词。由方言而形成的同义词，各个时代都有，他们在各个区域方言里不断产生，并且不断为通语（全民语言）所吸取。在扬雄《方言》、许慎《说文解字》中和一些古文里都保留了一些方言材料，他们所谓的"某地语"、"某地之间语"就是说方言。例如：

①《说文解字》："楚谓之聿，吴谓之不律，燕谓之弗，秦谓之笔。"汉以前，笔成通语。

②《方言》卷九："舟自关而西谓之船，自关而东谓之舟，或谓之航。"

③《说文解字》："逆，迎也，从辵屰声。关东曰逆，关西曰迎。"

④《方言》卷一："逝，徂，适，往也……逝，秦晋语也。徂，齐语也。适，宋鲁语也。往，凡语也"。

⑤《方言》："箭，自关而东谓之矢，江淮之间谓之镞，关西曰箭。"

由于人们对客观事物的认识不断深化。使词语表达越来越细，在不同时期人们从不同角度造出意义相近的词，这些词累积的结果便构成了同义词。

3. 由特定的社会生活形成的同义词

语言虽然没有阶级性，但是在古代阶级社会里，统治阶级的思想意识一定会反映到语言中来。同一个概念，为了要区别尊卑贵贱或善恶褒贬，要用不同的词来表示。这就产生了一些带有社会色彩的同义词。

比如人总是要死的，但说法不同。《公羊传·隐公三年》："天子曰崩，诸侯曰薨，大夫曰卒，士曰不禄。"《礼记·曲礼上》："天子死曰崩，诸侯曰薨，大夫曰卒，士曰不禄，庶人曰死。"

又如送人东西是平常的人际行为，但身份平等的人互送叫"遗"、"赠"、"馈"，卑者送给尊者叫"奉"，臣送给君叫"献"，君送给臣则叫"赐"。

在古代，避讳是件大事，由避讳而改变概念名称的情况不为罕见，最典型的是"代"和"世"，唐代以前"代"表朝代，与表世代的"世"本不同义，因避唐太宗李世民名讳，称"世"为"代"，后来，"世"、"代"同义，世世代代，流传至今。

同义词的形成还有其他一些途径，比如修辞手段的运用、外来词的不同翻译等，就不一一详述了。

（二）同义词的类型

同义词从词义的角度来划分，可分成三类：

第一类是意义完全相同的无条件同义词，叫作绝对同义词或等义词。如"犬"与"狗"，均指一种动物；"余、予、我"都是第一人称代词。实际上意义完全等同的同义词在同一种语言中是不能长期共存的，这种"等义"往往没有考虑时代性和地域性。也就是说，有些词可能是历史替代词，有些词则可能属于地域区别词。

第二类是意义在某一点上交叉的条件同义词，叫作相对同义词，也是广义上的同义词，不是彼此意义完全相同的等义词。如《尔雅·释言》："若、惠，顺也。""若、惠"只是在"顺从"义上交叉成为同义词，其他义项并不相同。再如两个或两个以上的词本义不同，各自经过不同的引申过程，在某一共同的引申义上交会成为同义词。如"履"和"屦"，在战国以前并不同义，"履"是动词，本义是踏、踩；"屦"是名词，本义是鞋。在同一上下文里，二者的差别是明显的，如《诗经·魏风·葛屦》："纠纠葛屦，可以履霜。"《韩非子·说林上》："夫冠虽贱，头必戴之；屦虽贵，足必履之。"战国以后，"履"有了鞋的意义，如《韩非子·外储说左上》："郑人有欲买履者，先自度其足而置之于坐，至之市而忘操之。"于是二者在鞋的意义上构成了同义词。还有一种情况，一个词既然在某一义项上与其他词同义，那么也可能在其他义项上分别与不同的词同义。以最简单的"一"字为例，它的同义关系是多方面的：在数量这个意义上，它与"独"、"特"、"单"、"孤"等词同义；在次第这个意义上第，它与"初"、"姑"、"太"、"元"、"端"、"起"等词同义；在"专一"这个意义上，它与"专"同义；在"总括"这个意义上，它与"总"、"统"、"凡"、"概"等词同义；在"整体"这个意义上，它与"满"、"全"、"皆"等词同义。

第三类是意义近似的同义词，实际是近义词。如"之"和"往"，在"向某处去"的意义上，是同义词。"往"是"向所要去的地方走"，仅仅表示方向性或目的性是不及物的，只表示趋向某处的行动，不表示向哪里去，所以不带宾语。《左传·宣公二年》："晨往，寝门闢矣。"但"之"必须带宾语，可以直接接所要到达的目的地。如《战国策·魏策》:"吾欲之楚。"由于"往"不能带宾语,所以如果想接处所名词的话,后面常常再加一个动词。如《史记·滑稽列传》:"豹往到邺"等。

第二类、第三类同义词在同一语言中为多数,它们是同中有异、意义相近的同义词,是我们学习的重点。

二、同义词的作用与辨析

(一) 同义词的作用

同义词在修辞上可供词语进行替换运用,以避免其单调、重复,还能适应客观事物的细微差别,精确地反映客观事物和现象。例如《诗经·郑风·缁衣》:

> 缁衣之宜兮,敝,予又改为兮。适子之馆兮,还,予授子之粲兮。
> 缁衣之好兮,敝,予又改造兮。适子之馆兮,还,予授子之粲兮。
> 缁衣之席兮,敝,予又改作兮。适子之馆兮,还,予授子之粲兮。

在这首诗中,"为"、"造"、"作"三词放在完全相同的语言环境里,造成意义完全相同的三个句子,证明它们是同义的,所以《尔雅·释言》把它们归纳为同义词。在同一诗篇中用了含义相近的三个不同的词,不仅避免了重复单调,还起到了积极的修辞作用。实际上也都是一个意思,只是变换语气而已。全诗用的是夫妻之间日常所说的话语,一唱而三叹,把抒情主人公对丈夫无微不至的体贴之情刻画得淋漓尽致。再如,李斯《谏逐客书》"惠王用张仪之计,拔三川之地,西并巴、蜀,北收上郡,南取汉中,包九夷,制鄢、郢,东据成皋之险,割膏腴之壤,遂散六国之众,使之西面事秦,功施到今"。文中连用了"拔、并、收、取、包、制、据、割"等八个意义相同或相近的动词,气势磅礴,铿锵有声,把秦惠文王按照张仪的连横之计,对东方六国采取分化瓦解、各个击破的策略而迅速取得赫赫战果写得淋漓尽致,跃然纸上。

利用同义词之间的异同关系以及同义词的演变情况,可以辨别词义及其发展变化。如"年"和"岁"两者本意不同。"年"指收成,过去庄稼一年收获一次,故"年"用来指十二个月之和这样一个周期。"岁"指岁星,即木星。古人称"年"、"岁"所使用的时代也有区别。《尔雅》:"夏曰岁,商曰祀,周曰年。"另外,"年"还可以用来指人的年龄,人的一生可分为少年、壮年、中年、老年、晚年等,但都不能换成"岁"。《触龙说赵太后》:"'年几何矣?'对曰:'十五岁矣。'"年指年龄,岁单纯表时间。后来,"岁"也可以指人的年龄。陆游《书愤》:"早岁那知世事艰。"今有虚岁、周岁。另外,"年"、"岁"与数词相结合表年龄时,先后顺序也不同。"年"在数词之前,而"岁"在数词之后。

我们可以利用同义词了解多义词的不同意义,如"易"是多义词,可以分别与"变、简、慢、交、平"等组成同义词,可以连用或对举使用。例如:

① 不明于化,而欲变俗易教,犹朝揉轮而夕欲乘车。《管子·七法》("易"与"变"同义,有"改变"义)

② 若止印三二本,未为简易;若印数十百千本,则极为神速。(沈括《梦溪笔谈》)(简便)

③ 君子思礼以修身,则怠惰慢易之节不至。(《说苑·修文》)(轻慢)

④ 日中为市,致天下之民,聚天下之货,交易而退,各得其所。(《周易·系辞

下》）（交换）

⑤ 为人平易逊顺，与物不违忤，人皆爱重之。（《新唐书·杜佑传》）（平和）

⑥ 今留步士万人屯田，地势平易。（《汉书·赵充国传》）（平坦）

还可利用同义词判断同义词。如：

⑦ 子产蹴然改容更貌。（《庄子·德充符》）

⑧ 商君虽革法改教，志存于强国利民。（《盐铁论·论儒》）

例⑦中的"更"，与"改"同义，为"改变"的意思；例⑧中的"革"，与"改"同义，也是"改变"的意思。可见"更"，与"革"是一对同义词。《盐铁论·诏圣》："故衣弊而革才（裁），法弊而更制"可证。

（二）同义词的辨析

辨析同义词，主要是分清它们之间的"同"、"异"情况，特别要紧扣"异"字，搞清它们之间的细微差别，从而加深对词义的理解。同义词的差异主要表现在以下几个方面：

1. 同义词所表示的对象不同

商、贾（gǔ）——这两个词都指做买卖的行为和做买卖的人，但所指对象并不完全相同。"商"指往来行商，"贾"指设店售货。《白虎通·商贾》："商贾何谓也？商之为言商也。商其远近，度其有亡，適四方之物，故谓之商也。贾之为言固也。固其有用之物，以待民来，以求其利者也。行曰商，止曰贾。"《周礼·地官·司市》："以商贾阜货而行布。"郑玄注："居卖物曰贾。"《说文》："贾，坐售卖也。"由于所指并不完全相同，因此古代有"行商坐贾"之说。

府、库——"府"指收藏财物或文书的地方。"库"指收藏兵车武器的库房。《说文》："府，文书藏也。""库，兵车藏也。"《尚书·大禹谟》："地平天成，六府三事允治。"孔颖达疏云："府者，藏财之处。"《礼记·曲礼下》："在库言库。"郑玄注云："库谓车马兵甲之处也。"《吕氏春秋·分职》："叶公入，乃发太府之货（财物）予众，出高库之兵（武器）以赋民。"句中"府"、"库"的差异十分清楚。

2. 同义词所表示的行为方式状态不同

哭、泣、号、啼——这四个词都指"哭"，但是其方式状态不同。"哭"指有声的哭，《说文》："哭，哀声也。"《论语·先进》："颜渊死，子哭之恸。"《史记·高祖本纪》："汉王闻之，袒而大哭。""泣"一般指无声或低声地哭，《说文》："泣，无声出涕曰泣。"段玉裁注："'哭'下曰：'哀声也。'其出涕不待言，其无声出涕者为泣。此哭、泣之别也。""号"的本义是高声呼叫，引申指带着言词诉说的呼号，《汉书·刘向传》："而号曰：'骨肉归复于土，命也。'"颜师古注："号，谓哭而且言也。"《颜氏家训·风操》："礼以哭有言者为号。"《庄子·养生主》："老聃死，秦失吊之，三号而出。""啼"指放声大哭，悲痛之声甚于"哭"，《庄子·骈拇》："枝于手者，龁之则啼。"（"枝于手"指大拇指旁歧生一指，成六指；"龁"是"咬"、"咬掉"之义）

执、秉、操、持、握——这几个词都表示用手拿，但"拿"的特点不同。"执"的本义是"拘捕罪人"，引申为"拿"，强调把东西拿紧握牢，勿使丢失。如：《左传·成公十六年》："文子执戈逐之。"《诗经·邶风·击鼓》："执子之手，与子偕老。""秉"的本义是"禾束"，"从又持禾"会意，引申为"拿"，它的特点是只表示用手拿，不强调是否拿得紧，如《诗经·邶风·简兮》："左手执籥，右手秉翟。""操"的本义是"把持"，即用手抓住，其特点是强调拿得稳，掌握得熟练。《左传·襄公三十一年》："今吾子爱人则以政，犹未能操刀而使割也，其伤实多。"由此引申出"操纵"、"驾驭"之义，重在"稳"、"熟"，《庄子·达生》："津人操舟若神。""持"所表示的"拿"义，强调托扶、保持不变，如《论语·季氏》："危而不持，颠而不扶，则将焉用彼相矣。"《庄子·渔父》："左手据膝，右手持颐（托着下巴）。"其引申义"掌管"，仍强调"维护"、"保持"，如《乐府诗集·陇西行》："健妇持门户，一胜一丈夫。""握"的词义特征，是强调把较小的东西握在手掌之中，如《诗经·小雅·小宛》："握粟出卜，自何能谷。"郑玄笺："持粟行卜，求其胜负，从何能得生。"《楚辞·九章·抽思》："怀瑾握瑜兮，穷不知所示。""粟"、"瑜"均是小物，故用"握"字。

3. 同义词所表示的感情色彩不同

周、比——这两个词都有"与人亲密"之义，但"周"是褒义词，"比"是贬义词。"周"的本义是"密也"，"从用口"，会意，引申为"亲密"，表示人与人的关系；"比"的本义是"密也"，"从二人"，会意，专指人与人的关系亲近。《论语·为政》："君子周而不比，小人比而不周。"何晏注："孔（安国）曰：'忠信为周，阿党为比。'"

征、伐、侵、袭——这四个词都指发动军事进攻，但词义的感情色彩不同。"征"是褒义词，用于"上（天子）"攻"下（诸侯）"、"有道"攻"无道"。《尚书·胤征》孔安国传："奉辞伐罪曰征。"孔颖达疏："奉责让之辞，伐不恭之罪，名曰征。"《墨子·七患》："库无备兵，虽有义不能征无义。""伐"本是中性词，指敲钟击鼓公开宣战，《诗经·商颂·殷武》："奋伐荆楚。"郑玄笺："有钟鼓曰伐。"《孟子·告子下》："是故天子讨而不伐。"焦循《正义》："讨者，上讨下也。伐者，敌国相征伐也。""伐"常同"征"连用，因此也发展成褒义词，如柳宗元《封建论》："历于宣王，挟中兴复古之德，雄南征北伐之威。""侵"是贬义词。"侵"指不宣而战，侵犯别国，如《左传·庄公二十九年》："夏，郑人侵许。"《左传·僖公四年》："四年春，齐侯以诸侯之师侵蔡。蔡溃，遂伐楚。"句中"侵蔡"是不宣而战，"伐楚"是公开征讨。"袭"则是中性词，指秘密偷袭，乘人不备以轻兵锐卒发起突然袭击。《左传·庄公二十九年》："凡师有钟鼓曰伐，无曰侵，轻曰袭。""袭"也用于贬义，如《左传·隐公元年》："大叔完聚，缮甲兵，具卒乘，将袭郑。夫人将启之。"

4. 同义词所表示的词义轻重程度的不同

疾、病——这两个词都表示病和生病，但"疾"一般指轻病，"病"则指重病、重伤。《说文》："疾，病也。"段玉裁注："析言之则病为疾加，浑言之则疾亦病也。"《论语·泰伯》："曾子有疾。"《说文》："病，疾加也。"《玉篇》："病，疾甚也。"《论语·述而》："子疾病，子路请祷。"

知、识——这两个词都有知道、懂得、了解之义，但"识"的语意重于"知"。"知"表示一般性的知道、晓得，如《论语·为政》："子曰：'由，诲女知之乎？知之为知之，不知为不知，是知也。'"《史记·项羽本纪》："项梁乃教籍兵法，籍大喜，略知其意，又不肯竟学。""识"则强调"认得"或比较深刻地了解、识别，如《史记·刺客列传》："（豫让）行乞于市，其妻不识也。"《论语·子张》："文武之道，未坠于地，在人。贤者识其大者，不贤者识其小者。莫不有文武之道焉。"

5. 同义词所表示的词义范围不同

官、吏——这两个词都有"官员"、"官吏"的意思，但词义适用的范围不同。"吏"的词义范围小，只用来表示官员，《说文》："吏，治人者也。"李斯《谏逐客书》："臣闻吏议逐客，窃以为过矣。"汉代以后，则专指小官和差役，《史记·滑稽列传》："（西门豹）即使吏卒共抱大巫妪投之河中。"杜甫《石壕吏》："暮投石壕村，有吏夜捉人。""官"的词义范围大，可以表示职位较高的官员，《说文》："官，吏事君也。"《周易·系辞下》："百官以治，万民以察。"《礼记·王制》："王者之制禄爵。"孔颖达疏："其诸侯以下及三公至士，总而言之，皆谓之官。官者，管也，以管领为名。"也可以表示"官府"，如《礼记·玉藻》："凡君召，……在官不俟屦，在外不俟车。"注："官，谓朝廷治事处也。"也可以表示"官职"，如《左传·成公二年》："敢告不敏，摄官承乏。"

躬、身——这两个词都有"身体"和"自己"、"亲自"的意思，但词义范围不同。"躬"的词义范围小，只表示人的身体，如《史记·司马相如列传》："躬胝（zhī，手脚掌上的厚皮、茧子）无胈（bá，大腿上的细毛）。"司马贞《索隐》引张揖曰："躬，体也。"引申表"自己"、"亲自"，如《诗经·卫风·氓》："静言思之，躬自悼矣。"诸葛亮《出师表》："臣本布衣，躬耕于南阳。""身"的词义范围大，其本义是"身孕"，如《诗经·大雅·大明》："大任有身，生此文王。"引申表示"人和动物的躯体"，如《楚辞·九歌·国殇》："带长剑兮挟秦弓，首身离兮心不惩。"引申为"物体的躯干和主要部分"，如《尔雅》："枞，松叶柏身；桧，柏叶松身。"引申表示"自己"、"亲自"，如《楚辞·九章·惜诵》："吾谊先君而后身兮，羌众人之所仇。"洪兴祖补注："人臣之义，当先君而后己。"《墨子·非儒》："取妻身迎。""身"还表示"终身"、"一辈子"，如《史记·李将军列传》："终（李）广之身，为二千石四十余年。"

6. 同义词使用条件和语法功能的不同

畏、惧——这两个词都有"害怕"之义，但语法功能不同："畏"多用作及物动词，可带受事宾语，如《诗经·大雅·烝民》："不侮矜寡，不畏强御。"《左传·文公十七年》："古人有言曰：'畏首畏尾，身其余几？'""惧"则多用作不及物动词，如《论语·子罕》："仁者不忧，勇者不惧。""惧"活用为使动，可带宾语，如《老子》："民不畏死，奈何以死惧之？"句中的"畏死"是"害怕死"之义，"畏"是及物动词；"惧之"是"使之惧"之义，"惧"是不及物动词作使动。"惧"有时也用作及物动词，如《左传·庄公十年》："夫大国难测也，惧有伏焉。"

适、往——这两个词都有"到"、"去"之义，但"适"一般用作及物动词，后面带宾语，如《诗经·郑风·缁衣》："适子之馆兮，还，予授子之粲兮。"《庄子·逍遥游》："适莽苍者，三飡而反，腹犹果然。""往"则用作不及物动词，如《周易·系辞下》："寒往则暑来，暑往则寒来。"《史记·项羽本纪》："张良曰：'请往谓项伯，言沛公不敢背项王也。'"等等。辨析同义词，除了上述六种常用方法，还有其他方法，这儿就不赘述了。

这里附带讲一下古汉语中同源词的问题。同源词（又叫"同源字"）是指读音相同或相近，意义相同、相近或相通，出于同一语源的一组词。同源词是语言发展的产物，是语义、语音分化的结果。研究同源词，可以寻找到某些貌似孤立的词之间的内在联系，从而发现词汇变化的某些规律。同源词是"声近义通"词。一般来说，确定同源词必须注意三个条件：① 这些词的读音必须相同或相近，也就是说，有语音上的联系。读音相近主要是指这些词具有双声、叠韵关系。②这些词的意义相同、相近或相关，也就是说，有语义上的联系。③有比较充分的语言材料、注释材料或字形材料，证明这些词出自同一语源。这三个条件紧密相关，要综合考虑。例如：强、健——"强"实际上应当写作"彊"，本义是"弓有力"，引申为"强壮"、"强有力"之称。"强"的本义是虫名，借用作"彊"后，"彊"字渐废。"健"的本义是"强壮有力"，《周易·乾卦》："天行健，君子以自强不息。"孔颖达疏："健者，强壮之名。"《篇海类编》："健，伉也，强也，有力也。""强"、"健"二字，古代声母相同，读音相近。它们虽然在字形上没有联系，但出于同一语源，是一对同源词。

掌握同源词，可以帮助我们加深对古代汉语词汇的认识，明确其复杂的意义关系，提纲挈领地掌握词汇。

思考与练习

一、选择题。

1. 在下列四组词中，（　　）组同义词之间的差异主要是程度不同。
   A. 书，籍　　B. 知，识　　C. 击，攴　　D. 贫，穷
2. 在下列四组词中，（　　）组同义词之间的差异主要是褒贬感情不同。
   A. 锐，利　　B. 畏，惧　　C. 征，侵　　D. 眷，惧
3. 在下列四组词中，（　　）组同义词之间的差异主要是行为方式不同。
   A. 哭，泣　　B. 躬，身　　C. 适，往　　D. 责，让
4. 在下列四组词中，（　　）是同源词组。
   A. 看，望　　B. 强，壮　　C. 买，卖　　D. 打，骂

二、辨析下列各组同义词。

1. 击、攴
2. 观、察、看、望
3. 适、往
4. 睿、哲
5. 诛、弑

三、标点短文，并把它翻译成现代汉语。

1. 张良入谢曰沛公不胜杯杓不能辞谨使臣良奉白璧一双再拜献大王足下玉斗一双再拜奉大将军足下项王曰沛公安在良曰闻大王有意督过之脱身独去已至军矣项王则受璧置之坐上亚父受玉斗置之地拔剑撞而破之曰唉竖子不足与谋夺项王天下者必沛公也吾属今为之虏矣（《史记·项羽本纪》）

2. 佗行道见一人病咽塞嗜食不得下家人车载欲往就医佗闻其呻吟驻车往视语之曰向来道边有卖饼家蒜齑大酢从取三升饮之病自当去即如佗言立吐蛇一枚县车边欲造佗佗尚未还小儿戏门前逆见自相谓曰似逢我公车边病是也疾者前入坐见佗北壁县此蛇辈约以十数（《三国志·魏书·方技传（华佗传）》）

第六节　语汇知识与中小学文言文教学

一、中小学文言文教学应该注意避免词义解释弊病

语文课标中，培养学生的语文素养已经成为非常重要的一个问题。中小学文言文已经成为非常重要的一个板块，对学生的语文阅读理解能力的培养十分关键。中小学文言文注释应该加强对训诂学研究成果的重视，尽可能地避免训诂弊病，这才有利于培养学生的语文素养，提高学生的语文能力和阅读理解水平。古代汉语词汇训诂研究虽然已取得了较大的成绩，不过悬而未决的问题仍有不少。有些解释粗看好像没有问题，仔细推敲就会发现存在一些不妥当的地方。常用词的训诂研究受到冷落，研究往往集中于生僻字词。而学生不理解的地方不加注解，当注而不注。而训诂学在古代汉语词汇研究中的重要作用尤其是在中小学文言文注释中的重要作用仍然没有受到重视。而训诂，就是用现代汉语去准确地探求和诠释古代文献词义。中小学文言文注释由于忽视了训诂学的研究及其成果，在注释中往往存在穿凿附会、望文生训、随意破字、增字强释、不解语法等训诂弊病。

（一）穿凿附会
就是注释者把彼此无关的事物任意牵合强加比附。它往往是注释者由于客观条件的限制，对真理不能够正确揭示，或者是由于主观的原因，在阐释词义或者句意时灌注了注释者自己的观点所造成的。

刘禹锡《陋室铭》："可以调素琴，阅金经，无丝竹之乱耳，无案牍之劳形。"其中"素琴"，中学语文课本解释为"不加装饰的琴"。史礼心等注《古文观止》："没有装饰、朴素无华的琴。"《辞源》修订本"素琴"条也解作"不加装饰的琴"。

按：这种注释是穿凿附会。素琴不加装饰，朴素无华，但是琴弦是起码应该具备的，有弦就可以出声。可是，下文有"无丝竹之乱耳"一句，是说没有乐器之声的扰乱。上下文就会互相矛盾。实际上，文中的"素琴"，是用晋代的陶渊明的典故。《宋书·陶潜传》记载说："潜不解音声，而畜素琴一张，无弦，每有酒适，辄抚弄以寄其意。"《晋书·隐逸传·陶潜》也记载说陶潜"性不解音，而畜素琴一张，弦徽不具，每朋酒之会，则抚而和之曰：'但识琴中趣，何劳弦上声。'"《全梁文》卷二十："渊明不解音律，而蓄无弦琴（一作无弦素琴）一张，每酒适，辄抚弄以寄其意。"唐代诗人多用"素琴"一词来表示无弦。例如李白《戏赠郑溧阳》："陶令日日醉，不知五柳春。素琴本无弦，漉酒用葛巾。"王建《送于丹移家洺州》："素琴苦无徽，安得宫商全。"白居易《清夜琴兴》："明镜懒开长在匣，素琴欲弄半无弦。"《文献通考·乐考十》也指出："陶渊明不解音律而畜素琴一张，每有酒辄抚弄以寄其意，可谓达君子无故不彻琴瑟之意矣。""素琴"实际上就是空琴，有名无实的琴。由此可知，"素琴"是没有弦和徽（系弦的绳）的琴，抚弄这样的琴，是陶渊明的一种雅趣。刘禹锡意思是指在陋室内抚弄这样的无弦的琴，所以有"无丝竹之乱耳"之句。

人教版新编高中三册《孔雀东南飞》："行人驻足听，寡妇起彷徨。"注："寡妇，死了丈夫的女子。"

按：这种注释是穿凿附会。"寡妇"不是死了丈夫的女子，而是独守空闺寡居的妇人，与行人相对应。行人不是路人，而是在外之人，包括经商和从军的。因为行人可以指出行在外经商的人或者战士，在魏晋南北朝习见，如《先秦汉魏晋南北朝诗·汉诗》卷十二："行人难久留，各言长相思。"《先秦汉魏晋南北朝诗·梁诗》卷八："行人从此别，去去不淹留。"《先秦汉魏晋南北朝诗·梁诗》卷九："闺阁行人断，房栊月影斜。"《先秦汉魏晋南北朝诗·梁诗》卷二十四："行人消息断，空闺静复寒。"唐代杜甫《兵车行》："行人弓箭各在腰。"因为丈夫不在家，出门在外，在家独守空闺寡居的妻子与出门在外的丈夫互相思念，才会有"起彷徨"的说法。不然，按注释者的说法，死了丈夫的女子"起彷徨"是有违封建礼仪的，不是作者的本意。虽然寡妇在现代汉语中多指死了丈夫的女子，在古代汉语中"寡妇"却多指独守空闺的妇人，例如三国魏·陈琳《饮马长城窟行》："边城多健儿，内舍多寡妇。""寡妇"也是独守空闺的妇人。

(二) 望文生训

就是注释者只就字的字面意思加以解说。其实解说跟原文的意义毫不吻合。它的实质，就是把文字和语言混为一谈，没有注意作为语言内在因素的语音。

1. 囿于本意而望文生训

陶渊明《归园田居》："开荒南野际，守拙归园田。"课文释"守拙归园田"的"守拙"为"守住愚拙，这是谦虚的说法"。如此解释大谬诗意。大概释者担心中学生学了此诗便不愿积极从政吧？"守拙"无疑含有嘲讽官场投机、阿谀奉承的"取巧"之意，也包含不同流合污的清高之意。《辞源》解释甚当：安于愚拙而不取巧。所以，陶渊明自称"守拙"绝非"谦虚"，否则岂不成了"我在官场投机取巧方面做得还不够好，所以只好回归田园"！这还是"不为五斗米折腰"的陶渊明吗？

外人，解作外面之人的解释是基本合理的，文中有内证两个"外人"。虽然本书作者认为不符合逻辑，但那毕竟是文章本身的证据。虽然桃源与外界隔绝数百年，但是不要忽略了文学创作本身的特点，陶渊明本人的思考逻辑或许本身就不甚严密，故不能将我们的思考去代替文章本身的内在联系（内证）。因此，作者这段对于"外人"的不"望文生义"的考证似乎凿之过深。

2. 误解联绵词而望文生训

人教版新编高中教材《赤壁之战》："蒙冲斗舰乃以千数。"注："一种蒙着生牛皮的小型战船，行动迅速，用来袭击敌船。"

按：这种解释是望文生义，因为"蒙冲"不是"蒙着生牛皮的小型战船"，其实"蒙冲"是大型战船，在魏晋南北朝习见，例如《三国志·吴书·董袭传》："祖横两蒙冲挟守沔口，以栟闾大绁系石为矴，上有千人，以弩交射，飞矢雨下，军不得前。"《三国志·吴书·贺齐传》："齐性奢绮，尤好军事，兵甲器械极为精好，所乘船雕刻丹镂，青盖绛襜，干橹戈矛，葩瓜文画，弓弩矢箭，咸取上材，蒙冲斗舰之属，望之若山。"《后汉书·文苑传·祢衡传》："后黄祖在蒙冲船上，大会宾客，而衡言不逊顺，祖惭，乃诃之。"这些都说明"蒙冲"不是"蒙着生牛皮的小型战船。"《文献通考·兵考十》也指出："采石战舰：曰'蒙冲'，大而雄；曰'海鳅'，小而驶。其上为城堞屋壁，皆垩之。"另外"蒙冲"是一个联绵词，也可以写成"艨艟"、"艨冲"等形式。中学文言文注释错误是因为《通典》、《太平御览》、《陈书》等的记载。《通典·兵十三》说："蒙冲：以生牛皮蒙船覆背，两厢开掣棹孔，前后左右有弩窗、矛穴，敌不得近，矢石不能败。此不用大船，务于疾速，乘人之不及，非战之船也。"《太平御览》卷三百三十四也大同小异："蒙冲，以生牛皮蒙船覆背，两厢开掣棹孔，前后左右有弩窗、矛穴，敌不得近，矢石不能败。此不用大船，务于速进，乘人之不及，非战之船也。"另外《陈书·侯瑱传》："又以牛皮冒蒙冲小船，以触贼舰，并熔铁洒之。"

3. 不识错别字而望文生训

人教版新编高中三册《孔雀东南飞》："生人作死别，恨恨那可论。"注："恨恨，愤恨到极点。"

按："恨恨"不少工具书注释为抱恨不已，无比悲怨。认为全句的意思是：心里的愤恨哪里说得尽呢？"恨"在这一时期没有"愤恨"的意思，多表示遗憾。实际上，"恨"字是一个形近而误的字。"恨"的右边应该是"艮"字，"恨恨"应该是"悢悢"的形误，意思是伤心悲痛、悲恨惆怅、眷念。相爱的人在生离死别时候，他们的感情不应该是愤恨或者遗憾，而应该是伤心悲痛、眷念。张怡春、刘杰贤以为：首先，从诗作内容看，兰芝、仲卿谈不上对焦母、刘兄的"愤恨"。在这里，'恨恨"只能是"遗憾、痛心、悲痛、伤心"的意思，是为情而"恨"而已。二人不能厮守在一起而伤心、悲痛、痛苦、遗憾这一点，诗中有多处表现：如"心中常苦悲""府吏默无声""举言谓新妇，哽咽不能语""出门登车去，涕落百余行""未至二三里，摧藏马悲哀"，等等。其次，"恨"在古代主要是"遗憾"的意思。对于这个问题，徐复先生早已经指出："恨恨"是"悢悢"的错误，三国·魏·张揖的《广雅·释训》："悢悢，悲也。"这是较早的训释。陈寿《三国志·蜀书·法正传》说："恐圣听秽恶其声，故中间不有笺敬，顾念宿遇，瞻望悢悢。"此后晋人的文章里用得很多。《文选》里至少见过三次，而文字上就有两种不同的说法，陆机《谢平原内史表》说："所以临难慷慨而不能不悢悢者，惟此而已。"嵇康《与山巨源绝交书》说："女年十三，男年八岁，未及成人，况复多病，顾此悢悢，如何可言？"李陵《与苏武诗》虽是伪作，但不会晚于晋代，也有"徘徊蹊路侧，悢悢不得辞"的句子。这里举的例子，都可以说明"悢悢"是一种惆怅悲痛的意思。后来的人对这个魏晋人的语言，知道的不多了，所以往往把它写作"恨恨"二字，这有唐代李善和五臣的《文选》注本可作佐证。胡克家的《文选考异》里说："《谢平原内史表》，恨恨，何校作悢悢；袁本云：善作悢悢，五臣作恨恨。案各本所见皆传写误也。《与苏武诗》，二本校语，五臣作悢悢，善作恨恨，与此全属相反，彼是此非。"我们知道，《文选考异》一书是校勘学家顾广圻代作的，他的校语，一向是被认为正确可信的；同时，李善是熟悉魏晋的时代语言的，他曾向曹宪问过学，而曹宪就是撰《博雅音》的人。所以，我们可以断定李善对《广雅》中"悢悢"一词的解释，是知道的，所以不会弄错；相反，五臣的学问浅陋，所以好几处都把"悢悢"写错了。因此，这首诗的错误，也出于后人所改无疑了。校正了这个错字，时代意义也就明确了，被掩盖原义的词，也得到正确解释了。

人教版新编高中四册《逍遥游》："故九万里，则风斯在下矣，而后乃今培风，背负青天而莫之夭阏者，而后乃今将图南。"注："图南，图谋南飞。"

按："图"是"徙"的形误。它表示迁徙。"图南"就是向南迁徙。上文中也有"是鸟也，海运则将徙于南冥。"而关于这一点，训诂学者早已经指出。中学文言文注释者没有吸收训诂学的研究成果从而导致错误的解释。

（三）随意破字

破字就是注释者用本字改读古书中的假借字。有的学者解释古书，研究词义，滥用通转，随意破字，往往只是主观臆断，并无丝毫根据，这就叫做随意破字。以文献语言为依据，以避免滥用声训而流于主观臆断。

《诗·魏·伐檀》："胡取禾三百廛兮。""胡取禾三百亿兮。""胡取禾三百囷兮"。

按：《毛传》："一夫所居曰廛"，《郑笺》："十万曰亿，禾秉之数。"孔疏："方者为仓，圆者为囷。"他们已经把这三个字解释得清清楚楚，但是俞樾《群经平议》说这三个字都是通假字，都是束的意思，本字分别是三个生僻字，这就是滥用通假，随意破字。而这种说法，还被有的教材采用。

陶渊明《桃花源记》："便要还家，设酒杀鸡作食。"注："要，通'邀'。"

按："要"表示邀请不是通假，而是引申。"要"小篆字形中间象人形，两旁为两手形。表示两手叉腰。它是"腰"的古字。例如《墨子》："昔者，楚灵王好士细要。"《楚辞》："户服艾以盈要兮，谓幽兰其不可佩。"《荀子·礼论》："故量食而食之，量要而带之。"后来引申表示要害、在半路上拦截、约请、邀请等。例如《史记·项羽本纪》："张良出，要项伯。"《世说新语·汰侈》："石崇每要客燕集。"

（四）增字强释

增字就是注释者在解释古书正文时增加一些词语。增字强释就是在增字后，意思上与原文不符，增字者是为了迁就己见，不惜违背原意而乱增字词。而增字足意则是注释者适当增加一些必要的词语，以表达完全原书的意思。

人教版新编高中二册《五人墓碑记》："由是观之，则今之高爵显位，一旦抵罪，或脱身以逃，不能容于远近，而又有剪发杜门，佯狂不知所之者。"注："剪发毁容，闭门不出，以示发狂。"史礼心等注《古文观止》："剪发：剪发为僧，杜门：闭门不出。"

按：注释者把"杜门"解释为"闭门不出"就是增字强释。"杜门"有关起门来，不再外出的意思。例如《史记·商君传》："公子虔杜门不出，已八年矣。"但是明代张溥《五人墓碑记》不是这个意思，它是杜门谢客、闭门深居，谢绝来客，形容与外界隔绝，隐居度日。"杜门"表示杜门谢客的意思在古代习见，例如《史记·陈丞相世家》："陵怒，谢疾免，杜门竟不朝请，七年而卒。"《汉书·孙光传》："光退门间，杜门自守。"《汉书·王莽传》："莽杜门自守，其中子获杀奴，莽切责获，令自杀。"《全后汉文》卷七十五："君仰瞻天象，俯效人事，世路多险，进非其时，乃托疾杜门静居，里巷无人迹，外庭生蓬蒿，如此者十余年。"《三国志·蜀书·谯周传》裴注："而能抗节玉立，誓不降辱，杜门绝迹，不面伪庭，进免龚胜亡身之祸，退无薛方诡对之讥。"《后汉书·李固传》："至白水关，解印绶，还汉中，杜门不交人事。"《后汉书·独行传·李业》："会王莽居摄，业以病去官，杜门不应州郡之命。"宋·陆游《老学庵笔记》："唐士大夫如白居易辈，盖有遇此三斋月，杜门谢客，专延缁流作佛事者。"

二、运用词汇知识掌握中小学文言文词汇

在中小学文言文教学中，教师要在系统学好古代汉语知识的基础上，有意识地运用词汇知识引导学生认识文言文词汇的基本特点，有规律地理解和掌握好文言文词汇。

（一）单音词与复音词的辨析

在古代汉语中，有一些看起来类似后代双音词的短语，常常容易被连起来理解。其实，它们还是单音词的临时组合，必须也完全可以分开来解释。例如：

① 《鸿门宴》：所以遣将守关者，备他盗之出入与非常也。
② 《屈原列传》：形容枯槁。
③ 《晏子使楚》：叶徒相似，其实味不同。
④ 《冯婉贞》：婉贞于是率诸少年结束而出。
⑤ 《桃花源记》：问今是何世，乃不知有汉，无论魏晋。

以上几段话，各个时代的文言文都有，将各句中的词析出，绝大部分是单音词，有一些连用的字很像双音词，如①中的"所以"、"出入"、"非常"，②中的"形容"，③中的"其实"，④中的"结束"，⑤中的"无论"。但它们都不是双音词，必须按单音词分开来解释，意义也和现代汉语双音词很不一样。"所以"不是因果复句的连词，而是代词"所"和介词"以"结合的短语，"所"代原因。"出入"是"出去和进来"的意思。"非常"也不是程度副词，"非"是否定副词，"常"是形容词，当"寻常"讲，"非常"就是"不寻常的状况"。"形容"是两个单音词组成的短语，"形"是"身形"，"容"是"面容"。"其实"的"其"是指示代词作"实"的定语，"实"是果实。"其实"不是语气副词。"结束"是两个动词联合，"结"与"束"都是穿衣服的动作。"无论"的意思是"不用说"，"无"是否定副词，作动词"论"的状语。所以，对古代汉语的词，不要轻易按双音词来解释。

（二）认真对待古今词义的差别

中小学文言文中有些词，古今义之间存在细微的差别，这是在教学中容易忽略的。学生也常常不求甚解、囫囵吞枣，我们要认真对待，引导他们联系词语的语境进行仔细辨析。例如：

① 《五人墓碑记》："至于今，郡之贤士大夫请于当道，即除魏阉废祠之址以葬之。"

这个"除"意为"修整"，也就是以好易坏，古代所谓"除官"，是更换职务，"除夕"，是以新年更换旧年之夕。到现代汉语里，"除"的"换上新的"这一特点不见了，引申为"取消"、"排除"。用今义去理解"除魏阉废祠之址"的"除"和"除官"、"除夕"的"除"，自然要发生误差。

② 《三国志·华佗传》："吾有一术，名五禽之戏，一曰虎，二曰鹿，三曰熊，四曰猿，五曰鸟。"

在古汉语中，飞禽走兽统称为"禽"，后来"禽"专指鸟类。

③ 《论语·公冶长》："以其子妻之"，"以其兄之子妻之"。

例句中的"子"都指"女儿"。后"子"一般指儿子，不再指女儿了。

④ 《孟子·告子上》："冬日则饮汤，夏日则饮水。"

现代和"汤"属于同一类的是"饭"和"菜"。"汤"的指称对象完全不同了。"汤"古义指热水，今义指有味道的用水制成的食物。古代和"汤"属于同一类的是"水"。

⑤ 《孟子·公孙丑下》："寡助之至，亲戚畔之。"

古义：父母兄弟等亲属。今义：有婚姻关系的成员。

（三）抓住词的本义掌握词汇难点

有一部分文言词的本义，距离现代汉语词义较远，不易把握。这部分是个难点，教师要从分析字形入手，引导学生加深理解。

① 士三日不见，当刮目相待。

士：本义"对男子的美称"，引申义"做官的人"（士大夫终不肯夜泊绝壁之下）、"读书人"（士志于道而耻恶衣恶食）、"有才能的人"（胜不敢复相士）、"兵"（士不敢弯弓而报怨）。

② 伯乐学相马，顾玩所见，无非马者。

相：本义是"察看、仔细看"，引申义是"辅助、辅佐"（无物以相之）、"选择"（良禽相木而栖，贤臣择主而事）、"辅佐帝王的人"（王侯将相宁有种乎）。

（四）总结一词多义，注重联系比较

中学文言文中常常有这样的情况，即同一词在不同的文章中意义不同。中学生在有了一定的阅读量之后，要引导他们有意识地对一词多义的词进行归纳比较。

又如"负"是个多义词，古今都常用，仅《史记·廉颇蔺相如列传》中就有如下意义：

① 廉颇闻之，肉袒负荆，因宾客至蔺相如门谢罪。（用背部背）
② 均之二策，宁许以负秦曲。（承担）
③ 秦贪，负其强，以空言求璧。（依仗）
④ 相如度秦王虽斋，决负约不偿城。（违背）
⑤ 臣诚恐见欺于王而负赵。（辜负）

又如"习"，主要义项有：

① 鸟反复地飞。"鹰乃学习。"（《礼记·月令》）
② 复习、练习。"学而时习之，不亦说乎？"（《论语·学而》）
③ 熟悉、通晓。"谁习计会，能为文收责于薛者乎？"（《战国策·齐策》）
④ 习惯、习俗。"性相近也，习相远也。"（《论语·阳货》）

"习"，例①是本义"鸟反复地飞"；例②直接引申为"复习、练习"；例③又间接引申为"熟悉、通晓"；例④又由本义引申为"习惯、习俗"，因为习惯、习俗是由反复多次的行为形成的。

三、运用词汇知识赏析中小学教材中的文言文

我们中小学教材中的文言文大多为历代脍炙人口的名篇，文学价值高，掌握它们的词汇特色，可以帮助学生更好地欣赏作品。如《木兰辞》、林嗣环《口技》、范仲淹《岳阳楼记》等名篇，使用了大量的叠音词，拟音摹态，生动形象，算是文中的精华。例如："唧唧、渐渐、啾啾、霍霍；絮絮、作作索索、呼呼、许许、战战；浩浩汤汤、霏霏、冥冥、洋洋、郁郁青青"等等。再如贺知章《回乡偶书》"少小离家老大回，乡音无改鬓毛衰。"中"少小"、"老大"分别是两个同义词。这种同义词的连用，在意义上看来是有赘余之嫌，然而在诗歌中却能调整音节，协调音律，读来节奏明快自然，富有韵味。例如，《荀子·劝学》："吾尝跂而望矣，不如登高之博见也。"《庄子·养生主》："始臣之解牛之时，所见无非牛者。"王安石《游褒禅山记》："其进愈难，而其见愈奇。"这几个句子中

都用了"见"这一词语，我们在教学时就可以帮助学生区别"视"和"见"这组同义词，"视"相当于现代汉语的"看"，是具体的动作、行为；"见"是动作、行为的结果。这样学生便能体会古人用词何其精准。也能深刻体会"心不在焉，视而不见"（《礼记·大学》）的内涵了。

思考与练习

一、将中学文言文选篇《鸿门宴》中古今词义有明显差别的词指出来；解释其义。

二、将中学文言文选篇《孔雀东南飞》中同义词找出来进行辨析。

三、用学过的词汇知识，从已学过的中小学文言文中选出两到三个问题，进行研究，写一篇小论文。

古代汉语
GU DAI HAN YU

【选词概述】

介 访 谤 恨 走 逐 网 集 及 然 田 引 征 攻 军
师 士 兵 辟 间 适 归 道 制 如 辞 说 难 权 果

【介】①疆界。《诗经·周颂·思文》："无此疆尔界，陈常于时夏。"这个意义后来写作"界"。②居中，在中间。《左传·襄公九年》："介居二大国之间。"《战国策·赵策三》："胜请为绍介而见之于将军。"现代汉语有双音词"媒介"，"介绍"。③特指居宾主之间作传言人（有时是代言）。《礼记·檀弓下》："子服惠伯为介。"④特立，直立（都是指品行）。《孟子·尽心上》："柳下惠不以三公易其介。"《水经注·卢江水》："又有孤石，介立大湖中。"〔耿介〕光明正大，具有卓越的操守。形容词。《楚辞·离骚》："彼尧舜之耿介兮，既遵道而得路。"《韩非子·五蠹》："不养耿介之士。"⑤量词。个。只限于"一介"。《尚书·秦誓》："如有一介臣。"后来用作谦称。《三国志·魏书·管宁传》："自陈一介野生，无军国之用。"王勃《滕王阁序》："勃三尺微命，一介书生。"⑥甲。特指披甲执兵的人，即甲士。《左传·宣公二年》："既而与为公介。"用如动词时，表示披甲。《左传·成公二年》："不介马而驰之。"〔介虫〕有甲壳的虫。《淮南子·说山》："介虫之动以固。"⑦通"芥"。比喻微末的事物。《孟子·万章上》："一介不以与人，一介不以取诸人。"《战国策·齐策四》："孟尝君为相数十年，无纤介之祸福者，冯谖之计也。"

【访】（訪）①咨询。《尚书·洪范》："惟十有三祀，王访于箕子。"《左传·僖公三十二年》："穆公访诸蹇叔。"注意：上古汉语的"访"，是咨询的意思，不可误会为探望。"王访于箕子"，是说周武王向箕子咨询关于"天道"的意见。"穆公访诸蹇叔"，是说秦穆公向蹇叔咨询关于袭击郑国的意见。都不是简单的拜访。"访"的直接宾语是事，不是人。所以第一例中有"于"字，表示箕子是间接宾语；第二例中有"诸"字，它是"之于"的合音，"之"指袭郑这件事。②搜寻；探访；寻求；拜访；探望。李白《梦游天姥吟留别》："且放白鹿青崖间，须行即骑访名山。"《后汉书·郭丹传》："帝乃向南阳访求其嗣。"杜甫《聂耒阳以仆阻水书致酒肉》诗："耒阳驰尺素，见访荒江眇。"③查访，侦查（晚起义）。《方苞狱中杂记》："又九门提督所访缉纠结，皆归刑部。"④通"方"。始。《汉书·燕灵王刘建传》："母家驷钧恶戾，虎而冠者也。访以吕氏故，几乱天下，今又立齐王，是欲复为吕氏也。"

【谤】（謗）①公开批评、指责别人的过失。《国语·周语上》："厉王虐，国人谤王。"《汉书·淮南厉王刘长传》："今乃轻言恣行，以负谤于天下，甚非计也。"②诽谤；毁谤。《论语·子张》："信而后谏；未信，则以为谤己也。"《史记·屈原贾生列传》"信而见疑，忠而被谤，能无怨乎？"《醒世恒言·张孝基陈留认舅》："造这话来谤我！"

【恨】①后悔；遗憾。《史记·淮阴侯列传》："大王失职入汉中，秦民无不恨者。"又："信言恨不用蒯通计。"《史记·商君列传》："梁惠王曰：'寡人恨不用公叔痤之言也。'"诸葛亮《出师表》："未尝不叹息痛恨于桓灵也。"（痛：痛心；恨：感到遗憾）注意：古代的"恨"字不当"仇恨""怀恨在心"讲。②不满。《荀子·尧问》："处官久者士妒之，禄厚者民怨之，位尊者君恨之。"③通"很"。违逆；狠戾。《晏子春秋·杂下二十》："景公赐晏子邑，晏子辞。田桓子谓晏子曰：'君欢然与子邑，必不受以恨君，何也？'"《战国策·齐策四》："今不听，是恨秦也；听之，是恨天下也。"《汉书·刘向传》："称誉者登进，忤恨者诛伤。"

[辨] 憾，恨，怨。"憾"和"恨"是同义词：先秦一般只用"憾"，汉代以后多用"恨"。"恨"和"怨"不是同义词；恨浅而怨深。"怨"才是"怀恨在心"，才是"仇恨"。《史记·淮阴侯列传》："二人相怨。"又《史记·魏其武安侯列传》："武安由此大怨灌夫、魏其。"这些"怨"字都不能换成"恨"字。在上面"恨"字条所举诸例中，"恨"字也都不能换成"怨"字。有时候，"怨恨"或"恨望"二字连用，那就当"怀恨"讲。例如《汉书·霍光传》："欲为子弟得官，亦怨恨光。"又："宣见禹恨望深。"这是要分别来看的。

【走】①疾趋，奔跑。《左传·昭公七年》："循墙而走。"《韩非子·五蠹》："田中有株，兔走触株，折颈而死。"宋王安石《阴山画虎图》诗："阴山健儿鞭鞯急，走势能追北风及。"今成语有"走马看花"。②逃跑；逃奔。《左传·定公十年》："魋惧，将走，公闭门而泣之，目尽肿。"《孟子·梁惠王上》："王好战，请以战喻：填然鼓之，兵刃既接，弃甲曳兵而走。"《史记·伍子胥列传》："昭王出亡，入云梦；盗击王，王走郧。"③趋向；归附。《左传·昭公十八年》："郑有他竟，望走在晋。既事晋矣，其敢有二心？"《吕氏春秋·荡兵》："兵诚义，以诛暴君而振苦民……民之号呼而走之，若强弩之射于深溪也，若积大水而失其壅堤也。"《史记·穰侯列传》："秦少出兵，则晋楚不信也；多出兵，则晋楚为制于秦。齐恐，不走秦，必走晋楚。"④走开；离去。《宋书·张畅传》："今城内乏食，人无固心，但以关扃严密，不获走耳。"⑤流动；滚动，移动。郦道元《水经注·沁水》："自太行以西、王屋以东，层岩高峻，天时霖雨，众谷走水，小石漂迸。"杨万里《江雨》诗："雨点飞来水面初，湿银盘里走真珠。"⑥自称的谦词。犹言仆。《文选·报任少卿书》："太史公牛马走司马迁再拜言。"《文选·东京赋》："走虽不敏，庶斯达矣。"

[辨] 行，走。古代所谓"行"，现代叫"走"（比较"行路"："走路"）。古代所谓"走"，现代叫"跑"（比较"走马"："跑马"）。只有华南方言（如粤方言、客家方言等）还保存古义。

【逐】①追赶；追捕，追回来。《左传·隐公十一年》："公孙阏与颍考叔争车，颍考叔挟辀以走，子都拔棘以逐之。"《汉书·蒯通传》："秦失其鹿，天下共逐之。"《汉书·李广传》："其先曰李信，秦时为将，逐得燕太子丹者也。"②驱逐；放逐。《楚辞·九章·哀郢》："信非吾罪而弃逐兮，何日夜而忘之？"《史记·陈丞相世家》："其嫂嫉平之不视家生产，曰：'亦食穅覈耳。有叔如此，不如无有。'伯闻之，逐其妇而弃之。"③追求；求取。《易·既济》："妇丧其茀，勿逐，七日得。"徐陵《鸳鸯赋》："闻道鸳鸯一鸟名，教人如有逐春情。"司马光《答秉国第二书》："光欲一一条对，则恐逐枝叶而忘本根，徒费纸札视听，无益于进道。"④竞争；争先。《山海经·海外北经》："夸父与日逐走。"《韩非子·五蠹》："上古竞于道德，中世逐于智谋，当今争于气力。"⑤随；跟随。《楚辞·九歌·河伯》："灵何为兮水中，乘白鼋兮逐文鱼。"颜之推《颜氏家训·书证》："张敞者，吴人，不甚稽古……逐乡俗讹谬，造作书字耳。"⑥依次；一个挨着一个。戴叔伦《送前上饶严明府摄玉山》诗："更将旧政化邻邑，遥见遄人相逐还。"《魏书·江氏传》：

"并逐字而注。"

［辨］追，逐。二字一般用起来没有分别。试比较《左传·桓公六年》："请追楚师"与《庄公十年》："遂逐齐师"。但是，"放逐"的意义不能说成"追"。而"挽回"的意义又只能说成"追"（《论语·微子》："往者不可谏，来者犹可追"），不能说成"逐"。

【网】（網）wǎng ①用绳线等结成的捕鱼或捉鸟兽的用具。《诗·邶风·新台》："鱼网之设，鸿则离之。"陈琳《为曹洪与魏文帝书》："若骇鲸之决细网，奔兕之触鲁缟。"②指网状物。左思《魏都赋》："薄成緜幂，无异蛛蝥之网。"③用网捕捉。李肇《唐国史补》卷上："见数百人喧集水滨，乃渔者网得大鼋。"蒲松龄《聊斋志异·犬奸》："所止处，观者常数百人，役以此网利焉。"④比喻法网。《老子》："天网恢恢，疏而不失。"《史记·酷吏列传序》："昔天下之网尝密矣，然奸伪萌起。"葛洪《抱朴子·诘鲍》："制峻网密，有犯无赦。"

【集】①鸟群停在树上。《诗·唐风·鸨羽》："肃肃鸨羽，集于苞栩。"祢衡《鹦鹉赋》："飞不妄集，翔必择林。"②栖身；停留。《国语·晋语二》："人皆集于苑，己独集于枯。"《文选·王延寿〈鲁灵光殿赋〉》："胡人遥集于上楹，俨雅踞而相对。"③降；坠落。《韩非子·解老》："时雨降集，旷野闲静。"《淮南子·说山训》："雨之集，无能霑，待其止而能有濡。"柳宗元《天对》："天集厥命，惟德受之。"④集合；聚集。《诗·小雅·頍弁》："如彼雨雪，先集维霰。"贾谊《过秦论上》："天下云集而响应。"又为聚会，一般指亲友的集会。王羲之《兰亭宴集序》："群贤毕至，少长咸集。"⑤积聚滞留。《淮南子·本经训》："〔精〕集于心，则其虑通。"《汉书·礼乐志》："合生气之和，导五常之行，使之阳而不散，阴而不集。"⑥诗文的汇集。曹丕《与吴质书》："顷撰其遗文，都为一集。"后人分著述为四部，即"经、史、子、集"。⑦至，到。《国语·晋语一》："大家邻国，将师保之，多而骤立，不其集亡。"韩愈《贞曜先生墓志铭》："始以尊夫人之命，来集京师。"⑧成就，成。《左传·桓公五年》："既不萃于王卒，可以集事。"（萃：集中。王卒：指周天子的军队）《左传·成公二年》："此车一人殿之，可以集事。"⑨齐一，一致。《汉书·晁错传》："起居不精，动情不集。"

【及】①追上，赶上。《左传·成公二年》："故不能推车而及。"《论语·颜渊》："子贡曰：'惜乎！夫子之说君子也。驷不及舌。'"《后汉书·虞诩传》："虏众多，吾兵少，徐行则易为所及，速进则彼所不测。"②至，到达。《论语·卫灵公》："师冕见，及阶，子曰：'阶也。'及席，子曰：'席也。'"《左传·隐公元年》："若阙地及泉，隧而相见，其谁曰不然？"③待，等到。《论语·季氏》："君子有三戒：少之时，血气未定，戒之在色；及其壮也，血气方刚，戒之在斗；及其老也，血气既衰，戒之在得。"④涉及；牵连。《论语·卫灵公》："群居终日，言不及义，好行小慧，难矣哉。"《汉书·苏武传》："事如此，此必及我。"⑤比得上。《战国策·齐策一》："君美甚，徐公何能及君也？"贾谊《过秦论》："〔陈涉〕材能不及中人。"⑥来得及。《孟子·梁惠王下》："则犹可及止也。"《晋书·石勒载记上》："敌必震惶，计不及设。所谓'迅雷不及掩耳。'"⑦介词。乘，趁。《孟子·公孙丑上》："国家闲暇，及是时明其政刑，虽大国必畏之矣。"⑧连词。表示并列。和。《诗·豳风·七月》："六月食郁及薁，七月亨葵及菽。"《左传·隐公元年》："生庄公及共叔段。"《左传·僖公四年》："屈完及诸侯盟。"《史记·高祖本纪》："为泗水亭长，廷中吏无所不狎侮。好酒及色。"

【然】①"燃"的本字。燃烧。《孟子·公孙丑上》："若火之始然，泉之始达。"贾谊《治安策序》："火未及然，因谓之安。"这个意义后代都写作"燃"。②代词，这样，那样。《论语·宪问》："古之人皆然。"《孟子·梁惠王上》："河东凶亦然。"又："物皆然。"又《公孙丑上》："惟此时为然。"今熟语有"所以然"，"想当然"。〔然则〕这样……那么，那么。《孟子·滕文公上》："然则治天下独可耕且为与？"〔然后〕这样……才。《论语·子罕》："岁寒然后知松柏之后凋也。"《孟子·滕文公上》："然后中国可得而食也。"〔然而〕但是。韩愈《燕喜亭记》："吾州之山水名天下，然而无与燕喜者比。"这个意义又可单说"然"。《史记·高祖本纪》："周勃厚重少文，然安刘氏必勃也。"③是的，对，用来表示同意别人的话。《孟子·滕文公上》："孟子曰：'许子必种粟而后食乎？'曰：'然。'"又："曰：'许子以釜甑爨，以铁耕乎？'曰：'然。'"加否定词"不"，表示不同意。《史记·项羽本纪》："宋义曰：'不然。'""然之"连用，表示"以之为然"，即"认为……是对的"。《史记·淮阴侯列传》："信然之"。〔然诺〕诺言。按："然"和"诺"都是答应别人的话，连起来成为名词，表示"诺言"。《史记·游侠列传》："而布衣之徒，设取予然诺。"又《史记·魏其武安侯列传》："好任侠，已然诺。"④词尾，表示"……的样子"。《论语·微子》："夫子怃然曰。"《孟子·梁惠王上》："填然鼓之。"

【田】①农田。《孟子·梁惠王上》："百亩之田，勿夺其时。"引申为耕种（此义又写作"佃"）。杨恽《报孙会宗书》："田彼南山。"②打猎。《左传·宣公二年》："宣子田于首山。"《孟子·梁惠王下》："今王田猎于此。"后来写作"畋"。③古代统治者赐给亲属臣僚的领地。《左传·宣公二年》："及成公即位，乃宦卿之适而为之田，以为公族。"《公羊传·桓公元年》："此邑也，其称田何？田多邑少称田，邑多田少称邑。"

【引】①开弓。《孟子·尽心下》："君子引而不发。"（发：射出去）②延长。《诗经·小雅·楚茨》："子子孙孙，勿替引之。"（勿替：不废）③牵引。《礼记·檀弓上》："兄弟之子，犹子也，盖引而进之也。"《孟子·滕文公下》："引而置之庄岳之间。"（庄岳：齐都城中的地名）④伸长。《左传·成公十三年》："我君景公引领西望。"又为遥控。王勃《滕王阁序》："控蛮荆而引瓯越。"⑤引导；带领；疏导。刘向《列女传·代赵夫人》："袭灭代王，迎取其姊，姊引义理，称说节礼。"⑥征引；援引。荀悦《汉纪·昭帝纪》："光乃引延年为给事中。"杜甫《暮秋遣兴呈苏侍御》："圣朝尚飞战斗尘，济世宜引英俊人。"⑦荐举。《史记·刺客列传》："荆轲废，乃引其匕首以擿秦王。"陶潜《归去来兮辞》："引壶觞以自酌。"⑧向后退。《战国策·赵策三》："秦军引而去。"⑨离开。贾谊《吊屈原赋》："凤漂漂其高逝兮，固自引而远去。"⑩引决，自尽。司马迁《报任安书》："已稍陵迟至于鞭箠之间，乃欲引节，斯不亦远乎？"

【征】①远行。《左传·僖公四年》："昭王南征而不复。"在这个意义上经常是"征夫"连用。《诗经·小雅·何草不黄》："哀我征夫，独为匪民。"后来"征夫"也泛指行人。陶潜《归去来辞》："问征夫以前路。"②征伐。上伐下，"有道"伐"无道"叫"征"。《左传·僖公四年》："五侯九伯，女实征之。"《孟子·梁惠王上》："彼陷溺其民，王往而征之，夫谁与王敌？"③指征收赋税。《孟子·滕文公下》："什一，去关市之征。"又《尽心下》："有布缕之征。"

【攻】①进攻，攻打。《易·系辞下》："爱恶相攻而吉凶生。"《左传·僖公四年》："以此攻城，何城不克？"②进行工作，特指匠人及其他手工业的工作，如建筑、雕琢等。

古代汉语
GU DAI HAN YU

《诗经·大雅·灵台》:"庶民攻之,不日成之。"《吕氏春秋·上农》:"农攻粟,工攻器,贾攻货。"又《小雅·鹤鸣》:"它山之石,可以攻玉。"③做学问或接受某种专门训练。韩愈师说:"闻道有先后,术业有专攻。"④指责。《论语·先进》:"〔冉求〕非吾徒也,小子鸣鼓而攻之,可也。"嵇康《与山巨源绝交书》:"〔吾〕简与礼相背,懒与慢相成,而为侪类见宽,不攻其过。"⑤治疗。《周礼·天官·疡医》:"凡疗疡,以五毒攻之。"《墨子·兼爱上》:"譬之如医之攻人之疾者然,必知疾之所自起,焉能攻之。不知疾之所自起,则弗能攻。"⑥坚固。《诗·小雅·车攻》:"我车既攻,我马既同。"《孔子家语·六本》:"孔子曰:'巧而好度,必攻。'"⑦通"共"。供给。《韩非子·存韩》:"陷锐之卒,勤于野战;负任之旅,罢于内攻。"⑧通"工"。巧;善于。《战国策·西周策》:"败韩魏……取蔺、离石、祁者,皆白起。是攻用兵。"

【军】(軍)①军队。《孙子·谋攻》:"凡用兵之法……全军为上,破军次之。"韩愈《曹成王碑》:"良不得已,错愕迎拜,尽降其军。"②军队的编制单位。《周礼·夏官·序官》:"凡制军,万有二千五百人为军。"《国语·齐语》:"万人为一军。"③军队驻屯。《左传·桓公八年》:"楚子伐随,军于汉淮之间。"④攻击;攻灭。《国语·齐语》:"〔齐桓公〕军谭遂,而不有也,诸侯称宽。"⑤指挥军队。《左传·桓公五年》:"郑师合以攻之,王卒大败。祝聃射王中肩,王亦能军。"⑥兵卒,徒众。李陵《答苏武书》:"以五千之众,对十万之军,策疲乏之兵,当新羁之马。"⑦宋代行政区域名。宋置全国为十八路,下设州、府、军、监三百二十二。《宋史·职官志七》:"诸府置知府事一人,州、军、监亦如之。掌总理郡政。"

【师】(師)①古代军队的编制以二千五百人为一师。现代军队的编制单位,隶属于军或集团军,下辖若干旅或团。《周礼·地官·小司徒》:"五人为伍,五伍为两,四两为卒,五卒为旅,五旅为师,五师为军。"②军队。《诗·秦风·无衣》:"王于兴师,修我戈矛,与子同仇。"《史记·齐太公世家》:"十一年正月甲子,誓于牧野,伐商纣。纣师败绩。"③民众,徒众。《诗·大雅·文王》:"殷之未丧师,克配上帝。"《左传·哀公五年》:"师乎,师乎,何党之乎!"《孔子家语·辨政》:"丧乱蔑资,曾不惠我师。"④老师,先生。《论语·为政》:"温故而知新,可以为师矣。"韩愈《师说》:"师者,所以传道受业解惑也。"⑤指专精某种技艺的人。《孟子·告子上》:"今有场师,舍其梧槚,养其樲棘,则为贱场师焉。"⑥官,长。《尚书·益稷》:"州十有二师。"⑦《易》卦名。六十四卦之一。坎下坤上。《易·师》:"象曰:地中有水,师,君子以容民畜众。"

【士】①男子,特指未婚的男子。跟"女"相对。《诗经·召南·野有死麕》:"有女怀春,吉士诱之。"又《郑风·溱洧》:"维士与女,伊其相谑。"②武士,甲士。《左传·襄公十年》:"诸侯之士门焉。"(门:攻打城门)按:士与卒不同(卒是步卒)。③统治阶级的下层。上古把人分为五个等级,即天子、诸侯、大夫、士、庶人。战国时代,士又指勇士,壮士。《战国策·魏策四》:"此三子,皆布衣之士也。"④文士,读书人。这是知识分子阶层,和"武士"的"士"不同。儒家常常把士看做道德较高的人物。《论语·子路》:"行己有耻,使于四方,不辱君命,可谓士矣。"又《泰伯》:"士不可以不弘毅。"又《卫灵公》:"志士仁人,无求生以害仁,有杀身以成仁。"⑤狱官,执法官。《孟子·尽心上》:"舜为天子,皋陶为士,瞽瞍杀人,则如之何?"(瞽瞍:舜的父亲)又《告子下）："管夷吾举于士。"在这个意义上，又称为"士师"。《论语·微子》："柳下惠为士师。"

【兵】 ①兵器、武器。《诗·秦风·无衣》："王于兴师，修我甲兵，与子偕行。"《左传·隐公元年》："缮甲兵，具卒乘。"《孟子·梁惠王上》："填然鼓之，兵刃既接，弃甲曳兵而走。"《荀子·议兵》"古之兵，戈、矛、弓、矢而已矣。"苏洵《六国论》："六国破灭，非兵不利，战不善。"②持兵器的人，兵卒，军队。《左传·襄公元年》："败其徒兵于洧（wěi）上。"《战国策·赵策四》："必以长安君为质，兵乃出。"曹操《置屯田令》："夫定国之术，在于强兵足食。"韩愈《与鄂州柳中丞书》之二："战天下之兵。"③军事，战争。《左传·隐公四年》："夫兵犹火也，弗戢，将自焚也。"《孙子·计》："兵者，国之大事。"李约《过华清宫》诗："君王游乐万机轻，一曲《霓裳》四海兵。"④用兵器杀人。《左传·定公十年》："士兵之。"《史记·伯夷列传》："左右欲兵之。"⑤犹伤害。《吕氏春秋·侈乐》："失乐之情，其乐不乐。乐不乐者，其民必怨，其生必伤。其生之与乐也，若冰之于炎日，反以自兵。"

[辨] 军，士，卒，兵。"军"是集体名词，跟"士""卒""兵"都不同。上古"兵"和"卒"有很大的区别："卒"是战士，而"兵"一般是指器械。《左传·文公七年》："训卒利兵。""卒"是人，所以要训练；"兵"是戈矛之类，所以要"利"（磨它，使它锋利）。"士"和"卒"的分别是：作战时，士在战车上面，卒则徒步。

【辟】 ①法。《诗经·小雅·雨无正》："辟言不信。"（法度之言，而不听信）②君，君主。《诗经·大雅·文王有声》："皇王维辟。"③征召。《后汉书·黄宪传》："宪初举孝廉，又辟公府。"④读 pì，刑，刑法。《尚书·吕刑》："墨辟疑，赦；其罚百锾。"（墨：古代五刑之一，即脸上刺字。锾 huán：古代度量单位，六两为锾）又："劓辟疑，赦；其罚惟倍。"[大辟] 古代五刑之一。死刑。《尚书·吕刑》："大辟疑，赦；其罚千锾。"《礼记·文王世子》："其死罪，则曰某之罪在大辟。"⑤躲避。《左传·隐公元年》："姜氏欲之，焉辟害？"又《左传·成公二年》："旦辟左右。"这个意义后来写作"避"。⑥开辟。《孟子·梁惠王上》："欲辟土地，朝秦楚。"又《孟子·离娄上》："辟草莱任土地者次之。"这个意义后来写作"闢"。⑦不正。《孟子·梁惠王上》："放辟邪侈。"这个意义后来作"僻"。⑧卑贱而得宠的。《论语·季氏》："友便辟，友善柔，友便佞，损矣！"《战国策·齐策四》："王使人为冠，不使左右便辟。"（便辟：善于迎合人意而得宠的小人）这个意义后来写作"嬖"。

【间】（間、閒）①夹缝，间隙。《庄子·养生主》："彼节者有间，而刀刃者无厚。"《史记·管晏列传》："晏子为齐相，出，其御之妻从门间而闚其夫。"（闚：同窥）②置身其中。《左传·庄公十年》："肉食者谋之，又何间焉？"③间隔，间断。《战国策·齐策一》："时时而间进。"④抄近路，抄小路。《史记·项羽本纪》："从郦山下，道芷阳间行。"又《廉颇蔺相如列传》："故令人持璧归，间至赵矣。"⑤离间，挑拨。《史记·廉颇蔺相如列传》："秦之间言曰。"又："赵王信秦之间。"苏轼《范增论》："汉用陈平计，间疏楚君臣。"⑥副词。偷偷地，暗暗地。《战国策·赵策三》："魏王使客将军辛垣衍间入邯郸。"⑦读 jiān。中间。《论语·先进》："摄乎大国之间。"《孟子·离娄下》："其间不能以寸。"⑧读 xián。闲着，无事可做。《孟子·公孙丑上》："今国家闲暇。"这个意义后来有人写作"闲"。但不能作"間"。

古代汉语

[辨] 閒，间，闲。上古本来无"间"字，后代凡作"间"的，上古都作"閒"（有些古籍经后人改过，也有刻写讹错。如史记的"閒"，有的版本作"间"）。后代于"閒暇"的"閒"仍作"閒"，于"间隙"的"閒"改作"间"，以示区别。依《说文》，"閒"的本义是"门隙"，"闲"的本义是"栅栏"，所以二者的引申义大不相同。在一般情况下，"閒"和"闲"是不相通的；只在"閒暇"的意义上，偶可作"闲"。

【适】（適）①动词。到（某地）去。《论语·子路》："子适卫。"《孟子·滕文公上》："虽使五尺之童适市，莫之或欺。"《庄子·逍遥游》："彼且奚适也？"②嫁。欧阳修《江邻几墓志铭》："女三人，长适秘书丞钱衮，余尚幼。"③副词。正巧，恰在这个时候。《战国策·赵策三》："此时鲁仲连适游赵。"④读 dí，通"嫡"。正妻所生的。《左传·文公十八年》："杀适立庶。"（庶：非正妻所生的）⑤读"zhé"，通"谪"，调发，贬谪之义。《史记·陈涉世家》："发闾左适戍渔阳九百人，屯大泽乡。"⑥古书中"適"与"适"（kuò）不同字，今简化后相同，然音不同。

【归】（歸）①女子出嫁。《诗经·周南·桃夭》："之子于归，宜其室家。"②回家，回国。《论语·先进》："风乎舞雩，咏而归。"《左传·成公三年》："子归何以报我？"③使之归，送归。《左传·成公三年》："晋人归公子谷臣与连尹襄老之尸于楚。"④最后回到某一地点。《周易·系辞下》："天下同归而殊涂。"⑤归附，归属，汇聚的意思。《论语·子张》："天下之恶皆归焉。"⑥读 kuì，赠送。通"馈"。《论语·阳货》："归孔子豚。"

[辨] 归，还。"归"的第二意义和"还"有相似之处：都有"回"的意思。不过"归"特指"回国"，"回家"，"还"只是表示简单的"回来"。

【道】①路，道路。《战国策·齐策四》："民扶老携幼，迎君道中。"《论语·雍也》："中道而废。"②途径（抽象的意义）。《孟子·梁惠王下》："交邻国有道乎？"③达到某种道德标准或思想标准的途径。《论语·里仁》："朝闻道，夕死可矣。"④正当的手段。《论语·里仁》："不以其道得之，不处也。"⑤封建社会所认为好的政治措施和政治局面。《论语·卫灵公》："邦有道则仕，邦无道则可卷而怀之。"⑥思想，学说。《论语·里仁》："吾道一以贯之。"⑦方法，技巧。《论语·子张》："虽小道，必有可观者焉。"⑧道理，规律。《庄子·养生主》："臣之所好者道也。"⑨述说。《孟子·梁惠王上》："仲尼之徒，无道桓文之事者。"⑩读 dǎo，引导。后来写作"导"。《左传·襄公三十一年》："小决使道。"

[辨] 道，路。就道路的意义说，二者是同义词。但用于抽象意义时。"路"较简单，"道"的许多引申义都是"路"所没有的。如"思想、学说，方法、技巧，道理、规律"等。就是"途径"这个意义，一般也多用"道"，不用"路"。

【制】①裁制（衣裳）。《诗经·豳风·东山》："制彼裳衣。"这个意义繁体字写作"製"。②写作，作品。萧统《文选序》："戒畋游则有《长杨》《羽猎》之制。"又："答客指事之制。"又："众制锋起。"③禁止，遏抑。《淮南子·修务训》："人不能制。"④控制，管制，掌握。贾谊《过秦论上》："履至尊而制六合。"又："秦有余力而制其敝。"⑤规定。《孟子·梁惠王上》："今也制民之产，仰不足以事父母，俯不足以畜妻子。"⑥法定的规章。《左传·隐公元年》："今京不度，非制也。"《礼记·礼运》："以设制度，以立田里。"⑦规模。范仲淹《岳阳楼记》："增其旧制。"

【如】①往,到……去。《左传·僖公四年》:"楚子使屈完如师。"②像。《诗经·卫风·淇奥》:"如切如磋,如琢如磨。"《史记·项羽本纪》:"猛如虎,很如羊。"③依照。柳宗元《三戒》:"犬皆如人意。"④〔不如〕不及,比不上。《左传·僖公三十年》:"臣之壮也,犹不如人。"《战国策·齐策一》:"自以为不如。"⑤形容词词尾。《论语·述而》:"子之燕居,申申如也(很严肃的样子),夭夭如也(很舒服的样子)。"⑥如果。《论语·先进》:"如或知尔,则何以哉?"《孟子·梁惠王上》:"王如知此,则无望民之多於邻国也。"⑦连词。或。《论语·先进》:"方六七十,如五六十。"又:"宗庙之事,如会同。"

【辞】(辭)①口供。《尚书·吕刑》:"两造具备,师听五辞。"(两造:诉讼的双方。师:狱官)《汉书·赵广汉传》:"有诏即讯,辞服。"(讯:审问)②言辞,话。《吕氏春秋·察传》:"辞多类非而是,多类是而非。"③言之成文的,文辞。《易经·乾卦》:"修辞立其诚。"《论语·卫灵公》:"辞达而已矣。"这种意义与"词"相通,后来常写作"词"。④口实,借口。《三国志·吴书·周瑜传》:"挟天子以征四方,动以朝廷为辞。"⑤文体的一种。曹丕《典论·论文》:"王粲长于辞赋。"《文心雕龙·辨骚》:"名儒辞赋,莫不拟其仪表。"⑥不受。《论语·雍也》:"与之粟九百,辞。"⑦推辞。《左传·僖公三十年》:"辞曰:'臣之壮也,犹不如人;今老矣,无能为也已。'"⑧告别。《战国策·赵策三》:"遂辞平原君而去。"⑨躲避。如说"不辞辛苦"。

【说】(説)①说明,解释。《论语·八佾》:"成事不说。"②学说,主张,说法。《孟子·滕文公下》:"我亦欲正人心,息邪说。"《韩非子·难一》:"矛楯之说也。"③读shuì。说服。《孟子·尽心下》:"说大人则藐之。"《史记·淮阴侯列传》:"广武君说成安君曰。"④读yuè。喜悦。《论语·学而》:"学而时习之,不亦说乎?"《左传·僖公三十年》:"秦伯说,与郑人盟。"这个意义后代写作"悦"。

【难】(難)①不容易,困难。跟"易"相对。《老子·二章》:"故有无相生,难易相成。"又《十二章》:"难得之货,令人行妨。"《论语·宪问》:"贫而无怨难,富而无骄易。"②读nàn。责备。《孟子·离娄下》:"于禽兽又何难焉?"③诘问,反驳。《史记·廉颇蔺相如列传》:"奢不能难。"王安石《答司马谏议书》:"辟邪说,难壬人。"(壬人:佞人,巧言谄媚之人)今有双音词"责难"、"非难"。④名词。辩驳的观点,论点。《汉书·高帝纪》:"(汉王)以问张良,良发八难。"⑤读nàn。祸乱,乱事。《左传·成公十三年》:"利吾有狄难。"《庄子·逍遥游》:"越有难,吴王使之将。"起事叫"发难"。《汉书·项籍传》:"天下初发难。"⑥灾难,患难。《左传·庄公三十年》:"自毁其家,以纾楚国之难。"杜甫《登楼》诗:"万方多难此登临。"

【权】(權)①秤,秤锤。《庄子·胠箧》:"为之权衡以称之。"②动词,表示衡量。《孟子·梁惠王上》:"权,然后知轻重。"③权力,权势,职权。贾谊《过秦论上》:"比权量力。"《史记·项羽本纪》:"项王乃疑范增与汉有私,稍夺之权。"注意:古代汉语里,只有"权力"的意思,没有"权利"的意思。古代也"权利"连用,但所指的是威势和货财。《荀子·劝学》:"是故权利不能倾也。"(威势和货财不能动摇他)〔权贵〕有权势的贵官。李白《梦游天姥吟留别》:"安能摧眉折腰事权贵?"韩愈《柳子厚墓志铭》:"其后以不能媚权贵,失御史。"④权变,变通,灵活性。跟"经"相对。《公羊传·桓公十一年》:"权者反于经。"(经:原则)《孟子·离娄上》:"男女授受不亲,礼也；嫂溺援之以手者，权也。"今成语有"通权达变"，双音词有"权宜"。⑤随机应变。"权谋"，指策略。多用于贬义。《汉书·孔光传》："光素闻傅太后为人刚暴，长于权谋。""权诈"，指欺骗手段。《汉书·刑法志》："作为权诈，以相倾覆。""权略"，也指"策略"，但用于褒义。《晋书·祖逖传》："多权略，是以少长咸宗之。""权术"也指"策略"，但用于贬义。《宋史·徐谊传》："三代圣王，有至诚而无权术。"

【果】①果子，果实。《礼记·曲礼上》："赐果于君前。"《韩非子·五蠹》："民食果蓏蚌蛤。"②充盈，充实。《庄子·逍遥游》："腹犹果然。"③坚决。《论语·子路》："言必信，行必果。"现代双音词有"果断"，"果敢"。④形容词或副词，表示成为事实。一般用于否定。《孟子·梁惠王下》："君是以不果来也。"又《公孙丑下》："闻王命而遂不果。"陶潜《桃花源记》："闻之，欣然规往。未果，寻病终。"⑤果然。副词。《战国策·楚策一》："果诚何如？"

【文选阅读】

一、齐晋鞍之战

《左傳》

[學習指導]

本文選自《左傳·成公二年》。公元前589年，齊國攻打魯國和衛國，晉國爲了抑制齊國勢力的發展，在魯、衛的求援下，出師阻遏齊軍，在鞌這個地方發生了一場大戰。鞌之戰是春秋時期的一次著名戰役，這場戰爭對平衡齊晉兩大國的勢力起了重要作用。

文章於戰爭本身的着墨不多，而是借助對幾個主要人物的細節刻畫，展示出鞌之戰的整個過程。語言簡潔流暢，對話生動逼真，人物個性分明。文章既生動地描寫出了齊侯的輕敵，晉軍郤克的頑強，張侯的協助配合，也揭示了晉軍勝齊軍敗的原因。至於文中出現的夢驗，則是出於傳說或虛構，反映了作者的迷信思想。

掌握文中"陳、屨、病、貫、擐、越、殷、敗績、卽、斃、乘、勸、免、戎"的意義，注意古今詞義的異同。

癸酉[1]，師陳于鞌[2]。邴夏御齊侯，逢丑父爲右[3]。晉解張御郤克，鄭丘緩爲右[4]。齊侯曰："余姑翦滅此而朝食[5]！"不介馬而馳之[6]。郤克傷於矢[7]，流血及屨，未絕鼓音[8]。曰："余病矣[9]！"張侯曰："自始合，而矢貫余手及肘[10]；余折以御，左輪朱殷[11]。豈敢言病？吾子忍之[12]。"緩曰："自始合，苟有險，余必下推車，子豈識之[13]？——然子病矣[14]！"張侯曰："師之耳目，在吾旗鼓，進退從之[15]。此車一人殿之，可以集事[16]，若之何其以病敗君之大事也[17]？擐甲執兵，固卽死也[18]；病未及死，吾子勉之[19]！"左并轡，右援枹而鼓[20]。馬逸不能止，師從之。齊師敗績[21]。逐之，三周華不注[22]。

[註釋]

[1] 癸酉：成公二年（公元前589年）六月十七日。
[2] 師：齊、晉雙方的軍隊。陳：擺開陣勢，後來寫作"陣"。鞌（ān）：齊地名，在今山東濟南市附近。
[3] 邴夏給齊侯駕車。邴（bǐng）夏，齊大夫。逢（páng）丑父，齊大夫。御，駕車。右，車右，又稱驂乘。古制，一車乘三人，尊者居左，御者居中，驂乘居右；但君王或戰爭時的主帥居中，御者居左。車右都是有勇力之士，任務是執干戈以禦敵，並負責戰爭中的力役之事。
[4] 解（xiè）張（下文又稱張侯）、鄭丘緩，都是晉大夫。郤（xì）克，晉大夫，是這次戰役晉軍的主帥。
[5] 姑，姑且。翦，同"剪"，剪除消滅。朝食，吃早飯。
[6] 介，甲，這裏用如動詞，給馬披上鎧甲，古代戰馬要披甲。馳之，使勁趕馬，指

驅馬進擊。

[7] 傷於矢，被箭射傷。

[8] 血一直流到鞋上，仍然擊鼓不息。古代戰車，主帥居車當中，自掌旗鼓，指揮三軍。鼓聲是前進的號令。屨（jù），鞋。絕，斷。血一直流到鞋上，仍然擊鼓不息。

[9] 病，古代凡病重、傷重、飢餓、勞累過度等造成體力難以支持，都叫做"病"。這裏指受傷很重。

[10] 從兩軍一開始交戰，箭就射進了我的手，一直穿到肘。合，這裏指兩軍交鋒。貫，穿入。

[11] 折，折斷射中自己的箭杆。朱，紅色。殷（yān），紅中帶黑的顏色。

[12] 吾子，對對方的尊稱，比稱"子"更親熱些。

[13] 苟，如果。險，這裏指地勢不平、難走的路。豈，副詞，難道。識，知道。

[14] 然，然而。子，指郤克。

[15] 全軍都注意着我們車上的旗鼓，前進和後退都聽從旗鼓的指揮。

[16] 殿，鎮守。集，成就，成功。集事，成事。

[17] 怎麼能由於傷痛而壞了國君的大事呢？若之何，固定格式，奈何，怎麼能。其，句中語氣詞，加強反問的語氣。以，介詞，因爲。敗，敗壞。

[18] 穿上鎧甲，拿起武器（指參加戰鬥），本來就抱定了必死的決心。擐（huàn），穿上。執，手持。兵，兵器。固，副詞，本來。卽，動詞，走向。

[19] 受傷還沒有死。及，至，到達。勉，努力。之，代詞，指指揮戰鬥。

[20] 御者原來左右手各手持一轡，現在張侯將右手所持的轡并握在左手，騰出右手接過郤克手中的鼓槌擊鼓。并，合并。轡，韁繩。援，接過來。枹（fú），也寫作桴，鼓槌。鼓，動詞，打鼓。

[21] 逸，狂奔。師，指晉軍。敗績，軍隊潰敗。

[22] 晉軍追趕齊軍，圍着華不注山繞了三圈。逐，追趕。周，遍，這裏作動詞，繞。華不注，山名，在今山東濟南市北。

韓厥夢子輿謂己曰[1]："旦辟左右[2]。"故中御而從齊侯[3]。邴夏曰："射其御者，君子也。"公曰："謂之君子而射之，非禮也[4]。"射其左，越於車下[5]；射其右，斃於車中[6]。綦毋張喪車，從韓厥[7]曰："請寓乘[8]。"從左右，皆肘之，使立於後[9]。韓厥俛定其右[10]。

[註釋]

[1] 韓厥，晉大夫，在這次戰役中任司馬（掌管祭祀、賞罰等軍政）。子輿，韓厥的父親，當時已經去世。

[2] 旦，（次日）早晨。辟，避開，後來寫作"避"。左右，指戰車左右兩側。

[3] 中御，在戰車當中駕車。中，方位名詞作狀語。從，追趕。在一般戰車中，由御者居中，韓厥爲了避開左右所以居中駕車。按：韓厥不是國君或主帥，理應居左，但頭天夜裏卻夢見父親之靈告誡他必須居於當中。

[4] 統治者們進行戰爭，本來就是要殺戮大批的人，而齊侯在戰爭中反而講"禮"，是很虛偽的，同時也與古人所謂戎事以殺敵爲禮不合。

[5] 越，墜。

[6] 斃，倒下，向前倒下。先秦古書中的"斃"不表示"死亡"，意思都是"倒下"。案：《左傳》中像這樣記載卜筮和夢極爲靈驗的事很多，其實是作者硬行牽合的。

[7] 綦（qí）毋（wú）張，晉大夫。姓綦毋，名張。喪，失去。

[8] 寓乘，搭車。寓，寄，指附搭。

[9] 跟在左邊或右邊（韓厥）都用肘制止他，使他站在自己的身後。肘，名詞用作動詞，指用胳膊肘推撞。按：韓厥由於夢中父親的警告所以這樣做，以免綦毋張受害。

[10] 俛，同"俯"，低下身子。定，安放。其右，原來在車右位置上被射倒的人。

逢丑父與公易位[1]。將及華泉[2]，驂絓於木而止[3]。丑父寢於轏中[4]，蛇出於其下，以肱擊之[5]，傷而匿之，故不能推車而及[6]。韓厥執縶馬前，再拜稽首[7]，奉觴加璧以進[8]，曰："寡君使羣臣爲魯衛請[9]，曰：'無令輿師陷入君地[10]。'下臣不幸，屬當戎行[11]，無所逃隱[12]，且懼奔辟而忝兩君[13]。臣辱戎士，敢告不敏，攝官承乏[14]。"丑父使公下，如華泉取飲[15]。鄭周父御佐車，宛茷爲右，載齊侯以免[16]。韓厥獻丑父，郤獻子將戮之[17]。呼曰："自今無有代其君任患者[18]，有一於此，將爲戮乎[19]？"郤子曰："人不難以死免其君[20]，我戮之不祥。赦之，以勸事君者[21]。"乃免之[22]。

[註釋]

[1] 易位，調換位置。這是逢丑父爲了保護齊侯，乘韓厥低下身子安放車右的機會與齊侯交換位置，以便不能逃脫時蒙混敵人。

[2] 華泉，泉水名，在華不注山下，流入濟水（見《水經注》）。

[3] 驂（cān），古代用馬駕車，在轅馬兩旁的馬叫驂。絓，通"挂"，絆住。木，樹。

[4] 轏（zhàn），古代一種棚車，即用木條橫排編成車箱的輕便車子。

[5] 肱（gōng），從肘到肩的部位，這裏泛指胳膊。

[6] 傷，丑父手臂受傷。匿，藏，這裏指隱瞞。之，指受傷之事。及，趕上，這裏指被追上。从"丑父寢於轏中"至此，是作者插敘頭天晚上的事。

[7] 縶，絆馬索。再，兩次。再拜稽首，拜兩拜，然後下跪低頭至地。這是臣下對國君所行的禮節。春秋時期講究等級尊卑，韓厥對敵國的君主也行臣僕之禮。

[8] 奉，捧。觴，一種盛酒器，功用如後代的酒杯。璧，玉器，圓形，中間有圓孔。進，奉獻。這三句是說韓厥對齊侯行俘獲敵國國君時的禮儀（即"殞命"之禮）。

[9] 請，求情。因爲晉軍是應魯、衛兩國的要求來救援的，所以韓厥說是替魯、衛求情。這以下韓厥所說的話都是委婉的外交辭令。

[10] 不要讓許多軍隊深入您的國土，即不要讓晉軍進一步攻進齊境。無，通"毋"，

[11] 下臣不幸，正好在軍隊裏任職。下臣，韓厥自稱，這是人臣對別國國君的自謙之辭。屬，正好。當，遇。戎行（háng），兵車的行列，指齊軍。
[12] 沒有地方逃避隱藏。言外之意就是不得不盡職作戰。隱，躲藏。
[13] 而且怕（因爲）逃跑躲避給兩國的國君帶來恥辱。忝（tiǎn），恥辱，名詞使動用法，使……蒙受恥辱。
[14] 下臣不稱職地處於戰士地位，冒昧地向您稟報，下臣不才，代理這個官職是因爲人才缺乏，充數而已。言外之意就是我要履行職責，俘虜你。辱，名詞使動用法，使……受辱，表示不稱職的意思。戎士，戰士。敢，表謙副詞，表示大膽、冒昧。不敏，等于說"不才"。敏，聰明。攝官，暫時代理任職。承乏，在人才緊缺的情況下承擔官職。
[15] 如，動詞，往。飲，用如名詞，這裏指泉水。丑父與齊侯已經交換了位置，這時丑父假冒爲齊侯，讓真齊侯借取水的工夫脫身。
[16] 鄭周父、宛茷（fèi），都是齊臣。佐車，副車。免，逃走，脫身。《左傳》習慣用"免"來表示免除禍患。
[17] 郤獻子，郤克。
[18] 從今往後，沒有能代替自己國君承擔患難的人了。自今，"自今而往"的省稱，即從今以後。任患，承擔患難。
[19] （現在）在這裏有了一個，將要被殺掉嗎？爲，助動詞，表示被動。
[20] 不把"以死免其君"看做難事。難，形容詞意動用法，把……看做難事。免，使……免於災禍。
[21] 勸，鼓勵。事君者，侍奉君主的人。
[22] 免，不殺。

二、魯仲連義不帝秦[1]

《戰國策》

[學習指導]

　　秦軍圍趙，魏派辛垣衍勸趙尊秦王爲帝，魯仲連挺身而出，反對投降，和辛垣衍進行了一次單刀直入的辯論。文章通過"帝秦"、"抗秦"的論辯和魯仲連在事成之後不居功受賞的行動，生動地表現了魯仲連反投降的正確立場和功成不居的高尚品德。魯仲連的議論，具有遠見卓識；分析利害，入情入理，又善於運用歷史實事與生動的比喻，因而有很強的說服力。

　　本文選自《戰國策·趙策三》，題目是後加的。

　　掌握文中"適、會、赴、涂、辨、倍、上"等詞的意義。注意歸納文中一詞多義的現象，注意同義詞的比較。

　　秦圍趙之邯鄲[2]。魏安釐王使將軍晉鄙救趙[3]，畏秦，止於蕩陰[4]，不進。魏王使客將軍辛垣衍間入邯鄲[5]，因平原君謂趙王曰[6]："秦所以急圍趙者，前與齊湣王爭强爲帝[7]，已而復歸帝，以齊故[8]。今齊湣王已益弱[9]，方今唯秦雄天下[10]，此非必貪邯鄲，其意欲求爲帝。趙誠發使尊秦昭王爲帝[11]，秦必喜，罷兵去[12]。"平原君猶豫未有所決。

[註釋]

[1] 事在趙孝成王八年（公元前258年）。魯仲連，齊人，一生不做官，好爲人排難解紛。義，根據正義，名詞用作狀語。不帝秦，不尊秦王爲帝。帝，用如動詞。本文生動地刻劃了反對妥協投降及功成不居的魯仲連、國難當頭束手無策的平原君和祇圖名利毫無政治遠見的辛垣衍。

[2] 邯鄲（hán dān），趙國國都，今河北邯鄲市。

[3] 魏安釐（xī）王，魏昭王的兒子，名圉（yǔ）。釐，通"僖"。晉鄙，魏國的大將。

[4] 蕩陰，今河南湯陰縣，是趙魏兩國交界的地方。

[5] 客將軍，別國人在魏做將軍，所以稱客將軍。辛垣，複姓。間（jiàn）入，當指從間道進入。

[6] 因，靠，通過。平原君，趙孝成王的叔父，名勝，封平原君，是戰國四公子之一，當時爲趙相。趙王，指孝成王，名丹。

[7] 周赧王二十七年（公元前288年），齊湣王（宣王子，名地）稱東帝，秦昭王（名稷）稱西帝。

[8] 已而，過了不久。歸帝，歸還帝號，也就是取消了帝號。以，因。蘇代勸齊湣王取消了帝號，秦昭王因之也取消帝號，所以說"以齊故"。

[9] 秦圍邯鄲時，齊湣王已死二十餘年，此句疑有誤。意思可能是"今之齊比湣王時益弱。"益，更加。
[10] 方今，現在。雄，稱雄，用如動詞。
[11] 誠，真，這裏含有假設的意思。
[12] 去，指離開邯鄲。

　　此時魯仲連適游趙[1]，會秦圍趙[2]，聞魏將欲令趙尊秦爲帝，乃見平原君曰："事將奈何矣[3]？"平原君曰："勝也何敢言事？百萬之衆折於外[4]，今又内圍邯鄲而不去[5]。魏王使客將軍辛垣衍令趙帝秦，今其人在是[6]。勝也何敢言事？"魯連曰[7]："始吾以君爲天下之賢公子也[8]，吾乃今然後知君非天下之賢公子也[9]。梁客辛垣衍安在[10]？吾請爲君責而歸之[11]！"平原君曰："勝請爲紹介而見之於先生[12]。"
　　平原君遂見辛垣衍曰："東國有魯連先生[13]，其人在此，勝請爲紹介而見之於將軍。"辛垣衍曰："吾聞魯連先生，齊國之高士也[14]。衍，人臣也，使事有職[15]，吾不願見魯連先生也。"平原君曰："勝已泄之矣[16]。"辛垣衍許諾[17]。

[註釋]

[1] 適，副詞，正巧，恰在這時。
[2] 會，副詞，正巧碰上。
[3] 奈何，怎麼辦。
[4] 趙孝成王六年（公元前260年），秦將白起大破趙兵於長平（在今山西高平縣西北），坑趙降兵四十餘萬人。折，挫敗。
[5] 内，狀語，指深入國内。去，離開，使動用法，指打敗秦軍使之離開。
[6] 其人，那個人。其，指示代詞。是，指示代詞，等於說"這裏"。
[7] 魯連，即魯仲連。
[8] 始，當初。
[9] 乃，這才，副詞。
[10] 梁，就是魏。安在，在哪裏。安，疑問代詞。
[11] 歸之，使之歸，就是叫他回去。
[12] 紹介，即介紹。原文作"勝請爲召而見之於先生"，今據《史記·魯仲連傳》校正。見（xiàn）之，使之見。
[13] 東國，指齊國。因齊在趙的東方，所以稱東國。
[14] 高士，品行高尚而不做官的人。
[15] 使臣的事，有一定的職守。
[16] 泄，泄露。之，指辛垣衍到趙國來這件事。
[17] 許諾，答應。

　　魯連見辛垣衍而無言。辛垣衍曰："吾視居此圍城之中者，皆有求於平原君者也；今吾視先生之玉貌，非有求於平原君者，曷爲久居此圍城之中而不去也[1]？"魯連曰："世以鮑焦無從容而死者，皆非也[2]。今衆人不知，則爲一身[3]。彼秦者[4]，棄禮義而上首功之國也[5]，權使其士[6]，虜使其民[7]，彼則肆然而爲帝[8]，過而遂正於天下[9]，則連有赴東海而死耳[10]，吾不忍爲之民也[11]！所爲見將軍者，欲以助趙也[12]。"辛垣衍曰："先生助之奈何？"魯連曰："吾將使梁及燕助之，齊楚則固助之矣[13]。"辛垣衍曰："燕，則吾請以從矣[14]。若乃梁[15]，則吾乃梁人也，先生惡能使梁助之耶[16]？"魯連曰："梁未睹秦稱帝之害故也[17]；使梁睹秦稱帝之害[18]，則必助趙矣。"辛垣衍曰："秦稱帝之害將奈何？"魯仲連曰："昔齊威王嘗爲仁義矣[19]，率天下諸侯而朝周。周貧且微[20]，諸侯莫朝，而齊獨朝之。居歲餘[21]，周烈王崩[22]，諸侯皆弔，齊後往。周怒，赴於齊曰[23]：'天崩地坼[24]，天子下席[25]，東藩之臣田嬰齊後至[26]，則斮之[27]！'威王勃然怒曰[28]：'叱嗟[29]！而母[30]，婢也！'卒爲天下笑[31]。故生則朝周[32]，死則叱之[33]，誠不忍其求也[34]。彼天子固然[35]，其無足怪[36]。"

[註釋]

[1] 曷（hé）爲，爲什麼。曷，何，疑問代詞。

[2] 世人中凡是認爲鮑焦由於心地狹隘而死的那些人，都不對（意思是都認識錯了）。按：魯仲連說這話，在於說明鮑焦不是爲個人利害而死。以，以爲（認爲）。鮑焦，周時隱士，相傳因不滿當時政治，抱木餓死。從容，指胸襟寬大。無從容，指心地狹隘。

[3] 一般人不了解鮑焦，以爲他是爲個人打算。隱喻魯仲連不是爲個人打算。《史記》沒有"今"字。

[4] 彼，指示代詞，那個。者，語氣詞，表提頓。

[5] 上，通尚，崇尚。首功，斬首之功。秦制：爵二十級，作戰時斬得敵人的首級（腦袋）越多，爵位越高。這就是獎勵作戰時多殺敵人。

[6] 以權詐之術來使用他的士。權，詐術，名詞用作狀語。

[7] 把他的人民當作奴隸來使用。虜，這裏當奴隸講。古人把俘虜作爲奴隸。虜也是名詞用作狀語。

[8] 那秦國假如毫無忌憚地自稱爲帝。則，假如，假設連詞。《史記》作"卽"。肆然，放肆地，毫無忌憚地。

[9] 這句話不好懂，疑有誤字。《史記》作"過而爲政於天下"。司馬貞《索隱》："謂以過惡而爲政也。"以備參考。

[10] 有，含"祇有"的意思。赴，奔向。耳，原作"矣"，今從《史記》。

[11] 等於說我不忍於給他當老百姓。原句是雙賓語句。

[12] 我見你的原因，就是想藉此幫助趙國。爲（wèi），介詞。所爲，表示原因。以，介詞。

[13] 固，本來，副詞。

[14] 燕國嗎，那麼請您允許我認爲它是會聽從你的。請，客氣語，有請求允許的意思。以，以爲，認爲。

[15] 若乃，至於。

[16] 惡（wū），怎麼，疑問代詞做狀語。

[17] 睹（dǔ），看見。

133

[18] 使，假如，假設連詞。
[19] 齊威王，名嬰齊，宣王的父親。爲仁義，等於說行仁義。
[20] 微，弱小。
[21] 等於說過了一年多的時間。
[22] 周烈王，名喜。崩，封建時代帝王死的專稱。
[23] 赴，使人奔告喪事，卽報喪。後代寫作"訃"。
[24] 天崩地坼（chè），比喻天子死。坼，裂開。
[25] 天子，這裏指繼承烈王的新君顯王（名扁）。下席，指孝子離開原來的宮室，寢在苫（shān，草墊子）上守喪。
[26] 東藩，指齊國。藩的本義是籬笆，引申爲屏蔽的意思。古代封建諸侯，爲的是屏藩王室，所以稱諸侯爲藩國。齊國在東方，故稱東藩。
[27] 斮（zhuó），斬殺。
[28] 勃然，生氣時變了色的樣子。然，詞尾。
[29] 叱嗟（chì juē），怒斥的聲音。
[30] 而，代詞，你的。
[31] 卒，終於。爲，介詞，表被動。
[32] 生，指周烈王活着的時候。
[33] 死，指周烈王死後。叱，大聲斥罵。
[34] 忍，忍受。求，指苛求。
[35] 固然，本來這樣，指憑自己是天子，隨便作威作福。
[36] 不值得奇怪。其，語氣詞，表示委婉語氣。

　　辛垣衍曰："先生獨未見夫僕乎[1]？十人而從一人者，寧力不勝、智不若耶[2]？畏之也。"魯仲連曰："然梁之比於秦[3]，若僕耶[4]？"辛垣衍曰："然[5]。"魯仲連曰："然吾將使秦王烹醢梁王[6]！"辛垣衍怏然不悅[7]，曰："嘻[8]，亦太甚矣，先生之言也[9]！先生又惡能使秦王烹醢梁王？"魯仲連曰："固也[10]！待吾言之。昔者鬼侯、鄂侯、文王[11]，紂之三公也[12]。鬼侯有子而好[13]，故入之於紂[14]。紂以爲惡[15]，醢鬼侯。鄂侯爭之急，辨之疾[16]，故脯鄂侯[17]。文王聞之，喟然而歎[18]，故拘之於牖里之庫百日[19]，而欲令之死[20]。——曷爲與人俱稱帝王，卒就脯醢之地也[21]？

[註釋]

[1] 僕，奴僕。
[2] 寧，難道，疑問副詞。若，及，動詞。不若，比不上。
[3] 比於秦，跟秦國比。
[4] 若，像。
[5] 然，副詞，表示同意，等於說"是的"。
[6] 然則，既然這樣，那麼。烹醢（hǎi），都是古代的酷刑。醢，剁成肉醬。
[7] 怏（yàng）然，不高興的樣子。
[8] 嘻，驚嘆聲。

[9] 甚，厲害，過分。這是主謂倒裝句，"先生之言"是主語部分，"亦太甚"是謂語部分，謂語部分前置，表示的感嘆語氣比較強烈。

[10] 固，本來，當然。

[11] 鬼侯、鄂侯、文王，都是紂時的諸侯。鬼侯的封地在今河北臨漳縣境。鄂侯的封地在今山西寧鄉縣境。文王就是周文王，他的封地在今陝西鄠縣一帶。

[12] 公，這裏指諸侯。

[13] 子，指女兒。在上古時代，子本是男女的通稱。好，貌美。

[14] 入，進獻。

[15] 惡（è），醜。

[16] 辨，通"辯"。疾，跟上句的"急"同義。

[17] 脯（fǔ），乾肉，這裏用如動詞，作成肉乾。

[18] 喟（kuì）然，嘆氣的樣子。

[19] 牖（yǒu）里，一作"羑里"，在今河南湯陰縣北。

[20] 令，一本作"舍"。

[21] 為什麼一個人跟別人都稱王，終於走向被脯被醢的地位呢？這裏指梁和秦都是稱王的平等國家，不應甘居人下，處於受秦宰割的地位。《史記》無"帝"字，當依《史記》。

"齊閔王將之魯[1]，夷維子執策而從[2]，謂魯人曰：'子將何以待吾君[3]？'魯人曰：'吾將以十太牢待子之君[4]。'夷維子曰：'子安取禮而來待吾君[5]？彼吾君者，天子也。天子巡狩[6]，諸侯辟舍[7]，納筦鍵[8]，攝衽抱几[9]，視膳於堂下[10]；天子已食[11]，退而聽朝也[12]。'魯人投其籥[13]，不果納[14]，不得入於魯。將之薛[15]，假涂於鄒[16]。當是時，鄒君死，閔王欲入弔。夷維子謂鄒之孤曰[17]：'天子弔，主人必將倍殯柩[18]，設北面於南方[19]，然後天子南面弔也。'鄒之羣臣曰：'必若此，吾將伏劍而死[20]。'故不敢入於鄒。鄒、魯之臣，生則不得事養[21]，死則不得飯含[22]，然且欲行天子之禮於鄒魯之臣，不果納[23]。今秦萬乘之國，梁亦萬乘之國，俱據萬乘之國，交有稱王之名[24]。覩其一戰而勝，欲從而帝之，是使三晉之大臣[25]，不如鄒、魯之僕妾也。"

[註釋]

[1] 齊閔王，就是齊湣王。齊湣王四十年，燕合五國之兵共攻齊，湣王逃跑到衛，因態度傲慢而激怒了衛人，於是離開衛國要到魯國去。

[2] 夷維子，齊人，以邑為姓。夷維，今山東濰縣。子，男子的美稱。策，馬鞭。

[3] 子，你們。何以，指用什麼禮節。

[4] 太牢，牛羊豕各一。十太牢，就是牛羊豕各十隻。

[5] 你們從哪裏取這種禮節來款待我們的國君？安，疑問代詞，哪裏。夷維子因以十太牢待湣王是待諸侯之禮，他要魯人以天子之禮待湣王，所以提出質問。

[6] 巡狩（shòu），天子巡視諸侯之國。

[7] 諸侯離開自己的宮室而讓給天子，自己居住在外。辟，避開，離開，後來寫作"避"。

[8] 等於說把鎖鑰交給天子。納，繳納。筦（同"管"）鍵，當依《史記》作"筦籥"，類似現在的鑰匙。

[9] 提起衣襟，捧着几案。攝，持，提起。衽（rèn），衣襟。

[10] 諸侯在堂下伺候着天子在堂上吃飯。視膳，等於說伺候別人吃飯。

[11] 已食，吃完了飯。

[12] 諸侯退回自己的朝廷上去聽政辦公。

[13] 投其籥，指閉關下鎖。

[14] 等於說沒有讓湣王入境。果，副詞，表示成爲事實，常以"不果"二字連用。納，使入。

[15] 薛，古國名。故址在今山東滕州市南。

[16] 假涂，借道。涂，通"塗"，途。鄒，小國名，在今山東鄒縣。

[17] 孤，父親死了，兒子叫孤。這裏指已故鄒君的兒子。

[18] 倍，通"背"，指不正面對着。殯（bìn），停柩待葬。古代風俗，人死先停柩，然後擇日安葬。柩，裝了死屍的棺材。倍殯柩，不正面對着靈柩。古代喪禮，未葬時，靈柩停在西階上，喪事主人位於東階上，正面對着靈柩。天子來弔時，主人則站在西階上，面向北哭。

[19] 在（西階）上的南面設置坐南向北的主人位置。面，動詞，向。下文"南面"的"面"同。下文"天子南面弔"指天子於階上南面而弔。

[20] 等於說我們將用劍自刎而死。這是委婉語，實意是堅決拒絕。

[21] 事養，侍奉供養。

[22] 飯含，把米放在死人口中叫飯，把玉放在死人口中叫含。連上句，極言鄒魯之貧弱，以致國君生時不能侍養，死後也無力備飯含的東西。

[23] 然而當齊想對鄒魯之臣行天子之禮時，鄒魯之臣還終於沒有讓湣王入境。然，然而，連詞。且，還，副詞。

[24] 萬乘之國，擁有一萬輛兵車的國，是大國。交，皆，都。

[25] 三晉，春秋時的晉國分裂爲韓、趙、魏三國，所以稱韓、趙、魏爲三晉。晉國本是春秋時的強國，這裏用"三晉"，含有諷意。

"且秦無已而帝[1]，則且變易諸侯之大臣[2]，彼將奪其所謂不肖而予其所謂賢，奪其所憎而與其所愛[3]；彼又將使其子女讒妾爲諸侯妃姬[4]，處梁之宮[5]，梁王安得晏然而已乎[6]？而將軍又何以得故寵乎[7]？"

於是辛垣衍起，再拜謝曰："始以先生爲庸人[8]，吾乃今日而知先生爲天下之士也！吾請去，不敢復言帝秦！"

[註釋]

[1] 無已，沒有止境。帝，用如動詞，稱帝。

[2] 且，將。變易，撤換。

[3] 予、與，都是給的意思。二字《史記》都作"與"。不肖，不賢，不才。

[4] 子女，這裏專指女子。讒妾，善於毀賢嫉能的妾。

[5] 處，居，住。
[6] 梁王哪裏能平安地了事呢？晏然，平安地。
[7] 故寵，舊日的尊榮地位。
[8] 庸人，平凡的人。

秦將聞之，爲却軍五十里[1]。適會魏公子無忌奪晉鄙軍以救趙擊秦[2]，秦軍引而去[3]。

於是平原君欲封魯仲連，魯仲連辭讓者三[4]，終不肯受。平原君乃置酒[5]，酒酣[6]，起，前[7]，以千金爲魯連壽[8]。魯連笑曰："所貴於天下之士者，爲人排患釋難，解紛亂而無所取也[9]；即有所取者[10]，是商賈之人也[11]。仲連不忍爲也。"遂辭平原君而去，終身不復見[12]。

[註釋]

[1] 却軍，退兵。
[2] 魏公子無忌，就是信陵君，魏昭王的少子，安釐王的異母弟，也是戰國四公子之一。他托魏王的愛姬如姬盜出兵符，假傳魏王的命令奪得晉鄙軍去救趙。事詳《史記·魏公子列傳》。
[3] 引，向後退。
[4] 三，多次。古人多以三、九等表示多，并不實指。
[5] 置酒，設置酒宴。
[6] 酒酣，酒喝得很暢快的時候。
[7] 前，動詞，指走到魯仲連面前。
[8] 爲魯連壽，等於說祝魯連長壽。這是雙賓語結構。
[9] 排，排除。釋，消除。解，解開，也有除去的意思。這三個詞在這裏是同義詞。
[10] 卽，假如。
[11] 是，指示代詞，做主語。商賈（gǔ），商人的統稱。古代以販賣貨物者爲商，藏貨待賣者爲賈。
[12] 不再來見平原君。

三、齐桓晋文之事

《孟子》

[學習指導]

本文選自《孟子·梁惠王上》，題目是選文中之首句而命。

本文記錄的是孟子和齊宣王的一次談話，孟子用迂迴曲折的方式，勸說齊宣王發揚仁術，放棄霸道，闡述了"保民而王"的仁政思想。

掌握文中"觳觫、疾、及、形、禦、辟、盍、隱、寡、謹"的意義，歸納文中所出現的成語，並能理解運用。掌握學習孟子迂迴曲折的論辯方法。學習比喻在文章中的重要作用。

齊宣王問曰[1]："齊桓、晉文之事[2]，可得聞乎？"孟子對曰："仲尼之徒，無道桓、文之事者[3]，是以後世無傳焉，臣未之聞也[4]。無以，則王乎[5]？"

曰："德何如，則可以王矣？"曰："保民而王，莫之能禦也[6]。"曰："若寡人者，可以保民乎哉[7]？"曰："可。"曰："何由知吾可也[8]？"曰："臣聞之胡齕曰[9]：'王坐於堂上，有牽牛而過堂下者。王見之，曰："牛何之[10]？"對曰："將以釁鐘[11]。"王曰："舍之！吾不忍其觳觫[12]，若無罪而就死地[13]。"對曰："然則廢釁鐘與[14]？"曰："何可廢也，以羊易之。"'不識有諸[15]？"曰："有之。"曰："是心足以王矣[16]。百姓皆以王爲愛也[17]，臣固知王之不忍也。"

[註釋]

[1] 齊宣王，姓田名辟疆。其祖先爲春秋時姜姓齊國的大夫，後放逐齊康公奪得齊國政權。齊宣王是田氏齊國的第四代國君。

[2] 齊桓、晉文，指齊桓公小白和晉文公重耳，春秋時先後稱霸，爲當時諸侯盟主。宣王想效法齊桓、晉文，稱霸於諸侯，故以此問孟子。

[3] 仲尼，孔子的字。道，說。儒家學派稱道堯舜禹湯文武等"先王之道"，不主張"霸道"，所以孟子這樣說。

[4] 傳，傳述。未之聞，沒有聽說這件事。之，代詞，指齊桓晉文之事。是"聞"的賓語，因爲用在否定句中，所以放在動詞前。

[5] 無以，卽"無已"，不停止。意思是說，您如果一定要談一談。則王（舊讀 wàng）乎：意思是說，那麼就談談王天下的道理吧。

[6] 保，安。禦，阻擋。

[7] 若，像。

[8] 何由，從哪裏。

[9] 我從胡齕那裏聽說。之，指下面一番話。胡齕（hé）：齊宣王近臣。

[10] 何之，到哪裏去。之，動詞，到……去。

[11] "以"後面省略了賓語"之"（指牛）。釁（xìn），上古的一種祭禮，殺牲後，

以牲血塗於所祭器物之上。釁鐘，殺牲後，以血塗抹鐘鼓。
[12] 觳（hú）觫（sù），恐懼战栗的樣子。
[13] 好像沒有罪過的人，平白地走向殺場。若，好像。就，走向。
[14] 然則，既然如此，那麽就。
[15] 識，知道。諸，"之乎"的合音。
[16] 是，代詞，這種。足以王（wàng），足夠用來王天下。
[17] 愛，吝嗇，吝惜。

王曰："然[1]。誠有百姓者[2]。齊國雖褊小[3]，吾何愛一牛？即不忍其觳觫，若無罪而就死地，故以羊易之也。"曰："王無異於百姓之以王爲愛也[4]。以小易大，彼惡知之[5]？王若隱其無罪而就死地[6]，則牛羊何擇焉[7]？"王笑曰："是誠何心哉[8]！我非愛其財而易之以羊也，宜乎百姓之謂我愛也[9]。"曰："無傷也[10]，是乃仁術也[11]！見牛未見羊也。君子之於禽獸也，見其生，不忍見其死；聞其聲，不忍食其肉。是以君子遠庖廚也[12]。"

[註釋]

[1] 然，是的。
[2] 誠，的確，確實。
[3] 褊（biǎn），狹窄。
[4] 異，動詞，驚異，詫異。
[5] 彼，代詞，他們，指百姓。惡（wū），怎麽。
[6] 隱，痛惜，憐憫。
[7] 擇，區別，分別。
[8] 這（指以小易大）真是什麽想法呢？是，指示代詞。下文"是乃仁術也"的"是"也同此。
[9] 宜，應當。乎，在這裏表示感嘆。"百姓之謂我愛也"是"宜乎"的主語。之，介詞。
[10] 無傷，沒有損害，等於說"沒有關係"。
[11] 仁術，仁道，行仁政的途徑。
[12] 遠，用如動詞，使……遠。庖廚，廚房。

王說[1]，曰："《詩》云：'他人有心，予忖度之[2]'，夫子之謂也。夫我乃行之，反而求之，不得吾心。夫子言之，於我心有戚戚焉[3]。此心之所以合於王者[4]，何也？"曰："有復於王者曰[5]：'吾力足以舉百鈞，而不足以舉一羽[6]；明足以察秋豪之末，而不見輿薪[7]。'則王許之乎[8]？"曰："否！""今恩足以及禽獸，而功不至於百姓者，獨何與[9]？然則一羽之不舉，爲不用力焉[10]；輿薪之不見，爲不用明焉；百姓之不見保[11]，爲不用恩焉。故王之不王，不爲也，非不能也。"曰："不爲者與不能者之形[12]，何以異[13]？"曰："挾太山以超北海[14]，語人曰[15]：'我不能。'是誠不能也。爲長者折枝[16]，語人曰：'我不能。'是不爲也，非不能也。故王之不王，非挾太山以超北海之類也；王之不王，是折枝之類也。老吾老，以及人之老；幼吾幼，以及人之幼[17]；天下可運於掌[18]。《詩》云：'刑于寡妻，至于兄弟，以御于家邦[19]。'言舉斯心加諸彼而已[20]。故推恩足以保四海，不推恩無以保妻子[21]。古之人所以大過人者，無他焉[22]，善推其所爲而已矣。今恩足以及禽獸，而功不至於百姓者，獨何與？權，然後知輕重；度，然後知長短[23]。物皆然，心爲甚[24]。王請度之[25]。——抑王興甲兵，危士臣，構怨於諸侯，然後快於心與[26]？"

[註釋]

[1] 說，同"悅"。喜悅。
[2] "《詩》云"二句，見於《詩經·小雅·巧言》，意思是他人有心思，我能推測它。忖（cǔn），揣測。度（duó），推測，估計，衡量。
[3] 戚戚，心動的樣子，指有同感。
[4] 合，符合。
[5] 復，報告。
[6] 鈞，古代以三十斤爲一鈞。一羽，一根羽毛。
[7] 明，視力。察，等於說看清楚。豪，通"毫"。細而尖的毛。獸類秋季生出新絨毛，最細。末，尖端。輿，車。薪，柴。
[8] 許，相信。
[9] 及，推及。功，功德，功績。獨何與，究竟是什麼原因呢？
[10] 爲，因爲，下面兩個"爲"字同。
[11] 見，被。見保，被安撫。
[12] 形，具體的表現。
[13] 何以異，怎樣區別？何以，憑什麼。
[14] 挾（xié），夾在胳膊下。太山，泰山。超：跳過。北海，渤海，在齊之北。
[15] 語，告訴。
[16] 枝，通"肢"。這句意謂，爲年長者按摩肢體。
[17] 老吾老，第一個"老"字作動詞用，意動用法，可譯爲尊敬；第二個"老"作名詞，是老人的意思。其下句"幼吾幼"句法相同。
[18] 運，運轉。掌，手掌。比喻稱王天下很容易辦到。
[19] "《詩》云"句，見於《詩經·大雅·思齊》，意思是給妻子做好榜樣，推及兄弟，以此德行來治理國家。刑，后來一段寫作"型"，這裏作動詞用，示範。寡妻，國君的正妻。御，治理。家邦，家和國。
[20] 孟子總結這三句詩的意思，（這話）是說把對待自己親人的心加到別人身上罷了。
[21] 推，推廣。四海，等於說天下。妻子，妻和子女。
[22] 大過，大大超過。他，別的（原因）。
[23] 權，秤錘，這裏作動詞用，指用秤稱東西。度（duó），量（東西）。
[24] 大意是，凡物都是這樣，心特別是這樣。甚，屬害。
[25] "王請"等於"請王"。度（duó），衡量，揣度。

[26] 抑,選擇連詞,還是。興甲兵,使甲兵動起來,即發動戰爭。興,起,使動用法。危,使動用法,使……陷於危險。士,士卒。臣,臣子。構,動詞,結。怨,仇恨。

王曰:"否。吾何快於是?將以求吾所大欲也[1]。"曰:"王之所大欲,可得聞與?"王笑而不言。曰:"爲肥甘不足於口與[2]?輕煖不足於體與[3]?抑爲采色不足視於目與[4]?聲音不足聽於耳與?便嬖不足使令於前與[5]?王之諸臣,皆足以供之,而王豈爲是哉?"曰:"否,吾不爲是也。"曰:"然則王之所大欲可知已[6]:欲辟土地[7],朝秦楚[8],莅中國[9],而撫四夷也[10]。以若所爲,求若所欲,猶緣木而求魚也[11]。"

王曰:"若是其甚與[12]?"曰:"殆有甚焉[13]。緣木求魚,雖不得魚,無後災;以若所爲,求若所欲,盡心力而爲之[14],後必有災。"曰:"可得聞與?"曰:"鄒人與楚人戰,則王以爲孰勝[15]?"曰:"楚人勝。"曰:"然則小固不可以敵大[16],寡固不可以敵衆,弱固不可以敵強。海内之地[17],方千里者九[18],齊集有其一[19];以一服八[20],何以異於鄒敵楚哉?蓋亦反其本矣[21]?今王發政施仁[22],使天下仕者皆欲立於王之朝[23],耕者皆欲耕於王之野,商賈皆欲藏於王之市[24],行旅皆欲出於王之塗[25],天下之欲疾其君者[26],皆欲赴愬於王[27]:其若是,孰能禦之[28]?"

[註釋]

[1] 所大欲,最想得到的東西。
[2] 爲(wèi),因爲。肥甘,指肥美的食物。
[3] 輕煖,指又輕又暖的衣服。煖,同"暖"。
[4] 采色,彩色。"采"後來寫作"彩"。
[5] 便嬖(piánbì),近臣,國君左右受寵信的人。
[6] 已,作用同"矣"。
[7] 辟,開闢,後來通常寫作"闢",擴大。
[8] 使秦楚入朝稱臣。朝,使動用法,使……朝見(或稱臣)。
[9] 莅(lì),監臨,統治。中國,對四夷而言,指黃河流域周王朝所統治的地方,即中原地帶。
[10] 撫,安撫,使……安定。四夷,指當時四方的少數民族。
[11] 若,如此,這樣。緣,攀緣,攀登。木,樹。緣木而求魚,爬到樹上去捉魚,比喻不可能達到目的。
[12] 這句是"其甚若是與"的倒裝。是,指"緣木而求魚"。甚,厲害。
[13] 恐怕有比這更厲害的。殆,不定副詞,恐怕,大概。
[14] 盡心力,盡心盡力。
[15] 鄒,與魯相鄰的小國,在今山東鄒縣。楚,南方的大國。孰,誰。
[16] 固,固然,當然。
[17] 海内,等於說"天下"。
[18] 方千里者九,是說海内共有九倍方千里的地,舊說指九州,但不可拘泥,因爲不可能是平均每州方千里。

[19] 集，集，會集，指截長補短計其面積。
[20] 服，使動用法，使……降服。
[21] 蓋，同"盍（hé）"，"何不"。反其本：返回到根本上來，指回到王道仁政上來。反，回到。後來寫作"返"。本，根本，這裏指王道仁政。
[22] 發政，發布政令，"政"指王道的政令。施仁，推行仁政。
[23] 仕者，做官的人。
[24] 商賈（gǔ），商人。分開來講，流動販賣的叫商，藏貨待賣的叫賈。泛指則沒有區別。
[25] 行旅，指外出行路的人。塗，道路。
[26] 疾，憎恨。
[27] 赴愬於王，跑來向王訴說。愬，同"訴"，訴說。
[28] 其，句首語氣詞。若，像。禦，阻擋。

王曰："吾惛[1]，不能進於是矣[2]。願夫子輔吾志，明以教我[3]。我雖不敏，請嘗試之[4]。"曰："無恆產而有恆心者，惟士爲能[5]。若民，則無恆產因無恆心[6]。苟無恆心，放辟邪侈，無不爲已[7]。及陷於罪，然後從而刑之，是罔民也[8]。焉有仁人在位，罔民而可爲也！是故明君制民之產[9]，必使仰足以事父母，俯足以畜妻子[10]，樂歲終身飽，凶年免於死亡[11]；然後驅而之善[12]，故民之從之也輕[13]。今也，制民之產，仰不足以事父母，俯不足以畜妻子，樂歲終身苦，凶年不免於死亡。此惟救死而恐不贍，奚暇治禮義哉[14]？王欲行之，則盍反其本矣[15]？五畝之宅，樹之以桑，五十者可以衣帛矣[16]。雞豚狗彘之畜，無失其時，七十者可以食肉矣[17]。百畝之田，勿奪其時，八口之家可以無飢矣[18]。謹庠序之教[19]，申之以孝悌之義[20]，頒白者不負戴於道路矣[21]。老者衣帛食肉，黎民不飢不寒[22]，然而不王者，未之有也。"

[註釋]

[1] 惛，糊塗，不明白。指思想昏亂不清。
[2] 進於是，進到這一步。
[3] 明以教我，明白地教導我，指把王政之道講清楚。教，教導。
[4] 嘗，試。在這裏"嘗"與"試"是同義詞連用。
[5] 恆，常。恆產，指能長久維持生活的固定的產業。恆心，長久不變的心，這裏的"心"是指"爲善之心。"惟士爲能，只有"士"是能夠這樣的。
[6] 若，至于。因，因而。
[7] 苟，如果。放，放縱。辟，指行爲不正。後來寫作"僻"。"邪"和"辟"同義。侈，過度，指不守法度。這裏"放辟邪侈"是泛指一切不守封建社會"規矩"的行爲。已，作用同"矣"。
[8] 及，等到。從，等於說跟着。刑，用如動詞，對……用刑罰。罔民：張開羅網陷害百姓。罔，同"網"，用作動詞。
[9] 制，規定。
[10] 仰，指對上。俯，指對下。畜，養活，撫育。妻子，妻子兒女。

[11] 大意是，年成好就可以豐衣足食。樂歲，豐收的年頭。凶年，飢荒的年頭。
[12] 驅，督促，驅使。之，到……去。
[13] 輕，容易。
[14] 大意是，這種情況，就是救死也怕不足以做到，哪裏有閒空去搞好禮義呢？此，指上述情況。惟，只。贍（shàn）：足。奚，何。暇，閑暇。
[15] 盍，何不。
[16] 五畝，合現在一畝二分多。宅，宅院，人們居住的房舍。一夫一婦受宅五畝、田百畝，這是當時儒家的理想。衣（yì），用如動詞，穿。帛，絲織品。據說古代一般人到了五十歲，如果養蠶，就可以衣帛，否則只能衣麻。
[17] 豚（tún），小豬。彘（zhì），豬。畜（xù），養，指養育。無，通毋。時，指繁殖的時機。
[18] 時，指農時。
[19] 謹，謹慎，這裏指謹慎從事。庠（xiáng）序，古代學校的名稱。周代叫庠，殷代叫序。教，教化。
[20] 反復地告訴人民孝悌的道理。申，重複，指反復申明。孝，順從并奉養父母。悌，敬愛兄長。義，道理。
[21] 頒，通"斑"，頭髮花白。負，背（東西）。戴，用頭頂（東西）。
[22] 黎民，百姓。

四、五蠹[1]（节选）

《韓非子》

[學習指導]

《五蠹》是韓非子的代表作，文章較全面地論述了韓非子的歷史觀和社會觀，具体内容包括"世異則事異"、"事異則備變"的思想觀念和去除五蠹、重農尚武、以法治國的政治主張等。五蠹指學者（儒家）、言談者（縱橫家）、帶劍者（遊俠）、患御者（君主的近侍或达官贵族的服务者，或說爲逃避兵役者，二者實相關爲一事）及商工之民。"蠹"本是蛀木之蟲，韓非子認爲以上五種人沒有創造物質財富，就象蠹蟲一樣於社會有害無益，應該清除。對於韓非子的思想我們今天要辯證地看待，汲取精華，棄其糟粕。

掌握文中"功、報、北、舉、簡、軌、稱、市、重、責、苦"的意義，掌握文中的被動句及"非……則"句式的用法。

儒以文亂法[2]，俠以武犯禁[3]，而人主兼禮之[4]，此所以亂也。夫離法者罪[5]，而諸先生以文學取[6]；犯禁者誅，而羣俠以私劍養[7]。故法之所非，君之所取；吏之所誅，上之所養也。法趣上下，四相反也，而無所定[8]。雖有十黄帝[9]，不能治也。故行仁義者非所譽[10]，譽之則害功[11]；工文學者非所用[12]，用之則亂法。楚之有直躬[13]，其父竊羊而謁之吏[14]。令尹曰："殺之[15]。"以爲直於君而曲於父[16]，報而罪之[17]。以是觀之，夫君之直臣，父之暴子也[18]。魯人從君戰，三戰三北[19]，仲尼問其故，對曰："吾有老父，身死莫之養也。"仲尼以爲孝，舉而上之[20]。以是觀之，夫父之孝子，君之背臣也[21]。故令尹誅而楚姦不上聞[22]，仲尼賞而魯民易降北，上下之利，若是其異也。而人主兼舉匹夫之行[23]，而求致社稷之福，必不幾矣[24]。

[註釋]

[1] 蠹（dù），蛀蟲。韓非認爲儒者，遊俠，縱橫家，患御者（國君的近臣），商工之民，都是對國家有害的人，故合稱爲五蠹。他在斥責"五蠹"的同時，還抨擊了時政，從正面提出了重農尚武，以法制治國的主張。這篇文章是韓非闡發自己法家思想的代表作。

[2] 儒，儒家。文，指古代文獻經典。法，法制。

[3] 俠，游俠。禁，禁令。

[4] 人主，指國君。兼禮之，都以禮對待他們。

[5] 離，通"罹（lí）"，觸犯。罪，治罪。

[6] 諸先生，指上文所謂"儒"。文學，與上文的"文"同義，不是現代所謂"文學"。取，錄用。被動用法。

[7] 以私劍養，意思是靠着行刺的行徑被養。

[8] 法，指法之所非。趣，通"取"，指君之所取。上，指上之所養。下，指吏之所誅。這是說這四種情況自相矛盾而沒有一定的標準。

[9] 黃帝，軒轅氏，傳說中遠古時代的賢明帝王。
[10] 非所譽，不是〔應當〕稱譽的人。
[11] 功，指耕戰之事。
[12] 工，擅長，精通。
[13] 之，爲"人"字之誤（依松皋圓說。見《韓非子纂聞》）。直躬，直身而行的人（指品行，參用朱熹說，見《論語集注》）。
[14] 謁之吏，向官吏報告這件事。謁，稟告。
[15] 令尹，楚官職名，相當於後代的宰相。之，指直躬。
[16] 認爲他對君忠，對父親却不孝。曲，不直，這裏指不孝。
[17] 報，判決。罪，治罪。
[18] 暴，下淩上叫暴，這裏指不孝。
[19] 北，敗走。
[20] 舉，舉薦。上，用如動詞。上之，使之上，等於說置之上位。
[21] 背臣，叛臣。
[22] 楚姦，楚國壞人的犯罪行爲。上聞，向上報告使國君了解。聞，使動用法。
[23] 舉，指稱贊。
[24] 幾，庶幾，希望。

古者蒼頡之作書也[1]，自環者謂之"私"[2]，背私謂之"公"[3]。公私之相背也，乃蒼頡固以知之矣[4]。今以爲同利者，不察之患也[5]。然則爲匹夫計者[6]，莫如脩行義而習文學[7]。行義脩則見信，見信則受事[8]；文學習則爲明師，爲明師則顯榮[9]。此匹夫之美也。然則無功而受事，無爵而顯榮，有政如此，則國必亂，主必危矣。故不相容之事，不兩立也[10]。斬敵者受賞，而高慈惠之行[11]；拔城者受爵祿[12]，而信廉愛之說；堅甲厲兵以備難[13]，而美薦紳之飾[14]；富國以農，距敵恃卒[15]，而貴文學之士；廢敬上畏法之民，而養游俠私劍之屬[16]：舉行如此[17]，治強不可得也[18]。國平養儒俠[19]，難至用介士[20]，所利非所用[21]，所用非所利。是故服事者簡其業[22]，而游學者日衆，是世之所以亂也。

[註釋]

[1] 蒼頡，相傳爲黃帝的史官，據說我國的文字是由他創造的，其實文字是人民群衆的創造。書，指文字。
[2] 自環，自繞。私，盧文弨曰："說文引作'自營爲厶'，'營''環'本通用，'私'當作'厶'。"
[3] 公，從"八"從"厶"，"八"等於說背，有"相違背"的意思。
[4] 固，本來。以，通"已"。
[5] 現在認爲公私利益一致，那是沒有經過仔細考察的毛病。同利，指公私的利益相同。
[6] 計，計劃，考慮。者，語氣詞。
[7] "行"當作"仁"，下句"行義脩"的"行"同此（依王先慎說）。

[8] 受事，指接受國君委任的工作。
[9] 顯榮，顯貴榮耀。
[10] 不兩立，等於說不並存。
[11] 高，意動用法，以……爲高，這裏有"推崇"的意思。
[12] 拔，指攻陷。
[13] 堅，堅固，使動用法。甲，甲胄。厲，通"礪"，磨。備，防備。
[14] 美，意動用法，以……爲美。薦，通"搢"，插的意思。紳，衣帶。儒者的服裝，要插笏（音hù，古代朝見時所拿的手版）於衣帶間，所以稱薦紳。
[15] 距，通"拒"。恃，依靠。
[16] 廢，指棄而不用。屬，略等於現代的"輩"。
[17] 舉行，等於說措施。
[18] 治，和亂相對，指國家太平。強，強盛。
[19] 平，太平。
[20] 介士，即甲士。
[21] 國家給以利益的人不是國家要用的人。
[22] 服事，即服役。服事者，泛指從事勞動的人。簡，這裏有怠慢、荒廢的意思。

　　今境内之民皆言治，藏商管之法者家有之[1]，而國愈貧；言耕者眾，執耒者寡也[2]。境内皆言兵，藏孫吳之書者家有之[3]，而兵愈弱；言戰者多，被甲者少也[4]。故明主用其力，不聽其言[5]；賞其功[6]，必禁無用[7]；故民盡死力以從其上。夫耕之用力也勞，而民爲之者，曰：可得以富也[8]；戰之爲事也危，而民爲之者，曰：可得以貴也。今修文學，習言談，則無耕之勞而有富之實，無戰之危而有貴之尊，則人孰不爲也？是以百人事智而一人用力[9]。事智者眾，則法敗；用力者寡，則國貧。此世之所以亂也。故明主之國，無書簡之文[10]，以法爲教；無先王之語[11]，以吏爲師；無私劍之捍[12]，以斬首爲勇。是境内之民，其言談者必軌於法[13]，動作者歸之於功[14]，爲勇者盡之於軍[15]。是故無事則國富[16]，有事則兵強，此之謂王資[17]。既畜王資而承敵國之釁[18]，超五帝侔三王者[19]，必此法也。

[註釋]

[1] 節選時刪掉了此段之前韓非子對賢人、民眾全盤否定的文字。商，商鞅，秦孝公之相。管，管仲。法，指有關法令方面的書。家，每家。
[2] 耒（lěi），犁。
[3] 孫，孫武，春秋時吳國人，或指戰國時齊國的孫臏。吳，吳起，先爲魏文侯將，後爲楚悼王相。他們都是有名的軍事家。
[4] 言戰，談論戰略。被，通"披"。被甲，指參加戰鬥。
[5] 明主用人的力，不聽人的空言。兩個"其"字都是泛指。
[6] 其，也是泛指。
[7] 無用，指對國家沒有用處的儒家和游俠的活動。
[8] 以富，靠（耕種）富足起來。

[9] 事智，從事智力活動，指"修文學""習言談"。用力，指從事耕戰等體力勞動。
[10] 書簡，就是書籍。簡，竹簡，上古沒有紙，把文字寫在竹簡上，稱爲簡策。書簡之文，就是上文所謂文學。
[11] 先王之語，古聖王的遺言遺教。
[12] 捍，通"扞"，干犯。即指上文"俠以武犯禁"。
[13] 軌，用如動詞，這裏有"遵循"的意思。
[14] 動作者，指勞動人民。歸，使動用法。功，指農耕之事。
[15] 盡之於軍，使他們全部到軍隊中去服務。
[16] 無事，無戰事，指國家太平。
[17] 資，等於說資本。王資，建立王業的資本，這是比喻。
[18] 畜，通"蓄"。承，通"乘"，指趁機會。釁（xìn），縫隙，這裏引申爲破綻、弱點的意思。
[19] 侔（móu），相等。五帝，說法不一，一般是指黃帝，顓頊（zhuān xū），帝嚳（kù），堯，舜。三王，指夏禹，商湯，周文王。

今則不然。士民縱恣於内[1]，言談者爲勢於外[2]。外内稱惡[3]，以待強敵，不亦殆乎？故羣臣之言外事者，非有分於從衡之黨，則有仇讎之患，而借力於國也[4]。從者，合衆弱以攻一強也；而衡者，事一強以攻衆弱也。皆非所以持國也[5]。今人臣之言衡者，皆曰："不事大[6]，則遇敵受禍矣！"事大未必有實[7]，則舉圖而委[8]，效璽而請兵矣[9]。獻圖則地削，效璽則名卑。地削則國削，名卑則政亂矣。事大爲衡，未見其利也，而亡地亂政矣。人臣之言從者，皆曰："不救小而伐大，則失天下[10]，失天下則國危，國危而主卑。"救小未必有實，則起兵而敵大矣。救小未必能存，而交大未必不有疏[11]，有疏則爲強國制矣。出兵則軍敗，退守則城拔。救小爲從，未見其利，而亡地敗軍矣。

[註釋]

[1] 士民，指儒士，游俠。縱，放肆。恣，驕橫。内，指國内。
[2] 言談者，指縱橫家。爲勢於外，指藉國外的力量造成自己的權勢。外，指國外。
[3] 稱，舉，行。
[4] 大意是羣臣中向國君談外交事務的人，不是屬於合縱家或連橫家一黨，就是個人有仇怨，而想借國家的力量報私仇。外事，外交事務。分，指分屬。非……則，不是……就是。從，通"縱"，即合縱。戰國時蘇秦倡合縱之說，說服六國共同對秦。衡，通"橫"，即連橫。爲了對付合縱，張儀倡連橫之說，使六國各自和秦結成聯盟，以便各個擊破。患，一本作"忠"。
[5] 持國，保持住國家。
[6] 事大，事奉大國。
[7] 實，指實際行動。"未"是衍文，下文"救小未必有實"中的"未"同此（依俞樾說，見《諸子平議》）。
[8] 圖，地圖。委，交付。
[9] 效，獻。璽，國君的印。請，指請求大國發落。"兵"字是衍文（依俞樾說，見

《諸子平議》)。

[10] 失天下，指失去天下人的信任。
[11] 王先慎認爲"交"當作"敵"。以"敵"爲是。這兩句大意是：援救小國未必一定能使它存在，而以大國爲敵，未必一定不會有疏忽。

是故事強，則以外權市官於內[1]；救小，則以內重求利於外[2]，國利未立，封土厚祿至矣；主上雖卑，人臣尊矣；國地雖削，私家富矣。事成則以權長重[3]，事敗則以富退處[4]。人主之聽說於其臣，事未成則爵祿已尊矣。事敗而弗誅，則游說之士，孰不爲用矰繳之說[5]，而徼倖其後[6]？故破國亡主，以聽言談者之浮說，此其故何也[7]？是人君不明乎公私之利，不察當否之言[8]，而誅罰不必其後也[9]。皆曰："外事，大可以王，小可以安[10]。"夫王者，能攻人者也，而安則不可攻也；強則能攻人者也，治則不可攻也。治強不可責於外，內政之有也[11]。今不行法術於內，而事智於外，則不至於治強矣[12]。

[註釋]

[1] 外權，國外的權勢。市，王先慎《集解》作"士"，其引顧廣圻說云："今本'士'作'市'，誤。上文云'而患其士官也'。"內，指國內。
[2] 重，指權勢。內重，指國內權勢。外，指國外。
[3] 以權長重，指縱橫家憑藉權勢在國內得到長期重用。
[4] 退處，指隱居。
[5] 矰繳，繫有絲繩用以射鳥的短箭。矰繳之說，指縱橫家用來獵取功名富貴的虛言浮辭。
[6] 這句是說，縱橫家希望事敗之後能徼倖地免禍。其後，指事敗以後。
[7] 國君甘願冒著破國亡主的危險，去聽縱橫家的空談，他們這樣做的原因是什麼呢？"此""其"都是指示代詞，指上面的話。
[8] 當（dàng），適當。否，這裡指不適當。
[9] 在縱橫家事敗以後沒有堅決給他們懲罰。必，一定，有"堅決執行"的意思。不必其後，等於說"不必於其後"。
[10] 王（wàng），統一天下。"大""小"都指外交活動的效果。
[11] 責，求。外，這裡指外交活動。有，取。內政之有，從內政中取得。
[12] 至，達到。此後有刪節。

夫明王治國之政，使其商工游食之民少而名卑[1]，以寡趣本務而趨末作[2]。今世近習之請行[3]，則官爵可買；官爵可買，則商工不卑也矣。姦財貨買得用於市[4]，則商人不少矣。聚斂倍農[5]，而致尊過耕戰之士[6]，則耿介之士寡[7]，而高價之民多矣[8]。

[註釋]

[1] 游食之民，指沒有定居的人，如商賈，工匠等。
[2] 趣，通"趨"，"寡"字當爲衍文（依《韓非子纂聞》）。本務，根本的事務，指農業。"趨"當爲"外"（依王先慎說）。外，用如動詞，有"排斥""疏遠"的

意思。末作，不重要的行業，指工商。
[3] 近習，指國君左右親近的人。請，指近習的請求。行，實行。
[4] 貨賈（gǔ），指投機的商業活動。用，這裏有"施行"的意思。
[5] 這是說商人聚積的錢財比農民的收入要多好几倍。
[6] 致尊，指得到社會的尊重。過，超過。
[7] 耿介，光明正大。
[8] "高價"當爲"商賈"（依《韓非子纂聞》）。

是故亂國之俗：其學者，則稱先王之道以籍仁義[1]，盛容服而飾辯說[2]，以疑當世之法[3]，而貳人主之心[4]。其言古者[5]，爲設詐稱[6]，借於外力，以成其私[7]，而遺社稷之利[8]。其帶劍者，聚徒屬立節操以顯其名[9]，而犯五官之禁[10]。其患御者[11]，積於私門[12]，盡貨賂[13]，而用重人之謁[14]，退汗馬之勞[15]。其商工之民，修治苦窳之器[16]，聚沸靡之財[17]，蓄積待時[18]，而侔農夫之利[19]。此五者，邦之蠹也。人主不除此五蠹之民，不養耿介之士，則海内雖有破亡之國，削滅之朝[20]，亦勿怪矣。

[註釋]

[1] 以，而。籍，通"藉"，憑藉。籍仁義，指憑藉仁義進行說教。
[2] 盛，整。盛容服，指講究容貌服裝。飾辯說，修飾辭令。
[3] 疑，惑亂。
[4] 貳，不專一，這裏是使動用法。
[5] "古"當爲"談"（依顧廣圻說，見《韓非子識誤》）。
[6] 爲，通"僞"。爲設，虛構事實。詐稱，說謊弄假。
[7] 私，指個人利益。
[8] 遺，丟掉，不管。
[9] 徒屬，黨徒。
[10] 五官，指司徒，司馬，司空，司士，司寇。五官之禁，泛指國家的禁令。
[11] 患御，等於說近習。
[12] 私門，指貴族世卿之門。
[13] 盡，用作動詞，指搜括盡。
[14] 用，採用，接受。重人，指有權勢的重要人物。謁，請託。
[15] 汗馬之勞，指戰功。
[16] 苦，粗劣。窳（yǔ），有毛病。
[17] 商人工匠積聚了許多供人揮霍的財物。沸靡，奢侈揮霍。沸，王先慎《集解》作"弗"，并引顧廣圻之說云："今本'弗'作'沸'，誤。"
[18] 囤積貨物，等待時機。
[19] 侔，通"牟"，謀取。
[20] 削滅，被動用法。朝，朝廷。

五、淮阴侯列传[1]

《史記》

[學習指導]

《淮陰侯列傳》是《史記》的名篇。在這篇人物傳記中，司馬遷縱開筆墨，以第三人稱全知視角敘事，獨具匠心地安排敘事結構，靈活巧妙地運用多種敘事方法，完美地敘述了韓信的成長過程和生活經歷，展現其卓越的軍事才華、佐漢破楚的巨大功績。與此同時，也對他被殺的結局深表痛惜。作爲一篇成功的人物傳記，它在客觀敘述的基礎上表現出巨大的藝術性：既有紛繁複雜的結構安排，又不失其條理性；結合多種敘事方法而突出主題的集中性。這樣，《淮陰侯列傳》就成爲傳記文學史上的傑作，對後世的人物傳記寫作，有著深遠的影響。

掌握文中"商、賈、漂、蒲伏、饋、餓、假、逐、購、怨、伐、功、矜、務"的意義，掌握文中的判斷句式，歸納文中所用的成語。

淮陰侯韓信者，淮陰人也。始爲布衣時[2]，貧，無行[3]，不得推擇爲吏[4]；又不能治生商賈[5]。常從人寄食飲，人多厭之者。常數從其下鄉南昌亭長寄食[6]，數月，亭長妻患之，乃晨炊蓐食[7]。食時信往，不爲具食。信亦知其意，怒，竟絕去。信釣於城下，諸母漂[8]，有一母見信飢，飯信，竟漂數十日[9]。信喜，謂漂母曰："吾必有以重報母。"母怒曰："大丈夫不能自食[10]，吾哀王孫而進食[11]，豈望報乎！"淮陰屠中少年有侮信者，曰："若雖長大[12]，好帶刀劍，中情怯耳[13]。"眾辱之曰[14]："信能死，刺我；不能死，出我袴下[15]。"於是信孰視之[16]，俛出袴下，蒲伏[17]。一市人皆笑信，以爲怯。

[註釋]

[1] 淮陰：秦縣名，在今江蘇省淮安市。作者在本篇中以同情的筆調敘述韓信的一生，把他寫成一個素懷大志、富有將才，並有一定政治眼光的軍事家。作者肯定韓信在統一天下的過程中所起的作用，同時對他自矜功伐等缺點給予批判。

[2] 始：等於說當初。布衣：平民。

[3] 無行：品行不好。

[4] 推擇：推舉選擇。

[5] 治生：備辦財貨，就是做生意。

[6] 常：通"嘗"。數（shuò）：屢次。下鄉：淮陰的屬鄉，鄉下設亭。南昌：亭名。

[7] 在床上就把飯吃了（依張晏說）。蓐：通"褥"，這是極言吃飯時間之早。

[8] 母：當時對老年婦女的通稱。漂：在水中拍洗縣絮。

[9] 大意是，連續幾十天直到漂絮工作完畢，都給韓信飯吃。竟，終，等於說"到……完"。

[10] 食（sì）：使動用法。自食：等於說自己養活自己。

[11] 哀：可憐。王孫：等於說公子，尊稱。

[12] 若：你。

[13] 中情：內心。怯：怯懦。

[14] 衆：用作狀語，當衆。

[15] 袴：通"胯"。袴下：兩腿之間。

[16] 孰：熟的本字。孰視：即熟視，用眼睛盯着（他）很久。

[17] 蒲伏：同"匍匐"，爬。

及項梁渡淮[1]，信杖劍從之，居戲下[2]，無所知名。項梁敗，又屬項羽[3]，羽以爲郎中[4]。數以策干項羽[5]，羽不用。漢王之入蜀[6]，信亡楚歸漢[7]。未得知名，爲連敖[8]。坐法當斬[9]，其輩十三人皆已斬，次至信，信乃仰視，適見滕公[10]，曰："上不欲就天下乎[11]？何爲斬壯士！"滕公奇其言，壯其貌，釋而不斬；與語，大說之。言於上，上拜以爲治粟都尉[12]，上未之奇也。信數與蕭何語[13]，何奇之。

[註釋]

[1] 項梁，秦末楚人，當時起義將領之一。項梁和他的姪子項羽起兵吳中（今江蘇省吳縣及其附近之地），立楚懷王孫心爲楚懷王，自號武信君，屢敗秦軍，後來在定陶（今山東定陶縣西北）爲秦將章邯打敗被殺。渡淮，項梁起兵不久，曾由東陽（在今江蘇寶應縣西北）西行，渡淮北進。

[2] 戲（huī），通"麾"，大將之旗。戲下等於說部下。

[3] 項羽，項梁的姪子，名籍，羽是字。項梁死後，項羽爲諸侯上將軍，統帥各路起義軍，大破秦軍，攻破函谷關，焚秦都咸陽（在今陝西咸陽市東），殺秦降王子嬰，分封天下，自號西楚霸王。後來與劉邦爭天下，被劉邦打敗，自殺。

[4] 郎中，管守衛的小官。

[5] 干，求，指欲以策謀求得進用。

[6] 漢王，即漢高祖劉邦。項羽分封天下，封劉邦爲漢王，王巴、蜀、漢中三郡，都南鄭（今陝西漢中市）。

[7] 亡楚，從楚逃出。

[8] 連敖，楚官名。

[9] 坐法，犯法。

[10] 滕公，夏侯嬰，劉邦好友。劉邦爲沛公，以夏侯嬰爲太僕，劉邦即帝位，封嬰爲汝陰侯。因他曾任滕縣令，所以也稱爲滕公。

[11] 上，秦漢以前對皇帝的通稱，這裏指劉邦。就，成就。就天下，等於說成就天下的事業。

[12] 拜，授官，即任命。治粟都尉，管糧餉的軍官。

[13] 蕭何，劉邦的丞相，在楚漢之爭中起了不小的作用，後來封爲鄼侯。

至南鄭，諸將行道亡者數十人[1]。信度何等已數言上[2]，上不我用，即亡。何聞信亡，不及以聞[3]，自追之。人有言上曰："丞相何亡。"上大怒，如失左右手。居一二日，何來謁上，上且怒且喜，罵何曰："若亡，何也？"何曰："臣不敢亡也，臣追亡者。"上曰：" 若所追者誰？" 何曰：" 韓信也。" 上復罵曰：" 諸將亡者以十數，公無所追；追信，詐也。" 何曰：" 諸將易得耳，至如信者，國士無雙[4]。王必欲長王漢中，無所事信[5]；必欲爭天下，非信無所與計事者。顧王策安所決耳[6]。" 王曰：" 吾亦欲東耳[7]，安能鬱鬱久居此乎？" 何曰：" 王計必欲東[8]，能用信，信即留；不能用，信終亡耳。" 王曰：" 吾爲公以爲將[9]。" 何曰：" 雖爲將，信必不留。" 王曰：" 以爲大將。" 何曰：" 幸甚！" 於是王欲召信拜之。何曰：" 王素慢，無禮，今拜大將，如呼小兒耳，此乃信所以去也。王必欲拜之，擇良日，齋戒[10]，設壇場[11]，具禮，乃可耳。" 王許之。諸將皆喜，人人各自以爲得大將。至拜大將，乃韓信也，一軍皆驚。

[註釋]

[1] 行（háng）：等，輩。諸將行：等於說將官們。道亡：半路上逃走。
[2] 韓信猜想蕭何已經不止一次對劉邦說過。度（duó），揣測。
[3] 聞，使動用法，指使劉邦知道韓信逃走了。
[4] 國士，國家的奇士。
[5] 無所事，等於說用不着。
[6] " 顧王" 句：只不過王的計策從哪方面決定罷了。顧，只不過。
[7] 東，用如動詞，指向東出關與項羽爭奪天下。
[8] 計，計劃、打算。
[9] 第一個" 爲" 字當因爲講。爲公，等於說瞧在你的份上。
[10] 齋戒：古人祭祀前專心致志有所戒慎，通常要沐浴、更衣，戒酒葷。這裏說拜將也要齋戒。
[11] 壇，土臺。場，場地，指廣場。

信拜禮畢，上坐。王曰：" 丞相數言將軍，將軍何以教寡人計策？" 信謝[1]，因問王曰：" 今東鄉爭權天下，豈非項王邪[2]？" 漢王曰：" 然。" 曰：" 大王自料勇悍仁彊孰與項王？" 漢王默然良久，曰：" 不如也。" 信再拜賀曰：" 惟信亦爲大王不如也。然臣嘗事之，請言項王之爲人也。項王喑噁叱咤[3]，千人皆廢[4]，然不能任屬賢將[5]，此特匹夫之勇耳。項王見人，恭敬慈愛，言語嘔嘔[6]；人有疾病，涕泣分食飲；至使人有功當封爵者，印刓敝[7]，忍不能予[8]，此所謂婦人之仁也。項王雖霸天下而臣諸侯，不居關中而都彭城。有背義帝之約而以親愛王[9]，諸侯不平。諸侯之見項王遷逐義帝，置江南[10]，亦皆歸逐其主而自王善地。項王所過，無不殘滅者，天下多怨，百姓不親附，特劫於威彊耳[11]。名雖爲霸，實失天下心。故曰其彊易弱。今大王誠能反其道，任天下武勇，何所不誅！以天下城邑封功臣，何所不服！以義兵從思東歸之士[12]，何所不散[13]！且三秦王爲秦將[14]，將秦子弟數歲矣，所殺亡不可勝計，又欺其衆降諸侯。至新安[15]，項王詐阬秦降卒二十餘萬[16]，唯獨邯、欣、翳得脫，秦父兄怨此三人，痛入骨髓。今楚彊以威王此三人，秦民莫愛也。大王之入武關，秋豪無所害，除秦苛法，與秦民約法三章耳[17]，秦民無不欲得大王王秦者。於諸侯之約，大王當王關中，關中民咸知之。大王失職入漢中[18]，秦民無不恨者[19]。今大王舉而東[20]，三秦可傳檄而定也[21]。" 於是漢王大喜，自以爲得信晚，遂聽信計，部署諸將所擊。

[註釋]

[1] 謝，謙讓，謙謝。
[2] 大意是：現在你向東方去爭奪天下，對手難道不是項王嗎？鄉（xiàng），向。這個意義後來寫作"嚮"。
[3] 喑（yīn）噁（wù）：滿懷怒氣。叱（chì）咤（zhà），發怒的聲音。這裏形容項羽兇猛的樣子。
[4] 廢，癱瘓，這裏指嚇得像癱瘓了一樣。
[5] 屬，通"囑"，委託。任屬（zhǔ），任用委託。
[6] 嘔嘔（xū），和悅的樣子。
[7] 印章的棱角磨損壞了。刓（wán），磨去棱角。敝，損壞。
[8] 忍不能予，等於說捨不得給。
[9] 義帝，即楚懷王心，項羽分封天下時，先尊懷王爲義帝。當初懷王與諸侯約定"先破秦入咸陽者王之"。後來劉邦先破關入咸陽，項羽卻把關中一帶分封給秦降將章邯、司馬欣、董翳，所以說背義帝之約。親愛，指親近喜愛的人。王（wàng），封王。
[10] 項羽分封天下後，隨即命義帝由彭城（今江蘇徐州市）遷至長沙郴縣（今湖南郴縣）。義帝行至半路，又被項羽派人殺死。
[11] 劫，脅迫。劫於威彊，被威彊所迫。《漢書》作"彊服"，彊，勉強。
[12] 這句意思是，打着義兵的旗號，率領着想東歸的戰士。從，跟隨，使動用法。
[13] 散，指被擊潰。
[14] 三秦王，指封在大約相當於戰國時秦地的三王：雍王章邯、塞王司馬欣、翟王董翳。
[15] 新安，地名，在今河南澠池縣東。
[16] 據《項羽本紀》載，邯等投降項羽時，手下秦卒有秦軍二十萬，投降後，項羽等諸侯軍虐待秦卒，秦卒有怨言，項羽等恐怕他們不服，於是把他們全部活埋在新安城南。阬，活埋。詐，騙。先騙降，而後活埋。
[17] 法三章，即約法爲"殺人者死，傷人及盜抵罪"。
[18] 失職，指失去應得的職位，指未能王關中。
[19] 這是說由於劉邦的失職，秦民沒有不感到遺憾的。恨，憾。
[20] 舉，指舉兵。
[21] 三秦，指章邯、司馬欣、董翳所佔有的地區。檄（xí），古代徵召曉諭一類的文書。傳檄而定，指不用武力，一道文書就能收服。

八月，漢王舉兵東出陳倉[1]，定三秦。漢二年，出關，收魏、河南[2]，韓、殷王皆降[3]。合齊、趙共擊楚[4]。四月，至彭城，漢兵敗散而還。信復收兵，與漢王會滎陽[5]，復擊破楚京、索之間[6]，以故楚兵卒不能西。

[註釋]

[1] 八月，漢元年（公元前206）八月。當時各諸侯國都有自己的紀年。陳倉，秦縣名，在今陝西寶雞市東。
[2] 魏，指魏王豹。豹本爲戰國魏之諸公子，後在楚懷王心部下，立爲魏王。項羽分封諸侯，想自己佔有魏地，於是徙魏豹於河東，爲西魏王。此時豹從劉邦擊楚。河南，指河南王申陽。陽是項羽所立，都雒陽（即洛陽，在今河南洛陽市東北）。
[3] 韓、殷王，指韓王鄭昌、殷王司馬卬（áng）。
[4] 齊，指齊王田榮。趙，指趙王趙歇。
[5] 滎陽，秦郡名，郡治在今河南滎陽縣東北。
[6] 京，鄭邑名，在今河南滎陽縣東南。索，索亭，又名大索城，即今河南滎陽縣治。

　　漢之敗卻彭城，塞王欣、翟王翳亡漢降楚，齊、趙亦反漢與楚和。六月，魏王豹謁歸視親疾[1]，至國[2]，即絕河關反漢[3]，與楚約和。漢王使酈生說豹[4]，不下[5]。其八月，以信爲左丞相，擊魏。魏王盛兵蒲坂[6]，塞臨晉[7]，信乃益爲疑兵[8]，陳船欲度臨晉，而伏兵從夏陽以木罌缻渡軍[9]，襲安邑[10]。魏王豹驚，引兵迎信，信遂虜豹，定魏爲河東郡。漢王遣張耳與信俱[11]，引兵東，北擊趙、代。後九月[12]，破代兵，禽夏說閼與[13]。信之下魏破代，漢輒使人收其精兵，詣滎陽以距楚[14]。

[註釋]

[1] 謁，請求。親，這裏指母親（依顏師古說）。
[2] 至國，到了自己的封地。
[3] 絕河關，斷絕黃河西岸臨晉關的交通。河關，即臨晉關，後來又名蒲津關。在今山西永濟縣西。
[4] 酈（lì）生，酈食其（yì jī），劉邦的謀士。說，（shuì），勸說。
[5] 下，降（xiáng）。
[6] 盛，多，用如動詞，指聚集很多。蒲坂，也在今永濟縣西，在黃河東岸。
[7] 塞，堵塞，等於說封鎖。
[8] 益，增。益爲疑兵，多設些使敵人疑惑的軍隊。即虛張旗鼓，迷惑敵人。
[9] 夏陽，地名，在今陝西韓城縣南。缻（fǒu），同"缶"。罌、缻，都是甕類。木罌缻，木制的形體象甕的器物。軍士以木甕縛在身上，增大浮力。
[10] 安邑，地名，在今山西夏縣北。
[11] 俱，動詞，同行。張耳被陳餘趕出趙地後即歸漢。
[12] 後九月，即閏九月。
[13] 禽，擒獲，後來寫作"擒"。夏說（yuè），代王陳餘之相。閼與（yù yǔ），地名，在今山西和順縣西北。
[14] 距，通"拒"。

信與張耳以兵數萬，欲東下井陘擊趙[1]。趙王、成安君陳餘聞漢且襲之也，聚兵井陘口，號稱二十萬。廣武君李左車說成安君曰[2]："聞漢將韓信涉西河[3]，虜魏王，禽夏說，新喋血閼與[4]，今乃輔以張耳，議欲下趙，此乘勝而去國遠鬭，其鋒不可當。臣聞'千里餽糧[5]，士有飢色；樵蘇後爨[6]，師不宿飽[7]'，今井陘之道，車不得方軌[8]，騎不得成列，行數百里，其勢糧食必在其後。願足下假臣奇兵三萬人，從閒路絕其輜重[9]。足下深溝高壘，堅營勿與戰。彼前不得鬭，退不得還，吾奇兵絕其後，使野無所掠，不至十日，而兩將之頭可致於戲下。願君留意臣之計！否，必爲二子所禽矣！"成安君，儒者也[10]，常稱"義兵不用詐謀奇計"，曰："吾聞兵法'十則圍之[11]，倍則戰之'，今韓信兵號數萬，其實不過數千，能千里而襲我，亦已罷極[12]。今如此避而不擊，後有大者，何以加之[13]！則諸侯謂吾怯，而輕來伐我[14]。"不聽廣武君策。廣武君策不用。

[註釋]

[1] 井陘（xíng），漢縣名，卽今河北井陘縣東北之井陘口。
[2] 李左車，趙國的謀士。廣武君，李左車的封號。
[3] 西河，指龍門河，在今陝西大荔縣境。
[4] 喋（dié），通"蹀"，踐踏，踩。喋血，踩着血走，指血戰。
[5] 這是說從千里之外送糧給軍士吃。餽（kuì），通"饋"，送。
[6] 這里說現打柴做飯。樵，打柴。蘇，打草。爨（cuàn），燒飯。
[7] 宿，久，指經常。
[8] 方，並。軌，兩輪間的距離。方軌，卽兩車並行。
[9] 閒（jiàn）路，偏僻抄近的小道。
[10] 儒者，等於說書生。
[11] 十，兵力等於敵人的十倍。
[12] 罷，通"疲"。罷極，非常疲憊。
[13] 加，等於說勝。
[14] 輕，輕易。"輕來伐我"，一本作"輕我伐我"。《漢書》亦作"輕來伐我"。

韓信使人閒視[1]，知其不用，還報，則大喜，乃敢引兵遂下。未至井陘口三十里，止舍[2]。夜半傳發[3]。選輕騎二千人[4]，人持一赤幟，從閒道萆山而望趙軍[5]。誡曰："趙見我走，必空壁逐我[6]，若疾入趙壁[7]，拔趙幟，立漢赤幟。"令其裨將傳飧[8]，曰："今日破趙會食[9]。"諸將皆莫信，詳應曰[10]："諾。"謂軍吏曰："趙已先據便地爲壁[11]，且彼未見吾大將旗鼓，未肯擊前行，恐吾至阻險而還。"信乃使萬人先行，出，背水陳[12]。趙軍望見而大笑。平旦[13]，信建大將之旗鼓，鼓行出井陘口。趙開壁擊之，大戰良久。於是信、張耳詳棄鼓旗，走水上軍[14]。水上軍開入之[15]，復疾戰。趙果空壁爭漢鼓旗，逐韓信、張耳。韓信、張耳已入水上軍，軍皆殊死戰[16]，不可敗。信所出奇兵二千騎，共候趙空壁逐利[17]，則馳入趙壁，皆拔趙旗，立漢赤幟二千。趙軍已不勝，不能得信等，欲還歸壁，壁皆漢赤幟，而大驚，以爲漢皆已得趙王將矣。兵遂亂，遁走，趙將雖斬之，不能禁也。於是漢兵夾擊，大破虜趙軍，斬成安君泜水上[18]，禽趙王歇。

[註釋]

[1] 間(jiàn)視，等於說暗中偵察。
[2] 舍，軍隊停下來住一宿。止舍，停下來過夜。
[3] 傳發，傳令出發。
[4] 輕騎(jì)，輕裝的騎兵。
[5] 萆(bì)，隱蔽。萆山，在山上隱蔽。
[6] 壁，軍隊的營壘。
[7] 若，你們。
[8] 大意是：命令裨將傳送食物給軍士吃。裨將，副將。飱，通"餐"，食物。
[9] 會食，集合吃飯。
[10] 詳，通"佯"，假裝。
[11] 便，利。便地，有利的地形。
[12] 出，指出井陘口。陳，陣，後來寫作"陣"。背水陳，背向河水擺開陣勢。
[13] 平旦，天大亮。
[14] 水上軍，水邊的軍隊。
[15] 開，指開營壘的門。
[16] 殊死戰，即拼死命作戰。
[17] 空壁逐利，是說軍隊全部離開了營壘，追奪戰利品。
[18] 泜(chí)水，在井陘口附近。

信乃令軍中毋殺廣武君，有能生得者購千金[1]。於是有縛廣武君而致戲下者，信乃解其縛，東鄉坐[2]，西鄉對，師事之。

[註釋]

[1] 購，懸重賞徵求。
[2] 鄉，向，後來寫作"嚮"。古以東向為尊。

諸將效首虜[1]，休[2]，畢賀[3]，因問信曰："兵法'右倍山陵，前左水澤[4]'，今者將軍令臣等反背水陳，曰'破趙會食'，臣等不服。然竟以勝，此何術也？"信曰："此在兵法，顧諸君不察耳。兵法不曰'陷之死地而後生，置之亡地而後存[5]'？且信非得素拊循士大夫也[6]，此所謂驅市人而戰之，其勢非置之死地，使人人自為戰[7]；今予之生地[8]，皆走，寧尚可得而用之乎？"諸將皆服曰："善！非臣所及也。"

[註釋]

[1] 效，呈獻。
[2] 休，結束。
[3] 畢，皆，都。《漢書》正作"皆"。
[4] 右面背後靠山，前面左面靠水。倍，通"背"，背後。《漢書》正作"背"。

[5] 這兩句話見於《孫子·九地篇》。上文兩次引兵法，也都出於《孫子》。字句略有出入。
[6] 這是說，我不可能在平日撫愛軍隊。拊，通"撫"。拊循，撫愛。這句話照應上文的"信之下魏破代，漢輒使人收其精兵，詣滎陽以距楚"。
[7] 非，"非……不可"的意思。
[8] 今，這裏有假設的意思。

於是信問廣武君曰："僕欲北攻燕，東伐齊，何若而有功？"廣武君辭謝曰："臣聞'敗軍之將，不可以言勇；亡國之大夫，不可以圖存'。今臣敗亡之虜，何足以權大事乎[1]？"信曰："僕聞之，百里奚居虞而虞亡[2]，在秦而秦霸，非愚於虞而智於秦也，用與不用，聽與不聽也。誠令成安君聽足下計，若信者亦已爲禽矣；以不用足下，故信得侍耳。"因固問曰："僕委心歸計[3]，願足下勿辭！"廣武君曰："臣聞'智者千慮，必有一失；愚者千慮，必有一得'。故曰'狂夫之言，聖人擇焉'。顧恐臣計未必足用，願效愚忠。夫成安君有百戰百勝之計，一旦而失之，軍敗鄗下[4]，身死泜上。今將軍涉西河，虜魏王，禽夏說閼與，一舉而下井陘，不終朝破趙二十萬眾[5]，誅成安君。名聞海內，威震天下。農夫莫不輟耕釋耒，褕衣甘食[6]，傾耳以待命者[7]。若此，將軍之所長也。然而眾勞卒罷，其實難用。今將軍欲舉倦獘之兵，頓之燕堅城之下[8]，欲戰恐久，力不能拔，情見勢屈[9]，曠日糧竭[10]。而弱燕不服，齊必距境以自彊也[11]。燕齊相持而不下[12]，則劉項之權未有所分也[13]。若此者，將軍所短也。臣愚，竊以爲亦過矣[14]。故善用兵者不以短擊長，而以長擊短。"韓信曰："然則何由[15]？"廣武君對曰："方今爲將軍計，莫如案甲休兵[16]，鎮趙，撫其孤[17]，百里之內，牛酒日至，以饗士大夫醳兵[18]，北首燕路[19]，而後遣辯士奉咫尺之書[20]，暴其所長於燕[21]，燕必不敢不聽從。燕已從，使諠言者東告齊[22]，齊必從風而服，雖有智者，亦不知爲齊計矣。如是，則天下事皆可圖也。兵固有先聲而後實者，此之謂也。"韓信曰："善！"從其策。發使使燕，燕從風而靡[23]。乃遣使報漢，因請立張耳爲趙王，以鎮撫其國。漢王許之，乃立張耳爲趙王。

[註釋]

[1] 權，權衡。
[2] 百里奚，原爲虞大夫，虞亡之後才相秦穆公。
[3] 委，交託。委心，等於說交心。歸，依從。歸計，等於說聽從你的謀劃。
[4] 鄗（hào），地名，在今河北高邑縣。
[5] 朝，從早晨到食時。不終朝，即不到一上午。
[6] 褕（yú），美。
[7] 傾耳，指聽話時把耳朵傾斜遷就對方表示專心。這是說人們怕不久就要國破家亡，因此只顧眼前享受，靜等着命令。
[8] 頓，困，使動用法。
[9] 情，指軍隊的實情。見（xiàn），古代以"見"爲"現"。這裏有暴露的意思。
[10] 曠日，多費時日。
[11] 距，通"拒"。距境，在邊境上拒守。

[12] 指韓信與燕齊相持，不是說燕與齊相持。下，降。
[13] 權，秤錘，這裏比喻輕重，分量。
[14] 我私下裏認爲你也錯了。竊，私下裏，謙詞。過，動詞，錯。
[15] 由，遵循[道路]。何由，該走哪條路呢？
[16] 案，通"按"。案甲休兵，卽按兵不動。
[17] 鎮，安定。孤，遺孤，指趙國陣亡者的後代。
[18] 醳（yì），醉酒，使動用法。"饗""醳"在這裏都有犒勞的意思。
[19] 首，向着。
[20] 咫（zhǐ），八寸。古時書簡約長一尺。咫尺之書，指書信一封。
[21] 暴（pù），顯露，顯示。
[22] 諠，通"諼"，詭詐。諠言者，說話善於詭辯的人，卽辯士。
[23] 靡，倒下。從風而靡，指投降。

楚數使奇兵渡河擊趙，趙王耳、韓信往來救趙，因行定趙城邑[1]，發兵詣漢。楚方急圍漢王於滎陽，漢王南出，之宛、葉閒[2]，得黥布[3]，走入成皋[4]，楚又復急圍之。六月，漢王出成皋，東渡河，獨與滕公俱，從張耳軍脩武[5]。至，宿傳舍[6]。晨，自稱漢使，馳入趙壁。張耳、韓信未起，卽其臥內上奪其印符，以麾召諸將[7]，易置之[8]。信、耳起，乃知漢王來，大驚。漢王奪兩人軍，卽令張耳備守趙地，拜韓信爲相國[9]，收趙兵未發者擊齊[10]。

[註釋]

[1] 從而邊行軍邊安定了趙國所有的城邑。
[2] 宛，秦縣名，今河南南陽市。葉（shè），地名，在今河南葉縣南。
[3] 黥（qíng）布，姓英。因犯罪被黥（古刑法之一，犯罪者先刻其面，然後用墨塗黑），於是人稱他爲黥布。秦末他起兵於江湖之間，稱當陽君，初歸項羽，被封爲九江王，這時叛楚降漢。後來受封爲淮南王。漢十一年（公元前196年）反，被殺。
[4] 成皋，卽春秋鄭邑制。
[5] 脩武，地名，今河南獲嘉縣的小脩武。
[6] 傳（zhuàn）舍，驛站供應行人住宿的房舍。
[7] 麾，大將的旗幟。
[8] 改變諸將的職位。
[9] 相國，相當於丞相。這裏指趙的相國。
[10] 趙兵未發者，指沒有發遣到滎陽去的趙兵。

信引兵東，未渡平原[1]，聞漢王使酈食其已說下齊，韓信欲止。范陽辯士蒯通說信曰[2]："將軍受詔擊齊，而漢獨發閒使下齊，寧有詔止將軍乎[3]？何以得毋行也！且酈生一士，伏軾掉三寸之舌[4]，下齊七十餘城；將軍將數萬衆，歲餘乃下趙五十餘城。爲將數歲，反不如一豎儒之功乎？"於是信然之，從其計，遂渡河。齊已聽酈生，卽留縱酒，罷備漢守禦[5]。信因襲齊歷下軍[6]，遂至臨菑[7]。齊王田廣以酈生賣已，乃亨之[8]，而走高密[9]，使使之楚請救。

[註釋]

[1] 未從平原渡過黃河。平原，地名，在今山東平原縣南。
[2] 范陽，秦縣名，在今河北定興縣南。蒯（kuǎi）通，本名徹，因避漢武帝諱，當時史書改稱"通"。
[3] 只不過發閒使，並未有詔止將軍。獨，只不過。閒使，暗中派來的使臣，等於說密使。寧，難道。
[4] 這是說酈生乘車入齊，只憑一張嘴。掉，搖，這裏指鼓弄。
[5] 罷，指撤退、撤走。
[6] 歷下，今山東省濟南市。
[7] 臨菑（zī），當時的齊郡，即今山東臨淄縣。
[8] 亨（pēng），烹。後來寫作"烹"。
[9] 高密，今山東高密縣。

韓信已定臨菑，遂東追廣至高密西。楚亦使龍且將，號稱二十萬，救齊。齊王廣、龍且併軍與信戰。未合[1]，人或說龍且曰："漢兵遠鬭窮戰[2]，其鋒不可當。齊楚自居其地戰，兵易敗散[3]。不如深壁，令齊王使其信臣招所亡城。亡城聞其王在，楚來救，必反漢。漢兵二千里客居，齊城皆反之，其勢無所得食，可無戰而降也。"龍且曰："吾平生知韓信爲人，易與耳[4]。且夫救齊，不戰而降之，吾何功！今戰而勝之，齊之半可得[5]，何爲止！"遂戰，與信夾濰水陳[6]。韓信乃夜令人爲萬餘囊，滿盛沙，壅水上流，引軍半渡[7]，擊龍且。佯不勝，還走。龍且果喜曰："固知信怯也。"遂追信渡水。信使人決壅囊，水大至。龍且軍大半不得渡，即急擊，殺龍且。龍且水東軍散走[8]，齊王廣亡去。信遂追北至城陽[9]，皆虜楚卒。

[註釋]

[1] 尚未交鋒。
[2] 窮，極，盡。窮戰，盡力作戰。
[3] 這是說兵士離家近，都戀家，容易逃散。其，指齊楚。
[4] 易與，等於說容易對付。
[5] 指自己受封可得齊國之半（依顏師古說）。
[6] 濰水，即今山東的濰河，流經濰縣。
[7] 帶領一半軍隊渡河。
[8] 水東軍，未及渡河留在河東的軍隊。
[9] 北，敗。追北，追擊敗兵。城陽，在今山東莒縣。

漢四年，遂皆降[1]平齊。使人言漢王曰："齊僞詐多變，反覆之國也。南邊楚[2]，不爲假王以鎮之[3]，其勢不定。願爲假王便[4]。"當是時，楚方急圍漢王於滎陽，韓信使者至，發書，漢王大怒，罵曰："吾困於此，旦暮望若來佐我，乃欲自立爲王！"張良、陳平躡漢王足[5]，因附耳語曰："漢方不利，寧能禁信之王乎！不如因而立，善遇之，使自爲守；不然，變生。"漢王亦悟，因復罵曰："大丈夫定諸侯，卽爲真王耳，何以假爲！"乃遣張良往，立信爲齊王，徵其兵擊楚。

[註釋]

[1] 齊國城邑皆降。
[2] 邊，靠近。
[3] 假王，暫時代理的王。
[4] 便，便利，對國家有利。
[5] 躡（niè），踩。

楚已亡龍且，項王恐，使盱眙人武涉往說齊王信曰[1]："天下共苦秦久矣，相與戮力擊秦[2]。秦已破，計功割地，分土而王之，以休士卒。今漢王復興兵而東，侵人之分[3]，奪人之地；已破三秦，引兵出關，收諸侯之兵以東擊楚，其意非盡吞天下者不休，其不知厭足如是甚也。且漢王不可必[4]，身居項王掌握中數矣，項王憐而活之；然得脫，輒倍約，復擊項王，其不可親信如此。今足下雖自以與漢王爲厚交，爲之盡力用兵，終爲之所禽矣。足下所以得須臾至今者[5]，以項王尚存也。當今二王之事，權在足下。足下右投則漢王勝[6]，左投則項王勝。項王今日亡，則次取足下。足下與項王有故，何不反漢與楚連和，參分天下王之？今釋此時，而自必於漢以擊楚，且爲智者固若此乎？"韓信謝曰："臣事項王，官不過郎中，位不過執戟[7]，言不聽，畫不用，故倍楚而歸漢。漢王授我上將軍印，予我數萬衆，解衣衣我，推食食我，言聽計用，故吾得以至於此。夫人深親信我，我倍之不祥，雖死不易。幸爲信謝項王！"

[註釋]

[1] 盱眙（xū yí），秦縣名，在今江蘇盱眙縣東北。
[2] 戮力，合力。
[3] 分（fèn），指封王時所分的區域。
[4] 必，等於說極端相信。下文"自必於漢"的"必"，"必漢王之不危己"的"必"，皆同。
[5] 須臾，這裏是遲延的意思。
[6] 右，指向西方。下句的"左"指向東方。
[7] 執戟，郎中管守衛，執戟。

武涉已去，齊人蒯通知天下權在韓信，欲爲奇策而感動之，以相人說韓信曰[1]："僕嘗受相人之術。"韓信曰："先生相人何如？"對曰："貴賤在於骨法[2]，憂喜在於容色，成敗在於決斷，以此參之[3]，萬不失一。"韓信曰："善。先生相寡人何如？"對曰："願少間[4]。"信曰："左右去矣！"通曰："相君之面，不過封侯，又危不安。相君之背[5]，貴乃不可言。"韓信曰："何謂也？"蒯通曰："天下初發難也，俊雄豪桀建號一呼[6]，天下之士雲合霧集，魚鱗雜遝[7]，熛至風起[8]。當此之時，憂在亡秦而已。今楚漢分爭，使天下無罪之人肝膽塗地[9]，父子暴骸骨於中野[10]，不可勝數。楚人起彭城，轉鬭逐北，至於滎陽，乘利席卷，威震天下。然兵困於京、索之間，迫西山而不能進者[11]，三年於此矣。漢王將數十萬之衆，距鞏、雒[12]，阻山河之險，一日數戰，無尺寸之功，折北不救[13]，敗滎陽，傷成皋，遂走宛、葉之間，此所謂智勇俱困者也。夫銳氣挫於險塞，而糧食竭於內府[14]，百姓罷極怨望，容容無所倚[15]。以臣料之，其勢非天下之賢聖，固不能息天下之禍。當今兩主之命縣於足下[16]。足下爲漢則漢勝[17]，與楚則楚勝[18]。臣願披腹心[19]，輸肝膽[20]，效愚計，恐足下不能用也。誠能聽臣之計，莫若兩利而俱存之，參分天下，鼎足而居，其勢莫敢先動。夫以足下之賢聖，有甲兵之衆，據彊齊，從燕趙[21]，出空虛之地而制其後[22]，因民之欲，西鄉爲百姓請命[23]，則天下風走而響應矣[24]，孰敢不聽！割大弱彊[25]，以立諸侯；諸侯已立，天下服聽而歸德於齊。案齊之故[26]，有膠、泗之地[27]，懷諸侯以德，深拱揖讓[28]，則天下之君王相率而朝於齊矣。蓋聞'天與弗取，反受其咎；時至不行，反受其殃'[29]。願足下孰慮之！"韓信曰："漢王遇我甚厚，載我以其車，衣我以其衣，食我以其食。吾聞之，乘人之車者載人之患，衣人之衣者懷人之憂，食人之食者死人之事[30]，吾豈可以鄉利倍義乎？"蒯生曰："足下自以爲善漢王，欲建萬世之業，臣竊以爲誤矣。始常山王、成安君爲布衣時，相與爲刎頸之交[31]，後爭張黶、陳澤之事，二人相怨[32]。常山王背項王，奉項嬰頭而竄[33]，逃歸於漢王。漢王借兵而東下[34]，殺成安君泜水之南，頭足異處，卒爲天下笑。此二人相與，天下至驩也[35]；然而卒相禽者，何也？患生於多欲，而人心難測也。今足下欲行忠信以交於漢王，必不能固於二君之相與也，而事多大於張黶、陳澤。故臣以爲足下必漢王之不危己，亦誤矣。大夫種、范蠡存亡越[36]，霸句踐，立功成名而身死亡。野獸已盡而獵狗亨。夫以交友言之，則不如張耳之與成安君者也；以忠信言之，則不過大夫種、范蠡之於句踐也；此二人者，足以觀矣。願足下深慮之！且臣聞勇略震主者身危，而功蓋天下者不賞。臣請言大王功略：足下涉西河，虜魏王，禽夏說，引兵下井陘，誅成安君，徇趙，脅燕，定齊，南摧楚人之兵二十萬，東殺龍且，西鄉以報。此所謂功無二於天下，而略不世出者也[37]。今足下戴震主之威，挾不賞之功，歸楚，楚人不信，歸漢，漢人震恐。足下欲持是安歸乎！夫勢在人臣之位，而有震主之威，名高天下，竊爲足下危之！"韓信謝曰："先生且休矣，吾將念之[38]！"

[註釋]

[1] 借着給韓信相面來勸說韓信。相人，給人相面。

[2] 骨法，骨格，骨相。

[3] 參，參驗。

[4] 間（jiàn），這裏指與衆人隔開，即屏退衆人。

[5] 背，雙關語，明說脊背，暗指背叛。

[6] 桀，傑，古代多以"桀"爲"傑"。建號，建立名號，指自稱侯王。

[7] 像魚鱗那樣聚積在一起。雜遝（tà），疊韻連綿字，聚積。

[8] 熛（biāo），火花迸起。"熛""風"都用作狀語。

[9] 肝膽塗地，喻慘死。

[10] 中野，卽野中，田野之中。

[11] 迫，近，挨近。西山，指成皋以西的山地。

[12] 鞏，秦縣名，在今河南鞏縣西南。雒，卽雒陽（洛陽）。

[13] 折，挫折。北，敗。不救，挽救不了。

[14] 內府，等於說倉庫。

[15] 容容，動盪不安的樣子。

[16] 命，命運。縣（xuán），懸掛，後來寫作"懸"。

[17] 爲，幫助。

[18] 與，動詞，與……親善，結盟。表示竭盡忠誠。

[19] 披，剖開。

[20] 輸，等於說獻出。"披腹心，輸肝膽"，後來也說成"披肝瀝膽"，表示竭盡忠誠。

[21] 從，使動用法，使服從，歸順。

[22] 出兵到劉項力量薄弱的地方，以牽制他們的後方。

[23] 鄉（xiàng），向。齊在劉項之東，所以說"西鄉"。爲民請命，等於說替百姓說話，指制止劉項之爭，減少人民的痛苦。

[24] 響，名詞，回聲。這裏用作狀語。響應，像回聲一樣地反應。"響應"與"風走"是並列結構。

[25] 弱，使動用法。大、彊，都用如名詞。

[26] 案，等於說"據"，佔有。故，指舊有的疆土。

[27] 膠，膠河。泗，泗水。膠泗指今山東的東部和南部。

[28] 懷，安撫。深拱，等於說高拱，指兩手拱得很高，不必有所作爲。揖讓，指外表作出謙虛的樣子。

[29] 這是諺語。取，古音在侯部，咎，古音在幽部。漢代侯幽通轉。"行"和"殃"同在陽部。

[30] 死人之事，爲人家的事而死。

[31] 常山王，卽張耳。成安君，卽陳餘。相與，等於說相交。刎頸之交，雖割頸也不反悔的交情，卽誓同生死的至交。

[32] 張耳與陳餘本爲至交。秦將章邯打敗項梁軍後，又大敗趙軍。當時趙歇爲王，陳餘爲將，張耳爲相，都逃至鉅鹿（秦縣名，在今河北巨鹿縣）。陳餘率數萬人駐在鉅鹿北，章邯軍駐在鉅鹿南。章邯集攻鉅鹿，張耳召陳餘，陳餘以爲寡不敵眾，不敢出兵。於是張耳派張黶（yǎn）、陳澤去責備陳餘。陳餘不得已，讓二人率五千人試攻秦軍，結果全軍覆沒。鉅鹿解圍以後，張耳深恨陳餘，並追問張黶、陳澤二人下落，陳餘一氣卸印出走，從此二人結下怨仇。

[33] 項嬰，項王派往常山國的使臣。

[34] 指劉邦利用韓信、張耳的兵力東進。

[35] 驩，通"歡"。至驩，最好的交情。

[36] 大夫種，姓文名種。文種和范蠡（lǐ）都是春秋時越王句踐的大臣，曾使已經滅亡的越國復興，使句踐稱霸諸侯，但後來文種被迫自殺，范蠡逃亡。

[37] 大意是：計謀極高，是世上所稀有的（依顔師古說）。

[38] 念，等於說考慮。

後數日，蒯通復說曰："夫聽者，事之候也[1]；計者，事之機也[2]；聽過計失而能久安者[3]，鮮矣。聽不失一二者[4]，不可亂以言[5]；計不失本末者[6]，不可紛以辭。夫隨廝養之役者[7]，失萬乘之權；守儋石之祿者[8]，闕卿相之位[9]。故知者，決之斷也[10]；疑者，事之害也。審豪氂之小計，遺天下之大數[11]，智誠知之，決弗敢行者[12]，百事之禍也。故曰，猛虎之猶豫，不若蜂蠆之致螫[13]；騏驥之踢躅[14]，不如駑馬之安步[15]；孟賁之狐疑[16]，不如庸夫之必至也[17]；雖有舜禹之智，吟而不言[18]，不如瘖聾之指麾也[19]。此言貴能行之。夫功者難成而易敗，時者難得而易失也。時乎時，不再來[20]。願足下詳察之。"韓信猶豫，不忍倍漢。又自以爲功多，漢終不奪我齊。遂謝蒯通。蒯通說不聽，已詳狂爲巫[21]。

[註釋]

[1] 大意是：聽取意見是事情成功的徵兆。聽，聽取意見。者，語氣詞表判斷。候，徵候，迹象。

[2] 機，樞機，樞紐，關鍵。

[3] 聽過，聽取意見犯了錯誤，也就是吸取了錯誤的意見。計失，定計失算，也就是打錯了主意。

[4] 大意是：聽取十次意見連一二次都沒有失誤。

[5] 亂，惑亂。

[6] 大意是考慮問題能權衡輕重。

[7] 隨，順從，聽任，等於說"安於"。廝養，劈柴養馬的隸卒。

[8] 儋，通"擔"。石（shí），儋、石都是穀米的量名，古時用來計算官俸。祿：官俸。

[9] 闕，等於說"失"。

[10] 王念孫說這句應作"決者知之斷"，意思是作事堅決不疑，是智者果斷的表現（見《讀書雜誌》）。

[11] 大數，等於說大計。

[12] 決定了，但不敢做。

[13] 蠆（chài），蝎子一類的毒蟲。螫（shì），用毒刺刺人，今音 zhē。

[14] 踢（jú）躅，等於說躑躅，徘徊不前。

[15] 安步，穩步走路。

[16] 孟賁（bēn），古代的勇士。

[17] 必至，一定達到目的。

[18] 吟，通"噤"（jìn），嘴閉着（依段玉裁說）。

[19] 瘖（yīn），啞巴。"麾"，通"揮"。

[20] 這句話大約是諺語。時與來押韻，古音同在之部。

[21] 已，後來。詳，通"佯"。詳狂，假裝瘋癲。

漢王之困固陵[1]，用張良計召齊王信[2]，遂將兵會垓下[3]。項羽已破，高祖襲奪齊王軍。漢五年正月，徙齊王信爲楚王，都下邳[4]。

[註釋]

[1] 固陵，地名，在今河南淮陽縣西北。漢四年，劉項約定平分天下而罷兵，但劉邦馬上又進兵追擊項羽，並與韓信約定會師共擊項羽，至固陵，韓信等不至，楚大敗漢軍，於是劉邦只好躲進營壘。這裏所說的"困固陵"即指此事。
[2] 劉邦在固陵失利，問張良對韓信等該怎麼辦。張良建議把自陳（今河南淮陽縣）以東到海邊一帶地方都給韓信，使韓信等各爲自己打仗，漢借以滅楚。這裏所說"張良計"即指此。
[3] 垓（gāi）下，地名，在今安徽靈壁縣東南。
[4] 下邳，秦縣名，在今江蘇邳縣東。

信至國，召所從食漂母，賜千金。及下鄉南昌亭長，賜百錢，曰："公，小人也，爲德不卒[1]。"召辱己之少年令出胯下者，以爲楚中尉[2]。告諸將相曰："此壯士也，方辱我時，我寧不能殺之邪？殺之無名，故忍而就於此[3]。"

[註釋]

[1] 卒，終，完。爲德不卒，做好事有始無終。
[2] 中尉，官名，這裏指諸侯王國的中尉，管捕盜賊。
[3] 就，成就。就於此，指自己達到眼前的地位。

項王亡將鍾離眛家在伊廬[1]，素與信善。項王死後亡歸信。漢王怨眛，聞其在楚，詔楚捕眛。信初之國，行縣邑[2]，陳兵出入。漢六年，人有上書告楚王信反。高帝以陳平計，天子巡狩會諸侯[3]。南方有雲夢[4]，發使告諸侯會陳："吾將游雲夢。"實欲襲信，信弗知。高祖且至楚，信欲發兵反。自度無罪，欲謁上，恐見禽。人或說信曰："斬眛謁上，上必喜，無患。"信見眛計事，眛曰："漢所以不擊取楚，以眛在公所。若欲捕我以自媚於漢，吾今日死，公亦隨手亡矣。"乃罵信曰："公非長者！"卒自剄。信持其首謁高祖於陳。上令武士縛信，載後車。信曰："果若人言：'狡兔死，良狗亨；高鳥盡，良弓藏；敵國破，謀臣亡[5]。'天下已定，我固當亨。"上曰："人告公反。"遂械繫信[6]。至雒陽，赦信罪，以爲淮陰侯。

[註釋]

[1] 鍾離眛（mò），鍾離是複姓。伊廬，在今江蘇新海連市附近。
[2] 行，巡視。
[3] 巡狩，天子親往諸侯境內巡視。天子所至，諸侯都要來朝見。
[4] 雲夢，雲夢澤，即今湖北江陵至蘄春間的大湖區域。
[5] 亨，藏，亡，古音都在陽部。
[6] 械，拘束手足的刑具，這裏用如動詞。

信知漢王畏惡其能，常稱病不朝從[1]。信由此日夜怨望，居常鞅鞅[2]，羞與絳、灌等列[3]。信嘗過樊將軍噲[4]，噲跪拜送迎，言稱臣，曰："大王乃肯臨臣[5]！"信出門笑曰："生乃與噲等爲伍[6]！"上常從容與信言諸將能不[7]，各有差[8]。上問曰："如我，能將幾何？"信曰："陛下不過能將十萬。"上曰："於君何如？"曰："臣多多而益善耳。"上笑曰："多多益善，何爲爲我禽？"信曰："陛下不能將兵，而善將將，此乃信之所以爲陛下禽也。且陛下所謂天授，非人力也。"

[註釋]

[1] 朝從，朝見，從行。諸侯要按時朝見皇帝，皇帝出行要從行。
[2] 鞅鞅（yàng yàng），同怏怏，失意的樣子。
[3] 絳，指絳侯周勃，最初從劉邦起事，多有戰功，高祖、惠帝時兩次任太尉。灌，指潁陰侯灌嬰，曾在楚漢之爭中立功，文帝時任太尉、丞相。等列，同列。
[4] 過，訪問。樊噲（kuài），從劉邦起事，封爲舞陽侯。
[5] 臨，居高臨下，這裏指地位高的人來看地位低的人，敬稱。
[6] 伍，也是等列的意思。
[7] 從容，閒談着。能，形容詞，有才能。不，通"否"。
[8] 等於說各有長短。差（cī），高低不齊。

陳豨拜爲鉅鹿守[1]，辭於淮陰侯。淮陰侯挈其手，辟左右[2]，與之步於庭。仰天嘆曰："子可與言乎？欲與子有言也。"豨曰："唯將軍令之！"淮陰侯曰："公之所居，天下精兵處也[3]；而公，陛下之信幸臣也。人言公之畔[4]，陛下必不信；再至，陛下乃疑矣；三至，必怒而自將。吾爲公從中起[5]，天下可圖也。"陳豨素知其能也，信之。曰："謹奉教！"漢十一年，陳豨果反。上自將而往，信病不從。陰使人至豨所，曰："弟舉兵[6]，吾從此助公。"信乃謀與家臣夜詐詔赦諸官徒奴[7]，欲發以襲呂后、太子[8]。部署已定，待豨報。其舍人得罪於信[9]，信囚，欲殺之。舍人弟上變[10]，告信欲反狀於呂后。呂后欲召，恐其黨不就[11]，乃與蕭相國謀，詐令人從上所來，言豨已得死[12]，列侯羣臣皆賀。相國紿信曰[13]："雖疾，彊入賀。"信入，呂后使武士縛信，斬之長樂鍾室[14]。信方斬，曰："吾悔不用蒯通之計，乃爲兒女子所詐[15]，豈非天哉！"遂夷信三族[16]。

[註釋]

[1] 陳豨（xī），漢將。漢建國後曾屢隨劉邦平定叛亂，後爲劉邦所疑，於是反，最後被殺。守，郡守。
[2] 辟，避。使動用法。
[3] 鉅鹿北控燕代，當時駐有重兵，所以韓信這樣說。
[4] 畔，通"叛"。
[5] 中，指京城中。從中起，卽起兵作內應。
[6] 弟，通"第"，但，只管。
[7] 徒，罪犯。奴，奴隸。官徒奴，沒入宮中的徒奴。
[8] 呂后，劉邦之妻，名雉。太子，名盈，卽漢惠帝。

[9] 舍人，卽門客。

[10] 上變，上書報告急變的事情。

[11] 黨（tǎng），通"儻"，倘若，萬一。就，等於說來。

[12] 得，這裏指擒獲。

[13] 紿（dài），欺騙。

[14] 長樂，漢宮名。鍾室，掛鐘（樂器）的屋子。

[15] 兒女子，婦人小子，指呂后和太子。

[16] 夷，滅。三族，父族、母族、妻族。

高祖已從豨軍來，至，見信死，且喜且憐之，問信死亦何言。呂后曰："信言恨不用蒯通計。"高祖曰："是齊辯士也。"乃詔齊捕蒯通。蒯通至，上曰："若教淮陰侯反乎？"對曰："然，臣固教之。豎子不用臣之策，故令自夷於此。如彼豎子用臣之計，陛下安得而夷之乎？"上怒曰："亨之！"通曰："嗟呼！冤哉，亨也！"上曰："若教韓信反，何冤？"對曰："秦之綱絕而維弛[1]，山東大擾，異姓並起，英俊烏集。秦失其鹿[2]，天下共逐之，於是高材疾足者先得焉。蹠之狗吠堯[3]，堯非不仁，狗因吠非其主。當是時，臣唯獨知韓信，非知陛下也。且天下銳精持鋒[4]，欲爲陛下所爲者甚眾，顧力不能耳[5]，又可盡亨之邪！"高帝曰："置之[6]！"乃釋通之罪[7]。

[註釋]

[1] 綱，網上的大繩，用來張網的。維，繫車蓋的繩。"綱""維"比喻國家的法度。

[2] 鹿，比喻帝位。

[3] 蹠，通"跖"，卽盜跖。

[4] 銳，利，使動用法。精，指純鐵。鋒，利刃。精、鋒在這裏等於說武器。

[5] 顧，但，只不過。

[6] 置，赦免。

[7] 釋，解除，等於說赦。

太史公曰："吾如淮陰，淮陰人爲余言：韓信雖爲布衣時，其志與眾異。其母死，貧無以葬，然乃行營高敞地[1]，令其旁可置萬家[2]。余視其母冢，良然。假令韓信學道謙讓，不伐己功，不矜其能，則庶幾哉[3]！於漢家，勳可以比周、召、太公之徒，後世血食矣[4]。不務出此[5]，而天下已集[6]，乃謀畔逆。夷滅宗族，不亦宜乎！"

[註釋]

[1] 營，求。

[2] 這是想將來用萬戶守冢。

[3] 庶幾，差不多。

[4] 血食，指得到享祭。享祭鬼神要殺牲，所以說"血食"。

[5] 此，指"學道謙讓，不伐己功，不矜其能"。

[6] 集，和，指太平。

六、报任安书

《漢書·司馬遷》

[學習指導]

　　本篇記述了司馬遷以無比激憤的心情,向朋友、也是向世人訴說了自己因李陵之禍所受的奇恥大辱,傾吐了內心鬱積已久的痛苦與憤懣,大膽揭露了朝廷大臣的自私,甚至還不加掩飾地流露了對漢武帝是非不辨、刻薄寡恩的不滿。信中還委婉述說了他受刑後"隱忍苟活"的一片苦衷。爲了完成《史記》的著述,司馬遷所忍受的屈辱和恥笑,絕非常人所能想象。但他有非常堅定的信念,死要死得有價值,要"重於泰山"。所以,不完成《史記》的寫作,絕不能輕易去死,卽使一時被人誤解也在所不惜。就是這樣的信念,支持他在"腸一日而九回"的痛苦掙扎中頑強地活了下來,忍辱負重,堅忍不拔,終於實現了他的夙願,完成了他的大業。全文感情真摯強烈,夾敘夾議,迴環反復,把作者的心意表現得淋漓盡致。

　　掌握文中"曩、闋、辱、幸、闕、畜、亡、窮、居、就、搶、嬰、強、重、累、恨、審、足下、桎梏、囹圄、縲紲、倡儻、刺謬"的意義。理解並背誦文中的經典名句。

　　太史公牛馬走司馬遷再拜言[1]。少卿足下:曩者辱賜書[2],教以慎於接物,推賢進士爲務[3]。意氣勤勤懇懇[4],若望僕不相師,而用流俗人之言[5]。僕非敢如此也。僕雖罷駑,亦嘗側聞長者之遺風矣[6];顧自以爲身殘處穢,動而見尤[7],欲益反損,是以獨鬱悒而誰與語[8]。諺曰:"誰爲爲之?孰令聽之[9]?"蓋鍾子期死,伯牙終身不復鼓琴[10]。何則?士爲知己者用,女爲說己者容[11]。若僕大質已虧缺矣[12],雖才懷隨和[13],行若由夷[14],終不可以爲榮,適足以見笑而自點耳[15]。書辭宜答,會東從上來[16],又迫賤事,相見日淺[17],卒卒無須臾之間,得竭指意[18]。今少卿抱不測之罪[19],涉旬月,迫季冬[20],僕又薄從上雍,恐卒然不可爲諱[21],是僕終已不得舒憤懣以曉左右[22],則是長逝者魂魄私恨無窮[23]。請略陳固陋[24]。闕然久不報,幸勿爲過[25]。

[註釋]

[1] 太史公,官名,又稱太史令。牛馬走,謙詞,指像牛馬一樣被驅使的僕人。走,等於說僕人。

[2] 少卿,指任安,字少卿,滎陽人,曾任北軍使者護軍。任安是司馬遷的朋友,曾寫信給司馬遷,要他利用擔任中書令的機會,"推賢進士"。隔了很長時間,司馬遷寫了這封信答復他,而這時任安已經因事下獄。後獲罪被處腰斬。古人稱名表謙,稱字表敬。足下,書信中對人尊敬的稱呼。曩(nǎng),以前,過去。書,信。

[3] 慎,謹慎。接物,指與外界交接,交際。推賢進士向朝廷推舉人才。務,事。爲務,作爲應當做的事。當時司馬遷任中書令(由宦者擔任),掌文書及推選人材等事,所以任安要他推賢進士。

[4] 意氣，指情意。勤勤懇懇，指非常懇切。
[5] 望，怨。師，名詞作動詞，遵從。相，一方對另一方的動作，指你。流俗人，指世俗庸人。
[6] 罷駑，指才能低下。罷，通"疲"。駑，劣馬。側聞，謙詞，在一旁聽到。
[7] 顧，連詞，不過，只是。身殘，指身遭宮刑。穢，指污穢可恥的地位。見，表被動。尤，過錯，名詞用如動詞，等於說指責、責備。
[8] 鬱悒，連綿詞，憂愁苦悶的樣子。誰與語，即與誰語，對誰述說。
[9] 誰爲，"誰"作介詞"爲"（wèi）的前置賓語。爲之，做這些事。孰令，疑問代詞"孰"作動詞"令"的前置賓語。
[10] 鍾子期、伯牙，均爲春秋時期楚國人。伯牙善鼓琴，鍾子期是他的知音。
[11] 說，"悅"的古字，指寵愛。容，名詞用作動詞，指打扮。
[12] 大質，指身體。虧缺，殘缺，指受宮刑。
[13] 隨，指隨侯珠。和，指和氏璧，都是名貴的寶物，經常用來比喻可貴的才能。
[14] 由，許由。夷，伯夷，傳說中兩個品德高尚，不貪富貴的人。
[15] 以爲榮，把這個作爲榮耀。點，黑點，污點，名詞用作動詞，玷污。
[16] 書辭，指任安的來信。會，適逢，正遇上。東，往東，等於說由西邊。從，跟從。上，當今皇帝，指漢武帝。按：這是指征和二年（公元前91年）七月戾太子舉兵後武帝自甘泉宮（在今陝西淳化縣西北）還長安。
[17] 迫，迫於。賤事，謙詞，指煩瑣的事物。日淺，指時間短。
[18] 卒卒，通"猝猝"，匆忙急迫的樣子。竭，盡。指，同"旨"。指意，意旨。
[19] 不測，指深。不測之罪，重罪，指被處腰斬。
[20] 涉，過。旬，徧，滿。旬月，滿月。迫，臨近。季冬，農曆十二月，漢律規定在十二月處決犯人。
[21] 薄，迫，接近。雍，地名。不可爲諱，不能避諱，指任安死去，這是委婉語。
[22] 舒，抒發。憤，憋悶。懣，煩悶。曉，告知。左右，指任安，不直稱對方，而稱對方左右的人，表示尊敬。
[23] 長逝者，死去的人，指任安。
[24] 固陋，謙詞，指鄙陋的見解。
[25] 闕然，指時間隔了很久。報，回答，回復。幸，謙敬副詞，有幸。爲過，意同"見過"，責怪我。

僕聞之：脩身者，智之符也[1]；愛施者，仁之端也[2]；取與者，義之表也[3]；恥辱者，勇之決也[4]；立名者，行之極也[5]。士有此五者，然後可以託於世[6]，而列於君子之林矣。故禍莫憯於欲利，悲莫痛於傷心，行莫醜於辱先，詬莫大於宮刑[7]。刑餘之人，無所比數[8]，非一世也，所從來遠矣。昔衛靈公與雍渠同載，孔子適陳[9]；商鞅因景監見，趙良寒心[10]；同子參乘，袁絲變色[11]：自古而恥之。夫以中才之人，事有關於宦豎，莫不傷氣，而況於慷慨之士乎[12]？如今朝廷雖乏人，奈何令刀鋸之餘，薦天下豪俊哉[13]！僕賴先人緒業，得待罪輦轂下，二十餘年矣[14]。所以自惟[15]，上之不能納忠效信，有奇策才力之譽，自結明主[16]；次之又不能拾遺補闕，招賢進能，顯巖穴之士[17]；外之又不能備行伍，攻城野戰，有斬將搴旗之功[18]；下之不能積日累勞，取尊官厚祿，以爲宗族交遊光寵[19]。四者無一遂，苟合取容，無所短長之效，可見於此矣[20]。嚮者僕常廁下大夫之列，陪外廷末議[21]，不以此時引綱維[22]，盡思慮，今以虧形爲掃除之隸，在闒茸之中[23]，乃欲仰首伸眉，論列是非[24]，不亦輕朝廷，羞當世之士邪？嗟乎！嗟乎！如僕尚何言哉！尚何言哉！

[註釋]

[1] 脩身，陶冶身心，涵養德性。符，信，這裏是憑證的意思。

[2] 愛施，指愛憐別人樂於施舍。端，開端。

[3] 取與，指善於取捨。表，表現，標誌。

[4] 恥辱，這裏指對待恥辱的態度。決，判斷，決斷。

[5] 立名，樹立好的名聲。行（xìng），品性。極，最高點，指最高的境界。

[6] 託，同"托"，寄托，指立身，站得住腳。

[7] 憯（cǎn），通"慘"，慘痛。欲利，貪圖私利。辱先，辱沒祖先。詬（gòu），恥辱。

[8] 刑餘之人，在刑罰下得到餘生的人，即受過刑的人，這裏指宦官。比，並列，放在一起。數，計算。

[9] 雍渠，衛靈公的宦官。載，乘車。

[10] 景監，秦孝公的宦官。見，指見到秦孝公。趙良，秦國的賢士。

[11] 同子，指漢文帝的宦官趙談，司馬遷父名司馬談，爲避父諱改稱同子。參乘，陪坐於車右。袁絲，姓袁名盎，絲是字，任郎中官。變色，變了臉色，指發怒。

[12] 中才，一般的才能。宦豎，等于說宦官。豎，宮廷裏供役使的小臣，引申爲地位卑賤者。傷氣，等于說挫傷了志氣。慷慨之士，指器宇不凡、氣節高尚的人。

[13] 奈何，怎麼。刀鋸之餘，指受過刑的人。

[14] 賴，依賴，仰仗。緒業，未竟的事業。侍罪，謙詞，指做官。輦穀（niǎn gǔ）下，指在皇帝的身邊，指代京城。輦，帝王坐的車子。

[15] 所以，拿這些事情（指下面說的）。自惟，自己思考。

[16] 上之，首先。下面的"次之"、"外之"、"下之"都表示順序。納忠，進納忠言。效信，獻出誠實的心意。結，結識，這裏指取得信任。

[17] 拾遺補闕，拾取人君所遺忘的事情，彌補人君欠缺的工作。這裏指進諫。顯，動詞的使動用法，使……顯露。巖穴之士，指隱士。

[18] 行（háng）伍，古代軍隊的編制，五人爲伍，二十五人爲行。備行伍，備數於行伍之中，也就是供職軍隊。搴（qiān），拔取。

[19] 積日，積累時間，這裏指憑借資歷。累勞，積累功勞。交遊，指朋友。

[20] 遂，成，成功，做到。苟，苟且。合，附合。取容，卽取悅（皇帝）。無所長短，指沒有什麼可取的。短長，偏義復詞，意思在"長"。效，效果，成效。

[21] 常，通"嘗"，曾經。廁，謙詞，參與，夾雜在裏面。外廷，漢代把官員分爲外朝官（丞相以下至六百石）和中朝官（大司馬、侍中等）。太史令屬外朝。末

議，謙詞，微不足道的議論。

[22] 引，拉，申張。綱維，指國家的法令。

[23] 以，因。虧形，指身殘。掃除之隸，謙詞，打掃污穢的僕役。闒茸（tà róng），卑賤，下賤，指地位下賤的人。

[24] 論列，議論陳述。

且事本末未易明也[1]。僕少負不羈之才，長無鄉曲之譽[2]。主上幸以先人之故，使得奏薄技，出入周衛之中[3]。僕以爲戴盆何以望天，故絶賓客之知[4]，忘室家之業，日夜思竭其不肖之才力，務一心營職，以求親媚於主上[5]。而事乃有大謬不然者[6]！

夫僕與李陵俱居門下，素非能相善也[7]。趣舍異路，未嘗銜杯酒，接慇懃之餘歡[8]。然僕觀其爲人，自守奇士[9]：事親孝，與士信，臨財廉，取與義，分別有讓，恭儉下人[10]，常思奮不顧身，以徇國家之急[11]。其素所蓄積也，僕以爲有國士之風[12]。夫人臣出萬死不顧一生之計，赴公家之難，斯已奇矣[13]。今舉事一不當，而全軀保妻子之臣，隨而媒蘖其短，僕誠私心痛之[14]。且李陵提步卒不滿五千，深踐戎馬之地，足歷王庭，垂餌虎口，橫挑彊胡[15]，仰億萬之師，與單于連戰十有餘日，所殺過當[16]。虜救死扶傷不給，旃裘之君長咸震怖[17]。乃悉徵其左右賢王，舉引弓之民，一國共攻而圍之[18]。轉鬥千里，矢盡道窮，救兵不至，士卒死傷如積[19]。然陵一呼勞軍，士無不起，躬自流涕[20]，沫血飲泣，更張空拳，冒白刃，北嚮爭死敵者[21]。陵未沒時，使有來報，漢公卿王侯皆奉觴上壽[22]。後數日，陵敗書聞，主上爲之食不甘味，聽朝不怡[23]，大臣憂懼，不知所出[24]。僕竊不自料其卑賤，見主上慘愴怛悼，誠欲效其款款之愚[25]，以爲李陵素與士大夫絕甘分少，能得人死力[26]，雖古之名將，不能過也。身雖陷敗，彼觀其意，且欲得其當而報於漢[27]。事已無可奈何，其所摧敗，功亦足以暴於天下矣[28]。僕懷欲陳之，而未有路，適會召問，即以此指，推言陵之功[29]。欲以廣主上之意，塞睚眦之辭[30]。未能盡明，明主不曉，以爲僕沮貳師[31]，而爲李陵遊說，遂下於理[32]。拳拳之忠，終不能自列[33]，因爲誣上，卒從吏議[34]。家貧，貨賂不足以自贖；交遊莫救，左右親近不爲一言[35]。身非木石，獨與法吏爲伍，深幽囹圄之中，誰可告愬者[36]！此真少卿所親見，僕行事豈不然乎？李陵既生降，隳其家聲[37]，而僕又佴之蠶室，重爲天下觀笑[38]。悲夫！悲夫！事未易一二爲俗人言也[39]。

[註釋]

[1] 本末，首尾，指從頭到尾的經過。

[2] 少，指少年時。負，恃。不羈，指才質高遠不可羈繫。鄉曲，鄉里。譽，稱譽。

[3] 奏，貢獻。周，環繞。衛，宿衛。周衛，即宮禁之中。

[4] 絕，斷絕。賓客，指朋友。知，了解，引申爲交往。

[5] 務，致力。營職，指做好本職工作。媚，愛。

[6] 乃，副詞，竟，竟然。

[7] 李陵，西漢名將李廣之孫，任騎都尉，后出擊匈奴被圍，糧盡援絕，投降了匈奴。素，平時。

[8] 趣（qū）舍異路，比喻各人志向不同。趣，通"趨"，向前走。舍，止。慇勤，

情意懇切深厚。

[9] 自守，指能守住自己的節操。奇士，出衆的人。
[10] 信，守信用。臨，碰到。取與，接受和給予。分別，指能分別尊卑長幼，卽知禮。有讓，有謙讓之禮。恭儉，是偏義復詞，着重在恭。下人，下於人，是謙居於人下的意思。
[11] 徇，以身從物，這個意義後來寫作"殉"。急，急難。
[12] 所蓄積，指注意平時的修養，逐步積累起來的美德。國士，全國傑出的人物。
[13] 出，出於。計，考慮。已，《文選》作"以"，《漢書》作"已"。
[14] 舉事，做事。全軀，指保全自身。全，形容詞的使動用法，使……全。隨，隨卽。媒糵其短，指把李陵的過失釀成大罪。媒，通"酶"，酒麴，釀酒的酵母。糵，通"櫱"，酒麴。誠，實在。痛，痛惜。
[15] 提，帶，帶領。戎馬之地，戰場，這裏指匈奴境內。王庭，指匈奴單于居住的地方。橫挑，四處挑戰，這裡指出奇兵誘敵出戰。胡，指匈奴。
[16] 仰，仰攻。汉军北嚮，匈奴南下，北方地高，所以说"仰"。當（dàng），相當的，相等的，這里指與漢軍相當的人數。
[17] 虜，指匈奴人。給（jǐ），供給。不給，等於說顧不上。旃（zhān），通"氈"。旃裘，匈奴人穿的衣服，這裏指代匈奴。咸，范圍副詞，都。
[18] 徵，徵調。左右賢王，卽左賢王、右賢王，都是匈奴王之號。單于之下設左右賢王。舉，發動。
[19] 窮，路不通，指路被封鎖。積，堆積。
[20] 勞軍，慰勞軍隊。涕，淚。
[21] 沫（huì）血，用血洗臉，意思是血流滿面。沫，同"頮"，以手捧水洗臉。張，拉開。卷（quān），弩弓。死敵，死於敵，等於說跟敵人拼命。這裏的"者"字和上文的"無不"相應。
[22] 沒，覆沒。觴，盛酒的杯子。上壽，獻祝壽之辭。一般是指在宴會上向尊者進酒獻壽，這裏指祝捷。
[23] 聞，被動用法，被聽到，特指被皇上聽說、知道。陵敗書聞，關於李陵戰敗的奏章被皇上知道了。聽朝，聽於朝，指上朝治理朝政。怡，高興。
[24] 所出，指提出的辦法，這裏指該怎麼辦。
[25] 料，料想，考慮。其，活用爲第一人稱，自己。慘愴（chuàng）怛（dá）悼，都是悲傷的意思。效，獻。款款，忠實懇切的樣子。愚，指愚昧的見解，謙詞。
[26] 絕甘，自己不吃甘美的東西。分少，把自己少量的東西分給別人。死力，拼死出力。
[27] 當，指適當的時機。報，報效。
[28] 摧敗，指擊破匈奴軍。暴，暴露，顯露。
[29] 懷，指心裏。陳，陳述。指，通"旨"，意。推，推廣。推言，等於說推論，闡述。
[30] 廣，寬，寬慰。睚眦（yá zì），怒目而視。睚眦之辭，指報私怨的話。

[31] 沮（jǔ），敗壞，毀壞。貳師，指貳師將軍李廣利。李陵率偏師被圍，而李廣利率主力卻按兵不動。但李廣利的妹妹爲漢武帝的寵妃，所以司馬遷如實陳述，自然受到武帝的猜疑。

[32] 理，指大理，亦卽廷尉，九卿之一，是掌訴訟刑獄的官員。此官在秦時稱廷尉，景帝時改稱大理，武帝又改爲廷尉，這裏是用舊名。

[33] 拳拳，忠誠恭謹的樣子。列，列舉，這裏指陳述，指分辯。

[34] 因，於是。爲，動詞，判定。誣上，欺騙皇上，指欺君之罪。卒，最後。從，聽從，指武帝聽從。吏議，指獄吏的判決。

[35] 左右親近，指皇帝身邊親近的臣子。

[36] 幽，指幽禁。囹圄（líng yǔ），指監獄。愬，告訴，訴說。

[37] 生降，活着投降。隤（tuí），敗壞。

[38] 佴（èr），等於說編次、排列。之，動詞，到。蠶室，指宮刑獄室。重，深深地。

[39] 夫，句尾語氣詞，表感嘆，啊。易，容易。爲，介詞，對，向。

僕之先非有剖符丹書之功[1]；文史星歷，近乎卜祝之間[2]，固主上所戲弄，倡優畜之，流俗之所輕也[3]。假令僕伏法受誅，若九牛亡一毛，與螻蟻何以異[4]？而世又不與能死節者比，特以爲智窮罪極，不能自免，卒就死耳[5]。何也？素所自樹立使然也[6]。人固有一死，或重於泰山，或輕於鴻毛，用之所趨異也[7]。太上不辱先，其次不辱身，其次不辱理色[8]，其次不辱辭令，其次詘體受辱[9]，其次易服受辱，其次關木索、被箠楚受辱[10]，其次剔毛髮、嬰金鐵受辱[11]，其次毀肌膚、斷肢體受辱，最下腐刑極矣[12]！傳曰："刑不上大夫。"此言士節不可不勉勵也[13]。猛虎在深山，百獸震恐，及在檻穽之中，搖尾而求食，積威約之漸也[14]。故士有畫地爲牢，勢不可入，削木爲吏，議不可對，定計於鮮也[15]。今交手足，受木索，暴肌膚，受榜箠，幽於圜墻之中[16]。當此之時，見獄吏則頭槍地，視徒隸則心惕息[17]。何者？積威約之勢也。及以至是，言不辱者，所謂強顏耳，曷足貴乎[18]？且西伯，伯也，拘於羑里[19]；李斯，相也，具於五刑[20]；淮陰，王也，受械於陳[21]；彭越、張敖，南面稱孤，繫獄抵罪[22]；絳侯誅諸呂，權傾五伯，囚於請室[23]；魏其，大將也，衣赭衣，關三木[24]；季布爲朱家鉗奴[25]；灌夫受辱於居室[26]。此人皆身至王侯將相，聲聞鄰國，及罪至罔加，不能引決自裁[27]，在塵埃之中。古今一體，安在其不辱也[28]？由此言之，勇怯，勢也；強弱，形也[29]。審矣，何足怪乎[30]？夫人不能早自裁繩墨之外，以稍陵遲[31]，至於鞭箠之間，乃欲引節，斯不亦遠乎[32]！古人所以重施刑於大夫者，殆爲此也[33]。夫人情莫不貪生惡死，念父母，顧妻子。至激於義理者不然，乃有所不得已也[34]。今僕不幸，早失父母，無兄弟之親，獨身孤立，少卿視僕於妻子何如哉？且勇者不必死節，怯夫慕義，何處不勉焉[35]？僕雖怯懦，欲苟活，亦頗識去就之分矣，何至自沉溺縲紲之辱哉[36]！且夫臧獲婢妾，猶能引決[37]，況僕之不得已乎？所以隱忍苟活，幽於糞土之中而不辭者[38]，恨私心有所不盡，鄙陋沒世，而文采不表於後世也[39]。

[註釋]

[1] 剖符，分剖之符。古代符分作兩塊，皇帝和受賜大臣各執其一，上邊寫着同樣的

誓詞，意思是永遠信任他不改變他的爵位，以示信守。丹書又稱丹書鐵券，是在鐵券上用硃砂寫上誓詞，作爲後世子孫免罪的憑信。剖符、丹書，都是頒發給功臣的。

[2] 文史星歷，文獻、史籍、天文、律歷，這都是太史令掌管的事。卜祝，占卜官和祭祀時贊辭的人。

[3] 固，本來。倡，樂人。優，優伶。倡優作狀語，表示像對待倡優一樣。

[4] 亡，失去。螻蟻，螻蛄、螞蟻。

[5] 死節，爲節義而死。比，同等看待，相提并論。特，只不過。就，走向，接受。

[6] 所自樹立，自己用來立身於世的，也就是自己的職業和地位。

[7] 用之所趨，應用死節的地方。之，指死。趨，向。

[8] 太上，最上等的。理，腠理。色，臉上的氣色。理色，臉面。

[9] 詘（qū）體，被綁縛。詘，通"屈"。

[10] 易服，換上囚服。關，指戴上。木，指枷。索，繩。被，遭受。箠，杖。楚，荆條。"箠楚"都是當時用來打犯人的。

[11] 剔毛髮，指受髡（kūn）刑，剔光頭髮。剔，通"剃"。嬰金鐵，指受鉗刑，以鐵圈束頸。嬰，繞。

[12] 毀肌膚、斷肢體，指遭受黥（qíng）、劓（yì）、刖（yuè）等殘酷的肉刑。腐刑，宫刑。

[13] 士節，這里指士大夫的氣節。

[14] 檻，關野獸的木籠。穽，同"阱"，捕獸的陷阱。積威約之漸，指經過長期的威逼約束使之逐漸馴服。漸，浸漬，用如名詞，指浸漬的結果，亦即逐步發展的結果。

[15] 勢，名詞作狀語，按情勢。議，吏議，名詞作狀語，在法官審訊時。對，回答。定計於鮮，指打算在受辱前自殺。鮮，指不是壽終。

[16] 暴肌膚，指受刑時剝去衣服露出身體。榜，打。圜（yuán）墙，指牢獄。

[17] 槍，通"搶"，碰撞。著，觸。徒隸，指獄卒。惕，怕。息，喘息。心惕息即膽戰心驚的意思。

[18] 以，通"已"。及，等到。強（qiǎng），使動用法。強顏，勉強做出笑容，這裏指厚着臉皮。

[19] 西伯，指周文王姬昌。伯，方伯，一方諸侯之長。羑（yǒu）里，殷紂王拘禁西伯的地方。

[20] 五刑，最殘酷的刑法。《漢書·刑法志》：漢初"其大辟尚有夷三族之令。令曰：'當三族者，皆先黥、劓，斬左右趾，笞殺之，梟其首，菹其骨肉於市。其誹謗詈詛者，又先斷舌。'故謂之具五刑。"漢初承用秦制，秦時之五刑，也當如此。

[21] 械，鐐銬枷鎖之類的刑具。

[22] 彭越，初事項羽，不久投降劉邦，封爲梁王，後被誣告而夷三族。張敖，張耳的兒子，繼其父爲趙王，後被誣下獄。

[23] 絳侯，指漢初功臣周勃，文帝時曾被誣下獄。傾，超過。五伯，即春秋五霸。伯，後作"霸"。請室，官署名。皇帝出，請室令在前先驅。請室有特設的監獄。

[24] 魏其，即竇嬰，景帝時爲大將軍，封魏其侯，後因救灌夫被判死刑罪。赭

(zhě)衣，囚犯的衣服。三木，加在頸、手、足三處的刑具。

[25] 季布，初爲項羽之將，因多次困辱劉邦而被劉邦重金購求，於是剃髮帶鉗，給魯人朱家做奴僕，後被劉邦赦免。

[26] 灌夫，武帝時任太僕，因得罪丞相田蚡而被囚。居室，官署名。

[27] 罔加，指刑法施加於身。罔，通"網"，指法網，刑法。引決，下決心。自裁，指自殺。

[28] 塵埃之中，指屈辱的境地。安在，在什麼地方。其，句中語氣詞，表反問。

[29] 形，義同"勢"，這句話的意思是：勇怯、強弱都是形勢決定的。

[30] 審，明白。

[31] 繩墨，比喻法律。稍，漸漸。陵遲，衰頹，指受挫。

[32] 引節，指死於名節。遠，指太晚。

[33] 重，慎重，不輕易。殆，副詞，大概。

[34] 激，激發，鼓勵。

[35] 死節，爲節義而死。慕義，仰慕大義。何處不勉，指隨時隨處都可以勉勵自己不要受辱而爲名節去死。

[36] 顧，程度副詞，稍微，略微。識，知道，懂得。去就，去生就死，即捨生取義。分別，這裏指道理。沉溺，指陷入不良境地不能自拔。縲（léi），大繩子。紲（xiè），長繩子。縲紲，專指捆綁犯人的繩子，這裏指被囚下獄。

[37] 臧獲，古時罵奴婢的賤稱。引決，指引決自裁。

[38] 隱忍，指忍受屈辱。幽，幽禁，這裏指埋沒。糞土之中，屈辱的境地。辭，推托，躲避。

[39] 恨，遺憾。私心，自己的心願。鄙陋，卑賤無知，這裏指無人知道，默默地。沒世，終了一生，指死。表，表露。

古者富貴而名摩滅，不可勝記，唯倜儻非常之人稱焉[1]。蓋文王拘而演《周易》；仲尼厄而作《春秋》[2]；屈原放逐，乃賦《離騷》；左丘失明，厥有《國語》[3]；孫子臏腳，兵法脩列；不韋遷蜀，世傳《呂覽》[4]；韓非囚秦，《說難》《孤憤》[5]；《詩》三百篇，大底聖賢發憤之所爲作也[6]。此人皆意有所鬱結，不得通其道，故述往事，思來者[7]。及如左丘無目，孫子斷足，終不可用，退而論書策，以舒其憤，思垂空文以自見[8]。僕竊不遜，近自託於無能之辭，網羅天下放失舊聞[9]，略考其行事，綜其終始，稽其成敗興壞之紀[10]，上計軒轅，下至于茲[11]，爲十表，本紀十二，書八章，世家三十，列傳七十，凡百三十篇。亦欲以究天人之際，通古今之變[12]，成一家之言。草創未就，會遭此禍。惜其不成，是以就極刑而無慍色[13]。僕誠以著此書，藏之名山，傳之其人，通邑大都[14]，則僕償前辱之責[15]，雖萬被戮，豈有悔哉！然此可爲智者道，難爲俗人言也！

[註釋]

[1] 摩，通"磨"。唯，祇有。倜儻（tì tǎng）雙聲連綿詞，卓越的樣子。非常，不平凡。稱，稱道，指爲人所知。

[2] 拘，拘禁。演，推演。厄，受困。

[3] 賦，朗誦，創作（詩）。左丘，即春秋時魯國史官左丘明。失明，失去視力。厥，句首語氣詞。

[4] 孫子，指孫臏，戰國時著名的軍事家。臏腳，指挖去了膝蓋骨。脩列，編纂。不韋，即呂不韋，秦始皇相國。呂覽，即《呂氏春秋》。

[5] 韓非，戰國末韓國公子，曾作《說難》《孤憤》，后至秦爲李斯所譖，死於獄中。

[6] 大底，大抵、大都。發憤，決心努力。

[7] 通，施行。其道，指他們的主張。思來者，意思是想讓將來的人知己之志。

[8] 乃如，至於。論書策，在書冊中論述自己的見解。舒，抒發。垂，動詞的使動用法，使……流傳。空文，尚未實行的文章，與具體的功業相對。見，"現"古字，表現。

[9] 遜，謙虛。託，寄托。無能之辭，不高明的文辭，謙詞。網羅，指搜集。放，散。

[10] 行事，行爲，指做過的事情。稽，考察。紀，綱紀，這裏指道理、規律。

[11] 軒轅，即黃帝。

[12] 究，窮，徹底推求。際，指關係。通，通曉，瞭解。

[13] 極刑，指宮刑。慍（yùn），惱怒。

[14] 其人，指與自己志同道合的人。通邑，義同"大都"，大城邑。

[15] 前辱，指下獄受宮刑的恥辱。責，"債"的古字。

且負下未易居，下流多謗議[1]。僕以口語遇遭此禍，重爲鄉黨所笑[2]，以污辱先人，亦何面目復上父母之丘墓乎？雖累百世，垢彌甚耳[3]！是以腸一日而九迴，居則忽忽若有所亡，出則不知其所往[4]。每念斯恥，汗未嘗不發背沾衣也！身直爲閨閤之臣，寧得自引深藏於巖穴邪[5]？故且從俗浮沈，與時俯仰，以通其狂惑[6]。今少卿乃教以推賢進士，無乃與私心剌謬乎[7]？今雖欲自雕琢，曼辭以自飾，無益，於俗不信，適足取辱耳[8]。要之[9]，死日然後是非乃定。書不能悉意[10]，略陳固陋。謹再拜[11]。

[註釋]

[1] 負下，指在負罪受辱的情況下。下流，水的下游，指處於卑賤的地位。

[2] 口語，說話，指爲李陵辯護。重，深深地。鄉黨，指鄉里，相鄰。

[3] 累，積累。詬，恥辱。彌甚，更嚴重。

[4] 腸一日而九迴，喻愁腸百轉，痛苦不堪。居，在家。忽忽，指恍恍惚惚。亡，丟失。

[5] 直，僅，不過。閨閤，都是宮中的小門，二字連文，即指宮禁。閨閤之臣，宮廷內臣，即指宦官。寧，語氣副詞，表反問，怎麼。引，引退。深藏，指隱居。

[6] 且，情態副詞，姑且。從俗沉浮，跟著一般人行事。與時俯仰，跟著形勢走。通，達，抒發。狂惑，指內心悲憤。

[7] 無乃……乎，固定句式，表推測相當于"恐怕……吧"。剌（là）謬，違背。

[8] 雕琢，指裝飾美化。曼辭，動聽的話，"曼辭"作動詞"以"的前置賓語。於俗不信，指不被人相信。

[9] 要之，總之。要，匯總。

[10] 悉意，指完全表達心意。

[11] 謹再拜，舊時用於書信末尾的客套話。

第三章 语 法

【学习提示】

本章主要学习古代汉语语法方面的有关知识，并附有相关文选和选词释义。

本章的学习内容包括七个方面：语法概说、名词作状语、词类的活用、常用虚词的用法、判断句和被动句式、宾语前置和句子成分的省略以及语法学知识与中学文言文教学。

本章重点掌握：

1. 名词作状语的五种类型和用法；
2. 名词、动词、形容词和数词的活用类型及用法；
3. 十六个常见的文言虚词的主要用法；
4. 判断句和被动句的基本类型和用法；
5. 宾语前置的类型和句子成分省略的主要情况；
6. 语法知识在中学文言文教学中的运用。

第一节 语 法 概 说

语法是人类思维长期抽象化的成果，是语言中比较稳定的组成部分。古代汉语的书面语言，已有近四千年的历史。几千年来，尽管汉语语法已有很大的发展，但就其基本结构来说，古今基本上是一致的。语法虽然比较稳定，但也是发展变化的。古汉语语法，与现代汉语语法相比较，有其自身显著的特点。下面从词法和句法两个方面对古汉语语法作一个简单的概述。

一、古汉语的词类

古代汉语的词可以分为实词和虚词两大类。实词主要包括名词、动词、形容词和数词；虚词主要包括副词、介词、连词、助词、语气词。与现代汉语不同，古代汉语中的代词，一部分归入了实词，一部分归入了虚词。并且，古代汉语每类虚词的构成成分与用法和现代汉语也不尽相同。

古代汉语中的名词、动词、形容词、数词在正常的用法之外，还有一些特殊的用法。如普通名词用作状语、名词和形容词可活用为一般动词、名词和形容词的使动用法和意动用法、动词的使动用法和为动用法、形容词可活用为名词，数词可活用为动词等等。

在数量表达方面，古代汉语也有许多特别之处，主要有：（1）古代汉语中量词不发达，尤其是很少使用动量词，因此在表量的时候常常是用数词直接放在名词或动词的前面；（2）分子、分母连用，中间常不用"分"和"之"；（3）用定数"三、五、九"等表示虚数；（4）用在数词前加"且、将、几"等或在数词后加"所、许"等表示概数。

古代汉语中的代词一般分为人称代词、指示代词、疑问代词和无定代词四类。常见的第一人称代词有"吾、我、卬、朕、余、予"等；第二人称代词有"汝（女）、尔、若、而、乃"等，其中"而、乃"多作定语，偶尔作主语，不作宾语；上古汉语中没有真正的第三人称代词，当表达需要时，便借用指示代词"之、其"等来表示，后来这些指示代词就逐渐发展为兼作人称代词了，"其"多作定语，"之"多作宾语。常见的指示代词有"是、此、兹、斯"、"彼、夫、其"和"之、尔"等，其中，前一组是近指代词，中间一组是远指代词，最后一组近指、远指两可，视具体语言环境而定。

常见的疑问代词有"谁、孰、何、胡、曷、奚、安、恶、焉"等。"谁、孰"主要用作代人，"胡、曷、奚、安、恶、焉"主要用作代事物、情况、处所和原因等，"何"用法多样，可代人，亦可代物等。无定代词主要有"或、莫"两个，"或"是肯定性的，"莫"是否定性的。

古代汉语中的副词可分为以下六类：一、程度副词，常见的有"甚、太、尤、愈、益、略、颇"等；二、范围副词，常见的有"但、徒、特、直、第、皆、独、尽、悉"等；三、时间副词，常见的有"将、方、且、正、已、既、尝"等；四、语气副词，常见的有"固、诚、乃、岂、宁、其"等；五、否定副词，常见的有"不、弗、毋、勿、无、未、否、非"等；六、表敬副词，常见的有"窃、幸、辱、惠、请、敬、谨"等。

古代汉语中的介词不仅出现频率高，而且很多是一词多用的。常用作引进时间和处所的介词有"于（於）、乎、以、自、由、从、因、在、向"等；常用作引进工具和条件的介词有"以、于、乎、用"等；常用作引进原因的介词有"以、于、乎、因、为、由、用"等；常用作引进对象的介词有"与、于、乎、以"等；常用作引进主动者的介词有"于、乎、为、被"等。

古代汉语中的连词主要有以下九类：一、并列连词，常见的有"与、及、且、而、以"等；二、递进连词，常见的有"而、且、况"等；三、选择连词，常见的有"如、若、抑、将、宁、且"等；四、承接连词，常见的有"斯、则、而、于是、然后"等；五、因果连词，常见的有"以、由、故、而、以故、是故、是以、是用"等；六、假设连词，常见的有"如、若、令、向、苟、则、而、且、设、使"等；七、转折连词，常见的有"然、而、则、然而"等；八、让步连词，常见的有"虽、虽然、即、纵"等；九、目的连词，常见的有"而、以"等。

古代汉语中的助词常见的有"所、者、之"等。

古代汉语中的语气词，按其在句中的位置可分为句首语气词、句中语气词和句尾语气词三类；按其所表语气的不同，可分为陈述语气词、疑问语气词、感叹语气词和祈使语气词四类。常见的语气词有"也、矣、乎、哉、与（欤）、夫、耶（邪）、者、耳、其、盖"等。

二、古汉语的句类

古代汉语的句子从语气上划分，可分为陈述句、疑问句、祈使句和感叹句四种类型；从谓语的性质和主谓之间的关系上分，可分为叙述句、判断句和描写句等。这些方面古今汉语基本上是一致的。但古代汉语句法也有一些特殊之处，主要表现在以下几个方面：

（一）宾语前置。古代汉语中，当疑问代词在疑问句中作动词或介词的宾语、指示代词或人称代词在否定句中作宾语时，宾语一般前置。

（二）主谓倒装，古代汉语中，有时为了加强语气，引起他人的注意，可将疑问句或感叹句的谓语提到主语的前面来。

（三）判断句式。在上古汉语中，"是"还没有变化为判断词，当时的判断句主要是借助助词"者"、语气词"也"和一些副词来帮助、强调判断，或表明判断关系。

（四）被动句式。古代汉语中的被动句形式多样，主要有"于"字句、"为"字句、"见"字句、"被"字句和"为…所"式、"见…于"式等等。

思考与练习

1. 古汉语虚词的划分和现代汉语有何不同？请举例说明。
2. 古汉语实词有哪些特殊用法？请举例说明。
3. 古汉语有哪些特殊句式？请举例说明。

第二节　名词作状语

现代汉语中，除了时间名词和处所名词能直接作状语之外，普通名词一般要与介词组合为介宾结构才能作状语。与此不同，古代汉语中，普通名词可以直接出现在谓语前作状语，而且这种现象很普遍。有的语法著作把这种现象看做名词用如副词。

名词用作状语，所起的作用是多种多样的，有的还具有比较浓厚的修辞色彩，主要有如下五种情况。

一、表示动作行为的工具或依据

古代汉语中，普通名词作状语可以表示谓语动词所代表的动作行为进行时所凭借的工具或依据。表示工具一类的，一般含有"用……"的意思；表示依据一类的，一般含有"按照……"或"依据……"的意思。例如：

① 遂率子孙荷担者三夫，叩石垦壤，箕畚运于渤海之尾。（《列子·汤问》）
② 伍子胥橐载而出昭关。（《战国策·范雎说秦王》）
③ 乃丹书帛曰"陈胜王"，置人所罾鱼腹中。（《史记·陈涉世家》）
④ 太祖累书呼，又敕郡县发遣。（《三国志·魏书·华佗传》）
⑤ 失期，法皆斩。（《史记·陈涉世家》）
⑥ 吾义固不杀人。（《墨子·公输》）
⑦ 三老、豪杰皆曰："将军身被坚执锐，伐无道，诛暴秦，复立楚国之社稷，功宜为王。"（《史记·陈涉世家》）
⑧ 予分当引决，然而隐忍以行。（文天祥《指南录后序》）

上述各例中加点的名词均用作状语，修饰它们后边的动词。前四例表示动作行为所凭借的工具，相当于现代汉语的"用……"。"箕畚运"是"用箕畚运送"的意思，表示"运"这个动作行为得以进行时是凭借"箕畚"这个工具来实现的；"橐载"是"用口袋装载"的意思；"丹书"是"用丹书写"的意思；"书呼"是"用书信召"的意思。后四例表示动作行为所依凭的条件、形势、身份或道理，相当于现代汉语"按照……"或"依据……"。"法皆斩"是"依照法律都要杀头"的意思，名词"法"作"皆斩"的状语，表示动作行为所依凭的条件；"义固不杀人"是"按照义理本来不该杀人"的意思；"功宜为王"是"根据功绩应当称王"的意思；"分当引决"是"依据情理应该自杀"的意思。

二、表示对宾语的态度

这种用法是把宾语所表示的人或物，当成作状语的名词所代表的人或物来对待，相当于现代汉语中的"像对待……一样地"、"把（宾语）当作……"或"用对待……态度"等。例如：

① 彼秦者，弃礼义而上首功之国也，权使其士，虏使其民。（《战国策·赵策》）
② 君为我呼入，吾得兄事之。（《史记·项羽本纪》）
③ 齐将田忌善而客待之。（《史记·孙子吴起列传》）
④ 田单乃起，引还，东乡坐，师事之。（《史记·田单列传》）
⑤ 楚田仲以侠闻，喜剑，父事朱家，自以为行弗及。（《史记·游侠列传》）
⑥ 大天而思之，孰与物畜而制之？（《荀子·天论》）

上述各例中加点的名词均作状语，表示对待动作对象的态度。例①至例⑤中加点的名词都表示对待人的态度，例⑥中加点的名词表示对物的态度。"虏使其民"是"把秦国的人民当作奴隶（俘虏）来使用"的意思，"兄事之"是"用对待兄长的态度来侍奉他"的意思，"物畜"是"把天当作物来畜养"的意思。其余各例可以类推。

三、表示比喻

这种用法是用作状语的名词所代表的人或物的某些特征作比喻来修饰谓语动词，说明谓语动词所表示动作行为发生时的方式或状态，相当于现代汉语中的"像……一样地"或"像……似的"等结构。例如：

① 妻侧目而视，倾耳而听；嫂蛇行匍伏，四拜自跪而谢。（《战国策·秦策》）
② （子产）治郑二十六年而死，丁壮号哭，老人儿啼。（《史记·循吏列传》）
③ 失时不雨，民且狼顾。（贾谊《论积贮疏》）
④ 少时，一狼径去，其一犬坐于前。（《聊斋志异·狼》）

上述各例加点的名词均用作状语。"蛇行"的意思是"像蛇一样地爬行"，"儿啼"是"像小孩一样地啼哭"，"狼顾"是"像狼那样频频回首"，"犬坐"即"像狗似的坐着"。这种用法还留存在现代汉语的一些成语中，如"土崩瓦解"、"星罗棋布"等等。

四、表示方位和处所

作状语的名词表示的是谓语动词所代表的动作行为发生的处所或方向、方位。相当于现代汉语中的"向……"或"在……"、"从……"等结构。例如：

① 操军破，必北还。（《资治通鉴·赤壁之战》）
② 孟尝君予车五十乘，金五百斤，西游于梁。（《战国策·齐策四》）
③ 范雎至秦，王庭迎。（《战国策·范雎说秦王》）

④ 扶苏以数谏故，上使外将兵。(《史记·陈涉世家》)

上述各例中加点的名词均用作状语。前两例中的"北"、"西"表示动作的方向、方位。"北还"是"向北撤退"的意思，"西游"是"向西游说"。后两例中的"庭"、"外"表示动作行为的处所。"庭迎"是"在朝廷上迎见"的意思，"外将兵"是"到外地领兵"的意思。

五、表示时间

作状语的名词表示谓语动词所代表的动作行为发生的时间。例如：

① 凡士之治有期日，国中一旬，郊二旬，野三旬，都三月，邦国期，期内之治听，期外不听。(《周礼·秋官·朝士》)
② 学而时习之，不亦说乎？(《论语·学而》)

上述两例中加点的名词均作状语，表示动作行为发生的时间。"期内"是"在期内"的意思，"时"是"时时、常常"的意思。

下面着重谈谈时间名词"日、月、岁"用于动词前作状语的一些情况。

1. "日、月、岁"单用于动词前，表示动作的经常性，具有"日日（每日）"、"月月（每月）"、"岁岁（每年）"的意思。例如：

① 君子博学而日参省乎己，则智明而行无过矣。(《荀子·劝学》)
② 良庖岁更刀，割也；族庖月更刀，折也。(《庄子·养生主》)

上述两例中加点的名词用作状语。"日参省乎己"即"每天从多方面省察自己"，"岁更刀、月更刀"即"每年更换一把刀、每月更换一把刀"。

2. "日"用在动词或形容词前，表示情况的逐渐发展变化，有"逐渐地"、"一天天地"、"越来越"的意思。例如：

③ 田单兵日益多，乘胜，燕日败亡。(《史记·田单列传》)
④ 先主曰："善！"于是与亮情好日密。(《三国志·蜀书·诸葛亮传》)
⑤ 臣欲奉诏奔驰，则以刘病日笃；欲苟顺私情，则告诉不许。(李密《陈情表》)
⑥ 乡邻之生日蹙。(柳宗元《捕蛇者说》)

上述各例中的"日"用作状语，表示情况的逐渐发展变化。"日败亡"即"逐渐败逃"，"日密"即"一天天地（越来越）密切"，"日笃"即"一天天地（越来越）加重"，"日蹙"即"一天天地（越来越）困窘"。

3. "日"或"日者"用在句首主语之前，表示追溯往事，有"从前、往日"的意思。例如：

⑦ 日我先君共王，引领北望，日月以冀。传序相授，于今四王矣。(《左传·昭公七年》)
⑧ 且二世之治岂不乱哉？日者夷其兄弟而自立也，杀忠臣而贵贱人，作为阿房之宫，赋敛天下。(《史记·李斯列传》)

由于普通名词作状语，其位置总是在动词或形容词谓语之前，在形式上有时会与主语相混淆，因此需要认真地加以辨别。这种辨别主要是根据上下文意。第一，就一般情况看，名词作状语的句子里，该名词前往往还另有主语。如"嫂蛇行"、"老人儿啼"，既然已有"嫂"、"老人"作句子的主语，"蛇"、"儿"就不大可能再是主语，而只能是状语了。第二，谓语前虽无主语，但这个名词在意义上又不能理解为主语，这个名词也常用作状语。如"箕畚运于渤海之尾"，这句的主语"愚公"及"子孙荷担者三夫"因承前省略而没有出现，尽管"箕畚"形式上处于主语的位置，但从文意来看，"箕畚"不能作句子的主语，而只能作句子的状语。

思考与练习

指出下列各句中作状语的名词，并说明其用法及意义。

1. 夫以秦王之威，而相如廷叱之。(《史记·廉颇蔺相如列传》)
2. 生男女，必货视之。(柳宗元《童区寄传》)
3. 有狼当道，人立而啼。(马中锡《中山狼传》)
4. 尸居而龙见，渊默而雷声。(《庄子·在宥》)
5. 豕人立而啼。(《左传·庄公十年》)
6. 今而后知君之犬马畜伋。(《孟子·万章下》)
7. 晋公子亡，长幼矣，而好善不厌，父事狐偃，师事赵衰，而长事贾佗。(《国语·晋语四》)
8. 项羽召见诸侯将，入辕门，无不膝行而前。(《史记·项羽本纪》)
9. 群臣后应者，臣请剑斩之。(《汉书·霍光传》)
10. 吾日三省乎吾身。(《论语·学而》)
11. 有某姓兄弟，以把持公仓，法应立决。(方苞《狱中杂记》)
12. 童子隅坐而执烛。(《礼记·檀弓》)
13. 道明则国日强，道幽则国日削。(《商君书·错法》)
14. 狐偃曰："日吾来此也，非以狄为荣，可以成事也。"(《国语·晋语四》)
15. 大子知之，请野享之。(《左传·襄公二十六年》)

第三节 词类活用

汉语的词类划分，在上古就已奠定了基础。实词可以分成名词、动词、形容词、数词等类。某个实词属于某一词类比较固定，各类词在句中充当什么成分也有一定的分工。比如名词经常用作主语、宾语、定语，动词经常用作谓语，形容词经常用作定语、状语和谓语，数词经常用作定语，等等。这些基本功能是古今一致的。

但是，在古代汉语里，在特定的语言环境和语法结构中，某些实词可以按照一定的语言习惯灵活运用，在句中临时改变它的基本功能和基本词性，而具有了另外一类词的语法功能和词性。这种用法我们通常称之为"词类活用"。例如"水"本是名词，它通常可以作句子的主语、宾语、定语。但是，在"假舟楫者，非能水也，而绝江河"(《荀子·劝学》)这个句子中，"水"受能愿动词"能"的修饰，具有了动词的性质和语法功能，因此我们说在这个句子中，"水"活用作动词。

古汉语中词类活用的现象相当普遍，主要有以下几种：名词、形容词和数词用如动词，名词、动词、形容词的使动用法，名词、形容词的意动用法，动词、形容词的为动用法等。下面分别加以介绍。

一、名词的活用

古汉语中，名词的活用主要包括名词用如动词、名词的使动用法和意动用法等。

（一）名词用如动词

名词用如动词是指表示人或物的名词在某一特定的语法结构和语言环境中，按照一定的语言习惯而灵活运用，不再表示人或事物的名称，转而表示与此人或物相关的动作行为，即临时具备了动词的语法特点。其类型主要有以下三种：

1. 普通名词用作一般动词

① 河南上富人助贫人者籍，天子见卜式名，识之。(《史记·平准书》)
② 乃丹书帛曰："陈胜王。"(《史记·陈涉世家》)

以上两例中的"籍"、"王"等名词在句中直接充当谓语，临时活用为动词。"籍"本是"簿籍"的意思，这里用如动词，指"登记在簿籍上"，表示与"簿籍"密切相关的动作行为。"王"活用为动词后就变为"称王"的意思。

③ 遂王天下。(韩非子《五蠹》)
④ 驴不胜怒，蹄之。(柳宗元《三戒·黔之驴》)

以上两例中的"王"、"蹄"等名词后带有宾语，临时活用为动词。"王"原为名词，指"一国君主"，后接宾语"天下"后，就活用为动词，表示"统治"的意思。"蹄"本是名词，指"脚"，后接宾语"之"后，就活用为动词，意思是"用脚踢"。

⑤ 臣闻之，为臣必臣。(《国语·周语中》)
⑥ 今京不度，非制也，君将不堪。(《左传·郑伯克段于鄢》)

以上两例中的"臣"、"度"等名词受副词修饰，具有动词的语法特点，活用为动词。"臣"本指"臣子"，受副词"必"修饰后，临时活用为动词，意思是"尽臣的本分"。"度"本指"法度"，受副词"不"修饰后，临时活用为动词，意思是"合乎法度"。

⑦ 从左右，皆肘之，使立于后。(《左传·成公二年》)
⑧ 范增数目项王。(《史记·项羽本纪》)

上述两例中的"肘"、"目"等名词前受副词修饰，后又接宾语，具有动词的语法特点，临时活用为动词。"目"本指"眼睛"，前有副词"数"修饰，后又带宾语"项王"，活用为动词，表示"以眼睛示意"的意思。同理，"肘"活用为动词后表示"用肘撞"的意思。

⑨ 窦太后曰："皇后兄王信可侯也。"(《史记·绛侯周勃世家》)
⑩ 左右欲刃相如，相如张目叱之。(《史记·廉颇蔺相如列传》)

例⑨中的名词"侯"前受能愿动词"可"修饰，例⑩中的名词"刃"前受能愿动词"欲"修饰、后又接宾语"相如"，都具有动词的语法特点，临时活用为动词。"侯"指"做诸侯"，"刃"指"用刀剑刺杀"。

⑪ 周公奉成王命，伐诛武庚、管叔，放蔡叔，以微子开代殷后，国于宋。(《史记·周本纪》)
⑫ 君子之志于道也，不成章不达。(《孟子·尽心上》)

以上两例中的"国"、"志"等名词后接介词短语作补语，临时活用为动词。"国于宋"意思是"建国于宋","志于道"意思是"有志于学道"。
⑬ 赵主之子孙侯者，其继有在者乎？（《战国策·触龙说赵太后》）
⑭ 乃丹书帛曰："陈胜王"，置人所罾鱼腹中。（《史记·陈涉世家》）

上述两例中的名词"侯"、"罾"与助词"者"、"所"连用，活用为动词。"侯者"原为"诸侯"之义，后带助词"者"，活用为动词，"做诸侯"的意思。"罾"本指"渔网"，前加助词"所"，活用为动词，"捕获"的意思。

⑮ 君人者，隆礼尊贤而王。（《荀子·天论》）
⑯ 不耕而食，不蚕而衣。（《盐铁论·相刺》）

上述两例中的名词"王"、"衣"前面有连词"而"，活用为动词。"王"的意思是"称王"，"衣"的意思是"穿衣服"。

2. 方位名词用作一般动词。
⑰ 吾亦欲东耳，安能郁郁久居此乎！（《史记·淮阴侯列传》）
⑱ 齐军既已过而西矣。（《史记·孙子吴起列传》）
⑲ 日渐暮，遂前其足，手向后据地，坐而下脱。（徐宏祖《游天都》）

例⑰中的方位名词"东"用在能愿动词"欲"后，活用为动词，"往东"的意思。例⑱中的方位名词"西"前面有连词"而"，活用为动词，"往西"的意思。例⑲中的方位名词"前"后带宾语"其足"、前受副词"遂"修饰，活用为动词，意思是"向前（伸）"。

3. 名词性词组用作动词。例如：
⑳ 孟尝君怪其疾也，衣冠而见之。（《战国策·齐策四》）
㉑ 戚夫人泣。上曰："为我楚舞，吾为若楚歌。（《史记·留侯世家》）
㉒ 太子及宾客知其事者，皆白衣冠以送之。（《史记·刺客列传》）

例⑳中的"衣冠"本是名词性的联合词组，后面有连词"而"，活用为动词，意思是"穿衣戴帽"。例㉑中的"楚歌"、"楚舞"本是名词性的偏正词组，前面有介词短语修饰，活用为动词，"楚歌"即"唱楚歌"，"楚舞"即"跳楚舞"。例㉒中的"白衣冠"本是名词性的偏正短语，前面有副词"皆"修饰，活用为动词，即"穿着白色的衣服，戴着白色的帽子"。

名词活用为动词是古汉语常见的语法现象，如何鉴别一个名词是否已经活用为一个动词，主要是看它在句中所处的地位，前后有哪些词类的词和它组合，构成什么样的句法关系，具备了哪些语法特点等等。

一般地说，辨识一个名词是否活用为动词，大致可以从以下七个方面着手。

（1）两个名词连用，如果既不是并列结构，又不是偏正结构，我们就可以考虑它们是动宾结构或主谓结构，这样，两个名词中就有一个活用为动词。如果是动宾结构，前一个名词活用为动词，后一个名词做它的宾语。例如：

① 方今唯秦雄天下。（《战国策·赵策三》）
② 面山而居。（《列子·汤问》）
③ 擅爵人，赦死罪。（贾谊《治安策》）

例①中的"雄"和"天下"两个名词连用，既不能理解为并列结构"雄和天下"，也不能理解为偏正结构"雄的天下"，从句意看，只能理解为动宾结构"称雄天下"，"雄"

由名词活用为动词。同理，例②中的"面山"是"面对着山"，例③中的"爵人"是"授爵位给人"，"面"和"爵"都由名词活用为动词。

如果是主谓结构，前一个名词作主语，后一个名词活用为动词作谓语。例如：

④ "许子冠乎？"曰："冠"。(《孟子·滕文公上》)
⑤ 乃丹书帛曰"陈胜王"。(《史记·陈涉世家》)
⑥ 子房前！(《史记·留侯世家》)

例④中的"许子"和"冠"是两个名词连用，既不能理解为并列结构"许子和冠"，也不能理解为偏正结构"许子的冠"，从句意可知，只能理解为主谓结构"许子戴帽子"，"冠"由名词活用为动词。同理，例⑤中的"陈胜王"是"陈胜称王"的意思，例⑥中"子房前"是"子房向前"的意思，"王"和"前"都由名词活用为动词。

(2) 名词放在代词"所"字后面、"者"字前面，一般活用为动词。例如：

⑦ 文王之囿，方七十里，刍荛者往焉，雉兔者往焉，与民同之。(《孟子·梁惠王下》)
⑧ 非博士官所职，天下敢有藏诗书百家语者，悉诣守尉杂烧之。(《史记·秦始皇本纪》)
⑨ 乃丹书帛曰："陈胜王"，置人所罾鱼腹中。(《史记·陈涉世家》)

"所"字和"者"字都是辅助性代词，"所"字经常放在动词前，构成名词性的"所"字结构，指代某种动作的对象；"者"字经常放在动词后面，构成名词性的"者"字结构，指代人或事物。因此，名词放在"所"字后面、"者"字前面，通常活用为动词。例⑦中的名词"刍、荛、雉、兔"与代词"者"组成"者"字结构，活用为动词，"刍荛"即"割草砍柴"，"雉兔"即"猎取野鸡和兔子"。例⑧中的名词"职"本是"职务、职责"的意思，与代词"所"构成"所"字结构后，就活用为动词，变为"掌管、负责"的意思，"所职"就是"所掌管的"。例⑨中的"罾"本是一种鱼网，"所罾"就是"所网着的（或所捕捉的）"。

(3) 名词放在"之、我"等代词前面，活用为动词，构成动宾关系。例如：

⑩ 公子怒，欲鞭之。(《左传·僖公二十三年》)
⑪ 王曰："然则德我乎？"(《左传·成公三年》)
⑫ 见白书，乃钻火烛之。(《史记·孙子吴起列传》)

代词一般是不受名词修饰的，因此如果代词前出现名词，一般就活用为动词。例⑩"鞭"活用为动词，意思是"鞭打"；例⑪"德"活用为动词，意思是"感恩、感激"；例⑫"烛"活用为动词，意思是"照亮"。

(4) 名词后面用介词结构作补语，而又无别的动词，这个名词就活用为动词。例如：

⑬ 请勾践女于王。(《国语·勾践灭吴》)
⑭ 浴乎沂，风乎舞雩，咏而归。(《论语·先进》)

一般地说，介词结构常常位于动词的前后。如果介词结构的前面出现了名词，而这个名词又不是句子的主语或另一动词的宾语，那么这个名词就活用为动词。例⑬中的"女于王"就是给王当婢妾，"于王"是介词结构作补语，名词"女"活用作动词。同理，例⑭"风乎舞雩"的意思是"在舞雩吹风"，"风"活用为动词。

（5）名词用连词"而、以、则"连接时，活用作动词。例如：

⑮ 孟尝君怪其疾也，衣冠而见之。（《战国策·齐策》）
⑯ 不耕而食，不蚕而衣。（《盐铁论·相刺》）
⑰ 耕而食，食不可穷也；蚕以衣，衣不可穷也。（范缜《神灭论》）
⑱ 风则袭裘，雨则御盖。（苏轼《教战守策》）

连词"而、以、则"通常用来连接动词或动词性词组，也可以用来连接形容词，但不能用来连接名词。如果连接名词，该名词就活用为动词。

（6）名词放在"能"、"可"、"足"、"欲"等能愿动词后面，活用为动词。例如：

⑲ 子谓公冶长："可妻也……"。（《论语·公冶长》）
⑳ 寡人欲相甘茂。可乎？（《史记·甘茂列传》）

能愿动词只能修饰动词。例⑲中的名词"妻"、例⑳中的名词"相"受能愿动词"可"、"欲"修饰，都活用为动词。

（7）名词放在副词后面活用为动词。例如：

㉑ 秦师遂东。（《左传·僖公三十二年》）
㉒ 不足生于不农。（晁错《论贵粟疏》）

副词在句中一般只作动词和形容词的修饰语。例㉑"遂"、例㉒"不"都是副词，被他们所修饰的名词"东"、"农"都活用为动词。

（二）名词的使动用法

所谓使动用法，就是指某些词用作动词充当谓语时具有"使宾语怎么样"的意思，即它能使后面的宾语或施行谓语所代表的动作行为，或具有谓语所代表的性状，或成为谓语所代表的人或事物等。使动用法中的谓语动词有的本来就是动词，有的是由形容词和名词活用而来。由于原来的词类不同，活用作使动的时候，它们所表示的语法意义也不完全相同。

使动用法是古汉语中重要的语法现象之一，它实际上是用动宾结构的形式表达兼语结构的内容。使动用法主要包括动词的使动用法、形容词的使动用法、名词的使动用法以及数词的使动用法等。下面介绍名词的使动用法。

名词的使动用法是指名词活用为动词作谓语，使宾语所代表的人或事物成为作谓语的名词所代表的人、事物，或发出与作谓语的名词相关的动作行为。例如：

① 纵江东父兄怜而王我，我何面目见之？（《史记·项羽本纪》）
② 公何不以秦、楚之重，资而相之于周乎？（《战国策·秦策》）
③ 君王之于越也，繄起死人而肉白骨也。（《国语·吴语》）
④ 秦使人来仕，仆官之丞相。（《战国策·赵策》）

例①中的"王"是名词活用为使动，意思是使其后面的宾语所代表的人"我"成为"王"所代表的人，即"使……成为王"。同理，例②中的"相"是"使……成为相"的意思。例③中的"肉"是名词活用为使动，意思是使其后面的宾语所代表的事物"白骨"产生与"肉"相关的行为动作，即"使……生肉"。同样，例④中的"官"是"使……做官"的意思。

名词用作使动时，它后面的宾语有时也可以省略，作谓语的名词的使动意义只能从上下文的意思中去体会。例如：

⑤ 天子不得而臣也，诸侯不得而友也。(刘向《新序·节士》)

例⑤中的"臣"和"友"都是名词用作使动，它们后面实际上都可以看做是省略了宾语"之"，分别相当于"不得臣之也"、"不得友之也"，分别是"不得使之为臣"、"不得使之为友"的意思。

（三）名词的意动用法

意动用法是指某些词用作动词充当谓语时具有"认为（或以为）宾语怎么样"的意思，即主语认为宾语所代表的人或事物具有谓语自身所代表的性状，或者把宾语当作谓语所代表的人、事物去看待、去评价。意动用法中的谓语动词是由形容词或名词活用而来，动词本身没有意动用法。

意动用法也是古代汉语中重要的语法现象之一。它包括形容词的意动用法和名词的意动用法两种。下面介绍名词的意动用法。

名词的意动用法是指名词活用为动词作谓语，意思上是把宾语所代表的人或事物当作谓语的名词所表示的人或事物去看待或评价。例如：

① 舜之不臣尧，则吾既得而闻命矣。(《孟子·万章上》)

② 今吾与子渔樵于江渚之上，侣鱼虾而友麋鹿。(苏轼《赤壁赋》)

③ 天下乖戾，无君君之心。(柳宗元《封建论》)

④ 孟尝君客我。(《战国策·齐策四》)

例①中的"臣"是名词活用为意动，意思是把它后面的宾语所代表的人"尧"当作谓语的名词"臣"所代表的人来看待，"不臣尧"即"不以尧为臣"。同理，例②中的"侣鱼虾"、"友麋鹿"是"以鱼虾为侣"、"以麋鹿为友"，即"把鱼虾当作伴侣"、"把麋鹿当作朋友"。例③中的"无君君之心"意思是"没有把国君当作国君的想法"，前一个"君"是名词活用为意动词，把……当作国君。例④中的"客我"是"以我为客"，即"把我当作客人（来对待）"。

从上面的分析我们可以看出，名词活用为意动词，这个意动词表示对宾语的处置或对待，可以用"以+宾语+为+名词"或"把+宾语+当作+名词"的格式去理解和解释。

二、动词的活用

动词的活用包括动词的使动用法、动词的为动用法等。

（一）动词的使动用法

所谓动词的使动用法，是指动词作谓语时能使后面的宾语所代表的人或物产生或施行该动词所表示的动作行为。该用法中的"主语+动词谓语+宾语"的结构可以按照"主语+使+宾语+动词谓语"的结构来理解。动词的使动用法包括不及物动词的使动用法和及物动词的使动用法。

1. 不及物动词的使动用法

在古代汉语里，不及物动词用作使动的情况比较多见。不及物动词本来不带宾语，用于使动时，后面就可以带宾语。例如：

① 庄公寤生，惊姜氏。(《左传·隐公元年》)

② 焉用亡郑以陪邻。(《左传·僖公三十年》)

③ 项伯杀人，臣活之。(《史记·项羽本纪》)

④ 广故数言欲亡，忿恚尉。（《史记·陈涉世家》）

例①中的"惊"本是不及物动词，活用作使动，后带宾语"姜氏"，构成使动关系。"惊姜氏"相当于"使姜氏惊"，即"使姜氏受惊"。同理，"亡郑"、"活之"、"忿恚尉"都可以替换成兼语结构，分别相当于"使郑亡"、"使之活"、"使尉忿恚"。

使动用法一般都带有宾语。因此，我们可以根据不及物动词后面出现宾语这一现象来判断该动词活用为使动。但是，不及物动词用作使动时，后面的宾语有时可以省略。这种宾语的省略，一般可以从上下文的意思看出来。例如：

⑤ 养备而动时，则天不能病。……养略而动罕，则天不能使之全。（《荀子·天论》）

⑥ 今以钟磬置水中，虽大风浪不能鸣也。（苏轼《石钟山记》）

例⑤中"天不能病"和下文的"天不能使之全"构成对比，从这一点我们可以肯定"不能病"即"不能使之病"。因此，不及物动词"病"后面省略了宾语"之"，"病"用作使动。例⑥中的"不能鸣"则是"不能鸣之"的省略，意思是"不能使它（钟磬）发出声音"。

2. 及物动词的使动用法

古代汉语里及物动词也可以用作使动，不过这种情况比较少见。由于及物动词本身就可以带有宾语，所以它们的使动用法和一般用法在形式上往往没有区别，区别只在意义上。例如：

⑦ 晋侯饮赵盾酒。（《左传·宣公三年》）

⑧ 止子路宿，杀鸡为黍而食之，见其二子焉。（《论语·子路从而后》）

⑨ 然则王之所大欲可知矣：欲辟土地，朝秦楚，莅中国而抚四夷也。（《孟子·梁惠王上》）。

例⑦说的不是晋侯饮赵盾的酒，而是晋侯给赵盾喝酒，即"使赵盾饮酒"。"饮"用作使动，读 yìn。例⑧中的"食之"不是指"食鸡黍"，而是指"使之（子路）食"，"食"用作使动，读 sì；"见其二子"不是指"（子路）见其二子"，而是指"使其二子见（子路）"，"见"用作使动，读 xiàn。同样，例⑨中的"朝秦楚"是"使秦楚朝"的意思，"朝"用作使动。

一些及物动词如"饮"、"食"、"见"等用作使动时在中古以后就改变了读音，这样就与及物动词的其他用法区别开来了。但是并不是所有的及物动词用于使动时都改变读音，例⑨中的"朝"的读音就没有改变。因此，变读不能看做是及物动词用于使动的规律性现象。要判断及物动词是否活用为使动，要认真分析具体的语言环境，根据上下文的意思来确定。

（二）动词的为动用法

所谓动词的为动用法，是指用作谓语的动词所表示的动作行为是为宾语而发出或产生的。宾语不再是动词的支配对象，而是主语施行谓语动词所表示的动作、行为的原因、目的、受益的对象或面向的对象。该用法中的"主语＋谓语动词＋宾语"的结构可以按照"主语＋为（了）/因/给/替/对＋宾语＋谓语动词"的结构来理解。

根据动词和宾语之间的语义关系的不同，动词的为动用法可以分为以下三种类型：

1. 宾语表示主语施行谓语动词所代表的动作行为的原因或目的，"主语＋谓语动词＋

宾语"结构相当于"主语+为了（因为）+宾语+谓语动词"结构。例如：
　　① 吾非悲刖也。（《韩非子·和氏》）
　　② 今举大计亦死，亡亦死，等死，死国可乎?（《史记·陈涉世家》）
　　上述两例中加点的动词都是为动用法。"悲刖"即因为受了刖刑而悲伤，表示原因。"死国"即"为了国家而死"，表示目的。

2. 宾语表示主语施行谓语动词所代表的动作、行为的受益对象，"主语+谓语动词+宾语"结构相当于"主语+给（替）+宾语+谓语动词"结构。例如：
　　③ 文嬴请三帅。（《左传·僖公三十三年》）
　　④ 提弥明死之。（《左传·宣公二年》）
　　例③中的"请三帅"即"替三帅请"，"请"是"替……请求"的意思。例④中的"死之"即"为之（赵盾）而死"，"死"是"替……死"的意思。

3. 宾语是主语施行谓语动词所表示的动作行为时直接面对着的对方，"主语+谓语动词+宾语"结构相当于"主语+向（对）+宾语+谓语动词"结构。例如：
　　⑤ 君三泣臣矣，敢问谁之罪也?（《左传·襄公二十二年》）
　　⑥ 关羽、张飞等不悦，先主解之曰："孤之有孔明，犹鱼之有水也。愿诸君勿复言。"（《三国志·蜀书·诸葛亮传》）
　　例⑤中的""泣臣"即"对臣泣"，意思是"对着我哭泣"。例⑥中的"解之"即"向之解"，意思是"向他们解释"。

　　用作为动用法的动词，以不及物动词为最多。不及物动词一般不带宾语，如果一个不及物动词带上了宾语，而且又不是使动用法，那么一般就是为动用法。及物动词有时也用作为动。及物动词用作为动时，在形式上与一般用法相同，区别只在意义上。判断及物动词用作为动，需要根据具体的语境和上下文的意思来确定。

三、形容词的活用

形容词的活用包括形容词用为动词、形容词用为名词、形容词的使动用法、形容词的意动用法等。

（一）形容词用为动词

形容词活用为动词，指在一定的语言环境中，形容词取得了动词的某些语法特点，由表示性质状态转而表示某种动作行为。例如：
　　① 问其深，则其好游者不能穷也。（王安石《游褒禅山记》）
　　② 楚左尹项伯者，素善留侯张良。（《史记·项羽本纪》）
　　③ 卒使上官大夫短屈原于顷襄王。（《史记·屈原列传》）
　　④ 世之所高，莫若黄帝。（《庄子·盗跖》）
　　例中加点的形容词均活用为动词。例①"穷"，就是"穷尽"。例②"善留侯张良"，就是"跟张良友好"。例③"短屈原"，就是"说屈原的坏话"。例④"所高"就是"所推崇的"。

（二）形容词用为名词

形容词活用为名词，指形容词在意义上由表示性质或状态转而表示具有这种性质或状态的人或事物，在语法上由原来的谓语、定语转而充当主语、宾语。例如：

① 大毋侵小。(《左传·襄公十九年》)
② 自始合,苟有险,余必下推车。(《左传·鞌之战》)
③ 为肥甘不足于口与?轻暖不足于体与?(《孟子·梁惠王》)

例①"大"作主语,指"大国","小"作宾语,指"小国",都由形容词活用为名词。例②中"险"本指地势不平坦,这里活用为名词作宾语,意思是"地势不平坦之处"。例③"肥甘"、"轻暖"都由形容词活用作名词,在句中作主语,指"肥美甘甜的食物"和"轻柔暖和的衣服"。

(三) 形容词的使动用法

在古代汉语里,形容词常用作使动,它使宾语所代表的人或事物具有它所具有的性质或状态。例如:

① 今媪尊长安君之位。(《战国策·触龙说赵太后》)
② 诸侯恐惧,会盟而谋弱秦。(贾谊《过秦论》)
③ 春风又绿江南岸。(王安石《泊船瓜洲》)

例①的"尊"用作使动,后面带上宾语"长安君之位",意思是"使长安君之位尊"。例②"弱秦"就是"使秦弱"。例③"又绿江南岸"就是"又使江南岸绿"。

(四) 形容词的意动用法

形容词用作意动,带上宾语,表示当事人主观上认为宾语具有该形容词所具有的性质或状态。意义及翻译格式:主语认为宾语具有形容词表示的性质状态。例如:

① 且夫我尝闻少仲尼之闻,而轻伯夷之义者,始吾弗信。(《庄子·秋水》)
② 登东山而小鲁,登太山而小天下。(《孟子·尽心上》)
③ 是故明君贵五谷而贱金玉。(晁错《论贵粟疏》)
④ 渔人甚异之。(陶渊明《桃花源记》)

例①"少"、"轻"都是形容词用作意动,即"认为少"、"认为轻"。例②"小鲁"、"小天下"就是"认为鲁国小"、"认为天下小"的意思。例③"贵五谷"、"贱金玉"就是"以五谷为贵"、"以金玉为贱"。例④"异之"就是"以之为异"。

四、数词的活用

古汉语中,数词在特定的语言环境中可以活用作动词,其活用条件与名词用作动词大致相当。例如:

① "孰能一之?"对曰:"不嗜杀人者能一之。"(《孟子·梁惠王上》)
② 夫金鼓旌旗者,所以一人之耳目也。(《孙子·军争》)
③ 人一能之,己百之;人十能之,己千之。(《礼记·中庸》)

例①、②中的"一"都活用作动词,意思是"统一"。例③中的"百"、"千"活用作动词,意思是"一百遍地去做它"、"一千遍地去做它"。

思考与练习

一、什么是使动用法?什么是意动用法?两者的区别是什么?
二、什么是为动用法?举例说明。
三、指出下列各句中哪些词活用及其活用的类型。

1. 孟子之滕，馆于上宫。(《孟子·尽心下》)
2. 臣闻之："君明则乐官，不明则乐音。"(《战国策·魏策》)
3. 吾见申叔，夫子所谓生死而肉骨也。(《左传·襄公二十二年》)
4. 是心足以王矣，百姓皆以王为爱也，臣固知王之不忍也。(《孟子·梁惠王上》)
5. 必先苦其心志，劳其筋骨，饿其体肤，空乏其身。(《孟子·告子下》)
6. 晏子没十有七年，景公饮诸大夫酒，公射出质，堂上唱善若出一口。(《说苑·君道》)
7. 臣父且死，曰："中山有事，汝必死之。"故来死君也。(《战国策·中山》)
8. 甘其食，美其服，安其居，乐其俗。(《老子·八十章》)
9. 君子之于物也，爱之而弗仁。(《孟子·尽心下》)
10. 于是废先王之道，焚百家之言，以愚黔首。(贾谊《过秦论》)
11. 今由与求也，相夫子，远人不服而不能来。(《论语·季氏》)
12. 大都不过参国之一，中五之一，小九之一。(《左传·隐公元年》)
13. 温故而知新，可以为师也。(《论语·为政》)
14. 扁鹊过齐，齐桓侯客之。(《史记·扁鹊仓公列传》)
15. 然则圣王之所弃者，独不足以厚国家乎？(《战国策·秦策》)

第四节　常用虚词用法举隅

古汉语虚词数量众多，用法复杂灵活，是学习古汉语语法的重点与难点之一。我们必须给予高度的重视。

学习文言虚词，我们首先要确切分辨每个虚词的词性，其次要准确掌握每个虚词的语法功能，最后要正确理解每个虚词的意义。下面我们选取16个比较常用的文言虚词，对其常见用法作个简单介绍。

一、之

虚词"之"常用作代词和助词。

(一)"之"作为代词，主要有以下几种用法：

1. 用作第三人称代词，既可指代人，也可指代事物；既可表示单数，也可表示复数；相当于现代汉语的"他（们）、她（们）、它（们）"；在句中通常充当宾语，有时也可以充当兼语。例如：

① 我见相如，必辱之。(《史记·廉颇蔺相如列传》)
② 有怠而欲出者，曰："不出，火且尽。"遂与之俱出。(王安石《游褒禅山记》)
③ 板印书籍，唐人尚未盛为之。(沈括《梦溪笔谈》)
④ 蔽林间窥之。(柳宗元《三戒·黔之驴》)
⑤ 木直中绳，𫐓以为轮，其曲中规，虽有槁暴，不复挺者，𫐓使之然也。(《荀子·劝学》)

例①的"之"代人,指"相如",表示表示单数,在句中作动词"辱"的宾语。例②的"之"代人,指"急而欲出者",表示复数,在句中作介词"与"的宾语。例③的"之"代事,指"板印书籍",表示单数,在句中作动词"为"的宾语。例④的"之"指代物,指"驴",表示单数,在句中作动词"窥"的宾语。例⑤的"之"指代物,指"木",单数,在句中充当"使"的宾语和"然"的主语,亦即充当兼语。

2. 在一定的语言环境中,特别是在对话中,"之"可以灵活运用为第一人称代词和第二人称代词,相当于现代汉语的"我(们)、您、你们"等,在句中通常作介词或动词的宾语。例如:

⑥ 臣乃市井鼓刀屠者,而公子亲数存之,所以不报谢者,以为小礼无所用。(《史记·魏公子列传》)

⑦ 士季曰:"谏而不入,则莫之继也。"(《左传·宣公三年》)

⑧ 寡君之以为戮,死且不朽。(《左传·僖公三十二年》)

例⑥"存之"意思是"问候我"的意思,"之"活用为单数第一人称代词"我",在句中作动词"存"的宾语。例⑦"莫之继"意思是"没有人继您之后(去进谏了)","之"活用为第二人称代词,在句中作动词"继"的宾语。例⑧"之以为戮"是"以之为戮","之"活用为复数第一人称代词,在句中作代词"以"的宾语。

3. 用作指示代词,表示近指,一般位于名词或名词性词组的前面作定语,相当于现代汉语的"这"。例如:

⑨ 乃如之人兮,逝不古处。(《诗·邶风·日月》)

⑩ 均之二策,宁许以负秦曲。(《史记·廉颇蔺相如列传》)

⑪ 之三子者,则皆友之矣。(林纾《程太宜人六十寿言》)

例⑨中的"之"谓语名词"人"前面,作定语,"之人"就是"这人"。例⑩、⑪中的"之"位于名词性词组"二策"、"三子"前面,作定语,"之二策"即"这两种对策","之三子"就是"这三个人"。

(二)"之"作为助词,用法主要有以下几种:

1. 用在主语和谓语之间,取消句子的独立性。所谓取消句子的独立性,是指句子不再能独立存在,而成为一个主谓短语,充当句子的主语、宾语或状语。这种用法的"之"没有实在意义,不必译出。例如:

① 吾见师之出而不见其入也。(《左传·僖公三十二年》)

② 岁寒,然后知松柏之后凋也。(《论语·子罕》)

③ 大哉,尧之为君。(《孟子·滕文公上》)

④ 贡之不入,寡君之罪也。(《左传·僖公四年》)

⑤ 秦之围邯郸,赵使平原君求救,合从于楚。(《史记·平原君列传》)

例①、②由"之"字构成的主谓结构在句中作宾语,"师之出"作动词"见"的宾语,"松柏之后凋"作动词"知"的宾语。例③、④由"之"字构成的主谓结构在句中作主语。例③中"尧之为君"作主语,后置;"大哉"作谓语,前置,是为了强调谓语部分。例⑤"秦之围邯郸"作句首状语。

2. 用在定语和中心语之间,表示领属、修饰关系的,有的相当于现代汉语的"的",也可以不译;表示同一关系的,不能简单地译成"的",而应视具体的情况译成"这样

191

的、这种、那样的"等。例如：

⑥ 蔓草犹不可除，况君之宠弟乎？（《左传·隐公元年》）
⑦ 大小之狱，虽不能察，必以情。（《左传·庄公十八年》）
⑧ 古之学者必有师。（韩愈《师说》）
⑨ 虽有田常、子罕之臣不敢欺也。（《韩非子·五蠹》）

例⑥"君之宠弟"中的"之"表示领属关系，可译为"君的宠弟"。例⑦、⑧中的"之"表示修饰关系，"大小之狱"即"大大小小的案件"，"古之学者"即"古代的学者"。例⑨"田常、子罕之臣"中的"之"表示同一关系，可译为"田常、子罕这样的臣子"。

3. 用在前置宾语和动词或介词之间，作宾语前置的标志。例如：

⑩ 姜氏何厌之有，不如早为之所，无使滋蔓。（《左传·隐公元年》）
⑪ 吾以子为异之问，曾由与求之问。（《论语·先进》）
⑫ 此子也才，吾受子赐；不才，吾唯子之怨。（《左传·文公七年》）
⑬ 晋居深山，戎狄之与邻，而远于王室。（《左传·昭公十五年》）
⑭ 非夫人之为恸而谁为？（《论语·先进》）

例⑩至例⑫中的"之"是动词宾语前置的标志，"何厌"作动词"有"的宾语，"异"、"由与求"都作动词"问"的宾语，"子"作"怨"的宾语。例⑬、⑭中的"之"是介词宾语前置的标志，"戎狄"作介词"与"的宾语，"夫人"作介词"为"的宾语。

4. 用在中心语和后置定语之间，作定语后置的标志，相当于"的"，可以不译。例如：

⑮ 带长铗之陆离兮，冠切云之崔嵬。（《楚辞·涉江》）
⑯ 蚓无爪牙之利、筋骨之强，上食埃土，下饮黄泉，用心一也。（《荀子·劝学》）

例⑮"崔嵬"是"切云"的定语，后置。例⑯"利"修饰"爪牙"、"强"修饰"筋骨"，都后置。两例中的"之"都起标志定语后置的作用。

5. 用在谓语和补语之间，起强调补语的作用，相当于"得"，可以不译。例如：

⑰ 古人之观于天地、山川、草木、鸟兽，往往有得，以其求思之深而无不在也。（王安石《游褒禅山记》）
⑱ 吾斯役之不幸，未若复吾赋不幸之甚也。（柳宗元《捕蛇者说》）

例⑰中程度副词"深"作"求思"的补语，例⑱程度副词"甚"作"不幸"的补语，为了强调补语，而在其前面加助词"之"。

6. 用以调整音节或表示提顿，没有实在意义。古代也常用于姓名之间。例如：

⑲ 怅恨久之。（《史记·陈涉世家》）
⑳ 顷之，又领益州牧。（《三国志·蜀书·诸葛亮传》）
㉑ 此之树上将生美果。（《百喻经·斫树取果喻》）
㉒ 晋侯赏以亡者，介之推不言禄。（《左传·僖公二十四年》）

例⑲至例㉑中的"之"只起调整音节的作用，无义。例㉒中的"之"用于人名之间，也无义。

二、其

虚词"其"常用作代词、语气词和连词。

(一)"其"作为代词,用法主要有以下几种:

1. 用作第三人称代词,可代人,也可代物,用在名词前面,表示领属关系,充当定语,相当于现代汉语的"他(她、它)的"或"他(她、它)们的"。例如:

① 臣从其计,大王亦幸赦臣。(《史记·廉颇蔺相如列传》)
② 原其理,当是为谷中大水冲激,沙土尽去,唯巨石岿然挺立耳。(沈括《梦溪笔谈》)
③ 坐桂公塘土围中,骑数千过其门,几落贼手。(文天祥《指南录后序》)

例①"其计"即"他的计谋","其"作"计"的定语,指代人。例②"其理"即"它的原理","其"作"理"的定语,代事。例③"其门"即"它的门","其"作"门"的定语,代物。

2. 用作第三人称代词,一般代人,用在动词或形容词之前,作主谓短语中的小主语,而整个主谓短语在句中作主语或宾语,相当于"他(她)"或"他(她)们"。例如:

④ 秦王恐其破璧。(《史记·廉颇蔺相如列传》)
⑤ 其闻道也固先乎吾。(韩愈《师说》)

例④"其"充当"破璧"的主语,"其破璧"构成一个主谓短语,在句中充当动词"恐"的宾语。例⑤"其"充当"闻道"的主语,"其闻道"构成一个主谓短语,在句中充当主语。

3. 在一定的语言环境中,特别是在对话中,"其"可以灵活运用为第一人称代词和第二人称代词,相当于现代汉语的"我(们)、您、你们"等,在句中通常作介词或动词的宾语。例如:

⑥ 而余亦悔其随之而不得极夫游之乐也。(王安石《游褒禅山记》)
⑦ 今子爱饧以自危也,甚矣其惑也。(《左传·昭公二十七年》)
⑧ 天子发政于天下之百姓,言曰:"闻善与不善,皆以告其上。"(《墨子·尚同上》)

例⑥中"其"称代说话者本人,是活用为第一人称,相当于"我"。例⑦中的"其"称代听话者,是活用为第二人称,相当于"您"。例⑧中的"其"称代听话者,"其上"在此意思是"你们的上司","其"活用为第二人称,相当于"你们"。

4. 用作指示代词,表示近指或远指,在句中充当定语,相当于现代汉语的"这(些)、那(些)"。例如:

⑨ 今欲举大事,将非其人不可。(《史记·项羽本纪》)
⑩ 诸将以其故不亲附此其所以败也。(《史记·陈涉世家》)

例⑨"其人"即"这个人","其"作定语修饰限制"人"。例⑩"其故"即"这个缘故","其"作"故"的定语。

(二)"其"用作语气词,用法主要有以下几种:

1. 用于陈述句句首或句中,表示委婉的语气,相当于现代汉语的"大概"、"恐怕"。例如:

① 冯谖先驱，诫孟尝君曰："千金，重币也；百乘，显使也。齐其闻之矣。"（《战国策·齐策四》）
② 诗曰："孝子不匮，永锡尔类。"其是之谓乎！（《左传·隐公元年》）
③ 一国皆不知，而我独知，吾其危矣。（《韩非子·说林上》）
④ 齐其为陈氏矣。（《左传·昭公三年》）

2. 用于祈使句中，有劝勉、期望等意思，语气比较委婉，相当于现代汉语的"请"、"可"、"还是"等。例如：

⑤ 王其听臣也，必无与讲。（《战国策·魏策二》）
⑥ 君其勿忧。（《韩非子·外储说左上》）
⑦ 楚王不听，曰："吾事善矣，子其弭口无言，以待吾事。"（《战国策·秦策二》）
⑧ 于是二世曰："其以李斯属郎中令。"（《史记·李斯列传》）

例⑤"王其听臣"意思是"王请听我的意见"，例⑥"君其勿忧"意思是"请君别忧虑"，例⑦"子其弭口无言"意思是"您还是闭口别说了吧"，例⑧"其以李斯属郎中令"意思是"可把李斯交给郎中令"。

3. 用于反问句，加强反问语气，和"岂"、"难道"语气相似。例如：

⑨ 欲加之罪，其无辞乎？（《左传·僖公十年》）
⑩ 对曰："君何患焉？若阙地及泉，隧而相见，其谁曰不然。"（《左传·隐公元年》）

（三）"其"用作连词，主要有以下几种用法：

1. 表示选择关系，相当于"或者"、"还是"。例如：

① 呜呼！其信然耶？其梦耶？其传之非其真耶？（韩愈《祭十二郎文》）
② 公仲曰："子以秦为将救韩乎？其不乎？"（《战国策·韩策二》）

2. 表示让步关系，相当于"尚且"。

③ 览椒兰其若兹兮，又况揭车与江离。（《楚辞·离骚》）
④ 天其弗识，人胡能觉？（《列子·力命》）

3. 表示假设关系，相当于"如果"、"假如"。例如：

⑤ 其若是，孰能御之？（《孟子·梁惠王上》）
⑥ 谋之其臧，则具是违；谋之不臧，则具是依。（《诗·小雅·小旻》）

三、者

虚词"者"常用作代词和助词。

（一）虚词"者"用作代词，主要用法有以下几种：

1. 用在形容词、动词、形容词性词组、动词性词组或主谓词组之后，组成"者"字结构，用以指代人或事物，相当于"……的人"、"……的物"、"……的事情"等。例如：

① 狂者东走，逐者亦东走。（《韩非子·说林上》）
② 逝者如斯夫！不舍昼夜。（《论语·子罕》）
③ 愚者笑之，智者哀焉；狂夫之乐，贤者丧焉。（《商君书·更法》）
④ 知人者智，自知者明。（《老子》）
⑤ 毛羽不丰满者，不可以高飞。（《战国策·秦策一》）

例①"狂者"、"逐者"的"者"和动词组成"者"字结构，指代人。例②"逝者"

的"者"与动词组成"者"字结构,指代物。例③"愚者"、"智者"、"贤者"的"者"与形容词组成"者"字结构,指代人。例④"知人者"、"自知者"的"者"与动词性词组组成"者"字结构,指代人。例⑤"毛羽不丰满者"的"者"和主谓词组组成"者"字结构,指代物。

2. 放在数词之后,指代上文所提到的几种人、几件事情、几样东西。例如:

⑥ 老而无妻曰鳏,老而无夫曰寡,老而无子曰独,幼而无父曰孤。此四者,天下之穷民而无告者。(《孟子·梁惠王下》)

⑦ 天时、地利、人和,三者不得,虽胜有殃。(《孙子兵法·月战》)

⑧ 天下有道,小德役大德,小贤役大贤;天下无道,小役大,弱役强。斯二者,天也。(《孟子·告子上》)

例⑥中的"四者"指前文中鳏寡孤独四类人,例⑦中"三者"指天时、地利、人和三件事,例⑧中的"二者"指"天下有道"和"天下无道"时所发生的两种情况。数词之后的"者"可译为"样"、"种"、"类"、"方面"等,"二者"、"三者"在现代书面语中还常常运用。

(二) 虚词"者"作助词时,用法主要有以下几种:

1. 用在表时间的词后面,表示停顿。例如:

① 古者未有君臣上下之时,民乱而不治。(《商君书·君臣》)

② 今者久留陈蔡之间,诸大夫所设行者非仲尼之意。(《史记·孔子世家》)

③ 昔者,吾舅死于虎,吾夫又死焉,今吾子又死焉。(《礼记·檀弓下》)

例①至例③中的"者"放在表示时间的词"古、今、昔"等后面,表示停顿,没有必要译出。

2. 用于名词之后,标明语音上的停顿,并引出下文,常表示判断。例如:

④ 仁者,天下之表也;义者,天下之制也。(《礼记·表记》)

⑤ 陈胜者,阳城人也,字涉。(《史记·陈涉世家》)

⑥ 北山愚公者,年且九十,面山而居。(《列子·汤问》)

⑦ 庠者,养也;校者,教也;序者,射也。(《孟子·滕文公上》)

例④至例⑦中的"者"都位于名词主语后,起提顿作用,先用"……者"提出要说明的人或物,稍微停顿一下,然后说明或判断。

3. 用在假设分句后面,表示停顿,相当于"……的话"。例如:

⑧ 不者,若属皆且为所虏。(《史记·项羽本纪》)

⑨ 伍奢有二子,不杀者,为楚国患。(《史记·楚世家》)

⑩ 如复见文者,必唾其面而大辱之。(《史记·孟尝君列传》)

⑪ 入则无法家拂士,出则无敌国外患者,国恒亡。(《孟子·告子下》)

例⑧至例⑪中的"者"所在的分句表示某种假设,即某种虚拟性的原因,后一分句是根据这种假设推断出的某种结果,助词"者"字是表示这种假设的标志。

4. 用在结果分句后面,表示停顿,相当于"……的原因"。例如:

⑫ 然而不胜者,是天时不如地利也。(《孟子·公孙丑下》)

⑬ 攻而必取者,攻其所不守也。(《孙子兵法·虚实》)

⑭ 吾妻之美我者,私我也;妾之美我者,畏我也;客之美我者,欲有求于我也。(《战国策·齐策一》)

⑮ 以弱为强者，非惟天时，抑亦人谋也。(《三国志·蜀书·诸葛亮传》)

例⑫至例⑮中的"者"所在的分句表示结果，"者"表示停顿，并引起下文，后一分句对前一分句所表示的结果进行解释或说明。

5. 用在疑问句句末，与句中的疑问代词相呼应，表示疑问，相当于"呢"，也可以不译。例如：

⑯ 安见方六七十如五六十而非邦也者？(《论语·先进》)

⑰ 谁为大王为此计者？(《史记·项羽本纪》)

⑱ 孟尝君忧之，问左右："何人可使收债于薛者？"(《史记·孟尝君列传》)

例⑯中有疑问代词"安"与"者"呼应，例⑰中有疑问代词"谁"与"者"呼应，例⑱中有疑问代词"何"与"者"相呼应。

四、所

虚词"所"常用作代词和助词。

（一）"所"用作代词的主要用法

"所"作为代词，通常用于动词或动词性词组前面，和动词或动词性词组组成"所"字结构，指代人或事物，相当于"所……的人"、"所……的物"、"所……的事情"、"所……的地方"等。"所"字所指代的一般是行为的对象。下面介绍几种常见的"所"字结构。

1. 与动词或动词性词组组合，组成"所"字结构。例如：

① 君子于其所不知，盖阙如也。(《论语·子路》)

② 吏之所诛，上之所养也。(《韩非子·五蠹》)

③ 衣食所安，弗敢专也。(《左传·庄公十五年》)

④ 其北陵，文王之所辟风雨也。(《左传·僖公三十二年》)

例①"所不知"是指"所不知道的事情"。例②"所诛"是"所杀的人"，"所养"是"所奉养的人"。例③"所安"是指"所安身的东西"。例④"所辟风雨"是指"所辟风雨的地方"。

2. "所"字结构后面可以补出"所"字所指代的事物，中间可以加"之"，也可以不加"之"。例如：

⑤ 仲子所居之室，伯夷之所筑与？抑盗跖之所筑与？《孟子·滕文公下》

⑥ 所赐长子书及符玺，皆在胡亥所。(《史记·李斯列传》)

⑦ 独籍所杀汉军数百人。(《史记·项羽本纪》)

⑧ 光不敢以图国事，所善荆卿可使。(《史记·刺客列传》)

"所"字结构虽然指代行为的对象，但是不能具体表示是什么人或什么事物，而在"所"字结构后面再加上名词或名词性词组，就能具体表示所指的人或物，此时，"所"字结构作定语修饰后面的名词或名词性词组。例⑤"仲子所居"是"室"的定语，两者所指相同。例⑧"所善"是"荆卿"的定语，"所善"就是指荆轲。其余各例可以类推。

3. "所"字结构加"者"，构成"所……者"的格式，它的作用与"所……"相同，仍是指代行为的对象。例如：

⑨ 孟尝君曰："视吾家所寡有者。"(《战国策·齐策四》)

⑩ 所爱者，挠法活之；所憎者，曲法诛灭之。（《史记·酷吏列传》）

⑪ 臣之所好者，道也。（《庄子·养生主》）

例⑨"所寡有者"是指"所寡有的东西"。例⑩"所爱者"、"所憎者"分别是指"所爱的人"、"所憎的人"。例⑪"所好者"是指"所好的事"。

4. "所"字与它所结合的动词之间加上介词"以、为、与、从、自"等，构成"所+介词+动词或动词性词组"的结构，表示动作行为处所、方式、方法、原因、凭借等。这种结构仍然是一个名词性的词组。例如：

⑫ 臣所以不死者，为此事也。（《国语·越语下》）

⑬ 楚人有涉江者，其剑自舟中坠于水，遽契其舟，曰："是吾剑之所从坠。"（《吕氏春秋·察今》）

⑭ 其竭力致死，无有二心，以尽臣礼，所以报也。（《左传·成公三年》）

⑮ 其妻问所与饮食者，则尽富贵也。（《孟子·离娄下》）

⑯ 彼兵者，所以禁暴除害也，非争夺也。（《荀子·议兵》）

⑰ 兵所自来者久矣。（《吕氏春秋·召类》）

例⑫"所以不死"表示不死的原因，例⑬"所从坠"表示剑从坠的地方，例⑭"所以报"表示报答的方式，例⑮"所与饮食者"表示与之饮食的人，例⑯"所以禁暴除害"表示禁暴除害的凭借，例⑰"所自来"表示自来的时间。

"所+介词+动词或动词性词组"的结构中最常见的是"所以……"。"所以……"结构，一般有两种用法。

第一，表示行为所凭借的工具、方法、方式等，意义比较具体，大致和现代汉语的"用来……的方法"、"凭它来……的"等相当，说明"怎样"。例如：

⑱ 夫戟者，所以攻城也。（《淮南子·人间训》）

⑲ 吾知所以距子矣。（《墨子·公输》）

⑳ 师者，所以传道授业解惑也。（韩愈《师说》）

例⑱表示工具，"所以攻城"意思是"用来攻打城池的工具"。例⑲表示方法，"所以距子"意思是"用来抵抗你的方法"。例⑳表示凭借，"所以传道授业解惑"的意思是"凭它来传道授业解惑"。

第二，表示原因，意义比较抽象，大致和现代汉语的"导致……的原因"相当，说明"为什么"。例如：

㉑ 吾所以为此者，以先国家之急而后私仇也。（《史记·廉颇蔺相如列传》）

㉒ 君不此问而问舜冠，所以不对也。（《荀子·哀公》）

例㉑是先说结果，后说原因，"吾所以为此"的意思是"导致我这样做的原因"。例㉒是先说原因，后说结果，"所以不对也"的意思是"（这）就是导致我不对答的原因。"

（二）"所"字用作助词，主要用法有以下几种：

1. 与"为"相呼应，构成"为……所……"或"为所"的格式，表示被动。例如：

① 术怒，攻布，为布所破。（《三国志·魏书·武帝纪》）

② 不者，若属皆为所虏。（《史记·项羽本纪》）

例①"为布所破"即"被吕布打败"。例②"为所虏"即"被俘虏"。

2. 用于句中补凑音节，没有实在意义。例如：

③ 能进不能退，君无所辱命。(《左传·成公二年》)
④ (李陵)尝深入匈奴二千余里，过居延，视地形，无所见虏而还。(《史记·李将军列传》)

五、于（於）

"于"和"於"在上古并不同音，但作为介词，二者的用法基本相同，差别主要在书写形式上。甲骨文只用"于"不用"於"。《尚书》《诗经》中多用"于"，很少用"於"。《左传》中"于"、"於"并用，而且两者的使用频率大致相当。战国时期的著作，如《孟子》《庄子》等，基本上用"於"，很少用"于"，而且用"于"时一般都是引用《尚书》《诗经》中的原文。汉字简化后，两者一律都写成"于"。

于（於）的用法主要有六种：

（一）引进行为动作的处所，相当于现代汉语的"在"、"从"、"到"等。例如：
① 宋人及楚人战于泓。(《左传·僖公二十二年》)
② 某月某日将杀我於蒲圃，力能救我则于是。(《公羊传·定公八年》)
③ 初，郑武公娶于申，曰武姜。(《左传·隐公元年》)
④ 民以为将拯己于水火之中也。(《孟子·梁惠王上》)
⑤ 子墨子闻之，起于齐，行十日十夜而至于郢。(《墨子·公输》)

例①、②中的"于（於）"表示动作行为发生的处所所在，即"所在"，相当于"在"。例③、④中的"于（於）"表示动作行为从何处发生，即"所从"，相当于"从"。例⑤中第一个"于"相当于"从"；第二个"于"表示动作行为所到的处所，即"所至"，相当于"到"。

（二）引进动作行为的时间，相当于"在"、"到"、"从"等。例如：
⑥ 繁启蕃长於春夏，蓄积收藏於秋冬。(《荀子·天论》)
⑦ 是仁义用於古而不用於今。(《韩非子·五蠹》)
⑧ 自十月不雨至於五月，不曰旱，不为灾也。(《左传·僖公三年》)
⑨ 子相晋国以为盟主，於今七年矣。(《左传·昭公元年》)
⑩ 晋於是始墨。(《左传·僖公三十三年》)

例⑥、⑦中的"於"表示动作行为的时间所在，意思是"在"。例⑧、⑨中的"于（於）"表示动作行为的时间所至，意思是"到"。例⑩中的"於"表示动作行为的时间所从，意思是"从"。

（三）引进动作行为的对象，即动作行为所涉及的对象，相当于"向"、"对于"等。例如：
⑪ 爱共叔段，欲立之。亟请於武公，公弗许。(《左传·隐公元年》)
⑫ 王孙满尚幼，观之，言於王曰。(《左传·僖公三十三年》)
⑬ 舜明於庶物，察於人伦。(《孟子·离娄下》)
⑭ 上由此怨望於梁王。(《史记·梁孝王世家》)

例⑪、⑫中的"於"表示动作行为涉及的间接对象，例⑬、⑭中的"於"用来引进动作行为的直接对象。

（四）引进动作行为的主动者，表示被动，相当于"被"。例如：

⑮ 通者常制人，穷者常制於人。(《荀子·荣辱》)

⑯ 劳心者治人，劳力者治於人；治於人者食人，治人者食於人，天下之通义也。(《孟子·滕文公上》)

（五）引进比较的对象，谓语多为形容词，相当于"比"。例如：

⑰ 青，取之於蓝而青於蓝；冰，水为之而寒於水。(《荀子·劝学》)

⑱ 沛公曰："孰与君少长？"良曰："长於臣。"(《史记·项羽本纪》)

⑲ 王如知此，则无望民之多於邻国也。(《孟子·梁惠王上》)

⑳ 其闻道也，固先乎吾。(韩愈《师说》)

这种表示比较的用法在古书中一般只用"於"，有时也用"乎"，很少用"于"。由于表示比较，一般只放在形容词谓语后面，这种语序和现代汉语不同。在古汉语中，介词短语放在形容词谓语后面，而在现代汉语中则通放在前面。

（六）引进动作行为的目的、原因，相当于"由于"、"为"等。例如：

㉑ 贫生於不足，不足生於不农。(晁错《论贵粟疏》)

㉒ 业精于勤荒于嬉，行成于思毁于随。(韩愈《进学解》)

（七）引进动作行为所涉及的范围，相当于"在……方面"、"在……中"。例如：

㉓ 荆国有余於地，而不足於民。(《墨子·公输》)

㉔ 君子食无求饱，居无求安，敏於事而慎於言。(《论语·学而》)

㉕ 於齐国之士，吾必以仲子为巨擘焉。(《孟子·滕文公下》)

例㉓、㉔中"於"可译作"在……方面"，例㉕中"於"可译作"在……中"，都是表示某种范围的。

六、以

虚词"以"通常作介词和连词。

（一）"以"作为介词，主要用法有以下几种：

1. 引进动作行为的工具或凭借，相当于现代汉语的"用"、"拿""凭借"。例如：

① 以羽为巢，而编之以发。(《荀子·劝学》)

② 以子之矛陷子之盾，何如？(《韩非子·难一》)

③ 儒以文乱法，侠以武犯禁。(《韩非子·五蠹》)

④ 以君之力，曾不能损魁父之丘，如太行、王屋何？(《列子·汤问》)

"以"后面的宾语可以是具体的事物，如例①、②；也可以是抽象的事物，如例③、④。

2. 引进动作行为所凭借的资格、身份、地位等，相当于"凭着"、"以……身份"。例如：

⑤ 孝文帝十四年，匈奴大入萧关，而广以良家子从军击胡。(《史记·李将军列传》)

⑥ 骞以校尉从大将军击匈奴。(《汉书·张骞传》)

⑦ 孙膑以刑徒阴见。(《史记·孙子吴起列传》)

例⑤至例⑦中的"以"均表示"凭着（以）……身份"。"以良家子"就是"以良家子的身份"，"以校尉"就是"凭着校尉的身份"，"以刑徒"就是"以刑徒的身份"。
3. 引进动作行为的协从者，相当于"率领"。例如：
    ⑧ 齐侯以诸侯之师侵蔡。（《左传·僖公四年》）
    ⑨ 宫之奇以其族行。（《左传·僖公五年》）
例⑧"以诸侯之师"就是"率领诸侯国的军队"，例⑨"以其族"就是"率领他的族人"。
4. 引进行为所依赖的方式，相当于"按照"。例如：
    ⑩ 余船以次俱进。（《资治通鉴·赤壁之战》）
    ⑪ 荆轲奉樊於期头函，而秦舞阳奉地图匣，以次进。（《史记·刺客列传》）
以上两例中的"以次"都是"按照次序"的意思。
5. 引进动作行为发生的原因，相当于"因为"、"由于"。例如：
    ⑫ 若之何其以病败君之大事也？（《左传·成公二年》）
    ⑬ 扶苏以数谏故，上使外将兵。（《史记·陈涉世家》）
    ⑭ 君子不以言举人，不以人废言。（《论语·卫灵公》）
6. 引进动作行为的时间，相当于"在""于"。如：
    ⑮ 文以五月五日生。（《史记·孟尝君列传》）
    ⑯ 平原君以赵孝成王五十五年卒。（《史记·平原君列传》）
    ⑰ 武以始元六年春至京师。（《汉书·苏武传》）
7. 引进行为起自的处所，相当于"从"。例如：
    ⑱ 后以中牟反，入梁。（《战国策·赵策》）
    ⑲ 今以长沙豫章往，水道多绝难行。（《汉书·西南夷传》）
    ⑳ 自古于今，上以天子，下至庶人，蔑有好利而不亡者，好义而不彰者也。（王符《潜夫论·遏利》）
8. 引进动作行为所与的对象，相当于"与"、"和"。例如：
    ㉑ 齐桓公独以管仲谋伐莒，而国人知之。（《韩诗外传》）
    ㉒ 天下有变，王割汉中以楚和。（《战国策·秦策》）

（二）"以"用作连词，主要用来连接谓词性成分或分句，其用法主要有以下几种：
1. "以"字连接的前后两项，后项是前项的目的，相当于"来"、"以便"。例如：
    ① 故先以其女妻胡君以娱其意。（《韩非子·说难》）
    ② 广曰："彼虏以我为走，今皆解鞍以示不走，用坚其意。（《史记·李将军列传》）
    ③ 命子封帅车二百乘以伐京。（《左传·隐公元年》）
    ④ 构木为巢，以避群害。（《韩非子·五蠹》）
例①"娱其意"是"以其女妻胡君"的目的，例②"以示不走"是"解鞍"的目的，其余各例可以类推。
2. "以"字连接的前后两项，后项是前项的结果，相当于"以致"、"使得"，例如：
    ⑤ 寡人不知其力之不足也，而又与大国执雠，以暴露百姓之骨于中原，此则寡人之罪也。（《国语·越语上》）
    ⑥ 焉用亡郑以陪邻？邻之厚，君之薄也。（《左传·僖公三十年》）
    ⑦ 受命以来，夙夜忧叹，恐托付不效，以伤先帝之明。（诸葛亮《出师表》）

⑧ 不宜妄自菲薄，引喻失义，以塞忠谏之路也。(诸葛亮《出师表》)

例⑤"暴露百姓之骨于中原"是"不知其力之不足"和"与大国执雠"的结果，例⑥"陪邻"是"亡郑"而出现的结果，其余各例可以类推。

3. "以"字连接的两项，或前因后果，或前果后因，表示因果关系，相当于"因为"。例如：

⑨ 郑以救公误之，遂失秦伯。(《左传·僖公十五年》)

⑩ 以数切谏，不得久留内。(《史记·汲郑列传》)

⑪ 晋侯、秦伯围郑，以其无礼于晋且贰于楚也。(《左传·僖公四年》)

⑫ 故破国亡主，以听言谈者之浮说。(《韩非子·五蠹》)

例⑨、⑩是前因后果，例⑪、⑫是前果后因。

4. "以"字连接并列的两项，相当于"又"，也可以不译。例如：

⑬ 古之民朴以厚，今之民巧以伪。(《商君书·开塞》)

⑭ 夫夷以近，则游者众；险以远，则至者少。(王安石《游褒禅山记》)

⑮ 青以白非黄，白以青非碧。(《公孙龙子·通变论》)

⑯ 九年春，王三月，癸酉，大雨霖以震。(《左传·隐公九年》)

"以"在例⑬、⑭连接的是形容词性成分，在例⑮中连接的是名词性成分，在例⑯中连接的是动词性成分。这种用法的"以"与"而"相当，连接的前后两项在意思上有某种类似或密切关系，中间没有转折。

5. "以"字连接状语和谓语，表示偏正关系，相当于"地"，也可以不译。例如：

⑰ 愿夫子辅吾志，明以教我。(《孟子·梁惠王上》)

⑱ 幸而得之，坐以待旦。(《孟子·离娄下》)

⑲ 早夜以思，去其不如周公者。(韩愈《原毁》)

⑳ 黔无驴，有好事者船载以入。(柳宗元《黔之驴》)

这种用法的"以"与"而"相似，有时两者还互文或异文。例如：

㉑ 木欣欣以向荣，泉涓涓而始流。(陶渊明《归去来辞》)

㉒ 有云如众赤鸟夹日以飞。(《左传·哀公六年》)

㉓ 有云如众赤鸟夹日而飞。(《说苑·君道》)

例㉑中的"以"、"而"互文，例㉒中的"以"和例㉓中的"而"异文。

6. "以"字连接的两项，在时间或意思上前后相承，表示承接关系，相当于"以后"。例如：

㉔ 自始合，而矢贯余手及肘，余折以御。(《左传·成公二年》)

㉕ 入以事其父兄，出以事其长上。(《孟子·梁惠王上》)

㉖ 关中阻山河四塞，地肥饶，可都以霸。(《史记·项羽本纪》)

㉗ 齐因乘胜尽破其军，虏魏太子申以归。(《史记·孙子吴起列传》)

这种表示承接关系的"以"，也可对译为"而"，用法与"而"大致相当。"以"既可以作介词用，又可以作连词用。二者如何区别呢？如果"以"后面的成分是名词性的，"以"一般是介词；"以"如果出现在谓词性成分的中间，"以"一般是连词。但不容易区别的是"以"直接出现在动词的前面，这时就要看"以"后能否根据上下文补出宾语来。能补出来的就是介词，补不出来的就是连词。

七、为

虚词"为"常用作介词和连词。

(一)"为"用作介词,读 wèi,其用法主要有以下几种:

1. 引进动作行为涉及的对象,相当于"给"、"替"、"对"。
   ① 及庄公即位,为之请制。(《左传·隐公元年》)
   ② 谁习计会,能为文收责于薛者乎?(《战国策·齐策四》)
   ③ 此中人语云:"不足为外人道也。"(陶渊明《桃花源记》)
   ④ 张良曰:"谁为大王为此计者?"(《史记·项羽本纪》)

2. 引进动作行为发生的原因,相当于"因为"。例如:
   ⑤ 然则一羽之不举,为不用力焉;舆薪之不见,为不用明焉;百姓之不见保,为不用恩焉。(《孟子·梁惠王上》)
   ⑥ 天行有常,不为尧存,不为桀亡。(《荀子·天论》)
   ⑦ 汉卒十余万人皆入睢水,睢水为之不流。(《史记·项羽本纪》)
   ⑧ 胡为至今不朝也?(《战国策·齐策四》)

3. 引进动作行为的目的,相当于"为了"。例如:
   ⑨ 天下熙熙,皆为利来;天下壤壤,皆为利往。(《史记·货殖列传》)
   ⑩ 为道不为己,故逢患而不恶;为民不为名,故蒙谤而不避。(《论衡·知实》)
   ⑪ 始知文章合为时而著,歌诗合为事而作。(白居易《与元九书》)
   ⑫ 魏其锐身为救灌夫。(《史记·魏其武安侯列传》)

4. 引进行为的主动者,表示被动,相当于"被",此时"为"读作"wéi"。需指出有时会和"所"一起使用,构成"为……所"的格式。例如:
   ⑬ 兔不可复得,而身为宋国笑。(《韩非子·五蠹》)
   ⑭ 多多益善,何为为我禽?(《史记·淮阴侯列传》)
   ⑮ 今足下虽自以与汉王为厚交,为之尽力用兵,终为之所禽矣。(《史记·淮阴侯列传》)
   ⑯ 征和二年,卫太子为江充所败。(《汉书·霍光传》)

值得注意的是,介词"为"后面的宾语有时也可以省略,省略的宾语往往是"之"、"此"一类的介词。例如:
   ⑰ 禹之时,十年九涝,而水弗为加益;汤之时,八年七旱,而崖不为加损。(《庄子·秋水》)
   ⑱ 先生不羞,乃有意欲为收责於薛乎?(《战国策·齐策》)
   ⑲ 妻不下纴,嫂不为炊。(《战国策·秦策》)
   ⑳ 诚令成安君听足下计,若信者亦已为禽矣。(《史记·淮阴侯列传》)

(二)"为"作为连词,用法主要有以下几种:

1. 用于假设复句中充当假设连词,相当于"如果"。例如:
   ① 孙叔教戒其子曰:"……为我死,王则封汝,汝必无受利地!"(《列子·说符篇》)
   ② 王甚喜人之掩口也,为近之,必掩口。(《韩非子·内储说下》)

2. 表示选择关系,相当于"还是"、"或者"。例如:

③ 亭长为从汝求乎？为汝有事嘱之而受乎？（《后汉书·卓茂传》）

④ 汝学坐禅，为学坐佛？（《景德传灯录·南岳怀让禅师》）

八、而

"而"在古代汉语中，使用得较多，用法也相当灵活。主要用作连词，也可充当介词。

（一）"而"用作连词：

作为连词，"而"主要用来连接谓词（包括动词和形容词）性成分或分句，表示两种行为或两种性质的关系。其主要用法有以下几种：

1. "而"字连接的前后两项之间在意思上相反或不一致，表示转折关系，相当于"却"、"可是"等，例如：

① 子曰："学而不思则罔，思而不学则殆。"（《论语·为政》）

② 子温而厉，威而不猛，恭而安。（《论语·述而》）

③ 危而不持，颠而不扶，则将焉用彼相矣？（《论语·季氏》）

④ 目不能两视而明，耳不能两听而聪。（《荀子·劝学》）

⑤ 千里马常有，而伯乐不常有。（韩愈《马说》）

例①至例④中的"而"用来连接词和短语，例⑤中的"而"用用来连接两个分句。例①连接的是两种行为，例②连接的是两种性质，例③、④连接的是行为与性质的结合，例⑤连接的是两个事件，都表示转折关系。

2. "而"字连接的前后两项在意思上没有先后主次之分，表示并列关系，相当于"又"，也可不译出。例如：

⑥ 强本而节用，则天不能贫；养备而动时，则天不能病。（《荀子·天论》）

⑦ 君子食无求饱，居无求安，敏於事而慎於言。（《论语·学而》）

⑧ 晋公子广而俭，文而有礼，其从者肃而宽，忠而能力。（《左传·僖公二十三年》）

⑨ 夫达也者，质直而好义，察言而观色，虑以下人。（《论语·颜渊》）

⑩ 永州之野产异蛇，黑质而白章。（柳宗元《捕蛇者说》）

例⑥至例⑨中，"而"连接谓词性成分。但例⑩中，"而"连接的却是名词性成分，原因在于名词性成分在此作谓语，也就是说"而"在此连接的是谓语。各例中的"而"字连接的前后两项在意义上有某种类似或密切关系，中间没有转折关系。

3. "而"字连接的前后两项在事理或时间上前后相承，表示承接关系，相当于"就"、"便"、"才"等。

⑪ 川壅而溃，伤人必多。（《国语·周语上》）

⑫ 夫种麦而得麦，种稷而得稷，人不怪也。（《吕氏春秋·用民》）

⑬ 尉剑挺，广起，夺而杀尉。（《史记·陈涉世家》）

⑭ 亡羊而补牢，未为迟也。（《战国策·楚策四》）

例⑪、⑫中的"而"表示事理上的相承关系；例⑬、⑭中的"而"表示时间上的前后相承。

4. "而"字连接的两项在意思上后项比前项更进一层，表示递进关系，实际上也是一种顺接，相当于"而且"、"并且"等，如：

⑮ 秦人逢氏有子，少而惠。（《列子·周穆王》）

⑯ 左右皆恶之，以为贪而不知足。（《战国策·齐策四》）
⑰ 孙权据有江东，已历三世，国险而民附，贤能为之用。（《三国志·蜀书·诸葛亮传》
⑱ 君子博学而日参省乎己，则知明而行无过矣。（《荀子·劝学》）
⑲ 苟爱而知其丑，憎而知其善，善恶必书，斯为实录。（刘知几《史通·惑经》）

例⑮"少而惠"即"年少而且聪慧"，"而"字连接形容词"少"和"惠"，两者之间存在着递进关系。例⑯"贪而不知足"即"贪婪而且不知满足"，"贪"和"不知足"之间存在着递进关系。其余各例可以类推。

5. "而"字连接的两项在意思上前项表示假设，后项表示结论，构成假设关系，相当于"如果"、"假如"。例如：
⑳ 子产而死，谁其嗣之？（《左传·襄公三十年》）
㉑ 君不若使人问之，而固贤者也，用之未晚也。（《吕氏春秋·举难》）
㉒ 死之长短而在宗祝，则谁不择良宗祝而祈寿焉？（柳宗元《非国语下·祈死》）
㉓ 周公而非圣人则可，周公而圣人也，岂为之哉！（恽敬《周公居东辩二》）
㉔ 人而无信，不知其可也。（《论语·为政》）

这种用法的"而"字通常用在主语和谓语之间表示假设关系，与表示转折关系的"而"有所不同。如例㉒中的，前一分句中的"而"用在主语"死之长短"和谓语"在宗祝"之间，表示假设关系，可译为"如果"；后一分句中的"而"用来连接动词性短语"不择良宗祝"和"择寿"，表示转折关系，可译为"却"。

6. "而"字用在状语和谓语之间，表示偏正关系，可以不译。例如：
㉕ 吾恂恂而起。（柳宗元《捕蛇者说》）
㉖ 长驱到齐，晨而求见。（《战国策·齐策四》）
㉗ 默而知之，学而不厌，诲人不倦，何有于我哉？（《论语·述而》）
㉘ 吾尝终日而思矣，不如须臾之所学也。（《荀子·劝学》）
㉙ 此独大王之风耳，庶人安得而共之？（宋玉《风赋》）

例㉕至㉘中"而"字用在一般状语和谓语之间，例㉙中"而"字用在能愿状语和谓语之间。

(二) "而"字用作代词：

"而"字可以充当第二人称代词，在句中作主语或定语，不能做宾语，用法同"尔"。例如：
① 夫差！而忘越王之杀而父乎？（《左传·定公十年》）
② 余，而所嫁妇人之父也。（《左传·成公二年》）
③ 是而子杀余之弟也。（《左传·襄公十四年》）
④ 若归，试私从容问而父。（《史记·曹相国世家》）

例①中前一个"而"作主语，后一个"而"作定语，分别是"你"、"你的"意思。例②中"而"在"而所嫁"中作主语，意思是"你"。例③、④中的"而"都作定语，意思是"你的"。

九、且

虚词"且"通常用作连词和副词。

(一)"且"字用作连词,主要用法有以下几种:

1. "且"字连接的前后两项为并列关系,相当于"又"、"一边……一边……"等。例如:

   ① 不义而富且贵,于我如浮云。(《论语·述而》)
   ② 子贡曰:"学不厌,智也;教不倦,仁也。仁且智,夫子既圣矣。"(《孟子·公孙丑上》)
   ③ 闻章氏子弟多才且贤,而余不获交其一二,是则余之陋也。(戴名世《道墟图诗序》)
   ④ 陵军五千人,兵矢既尽,士死者过半,而所杀伤匈奴亦万余人,且引且战。(《史记·李将军列传》)
   ⑤ 虽无德与女,式歌且舞。(《诗·小雅·车辖》)

例①至例③中的"且"字连接两个形容词或形容词性词组,表示"又"的意思。例④、⑤中的"且"字连接两个动词,表示两件事同时进行,相当于"一边……一边……","且"字既可以放在两个动词之前(如例④),也可以放在两个动词之间(如例⑤)。

2. "且"连接的前后两项为递进关系,相当于"并且"、"而且"。例如:

   ⑥ 道之以德,齐之以礼,有耻且格。(《论语·为政》)
   ⑦ 气为物母,自无名而有名,且居高而济下,谅无迹而能行。(张贾《天道运行成岁赋》)
   ⑧ 曲文之词采,与诗文之词采非但不同,且要判然相反,何也?(李渔《闲情偶寄·词采·贵显浅》)

例⑥至例⑧中的"且"字用在后一分句的开头,表示后一句的意思必前一句的意思更进一层。

3. "且"字连接的前后两项为选择关系,相当于"还是"、"或者"。例如:

   ⑨ 王以天下为尊秦乎?且尊齐乎?(《战国策·齐策四》)
   ⑩ 富贵者骄人乎?且贫贱者骄人乎?(《史记·魏世家》)
   ⑪ 曾子问曰:"葬引至于堩。日有食之,则有变乎?且不乎?"(《礼记·曾子问》)
   ⑫ 足下欲助秦攻诸侯乎?且欲率秦破诸侯也?(《史记·郦生陆贾列传》)
   ⑬ 岂吾相不当侯邪?且固命也?(《史记·李将军列传》)

上述五例中的"且"字在句中都表示选择关系,"且"字位于后一分句的开头,后一分句多为疑问句,从意思上看,更倾向于后一分句。

(二)"且"字作为副词,用法主要有:

1. 用作时间副词,表示动作行为将要发生或进行,相当于"将"、"将要"。例如:

   ① 会且归矣,无庶予子憎!(《诗·齐风·鸡鸣》)
   ② 故天且风,巢居之虫动;且雨,穴处之物扰。(王充《论衡·变动》)
   ③ 不出,火且尽。(王安石《游褒禅山记》)

2. 用作时间副词，表示时间的短暂，相当于"姑且"、"暂且"。例如：
    ④ 且以喜乐，且以永日。(《诗·唐风·山有枢》)
    ⑤ 小池聊养鹤，闲田且牧猪。(王绩《田家》诗之一)
    ⑥ 比至深冬严寒之际，毛羽脱落，索然如鷇雏，遂自鸣曰：'得过且过。'(陶宗仪《辍耕录》)
3. 用作限定性范围副词，表示某对象的部分范围，相当于"将近"、"几近"。例如：
    ⑦ 覆三国之军，兼二周之地，举韩氏，取其地，且天下之半。(《战国策·齐策三》)
    ⑧ 突厥之平，仆射温彦博请其种落于朔方以实空虚之地，于是入居长安者且万家。(刘餗《隋唐嘉话》)
    ⑨ 辛巳，江南荒疫，人死且半。(黄宗羲《移史馆熊公雨殷行状》)

例⑦中的"且"表示"所取之地将近天下的一半"，"且"表示范围，对后面的"天下之半"进行限定。其余各例可以类推。

十、与

虚词"与"通常用作连词、介词、助词。

（一）"与"用作连词，一般用来连接并列的名词、代词或名词性词组，表示并列关系，相当于"和"、"及"。例如：
    ① 凡有爵者，与七十者，与未龀者，皆不为奴。(《汉书·刑法志》)
    ② 同官尽才俊，偏善柳与刘。(韩愈《赴江陵途中寄赠翰林三学士》)
    ③ 吾与女（汝）同好弃恶，复修旧德，以追念前勋。(《左传·成公十三年》)
    ④ 畦留夷与揭车兮，杂杜衡与芳芷。(屈原《离骚》)

例①"与"字连接了三个名词性词组，即"有爵者"、"七十者"、"未龀者"，"与"用了两次。这和现代汉语不同，现代汉语连词"和"如果连接了三个以上的并列成分，一般只在最后一项前面用一次。例③"与"字连接两个并列的代词，其余两例的"与"都是连接两个并列的名词。

（二）"与"作介词，用法主要有以下几种：
1. 引进行为的共同参与者。例如：
    ① 凡我父兄昆弟及国子姓，有能助寡人谋而退吴者，吾与之共知越国之政。(《国语·越语上》)
    ② 帝者与师处，王者与友处，霸者与臣处，亡国与役处。(《战国策·燕策一》)
    ③ 吾将与楚人战，彼众我寡，为之奈何。(《韩非子·难一》)

从以上各例可以看出，"与"所引进的行为参与者是客方，而"与"前面的主语总是行为的主方。即使是两者共同参与一个行为，也存在着主方和客方的差别。如例①"吾与之共知越国之政"，"吾"是主方，"之"是客方。这是介词"与"和连词"与"在语义上的差别。

2. 引进类比的对象。这种用法的"与"字结构所修饰的动词，一般都是"同"、"异"等一类的词。例如：
    ④ 孟子曰："何以异于人哉！尧、舜与人同耳。(《孟子·离娄下》)

⑤ 虎之与人异类，而媚养己者，顺也。(《庄子·人间世》)

(三)"与"用作助词，用法主要有以下几种：

1. 用作语气助词，表示疑问或反诘语气，后多写作"欤"。例如：

① 夫子至于是邦也，必闻其政，求之与？抑与之与？(《论语·学而》)
② 渔父见而问之曰："子非三闾大夫与？何故至于斯？"(《楚辞·渔父》)
③ 此人暴虐吾国相，王县购其名姓千金，夫人不闻与？何敢来识之也？(《史记·刺客列传》)
④ 王之所大欲，可得闻与？(《孟子·梁惠王上》)
⑤ 桀溺曰："子为谁？"曰："为仲由。"曰："是鲁孔丘之徒与？"(《论语·微子》)

例①中，分句"求之与"中的"与"与分句"抑与之与"中后一个"与"都为助词，用于选择问句中，表示疑问语气；而分句"抑与之与"中的前一个"与"是动词，本是"给予"的意思，此处含有"主动告诉"之义。例②、③中的"与"用于反问句中，句中含有否定词"非"、"不"，是用反诘的语气表示肯定。例④的"与"用于询问句，表示有疑而问。例⑤中的"与"也表示询问的语气，但是与一般的询问句不同的是，这种问句含有"信多于疑"的特点，即提问者心中已有一个基本答案，只是用询问的语气希望对方证实。

2. 用作语气助词，表示感叹的语气，亦写作"欤"。例如：

⑥ 孔子曰："归与归与！吾党之小子狂简，进取不忘其初。"(《史记·孔子世家》)

3. 用作助词，表句中停顿。

⑦ 子曰："始吾于人也，听其言而信其行；今吾于人也，听其言而观其行。于予与改是。"(《论语·公冶长》)
⑧ 若壅其口，其与能几何？(《国语·周语上》)
⑨ 朕之不明与嘉之，其奚哀悲之有！(《史记·孝文本纪》)

十一、则

虚词"则"主要用作连词，连接谓词性成分或分句，其用法主要有以下几种：

(一) "则"字连接的前后两项，前项表示条件，后项表示结果，相当于"就"、"便"。例如：

① 王若隐其无罪而就死地，则牛羊何择焉？(《孟子·梁惠王上》)
② 诚如是，则霸业可成，汉室可兴矣。(《三国志·蜀书·诸葛亮传》)
③ 夫水之积也不厚，则其负大舟也无力。(《庄子·逍遥游》)
④ 故木受绳则直，金就砺则利。(《荀子·劝学》)
⑤ 山不在高，有仙则名；水不在深，有龙则灵。(刘禹锡《陋室铭》)

例①至例③中的"则"用于条件复句中，例④、⑤中的"则"用于紧缩复句中。

(二) "则"字连接的前后两项动作行为之间在时间或逻辑事理上具有紧密相承的关系，相当于"那么"、"就"。例如：

⑥ 既来之，则安之。(《论语·季氏》)
⑦ 既其出，则或咎其欲出者。(王安石《游褒禅山记》)
⑧ 苟能令商贾技巧之人无繁，则欲国之无富，不可得也。(《商君书·外内》)

例⑥至例⑧中的"则"表示的是时间上的承接关系。

（三）"则"字连接的前后两项在意思上相反，或是跟预料的情况相反，相当于"反而"、"却"、"原来已经"。例如：

⑨ 欲速则不达，见小利则大事不成。（《论语·子路》）
⑩ 竭力以事大国，则不免焉。（《孟子·梁惠王下》）
⑪ 爱其子，择师而教之；于其身也，则耻师焉。（韩愈《师说》）
⑫ 公使阳处父追之，及诸河，则在舟中矣。（《左传·僖公三十三年》）
⑬ 使子路反见之，至，则行矣。（《论语·微子》）

例⑨至例⑪表示前后两项在意思上相反，例⑫、⑬则表示跟预料的情况相反。

（四）"则"连接的两项，前项表示假设，后项表示结果，相当于"如果"、"假如"。例如：

⑭ 今闻章邯降项羽，项羽乃号为雍王王关中。今则来，沛公恐不得有此。（《史记·高祖本纪》）
⑮ 大夫曰："苟有益也，公子则往。"（《左传·定公八年》）
⑯ 我则不德而徼怨于楚，我曲楚直，不可谓老。（《左传·宣公八年》）
⑰ 彼则肆然而为帝，过而遂正于天下，则连有赴东海而死矣，吾不忍为之民也。（《战国策·赵策三》）
⑱ 谨守成皋，则汉欲挑战，慎勿与战。（《史记·项羽本纪》）

（五）"则"字出现在并列复句的前后分句中，表示对比或列举。这种用法的"则"字无法对译。例如：

⑲ 居则具一日之积，行则备一夕之卫。（《左传·僖公三十三年》）
⑳ 贫穷则父母不子，富贵则亲戚畏惧。（《战国策·秦策一》）
㉑ 弟子入则孝，出则弟。（《论语·学而》）
㉒ 父母之年，不可不知也，一则以喜，一则以惧。（《论语·里仁》）
㉓ 是故无事则国富，有事则兵强，此之谓王资。（《韩非子·五蠹》）

（六）"则"字可表示让步关系，相当于"虽然"、"倒是"。例如：

㉔ 巧则巧矣，未尽善也。（《裴松之注》）
㉕ 善则善矣，未可以战也。（《国语·吴语》）
㉖ 美则美矣，而未大也。（《庄子·天道》）
㉗ 元帅此计好则好，则怕瞒不过诸葛孔明。（《隔江斗智》第一折）
㉘ 滕君则诚贤君也。虽然，未闻道也。（《孟子·滕文公上》）

表示让步的"则"字经常出现在两个相同的词语或短语之间，如例㉔至例㉗。

例㉘中"则"所在的分句先提出一种假设的事实，即"滕君诚贤君也"，并姑且退让一步，承认这个假设的真实性，但后一分句并没有顺着"贤君"这个假设情况说下去，而是转到与它相反的方面"未闻道也，"分句之间是"假设让步——转折"关系。

十二、虽

虚词"虽"用作连词，其主要用法有以下两种：

（一）表示事实上的让步，相当于"虽然"、"尽管"。例如：
① 谚曰"桃李不言，下自成蹊"。此言虽小，可以喻大也。(《史记·李将军列传》)
② 豫州军虽败于长坂，今战士还者及关羽水军精甲万人，刘琦合江夏战士亦不下万人。(《三国志·蜀书·诸葛亮传》)
③ 文雅虽不能及萧望之、匡衡，然指意略同。(《汉书·平当传》)
④ 吾又惧其杂也，迎而距之，平心而察之，其皆醇也，然后肆焉。虽然，不可以不养也。(韩愈《答李翊书》)

（二）表示假设性的让步，相当于"即使"、"纵然"。例如：
⑤ 亦余心之所善兮，虽九死其犹未悔。(《楚辞·离骚》)
⑥ 虽我之死，有子存焉。(《列子·汤问》)
⑦ 谒丞相，虽三公亦入客次。(陆游《老学庵笔记》)

十三、也

古汉语中，虚词"也"只用作语气词，主要用法有下面两种：

（一）用于句末，表示肯定、确认的语气。例如：
① 灭六国者，六国也，非秦也。(杜牧《阿房宫赋》)
② 董狐，古之良史也。(《左传·宣公二年》)
③ 今君有一窟，未得高枕而卧也。(《战国策·齐策四》)
④ 不及黄泉，无相见也。(《左传·隐公元年》)

例①、②中，"也"字用在判断句的末尾，帮助强调判断语气；例③、④中，"也"出现在叙述句末尾，对事情的真实性加以强调。

（二）用于句中，表示停顿。例如：
① 求也为之，不足三年，可使足民。(《论语·先进》)
② 且夫水之积也不厚，则其负大舟也无力。(《庄子·逍遥游》)
③ 当是时也，禹八年于外，三过其门而不入。(《孟子·滕文公上》)

"也"字经常出现在主语之后，相当于"呀"、"啊"，如例①、②。其中主语也可以是主谓结构，如例②的"水之积"和"其负大舟"。"也"字也可用在时间状语之后，如例③。这类"也"字主要用来舒缓语气，表提示和强调。

十四、矣

虚词"矣"只作语气词，用法主要有以下几种：

（一）用在陈述句末尾，表示事情已经发生或将要发生，大致相当于现代汉语的"了"。例如：
① 秦晋围郑，郑既知亡矣。(《左传·僖公三十年》)
② 夺项王天下者必沛公也，吾属今为之虏矣。(《史记·项羽本纪》)

例①中的"矣"表示事情已经发生，例②中的"矣"表示事情将要发生。

（二）用于祈使句末尾，表示命令、请求、禁止、劝勉等语气，相当于"吧"、"了"等。例如：
① 善哉，吾请无攻宋矣。(《墨子·公输》)

② 孟尝君不说，曰："诺。先生休矣。"（《战国策·齐策四》）

例①中的"矣"表示请求语气，例②中的"矣"表示禁止语气。

（三）用在疑问句末尾，表示疑问语气，前面一般有疑问代词与之呼应，相当于"了"、"呢"。例如：

① 百姓安子，诸侯说子，盍终为君矣。（《公羊传·隐公四年》）

② 年几何矣？（《战国策·赵策四》）

例①中有疑问代词"盍"，例②中有疑问代词"何"与"矣"相呼应。

（四）用于感叹句末尾，帮助表示感慨、赞颂、叹息等语气，相当于"啊"、"了啊"。例如：

① 嗟乎！此真将军矣。（《史记·绛侯周勃世家》）

② 寡人之无德也何甚矣。（《说苑·至公》）

例①中的"矣"帮助表示赞颂语气，例②中的"矣"帮助表示叹息语气。

十五、乎

虚词"乎"常用作介词、语气词和助词。这里只介绍"乎"作语气词的用法。

（一）用在疑问句末尾，表示疑问语气，相当于"吗"、"呢"。例如：

① 丈夫亦爱怜其少子乎？（《战国策·赵策四》）

② 以一击十，有道乎？（《孙膑兵法·威王问》）

（二）用在祈使句末尾，表示请求、命令等语气。例如：

① 默默乎，河伯！（《庄子·秋水》）

② 长铗归来乎，食无鱼！（《战国策·齐策四》）

（三）用在感叹句末尾，表示感慨、赞颂等语气。例如：

① 善哉！技盖至此乎！（《庄子·养生主》）

② 神乎！神乎！至于无声！（《孙子·虚实》）

十六、哉

虚词"哉"只用作语气词。

（一）用于感叹句中，表示感叹语气，大多位于句尾，相当于现代汉语的"啊"、"啦"。例如：

① 嘻，善哉！技盖至此乎！（《庄子·养生主》）

② 幸哉！今日也！他人猎，皆得禽兽；吾猎，得善言而归。（《新序·杂事》）

（二）用于问句句尾，表示疑问、测度等语气，相当于现代汉语的"呢"、"吗"、"吧"。例如：

① 是诚何心哉？（《孟子·梁惠王上》）

② 岂他人之过哉？（宋濂《送东阳马生序》）

思考与练习

指出下列各句加点字的意义和作用。

1. 辟病梅之馆以贮之。（龚自珍《病梅馆记》）

2. 陈成常与宰予,之二臣者甚相憎也。(《吕氏春秋·慎势》)
3. 不知军之不可以退而谓之退,是谓縻军。(《孙子·谋攻》)
4. 吾见师之出而不见其入也。(《左传·僖公三十二年》)
5. 吾子其无废先君之功。(《左传·隐公三年》)
6. 存者且偷生,死者长已矣。(杜甫《石壕吏》)
7. 今者臣来,过易水,蚌方出曝。(《战国策·燕策二》)
8. 庸主赏所爱而罚所恶。(《史记·范雎蔡泽列传》)
9. 贾家庄几为巡徼所陵迫死。(文天祥《〈指南录〉后序》)
10. 天吏逸德,烈于猛火。(《书·胤征》)
11. 今则来,沛公恐不得有此。(《史记·高祖本纪》)
12. 寡人之师徒不足以辱君矣,请以金玉子女赂君之辱。(《国语·越语上》)
13. 夏,楚子伐宋,以其救萧也。(《左传·宣公十三年》)
14. 属予作文以记之。(范仲淹《岳阳楼记》)
15. 虽然,公输盘为我为云梯,必取宋。(《墨子·公输》)
15. 有能助寡人谋而退吴者,吾与之共知越国之政。(《国语·越语上》)
16. 勾践载稻与脂于舟以行。(《国语·越语上》)
17. 公入而赋:"大隧之中,其乐也融融。"(《左传·隐公元年》)
18. 周公而非圣人则可,周公而圣人也,岂为之哉!(恽敬《周公居东辩二》)
19. 赵予璧而秦不予赵城,曲在秦。(《史记·廉颇蔺相如列传》)
20. 我称病不行,丞相必自来,来则杀之。(《史记·秦始皇本纪》)
21. 平易恬淡,则忧患不能入,邪气不能袭。(《庄子·刻意》)
22. 故楚南公曰:"楚虽三户,亡秦必楚也。"(《史记·项羽本纪》)
23. 君子有酒,旨且多。(《诗·小雅·鱼丽》)
24. 肃王不视,且听且行,若不经意。(陆游《老学庵笔记》)
25. 曲文之词采,与诗文之词采非但不同,且要判然相反。(李渔《闲情偶寄》)
26. 愿早定大计,莫用众人之议也。(《三国志·吴书·鲁肃传》)
27. 小人有母,皆尝小人之食矣,未尝君之羹,请以遗之。(《左传·隐公元年》)
28. 孔子曰:"诺,吾将仕矣。"(《论语·阳货》)
29. 爱之能勿劳乎?忠焉能勿诲乎?(《论语·宪问》)
30. 巨屦小屦同贾,人岂为之哉?(《孟子·滕文公上》)

第五节 判断句和被动句

一、判断句

古代汉语的判断句是用名词或名词性短语作谓语的句子,主要是用来对事物进行解释或分类,表示某种事物是什么或不是什么,某种事物属于某一类或不属于某一类。现代汉语里判断句的主语和谓语之间一般要用判断动词"是",而古代汉语的判断句一般不带判断词。这是古代汉语判断句的一大特点。下面主要介绍古代汉语判断句的几种类型以及判断句的活用。

（一）肯定判断句的基本句式

古代汉语中，肯定判断句的基本句式主要有以下五种：

1. 用"者"、"也"相呼应来表示判断。其中，"者"字用在主语的后面，表示提顿；"也"字用在句末，表示判断语气，构成"主语+者，谓语+也"的句式。这是古代汉语判断句最典型的一种形式。例如：

① 陈胜者，阳城人也。（《史记·陈涉世家》）
② 楚左尹项伯者，项羽季父也。（《史记·项羽本纪》）
③ 夫积贮者，天下之大命也。（贾谊《论积贮疏》）
④ 彼秦者，弃礼义而上首功之国也。（《战国策·赵策三》）

2. 只用"也"，不用"者"。即主语后不用"者"，谓语后用"也"帮助判断，构成"主语，谓语+也"的形式。这也是古代汉语中常见的判断句式。例如：

⑤ 和氏璧，天下所共传宝也。（《史记·廉颇蔺相如列传》）
⑥ 城北徐公，齐国之美丽者也。（《战国策·齐策一》）
⑦ 千金，重币也；百乘，显使也。（《战国策·齐策四》）
⑧ 制，岩邑也。（《左传·隐公元年》）

例⑥中的"者"字用在形容词"美丽"之后，组成"者"字结构，指代人。

3. 只用"者"，不用"也"。主语后面用"者"，谓语后面不用"也"，构成"主语+者，谓语"的形式。例如：

⑨ 兵者，凶器。（《史记·酷吏列传》）
⑩ 粟者，民之所种。（晁错《论贵粟疏》）
⑪ 故善人者，不善人之师；不善人者，善人之资。（《老子·二十七章》）

4. "者"、"也"都不用。主语后面不用"者"，谓语后面不用"也"，构成"主语，谓语"的形式。例如：

⑫ 夫鲁，齐、晋之唇。（《左传·哀公八年》）
⑬ 孔子曰："君子之德，风；小人之德，草。"（《论语·颜渊》）
⑭ 高祖，沛丰邑中阳里人。（《史记·高祖本纪》）
⑮ 农，天下之本。（《史记·孝文本纪》）

5. "者"、"也"连用。主语后面不用"者"，谓语后面"者"、"也"连用，构成"主语，谓语+者也"的形式，表示注释性或说明性的判断意味。例如：

⑯ 悼公稽首，曰："吾子，奉义而行者也。"（《左传·鲁哀公六年》）
⑰ 礼，所以守其国、行其政令、无失其民者也。（《左传·昭公五年》）
⑱ 君子曰：'恃陋而不备，罪之大者也，备豫不虞，善之大者也。（《左传·鲁成公九年）

以上五种形式的判断句，在译为现代汉语时，一般要在主谓间加上判断词"是"。

（二）否定判断句的句式

古代汉语中的否定判断句是在谓语之前加否定副词"非"、"匪"表示。"非"、"匪"虽然可以译成现代汉语的"不是"，但它们仍然是否定副词，而不能看做判断动词。例如：

① 此庸夫之怒也，非士之怒也。(《战国策·魏策四》)
② 子非鱼，安知鱼之乐？(《庄子·秋水》)
③ 我心匪石，不可转也。我心匪席，不可卷也。(《诗经·邶风·柏舟》)
④ 劳师以袭远，非所闻也。(《左传·僖公三十二年》)

（三）用副词或语气词加强判断的判断句

古代汉语的判断句中，在谓语前面可以加副词"乃、必、亦、诚、皆、则、即、素"或语气词"惟、维"等来加强判断。例如：

① （此）乃歌夫"长铗归来"者也。(《战国策·齐策四》)
② 夺项王天下者，必沛公也。(《史记·项羽本纪》)
③ 膑亦孙武之后世子孙也。(《史记·孙子吴起列传》)
④ 此诚危急存亡之秋也。(诸葛亮《出师表》)
⑤ 是皆秦之罪也。(《战国策·秦策一》)
⑥ 此则岳阳楼之大观也。(范仲淹《岳阳楼记》)
⑦ 梁父即楚将项燕。(《史记·项羽本纪》)
⑧ 相如素贱人。(《史记·廉颇蔺相如列传》)
⑨ 周虽旧邦，其命维新。(《诗经·大雅·文王》)
⑩ 尔惟旧人。(《尚书·大诰》)

例①至例⑧都是名词性谓语前加副词，这些副词在句中只起帮助判断的作用，作句子的状语，而非判断词。尽管翻译它们时可带出判断词"是"来，但"是"不是它们本身译出来的，而是根据现代汉语句式的需要增加的。所以当"是"成为判断词后，这些副词可以加在其前，构成"乃是"、"即是"、"则是"、"亦是"等。这种在谓语前加副词的判断句，先秦汉语不多见，后代用得较多。例⑨、⑩是在名词性谓语前加语气词"惟、维"，帮助表示判断，加强语气。这种句式后代不多见，先秦却比较常见。

（四）用"为"字的判断句

"为"字用来表示判断，已见于先秦典籍，后世仍有沿用。这种判断句，主语和谓语须是同一关系，宾语一般由名词、代词、名词性词组充当。例如：

① 夫执舆者为谁？(《论语·微子》)
② 余为伯鯈，余，而祖也。(《左传·宣公三年》)
③ 尔为尔，我为我。(《孟子·公孙丑上》)
④ 中峨冠而多髯者为东坡。(魏学洢《核舟记》)

以上各例中的"为"都可译为"是"，应视为判断词，但这类句子在古汉语中很少出现。多数情况下，"为"是一个意义十分广泛的及物动词，用"为"的句子绝大多数为叙述句。例如：

⑤ 四体不勤，五谷不分，孰为夫子？(《论语·微子》)
⑥ 颍考叔为颍谷封人，闻之，有献于公。(《左传·隐公元年》)
⑦ 民为贵，社稷次之，君为轻。(《孟子·尽心下》)
⑧ 晋为盟主，诸侯或相侵也，则讨之。(《左传·襄公二十六年》)

例⑤中的"为"可理解为"算作、算是"，例⑥中的"为"应理解为"做"，例⑦中的"为"可理解为"算作、算是"，例⑧可理解为"作为"。这些句子中的"为"实际上都是动词,不是真正的判断词。

(五)用"是"字的判断句

"是"作为真正的判断动词使用最初产生于先秦,汉代逐渐增多,魏晋以后用得就更多了。

先秦时期,有判断词"是"的判断句只是在一些接近口语的作品里偶有出现,总的说来,数量极少。例如:

① 此是何种也?(《韩非子·外储说左上》)
② 韩是魏之县也。(《战国策·魏策三》)

汉代以后,"是"作为判断词的用例大大增多了。例如:

③ 是是帚彗,有内兵,年大孰。(《马王堆三号墓帛书》)
④ 襄子曰:"此必是豫让也。"(《史记·刺客列传》)
⑤ 客人不知其是商君也。(《史记·商君列传》)
⑥ 余是所嫁妇人之父也。(《论衡·死伪篇》)
⑦ 汝是大家子,仕宦于台阁。(《孔雀东南飞》)
⑧ 同行十二年,不知木兰是女郎。(《木兰诗》)

由以上所举各例可以看出,在早期用"是"作判断词的句子里,谓语后大都还用语气助词"也"煞尾,用来帮助判断。随着"是"的判断意味不断增强,位于句尾的帮助判断的语气词"也"逐渐退化、消亡,就出现了严格意义上的判断句。

在先秦时期,"是"字基本上是个指示代词,常用来作判断句的主语或谓语。有时它在句中的地位很像判断词,但仔细分析一下,就能够发现它仍是指示代词。例如:

⑨ 吾不能早用子,今急而求子,是寡人之过也。(《左传·僖公三十年》)
⑩ 虎兕出于柙,龟玉毁于椟中,是谁之过与?(《论语·季氏》)
⑪ 臣闻国之兴也,视民如伤,是其福也。(《左传·哀公元年》)
⑫ 古之人有行之者,武王是也。(《孟子·梁惠王下》)
⑬ 恃武者灭,恃文者亡,夫差、偃王是也。(《曹操集·孙子序》)

例⑨至例⑪中的"是"均是指示代词,复指上文,作后一分句的主语,可译为"这"。例⑫、⑬中的"是"亦为指示代词,作后一分句的谓语,可译为"(就是)这样"。

从汉语的发展来看,判断词"是"正是由指示代词"是"演变而来的。但应该看到,"是"作为判断词来使用在古代汉语里很不普遍,特别是在先秦典籍或以先秦作品为准则的文言文中,这种以"是"作判断词的句式始终没有被普遍采用,甚至到了明清以至近代,文言文中的判断句绝大多数仍采用先秦的形式,即不使用判断词。例如:

⑭ 夫殷、周之不革者,是不得已也。(柳宗元《封建论》)
⑮ 然则变化无穷者,地利也。(顾祖禹《读史方舆纪要·总叙》)

例⑭"是不得已也"应该理解为"此是不得已也","是"为指示代词,相当于"此"。例⑮更是典型的先秦判断句式。

(六)判断句的活用

判断句中,主语和谓语在逻辑上要么是同一关系,要么是类属关系。如"亚父者,范增也"(《史记·项羽本纪》),主语和谓语之间是同一关系,"陈胜者,阳城人也"(《史记·陈涉世家》),主语和谓语之间是类属关系。但是,有些判断句虽采用了判断句的形式，但主语和谓语在逻辑上并不构成判断关系，而是用判断句的形式表示比较复杂的内容，属于判断句式的活用。主要有以下几种情形：

1. 表示比喻，就是把主语比作谓语。这种判断句的主语和谓语所代表的事物不是同一类属。例如：

① 君子之德，风；小人之德，草。(《论语·颜渊》)
② 君者，舟也；庶人者，水也。(《荀子·王制》)
③ 韩，天下之咽喉。(《战国策·秦策四》)
④ 曹公，豺虎也。(《三国志·吴书·周瑜传》)

"德"与"风、草"不同类，"君、庶人"与"舟、水"不是同类，"韩"与"咽喉"、"曹公"与"豺虎"都不是同类。这是把主语所代表的事物比作谓语所代表的事物。这种表示比喻的判断句实际上就是修辞上的"暗喻"。

2. 表示造成某种结果的原因。这种判断句是把带"也"的判断句放在结果分句之后说明原因。例如：

⑤ 良庖岁更刀，割也；族庖月更刀，折也。(《庄子·养生主》)
⑥ 孟尝君为相数十年，无纤芥之祸者，冯谖之计也。(《战国策·齐策四》)
⑦ 桓公九合诸侯，不以兵车，管仲之力也。(《论语·宪问》)

3. 表示某种复杂的逻辑关系。这种判断句中主语和谓语之间既不是类属关系和同一关系，也不是比喻和因果关系，只存在一定的联系。例如：

⑧ 夫战，勇气也。(《左传·庄公十年》)
⑨ 百乘，显使也。(《战国策·齐策四》)

例⑧实际上是说"作战是靠勇气的"。例⑨的意思是"带着百辆车乘的是显赫的使者"。

二、被动句

古代汉语中，根据主语和谓语之间的施受关系，叙述句可以分为两类：一类是主动句，即主语是谓语动词所表示动作行为的发出者；一类是被动句，即主语是谓语动词所表示动作行为的承受者。其中，根据有无专门表示被动的标志，被动句又可以分为无形式标志的意念被动句和有形式标志的被动句两种。

（一）意念被动句

这种被动句没有专门用来表示被动的词语，主语的被动性质只能从意思上去理解，所以人们又称之为意念被动句。例如：

① 蔓草犹不可除，况君之宠弟乎？(《左传·隐公元年》)
② 锲而不舍，金石可镂。(《荀子·劝学》)
③ 人固不易知，知人亦未易也。(《史记·范雎蔡泽列传》)
④ 文王拘而演《周易》，仲尼厄而作《春秋》，屈原放逐，乃赋《离骚》。(司马迁《报任安书》)

以上各例中加"."的动词所表示的动作、行为都不是主语发出的，即主语都不是施事者，而是受事者。意念被动句主要根据语言环境去辨识，从文意上来理解。翻译时要在谓语动词前加上"被"字。如"屈原放逐"即"屈原被放逐"。从以上各例还可以看出，无形式标志的被动句中及物动词大多不带宾语。

（二）有形式标志的被动句

这种被动句有专门表示被动性质的词语，主语的被动性质从句子结构本身就能看出来。现代汉语的形式被动句一般借助介词"被"来表示，古汉语的形式被动句相对来说则复杂些，主要有以下七种形式：

1. "于"字式

这种句式是在动词后用介词"于"或"於"引进动作、行为的施事者，构成"及物动词＋于（於）＋施事宾语"的形式。这是出现最早的有形式标志的被动句式，在先秦时期就已经出现。例如：

① 叔勉锡贝于王姒，用作宝尊彝。（《叔勉方彝》）
② 郤克伤于矢，流血及屦。（《左传·成公二年》）
③ 劳心者治人，劳力者治于人。（《孟子·滕文公上》）
④ 通者常制人，穷者常制于人。（《荀子·荣辱》）

例①"锡（赐）贝于王姒"即"被成王妃赐以宝贝"，例②"伤于矢"即"被箭射伤"，例③"治於人"即"被别人统治"，例④"制于人"即"被别人控制"。

"于"字式经常用在主动与被动对比的复句里，如上面例③、④最能见出"于（於）"字的作用。例③中的"劳心者"和"劳力者"都是主语，但是"劳心者"是"治人"的，是主动者；"劳力者"是"被人制"的，是被动者。例④也可以照此分析。

另外，介词"乎"也可以用来引进动作行为的施事者，构成被动句，语法功能与介词"于（於）"相同，但用例不多。例如：

⑤ 志乎古，必遗乎今。（韩愈《答李翊书》）
⑥ 公子翚恐若其言闻乎桓，于是谓桓曰："吾为子口隐矣。"（《公羊传·隐公四年》）

2. "为"字式

这种句式是在谓语动词前加上介词"为"引出动作行为的施事者，构成"为＋施事宾语＋及物动词"的形式。"为"字在句子结构中的地位和作用很像现代汉语的"被"字。"为"字被动句在先秦时期就出现了。例如：

① 兔不可复得，而身为宋国笑。（《韩非子·五蠹》）
② 止，将为三军获。（《左传·襄公十八年》）
③ 唉！竖子不足与谋。夺项王天下者，必沛公也，吾属今为之虏矣。（《史记·项羽本纪》）
④ 多多益善，何为为我禽？（《史记·淮阴侯列传》）

例①"为宋国笑"即"被宋国人耻笑"，在例句中主语虽然没有出现，它的被动性质是很明显的，"宋国"才是动词"笑"这一行为的主动者。其余各例可以类推。

"为"字后面所引进的行为主动者有时可以不出现，"为"直接放在动词前面构成被动句式。例如：

⑤ 父母宗族，皆为戮没。（《战国策·燕策三》）
⑥ 诚令成安君听足下计，若信者亦已为禽矣。（《史记·淮阴侯列传》）

例⑤"为戮没"就是"被戮没"，例⑥"为禽"就是"被擒"。各例中"为"的行为主动者都没有出现。

3. "为……所……"式

这种句式用介词"为"引进动作行为的施事者,并在动词前加上专门表示被动意义的助词"所",构成"为+施事宾语+所+及物动词"的形式。这种句式在战国末期就已经出现。例如:

① 楚遂削弱,为秦所轻。(《战国策·秦策四》)
② 吾闻先即制人,后则为人所制。(《史记·项羽本纪》)
③ 嬴兵为人马所蹈藉。(《资治通鉴·赤壁之战》)
④ 亮与徐庶并从,为曹公所追破。(《三国志·蜀书·诸葛亮传》)

例①"为秦所轻"即"被秦国(所)轻视",例②"为人所制"即"被别人控制"。其余各例可以类推。

有时候,"为"后面的行为主动者也可以不出现,这样"为"和"所"就连用在谓语动词之前表示被动,构成"为所+及物动词"的形式。例如:

⑤ 不者,若属皆且为所虏。(《史记·项羽本纪》)
⑥ 嵩将诣州讼理,为所杀。(韩愈《张中丞传后叙》)

两例中的"为所虏"、"为所杀"在"为"后面都没有把行为的主动者引出来,但"所"字仍然保留,用现代书面语表达只能是"被俘"、"被杀"。如果一定要出现"所"字的话,就要把省略的行为的主动者补出来:"被刘邦所俘"、"被那武人所杀"。

"为……所……"式起源于战国末期,是由"为"字的被动式发展而来的,在先秦文献中出现频率很低,汉以后开始增加,东汉以后成为一种主要的被动格式。这种句式主要是强调了动词,是古汉语中最常见的一种被动句式,并一直沿用到现代汉语的书面语里。

4. "见"字式

这种句式是在谓语动词前加上表示被动的"见",构成"见+及物动词"的形式。例如:

① 举世皆浊我独清,众人皆醉我独醒,是以见放。(《楚辞·渔父》)
② 信而见疑,忠而被谤,能无怨乎?(《史记·屈原贾生列传》)
③ 子曰:"年四十而见恶焉,其终也已。"(《论语·阳货》)
④ 盆成括见杀。(《孟子·尽心下》)

"见放"、"见疑"、"见恶"、"见杀"就是"被放逐"、"被怀疑"、"被讨厌"、"被杀"的意思。

"见"字式表示被动早在春秋时期就已经出现。这种句式的一个特点是"见"不能直接引进动作行为的施事者,如果需要引进施事者,就需要在动词后用介词"于(於)"来引进,也就是把"见"字式与"于(於)"字式结合起来。

5. "见……于(於)……"式

这种句式是在动词前加上"见"表示被动,在动词后用介词"于(於)"引进动作行为的施事者,构成"见+及物动词+于(於)+施事宾语"的形式。这是用"见"和"于"配合表示被动意义的。例如:

① 吾长见笑于大方之家。(《庄子·秋水》)
② 先绝齐而后责地,则必见欺于张仪。(《史记·楚世家》)

③ 吾尝三仕三见逐于君，鲍叔不以我为不肖，知我不遭时也。(《史记·管仲晏子列传》)

④ 然而公不见信于人，私不见助于友。(韩愈《进学解》)

例①"见笑于大方之家"就是"被大方之家笑"，由于"见"不能直接引进行为主动者（不能说"见大方之家笑"），就只好在动词后另用"于"把行为的主动者引进来。例②"见欺于张仪"就是"被张仪欺"，"于"引进动作行为的主动者。其余各例可以类推。

6. "受……于……"式

这种句式是在谓语动词前加上"受"表示被动，在谓语动词后面用介词"于"引出动作行为的施事者，构成"受 + 及物动词 + 于 + 施事宾语"的格式。这是用"受"和"于"配合表示被动意义。例如：

① 先绝齐后责地，且必受欺于张仪。(《战国策·秦策二》)

② 吾不能举全吴之地，十万之众，受制于人。(《三国志·蜀书·诸葛亮传》)

例①"受欺于张仪"在《史记·楚世家》中作"见欺于张仪"，即"被张仪欺负"的意思，可见"受……于（於）……"式相当于"见……于（於）……"式。同理，例②"受制于人"即"被别人制"。

7. "被"字式

这种句式是在动词前加上介词"被"引进动作行为的施事者，构成"被（+施事宾语）+动词"的形式。例如：

① 国一日被攻，虽欲事秦，不可得也。(《战国策·齐策一》)

② 今兄弟被侵，必攻者，廉也；知友被辱，随仇者，贞也。(《韩非子·五蠹》)

③ 信而见疑，忠而被谤，能无怨乎？(《史记·屈原贾生列传》)

④ 虽万被戮，岂有悔哉？(司马迁《报任安书》)

用"被"的被动句式在战国末期已经出现，但是比较少见。而且"被"字直接放在动词前表示被动，不能引进动作行为的施事者，多少还带有"被"字本来的"遭受"、"蒙受"的意思。到了汉末，"被"字才发展成为一个表示被动意思的介词，也就能引进动作行为的施事者了。例如：

⑤ 臣被尚书召问。(蔡邕《被收时表》)

⑥ 吾被皇太后征，未知所为。(《三国志·魏书·高贵乡公纪》)

这种句式在后代比较接近口语的文章和诗词中，逐渐代替了其他表示被动的句式，但在一般的文言文中却仍然使用其他几种被动句式。

思考与练习

一、说明下列判断句的结构形式。

1. 法者，治之端也。(《荀子·君道》)
2. 贡之不入，寡君之罪也。(《左传·僖公四年》)
3. 夫鲁，齐晋之唇。(《左传·哀公八年》)
4. 此非所以跨海内、制诸侯之术也。(李斯《谏逐客书》)
5. 若枯即是荣，荣即是枯，则应荣时凋零，枯时结实。(范缜《神灭论》)
6. 当立者，乃公子扶苏。(《史记·陈涉世家》)

7. 开火者，军中发枪之号也。(《清稗类抄·冯婉贞》)
8. 天子识其手书，问其人，果是伪书。(《史记·封禅书》)
9. 子为谁？(《论语·微子》)
10. 环滁皆山也。(欧阳修《醉翁亭记》)

二、说明下列被动句的类型。
1. 兵挫地削，亡其六郡。(《史记·屈原贾生列传》)
2. 妻与子皆养于我者也。(韩愈《圬者王承福传》)
3. 适为虞人逐，其来甚速，幸先生生我。(马中锡《中山狼传》)
4. 越王弗与，乃攻之，夫差为禽。(《吕氏春秋·笑行览·长攻》)
5. 其后楚日以削，数十年，竟为秦所灭。(《史记·屈原贾生列传》)
6. 岱不从，遂与战，果为所杀。(《三国志·魏书·武帝纪》)
7. 才高见屈，遭时而然。(《论衡·自纪》)
8. 先绝齐而后责地，则必见欺于张仪。(《史记·楚世家》)
9. (晁)错卒以被戮。(《史记·酷吏列传》)
10. 祢衡被魏武谪为鼓吏。(《世说新语·言语》)

三、阅读《史记·屈原贾生列传》，找出其中有形式标志的被动句。

第六节 宾语的位置与句子成分的省略

一、宾语的位置

汉语的词类，由于没有内部的形态变化，词语在句中的语法功能主要靠词语的组合顺序来表现。一般地说，充当各个语法成分的词语在句中都有固定的词序。如主语在前，谓语在后；动词在前，宾语在后；定语、状语在它们所修饰的中心语前；补语在它所修饰的中心语后。这些从古到今都是一致的。但是，古代汉语也有少数特殊的词序是现代汉语所没有的。最突出的特殊词序是宾语在一定条件下要放在动词之前。下面介绍古代汉语中宾语前置的几种情况。

(一) 疑问代词作宾语前置

这一类宾语前置必须具备两个条件：第一，宾语必须是疑问代词"谁、孰、何、安、奚"等；第二，全句必须是疑问句。前置的疑问代词宾语必须放在谓语动词前面。例如：

① 吾谁欺？欺天乎？(《论语·子罕》)
② 王者孰谓？谓文王也。(《公羊传·隐公元年》)
③ 孟尝君曰："客何好？"曰："客无好也。"(《战国策·齐策四》)
④ 沛公安在？(《史记·项羽本纪》)
⑤ 彼且奚适也？(《庄子·逍遥游》)

上述各例中加点的字都是疑问代词，它们分别放在谓语"欺、谓、好、安、适"等前面。"谁欺"就是"欺谁"，"孰谓"就是"谓孰"，"何好"就是"好何"，"安在"就是"在安(在哪里)"，"奚适"就是"适奚(去哪里)"。例句①尤有启发性，"谁"和

"天"都是"欺"的宾语,但"谁"是疑问代词,放在了"欺"的前面,"天"是名词而非疑问代词,放在"欺"的后面。

如果动词前有助动词,宾语一般也要放在助动词前面。例如:

⑥ 臣实不才,又谁敢怨?(《左传·成公三年》)

该例中的"敢"是助动词,它和"怨"连在一起,"谁"也放在它的前面。

疑问代词作介词的宾语时,也要放在介词的前面。例如:

⑦ 先生何以幸教寡人?(《史记·范雎蔡泽列传》)
⑧ 吾谁与为亲?汝皆说之乎?(《庄子·齐物论》)
⑨ 许子奚为不自织?(《孟子·滕文公上》)
⑩ 何由知吾可也?(《孟子·梁惠王上》)

例⑦至例⑩中的"以"、"与"、"为"、"由"都是介词,它们的宾语"何"、"谁""奚""何"都是疑问代词,都要放到介词的前面。"何以幸教寡人"就是"以何幸教寡人","谁与为亲"就是"与谁为亲"。其余各例可以类推。

必须注意的是,只有疑问代词单独作宾语才受本条宾语前置规律的制约。如果宾语是一个短语,疑问代词只是其中的一个句法成分,那么整个宾语并不前置。例如:

⑪ 此为何名?(《韩非子·喻老》)
⑫ 欲于何所王之?(《史记·三王世家》)

例⑪"何名"作述语"为"的宾语,没有前置。例⑫"何所"作介词"于"的宾语,也没有前置。

有时"何+名词"作宾语必须前置。如:

⑬ 姜氏何厌之有?(《左传·隐公元年》)
⑭ 以尧继尧,夫又何变之有矣?(《荀子·正论》)

例⑬、⑭宾语"何厌"、"何变"都置于谓语动词"有"的前面,但宾语前置的原因与疑问代词无关,是另一条宾语前置的规律在起作用,即用代词复指宾语前置。(详见本节"(三)用'是'、'之'等为标志的宾语前置"部分。)

上古汉语中,疑问代词作宾语时必须前置,这是一条相当严格的规律,几乎没有例外。

(二)否定句中代词作宾语往往前置

这一类宾语前置也必须包含两个条件:第一,宾语必须是指示代词或人称代词;第二,全句必须是否定句,即必须有否定副词"不、未、毋(无)、弗、勿"或否定性的无定代词"莫(没有谁)"。代词宾语一般放在否定词之后、动词之前。例如:

① 今郑人贪赖其田,而不我与,我若求之,其与我乎?(《左传·昭公十二年》)
② 然而不王者,未之有也。(《孟子·梁惠王上》)
③ 我无尔诈,尔无我虞。(《左传·宣公十五年》)
④ 以吾一日长乎尔,毋吾以也。(《论语·先进》)
⑤ 故作事不以礼,弗之敬矣;出言不以礼,弗之信矣。(《礼记·礼器》)
⑥ 丧三日而殡,凡附于身者,必诚必信,勿之有悔焉耳矣。(《礼记·檀弓上》)
⑦ 吾有老父,身死莫之养也。(《韩非子·五蠹》)

以上例句都是否定句,例①至例⑥用的是否定副词,例⑦用的是否定性的无定代词

"莫"，各句的宾语都是代词，在句中放在否定词和谓语动词之间。例①前一分句"不我与"有否定词，代词宾语"我"前置，"不我与"即"不与我"；后一分句"与我"没有否定词，代词宾语"我"放在"与"后面，不能前置。例②"未之有"即"未有之"，例③"无尔诈"、"无我虞"即"无诈尔"、"无虞我"，其余各例可以类推。

当谓语动词前有助动词或副词的时候，代词充任的宾语可以置于动词前，也可以置于助动词或副词前。例如：

⑧ 行仁政而王，莫之能御也。(《孟子·公孙丑上》)
⑨ 三岁贯女，莫我肯顾。(《诗经·魏风·硕鼠》)
⑩ 丘也闻不言之言矣，未之尝言。(《庄子·徐无鬼》)
⑪ 武王至殷郊，系堕。五人御于前，莫肯之为。(《吕氏春秋·不苟》)
⑫ 自古及今，未尝之有也。(《墨子·节葬》)

例⑧至例⑩宾语置于助动词或副词前，例⑪、⑫宾语置于助动词或副词后。

句法结构中如果具有两个否定词，构成否定之否定，实际上是表示肯定，在这种情况下代词充任的宾语不前置。例如：

⑬ 物莫不若是。(《庄子·人间世》)
⑭ 长安中诸公，莫弗称之。(《史记·魏其武安侯列传》)

如果宾语不是代词，即使是否定句，也不用宾语前置这种格式。例如：

⑮ 不患人之不己知，患不知人也。(《论语·学而》)
⑯ 流血及屦，未绝鼓音。(《左传·成公二年》)
⑰ 若不许君，将焉用之。(《左传·昭公四年》)
⑱ 我非子，固不知子矣。(《庄子·秋水》)

例⑮前一分句"不己知"有否定词，代词宾语"己"就前置，"不己知"就是"不知己"；而"不知人"虽是否定结构，但宾语是名词"人"而不是代词，所以宾语不前置。例⑯"未绝鼓音"虽有否定词"未"，但宾语是名词"鼓音"，宾语不前置。例⑰、⑱中的宾语"君"和"子"等词虽有一定的称代作用，但并不是代词，而是名词，在否定句中是不能放在动词之前的，古代汉语中是不能出现"不君许"、"不子知"之类的句子的。

否定句中代词宾语前置的规律远没有疑问代词宾语前置严格。在先秦古籍中，也有不少否定句中代词宾语不前置的例子。例如：

⑲ 九合诸侯，一匡天下，诸侯莫违我。(《管子·封禅》)
⑳ 有事而不告我。(《左传·襄公二十八年》)

再如：

㉑ 不我知者，谓我士也骄。(《诗经·魏风·园有桃》)
㉒ 不知我者，谓我何求。(《诗经·王风·黍离》)

例㉑、㉒都引自《诗经》，都含有否定副词"不"，宾语也都是代词"我"，前一句为代词宾语前置，后一句后置，说明了两种情况可以并存。

从语言发展史的角度看，从先秦时代起，否定句中的代词宾语就已开始从前置向后置发展，因而出现了两者并存的现象。秦以后，这种发展实际上早已完成，但历代古文仍旧是两种情况并存。例如：

㉓ 匈奴必以我为大军之诱，不我击。(《汉书·李广传》)

㉔ 汉果不击我矣。(《汉书·赵充国传》)

上述两例都引自《汉书》,代词宾语的位置不相同。一般地认为,汉以后的文章,否定句代词宾语后置是反映了当时的语言的实际情况。至于把代词宾语仍旧放在动词前,则主要是为了仿古。这种代词宾语前置的现象也残存在现代汉语从古代汉语所吸收的成语中,例如"时不我待"。

(三) 用"是"、"之"等为标志的宾语前置

这一类宾语前置的特点是在宾语前置的同时,还要在宾语后面用代词"是"或"之"复指一下,代词"是"或"之"也要放在动词的前面。例如:

① 将虢是灭,何爱于虞?(《左传·僖公五年》)
② 岂不穀是为?先君之好是继。(《左传·僖公四年》)
③ 姜氏何厌之有?(《左传·隐公元年》)
④ 吾以子为异之问,曾由与求之问。(《论语·先进》)

例①"将虢是灭"就是"将灭虢";例②"不穀是为"就是"为不穀","先君之好是继"就是"继先君之好";例③"何厌之有"就是"有何厌";例④"异之问"是"问异(问别的问题)","由与求之问"就是"问由与求"。各句中名词宾语前置,代词"之"或"是"起复指宾语的作用,它们位于名词宾语后、动词前。这种宾语前置的句式实际上是起了强调宾语的作用。

前置的宾语之前还可以加上表示强调的语气副词"惟(唯)",构成"惟(唯) + 前置宾语 + 是(之) + 谓语动词"的格式,突出表现宾语所表示事物的单一性和排他性,强调宾语的作用就更加明显。例如:

⑤ 率师以来,唯敌是求。(《左传·宣公十二年》)
⑥ 当其取于心而注于手也,惟陈言之务去,戛戛乎其难哉!(韩愈《答李翊书》)
⑦ 此子也才,吾受子赐;不才,吾唯子之怨。(《左传·文公七年》)
⑧ 父母唯其疾之忧。(《论语·为政》)

例⑤"唯敌是求"就是"求敌",例⑥"惟陈言之务去"就是"务去陈言",例⑦"唯子之怨"就是"怨子",例⑧"唯其疾之忧"就是"忧其疾"。各句都使用了"唯(惟)……是(之)……"的格式,宾语在句中的作用就显得比较突出。现代汉语从古代汉语吸收的成语里还有"唯命是听"、"唯利是图"的说法,就是这种语法格式的残留。

上举各例的宾语都是名词,如果前置的宾语是代词,我们仍可以用这种语法格式强调宾语,只是用来复指的代词一般只用"之",不用"是"。例如:

⑨ 诗曰:"孝子不匮,永锡尔类",其是之谓乎?(《左传·隐公元年》)
⑩ 四方之民莫不俱至,此之谓圣治。(《庄子·天地》)
⑪ 语曰"唇亡则齿寒",其斯之谓与?(《谷梁传·僖公二年》)
⑫ "我之怀矣,自诒伊慼",其我之谓矣!(《左传·宣公二年》)

这种格式形成的"是之谓""此之谓"已成为一种凝固形式,在古文中很常见,意思是"说的就是……"或"这就叫……"。

(四) 没有结构标志的宾语前置

古汉语中,为了强调,有些宾语前置时不需要结构上前置的标志。这种宾语前置主要包括介词"以"的宾语前置和代词"是"作宾语前置两种情况。

1. 介词"以"的宾语前置

古汉语中,介词"以"有"用"、"把"、"拿"等意思,则其宾语往往可以提到"以"的前面。这种情况大都是上古汉语句式的一些残留。例如:

① 楚国方城以为城,汉水以为池。(《左传·僖公四年》)
② 江汉以濯之,秋阳以暴之。(《孟子·滕文公上》)
③ 《诗》三百,一言以蔽之,曰思无邪。(《论语·为政》)
④ 楚战士无不一以当十,楚兵呼声动天,诸侯军无不人人惴恐。(《史记·项羽本纪》)

上述四例中介词"以"的宾语都放在"以"的前面。例①"方城以为城"就是"以方城为城",例②"江汉以濯之,秋阳以暴之"就是"以江汉濯之,以秋阳暴之",其余各例可以类推。这种宾语前置的结构在现代汉语成语中还有残留的痕迹,如"夜以继日"、"安步以当车"。

2. 代词"是"作宾语前置

代词"是"充当动词或介词的宾语也常常置于动词或介词的前面。例如:

⑤ 尔贡包茅不入,王祭不供,无以缩酒,寡人是征。昭王南征而不复,寡人是问。(《左传·僖公四年》)
⑥ 葛之覃兮,施于中谷。维叶莫莫,是刈是濩。(《诗·周南·葛覃》)
⑦ 伯夷叔齐不念旧恶,怨是用希。(《论语·公冶长》)
⑧ 仲尼之徒,无道桓文之事者,是以后世无传焉。(《孟子·梁惠王上》)

例⑤前一个代词"是"作"征"的宾语,代包茅;后一个"是"作"问"的宾语,代昭王南征而不复这件事。例⑥两个"是"均代葛这种植物,分别作"刈"和"濩"的宾语。例⑦、⑧中的"是"分别作介词"用"、"以"的宾语,构成"是以"、"是用",意思都是"因此"。

二、句子成分的省略

句子成分的省略是指在不影响语意表达的原则下,为了使语言简练,在一定的语言环境中某些句子成分可以省略。从省略的成分看,有主语、谓语、宾语、兼语及介词的省略等;从省略的方式看,有承前省、蒙后省等。

在古代汉语中,句子成分的省略比现代汉语更为常见。下面对古代汉语中最常见的一些省略现象作个简单的介绍。

(一)主语的省略

句子成分的省略,以主语的省略最为常见,而主语的省略又以第三人称的省略为多。其原因在于上古汉语中没有出现真正意义上的第三人称代词。如果需要说出这个主语的话,就只能将作主语的名词重复,这势必造成文气上的不贯通和句子形式的啰嗦。为了避免重复,使句子更加简练,就将作主语的名词省去不提,这样就出现了主语的省略。例如:

① 居五日,桓侯体痛,[ ]使人索扁鹊,[ ]已逃秦矣。(《韩非子·喻老》)

该例中所省略的是两个不同的主语,前一个为"桓侯",后一个为"扁鹊"。如果把这两个名词都重复说,文章就会显得啰嗦,但又由于没有第三人称代词来代替,所以省去不说。

主语的省略是逻辑上有主语，而形式上不必出现主语的语言现象。主语的省略有承前省、蒙后省等情况。现举例说明如下。

1. 承前省略

句子的主语，如果在上文中已经出现，为了避免重复，后文可以承前省略。例如：

② 蹇叔之子与师，[ ] 哭而送之。(《左传·僖公三十二年》)

③ 楚人为食，吴人及之。[ ] 奔，[ ] 食而从之。(《左传·定公四年》)

例②承前省略主语"蹇叔"；例③后面两个分句所省略的主语分别是"楚人"和"吴人"，承前隔句交叉省略，暗中更换主语。

2. 蒙后省略

主语蒙后省略，是主语将要在后面的分句出现，前面分句的主语就可不必重复。例如：

④ 七月 [ ] 在野，八月 [ ] 在宇，九月 [ ] 在户，十月蟋蟀入我床下。(《诗经·豳风·七月》)

⑤ [ ] 夜闻汉军四面皆楚歌，项王乃大惊曰："汉皆已得楚乎？是何楚人之多也！"(《史记·项羽本纪》)

例④前三个分句蒙后文省略主语"蟋蟀"，例⑤前一分句蒙后省略了主语"项王"。

（二）谓语的省略

古今汉语中省略谓语的现象均不多见，因为谓语是表达句子意义最重要的成分，省去后意义表达往往不清。但是在并列的且结构相同的句子中，谓语动词或动词性词组可以承前或蒙后省略。例如：

① 一鼓作气，再 [ ] 而衰，三 [ ] 而竭。(《左传·庄公十年》)

② 以言取人，孔子失之宰我；以貌 [ ]，失之子羽。(王安石《性说》)

③ 君若以德绥诸侯，谁敢不服？君若以力 [ ]，楚国方城以为城，汉水以为池，虽众，无所用之。(《左传·僖公四年》)

例①中省去了谓语中心词"鼓"，保留了作状语的数词"再"和"三"。例②省略了谓语部分"取人"，保留了作状语的介宾结构"以貌"。例⑥中"君若以力"后面省略了谓语和宾语"绥诸侯"。三例都是承前省略，另外还有蒙后省略。例如：

④ 夫秦王有虎狼之心，杀人如 [ ] 不能举，刑人如恐不能胜。(《史记·项羽本纪》)

⑤ 子曰："躬自厚 [ ]，而薄责于人，则远怨矣。"(《论语·卫灵公》)

例④省略了谓语"恐"，例⑤"躬自厚"后面省略了谓语部分"责"。两例都是蒙后省。

从上述例子可以看出，谓语承前省或蒙后省都有一个特点，即省略都发生在平行句式中，而且绝大部分平行句式中某相同位置上都有某个意义相近、相同或相反的成分对应。如例①三个分句分别有数词状语"一"、"再"和"三"对应。例⑤有形容词状语"厚"与"薄"对应，二者为反义词。

（三）宾语的省略

宾语的省略包括动词宾语的省略和介词宾语的省略两种。

1. 动词宾语的省略

在一定的语言环境中，谓语动词后连带的宾语常常省略。这种宾语省略一般是承前省。例如：

① 左右以君贱之也，食［　］以草具。(《战国策·齐策四》)
② 齐王好衣紫，齐人皆好［　］也。(《韩非子·外储说左上》)
③ 养由基曰："人皆善［　］，子乃曰可教射，子何不代我射之也。"(《战国策·西周策》)
④ 王独不闻吴人之游楚者乎？楚王甚爱之，病，故使人问之，曰："诚病乎？意亦思［　］乎？"(《战国策·秦策二》)

例①、②中动词宾语都是承接上文的宾语而省略，"食"后承前省略宾语"之"，"好"后承前省略宾语"衣紫"。例③中动词宾语是承接前文中的主语而省略，"人皆善"后面省略了说话人"我"。例④中动词的宾语是承接上文的定语而省略，"吴人"为偏正短语，"意亦思"后面省略了宾语"吴"，而"吴"为定语。

3. 介词宾语的省略

在常用的介词中，"以"、"为"、"与"、"从"等介词的宾语常可省略，尤其是它们组成的介词短语在句中充当状语时。例如：

⑤ 对曰："小人有母，皆尝小人之食，未尝君之羹，请以［　］遗之。"(《左传·隐公元年》)
⑥ 诸侯以字为谥，因以［　］为族。(《左传·隐公八年》)
⑦ 高子以［　］告。(《孟子·公孙丑下》)
⑧ 此人一一为［　］具言所闻。(陶渊明《桃花源记》)
⑨ 今我逃楚，楚必骄，骄则可与［　］战矣。(《左传·襄公十年》)
⑩ 孝景时每朝议大事，条侯、魏其侯，诸列侯莫敢与［　］亢礼。(《史记·魏其武安侯列传》)
⑪ 毋从［　］俱死也。(《史记·项羽本纪》)

上述诸例都是介词宾语承前而省略。例⑤至例⑦是介词"以"的宾语省略，例⑧是介词"为"的宾语省略，例⑨、⑩是介词"与"的宾语省略，例⑪是介词"从"的宾语省略。

（四）介词的省略

在一定的语言环境中，介词也可以省略。最常见的是"于"、"以"两个介词的省略。例如：

① 越人饰美女八人，纳之［　］太宰嚭。(《国语·越语上》)
② 将军战［　］河北，臣战［　］河南。(《史记·项羽本纪》)
③ 灵王闻太子禄之死也，自投车下而曰："人之爱子亦如是乎？"侍者曰："甚［　］是。"(《史记·楚世家》)
④ 上古有大椿者，以八千岁为春，［　］八千岁为秋。(《庄子·逍遥游》)
⑤ 及项羽灭，高祖购求布［　］千金，敢有舍匿，罪及三族。(《史记·季布栾布列传》)
⑥ 陛下以四海为境，［　］九州为家，［　］八薮为囿，［　］江汉为池。(《汉

书·严助传》)

例①至例③省略了介词"于",例④至例⑥省略了介词"以"。

(五)定语与状语的省略

古代汉语中,定语和状语也可以省略,二者多为承前省略。例如:

① 楚国之食贵于玉,[　]薪贵于桂。(《战国策·楚策三》)
② 故庶人之富者,或累百万;而[　]贫者,或不厌糟糠。(《史记·平准书》)
③ 凡编户之民,富相什则卑下之,[　]佰则畏惮之,[　]千则役,[　]万则仆,物之理也。(《史记·货殖列传》)
④ 且调都内故钱予其禄:公,岁八十万;侯、伯,[　]四十万;子、男,[　]三十万。(《汉书·王莽传》)

例①、②是定语的省略,分别承前省略了定语"楚国之"和"庶人之"。例③、④是状语的省略,分别承前省略了状语"富相"和"岁"。

(六)兼语的省略

古代汉语里,动词"使"、"令"的宾语往往同时又是后面动词或动词性词组的主语,即兼语。这种兼语式中的兼语有时也可以省略,结果兼语前后的两个谓语动词就连在一起了。兼语的省略,一般是承前省略,也有不必要说出而省略的。例如:

① 请京,使[　]居之,谓之京城大叔。(《左传·隐公元年》)
② 不如早为之所,无使[　]滋蔓。(《左传·隐公元年》)
③ 广故数言欲亡,忿恚尉,令[　]辱之,以激怒其众。(《史记·陈涉世家》)
④ 庞涓既事魏,得为惠王将军,而自以为能不及孙膑,乃阴使[　]召孙膑。(《史记·孙子吴起列传》)

例①、②承前省略兼语"公叔段",例③承前省略兼语"尉",例④是不必要说出或不能说出而省略。

思考与练习

一、指出下列各句宾语前置的条件,并翻译全句。
1. 子归,何以报我?(《左传·成公三年》)
2. 日月逝矣,岁不我与。(《论语·阳货》)
3. 民不足而可治者,自古及今,未之尝闻。(贾谊《论积贮疏》)
4. 微斯人,吾谁与归?(范仲淹《岳阳楼记》)
5. 虽使五尺之童适市,莫之或欺。(《孟子·滕文公上》)
6. 苟得闻子大夫之言,何后之有?(《国语·越语上》)
7. 荀偃令曰:"鸡鸣而驾,塞井夷灶,唯余马首是瞻。"(《左传·襄公十四年》)
8. 曷为久居此围城之中而不去也?(《战国策·赵策三》)
9. 《诗》曰:"孝子不匮,永锡尔类。"其是之谓乎?(《左传·隐公元年》)
10. 《鲁颂》曰:"戎狄是膺,荆舒是惩。"(《孟子·滕文公上》)

二、补出下文中所省略的成分。

逢丑父与公易位。将及华泉,骖絓于木而止。丑父寝于轏中,蛇出于其下,以肱击之,伤而匿之,故不能推车而及。韩厥执絷马前,再拜稽首,奉觞加璧以进,曰:"寡君使群臣为鲁、卫请,曰:'无令舆师陷入君地。'下臣不幸,属当戎行,无所逃隐。且惧奔辟而忝两君,臣辱戎士,敢告不敏,摄官承乏。"丑父使公下,如华泉取饮。郑周父御佐车,宛茷为右,载齐侯以免。韩厥献丑父,郤献子将戮之。呼曰:"自今无有代其君任患者,有一于此,将为戮乎?"郤子曰:"人不难以死免其君,我戮之不祥。赦之,以劝事君者。"乃免之。(《左传·成公二年》)

第七节 语法知识与中学文言文教学

现代汉语语法是从古代汉语语法发展而来,两者在很多方面是一致的。但古代汉语在词法和句法方面又存在着许多特殊之处,这些特殊的词法和句法正是我们中学生学习和阅读古文首先必须弄清的问题。因此,进行中学文言文教学时,要在古今语法的比较中,找出古代汉语语法的特殊之处,从而使中学生学得快,理解得深,记得牢固。

下面,通过对个案的分析来说明如何运用古汉语语法知识解决中学文言文教学中出现的疑难问题。

一、掌握规律,明了差异

古汉语在词法和句法方面虽然有许多不同于现代汉语之处,但也是有一定的规律可循的,总结这些规律,从理论上分析说明中学文言文中出现的一些特殊的语法现象,从而最终帮助学生理解古今语法的差异性。

例如名词的使动用法和意动用法是古代汉语中较为常见的一种语法现象,属于词类活用的范畴,在现代汉语中却很少见。在进行文言文教学时,有必要帮助学生学会区别这两种语法现象。例如:

① 先破秦入咸阳者王之。(《史记·项羽本纪》)

对"王"的解释,许多人弄不明白是使动还是意动用法,有人认为是意动,解释为"以之为王,把他当作王";有人认为是使动,解释为"使之王,让他做王"。中学教参资料里是众说纷纭,莫衷一是。其实,我们只要联系上下文,根据文意理解就很清楚了。这是韩王与诸将的约定,谁先破秦入咸阳,就让谁做王,这样说,有号召力。如果解释为意动,谁先破秦入咸阳,就认为他是王,没有号召力,因为认为是王并不能说明就一定能做王,这样看来,此"王"应解释为使动用法,而不是意动用法。这里就牵涉出一个问题,使动用法和意动用法的区别问题。其实,使动和意动体现了动词谓语和宾语的特殊关系,二者的区别在于:如果是主语在主观上认为宾语怎么样,这就是意动用法,如"生乎吾前,其闻道也固先乎吾,吾从而师之。"(《师说》)其中的"师"应解释为意动用法,"以……为师","师之",即"以之为师",意思是"把他当作老师",在主观上认为他是老师;如果是主语在客观行动上使宾语做什么或成为什么,就应是使动用法,如"邑人奇之,稍稍宾客其父。"(王安石《伤仲永》)"宾客"应是使动用法,因为"邑人"是在行动上宴请"其父",请他的父亲到家里做客,而不是只在主观态度上认为他父亲是客人。

又如为动用法的具体运用。在中学文言文中,出现很多为动用法的句子,然而,中学文言文教学中,却没有出现"为动用法"这个概念,以致文言词的解释和文言文的翻译出

古代汉语

现了一些误差。如："后人哀之而不鉴之，亦使后人而复哀后人也。"（杜牧《阿房宫赋》）其中的"哀"应是为动用法，"哀之"即"为之哀"，"为他们感到悲哀"，如果不这样解释就行不通，因为"哀"从词性意义上说是不及物动词，现代汉语"哀"是不能带宾语的"之"的，所以，此处的"哀"只能解释为"为动用法"，"哀之"即"为之哀"。因此，在文言文教学过程中，我们有必要对出现过的为动用法的句子进行归纳，引导学生进行总结，掌握这一用法的特点。

再如判断句，现代汉语中一般要使用判断词"是"字，而古代汉语则不然。古代汉语有其特殊的表达方式，或用"者"、"也"式，或用副词帮助判断，或用"为"字式等；至于用"是"字作判断词，则是战国至西汉才慢慢发展起来的。掌握了这些，我们就不会把上古汉语中的代词"是"误解为判断词"是"了。如："必有得天时者矣，然而不胜者，是天时不如地利也。"（《孟子·公孙丑下》）句中的"是"很像判断词，容易发生误解，但在知道先秦汉语中"是"不作判断词用这一规律之后，便可避免这种误解了。

二、运用知识，辨惑解疑

中学语文教材所选的文言文中，难解的字词一般均已加注，而特殊的语法现象则有时候未注，有时候注得未必恰当，这时，都可以依据古代汉语语法知识予以辨析。例如：

② 又荆州之民附操者，逼兵势耳，非心服也。（《资治通鉴·赤壁之战》）

"逼兵势"不好理解，因为它构不成动宾关系。如果我们借助有关省略的知识再来审视该句时，便不会觉得费解了，原来这是一个被动句，只不过其动词"逼"与行为的发生者"兵势"之间省略了介词"于"而已。

又如：

③ 菊之爱，陶后鲜有闻。（周敦颐《爱莲说》）

对"菊之爱"，一种中学教材注为"对于菊花的爱好"，视为一个偏正结构。其实这是一个前置宾语句。我们知道，在古汉语里有这么一条规律：为了强调、突出宾语，可以把这个宾语提到动词的前面，然后在宾语与动词之间加上"之"、"是"等词语来作为宾语前置的标志。"菊之爱"正是这么一种表达方式。该句不是偏正结构，而是动宾关系。

又如：

④ 吾义固不杀人。（《墨子·公输》）

"义"，一种中学教材注为"理当"，还有个别教参注为动词"奉守道义"。释为"理当"，文意不通顺，且缺乏训诂上的根据；释为"奉守道义"又显然有增字为训之嫌。其实这个"义"是名词作状语，即"根据道义"的意思。

又如：

⑤ 五陵年少争缠头，一曲红绡不知数。（白居易《琵琶行》）

"争缠头"照字面讲是"争夺缠头"，这显然不合文意。这里的"争"是动词作状语，意为"争着"。那么"争着"干什么呢？诗人在这里没讲，而使用了省略动词的手法，从上下文意可以看出，省略的大约是"赠、送"一类的动词。至此可知，"五陵年少争缠头"是个动词省略句。我们在翻译时，应把省略的内容补充出来。

思考与练习

一、结合具体的语言实例，说明中学文言文教学中如何引导学生正确区分名词的使动用法和意动用法。

二、结合具体的语言实例，说明中学文言文教学中如何帮助学生掌握动词的为动用法。

三、古汉语语法知识在解释中学文言文特殊的语法现象中有着重要的作用，请举例说明。

古代汉语

【选词概述】

朝 绩 淫 旋 殆 端 酣 息 搏 独 复 辞 顾 渐 劝
修 信 怜 谋 达 移 少 纵 卒 再 策 过 事 就 毕

【朝】zhāo ①早上。《诗经·小雅·北山》:"偕偕士子,朝夕从事。"李白《早发白帝城》:"朝辞白帝彩云间,千里江陵一日还。"②一日、一天。《孟子·告子下》:"虽与之天下,不能一朝居也。"《史记·鲁仲连邹阳列传》:"三战之所亡,一朝而复之。"

cháo ①朝见。《韩非子·五蠹》:"割地而朝者三十有六国。"《史记·廉颇蔺相如列传》:"相如每朝时,常称病。"②拜见,拜访。《战国策·燕策一》:"天下闻王朝其贤臣,天下之士必趋于燕矣。"《史记·司马相如列传》:"临邛令缪为恭敬,日往朝相如。"③晚辈问候长辈;部下进见长官。《国语·鲁语下》:"(公父文伯)朝其母,其母方绩。"《史记·项羽本纪》:"项羽晨朝上将军宋义,即其帐中斩宋义头。"④朝廷。《国语·鲁语下》:"公父文伯退朝。"《左传·宣公二年》:"大史书曰:'赵盾弑其君',以示于朝。"⑤朝代。指同一世系帝王的统治时期。杜牧《江南春杂句》:"南朝四百八十寺,多少楼台烟雨中。"韩愈《答刘正夫序》:"汉朝人莫不能为文,独司马相如、太史公、刘向、扬雄为之最。"又指某一帝王统治时期。韩愈《柳子厚墓志铭》:"曾伯祖奭为唐宰相,与褚遂良、韩瑗俱得罪武后,死高宗朝。"杜甫《蜀相》:"三顾频烦天下计,两朝开济老臣心。"

【绩】(績) ①缉线,把麻搓成绳或线。《国语·鲁语下》:"公父文伯退朝,朝其母,其母方绩。"《汉书·食货志上》:"妇人同巷,相从夜绩。"②继续,继承。《左传·昭公元年》:"子盍亦远绩禹功而大庇民乎?"③功绩,成绩。《谷梁传·成公五年》:"伯尊其无绩乎?"韩愈《王公神道碑铭》:"维德维绩,志于斯石,日远弥高。"

【淫】①浸淫,浸渍。《周礼·考工记·匠人》:"善防者水淫之。"司空图《成均讽》:"夫《南熏》《北鄙》,祸福相淫,感物穷微,兴亡是系。"②过度,无节制。贾谊《论积贮疏》:"淫侈之俗,日日以长,是天下之大贼也。"白居易《秦中吟·重赋》:"厥初防其淫,明敕内外臣:税外加一物,皆以枉法论。"③过失。《谷梁传·襄公二十五年》:"庄公失言,淫于崔氏。"④放纵,恣肆。《左传·昭公六年》:"制为禄位以劝其从,严断刑罚以威其淫。"《商君书·弱民》:"弱则轨,淫则越志。"⑤不正当的男女关系。《荀子·天论》:"男女淫乱。"又指贪色,淫荡。《晋书·刑法志》:"今盗者窃人之财,淫者好人之色,亡者避叛之役,皆无杀害也,则加之以刑。"⑥惑乱,迷惑。《孟子·滕文公下》:"富贵不能淫,贫贱不能移,威武不能屈,此之谓大丈夫。"⑦邪恶,奸邪。《国语·晋语七》:"(悼公)知程郑端不淫,且好谏而不隐也,使为赞仆。"王符《潜夫论·务本》:"民贫则背善,学淫则诈伪。"

【旋】①回转,旋转。《庄子·秋水》:"于是焉河伯始旋其面目,望洋向若而叹。"《荀子·天论》:"列星随旋,日月递炤。"②返回,归来。《诗·小雅·黄鸟》:"言旋言归,复我邦族。"吴筠《览古》诗之二:"奈何淳古风,既往不复旋。"③不久;立刻。《史记·扁鹊仓公列传》:"臣意诊脉,曰:'内寒,月事不下也。'即窜以药,旋下,病已。"《后汉书·董卓传》:"卓既杀琼、珌,旋亦悔之。"④小便。《左传·定公三年》:"夷射姑旋焉。"杜预注:"旋小便。"

【殆】①危险,不安全。《孙子兵法·谋攻》:"知己知彼,百战不殆。"《韩非子·忠孝》:"此二者,殆物也。"②困乏,疲惫。《庄子·养生主》:"吾生也有涯,而知也无涯。以有涯随无涯,殆已!"蒲松龄《聊斋志异·神女》:"日将暮,步履颇殆,休于路侧。"③疑惑。《论语·为政》:"学而不思则罔,思而不学则殆"。④大概,恐怕。《三国志·隆中对》:"此殆天所以资将军。"苏轼《石钟山记》:"郦元之所见闻,殆与余同。"⑤将近,几乎。苏洵《六国论》:"且燕赵处秦革灭殆尽之际,可谓智力孤危,战败而亡,诚不得已。"《梦溪笔谈·雁荡山》"凡永嘉山水,游历殆遍。"⑥当然,必定。《商君书·更法》:"臣闻之,疑行无名,疑事无功。君亟定变法之虑,殆无顾天下之议之也。"《新唐书·契苾何力传》:"若人心如铁石,殆不背我。"⑦通"怠"。懒惰,懈怠。《商君书·农战》:"农者殆则土地荒。"《淮南子·泰族训》:"勾践栖于会稽,修政不殆。"

【端】①正,不偏斜;直,不弯曲。《墨子·非儒下》:"席不端,弗坐;割不正,弗食。"姜夔《续书谱·真》:"悬针者,笔欲极平,自上而下,端若引绳。"② 公正,正直。屈原《涉江》:"苟余心之端直兮,虽僻远其何伤。"刘向《说苑·至公》:"今弃法背令而释犯法者,是为理不端,怀心不公也。"③ 事物的顶部、末梢,或事物的一头。《史记·田单列传》:"田单乃收城中得千余牛,为绛缯衣,画以五彩龙文,束兵刃于其角,而灌脂束苇于尾,烧其端。"魏学洢《核舟记》:"东坡右手执卷端,左手抚鲁直背。"④开始,开头。《孟子·公孙丑上》:"恻隐之心,仁之端也;羞恶之心,义之端也;辞让之心,礼之端也;是非之心,智之端也。"韩愈《原道》:"不求其端,不讯其末。"⑤头绪,方面。《三国志·魏书·郭嘉传》:"多端寡要,好谋无决,欲与共济天下大难,定霸王之业,难矣!"韩愈《李君墓志铭》:"其说汪洋奥美,关节开解,万端千绪,参错重出。"⑥涯涘,边际。《庄子·秋水》:"顺流而东行,至于北海。东面而视,不见水端。"《后汉书·赵咨传》:"反素复始,归于无端。"⑦事由,起因。《史记·魏公子列传》:"今有难,无他端而欲赴秦军,譬若以肉投馁虎,何功之有哉?"柳宗元《封建论》:"周之败端,其在乎此矣。"⑧细看,审视。薛媛《写真寄夫南楚材》诗:"欲下丹青笔,先拈宝镜端。"⑨古代量词。帛类的长度单位。刘义庆《世说新语·雅量》:"王戎为侍中,南郡太守刘肇遗筒中笺布五端。"⑩故意,特地。《吕氏春秋·疑似》:"明日,端复饮于市,欲遇而刺杀之。"惠洪《冷斋夜话·荆公钟山东坡余杭诗》:"山谷云,天下清景,不择贤愚而与之,然吾特疑端为我辈设。"⑪究竟,到底。鲍照《行药至城东桥》:"容华坐销歇,端为谁苦辛?"陆游《幽事》诗:"余年端有几?风月且婆娑。"⑫的确,实在。葛胜仲《临江仙》词:"郊外黄埃端可厌,归来移病香闺。"周履靖《锦笺记·赐婚》:"下官端为淑娘姻事,历尽无数间关。"

【酣】①酒喝得很畅快。《史记·魏公子列传》:"酒酣,公子起,为寿侯生前。"白居易《秦中吟·轻肥》:"食饱心自若,酒酣气益振。"②畅快,尽情。曹丕《善哉行》:"朝日乐相乐,酣饮不知醉。"王融《长歌引》:"酣笑争日夕,丝管互逢迎。"③浓,盛。王安石《题西太一宫壁》:"荷花落日红酣。"④ 睡眠甜浓。何薳《春渚纪闻·关氏伯仲诗深妙》:"寺官官小未朝参,红日半竿春睡酣。"⑤充足,饱满。李渔《闲情偶寄·词曲下·宾白》:"但使笔酣墨饱,其势自能相生。"

【息】①呼吸。《汉书·苏武传》："武气绝半日复息。"《盐铁论·击之》："使得复喘息。"②叹息。《列子·汤问》："北山愚公长息曰：'汝心之固，固不可彻。'"《史记·陈涉世家》："陈涉太息曰：'嗟呼，燕雀安知鸿鹄之志哉？'"③停止，停息。《易·乾》："天行健，君子以自强不息。"杜甫《羌村三首》："兵革既未息，儿童尽东征。"④灭绝；消失。《礼记·中庸》："其人存则其政举，其人亡则其政息。"《庄子·逍遥游》："日月出矣，而爝火不息。"⑤休息。晁错《论贵粟疏》："四时之间，亡日休息。"《玉台新咏·古诗为焦仲卿妻作》："鸡鸣入机杼，夜夜不得息。"⑥滋息，生长。《汉书·刑法志》："夫刑至断支体，刻肌肤，终身不息，何其刑之痛而不德也。"《三国志·魏书·王朗传》："国无怨旷，户口滋息，民充兵强。"⑦消息。《梁书·处士传·何胤》："今遣候承音息，矫首还翰，慰其引领。"欧阳修《熙宁四年与大寺丞书》："至今已八九日，并无息耗，不免忧疑。"⑧利息。《史记·孟尝君列传》："岁余不入，贷钱者多不能与其息，客奉将不给。"王安石《答曾公立书》："无二分之息可乎？"⑨子女。《战国策·赵策四》："老臣贱息舒祺，最少，不肖。"《剪灯余话·洞天花烛记》："今弱息及笄，议姻震泽，将纳其次子为婿。"

【搏】①搏斗，格斗。《战国策·燕策三》："卒惶急无以击轲，而乃以手共搏之。"《史记·张仪列传》："此所谓两虎相搏者也。"②抓，握，扑。《管子·兵法》："善者之为兵也，使敌若据虚，若搏景。"《吕氏春秋·首时》："伍子胥说之半，王子光举帷，搏其手而与之坐。"③捕捉。《庄子·山木》："睹一蝉，方得美荫而忘其身；螳螂执翳而搏之。"苏轼《石钟山记》："如猛兽奇鬼，森然欲搏人。"④攫取，拾取。《史记·李斯列传》："布帛寻常，庸人不释；铄金百溢，盗跖不搏。"张衡《西京赋》："摙紫贝，搏耆龟。"⑤拍，击。李斯《谏逐客书》："击瓮叩缶，弹筝搏髀。"苏轼《石钟山记》："微风鼓浪，水石相搏，声如洪钟。"

【独】（獨）①单独，独自。《史记·项羽本纪》："脱身独去，已至军矣。"杜甫《月夜》诗："今夜鄜州月，闺中只独看。"②独特，特别。《庄子·人间世》："回闻卫君其年壮，其行独。"顾炎武《赠林处士古度》诗："受命松柏独，不改青青姿。"③唯独，只，仅仅。《史记·老子韩非列传》："子所言者，其人与骨皆已朽矣，独其言在耳。"沈括《梦溪笔谈》："凡永嘉山水，游历殆遍，独不言此山，盖当时未有雁荡之名。"④岂，难道。《史记·廉颇蔺相如列传》："相如虽驽，独畏廉将军哉。"《后汉书·孔融传》："兄虽在外，吾独不能为君主邪？"⑤年老而无子孙者。《孟子·梁惠王下》："老而无子曰独。"董仲舒《春秋繁露·治水五行》："存幼孤，矜寡独。"

【复】（復）①返回，回来。《谷梁传·宣公八年》："公子遂如齐，至黄乃复。"刘祁《归潜志序》："由魏过齐入燕凡二千里，甲午岁复于乡。"②恢复，康复。《史记·孟尝君列传》："王召孟尝君而复其相位。"曾巩《初夏有感》诗："自然感疾急形体，后日虽复应伶俜。"③收复，光复。《史记·田单列传》："燕日败亡，卒至河上，而齐七十余城皆复为齐。"④报复。袁康《越绝书·外传记计倪传》："（子胥）三年自咎，不亲妻子，饥不饱食，寒不重彩，结心于越，欲复其仇。"韩愈《黄家贼事宜状》："或复私雠，或贪小利，或聚或散，终亦不能为事。"⑤回答，回复。《史记·司马相如列传》："王辞而不复。"韩愈《祭穆员外文》："诲余以义，复我以诚。终日以语，无非德声。"⑥重复，反复，回环。《史记·秦始皇本纪》："五帝不相复。"王安石《和景纯十四丈三绝》之三：

"藏春花木望中迷，水复山长道阻跻。"⑦实践，履行。《论语·学而》："有子曰：'信近于义，言可复也。'"柳宗元《非国语上·荀息》："不得中正而复其言，乱也，恶得为信？"⑧免除徭役或赋税。晁错《论贵粟疏》："民有车骑马一匹者，复卒三人。"《汉书·五行志》："裁什一之税，复三日之役。"⑨又，再。《史记·项羽本纪》："然不自意能先入关破秦，得复见将军于此。"陶渊明《桃花源记》："复前行，欲穷其林。"

【辞】（辭）①口供，诉讼的供词。《礼记·大学》："听讼，吾犹人也。必也使无讼乎！无情者不得尽其辞，大畏民志，此谓知本。"柳宗元《断刑论下》："使犯死者自春而穷其辞，欲死不可得。"②言词，话语，借口。《史记·屈原贾生列传》："其文约，其辞微，其志洁，其行廉。"《资治通鉴·赤壁之战》："曹公，豺虎也，挟天子以征四方，动以朝廷为辞。"③告知，告诉。袁康《越绝书·外传春申君》："明日，辞春申君才人；'有远道客，请归待之。'"④告别，辞别。《楚辞·九歌·少司命》："入不言兮出不辞。"李白《早发白帝城》诗："朝辞白帝彩云间，千里江陵一日还。"⑤推辞，辞谢。《孟子·万章下》："为贫者，辞尊居卑，辞富居贫。"陆游《老学庵笔记》卷三："晏景初尚书请僧住院，僧辞以穷陋不可为。"⑥古代的一种文体。如汉武帝《秋风辞》、陶潜《归去来辞》。

【顾】（顧）①回头看。《战国策·燕策三》："荆轲遂就车而去，终已不顾。"屈原《离骚》："瞻前而顾后兮，相观民之计极。"②视，看。《聊斋志异·促织》："徘徊四顾，见虫伏壁上。"《新五代史·秦王从荣传》："君臣相顾，泣下沾襟。"③探望，拜访。诸葛亮《出师表》："三顾臣于草庐之中。"《三国志·蜀书·诸葛亮传》："此人可就见，不可屈致也。将军宜枉驾顾之。"④还，返回。《穆天子传》："万民平均，吾顾见汝。"韩愈《试大理评事王君墓志铭》："居岁余，如有所不乐，一旦载妻子入阌乡南山，不顾。"⑤关心，照顾。《诗·魏风·硕鼠》："三岁贯女，莫我肯顾。"鲍照《拟古》："既荷主人恩，又蒙令尹顾。"⑥眷恋，顾及。《史记·屈原贾生列传》："屈平既嫉之，虽放流，眷顾楚国，系心怀王。"⑦顾虑，考虑。《史记·项羽本纪》："大行不顾细谨，大礼不辞小让。"⑧却，反而。《汉书·贾谊传》："足反居上，首顾居下。"彭端淑《为学一首示子侄》："人之立志，顾不如蜀鄙之僧哉？"⑨但，只是。《战国策·燕策三》："吾每念，常痛于骨髓，顾计不知所出耳！"《史记·廉颇蔺相如列传》："顾吾念之，强秦之所以不敢加兵于赵者，徒以吾两人在也。"⑩岂，难道。《汉书·季布传》："且仆与足下俱楚人，使仆游扬足下名于天下，顾不美乎？"《新唐书·陈子昂传》："故庸人皆任县令，教化之陵迟，顾不甚哉！"

【渐】（漸）jiān① 沾湿，溅湿。《诗·卫风·氓》："淇水汤汤，渐车帷裳。"韩愈《朝归》："顾影听其声，赪颜汗渐背。"② 淹没，浸泡。《楚辞·招魂》："皋兰被径兮斯路渐。"《荀子·劝学》："兰槐之根是为芷，其渐之滫，君子不近，庶人不服。"③ 流入，入。《书·禹贡》："东渐于海，西被于流沙。"苏辙《龙川别志》："自昔天僖之末，政渐宫闱，能协元臣，议尊储极。"④ 熏染，习染。《史记·货殖列传》："俗之渐民久矣，虽户说以眇论，终不能化。"王充《论衡·本性》："一岁婴儿无争夺之心，长大之后，或渐利色，狂心悖行，由此生也。"⑤ 欺诈。《荀子·正论》："上幽险则下渐诈矣。"潘岳《西征赋》："张舅氏之奸渐，贻汉宗以倾覆。"

jiàn ①疏导。《史记·越王勾践世家论》："禹之功大矣，渐九川，定九洲，至于今诸夏艾安。"②渐进，逐步发展。《易·坤》："臣弑其君，子弑其父，非一朝一夕之故，其所由来者渐矣。"《宋史·范仲淹传》："日夜谋虑兴致太平，然更张无渐。"③成长，滋长。《孔丛子·嘉言》："子张曰：'女子必渐乎二十而后嫁，何也？'"谢灵运《酬从弟惠连》："山桃发红萼，野蕨渐紫苞。"④（疾病）严重，加剧。《列子·力命》："季梁得疾，七日大渐，其子环而泣之。"《清史稿·太祖纪》："八月丙午，上大渐，乘舟回。"⑤逐渐，慢慢地。白居易《钱塘湖春行》："乱花渐欲迷人眼，浅草才能没马蹄。"欧阳修《醉翁亭记》："山行六七里，渐闻水声潺潺，而泻出于两峰之间者，酿泉也。"

【劝】（勸）①勉励，奖励。《国语·越语上》："国人皆劝，父勉其子，兄勉其弟，妇勉其夫。"《左传·成公二年》："我戮之不祥，赦之以劝事君者。"苏轼《东坡志林·记告讦事》："皆立重赏以劝告讦者。"②劝导，劝说。《三国志·鲁肃传》："时周瑜受使至鄱阳，肃劝追召瑜还。"王维《送元二使安西》诗："劝君更尽一杯酒，西出阳关无故人。"③勤勉，努力。《管子·轻重乙》："若是则田野大辟，而农夫劝其事矣。"《庄子·徐无鬼》："商贾无市井之事则不比；庶人有旦暮之业则劝；百工有器械之巧则壮。"

【修】①修饰，装饰。《礼记·礼运》："义之修而礼之藏也。"《楚辞·九歌·湘君》："美要眇兮宜修，沛吾乘兮桂舟。"②整修，修理，治理。《书·禹贡》："既修太原，至于岳阳。"贾谊《过秦论》："修守战之具。"《史记·货殖列传》："其后齐中衰，管子修之，设轻重九府，则桓公以霸。"③修建，建造。《荀子·王制》："修堤梁，通沟浍。"范仲淹《岳阳楼记》："百废俱兴，乃重修岳阳楼。"④学习，培养。《韩非子·五蠹》："不期修古，不法常可。"韩愈《原毁》："一善易修也，一艺易能也。"⑤编纂，撰写。《隋书·儒林传·刘焯传》："（焯）与著作郎王劭同修国史，兼参议律历。"《古今小说·吴保安弃家赎友》："乃修书一封，特遣人驰送于仲翔。"⑥高，长。《战国策·齐策》："邹忌修八尺有余。"王羲之《兰亭集序》："此地有崇山峻岭，茂林修竹。"

【信】①诚实不欺。《论语·学而》："为人谋而不忠乎？与朋友交而不信乎？"《左传·庄公十年》："牺牲玉帛，弗敢加也，必以信。"②守信用，实践诺言。《论语·子路》："言必信，行必果。"贾谊《过秦论》："此四君者，皆明智而忠信。"③实在，的确。李白《梦游天姥吟留别》："烟涛微茫信难求。"柳宗元《游石角过小岭至长乌村》诗："为农信可乐，居宠真虚荣。"④相信，信任。《孟子·尽心下》："孟子曰：'尽信《书》，则不如无《书》。吾于《武成》，取二三策而已矣。'"诸葛亮《出师表》："愿陛下亲之信之。"苏轼《石钟山记》："余固笑而不信也。"⑤信物。《史记·刺客列传》："今行而毋信，则秦未可亲也。"⑥使者，送信的人。《史记·韩世家》："命战车满道路，发信臣，多其车，重其币。"《古诗笺·古诗为焦仲卿妻作》："自可断来信，徐徐更谓之。"⑦消息，音讯。李白《大堤曲》："不见眼中人，天长音信断。"杜甫《喜达行在所》："西忆岐阳信，无人遂却回。"⑧书信。李绅《端州江亭得家书》："开拆远书何事喜，数行家信抵千金。"元稹《书乐天纸》："不忍拈将等闲用，半封京信半题诗。"⑨随意，随便。白居易《琵琶行》："低眉信手续续弹，说尽心中无限事。"⑩通"伸"，伸直，伸长。《孟子·告子上》："今有无名之指，屈而不信，非疾痛害事也。如有能信之者，则不远秦楚之路，为指之不若人也。"《周礼·考工记·鲍人》："引而信之，欲其直也。信之而直，则取材正也。"⑪通"伸"。伸张。《史记·春申君列传》："今王使盛桥守事于韩，盛桥以其地入秦，是王不用甲，不信威，而得百里之地。王可谓能矣！"《三国志·蜀书·诸葛亮传》：

"孤不度德量力，欲信大义于天下。"

【怜】（憐）①哀怜，怜悯。《史记·郦生陆贾列传》："天子怜百姓新劳苦，故且休之。"白居易《放鱼》："怜其不得所，移放于南湖。"②怜爱，喜爱。《战国策·赵策四》："丈夫亦爱怜其少子乎？"《史记·陈涉世家》："项燕为楚将，数有功，爱士卒，楚人怜之。"

【谋】（謀）①谋划，商量。贾谊《过秦论》："会盟而谋弱秦。"《史记·陈涉世家》："陈胜、吴广乃谋曰：'今亡亦死，举大计亦死，等死，死国可乎？'"②图谋，谋求。《论语·卫灵公》："君子谋道不谋食。"《史记·信陵君窃符救赵》："不敢加兵谋魏十余年。"③计策，谋略。《礼记·缁衣》："无以小谋败大作。"《史记·管仲传》："九合诸侯，一匡天下，管仲之谋也。"

【达】（達）①畅通。《荀子·君道》："然后明分职，序事业，材技官能，莫不治理，则公道达而私门塞矣，公义明而私事息矣。"《晋书·慕容德载记》："滑台四通八达，非帝王之居。"②到达，达到。《徐霞客游记·游黄山日记》："路旁一岐东上，乃昔所未至者，遂前趋直上，几达天都侧。"《聊斋志异·促织》："自昏达曙，目不交睫。"③通晓，明白。《汉书·元帝纪》："且俗儒不达时宜，好是古非今。"颜之推《颜氏家训·书证》："吾尝笑许纯儒，不达文章之体。"④表达清楚，表现出来。傅玄《马钧传》："不言而诚心先达。"顾炎武《日知录》："是故辞主乎达，不主乎简。"⑤豁达，旷达。《汉书·高帝纪》："高祖不修文学，而性明达。"苏轼《宝绘堂记》："刘备之雄才也，而好结髦；嵇康之达也，而好锻炼；阮孚之放也，而好蜡屐。此岂有声色臭味也哉，而乐之终身不厌？"⑥得志，显贵，显达。《孟子·尽心上》："穷则独善其身，达则兼善天下。"诸葛亮《出师表》："不求闻达于诸侯。"

【移】①迁徙，调动。《国语·齐语》："相地而衰征，则民不移。"《汉书·晁错传》："（胡人）如飞鸟走兽于广野，美草甘水则止，草尽水竭则移。"韩愈《河南府同官记》："永贞元年，愈自阳山移江陵法曹参军。"②摇动，移动。《礼记·玉藻》："徐趋皆用是，疾趋则欲发，而手足毋移。"韩愈《龙移》"天昏地黑蛟龙移，雷惊电激雄雌随。"③转移。《战国策·赵策一》："秦与韩为上交，秦祸安移于梁矣。"《史记·魏其武安侯列传》："荐人或起家至二千石，权移主上。"④变动，改变。《庄子·秋水》："物之生也，若骤若驰。无动而不变，无时而不移。"《孟子·滕文公下》："富贵不能淫，贫贱不能移。"⑤一种官方文书。《后汉书·光武帝纪下》："（更始元年）于是置僚属，作文移，从事司察，一如旧章。"欧阳修《与陈员外书》："（凡公之事）位等相以往来，曰移曰牒。"⑥泛指发移文。《汉书·刘歆传》："歆因移书太常博士。"《续资治通鉴·宋神宗熙宁九年》："京（冯京）与王安石同在中书，多异议，安石颇惮之，故尝因事移私书于吕惠卿曰：'无使齐年知。'京、安石俱生辛酉，故谓之齐年。"

【少】shǎo①数量小，少量，不多。桓宽《盐铁论·备胡》："少发则不足以更适，多发则民不堪其役。"杜甫《洗兵行》："成王功大心转小，郭相谋深古来少。"②缺少。《史记·高祖本纪》："周勃重厚少文。"王维《九月九日忆山东兄弟》诗："遥知兄弟登高处，遍插茱萸少一人。"③轻视，鄙视。《战国策·赵策三》："君安能少赵人而令赵人多君？"《史记·苏秦列传》："显王左右素知秦，皆少之。"④削弱，减少。贾谊《治安策》："欲天下之治安，莫若众建诸侯而少其力。"⑤稍微。《战国策·赵策四》："太后之色少解。"

235

《汉书·贾山传》:"臣不敢以久远谕,愿借秦以为谕,唯陛下少加意焉。"⑥少顷,短暂。《孟子·万章上》:"始舍之,圉圉焉;少则洋洋焉,悠然而逝。"苏轼《赤壁赋》:"少焉,月出于东山之上。"

shào 年少的,年纪轻的。《史记·陈涉世家》:"陈涉少时,尝与人佣耕。"《山海经·精卫填海》:"是炎帝之少女,名曰女娃。"

【纵】(縱)①发,放。《后汉书·班超传》:"余人悉持兵弩夹门而伏,超乃顺风纵火,前后鼓噪。"韩愈《秋怀诗》之六:"有如乘风船,一纵不可缆。"②释放。《左传·僖公三十三年》:"奉不可失,敌不可纵。"韩愈《平淮西碑》:"凡蔡卒三万五千,其不乐为兵,愿归为农者十九,悉纵之。"③放纵,放任。屈原《离骚》:"浇身被服强圉兮,纵欲而不忍。"苏轼《前赤壁赋》:"纵一苇之所如,凌万顷之茫然。"④纵令,即使。《史记·魏公子列传》:"且公子纵轻胜,弃之降秦,独不怜公子姊邪?"杜甫《兵车行》:"纵有健妇把锄犁,禾生陇亩无东西。"⑤纵向,与"横"相对。《楚辞·沈江》:"不别横之与纵。"王充《论衡·祀义》:"其制火衣也,广纵不过一尺若五六寸。"⑥"合纵"的节缩语。贾谊《过秦论》:"于是纵散约败,争割地而赂秦。"《秦并六国平话》:"惠王用张仪之计……遂散六国之纵,使之西面事秦,功施到今。"⑥通"踪",踪迹。魏源《圣武记》:"粤洋三千余里,贼纵飘忽,分兵势单,终年在洋奔逐,汔无成效。"

【卒】zú①步兵,后泛指士兵。《左传·隐公元年》:"缮甲兵,具卒乘。"《史记·陈涉世家》:"比至陈,车六七百乘,骑千余,卒数万人。"②春秋时军队的编制,以一百人或二百人为卒。《左传·昭公三年》:"公乘无人,卒列无长。"《韩非子·显学》:"宰相必起于州部,猛将必发于卒伍。"③兵役。晁错《论贵粟疏》:"民有车骑马一匹者,复卒三人。"④终止,尽,完毕。《韩非子·解老》:"人始于生而卒于死。"《史记·魏公子列传》:"语未及卒,公子立变色,告车趣驾归救魏。"⑤终于,最后。《孟子·尽心下》:"晋人有冯妇者,善搏虎,卒为善士。"《史记·孙子吴起列传》:"而田忌一不胜而再胜,卒得王千金。"⑥死亡。古代指卿、大夫的死,后为死亡的通称。《后汉书·张衡传》:"年六十二,永和四年卒。"《资治通鉴·赤壁之战》:"鲁肃闻刘表卒。"

cù,通"猝"。突然,仓猝。《孟子·梁惠王上》:"(梁襄王)卒然问曰:'天下恶乎定?'"《史记·李将军列传》:"李广军极简易,然虏卒犯之,无以禁也。"

【再】①第二次。《左传·庄公十年》:"一鼓作气,再而衰,三而竭。"《后汉书·张衡传》:"顺帝初,再转,复为太史令。"②两次。晁错《论贵粟疏》:"人情一日不再食则饥。"《史记·孙子吴起列传》:"而田忌一不胜而再胜,卒得王千金。"③重复,再现。曹植《箜篌引》:"盛时不可再,百年忽我遒。"袁枚《祭妹文》:"然而汝已不在人间,则虽年光倒流,儿时可再,而亦无与为证印者矣。"

【策】①竹制的马鞭子。引申为驾驭马匹的工具,包括缰绳之类。《战国策·赵策三》:"齐闵王将之鲁,夷维子执策而从。"贾谊《过秦论》:"振长策而御宇内。"②鞭策,驾驭。《论语·雍也》:"孟子反不伐,奔而殿,将入门,策其马,曰:'非敢后也,马不进也。'"《史记·管晏列传》:"拥大盖,策驷马。"③古代用以记事的竹、木片,编在一起的叫"策"。亦借指书简,簿册。《左传·序》疏:"单执一札谓之为简,连编诸简乃名为策。"王充《论衡·问孔》:"言出于口,文立于策,俱发于心,其实一也。"④古代君主对臣下封土、授爵、免官或发布其他教令的文件。《左传·僖公二十八年》:"(晋侯)受策以出。"《左传·昭公三年》："夏四月，郑伯如晋、公孙段相，甚敬而卑，礼无违者，晋侯嘉焉，授之以策。"⑤策命，策免。《汉纪·平帝纪》："莽（王莽）怒策尤为庶人，以董忠代之。"《三国志·蜀书·诸葛亮传》："先主于是即帝位，策亮为丞相。"⑥古代考试取士，以问题令应试者对答谓策。颜之推《颜氏家训·勉学》："明经求第，则顾人答策；三公九谦，则假手赋诗。"韩愈《独孤府君墓志铭》："元和元年，对诏策，拜右拾遗。"⑦古代称应试者对答的文字为策。亦指一种议论文体。《汉书·公孙弘传》："时对者百余人，太常奏弘第居下，策奏，天子擢弘为第一。"韩愈《樊绍述墓志铭》："表、戕、状、策、书序、传记、纪志、说、论、今文赞志，凡二百九十一篇。"⑧计谋，谋略。《三国志·魏书·荀攸传》："公达前后凡画奇策十二。"韩愈《送张道士序》诗："臣有平贼策，狂童不难治。"⑨古代卜筮用的蓍草。屈原《卜居》："詹尹乃释策而谢。"《战国策·秦策一》："襄主错龟，数策占兆，以视利害，何国可降，而使张孟谈。"

【过】（過）①走过，经过。《孟子·滕文公上》："禹八年于外，三过其门而不入。"杜甫《送蔡希鲁都尉》诗："身轻一鸟过，枪急万人呼。"②过去。曹操《精列》诗："年之暮奈何，时过时来微。"杜甫《阻雨不得归瀼西甘林》诗："三伏适已过，骄阳化为霖。"③超出，胜过。《孟子·梁惠王上》："古之人所以大过人者，无他焉，善推其所为而已矣。"《史记·项羽本纪》："从此道至吾军，不过二十里耳。"④过分，太甚。《论语·先进》："子贡问：'师与商也孰贤？'子曰：'师也过，商也不及。'"冯梦龙《新灌园·迎后登车》："虽是家法，也觉太过了些。"⑤婉词。过世，去世。曹植《赠白马王彪》诗之五："存者忽复过，亡没身自衰。"《晋书·苻登载记》："陛下虽过世为神，岂假手于苻登而图臣，忘前征时言邪？"⑥拜访，探望。《战国策·齐策四》："于是乘其车，揭其剑，过其友。"《史记·魏公子列传》："臣有客在市屠中，愿枉车骑过之。"⑦过失，错误，犯错误。《论语·季氏将伐颛臾》："且尔言过矣，虎兕出于柙，龟玉毁于椟中，是谁之过与？"袁枚《祭妹文》："然而累汝至此者，未尝非予之过也。"⑧怪罪，责难。《论语·季氏将伐颛臾》："无乃尔是过与？"《史记·项羽本纪》："闻大王有意督过之，脱身独去，已至军矣。"

【事】①职务，官位。《韩非子·五蠹》："无功而受事，无爵而显荣。"②职守、职权、责任。《荀子·大略》："主道知人，臣道知事。"《后汉书·光武帝纪下》："左中郎将刘隆为骠骑将军，行大将军事。"③事故，变故。贾谊《过秦论上》："延及孝文王、庄襄王，享国之日浅，国家无事。"苏轼《徐州上皇帝书》："今臣于无事之时，屡以盗贼为言……不然，事至而图之，则已晚矣。"④事情，情况，情形。《韩非子·五蠹》："世异则事异。"苏轼《教战守》："论战斗之事，则缩颈而股栗。"⑤事业，功业。《三国志·蜀书·先主传》："今汉室陵迟，海内倾覆，立功立事，在于今日。"韩愈《送杨支使序》："仪之智足以造谋，材足以立事，忠足以勤上，惠足以存下。"⑥指天子、诸侯的国家大事，如祭祀、盟会、兵戎等。后特指战争。《仪礼·聘礼》："久无事则聘焉。"范宁注："事谓巡守、崩葬、兵革之事。"《论语·季氏将伐颛臾》："季氏将有事于颛臾。"桓宽《盐铁论·西域》："当此之时，将卒方赤面而事四夷，师旅相望，郡国并发。"⑦侍奉，供奉。《孟子·梁惠王上》："是故明君制民之产，必使仰足以事父母，俯足以畜妻子。"苏洵《六国论》："以地事秦，犹抱薪救火。"⑧做，从事。王安石《答司马谏议书》："如曰今日当一切不事事，……则非某之所敢知。"方苞《狱中杂记》："居数月，漠然无所事。"

【就】①靠近，接近，趋向。《荀子·劝学》："金就砺则利。"《孟子·告子上》："犹水之就下也。"②赴，到。《汉纪·高祖纪四》："彭玘死，臣生，不如死，请就汤镬。"苏轼《杭州召还乞郡状》："定等选差悍吏皇遵，将带吏卒，就湖州追摄，如捕寇贼。"③归，返回。《战国策·齐策四》："孟尝君就国于薛。"《史记·项羽本纪》："汉之元年四月，诸侯罢戏下，各就国。"④就职，就任。《三国志·魏书·田畴传》："三府并辟，皆不就。"韩愈《祭十二郎文》："诚知其如此，虽万乘之公相，吾不以一日辍汝而就也。"⑤完成，达到。《战国策·齐策四》："三窟已就，君姑高枕为乐矣。"李斯《谏逐客书》："河海不择细流，故能就其深。"⑥指搭乘某种交通工具。《史记·刺客列传》："于是荆轲就车而去。"⑦即使，纵然。《后汉书·荀彧传》："其子弟念父兄之耻，必人自为守。就能破之，尚不可保。"

【毕】（畢）①古时田猎用的长柄网。《庄子·胠箧》："夫弓弩毕弋机变之知多，则鸟乱于上矣。"②指用毕猎取。《诗·小雅·鸳鸯》："鸳鸯于飞，毕之罗之。"③全部，都。《史记·太史公自序》："天下遗文古事，靡不毕集。"王羲之《兰亭集序》："群贤毕至，少长咸集。"④完毕，结束。《史记·项羽本纪》："若入前为寿，寿毕，请以舞剑。"周容《芋老人传》："老人语未毕。"

【文选阅读】

一、季氏將伐顓臾

《論語》

[學習指導]

　　本篇選自《論語·季氏》。《論語》是記錄孔子言行的書，全書的主要內容是孔子在談話中對禮樂、仁義以及其他一些儒家思想觀念的說明和解釋。該書的最後成書大約在戰國初年，它是由孔子的弟子和再傳弟子編定的。《論語》的注本非常多，影響最大的有何晏的《論語集解》、朱熹的《論語集注》、劉寶楠的《論語正義》。今人楊伯峻有《論語譯注》。

　　這篇文章記敘了孔子和他的學生冉有、季路的對話。在對話中，孔子批評了他們"危而不持，顛而不扶"，沒有盡到輔佐的責任，同時也表明了他自己"不患寡而患不均，不患貧而患不安"的政治思想。

　　掌握文中"事、過、陳、就、持、扶、疾、患、謀"的意思，掌握文中固定格式"無乃……與"和"何以……爲"以及賓語前置句和虛詞"夫、蓋、也"的用法。

　　季氏將伐顓臾[1]。
　　冉有、季路見於孔子曰[2]："季氏將有事於顓臾[3]。"
　　孔子曰："求！無乃爾是過與[4]？夫顓臾，昔者先王以爲東蒙主，且在邦域之中矣[5]，是社稷之臣也，何以伐爲[6]？"
　　冉有曰："夫子欲之[7]，吾二臣者皆不欲也。"
　　孔子曰："求！周任有言曰[8]：'陳力就列[9]，不能者止。'危而不持，顛而不扶，則將焉用彼相矣[10]？且爾言過矣，虎兕出於柙，龜玉毀於櫝中[11]，是誰之過與？"

[註釋]

　　[1] 季氏：季孫氏，魯國最有權勢的貴族，這裏指季康子，名肥。顓臾（zhuān yú）：小國，是魯國的附庸國，在今山東費縣西北。
　　[2] 冉有：名求，字子有。季路：姓仲名由，字子路，又字季路。兩人都是孔子的學生，當時都任季氏的家臣。見：謁見，拜見。
　　[3] 事：軍事。古時把祭祀和戰爭稱之爲"國之大事"。
　　[4] 無乃……與：古漢語中的固定格式，表示一種推測語氣，可譯爲"恐怕……吧"。爾是過：爾作"過"的賓語，前置。是：指示代詞，在這裏複指賓語"爾"。過：動詞，責備。
　　[5] 夫：句首語氣詞。東蒙：山名，即蒙山，在今山東蒙陰縣南。主：主管祭祀的人。邦域之中：指在魯國國境之内。
　　[6] 是：代詞，指顓臾。社稷之臣：國家的臣屬。社，土地神。稷，五穀神。社稷代表國家，這裏指魯國。何以……爲：古漢語中的固定格式，表示反問語氣，相

當於"爲什麽……呢"。

[7] 夫子：指季康子。春秋時，對長者、老師以及大夫都可以尊稱之爲夫子。
[8] 周任：古代一位賢良的史官。
[9] 陳力：陳己之力，即施展才幹。列，陳列，這裏是施展的意思。就：動詞，走向。這裏是擔任的意思。列：職位，職務。
[10] 危：傾危，這裏指站不穩。持：把着，扶住。顛：倒，跌倒。扶：攙扶。相（xiàng）：攙扶盲人走路的人。這裏比喻輔佐的人。
[11] 過：名詞，錯誤。兕（sì）：獨角犀牛。柙（xiá）：關猛獸的木籠子。龜：龜甲，用來占卜吉凶。玉：寶玉，用於祭祀。櫝（dú）：匣子。

冉有曰："今夫顓臾，固而近於費[1]，今不取，後世必爲子孫憂。"
孔子曰："求！君子疾夫舍曰欲之而必爲之辭[2]。丘也聞有國有家者[3]，不患寡而患不均，不患貧而患不安[4]。蓋均無貧，和無寡，安無傾[5]。夫如是，故遠人不服，則修文德以來之。既來之，則安之[6]。今由與求也，相夫子[7]，遠人不服，而不能來也；邦分崩離析，而不能守也[8]；而謀動干戈於邦內[9]。吾恐季孫之憂，不在顓臾，而在蕭牆之內也[10]。"

[註釋]

[1] 今夫：句首語氣詞，表示要發議論。固：指城牆堅固。費（古讀bì）：僖公元年，魯君賜給季友汶陽之田及費，於是費成爲季氏世代的采邑。其地在今山東費縣。
[2] 疾：動詞，憎恨，討厭。夫：指示代詞，那個。舍：捨棄。這裏是回避的意思。爲之辭：給它找個藉口。之、辭作"爲"的雙賓語。之，代詞，指伐顓臾之事。辭，理由，藉口。
[3] 有國有家者：指諸侯（國）和卿、大夫（家）。古時諸侯的封邑稱國，卿、大夫的封邑稱家。
[4] 不患寡而患不均，不患貧而患不安：兩句中"貧"、"寡"二字位置錯亂。據《春秋繁露·度制篇》、《魏書·張普惠傳》引《論語》，均爲"不患貧而患不均，不患寡而患不安"。只有這樣，才與下文的"均無貧，和無寡"一致（詳見俞樾《群經平議》）。貧，指人民財用缺乏。寡，指人口因逃亡而稀少。
[5] 蓋：連詞，承接上文，表示原因或理由。傾：傾覆。
[6] 遠人：遠方的人，這裏指魯國以外的人。文德：文教德化，指禮樂之類的德政教化。來之：使之來。來，不及物動詞，用作使動。安之：使之安。
[7] 也：句中語氣詞，表示停頓。相：輔佐。
[8] 分崩離析：等於說四分五裂。
[9] 謀：謀劃，策劃。干戈：指軍事，戰爭。干，盾牌。戈，古代用來刺殺的一種長柄兵器。
[10] 蕭牆之內：指魯國宮廷內部。魯哀公與當時專權的季孫氏之間存在很深的矛盾，所以孔子認爲季孫的憂患不在顓臾，而在於魯君。蕭牆，國君宮門內的小牆，又叫作屏，也叫塞門，類似後世當門的照壁。

二、秋　　水（节选）

《莊子》

[學習指導]

本文是節錄《莊子》外篇《秋水》的第一節的開頭兩段。《莊子》一書，包括內篇七篇、外篇十五篇、雜篇三十三篇。一般認爲，內篇大體是莊周自著，外篇、雜篇則是莊子後學所作。《莊子》的注本較多，影響較大的有清代王先謙的《莊子集解》和郭慶藩的《莊子集釋》。今人劉武的《莊子集解內篇補正》，對王先謙的《莊子集解》作了不少補充和糾正。陳鼓應有《莊子今注今譯》。

《秋水》一文可分七節。第一節以河伯和海若的對話爲主要表述方式。這是全篇的主要部分，共有七問七答。這裏節選了開頭兩段，即第一問答。寫了河伯的自以爲多和海若的未嘗自多，形成鮮明對比。並用海若（海神）的口吻，描繪了海的大和天地的無窮，批判了自以爲多的思想。

掌握文中"旋、窮、殆、拘、篤、比、存、辭"的意義，掌握文中的賓語前置句式、被動句式和形容詞的意動用法。

秋水時至，百川灌河[1]。涇流之大，兩涘渚崖之間，不辯牛馬[2]。於是焉河伯欣然自喜，以天下之美爲盡在己[3]。順流而東行，至於北海[4]；東面而視，不見水端[5]。於是焉河伯始旋其面目，望洋向若而歎曰[6]："野語有之曰[7]'聞道百以爲莫己若'者，我之謂也[8]。且夫我嘗聞少仲尼之聞，而輕伯夷之義者[9]，始吾弗信，今我覩子之難窮也，吾非至於子之門則殆矣[10]。吾長見笑於大方之家[11]。"

[註釋]

[1] 時：作狀語，按時，按季節。灌：流入。河：黃河。

[2] 涇（jīng）流：暢通無阻的河流。涇，直流的水波。涘（sì）：岸，水邊。渚：水中的小洲。崖：高的河岸。不辯：分辨不清。辯，通"辨"。

[3] 焉：語氣詞，同"乎"。"於是焉"等同於"於是乎"。河伯：相傳是黃河的河神。姓馮（píng），名夷，本華陰潼堤鄉人，得水仙之道而爲神。欣然：高興的樣子。

[4] 北海：指今渤海一帶。

[5] 東面：面東，面朝東。端：盡頭。

[6] 旋：掉轉。望洋：疊韻連綿詞，仰視的樣子。若：海神的名字，即下文的"北海若"。

[7] 野語：俗語。

[8] 聞道：領會道理。聞，聞知。百：泛指多。莫己若：莫若己，否定句中代詞賓語前置。若，像，比得上。

[9] 且夫：連詞，表示要進一步發表議論。少：形容詞用作意動，以爲……少。聞：前一個是動詞，聽說的意思；後一個是名詞，指見聞，是學問的意思。輕：形容

詞用作意動，以爲……輕。伯夷之義：指伯夷和他的兄弟叔齊不食周粟，餓死在首陽山之事。

[10] 子：尊稱北海若。窮：盡，這裏指到達盡頭的意思。殆：危險。

[11] 長：長久。見：助動詞，表示被動。大方之家：大道之家，道德修養很高的人。

北海若曰："井鼃不可以語於海者，拘於虛也[1]；夏蟲不可以語於冰者，篤於時也[2]；曲士不可以語於道者，束於教也[3]。今爾出於崖涘，觀於大海，乃知爾醜，爾將可與語大理矣[4]。天下之水，莫大於海，萬川歸之，不知何時止而不盈[5]；尾閭泄之，不知何時已而不虛[6]。春秋不變，水旱不知[7]。此其過江河之流，不可爲量數[8]。而吾未嘗以此自多者，自以比形於天地而受氣於陰陽[9]；吾在於天地之間，猶小石小木之在大山也。方存乎見少，又奚以自多[10]？計四海之在天地之間也，不似礨空之在大澤乎[11]？計中國之在海內，不似稊米之在太倉乎[12]？號物之數謂之萬，人處一焉[13]；人卒九州，穀食之所生，舟車之所通，人處一焉[14]。此其比萬物也，不似豪末之在於馬體乎[15]？五帝之所連，三王之所爭，仁人之所憂，任士之所勞，盡此矣[16]！伯夷辭之以爲名，仲尼語之以爲博，此其自多也，不似爾向之自多於水乎[17]？"

[註釋]

[1] 鼃："蛙"的異體字。拘：拘束，局限。虛：通"墟"，指所居之地。

[2] 夏蟲：只生存在夏天的昆蟲，如蟬之類，天一寒就死去。篤於時：爲季節所限制。篤，固定，限制。

[3] 曲士：指孤陋寡聞的人。曲，局部，指認識上的片面與偏見。束：束縛，限制。教：指曲士所受的教育。

[4] 爾：第二人稱代詞，你。醜：不好，鄙陋。大理：大道理。

[5] 莫：無定代詞，沒有什麼。萬川歸之：許多條河流的河水流入大海。止：指河水停止流入。不盈：指海水不滿盈。

[6] 尾閭：相傳爲海底排泄海水之處。泄：洩露，排泄。已：指停止泄水。虛：海水空虛。

[7] 春秋不變，水旱不知：指海水不因春秋季節的變化而有所變化，也不受陸地上水災旱災的影響。

[8] 過：超過。流：指流水。不可爲量數：不能用一般的數字來計算。

[9] 自多：自滿，自我誇耀。多，用作動詞。自以：自認爲。比形於天地：從天地那裏具有了形體。比，同"庇"，寄，依附。受氣於陰陽：從陰陽那裏接受了生氣。

[10] 方存乎見少：剛剛有了所見甚少的想法。方，正，剛剛。存，存念，有……想法。乎，介詞，於。奚以：憑什麼。奚，何。

[11] 似礨（lěi）空之在大澤：像蟻穴在曠野裏。礨空，小孔，指蟻穴。

[12] 稊（tí）米：小米粒。太倉：儲糧的大倉庫。

[13] 號物之數謂之萬，人處一焉：指稱呼物類的數目可以說"萬"，而人類只不過居於萬物中的一種。

[14] 卒：盡。人：前一個指人類，後一個指人。這幾句話的意思是，人類住滿九州，凡糧食所生長的地方，車船所通行的地方，個人只不過是人群中的一份子。

[15] 豪末：毫毛的末端。豪，通"毫"。

[16] 五帝：說法不一，一般指黃帝、顓頊、帝嚳（kù）、唐堯、虞舜。連：續，指禪讓帝位。三王：指夏禹、商湯、周文王。任士：指以天下爲己任的能人。盡此矣：都是如此而已。此，指豪末。這幾句是說，從帝王到能士，他們雖都以天下爲己任，但從整個宇宙來說，都是極微小的，盡如豪末而已。

[17] 辭：辭讓。之：指代天下。以爲名：以此取得名聲。語之：指遊說天下。以爲博：以此顯示淵博。此其自多也：這就是他們的自滿。不似爾向之自多於水乎：不就像你河伯剛才對於河水上漲的自滿一樣嗎？向，剛才。

三、敬姜论劳逸[1]

《國語》

[學習指導]

本文選自《國語·魯語下》。《國語》是我國最早的一部國別史，書中分別記載了周、魯、齊、晉、鄭、楚、吳、越等八國的史實。上起周穆王征犬戎，下至三晉滅智伯，歷時五百餘年（約公元前976—前453）。

這篇文章記敘了敬姜教育兒子的言論。通過對勞逸、善惡之間的關係與相互影響的剖析，說明治國者只有採取必要的措施，讓臣民奮發勞作，苦其心志、勞其筋骨，才能防止腐化墮落、長王天下。文章採用反襯的手法，表現了敬姜這位貴族婦女對治國安邦之道的非凡見解和憂國憂民、關心王權霸業的博大胸襟。

掌握文中"朝、績、事、居、淫、修、省、庀、攻、怨"的意義，以及虛詞"其"的用法。

公父文伯退朝，朝其母，其母方績[2]。文伯曰："以歜之家而主猶績，懼干季孫之怒也，其以歜爲不能事主乎[3]！"其母歎曰："魯其亡乎[4]？使僮子備官而未之聞耶[5]？居，吾語女[6]。

[註釋]

[1] 敬姜：魯國大夫公父穆伯的妻子，公父文伯的母親，早寡。

[2] 公父文伯：魯國大夫，名歜（chù），季悼子的孫子，公父穆伯的兒子。父，同"甫（fù）"，古代爲男子美稱，多用於表字之後。退朝，從朝廷上回來。朝，名詞，朝廷。下面朝其母的"朝"字，動詞，朝見，拜見。在古代，諸侯見天子、臣子見君、子見父母統稱"朝"。方，副詞，正在。績，緝線，把麻搓成繩或線。

[3] 主：春秋戰國時稱大夫或他的妻子爲"主"。這裏指公父文伯的母親敬姜。干：冒犯，觸犯。季孫：即季康子，名肥，魯國的國卿，當時主持朝政。事：侍奉。

[4] 其：表示估計、推測的語氣，大概，或許。

[5] 僮子：古代稱未成年的男子，這裏指不懂事、不明事理的人，即指文伯。備官：居官，做官。之，指做官的道理。

[6] 居：坐，坐下。語（yù）：動詞，告訴。女：同"汝"，你。

"昔聖王之處民也，擇瘠土而處之，勞其民而用之，故長王天下[1]。夫民勞則思，思則善心生[2]；逸則淫，淫則忘善，忘善則惡心生[3]。沃土之民不材，逸也[4]；瘠土之民莫不嚮義，勞也[5]。

[註釋]

[1] 昔：過去。處：安置，安頓。處之：使之處。處，居住。王（wàng）：動詞，

統治。
- [2] 思：想。這裏有"想到節儉"的意思。
- [3] 逸：安逸。淫：放縱，放蕩。
- [4] 沃土：肥美的土地。不材：無用，不成材。
- [5] 嚮義：嚮往正義。義，公正合宜的道德、行爲或道理。

"是故天子大采朝日，與三公、九卿祖識地德[1]；日中考政，與百官之政事，師尹、惟旅、牧、相宣序民事[2]。少采夕月，與大史、司載糾虔天刑[3]；日入，監九御，使潔奉禘、郊之粢盛，而後即安[4]。

[註釋]

- [1] 大采朝日：大采，古代天子朝日所穿的禮服，即五采的袞服。朝日，朝拜日神。古代天子每年要在春分節穿着五采的袞服朝拜日神。三公：即太師、太傅、太保，是周朝輔助國君掌握軍政大權的最高官員。九卿：即少師、少傅、少保、冢宰、司徒、宗伯、司馬、司寇、司空，是周朝中央政府分管各個部門的最高行政長官。祖：熟悉。識：認識，知道。地德：土地所產之物，指五穀。
- [2] 政事：政務。師尹：大夫官。惟：與。旅：眾。牧：州牧，地方長官。相：輔助。宣序：全面安排。宣，普遍。序：按次序排列。
- [3] 少采：三采的袞服。夕月：古代帝王祭月的儀式。古代天子每年要在秋分節穿着三采的禮服祭祀月神。太史：官名。掌管起草文書，策命諸侯卿大夫，記載史事，編寫史書，兼管國家典籍、天文、曆法、祭祀等。司載：官名，掌管天文。他們觀察日月星辰的變化來辨別吉凶。糾：恭。虔：敬。刑：法。
- [4] 監：監視。九御：九嬪，天子內宮的女官。禘郊：古代天子祭祀始祖和天神的大典。粢盛（zī chéng）：古代盛在祭器內以供祭祀的穀物。即安：猶就枕，指休息。

"諸侯朝修天子之業命，晝考其國職，夕省其典刑，夜儆百工，使無慆淫，而後即安[1]。卿大夫朝考其職，晝講其庶政，夕序其業，夜庀其家事，而後即安[2]。士朝受業，晝而講貫，夕而習復，夜而計過，無憾，而後即安[3]。自庶人以下，明而動，晦而休，無日以怠[4]。

[註釋]

- [1] 修：治。業：事。命：令。省（xǐng）：察看，檢查。典刑：常刑。典，常。刑，法。儆（jǐng）：告戒。百工：眾官。慆淫：怠慢，放蕩。
- [2] 庶政：各種政務。庀（pǐ）：治理。家事：自己封地裏的事。
- [3] 士：古代把人分爲天子、諸侯、大夫、士、庶人五個等級。士是奴隸主貴族的最低一級。受業：接受任務。講貫：講解學習。貫，學習。習復：復習。計過：計數過失，意謂省察自己一天的言行有無過失。無憾：無恨，沒有什麼欠缺。
- [4] 庶人：指農業生產者，他們的地位在士以下，工商皂隸之上。晦：晚上，夜。

古代汉语

"王后親織玄紞，公侯之夫人加之紘綖，卿之內子爲大帶，命婦成祭服，列士之妻加之以朝服，自庶士以下，皆衣其夫[1]。

[註釋]

[1] 紞（dǎn）：古代冠冕上用以繫瑱（tiàn）的帶子。紘（hóng）：古代冠冕上的帶子。由頷下向上繫於笄（jī）的兩端。綖（yán）：古代覆在冠冕上的裝飾。內子：古代稱卿大夫的嫡妻。大帶：緇帶，黑帛做的束腰帶。命婦：古代有封號的婦女。宮廷中妃嬪等稱爲內命婦，宮廷外臣下之母、妻稱爲外命婦。命婦享有各種儀節上的待遇。這裏指大夫的妻子。祭服：古代祭祀時所穿的禮服。列士：元士，天子之上士。朝服：君臣朝會時穿的禮服。庶士：下士。衣（yì）：作動詞用，做衣服。

"社而賦事，烝而獻功，男女效績，愆則有辟，古之制也[1]。君子勞心，小人勞力，先王之訓也。自上以下，誰敢淫心舍力[2]？

[註釋]

[1] 社：春分祭社。賦：給予，分配。事：指農桑之類的事。烝：冬祭。功：指勞動得來的果實，如五穀、布帛之類。效績：效力。效，獻出。績，功績。愆（qiān）：違背。辟：罪過，懲罰。
[2] 淫心：放縱心。舍力：不肯用力。

"今我寡也，爾又在下位，朝夕處事，猶恐忘先人之業[1]。況有怠惰，其何以避辟？吾冀而朝夕修我曰：'必無廢先人[2]。'爾今曰：'胡不自安？'以是承君之官，余懼穆伯之絕嗣也[3]？"

仲尼聞之曰："弟子志之，季氏之婦不淫矣！"

[註釋]

[1] 寡：孀寡。下位：下大夫之位。先人：指祖先。
[2] 冀：希望。修：有"儆戒、勉勵"的意思。
[3] 胡：爲什麽，表示對原因、理由的詢問。承：奉，擔承。君：指國君。

四、冯谖客孟尝君[1]

《戰國策》

[學習指導]

本文选自《戰國策·齊策四》。這篇文章記敍了馮諼在孟嘗君門下，先以"無能"受輕視，三歌"長鋏歸來"；繼爲孟嘗君奔走策劃，經營三窟，一焚券市"義"，二複相位，三立宗廟于薛，爲鞏固孟嘗君的政治地位作出貢獻。文章情節波瀾起伏，曲折多變，富於戲劇性。在波瀾迭起的情節發展中，馮諼的聰明才智表現得淋漓盡致。

掌握文中"屬、揭、惡、給、乏、習、署、畢、放、固、統、齎"的意思，以及賓語前置句式和意動用法。

齊人有馮諼者，貧乏不能自存，使人屬孟嘗君，願寄食門下[2]。孟嘗君曰："客何好[3]？"曰："客無好也。"曰："客何能[4]？"曰："客無能也。"孟嘗君笑而受之，曰："諾[5]。"

[註釋]

[1] 馮諼（xuān）：齊國孟嘗君的門客。客：用如動詞，作客。孟嘗君：姓田，名文。齊國的貴族，襲其父田嬰的封爵，封於薛（今山東滕縣南），稱薛公，號孟嘗君。齊閔王時爲相國，以好養士聞名，門下有食客數千人。與魏國的信陵君、楚國的春申君、趙國的平原君並稱爲戰國四公子。

[2] 者：語氣助詞，表示停頓，並引出下文。貧乏：貧窮。存：生存，生活。屬（zhǔ）：同"囑"，囑託，請托。寄食：依靠別人吃飯，這裏指到孟嘗君門下做食客。門下：門庭之下，這裏指孟嘗君家。

[3] 何好：即好何。何，什麼，疑問代詞，作賓語。古漢語裏，疑問代詞作賓語要放在動詞之前。好，愛好，動詞。

[4] 能：這裏作"擅長"解。

[5] 諾：答應的聲音，表示同意。

左右以君賤之也，食以草具[1]。居有頃，倚柱彈其劍，歌曰："長鋏歸來乎！食無魚[2]。"左右以告[3]。孟嘗君曰："食之，比門下之客[4]。"居有頃，復彈其鋏，歌曰："長鋏歸來乎！出無車。"左右皆笑之，以告。孟嘗君曰："爲之駕，比門下之車客[5]。"於是乘其車，揭其劍，過其友曰："孟嘗君客我[6]。"後有頃，復彈其劍鋏，歌曰："長鋏歸來乎！無以爲家[7]。"左右皆惡之，以爲貪而不知足[8]。孟嘗君問："馮公有親乎[9]？"對曰："有老母。"孟嘗君使人給其食用，無使乏[10]。於是馮諼不復歌。

[註釋]

[1] 左右：指在孟嘗君左右爲他辦事的人。以：因爲。賤：用作動詞，意動用法。賤

之，以之爲賤，等於說看不起他。也：表示語氣的停頓。食（sì）：用作動詞，給……吃。草具：粗惡的飲食。

[2] 有頃：不多時，一會兒。鋏：劍把，這裏指代劍。來：助詞，表語氣，無義。乎：表示感歎。

[3] 以：介詞，把。後面省略了賓語"之"。"之"指代上句所說的馮諼彈鋏而歌的事。告：告訴。"告"後面省去賓語孟嘗君。

[4] 食（sì）之：即"使之食"。比門下之客：比照一般的門客。

[5] 爲之駕：給他準備車馬。這是雙賓語結構。車客：有車坐的客人。

[6] 揭：高舉。過：拜訪，探望。客：用作動詞，"以……爲客"，是"把……當作客人"。

[7] 無以：不能。爲家：養家。"無以爲家"也可以分析爲"無所以爲家之資"的省略，意即"沒有用來養家的東西"。

[8] 惡：厭惡，討厭。

[9] 公：尊稱。

[10] 給：供應。

後孟嘗君出記，問門下諸客："誰習計會？能爲文收責於薛者乎？[1]"馮諼署曰："能[2]。"孟嘗君怪之，曰："此誰也？"左右曰："乃歌夫'長鋏歸來'者也[3]。"孟嘗君笑曰："客果有能也，吾負之，未嘗見也[4]。"請而見之，謝曰："文倦於事，憒於憂，而性懧愚，沉於國家之事，開罪於先生[5]。先生不羞，乃有意欲爲收責於薛乎[6]？"馮諼曰："願之[7]。"於是約車治裝，載券契而行[8]。辭曰："責畢收，以何市而反[9]？"孟嘗君曰："視吾家所寡有者[10]。"

[註釋]

[1] 出：拿出。記：文告之類。一說是記賬的簿子。習：熟習。計會（kuài）：會計。責：同"債"，債款，債務。

[2] 署：本義是"辦理公務的機關"，引申爲"簽名"。

[3] 乃：就是。夫：指示代詞，那個。

[4] 負：辜負，對不起。

[5] 謝：道歉。倦於事：因事而倦，因國事忙而累壞了。倦，疲。鮑本："事"作"是"，指"國是"，即國家大事。一說"是"作"事"講，瑣事。於，介詞，表示原因。憒於憂：因憂而憒，因爲憂患而昏憒了。懧（nuò）：同"懦"，懦弱。沉：沉溺。開罪：得罪。

[6] 不羞：不以爲羞。羞，用作動詞，以……爲羞。乃：副詞，竟然，居然。爲：介詞，後面省略賓語"文"。

[7] 之：代詞，指"爲收債於薛"。

[8] 約車：將馬繫在車轅，即准備車馬。治裝：整理行裝。券契：大致和後世的契據合同相當。借貸雙方各持一份書牘（竹木做成的），刻齒其旁，以便合齒驗證。所以下文說"合券"。

[9] 畢：完全。下文的"收畢矣"的"畢"，作"完畢"講。以何市反：用收回的債款買什麼東西回來？以，介詞，用。市，買。何，作動詞"買"的賓語，前置。反，同"返"。

[10] 視吾家所寡有者：即"視吾家所寡有者而市之"。吾家所寡有者，我們家裏所少有的東西。所，結構助詞。者，用來指稱物的助詞，可譯爲"……的東西"。

驅而之薛，使吏召諸民當償者，悉來合券[1]。券徧合，起，矯命以責賜諸民，因燒其券，民稱萬歲[2]。

長驅到齊，晨而求見[3]。孟嘗君怪其疾也，衣冠而見之，曰："責畢收乎？來何疾也[4]？"曰："收畢矣。""以何市而反？"馮諼曰："君云'視吾家所寡有者'，臣竊計君宮中積珍寶，狗馬實外廄，美人充下陳，君家所寡有者以義耳[5]！竊以爲君市義[6]。"孟嘗君曰："市義奈何[7]？"曰："今君有區區之薛，不拊愛子其民，因而賈利之[8]。臣竊矯君命，以責賜諸民，因燒其券，民稱萬歲，乃臣所以爲君市義也[9]。"孟嘗君不說，曰："諾，先生休矣[10]！"

[註釋]

[1] 驅：本爲趕馬，這裏指駕車。之，往。當償者：應當還債的人。償，償還。悉：都。合券：合驗契據。

[2] 徧合：普遍地合過了。徧，同"遍"。起：站起來。矯命：假託命令。因：於是。

[3] 長驅：一直趕着車，指毫不停留。

[4] 疾：快，迅速。衣冠而見之：穿戴好了接見他。這是表示恭敬。衣、冠，都是名詞用如動詞。衣，穿衣服。冠，戴官帽。

[5] 竊：私下，私自，謙詞。計：合計，考慮。實：充實，充滿。廄（jiù）：馬棚。充：充實，充滿。下陳：指堂下。古代堂下陳放禮品、站列婢妾。義：恩義。

[6] 以爲君市義：用它（券）爲您買來了義。以，介詞，用。"以"後省去賓語"之"，指"券"。爲，介詞。

[7] 奈何：怎麼樣。

[8] 區區：小小的。拊愛：即撫愛。拊，同"撫"。子其民：以其民爲子，即把那些老百姓當作子女。子，用如動詞。因而賈利之：用商賈之道向人民圖利。因，介詞，用，靠。"因"後面省賓語"之"。賈，古時坐而取利爲賈，行而取利爲商。

[9] 所以：用來……的方式。所，代詞。以，介詞。

[10] 說：同"悅"，喜悅，高興。休矣：算了吧。

後朞年，齊王謂孟嘗君曰："寡人不敢以先王之臣爲臣[1]。"孟嘗君就國於薛[2]。未至百里，民扶老攜幼，迎君道中[3]。孟嘗君顧謂馮諼："先生所爲文市義者，乃今日見之[4]！"

[註釋]

[1] 朞（jī）年：一周年。齊王：齊閔王。寡人不敢以先王之臣爲臣：我不敢把先王

的臣作爲我的臣。這是齊閔王撤孟嘗君相國職務的一種委婉說法。先王：齊閔王指他已死的父親齊宣王。

[2] 就國：前往自己的封邑。就，歸，趨。

[3] 未至百里：沒有到薛，相差還有百里。扶老攜幼：扶着老人，領着小孩。形容老百姓很多，連老人小孩都攙扶出來了。

[4] 顧：回過頭看。乃：才。

馮諼曰：“狡兔有三窟，僅得免其死耳[1]。今君有一窟，未得高枕而臥也[2]。請爲君復鑿二窟。”孟嘗君予車五十乘，金五百斤，西遊於梁，謂梁王曰：“齊放其大臣孟嘗君於諸侯，諸侯先迎之者，富而兵強[3]。”於是梁王虛上位，以故相爲上將軍，遣使者黃金千斤，車百乘，往聘孟嘗君[4]。馮諼先驅，誡孟嘗君曰：“千金，重幣也；百乘，顯使也[5]。齊其聞之矣[6]！”梁使三反，孟嘗君固辭不往也[7]。

[註釋]

[1] 狡兔有三窟：比喻藏身的地方多，便於逃避災禍。僅：才。耳：語氣詞，同“而已”，相當於現代漢語的“罷了”。

[2] 高枕而臥：把枕頭墊得高高的躺着，比喻沒有憂慮。高，用作動詞。

[3] 乘（shèng）：用四匹馬拉的一輛車叫乘。金：戰國時銅質貨幣的通稱。下文的“黃金”同。斤：同“釿”，先秦的一種貨幣單位，重一兩多。遊：遊說。梁：即魏國。魏原都安邑，魏惠王遷都大梁（今河南開封），所以也叫梁。放：放逐。

[4] 虛：用作動詞，“使……虛”，有“讓出”的意思。上位：高位。這裏指相國的官位。故：原來。

[5] 先驅：先趕車回去。誡：告誡。千金：等於說金千斤。幣：聘幣，古代聘請人時送的禮物。顯：顯貴，顯要。使：使臣。

[6] 其：表示測度的語氣。矣：表示肯定的語氣。

[7] 三反：往返三次。反，同“返”。固：堅決。辭：推辭，辭謝。

齊王聞之，君臣恐懼，遣太傅齎黃金千斤，文車二駟，服劍一，封書謝孟嘗君曰[1]：“寡人不祥，被於宗廟之祟，沉於諂諛之臣，開罪於君[2]。寡人不足爲也，願君顧先王之宗廟，姑反國統萬人乎[3]！”馮諼誡孟嘗君曰：“願請先王之祭器，立宗廟於薛[4]。”廟成，還報孟嘗君曰：“三窟已就，君姑高枕爲樂矣[5]。”

孟嘗君爲相數十年，無纖介之禍者，馮諼之計也[6]。

[註釋]

[1] 太傅：一種職位很高的官。齎（jī）：拿東西送人。文車：雕刻着或描繪着文采的車。文，同“紋”。駟：四匹馬拉的車。服劍：佩帶的劍。封書：封好了書信。謝孟嘗君：向孟嘗君道歉。

[2] 不祥：不善。被：遭受。宗廟：借指祖宗。祟（suì）：鬼神給人的災禍。沉：沉

迷。諂諛：巴結逢迎。

[3] 爲：指幫助。不足爲，不值得幫助。顧：顧念。宗廟：天子、諸侯祭祀祖先的處所，這裏指國家。姑：姑且，暫且。統：治理。萬人：指全國人民。

[4] 祭器：古代宗廟祭祀所用的器物。古人非常重視宗廟，如果薛邑建立起齊國先王的宗廟，齊王就不能取消薛邑，也就可以鞏固孟嘗君的政治地位。這是馮諼替孟嘗君定的安身之計。

[5] 報：奉命辦事完畢，回來報告。就：成，完成。

[6] 纖介：比喻極其微小。纖（xiān），細。介，同"芥"，小草。

五、货殖列传序[1]

《史记》

[學習指導]

《貨殖列傳》是一篇有關上起春秋末年、下迄漢景帝年間的社會經濟史的專著。這篇文章先否定老子的理想社會，而從人民生活的要求出發，說明貨殖這件事的必然性。接着列舉各地物產情況，說明發展生產，互通有無，符合自然規律和人民生活需要；並引用古書和史實，說明貨殖這件事對富國利民的重要意義。最後作者對羡富羞貧和患貧爭利的社會現象發出内心的感慨。

掌握文中"務、漸、出、大較、寧、期會、虞、勸、修、匡、適"的意義，以及文中名詞作狀語、使動用法和意動用法。

《老子》曰："至治之極，鄰國相望，雞狗之聲相聞，民各甘其食，美其服，安其俗，樂其業，至老死不相往來[2]。"必用此爲務，輓近世塗民耳目，則幾無行矣[3]。

[註釋]

[1]《貨殖列傳序》：是《史記·貨殖列傳》的序言。貨殖，經商，做買賣，靠貿易來生財求利。

[2] 至治：治理得極好的社會。至，極。至，到。極：極點。甘，用作意動，以……爲甘。下文的"美"、"安"、"樂"，用法相同。

[3] 輓近世：離現在最近的時代。輓，古通"晚"。塗：堵塞。幾：幾乎。無：這裏作"不可"講。矣：用在句末，表示陳述的語氣，相當於"了"。

太史公曰：夫神農以前，吾不知已[1]。至若《詩》《書》所述虞、夏以來，耳目欲極聲色之好，口欲窮芻豢之味，身安逸樂，而心誇矜埶能之榮，使俗之漸民久矣[2]。雖戶說以眇論，終不能化[3]。故善者因之，其次利道之，其次教誨之，其次整齊之，最下者與之爭[4]。

[註釋]

[1] 太史公：即太史令，史官名，此處爲司馬遷自稱。夫：助詞，表示一種要闡發議論的語氣。神農：傳說中古代的帝王。已：同"矣"，用在句末，表示陳述的語氣。

[2] 至若：至如，至於，連詞，承接上文，表示另提一事。虞、夏：指虞舜、夏禹之世。極：盡量（享受）。下文的"窮"，同義。芻豢：泛指牲畜的肉。芻，吃草的牲畜。豢，吃糧食的牲畜。誇矜：誇耀。埶能：權勢和才能。漸（jiān）：動詞，熏染，習染。

[3] 戶說：挨家勸說。戶：名詞作狀語。眇論：微妙的言論。眇：通"妙"。化：變

化，改變。

[4] 因：遵循，順着。道：同"導"，引導。整齊之：意謂制定規章，使他們遵守，從而規規矩矩。爭：爭利。

夫山西饒材、竹、穀、纑、旄、玉石，山東多魚、鹽、漆、絲、聲色，江南出柟、梓、薑、桂、金、錫、連、丹沙、犀、瑇瑁、珠璣、齒、革，龍門、碣石北多馬、牛、羊、旃裘、筋角，銅、鐵則千里往往山出棋置[1]。此其大較也[2]。皆中國人民所喜好，謠俗被服飲食奉生送死之具也[3]。故待農而食之，虞而出之，工而成之，商而通之[4]。此寧有政教發徵期會哉[5]？人各任其能，竭其力，以得所欲[6]。故物賤之徵貴，貴之徵賤，各勸其業，樂其事，若水之趨下，日夜無休時，不召而自來，不求而民出之[7]，豈非道之所符，而自然之驗邪[8]？

[註釋]

[1] 山西：太行山以西，包括現在的山西、陝西、甘肅等省。饒：富有，豐富。穀（gǔ），木名，即楮木，樹皮可以造紙。纑（lú）：野麻，可以織布。旄（máo）：旄牛尾，可做旗幟上的裝飾。山東：太行山以東。聲色：音樂和女色。柟、梓：都是珍貴的建築木材。桂：即"木犀"，花極芳香，為珍貴的觀賞芳香植物。連：同"鏈"，鉛礦石。丹沙：即丹砂，俗稱朱砂，礦物名。犀：犀牛角，貴重藥品。瑇瑁：海中動物，似龜，甲殼可作珍貴的裝飾品。璣：不圓的小珠。齒、革：特指象牙和犀牛皮。龍門：即龍門山，在今山西河津縣西北、陝西韓城縣東北。碣石：山名，在今河北省昌黎縣北。旃裘：古代北方民族用皮毛等製成的衣服。旃，通"氈"。筋角：動物的筋和角，古時多用於製弓。棋置：猶棋布，指繁密如棋子般分佈。
[2] 大較：大概，大略。
[3] 中國：此指中原。謠俗：風俗。因歌謠可以反映民間的風俗，故以謠俗代指風俗。謠：風謠；俗：習俗。被服：衣服。具：用具，東西。
[4] 待：依靠，依恃。虞：虞人，古代掌管山林水澤的官員。此處指開發山澤資源的人。而：表示承接關係。
[5] "寧有……哉"：相當於現代漢語"難道有……嗎？"寧，難道，副詞，表反問。發徵：徵發，徵調。期會：限期會集。
[6] 以：用來。所欲：所需要的物品。
[7] 徵：招致。勸：勤勉。趨：奔赴，流向。
[8] "豈非……邪"：相當於現代漢語的"難道不是……嗎"。用否定的句式來表示反詰語氣，在於強調肯定的意思。邪，同"耶"。道：指客觀規律，經濟法則。自然：自，副詞，自然。然，代詞，指代上文所說的社會經濟自動調節和得到發展的情況。驗：驗證，證明。

《周書》曰[1]："農不出則乏其食，工不出則乏其事，商不出則三寶絕，虞不出則財匱少[2]。"財匱少而山澤不辟矣[3]。此四者，民所衣食之原也[4]。原大則饒，原小則鮮[5]。

上則富國，下則富家。貧富之道，莫之奪予，而巧者有餘，拙者不足[6]。故太公望封於營丘，地潟鹵，人民寡，於是太公勸其女功，極技巧，通魚鹽，則人物歸之，繦至而輻湊[7]。故齊冠帶衣履天下，海岱之間斂袂而往朝焉[8]。其後齊中衰，管子修之，設輕重九府，則桓公以霸，九合諸侯，一匡天下[9]。而管氏亦有三歸，位在陪臣，富於列國之君[10]。是以齊富強至於威、宣也。

[註釋]

[1]《周書》：周朝的文誥。此篇已失傳。

[2] 乏：缺少。事：器物，用具。三寶：指上文說的糧食、器物、財富。絕：斷絕，不流通。匱：缺乏。

[3] 而：則，就。辟：開闢。

[4] 原：通"源"，來源。

[5] 饒：富足。鮮（xiǎn）：少。

[6] 莫之奪予：相當於"莫奪予之"。即沒有人奪之或予之。"之"是動詞"奪"、"予"的賓語，指代貧富之道。在否定句中，代詞賓語前置。

[7] 太公望：姓姜，名尚，字子牙。他輔助周武王伐紂滅商，建立周朝，封於營丘（今山東省昌樂縣東南），國號齊。潟（xì）鹵（lǔ）：不適宜耕種的鹽鹼地。勸：鼓勵。女功：指婦女所作紡織、刺繡、縫紉等事。這裏用作動詞，指紡織。通：流通，交換。人物：人和貨物。繦（qiǎng）：用繩索穿好的錢串。輻：車輻，車輪中間的直木，一頭集中插在車轂上，一頭分佈插在車輞上。湊：集聚。

[8] 冠帶衣履：（齊國製造的）帽子、帶子、衣服、鞋子。天下：用作謂語，指遍銷全國。海岱之間：指東海和泰山中間的諸侯國。岱，泰山的別稱。斂袂：整理衣袖，表示敬意。

[9] 管子：管仲，春秋齊桓公時的賢相。輕重：古代以物價調節商品的辦法。九府：周代掌管財務的九個官府，即大府、玉府、內府、外府、泉府、天府、職內、職金、職幣。則：連詞，就，於是。桓公：齊桓公，春秋時齊國君，姜姓，名小白。公元前685—前643年在位。以：介詞，因（此），賓語省略。霸：動詞，稱霸，成爲霸主。九合：多次會合。九，泛指多，而非實數。一：全部，副詞。匡：糾正。

[10] 三歸：臺觀名。相傳管仲曾爲自己修築了遊賞的臺觀。說明其財產超過一般的大臣。陪臣：指諸侯國的大夫。諸侯國的國君對天子稱臣，諸侯國的大夫對國君稱臣，所以對天子自稱陪臣。於：比，介詞。列國：猶言各國，此指當時的諸侯之國。

故曰："倉廩實而知禮節，衣食足而知榮辱[1]。"禮生於有而廢於無。故君子富，好行其德；小人富，以適其力[2]。淵深而魚生之，山深而獸往之，人富而仁義附焉。富者得埶益彰，失埶則客無所之，以而不樂[3]。夷狄益甚。諺曰："千金之子，不死於市[4]。"此非空言也。故曰："天下熙熙，皆爲利來；天下壤壤，皆爲利往[5]。"夫千乘之王，萬家之侯，百室之君，尚猶患貧，而況匹夫編戶之民乎[6]！

[註釋]

[1] 故曰：以下所引二句，見《管子·牧民》。倉廩（lǐn）：泛指穀米倉庫。實：充實，充足。

[2] 有：富有。無：貧窮。君子：西周、春秋時對貴族的通稱，此指當時的統治階級。小人：指當時被統治的勞動人民。適其力：適當地使用自己的勞力。

[3] 附：依附，附著。焉：代詞，同"之"。勢：指權勢。彰：明顯，顯著，此處引申爲顯赫之意。之，動詞，往，到。以：介詞，因。後省賓語"之"，"之"代"失勢"。

[4] 千金之子，不死於市：意思是家有千金的人，不會犯法受刑，死於街市（古代行刑之所），因爲他知道榮辱，恥於犯法。

[5] 熙熙、壤壤：都是擁擠、喧鬧紛雜的樣子。壤壤，同"攘攘"，與"熙熙"同義。

[6] 千乘之王：指天子。千乘，一千輛兵車。古代一車四馬爲一乘。萬家之侯：指諸侯。萬家，指食邑萬家。百室之君：指大夫。百室，指食邑百戶。尚猶：尚且，還，兩個副詞同義復用。患：憂慮。而況：何況。匹夫：古指平民中的男子，亦泛指尋常的個人，此處只是"平民"的意思。編戶之民：編入戶口冊的老百姓。

六、郑阳狱中上梁王书[1]

邹陽

[學習指導]

古代臣下向皇帝陳言進詞所寫的奏書與親朋間往來的私人信件，均稱作"書"。書是古代書信的總稱，向皇帝陳言進詞的一般稱爲"上書"。此文即是。

這是鄒陽被人謗毀得罪下獄後寫給梁孝王的一封信。全信分五層意思：一寫自己忠而獲罪，信而見疑；二寫獲罪和見疑的原因在於不見知；三寫不見知的原因在於沒有朋黨的人，不能避免謗毀；四寫朋黨與讒人得用，是由於人主不能欲善無厭；五寫人主用人自有權衡，不應輕信。他列舉許多歷史事實，引用種種比喻，來表白自己是信而見疑、忠而被謗的，反覆陳情而又巧於辭令。博引事實，比物連累是本文一大特色。

掌握文中"諭、寤、孰、捐、眄、資、倖、情愫、攣拘、昭曠、底属"的意思，以及文中的被動句式和使動用法。

"臣聞'忠無不報，信不見疑'，臣常以爲然，徒虛語耳[2]。昔荆軻慕燕丹之義，白虹貫日，太子畏之[3]；衛先生爲秦畫長平之事，太白食昴，昭王疑之[4]。夫精誠變天地，而信不諭兩主，豈不哀哉[5]！今臣盡忠竭誠，畢議願知，左右不明，卒從吏訊，爲世所疑[6]。是使荆軻、衛先生復起，而燕、秦不寤也。願大王孰察之[7]。昔玉人獻寶，楚王誅之；李斯竭忠，胡亥極刑[8]。是以箕子陽狂，接輿避世，恐遭此患也[9]。願大王察玉人、李斯之意，而後楚王、胡亥之聽，毋使臣爲箕子、接輿所笑[10]。臣聞比干剖心，子胥鴟夷，臣始不信，乃今知之[11]。願大王孰察，少加憐焉！

[註釋]

[1] 鄒陽（約公元前206年至前129年）：漢初齊（今山東東部）人，文學家。他爲人正直，有智謀才略。最初在吳王濞門下任職，吳王謀反，鄒陽曾上書勸阻，不聽，於是改投梁孝王門下。當時大臣爰盎等反對景帝立梁孝王爲嗣，梁孝王和羊勝、公孫詭等商量刺殺爰盎，鄒陽加以勸阻。因羊勝進讒下獄。鄒陽在獄中上書申訴冤屈，進行辯解。孝王醒悟，釋放了他，把他尊爲上客。

[2] 常：通"嘗"，曾經。

[3] 荆軻：戰國末衛人。燕丹：燕太子丹。當時，秦蠶食六國，燕太子丹厚養荆軻，派荆軻入秦刺秦王，沒有成功，荆軻被殺。白虹貫日：古人常以天人感應的說法解釋罕見的天文、氣象現象。此指荆軻的精誠感動了上天，以致天上出現不平常的現象。貫，穿過。

[4] 衛先生：秦人。畫：謀劃。長平之事：秦將白起攻打趙國，在長平擊破趙軍，想乘機消滅趙國，派衛先生回秦請求秦昭王增援兵糧，被秦相范雎從中破壞。傳說當時出現太白食昴現象，秦昭王因而懷疑起白起和衛先生來，不肯增兵和運糧，致使滅趙未成。太白，即金星。古時認爲是戰爭的徵兆。食，通"蝕"，這裏有

"侵犯"的意思。昴，星宿名，二十八宿之一。古人認爲天上的昴宿相當於趙國的地帶。太白食昴，是說太白星侵入了昴星座，象徵趙地將有兵事。

[5] 夫：用於句首，表示闡發議論的語氣。精：精誠，專誠。而，表示轉折關係。諭：明白，懂。這裏是使動用法。

[6] 畢：全部。議：建議，計議。左右：古時書信裏常用來稱呼對方。不直說其人，而只說對方的左右，以示尊敬。卒：終於。從：聽從，聽受。訊：審訊。

[7] 寤（wù）：通"悟"，覺悟。孰：仔細，周詳。察：考察，審察。

[8] 玉人獻寶：傳說春秋楚武王時，楚人卞和得到一塊沒有雕琢過的玉石，獻給武王。玉工鑒定後說是石頭，武王就砍掉卞和的右脚。文王即位，卞和又獻這塊玉石，玉工又說是石頭，文王又砍斷他的左脚。到成王時，卞和抱着玉石在野外哭了三天三夜，眼中流出了血淚。成王使玉工治理後，果然得到一塊寶玉。因此成爲和氏璧。誅：懲罰。胡亥：秦二世名。二世即位，荒淫無道，李斯上書諫戒，胡亥不聽，反而聽信了趙高的讒言，把李斯逮捕殺害。

[9] 箕子：名胥餘，紂王的叔父，因封於箕，故稱箕子。紂王荒淫無道，箕子加以勸解被囚，爲避禍計，假裝瘋癲。陽：通"佯"，假裝。接輿：春秋時楚國的隱士。避世：隱居不出仕。也：用在句末，表示解釋的語氣。

[10] 而：表示並列關係。後：使動用法，把……放在後面。

[11] 比干：紂王的叔父。傳說紂王荒淫無道，比干屢加勸諫，被剖心而死。子胥：即伍子胥，名員（yún），子胥是字，春秋時楚人。子胥的父兄都被楚平王殺害，子胥逃到吳國，幫助吳王闔閭刺殺吳王僚，奪得王位，戰勝楚國。吳王夫差時，因勸吳王消滅越國，拒絕越國求和，停止進攻齊國，觸怒夫差。後來夫差命他自殺，然後將其屍體裝入皮口袋，投入江中。鴟夷：皮口袋。

"語曰：'有白頭如新，傾蓋如故[1]。'何則？知與不知也。故樊於期逃秦之燕，藉荊軻首以奉丹事[2]；王奢去齊之魏，臨城自剄，以卻齊而存魏[3]。夫王奢、樊於期，非新於齊秦而故於燕魏也，所以去二國、死兩君者，行合於志，而慕義無窮也[4]。是以蘇秦不信於天下，爲燕尾生[5]；白圭戰亡六城，爲魏取中山[6]。何則？誠有以相知也。蘇秦相燕，人惡之於燕王，燕王按劍而怒，食以駃騠[7]；白圭顯於中山，人惡之於魏文侯，文侯賜以夜光之璧。何則？兩主二臣，剖心析肝相信，豈移於浮辭哉[8]！

[註釋]

[1] 白頭如新：相識多年，直到頭髮白了，還和新結識一樣，沒有很深的感情。白頭，老年，這裏形容時間長。傾蓋如故：在路上相遇，停車交談，就好像有多年交情一樣。傾蓋，兩車緊靠着以致把車蓋擠得向下倒了。

[2] 樊於（wū）期：秦將，被人陷害逃到燕國。秦王殺了他全家，並用重金購其頭。荊軻要刺殺秦王，樊於期自刎，讓荊軻用他的頭來作進獻的禮物，以便荊軻能接近秦王。藉：借。

[3] 王奢：戰國時齊大臣，由齊逃到魏國。後來齊國攻打魏國，王奢登城對齊將說："你們來不過是因爲我的緣故，我不願苟且偷生，成爲魏國的拖累。"於是就在

城上自殺。剄（jǐng）：用刀割脖子。以：用來。卻：退。

[4] 去：離開。二國：指秦、齊。死：爲……死。兩君：指燕太子丹和魏國國君。

[5] 蘇秦：戰國時的辯士，主張合縱攻秦，曾任六國縱約長。後來遭到秦國破壞，縱約解散，他也失去了諸侯的信任。當時只有燕昭王仍然信任他，用他爲相。尾生：古代傳說中的極守信用的人。據說他與一女子約定在橋下相見，女子沒到，大水來了，他信守約定不離開，抱住橋柱，終於淹死。這裏"尾生"指極守信用而被人信任的人。

[6] 白圭：戰國時中山國的將領，因失掉六城，中山王要殺他，他逃到魏國。魏文侯厚待他，後來他替魏國征服了中山。

[7] 怒：指對讒者怒。食（sì）：動詞，給人吃。一說是"賜"字之誤。駃騠（jué tí）：一種駿馬。

[8] 剖心析肝：猶肝膽相見，謂竭誠相見。移：轉移，這裏指變心。浮辭：虛浮無根的言辭。指背後誣衊或挑撥離間的話。

"故女無美惡，入宮見妒；士無賢不肖，入朝見嫉[1]。昔司馬喜臏腳於宋，卒相中山[2]；范雎拉脅折齒於魏，卒爲應侯[3]。此二人者，皆信必然之畫，捐朋黨之私，挾孤獨之交，故不能自免於嫉妒之人也[4]。是以申徒狄蹈甕之河，徐衍負石入海。不容於世，義不苟取比周於朝，以移主上之心[5]。故百里奚乞食於道路，繆公委之以政[6]；甯戚飯牛車下，桓公任之以國[7]。此二人者，豈素宦於朝，借譽於左右，然後二主用之哉[8]？感於心，合於行，堅如膠漆，昆弟不能離，豈惑於眾口哉[9]？故偏聽生姦，獨任成亂[10]。昔魯聽季孫之說逐孔子，宋任子冉之計囚墨翟[11]。夫以孔、墨之辯，不能自免於讒諛，而二國以危。何則？'眾口鑠金，積毀銷骨'也[12]。秦用戎人由余而伯中國，齊用越人子臧而強威、宣[13]。此二國豈係於俗，牽於世，繫奇偏之浮辭哉[14]？公聽並觀，垂明當世[15]。故意合則胡越爲兄弟，由余、子臧是矣；不合則骨肉爲仇敵，朱、象、管、蔡是矣[16]。今人主誠能用齊、秦之明，後宋、魯之聽，則五伯不足侔，而三王易爲也[17]。

[註釋]

[1] 不肖：不賢。

[2] 司馬喜：戰國時宋人，據說他在宋國受過臏刑，後逃到中山國，三次爲相。臏（bìn）：古代刑罰之一，割去膝蓋骨。腳：小腿。

[3] 范雎：戰國時魏人。曾隨魏大夫須賈出使齊國。回國後，魏相懷疑范雎通齊，對他進行拷問，把他肋骨打斷，牙齒打落。後來范雎逃到秦國，被任用爲相，封爲應侯。拉（là）：折斷。

[4] 畫：計策，計劃。捐：拋棄，捐棄。朋黨：指爲爭權奪利、排斥異己而結合起來的集團。挾：持。孤獨之交：指朋友少。

[5] 申徒狄：姓申徒，名狄，傳說爲殷末人。因諫君不聽，自投甕水而死。蹈：投入。徐衍：周末人，因對亂世不滿，負石自投於海。苟取：猶苟得，苟且求得。比（bì）周：結黨營私。比，與壞人勾結。周，與人團結。

[6] 百里奚：姓百里，名奚，春秋時虞人。虞亡被俘爲奴，逃跑，被楚人捕獲。秦穆公聞其名，把他贖買到秦，舉以爲相，輔佐穆公，成就霸業。一說，百里奚聞穆公英明，沿途乞食，前往投奔，被穆公用爲相。繆，同"穆"。

[7] 甯戚：春秋時衛國人。因不被用，於是經商，住在齊國郭門之外。齊桓公夜間出來，甯戚邊唱歌邊喂牛。桓公知道他有才能，便任用他擔任大夫。飯：動詞，喂的意思。

[8] 素：向來，一向。宦：做官。

[9] 昆：兄。惑：迷惑，蠱惑。

[10] 偏聽：聽信一面之辭。獨任：只信任一個人。

[11] 季孫：即季桓子，春秋末年擔任魯國上卿。齊國人送給季桓子女子歌舞隊，季桓子接受了，並且三天不上朝，於是孔子離開了魯國。魯國聽信季孫，等於說是逐孔子。墨翟：戰國時魯人，墨家學派的創始人。

[12] 鑠、銷：都是熔化的意思。毀：讒言。

[13] 由余：春秋時晉人，春秋時晉人，因事逃至西戎。後被秦國任用，爲穆公劃策，征服西戎，成就霸業。伯：通"霸"，稱霸，做諸侯的霸主。子臧：春秋時越人。齊威王、宣王任用子臧，國勢強盛。強：使動用法，使……強盛。

[14] 係：束縛。牽：牽制。奇偏：偏於一方面，片面。

[15] 公聽並觀：公正地聽取，全面地觀察。垂：流傳。明：英明，明智。

[16] 朱：即丹朱。傳說是堯的兒子，名朱，居於丹水，因名爲丹朱。他傲慢荒淫，因此堯沒有傳位給他而禪位於舜。象：舜的後母所生，傳說象曾多次與他的父母共謀，要害死舜。管、蔡：管叔、蔡叔，都是周武王的弟弟。武王滅商後封紂的兒子武庚於殷故地，讓管叔、蔡叔輔佐他。武王死，成王年幼，周公攝政，管蔡挾持武庚造反，周公殺死了武庚、管叔，流放了蔡叔。

[17] 五伯：即五霸，指齊桓公、晉文公、秦穆公、宋襄公、楚莊王。一說，指齊桓公、晉文公、楚莊王、吳王闔閭、越王勾踐。侔（móu）：相等，等同，這裏等於說相提並論。

"是以聖王覺寤，捐子之之心，而不說田常之賢，封比干之後，修孕婦之墓，故功業覆於天下[1]。何則？欲善亡厭也。夫晉文親其讎，強伯諸侯[2]；齊桓用其仇，而一匡天下[3]。何則？慈仁殷勤，誠加於心，不可以虛辭借也[4]。至夫秦用商鞅之法，東弱韓魏，立強天下，卒車裂之[5]；越用大夫種之謀，禽勁吳而伯中國，遂誅其身[6]。是以孫叔敖三去相而不悔，於陵子仲辭三公爲人灌園[7]。今人主誠能去驕傲之心，懷可報之意，披心腹，見情素，墮肝膽，施德厚，終與之窮達，無愛於士，則桀之犬可使吠堯，跖之客可使刺由[8]。何況因萬乘之權，假聖王之資乎[9]？然則荊軻湛七族，要離燔妻子，豈足爲大王道哉[10]！

[註釋]

[1] 子之：戰國時燕王噲之相。噲極其信任子之，讓位給他，燕國大亂，齊乘機而入。說：通"悅"。田常：春秋時齊簡公的臣子。齊簡公愛他的才能，任用他爲

相，可是後來被他殺了，篡奪了齊國的王位。封比干之後：據說武王伐紂後，曾給比干的兒子封爵。修孕婦之墓：傳說殷紂王曾爲了與妲己戲笑，剖開孕婦之腹，觀看胎兒。武王滅殷後，修建了被害者的墳墓。

[2] 晉文親其讎：晉文，晉文公重耳。讎，指寺人（宦官）披。晉文公重耳爲公子時，獻公派寺人披去殺重耳，追殺時只斬下重耳的袖子。後來重耳即位，晉臣呂甥、郤芮想發動叛亂，陰謀殺死文公。寺人披去見文公，文公寬赦了他，於是他揭發了呂甥等人的陰謀，文公得以平定這次叛亂。

[3] 仇：指管仲。齊襄公死後，齊公子糾和公子小白爭當齊國君主，管仲輔佐公子糾。魯莊公九年，管仲奉公子糾之命，同齊桓公（即公子小白）在乾地激戰，管仲射中桓公衣上的帶鉤。後來公子小白立爲桓公，管仲爲桓公所得，桓公不念舊惡，任用管仲爲相，九合諸侯，一匡天下，成爲諸侯的霸主。

[4] 殷勤：情誼懇切深厚。虛辭：空話。借：借用。以虛辭借即"借用空話"的意思。

[5] 夫：那，那個。商鞅：戰國時衛人，曾輔佐秦孝公進行變法，做到國富兵強。由於變法傷害了宗室貴族的利益，孝公死後，商鞅被用車裂之刑處死。

[6] 種：文種，春秋時越國的大臣，曾輔佐越王勾踐平定吳國，完成霸業。後來越王聽信讒言，文種被迫自殺。禽：通"擒"。

[7] 孫叔敖：春秋時楚人，楚莊王之相。三次被任爲令尹，並不高興，因爲他知道這是憑自己的才能得來的；三次被免職，也不悔恨，因爲他知道這不是自己的罪過造成的。於（wū）陵：齊地，在今山東長山縣南。子仲：即陳仲子。據說楚王曾派使者用重金聘他擔任楚相，他帶着全家逃走，爲人灌園。三公：秦漢時指丞相、太尉、御史大夫。灌園：從事田園勞動。

[8] 心腹：衷情，真意。見：通"現"，顯露出。情素：真情實意。素，通"愫"，真情。墮肝膽：披肝瀝膽。窮：不得志，逆境。達：得志，順境。愛：吝惜。桀：傳說中夏朝最末一代的暴君。堯：傳說中古代的聖君。跖：古代人民起義的領袖。由：許由，傳說唐堯要把天下讓給他，他逃避不受。

[9] 因：依靠，憑藉。假：憑藉，借助。

[10] 湛：通"沉"，誅滅的意思。七族：從本人曾祖起到曾孫止。要（yāo）離：春秋時吳國人。吳王闔閭派他去刺殺慶忌，他就假裝犯罪，讓闔閭砍斷他的右手，燒死他的妻子，而後單身逃走，去接近慶忌，將慶忌殺死，而後自殺。燔（fán）：燒。

"臣聞明月之珠，夜光之璧，以暗投人於道，眾莫不按劍相眄者[1]。何則？無因而至前也。蟠木根柢，輪囷離奇，而爲萬乘器者，以左右先爲之容也[2]。故無因而至前，雖出隨珠和璧，只足結怨而不見德[3]；有人先遊，則枯木朽株，樹功而不忘[4]。今夫天下布衣窮居之士，身在貧羸，雖蒙堯、舜之術，挾伊、管之辯，懷龍逢、比干之意，而素無根柢之容，雖竭精神，欲開忠於當世之君，則人主必襲按劍相眄之跡矣[5]。是使布衣之士，不得爲枯木朽株之資也[6]。是以聖王制世御俗，獨化於陶鈞之上，而不牽乎卑辭之語，不奪乎眾多之口[7]。故秦皇帝任中庶子蒙嘉之言以信荊軻，而匕首竊發[8]；周文王獵涇渭，載呂尚歸，以王天下[9]。秦信左右而亡，周用烏集而王[10]。何則？以其能越攣拘之語，馳域外之議，獨觀於昭曠之道也[11]。今人主沉諂諛之辭，牽帷牆之制，使不羈之士與牛驥同皂。此鮑焦所以忿於世也[12]。

[註釋]

[1] 以：在。投人：向人投擲。道：道路。眄：斜着眼睛看。
[2] 蟠木：屈曲的樹。柢：樹根。輪囷（qūn）離奇：盤繞屈曲的樣子。而：表示轉折關係。以：因爲。容：雕刻裝飾。
[3] 隨珠：傳說春秋時隨侯在途中遇到一條受傷的大蛇，把它救活，後來大蛇銜來一顆明珠作爲報答，後世即稱之爲隨珠。隨，春秋時國名。
[4] 遊：宣揚，稱譽。
[5] 嬴：瘦弱。伊：伊尹。管：管仲。龍逢（péng）：關龍逢，夏朝的賢臣。夏桀無道，龍逢強諫，被桀所殺。
[6] 是：這。資：資質，才能，作用。
[7] 陶鈞：製造陶器時使用的轉輪。這裏比喻國家權力。奪：受影響而改變。
[8] 任：信任。中庶子：太子的屬官。蒙嘉：人名。荆軻到秦國後，贈蒙嘉重禮，蒙嘉替他在秦王那裏說好話，荆軻因而得見秦王。
[9] 涇渭：二水名，都在今陝西省。呂尚釣於渭水，文王出來打獵，遇見了他，與他交談，知道他是賢者，和他一同乘車回去。後來呂尚輔佐武王伐紂滅商，建立周朝。
[10] 左右：指蒙嘉。烏集：像烏鴉那樣猝然聚合，這裏比喻在偶然的機會中認識的人，指呂尚。
[11] 越：超出。攣拘：沾滯，固執。域外：比喻寬泛。昭曠：寬宏，豁達。
[12] 沉：沉湎，陷入。帷牆：指近臣妻妾。制：制約。不羈：豪放，不甘受約束。皂：同"皂"，喂牛馬的木槽。鮑焦：周朝時隱士。傳說他不滿當時社會，不願出仕，寧願一生窮困，最後抱着樹木餓死。

"臣聞盛飾入朝者，不以私汙義[1]；砥厲名號者，不以利傷行[2]。故里名勝母，曾子不入[3]；邑號朝歌，墨子回車[4]。今欲使天下寥廓之士，籠於威重之權，脅於位勢之貴，回面汙行，以事諂諛之人，而求親近於左右，則士有伏死堀穴巖藪之中耳，安有盡忠信而趨闕下者哉[5]！"

[註釋]

[1] 盛飾入朝：衣冠整齊，到朝中辦事。這裏指嚴肅對待國事。
[2] 砥厲：通"砥礪"，指磨刀石。這裏用作動詞，指磨練修養。名號：名聲，名譽。
[3] 曾子：即曾參，春秋時魯人，孔子弟子。他事親盡孝。有個里巷，名叫"勝母"，他認爲這個名字違反孝道，他就不走進去。
[4] 朝歌：殷之故都，在今河南湯陰縣南。墨子提倡"非樂"，認爲朝歌就是早晨唱

歌的意思。早晨不是唱歌的時候，所以回車不入朝歌。

[5] 寥廓：寬宏豁達。回面：掉轉臉孔，指改變態度。堀穴巖藪（sǒu）：指山野隱居之處。堀，同"窟"。藪，湖澤。闕下：宮闕之下。指帝王所居之處。借指朝廷。哉：表示感歎、反問的語氣。

第四章 古汉语基础知识的综合运用

【学习提示】

本章学习的目的是综合运用古汉语知识解决读书实践中遇到的问题。由于所讲知识的特点不同，学习的要求也不相同。

本章重点掌握：

1. 通过古汉语基础知识的综合运用概说的学习，掌握古代汉语基础知识所包含的内容，提高阅读古书的能力；

2. 学习探求和诠释古代文献词义的方法，学习以形索义、因声求义、寻规律以求词义、明语法以求词义、由修辞以求词义、据史料以求词义、考异文以求词义、用逻辑以求词义的方法，以提高阅读能力；

3. 初步运用古汉语知识解决古文标点和今译的一些问题，能做到较为准确地标点和直译，结合实例认识古文标点和今译中常见的问题和错误，理解和掌握古文标点和今译基本原则和一般方法；

4. 把握近体诗平仄的基本格式，能正确理解粘对、拗救、对仗以及词调、词牌、词谱等基本概念，并能运用这些知识分析教材中诗词形式上的特点；

5. 了解和掌握一些常用字典、词典的使用方法。

第一节 古汉语基础知识的综合运用概说

本书前面各章介绍了文字、词汇、语法等方面的基础知识，其目的不仅在于系统地传授古汉语基础知识，更是为了让学生能在这些知识积累的基础上，上升到理性认识，掌握古代汉语的语言规律，从而培养和提高阅读古书的能力。

"语言的语法构造和基本词汇是语言的基础，是语言特点的本质"（斯大林《马克思主义和语言学问题》）。因此，学习古代汉语首先把语汇和语法作为主要的学习内容。语汇的学习和掌握与文字基础知识的学习和掌握紧密相关，因为通过对文字基础知识的学习，不仅使学生了解汉字的特点，汉字的形体演变和汉字的形体结构等等，而且还让学生学会根据汉字的形体结构来辨析词的本义。通过对词汇知识的介绍，不仅让学生了解古汉语语汇的特点、构成、古今词义的异同、词的本义和引申义等等，而且还使同学学会运用这些知识来准确地理解古文中的词语，而不至于以今律古。古代汉语和现代汉语是同一民族在不同历史时期使用的语言，是一种语言而不是两种语言，因此，它们的法则大体上是一致的。但是，由于时代的变迁和语言的发展，在古今汉语语法之间也存在着一些不同的特点。通过对语法知识的介绍，让学生了解古今汉语在词法和句法上的不同：词法方面有名词作状语和词类活用，以及常见虚词的用法；句法方面有判断句和被动句、宾语的位置和句子成分的省略。

　　本教材虽然是分章节来介绍汉字、词汇、语法等古汉语基础知识，但是在阅读文言文时，对于某个语言现象的理解，往往又不能仅仅局限于某一个方面的知识，而必须综合运用古汉语基础知识才能达到准确理解的目的。

　　古书没有标点符号，读书时要自己断句，因此，古人很重视句读训练。《礼记·学记》记载："一年视离经辨志。"所谓"离经"，就是断句；所谓"辨志"，就是辨解文句内容。我们今天要学好古代汉语，首先就要学会给古书标点，而要正确给古书标点，就必须具备古汉语基础知识。

　　检验阅读古书能力的一个重要手段就是进行文言文的翻译。要把文言文用现代汉语准确地表达出来，要求学生必须具有综合运用古汉语基础知识的能力。

　　阅读和欣赏古诗词时，掌握相应的音韵知识可以提高我们的阅读兴趣和理解能力，所以要求学生必须具有掌握古诗词的诗律、词律相关知识的能力。

　　学习古代汉语，从事古文阅读，常会遇到一些难懂的字、词、成语或典故，就需要查阅字典、辞书，要求学生必须掌握查阅字典、辞书的方法。

　　师范教育的培养目标是培养出合格的中小学语文教师。语文教育专业的学生毕业之后将从事中小学语文教学，文言文的教学是其中一个重要的组成部分。这就要求学生在今后的中小学文言文的教学中，能够综合运用古汉语基础知识去分析文言文中的各种语言现象，去解决文言文中的某些疑难问题。

　　综合所述，古代汉语基础知识的综合运用主要是帮助提高六个方面的能力，即提高理解和诠释词义、句义的能力；提高古书标点的能力；提高文言文翻译的能力；提高掌握诗律、词律的能力；提高字典、辞书查阅的能力，提高分析文言文中各种语言现象的能力。最终的目的是为了培养和提高阅读古书的能力。

思考与练习

一、古代汉语基础知识的综合运用主要帮助提高哪几个方面的能力？
二、结合学习实际谈谈自己应掌握的知识和能力。

第二节　探求和诠释古代文献词义的方法

　　人们在阅读古代文献的时候，往往会遇到某些疑难词语而给阅读造成障碍，对于正在学习的学生来说更是如此。文言文阅读的困难主要体现在字音难读、字义难解、作者的感情难体会。造成"三难"的客观原因是文言文和我们今天运用的白话文存在着语言上的差异。要解决文言文阅读困难，准确掌握句意、段意、文意，就必须掌握词意。要正确理解词意必须掌握科学的方法，这种方法除了查找工具书和利用注释之外，还可以运用一些方法来探求古代文献中的词义。这种方法，实际上主要就是运用古汉语基础知识来准确地探求和诠释词义。例如：运用文字知识来探求和诠释词义，就有了以形索义的方法；运用词汇知识来探求和诠释词义，就有了寻规律以求词义的方法；运用语法知识来探求和诠释词义，就有了明语法以求词义的方法；运用修辞知识来探求词义，就有了由修辞以求词义的方法；运用音韵知识来探求和诠释词义，就有了因声求义的方法；运用古代文化知识来探求和诠释词义，就有了据史料以求词义的方法。这些利用汉语语言学和其他一些相关的社会科学的理论、方法和成果来准确地探求和诠释古代文献词义的方法统称为训诂方法。下面分别介绍这些训诂的方法。

一、以形索义

以形索义，是通过对汉字形体结构分析来探求和诠释词的本义的训诂方法。汉字是表意文字，在造字之初，每个汉字都是按照它所代表的语言中的词义来绘形的，即所谓"据义绘形"。这一特征在小篆以前的古文字阶段尤为显著。由此可见，汉字的字形与词义之间有着密切联系，这就使通过对汉字形体结构的分析来探求和诠释古代文献的词义成为可能。也就是说，汉字"据义绘形"的特征，为"以形索义"的训诂方法提供了科学的依据。

正确运用以形索义的方法应遵循两条原则：第一，字形要能反映本义，本义要与字形契合。即要能证明造这个字时，是根据这一意义来构形的。因此要准确地把握词的本义，我们所依据的字形应是较古的文字，只有这样，才能正确确定词的本义。因为有的字在篆书和篆书以前的古文字里面是可以看出本义的，但是隶变和楷化以后就看不出来了。主要原因是隶变和楷化使汉字产生了一次大规模的字形简化和构字部件归并；在后来的字形楷化历程里，这种字形简化和构字部件归并，更进了一步。如楷书里"奉泰秦春奏"同头，"馬鳥魚爲然黑"同底。因此只有参考小篆才会明白。小篆"戒"（ ），根据小篆字形，上面是"戈"，下面像两只手（即"廾"）。两手持戈，表示戒备森严。本义是：警戒，戒备。文字在由甲骨文到金文、再到篆书的演变过程中，即使是发生了一点小小的变化，也会给分析本义带来很大的困难。例如"止"（ ）字，小篆字形像草木往上长的样子，所以《说文解字》解释说："止，下基也。象草木出有址，故以止为足。"其实"止"的本义就是足，甲骨文"止"正象足之形。汉字的演变经过一个复杂的过程，而许慎所见到的古文字资料有限，《说文解字》主要是根据小篆的形体来进行分析，所以《说文解字》中难免有本义与字形不合的情况。第二，探求本义必须参证于文献语言。即本义不仅要与字形切合，还必须是在文献语言中有过用例，并且不是孤证。之所以这样要求，是因为汉字虽然是表意文字，是据义绘形的，但是人们在以形索义时又往往容易从各自的认识角度做出不同的意义分析，只有参证文献语言，才能准确地确定词的本义。例如" （只）"。象右手捉住一只鸟之形，如果就字形来理解词义，至少有两种理解：一是从动作行为本身来看，可以理解为"捕获"；二是从动作行为的结果来看，可以理解为"鸟一只"。《说文解字》："隻，鸟一枚也。从又持隹。持一隹曰隻（只），二隹曰雙（双）。"这是从动作行为的结果这一角度来分析的。马叙伦《读金器刻词》认为"隻（只）为禽获之获本字。《说文》：'获，猎所得也。'乃此字义。字从手持鸟，会意。"这是从动作行为本身这一角度来分析的。那么谁的解释是正确的呢？考之古代文献，甲骨文中"隻（只）"作动词，是"捕获"之义。例如胡厚宣，《战后宁沪新获甲骨集》3.72："贞戊不其隻（只）羌？"又例如郭沫若《卜辞通纂》641："隻（只）鹿八，兔二，雉五。"由此可见，"隻（只）"的本义是"捕获"。

二、因声求义

因声求义，是通过对汉字声音线索的分析来探求和诠释词义的训诂方法。它主要是用来推求语源、解释联绵词和解决文字上的通假问题。

汉字是表意文字，在造字之初，每个汉字都是据义绘形的，因此人们常常通过对汉字形体结构分析来探求和诠释词的本义。但是汉字毕竟只是记录语言的符号，对语言来说，字形是外在的东西，并且是语言发展到一定阶段才产生的；同时汉字的发展有一种逐步音化的趋势，以及进一步符号化，因此使得大量的意义脱离了字形，形与义之间的联系遭到破坏，如果不以较古的文字作为分析对象，则往往容易望形生训。即使是甲骨文和金文，也有很大一部分词义是难以从字形上分析出来的。

词义与语音是同时产生的，他们相互依存，不能分离，共处于语言这个实体之中，语音是语言的物质外壳，语义是语言的精神内容，它们之间是形式与内容密不可分的关系。因此音与义的关系比形与义的关系更为密切。黄侃先生指出："三者（按：指形、音、义）之中，又以声为最先，义次之，形为最后。凡声之起，非以表情感，即以写物音，由是而义傅焉。声义具而造形以表之，然后文字萌生。昔结绳之世，无字而有声与义；书契之兴，依声义而构字形。"（黄侃《黄侃论学杂著·声韵略说》）

具体说来，音与义之间的关系主要表现在以下几个方面：

1. 造新词时的"音近义通"。语音与语义既然不能分离，是不是同样的声音必然要表示同样意义呢？这也不是的。语言形成之初，用什么声音表示什么意义，是没有必然性的，它是社会人们共同约定的。然而声音与意义一经约定俗成之后，就要求具有相对的稳定性。只有这样，语言才能发挥其交际的职能。但是随着人类社会的发展，出现了很多新鲜事物，这就要求人们为这些新产生的事物创造新词，以适应社会的需要。创造新词就必须给该新词命名，就汉语而言，人们往往是通过联想，在原有词语的基础上用相同的或相近的语音形式，来表示一组关系密切特点相似的新概念。这样就逐渐形成了音义相关的一组同源词，音与义之间就有了必然的联系，因此人们也就可以通过声音线索来探求词义。正如段玉裁在《广雅疏证序》中所说："小学有形、有音、有义，三者互相求，举一可得其二……圣人之制字，有义而后有音，有音而后有形。学者之考字，因形以得其音，因音以得其义。治经莫重于得义，得义莫重于得音。"

2. 记录词时的"音近义通"。汉字是记录汉语的符号，字与词之间并非一一对应。一个汉字记录的有时是一个词，有时是一个语素，有时既不是词也不是语素；语言中某个词，有时可以用几种形体不同的同音字来表示，例如"邂逅"作"不期而遇"讲时，有以下五种书写形式：邂逅、解媾、迦逅、解后、邂迕。遇到如此现象，我们不能受词的书写形式的束缚，而要从它所代表的语音去研究，这样才有可能得到正确的解释。

3. 使用词时的"音近义通"。语言中本已为某两个词造了字，然而人们在使用时，往往把本该写乙字的却写成了甲字。人们把这种现象叫通假，并把借用的字叫做通假字。"通假"就是"通用、借代"，即用读音相同或者相近的字代替本字。由于种种原因，书写者没有使用本字，而临时借用了音同或音近的字来替代，有人认为部分通假字就是古人所写的白字（别字）。事实上，第一个写通假字的人可以说是写了白字，但是后人纷纷效仿，也就积非成是了。通假字大量存在于古书之中，是造成中国古书难读的原因之一。正因为如此，人们便可以不受字形的束缚，而根据音同或音近的线索来探求和诠释词义，于是音与义之间就有了一定的联系：字虽然不同而声音相同或相近，其实只表示一义。这正是"字之声同声近者，经传往往假借，学者以声求义，破其假借之字而读以本字，则焕然冰释；如其假借之字而强为之解，则诘籟为病矣。"（王引之《经义述闻序》）。

综上所述，"音近义通"的上述三种表现形态，构成了音义之间相互联系的三个层面：同源词之间的"音近义通"是伴随着创造新词而产生的一种音义联系。根词与派生词之间在音义上具有内在的渊源流别关系，由此而构成了一组组音义相关的词，其意义都来源于它的词根。这便是"音近义通"的理据之一。联绵词不同书写形式之间的"音近义通"是伴随着用文字来记录词语而产生的一种音义联系。用几种形体不同的同音字来记录语言中的某一联绵词，便使得音义之间有了某种密切的联系。这便是"音近义通"的理据之二。通假字与本字之间的"音近义通"是伴随着使用词语时在书面语言中出现的文字上的同音替代而产生的一种音义联系。后来由于人们注重的是声音与意义之间的联系，而不在乎文字的形体，于是有时在书写某个汉字时故意模仿前人所写的字，即不去写本该写的字，而是写一个与该字音同或音近的字，便使得音义之间有了某种密切的联系。这便是"音近义通"的理据之三。正因为语言中存在着"音近义通"的现象，因此人们便可以"因声求义"，换句话说，语言中"音近相通"现象的存在是"因声求义"训诂方法的科学依据。

运用因声求义的方法应注意遵循两个原则：一是以古音为依据。语音是发展变化的。既然音有转移，那么我们在运用因声求义的方法时，就必须以古音（即上古音）为依据，因为绝大多数的同源词在上古时已经形成了，训诂学里说某字与某字音同或音近，也是就上古音而言的。二是以文献语言为依据。音与义的结合原本是偶然的，是社会约定俗成的，因此语言中存在大量的"音同义异"的现象，这反映了音与义之间相矛盾的一面。在音义结合之后，人们规定了某种声音为某种事物的名称，由于语言的类推作用，因而与此有关的其他一些事物也往往用此名称相同或相近的声音来表示。这样，音与义之间的关系就非常密切了，"音近义通"现象由此而产生，这反映了音与义之间相适应的一面。这两种现象都表现为"音同"，然而二者不能混为一谈。因此，我们在运用因声求义的方法时，不能牵强附会地随便抓住一个音同音近的词来解释另一个词，更不能认为"凡某声必有某义"，还必须核证于古代文献语言，以避免滥用声训而流于主观臆断。

三、寻规律以求词义

寻规律以求词义，是通过探寻古代汉语里词的内部构造、词的产生与发展和词义演变等规律来探求和诠释词义的训诂方法。通过探寻古汉语词汇的内部构造规律，我们可以避免把古文中两个单音词误认为是一个双音词；通过探寻古今词汇之间的发展变化规律，我们可以了解一些古语词的意义；通过探寻词义演变的规律，我们可以了解某个词在古代具有哪些意义，为什么会具有这些意义，可以了解同源词的孳乳情况，可以了解古今词义的差异情况。因此，寻规律以求词义的方法主要是用来解决三个问题：一是某个词具有哪些意义，从而既可以给人们判定某词的意义提供一个选择的范围，证实某词确有某种意义，又可以防止望文生义；二是为系联同源词提供意义上的理据；三是区分古今词义之间的差异情况，以避免以今律古。

运用寻规律来探求和诠释词义应遵循两条原则：一是以古训为依据，这是因为作古训的先代学者，尤其是"汉儒去古未远，经生们所说的故训往往是口口相传的，可信的程度较高"（王力《龙虫并雕斋文集》）。但是古代学者在注释古书词义时，"以意为之"的情况也是存在的，加上方法的不精密，因此，古训中亦难免有错讹之处。这是运用古训时应该和必须注意的问题。例如《屈原贾生列传》中句"以浮游尘埃之外，不获世之滋垢"中的后句在高中教材中注释为："不沾染尘世的污垢。"这种解释虽文意可通，然"获"并无"沾染"义，此属望文生义。《广雅·释诂三》："获，辱也。"王念孙《读书杂志·史记第五》对这句话是这样解释的："获者，辱也。言不为滋垢所辱也。"可见要准确解释一个词义必须以古训为依据，不能望文生义。二是注意词义的时代性，因为"古代汉语"是一个非常宽泛的概念，在古代汉语范围内，各个时代的词义是有差别的，不明乎此，则往往可能导致以后起之古义解释更早之古义。为防止这种问题的出现，我们可以通过运用寻规律以求词义的方法来使纷繁的词义形成一个脉络分明而井然有序的词义系统。例如："币"有"帛"、"财物，礼物"、"货币"等义。《说文解字》："币，帛也。"这是"币"的本义。上古外交官带的礼物一般有玉、马、皮、圭、璧、帛等六种，称为"六币"，因此"币"引申为"财物，礼物"。如《战国策·秦策五》："令库具车，厩具马，府具币。"高诱注："币，货财也。"《左传·成公二年》"及郑，使介反币。"杜预注："币，聘物。"至于"币"的"货币"义直到汉代时才产生，因此以上两个例句中的"币"字都不可以解释为"货币"。

四、明语法以求词义

明语法以求词义，是通过语法分析来探求和诠释词义或句意的训诂方法。杨树达先生说："治国学者必明训诂，通文法。近则益觉此二事相须之重要焉。盖明训诂而不通文法，其训诂之学必不精；通文法而不明训诂，则其文法之学亦必不至也。"（《高等国文法·序例》）所谓语法分析主要从以下两个方面来着手：一是词的语法功能分析，即分析词在句子中的活动能力；一个词能充当什么结构成分，能与什么性质的其他语法单位结合。二是句法结构分析，即分析词与词之间互相联系、相互作用的方式，它主要包括主谓短语、偏正短语、述宾短语、述补短语和联合短语等。因此，"明语法以求词义"可以从两个方面来看：一是通过词类分析以求词义或句意；二是通过句法结构分析以求词义或句意。例如《论语·述而》："子曰：'默而识之，学而不厌，诲人不倦，何有于我哉？'"初中语文第一册注："何有于我哉：哪一样我能有呢？这是孔子自谦的话。"这种解释盖本于朱熹《论语集注》。朱熹云："'何有于我'，言何者能有于我也。三者已非圣人之极至，而犹不敢当，则谦而又谦之辞也。"然而这种解释既不合古汉语语法，又有悖于史实。"何有"即"有何"，其中的"何"是疑问代词作前置宾语。"何有"在古代汉语里又是一种表示反问的习惯说法，其意思较灵活，可以根据上下文意而译为"有什么困难"、"有什么舍不得"、"有什么关系"等。下面仅以"何有"作"有什么困难"讲为例来加以说明：

《左传·僖公九年》："入而能民，土于何有？"杜预注："能得民，不患无土。"因此，"土于何有"就是"得到土地有什么困难呢"。

《论语·里仁》："能以礼让为国乎？何有？"何晏集解："何有者，言不难。"因此，"何有"就是"（治理国家）有什么困难呢"。

《孟子·梁惠王下》："王如好货，与百姓同之，于王何有？"朱熹集注："何有，言不难也。"因此，"于王何有"就是"对于称王天下有什么困难呢"。

至于"何有于我哉"，《论语注疏》云："此章仲尼言己不言而记识之，学古而心不厌，教诲于人不有倦息。他人无是行，于我，我独有之。故曰'何有于我哉？'"刘宝楠《论语正义》云："与上篇'为国乎何有'、'于从政何有'、'何有'，皆为不难也。"值得注意的是，王力主编的《古代汉语》（1978年版）对这句话注释为："在我这里有什么呢？这就是说，这三件事我都没有。"而在《古代汉语》（修订本）里则改注为："对我来说有什么呀？也就是说，这三件事对我来说都不难。"由此可见，"何有于我哉"就是"（这）对我有什么困难呢"。由此可见，通过句法结构分析可以准确地探求和诠释词义及句意。

运用明语法以求词义的方法来探求和诠释词义和句意应遵循两条原则：一是注意古今汉语语法的区别。因为语法作为语言中一个要素，随着时间的推移，它处在一个不断的发展变化之中，所以，在对古代文献语言作语法分析时，应该注意古代汉语语法的特殊性。二是注意古代汉语语法的时代性。我们通常所说的古代汉语语法，在时间上指的是从甲骨文开始，一直到"五四"新文化运动以前的汉语语法现象。三千多年各个时期的古代汉语语法是存在差异的，有时这种差异非常大，因此，需要注意的是在对古代汉语文献语言作语法分析时，还应该注意古代汉语语法的时代性。

五、由修辞以求词义

由修辞以求词义，是通过分析修辞方式来探求和诠释词义或句意的训诂方法。文言文的修辞很多，有许多是与现代汉语修辞方式大体相同的，例如比喻、夸张、比拟、双关、对偶等等。但是也有现代汉语不常见的修辞方式，如有互文、用典、变文、合叙、共用、错位、委婉、借代、连及、同义连用等。如果没有掌握这些修辞方式，那就会存在一些理解障碍甚至理解错误。相反掌握了这些修辞知识，就可以正确理解作者所要表达的意思。例如郦道元《水经注·三峡》："自非亭午夜分，不见曦月。"如果我们不知道这里面运用了修辞方式，那这句话理解起来就会存在障碍。其实这个句子运用了两种修辞手法：一是共用，"亭午"和"夜分"共用"自非"，"曦"和"月"共用"不见"；二是合叙，"亭午夜分"与"曦月"的组成成分应分别搭配。这样，这句话就可以理解为："自非亭午不见曦，自非夜分不见月"。再例如诸葛亮的《出师表》："若有作奸犯科及为忠善者，宜付有司论其刑赏。"这句话的前面是把"作奸犯科者"和"为忠善者"合并在一块叙述，这就是共用；与之相承搭配的后面的"刑"和"赏"合并在一块叙述，这就是合叙。在理解它时应该分开来叙述："作奸犯科者"论其"刑"，"为忠善者"论其"赏"。

运用由修辞来探求和诠释词义或句意应遵循两条原则：

一是注意区分修辞方式与一般表达方式。我们在阅读古文的时候，对于其中的某些语言材料要注意是否运用了修辞方式。如果古人运用了修辞手法而我们却把它看做一般的表达方式，或者古人只是运用一般表达方式，而我们却牵强地认为它运用了修辞方式，那就可能会导致误解古文中的词义或整个句子的句意。例如《木兰辞》中的"将军百战死，壮士十年归"，如果按照一般方式理解就会理解为："将军经过了上百次战斗死了，战士作战了十年胜利回来了。"其实这里是互文的运用，应理解为："经过多年上百次的战斗，将军和战士有的战死，有的凯旋而归。"再例如："主人下马客在船，举酒欲饮无管弦。"不能简单地从文字形式去理解，而要体察上下文义摸清意思脉络。这句诗除了下句运用"管弦"借指音乐的借代的修辞方式外，上句还用了互文的修辞方式。"主人下马客在船"意思是"主人、客人下马、上船"；"主人"和"客"作为"下马"、"上船"的主语，这才能连接下句"举酒欲饮无管弦"。如果只是"主人"（指作者）下马而不在船，就无从产生下边"举酒欲饮无管弦"的兴趣；如果只是"客在船"，却又无从交代客人是怎么上船的。

二是注意参证于史实。我们在辨别文言文中是否运用了修辞方式，或在解释运用了修辞方式的语句时，有时还得参考史实。否则，就会混淆一般表达方式与修辞方式，或者不能准确地读懂古文。例如《论语·宪问》："禹稷躬稼而有天下。"据史料记载，禹奉舜之命治理洪水，"居外十三年，过家门不敢入"（《史记·夏本纪》）。后因治水有功，被舜选为继承人。"稷"即后稷，是古代周族的始祖，"及为成人，遂好耕农，相地之宜，宜谷者稼穑焉，民皆法则之"（《史记·周本纪》）。由此可见，"躬稼"陈述的对象只能是稷，而不是"禹和稷"。这句是运用了连及的修辞方式，因此在翻译时，连带而及的"禹"不必译出，以免让人误解。如果没有参证于史实，就可能将此句当作一般表达方式来理解，而把"禹稷"都当作"躬稼"所陈述的对象。

六、据史料以求词义

据史料以求词义，是依据与古代社会生活有关的史料来探求和诠释词义的训诂方法。运用"据史料以求词义"的方法来探求和诠释词义应遵循两条原则。一是"内证"与"外证"相结合，兼及"旁证"。我们在探求和诠释某个与古代社会生活有关的词语的意义时，最好尽量从本文或本书以及作者的其他作品中去寻找史料来加以训释，这便是内证；同时可以从同一时代的其他作品，以及后代撰写的反映同一时代历史的作品中，去寻找史料来加以训释，这便是外证；也可以从较早或较晚的作品中去寻找史料来加以训释，这便是旁证。二是以发展的观点来看待史料。社会生活是发展变化的，前一时代的典章制度到了后一时代可能发生一些变化，这种现象也必然反映到语言中来。因此，我们要以发展的观点来看待某些史料，以避免"以今证古"或"以古证今"的现象。例如贾谊《论积贮疏》："岁恶不入，请卖爵子。"高中语文第三册（1984年版）注："年成坏，不能纳税，（朝廷）卖爵位（来增加收入）、（百姓）卖子女（来度过日子）。不入，指百姓纳不了税，卖爵，汉朝有公家出卖爵位以收取钱财的制度。"郭锡良主编的《古代汉语》注："请卖爵子：请求卖掉自己的爵级或儿子。秦汉时有赏赐爵级的制度，因此百姓也可以有较低的爵级。这种爵级可以转卖。"

"卖爵"的主语是"朝廷"还是"百姓"？这里有两种完全不同的解释，孰是孰非？我们可以据史料来求词义。首先，汉代百姓是可以得到爵的，其得爵的方式主要有三：一是赐给。据《汉书·惠帝纪》载：孝惠即位，"赐民爵一级。"二是用钱买。据《汉书·惠帝纪》载："民有罪得买爵三十级以免死罪。"三是"入粟受爵"。这是晁错在《论贵粟疏》中提出的主张，"于是文帝从错之言，令民入边粟，六百石爵上造，稍增至四千石为五大夫，万二千石为大庶长，各以多少级数为差"（《汉书·食货志上》）。其次，百姓得到爵级后，是可以转卖的。《史记·文帝本纪》："天下旱，蝗。帝加惠：……发仓庾以振民，民得卖爵。"《索隐》引崔浩："富人欲爵，贫人欲钱，故听买卖也。"可见《古代汉语》的注释是对的。

七、考异文以求词义

考异文以求词义，是通过比较、考究同一文献的不同版本中用字的差异，或原文与引文用字的差异，或同一材料在同时之书中用字的差异，来探求和诠释词义的训诂方法。考异文以求词义的方法主要用来解决四个问题：一是订正误字，二是辨识异体字，三是明了通假字，四是同源字的通用和同义词的替换来诠释词义。运用这种训诂方法应遵循正确分辨异文材料的原则，即要正确分辨异文材料的类别，不要把异体字、同源字、通假字、同义词等当作误字处理，也不要把通假字当作同义词、同源字处理，等等。例如《史记·廉颇蔺相如列传》："夫以秦王之威而相如廷叱之。"高中语文第一册未给其中的"以"字作注，其他有关古文选本亦未作注，似乎它与介词"以"相同而无需作注。其实，无论用介词"以"的哪一种用法来解释此处的"以"，都不妥当。其实"以"通"似"。从异文材料来看，《汉书·高帝纪上》："乡者夫人儿子皆以君。"颜师古注引如淳曰："以或作似。"《史记·高祖本纪》作"皆似君"。从古代训诂材料来看，《易经·明夷》："内难而能正其志，箕子以之。"陆德明释文："以之，郑、荀、向作'似之'。"高亨注："按'以'借为'似'。"《左传·襄公二十一年》："令尹似君矣，将有他志。"孔颖达疏引服虔云："言令尹动作以君仪，故云'以君矣'。"是服虔所见本"似"作"以"。从语音方面来看，"以"上古属之部喻纽，"似"属之部邪纽，因此"以"可通"似"，为叠韵通假。由此可见，"以秦王之威"，意思是"像秦王那样的威风"。

八、用逻辑以求词义

用逻辑以求词义，是运用逻辑推理并遵循逻辑思维规律来探求和诠释词义的训诂方法。这种训诂方法主要用来解决两个方面的问题：一是侧重于探求和诠释语言中的词义，即词的概括义；一是侧重于探求和诠释言语中的词义，即词的具体义及语境义。运用这种训诂方法应遵循充分占有文献语言材料的原则。例如《资治通鉴·赤壁之战》："何不按兵束甲，北面而事之！"高中语文第一册注："按兵束甲，放下武器，捆起铠甲，意思是停战言降。"如果仅从上下文意来看，课本的注释是说得过去的，然而当我们运用归纳推理来考察"按兵"一词的意思时，就发现"按兵"并不是"放下武器"，而是"止住军队"。"按兵"又常写作"案兵"。例如：《宋书·武帝纪上》："我案兵坚阵，勿与交锋。""按兵"又常与"不动"或"无动"、"勿出"等搭配使用，例如：《荀子·王制》："偃然案兵无动，以观夫暴国之相卒也。"《吕氏春秋·召类》："赵简子按兵而不动。"《战国策·齐策二》："故为君计者，不如按兵勿出。"由此可见，"按兵"是一个固定短语，表示"屯兵"的意思。再例如《诗经·卫风·氓》："抱布贸丝。"《毛传》："布，币也。"这个"币"是布帛呢，还是货币呢？就不易把握。有人认为是货币，也有人认为是布帛，两者必有一误。我们认为以布帛释币是正确的。孔疏就明确指出："此布币谓绵麻布帛之布"。币者布帛之名，故《鹿鸣·序》云："实币帛筐篚以将其厚意。""布"虽然也有货币的意思，但不是以布匹作货币，而是取其流行布散之意，《孔疏》引《外府》注云："布，泉也。其藏曰泉，其行曰布，取名于水泉，其流行无不遍。"《毛传》正是嫌人误解为"货币"，特注明是"币帛"之"币"。

思考与练习

一、探求和诠释古代文献词义的方法有哪些？

二、下面的词都给出了两种解释，请找出准确的一种，并说明理由。

1. 常以身翼蔽沛公，庄不得击。(《史记·项羽本纪》)
   注释①：翼蔽，近义复合词，遮蔽，掩蔽。
   注释②：翼蔽，掩护。翼，名词作状语，像鸟张开翅膀。

2. 驴不胜怒，蹄之。(柳宗元《黔之驴》)
   注释①：蹄，名词，蹄子。
   注释②：蹄，名词活用为一般动词，用蹄子踢。

3. 秦时与臣游，项伯杀人，臣活之。(《史记·项羽本纪》)
   注释①：活，动词，古今意义用法相同。
   注释②：活，动词使动用法。意思是使他活下来。

4. 信而见疑，忠而被谤。(《史记·屈原列传》)
   注释①：见，动词，看见。
   注释②：见，动词，表示被动。"见疑"可译为被怀疑。

5. 若阙地及泉，隧而相见，其谁曰不然？(《左传·隐公元年》)
   注释①：隧，名词作状语，在隧道里。
   注释②：隧，隧道。这里用作动词，挖隧道。

6. 先生之恩，生死而肉骨也。(马中锡《中山狼传》)
   注释①：肉骨，名词，肉与骨头。
   注释②：肉骨，名词动用，意思是使骨头生肉，即使死者复活。

7. 丘之小不能一亩，可以笼而有之。(柳宗元《钴鉧潭西小丘记》)
   注释①：笼，用笼子，名词作状语。
   注释②：笼，用笼子装，名词活用为一般动词。

8. 以其无礼于晋，且贰于楚也。(《左传·僖公三十年》)
   注释①：贰，数词。
   注释②：贰，数词作动词用，两属。

9. 姜氏何厌之有？(《左传·隐公元年》)
   注释①：厌，动词，意思是讨厌。
   注释②：厌，"餍"的古字，满足。

10. 天下必以王为能市马，马今至矣。(《战国策·燕策一》)
    注释①：以，介词，意思是因为。
    注释②：以，动词，意思是认为。

第三节　古文的标点

学习古代汉语，要熟悉古文标点，它是阅读古文的基本功。只有正确断句，才能真正读懂文句所要表达的句意和文意。

一、古书标点的意义

《增韵》："凡经书成文语绝处，谓之句；语未绝而点分之以便诵咏，谓之读。"所谓"成文语绝处"，是指在意义上和语气上可以自足；而"读"则主要是为便于诵读而划分的语言片段。

韩愈《师说》："彼童子之师，授之书而习其句读者也。"古代童子学习的一项重要内容便是句读，而老师给学生讲书的过程也就是传授句读古书的能力。所以《礼记·学记》说："一年视离经辨志。""离经"就是句读经典文献的能力，能够正确句读文献，也就对文献的思想大意有了正确的理解。古代谚语说"学识何如观点书"（唐·李匡义《资暇集》引稷下谚）。也是讲能否给古书加上正确的标点，体现了读书人的学识修养和水平。据《后汉书·班昭传》记载，《汉书》始出，多未能读者，马融伏于阁下，"从昭受读"。由此可知，对于没有标点的著作，即使在当时，读起来也有一定的困难，需要经过专门传授。

现在已经有许多古籍经过整理而加上了标点符号，那我们是不是可以不必培养古书标点的能力了呢？答案是否定的。因为在中国浩如烟海的古籍中有许多作品没有标点，阅读没有经过标点的古籍，这就要求我们在阅读这些古书时必须具有一定的标点能力。此外，在已经标点的古书中，由于各种各样的原因，存在诸多错误，如果我们具备了一定的标点能力，就能识别这种错误的标点，减少由错误标点造成的对古书内容的错误理解。

现代意义上的古书标点，是指根据古书的内容，用标点符号把原文的停顿、结构和语气等准确清楚地表现出来。这是一项难度很大的工作，需要经过专门的学习训练。

二、古书标点常见的错误

古书标点常见的错误主要有当断而未断、不当断而断、当断未断和不当断而断并误、标点符号使用不当。

1. 当断而未断

古书标点，是根据古书的内容，用标点符号把古书中的意思分别表现出来，所以标点非常重要。但是句子之间应该断开的地方，却没有加标点断开，把两句话标点成了一句话。例如：

李氏子蟠。年十七。好古文六艺经传。皆通习之。（韩愈《师说》）

按照上例的断句来理解，李氏子蟠的爱好的是古文和六艺经传，所通习（普遍地学习）的也是古文和六艺经传，这是不正确的。古文不像六艺经传有各科，无所谓通习；六艺经传是当时的必读书，内容庞杂，也不可能对其中各科都爱好。正确的标点应该是：

李氏子蟠，年十七，好古文，六艺经传皆通习之。

李蟠爱好的是古文，通习的是六艺经传，这样才符合韩愈的原意。断句的人由于没有读懂原文所以断错了句。

又例如：

虞舜为父弟所害，几死再三，有遇唐尧，尧禅舜立为帝。尝见害，未有非；立为帝，未有是前时未到，后则命时至也。（《论衡·祸虚篇》）

这段话中的"尧禅舜立为帝"和"未有是前时未到",都是当断而未断。前者应断作"尧禅舜,立为帝",意为尧把帝位禅让给舜,立舜为帝。后者应在"未有是"后加句号,与"未有非"相对。正确的标点应该是:

虞舜为父弟所害,几死再三,有遇唐尧,尧禅舜,立为帝。尝见害,未有非;立为帝,未有是。前时未到,后则命时至也。

2. 不当断而断

不当断而断指的就是不该加标点的地方,却加了标点,把本是一个句子却错误地分为两个句子。例如:

使尽之,而为之箪食,与肉,寘诸橐以与之。(《左传·宣公二年》)

"为之箪食与肉,寘诸橐以与之",意思是赵盾让准备一筐饭和肉,放在口袋里给灵辄。第一个"与"字是连词,如果"食"后断句,"与"便成了"给与"义的动词,和后面"以与之"的"与"重复。正确的标点应该是:

使尽之,而为之箪食与肉,寘诸橐以与之。

又例如:

秦嘉军败走,追之至胡陵。嘉还战,一日,嘉死,军降。(《史记·项羽本纪》)

"追之至胡陵"是指项梁军追击秦嘉至胡陵。"嘉还战"是在追兵已至,无法逃脱,被迫应战。在这种情势下,秦嘉与追击者交战,已无力坚持数日,所以"一日"不应与上句断开。正确的标点应该是:

秦嘉军败走,追之至胡陵。嘉还战一日,嘉死,军降。

3. 当断未断和不当断而断并误

当断未断和不当断而断并误指的是应该加标点的地方却没有加标点,不该加标点的地方却加了标点。像这种错误情况比较多。例如:

龙者鳞虫之长。王符言其形有九。似头。似驼角。似鹿眼。似兔耳。似牛项。似蛇腹。似蜃鳞。似鲤爪。似鹰掌。似虎。(李时珍《本草纲目》)

说龙"其形有九"已经不可理解,接着又说什么"似驼角"、"似鲤爪",就更加莫名其妙了。原来错就错在这个"似"字上,当断没有断和不当断而断。断句者没有弄通文义就粗心地把"九似"拆开,使"似"字属下,于是一错到底。其实只要稍加思考,就会发现问题。正确的标点应该是:

龙者,鳞虫之长。王符言其形有九似:头似驼、角似鹿、眼似兔、耳似牛、项似蛇、腹似蜃、鳞似鲤、爪似鹰,掌似虎。

又例如:

问今是何世,乃不知有汉,无论魏晋。此人一一为具言,所闻皆叹惋。(陶渊明《桃花源记》)

"所闻"的意思是"听到的情况",具体说是指渔人听到的汉及魏晋的情况。"所闻"断在下句,它就成了"皆叹息"的主语,意为:"听到的情况都叹惜",讲不通。正确的标点应该是:

问今是何世,乃不知有汉,无论魏晋。此人一一为具言所闻,皆叹惋。

4. 标点符号使用不当

古代断句使用的句读符号只是表明句子的起讫,而现代汉语所使用的标点符号,不仅表明句子的起讫，而且表明句子成分、句子与句子之间的关系以及句子所表达的各种语气。因此，断句没有错误，并不表示对文章的理解一定正确，有时断句虽然正确，但由于标点符号用得不对，也可以看出实际上并没有真正理解文章的意思，甚至会误解。例如：

兴元中，有僧曰法钦，以其道高，居径山。时人谓之径山长者。(《唐语林》)

这样标点是错误的。标点者把句与句之间的关系，或者说把句子的层次弄错了。前两句话是一个层次，说有一个僧人叫法钦。后面三句是另外一个层次，因为他的道高，所以称之为"长者"；因为他"居径山"，所以称他为"径山长者"。介词"以"是一直管到"居径山"的，"以其道高，居径山"是表原因的分句，"时人谓之径山长者"是表结果的分句，这两个分句之间不能用句号隔开。正确的标点应该是：

兴元中，有僧曰法钦，以其道高，居径山，时人谓之径山长者。

又例如：

陛下亦宜自谋，以谘诹善道，察纳雅言。深追先帝遗诏，臣不胜受恩感激。今当远离，临表涕零，不知所言。(诸葛亮《出师表》)

这句话用了三个句号，也就是把全句分成三层意思，第一层意思是劝勉后主的话，第二层和第三层意思说的都是自己的心情，但是把主语"臣"放在第二层意思的后半句，文气显然很不顺。其实"深追先帝遗诏"仍然是诸葛亮劝勉后主的话，从"臣"字以下，才是说自己的心情。全句只有两层意思，正确的标点应该是：

陛下亦宜自谋，以谘诹善道，察纳雅言，深追先帝遗诏。臣不胜受恩感激，今当远离，临表涕零，不知所言。

从以上古文标点的错误中可以看出，断句和标点的错误往往是由于对文章的理解有错误。要正确地断句和标点，除必须掌握古汉语的词汇、语法以及与古代文化相关的知识外，有时还需要一些古音韵的知识。这些都必须依靠长年累月的积累而成，这里不可能详细论述。

三、古书标点的基本原则

标点古文的基本原则主要有三项：

1. 字句必须能讲得通

文章都是由句子构成的，标点后的每一个字每一句话都应该讲得通，如果有讲不通的地方，很有可能就是标点不正确。例如：

今往仆少小所著辞赋一通。相与夫街谈巷说。必有可采。击辕之歌。有应风雅。匹夫之思。未易轻弃也。(曹植《与杨修书》)

这样标点，第一句是讲得通的。"今往仆少小所著辞赋一通"，就是现在送上我年青时候所做的辞赋一份。("一通"是六朝到隋唐时的用语，若干篇诗赋文章抄在一起，叫"一通")但第二句就讲不通了：什么叫相与夫街谈巷说呢？原来"相与"两个字是上一句的"脚"给强安到这一句的"头"上来了，"相与"的"相"是单方面的动作，不是表示相互。"与"就是给予，"相与"就是"给你。""今往仆少小所著辞赋一通相与"就是说："现在送上我年轻时所写的辞赋一份给你。"看来标点者对于"相与"的意思不清楚，所以误把它和下一句连在一起，这样就使得下一句讲不通了。正确的标点应该是：

今往仆少小所著辞赋一通相与。夫街谈巷说，必有可采；击辕之歌，有应风雅；

匹夫之思，未易轻弃也。

2. 内容必须符合情理

所谓"符合情理"，指的是不但要和客观事物的情理相一致，而且要和上下文所述的情理相一致。标点出来的句子如果不合情理，那就说明标点有错误。这种错误还比较常见，不细心观察就不容易发现。例如：

  齐师败绩。公将驰之。刿曰："未可。"下视其辙，登轼而望之，曰："可矣。"遂逐齐师。（《左传·庄公十年》）

这是《左传·曹刿论战》中的几句话，一般都是这样断句、标点的。但如果细心观察，就会发现"登轼而望之"这句话不合情理。"轼"是古代车厢前面用来扶手的横木，人如何能登在它的上面而远望呢？正确的标点应该是："登，轼而望之。"因为"登"指登上兵车，和前句的"下"（下了兵车）相对；"轼"在这里用如动词，是扶着车前横木的意思。前句"下视其辙"也应该相应的改为"下，视其辙"。正确的标点应该是：

  齐师败绩。公将驰之。刿曰："未可。"下，视其辙，登，轼而望之，曰："可矣。"遂逐齐师。

又例如：

  诸垒相次土崩，悉弃其器甲，争投水死者十余万，斩首亦如之。（司马光《资治通鉴》卷146）

按照这样标点，战败的兵士争着投水是为了寻死，这是不近情理的。兵士投水是为了逃命，淹死并不出于自愿。"投水"后面应该加逗号，意思就清楚了。这就是说兵败之后，士卒们争着投水逃命，但在水中淹死的有十余万之多。正确的标点是：

  诸垒相次土崩，悉弃其器甲，争投水，死者十余万，斩首亦如之。

3. 必须符合古代语法规则和相关时代的典章制度

标点必须符合古代汉语的语言规则和相关的典章制度，这是标点古文的基本原则，也是判断古文标点正误的最重要标准。有的古文标点，虽然句子本身讲得通，内容似乎也合情合理，但是不符合古代汉语的语言规则，也是不正确的。例如：

  项籍少时，学书不成，去学剑，又不成。（《史记·项羽本纪》）

这段话看起来似乎没有问题讲得通，但是仔细推敲就发现存在问题。"去"在古代汉语中是"离开"的意思，与现代汉语的意思恰恰相反。标点者误解了"去"的词义，所以"去"后当断不断，正确的标点应该是：

  项籍少时，学书不成，去；学剑，又不成。

又例如：

  厩焚。子退朝。曰："伤人乎？"不问马。（《论语·乡党》）

这段话的意思是：马棚失了火，孔子从朝廷回来，问："伤人了吗？"不问马。唐代陆德明在《经典释文》中说："一读至'不'字绝句。"这样，又可能有两种不同的断句：

  厩焚。子退朝。曰。伤人乎不。问马。

  厩焚。子退朝。曰。伤人乎。不。问马。

这两种断句略有不同，基本意思是一致的，都有"问马"。"不"后断句，确能表现孔子既问人，又问马，不贱畜，但古代汉语没有这样的语法。既没有在疑问语气词后加"不"字的疑问句，也没有用"不"作为单词句的句式。这种主观推求义理而不顾语言事

实的标点不可能正确。下面是有关典章制度的语例:

元光元年冬,十一月,初令郡国举孝、廉各一人,从董仲舒之言也。(《资治通鉴》卷17)

按照上面的标点,这句话的意思是命令郡国推举二人——孝、廉各一人,这是错误的。因为"孝廉"是汉朝推举官吏的一种科目,而不是两科,诏令的意思是让各郡国推举一名孝廉。由于"各"放在"一人"之前,又不了解汉代的推举制度,所以误加了顿号。正确的标点是:

元光元年冬,十一月,初令郡国举孝廉各一人,从董仲舒之言也。

四、古书标点的方法

古书标点,是根据古书内容,用标点符号把古书中的语音停顿、句子结构关系、语气和词语的性质及作用等准确地表现出来。例如:《论语·泰伯》中"民可使由之不可使知之"一语,有下面几种不同的标点。

① 民可使由之,不可使知之。
② 民可使,由之;不可使,知之。
③ 民可,使由之;不可,使知之。

同一段话,由于语音停顿的位置不同,句子结构关系就发生变化因而所表达的意思也不一样。又例如对《孟子·滕文公上》中"舜何人也予何人也"一语,就有两种不同的标点:

④ 舜,何人也?予,何人也?
⑤ 舜何?人也。予何?人也。

同一段话,由于停顿的位置不同,句子所表达的意义也发生变化。因此,标点正确与否,直接关系到对古文原意的正确理解。要正确理解原句就必须正确标点,下面介绍古书标点的一些方法。

(一)反复钻研,弄通文意

通常是先了解句意,在掌握句意的基础上了解段意,只有掌握了段意才能掌握文意。但是古文标点可以逆向进行,这逆向的方式是:

1. 通读全文,了解大意。要根据自己的理解水平通读一至三遍,初通大意。
2. 抓住关键,把握中心。一篇文章总要围绕一个中心来写,说理文的中心往往集中在一二句非常精辟的言语中。抓住关键就能把握中心从而理解文章的基本内容。
3. 理清脉络,点断句子。一般来说,叙事性散文的脉络比较容易弄清,而说理散文则需注意层次的把握。
4. 点断句子后,再行通读,要求字句必须讲得通,内容必须符合情理,标点出来的东西,还要符合古代的语法和音韵,仔细体会作者表达的感情、语气,正确标点。

(二)利用古汉语词汇、词序和句式的特点

1. 从词汇方面来看,要辨词义明词性。古汉语单音词比较多,一词多义的现象很普遍,古今词义的差别比较大,同时词类活用的情况也相当多。如果对某个词的词性判断失误,就会导致标点失误。例如:

于是楚军夜击阬秦卒二十余万人新安城南。行,略定秦地。函谷关有兵守关,不

古代汉语

得入。(《史记·项羽本纪》)

这段话看起来讲得通,但是仔细推敲就发现问题。问题是把"行"字单独断开,原因是把"行"当作动词"行军"来处理,"行,略定秦地"意思是:行军,夺取平定了秦国本土。但是,这与下句"函谷关有兵守关,不得入"相矛盾。函谷关都没有夺取,谈何平定了秦国本土?其实这里的"行"不是做动词用,而是做时间副词用,意思是"将要",它应与"略定秦地"连缀成文。正确的标点应是:"行略定秦地。函谷关有兵守关,不得入。"前面是对词性的误判,下面是对词义的误判。

子路问事,君子曰:"勿欺也,而犯之。"(《论语·宪问》)

这个句子,如果没有掌握一些基本词汇就读不明白。不明白的原因就是"事"和"犯"的理解,如果不查清这两个词的各种意思,并且在句子中仔细斟酌,自以为和现代汉语常用的词义一样,"事"就是事情、事物,"犯"就是侵犯、冒犯或者犯罪、犯法,那就不知把文章猜到那里去了。这个句子很容易断成:"子路问事",好像是子路问别人某一件事;"君子曰",一位君子告诉子路;"勿欺也而犯之",不要欺辱,去打他吧!这种想当然的、似是而非的断句和释义,在初学文言文的人中是常见的。原意是"子路问事君","事"是动词,侍候、对待的意思。子路问自己的老师,应该怎样对待国君,孔子告诉他,不应该欺骗国君,应该"犯颜直谏",就是直言不讳地指出国君的错误,宁可使国君不高兴。正确的标点应是:

子路问事君。子曰:"勿欺也,而犯之。"

2. 从词序方面来看,要明语序抓主干。古代汉语与现代汉语的语序大致相同,主语是陈述的对象,所以在前;谓语是陈述主语,所以在后;宾语是谓语支配的对象,所以在谓语之后。修饰成分是:定语在前,中心词在后;状语在前,谓语在后;谓语在前,补语在后。但是古代汉语有宾语在前,谓语在后;谓语在前,补语在后;中心语在前,定语在后。因此我们在标点古书的时候,要先抓住句子的主干成分。因为在一个句子里,谓语是句子的核心成分,而谓语大多数是由动词充当的。所以要抓住句子的主干,就必须先找到作谓语的动词,然后找出主语,再后找宾语。抓住了句子的主干成分,就可以正确地给古文标点了。例如:

十年春齐师伐我公将战曹刿请见《左传·庄公十年》

此例中"十年春"是表示时间的,位于句首时可以点断。"伐"是谓语动词,由"伐"而上找主语"齐师",再下查宾语"我",即"齐师伐我",句子的主干出来了,即可点断。"公将战"、"曹刿请见"等亦可由此法点断。这段话这样标点:

十年春,齐师伐我。公将战。曹刿请见。

一般句子容易识别,如果出现的句子是主谓倒装、宾语前置或介词结构后置做补语,就要特别注意。其实方法是一样的,先找出谓语,再来确定其他成分。例如:

子曰:"甚矣,吾衰也久矣!吾不复梦见周公!"(《论语·述而》)

此例中"甚矣,吾衰也久矣"中的"甚矣"表示程度深,是"很厉害"的意思;"吾衰也久矣",意思是"我衰老很久了"。那么"甚矣"和"吾衰也久矣"作为一个句子究竟表达怎样的意思呢?其实,这段话是由两个主谓倒装句构成的,即"甚矣,吾衰也!久矣,吾不复梦见周公!"由此可见,例子也是因不明古汉语特殊语序而误将"久矣"属上句。

278

3. 从句式方面来看，要辨句意明情理。标点后的句子要能读得通，表意要明确，否则说明标点有错误。许多标点往往出现这种情形：单独看，某个句子语言通顺流畅，表意明确自然，但是联系上下文看，这个句子所表达的内容并不符合情理，不切合作者的原意，因而说明标点有错误。例如：

綦毋张丧车，从韩厥曰："请寓乘，从左右。"皆肘之，使立于后。（《左传·成公二年》）

此例把"请寓乘，从左右"看做綦毋张对韩厥说的话。孤立地看，此话是通顺的，表达的意思也是明确的。但是结合上下文来看就讲不通了，一是下文的"皆"没有着落，二是句中的"左右"并非虚指，而是实指，綦毋张请求站在左边、右边，讲不通。本例正确的标点应该是：

綦毋张丧车，从韩厥曰："请寓乘。"从左右，皆肘之，使立于后。

又例如：

与父老约，法三章耳：杀人者死，伤人及盗抵罪。余悉除去秦法。《汉书·高祖本纪》

此例过去旧的标点作："与父老约法三章耳。杀人者死，伤人及盗抵罪。余悉除去秦法。"前者只取秦法中三条与父老相约遵用。其余秦法全部取消。若依旧读则是刘邦新制定三章约定，因而与下文"余悉除去"不相应。足见错误的句读会使人错误理解历史事实。

（三）利用文言虚词帮助断句标点

古人用词造句习惯于用虚词表示停顿或语气，有些虚词实际上起着某种标点的作用，因此，我们要善于抓住这些视觉所见的"外部标志"。

1. "夫、惟（唯）、盖、故、是故、今夫、若夫、且夫、然则、大抵"常常置于句首，一般情况下我们可以在它们前面将句子点断。

① 夫祸患常积于忽微，而智勇多困于所溺。（欧阳修《新五代史·伶官传·序》）
② 事急矣，惟先生速图。（马中锡《中山狼传》）
③ 盖其又深，则其至者又加少矣。（王安石《游褒禅山记》）
④ 彼竭我盈，故克之。（《左传·庄公十年》）
⑤ 是故无贵无贱，无长无少，道之所存，师之所存也。（韩愈《师说》）
⑥ 今夫弈之为数，小数也。（《孟子·告子上》）
⑦ 若夫霪雨霏霏，连月不开……（范仲淹《岳阳楼记》）
⑧ 且夫我尝闻少仲尼之闻而轻伯夷之义者，始吾弗信。（《庄子·秋水》）
⑨ 然则何时而乐耶。（范仲淹《岳阳楼记》）
⑩ 《诗》三百篇，大抵圣贤发愤之所为作也。（《史记·太史公自序》）

2. "也、耳、焉、矣、尔、乎、哉、耶（邪）、欤（与）、而已"等多置于句尾，所以我们可以在这些句尾语气词后面点断句子，并且可以参考它们表达的语气正确使用标点。

⑪ 君子生非异也，善假于物也。（《荀子·劝学》）
⑫ 此亡秦之续耳。（《史记·项羽本纪》）
⑬ 积土成山，风雨兴焉；积水成渊，蛟龙生焉；积善成德，而神明自得，圣心

279

备焉。(《荀子·劝学》)
⑭ 且君尝为晋君赐矣。(《左传·僖公三十年》)
⑮ 翁曰:"无他,但手熟尔。"(欧阳修《卖油翁》)
⑯ 君将哀而生之乎?(柳宗元《捕蛇者说》)
⑰ 而此独以钟名,何哉?(苏轼《石钟山记》)
⑱ 六国互丧,率赂秦耶?(苏洵《六国论》)
⑲ 子非三闾大夫欤?(《史记·屈原贾生列传》)
⑳ 我知种树而已。(柳宗元《种树郭橐驼传》)

语气词连用时也是置于句尾。例如"乎哉、也哉、矣哉、也乎哉、也与哉、已焉哉;矣夫、也夫、已夫、已矣夫;矣乎、也乎、已乎、而已乎、焉耳乎;已矣、耳矣、而已矣、也已矣、焉耳矣"等等。例如:

㉑ 若寡人者,可以保民乎哉?(《孟子·梁惠王上》)
㉒ 余尝读商君开塞耕战书,与其人行事相类,卒受恶名于秦,有以也夫!(《史记·商君列传》)
㉓ 子曰:"凤鸟不至,河不出图,洛不出书,吾已矣夫!"(《论语·子罕》)
㉔ 寡人之于国也,尽心焉耳矣。(《孟子·梁惠王上》)
㉕ 子夏曰:"日知其所亡,月无忘其所能,可谓好学也已矣。"(《论语·子张》)

3. 古书复句中常常使用关联词语,有的单个使用,有的成对的使用。如果我们熟悉关联词语的用法,就容易弄清分句之间的关系,做到正确标点。例如"奈……何"、"如……何"、"若……何"等,是表示询问的固定结构;"何……之有"、"何有于……"、"何以……为"、"不亦……乎"等,是表示反问的固定结构;"与其……不若(孰若)……"、"与其……无(毋)宁……"等,是表示选择的固定结构;"无乃……乎"、"得无……乎"等,是表示推测语气的规定结构;"唯(惟)……为……",是表示强调的固定结构;"诚(苟、若)……则……",是表示假设的固定结构,等等。在标点时,我们可以在它们后面点断。例如:

㉖ 以君之力,曾不能损魁父之丘,如太行王屋何?(《列子·汤问》)
㉗ 览物之情,得无异乎?(范仲淹《岳阳楼记》)
㉘ 师劳力竭,远主备之,无乃不可乎?(《左传·僖公三十年》)
㉙ 姜氏何厌之有?(《左传·隐公元年》
㉚ 天生万物,唯人为贵。(《列子·天瑞》)
㉛ 与其杀是僮,孰若卖之?与其卖而分,孰若吾得专焉?(柳宗元《童区寄传》)
㉜ 王若隐其无罪而就死地,则牛羊何择焉?(《孟子·梁惠王上》)

(四) 借助表动词"问、云、曰"断句标点

古汉语中,"问、云、曰"是表示对话关系的动词,在一般情况下,都要在它们的后面点断。但如果不表示对话关系,而只是一种客观的表述,就不能点断。标点的时候,要将记言部分与记事部分或作者的议论部分准确地分开,以防引文上溢,下衍,中断,不足。标点记言部分要注意弄清人物之间的关系,同时要善于识别人名。

① 曾子有疾,孟敬子问之。(《论语·泰伯》)
② 此中人语云:"不足为外人道也。"(陶渊明《桃花源记》)

③ 子曰："岁寒，然后知松柏之后彫也。"(《论语·子罕》)

（五）借用修辞方式和押韵断句

古人写文章十分注意炼字炼句，句式讲究整齐，音韵讲究和谐，因此文章中喜欢用对偶、对比、排比等修辞方式，有时还用韵。特别是辞赋类更是如此。我们可以依据这些修辞方式和押韵而将句子点断。例如：

① 故方其盛也，举天下之豪杰，莫能与之争；及其衰也，数十伶人困之，而身死国灭，为天下笑。夫祸患常积于忽微，而智勇多困于所溺，岂独伶人也哉？（欧阳修《新五代史·伶官传·序》）

② 夫功者难成而易败，时者难得而易失也；时乎，时不再来。愿足下详察之。（《史记·淮阴侯列传》）

例①断句正确。从语意上看，作者把其"盛"与其"衰"进行了对比，然后得出"夫祸患常积于忽微，而智勇多困于所溺"的结论。例②句断句错误。"时乎时"本为一句而不应点破，因为"时"和"来"在上古同属之部，可以押韵，"时乎时"和"不再来"这两句实际上是押韵的句子。正确的标点是：

夫功者难成而易败，时者难得而易失也；时乎时，不再来。愿足下详察之。

（六）要利用参考旧注断句

阅读古书，无论识字，解词，句读或分析篇章都要善于利用旧注。一般来说，注文都具有较强的针对性，这是任何字典辞书所不能及的。所以一个善于读书的人，总是首先充分利用旧注，然后才是其他工具书。古书的注文大都采用双行夹注的办法。因此凡是夹注的地方，一般都是语意告一段落的地方，也就是一句或一段的标志。在注文里面，还要对正文作出解释或加以串讲，这更是我们据以断句的最好依据。

总之，正确的断句标点，这是提高古汉语阅读能力的重要基本功。它要求我们具有广泛的知识，除了重视文字、词汇、语法的学习外，还要具备文史哲等多方面的学问，也要注意识别书中的人名、地名、官名、书名、篇名等专有名词。此外，就是多读、多查、多练习，不要硬断，谨防读破。只要我们勤学苦练持之以恒，就能比较顺利地断句标点了。

五、古书标点应注意的问题

古书标点要注意的问题主要有：

1. 反复阅读原文，在准确把握文意的基础上再斟酌标点

正确的标点才能显示正确的文意，才能显示出标点者对文章的理解。古文的正确的标点是对文章的正确理解。反之，如果不能正确地把握古文的文意，就不可能正确地标点古文，也不可能辨别古文标点的正误。例如：

徐羡之起自布衣……沈密寡言，不以忧喜见色；颇工弈棋、观戏，常若未解，当世倍以此推之。（《资治通鉴》119卷）

这段标点，问题在"颇工弈棋、观戏"一句。"颇工弈棋"容易理解，"颇工观戏"就很难理解。"观戏"指观看别人下棋，看别人下棋无所谓工拙。既言"颇工"，又言"常若未解"，前后矛盾，而且"当世倍以此推之"的"此"指代不明，表达不清晰。实际上"观戏"与"常若未解"是一句话，说明徐羡之"沈密寡言，不以忧喜见色"，因此当世才"倍以此推之"。正确的标点是：

徐羡之起自布衣……沈密寡言，不以忧喜见色；颇工弈棋，观戏常若未解，当世倍以此推之。

2. 准确理解实词与虚词的意义，弄清句子间的逻辑关系

在标点前，须准确理解每一个实词和虚词的意义，弄清句子间的逻辑关系，不然标点仍会出现错误。例如：

子厚前时少年。勇于为人。不自贵重。顾藉谓功业可立就。（韩愈《柳子厚墓志铭》）

"顾藉"义近"顾惜"、"爱惜"，韩愈这几句话是含蓄地指责柳宗元，说他年轻时参加了王叔文集团的政治改革。王叔文集团的政治改革后来失败了，这个集团的骨干成员（包括柳宗元在内）或者被杀，或者被贬。柳宗元后来就被贬了。韩愈认为柳宗元这样做是不爱惜自己的名誉。标点者没有弄清"顾藉"的词义，把它连到下一句了，所以使下一句无法讲得通。正确的标点应该是：

子厚前时少年，勇于为人，不自贵重顾藉，谓功业可立就。

古书标点是学习古代汉语的重要环节，不是短时间内可以掌握的，必须要不断地去阅读和训练，但是只要我们按照标点古书的基本要求坚持不懈地努力，就可以不断提高自己标点古书的水平。

思考与练习

一、回答下列问题。

1. 什么是句读？古书句读和古文标点有什么区别？
2. 标点古书常见的错误有哪些？古书标点的基本原则是什么？
3. 古书标点的方法有哪些？古书标点要注意哪些问题？

二、将下面各段短文加上标点符号。

1. 一年之计莫如树谷十年之计莫如树木终身之计莫如树人一树一获者谷也一树十获者木也一树百获者人也（《管子·权修》）

2. 孔子曰君子有三戒少之时血气未定戒之在色及其壮也血气方刚戒之在斗及其老也血气既衰戒之在得（《论语·季氏》）

3. 太史公曰传曰其身正不令而行其身不正虽令不从其李将军之谓也余睹李将军悛悛如鄙人口不能道辞及死之日天下知与不知皆为尽哀彼其忠实心诚信于士大夫也谚曰桃李不言下自成蹊此言虽小可以喻大也（《史记·李将军列传》）

第四节　古文今译

古文今译是把古文用现代汉语准确而通顺地表述出来，使它成为我们今天的白话文。古文今译是学习古代汉语的又一个重要环节，是提高阅读古书能力的一项综合训练。学习古文今译，主要是了解古文今译的基本要求，古文今译的类型与方法。

一、古文今译的基本要求

我国近代翻译家严复在翻译赫胥黎的《天演论》时所作的《译例言》中说:"译事三难:信、达、雅。求其信已大难矣,顾信矣不达,虽译犹不译也,则达尚焉。"这就是说,翻译的三大难事是要信实,要通顺,要文雅。翻译外文是这样,翻译古文也是如此。所谓"信",就是要求译文表达再现原文的内容要真实、准确,要忠实于原文。这是对文言文今译最基本的要求。所谓"达",就是要求翻译过来的字句要通顺、明了、自然,即读着顺口,理解起来容易。所谓"雅",指译文语言的艺术性,即要求锤炼译文的语言,以再现原作的语言风格,保持原作的语言特色,使译文的语言鲜明生动,维妙维肖,在表达上达到尽善尽美的境地。可见"信"、"达"、"雅"属于不同的层次,其中"信"与"达"是今译的基本要求,而"雅"是更高层次要求,是译文追求的目标。

1. 信——信实,准确地表达原文的含意

"信"就是信实,要求译文要忠实于原文,准确地反映原文的旨意。要准确地表达原文,就要准确理解原文中实词的意义、虚词的作用以及古汉语中特有的语法、修辞现象。例如:

① 原文:姜氏何厌之有?(《左传·隐公元年》)
译文:姜氏有什么讨厌的?

"厌"在上古汉语中是"满足"的意思,引申为"讨厌",今成语"贪得无厌",还保留了古义,由于译者不了解"厌"的古义而误译。

又例如:

② 原文:大王失职入汉中,秦民无不恨者。(《史记·淮阴侯列传》)
译文:大王失掉了应有的封爵,而被安排到汉中作汉王,秦国的百姓没有不怨恨大王的。

"恨"在古代汉语中虽然也有"怨恨"义,但常作"遗憾"义。在《史记》中,"怨恨"义用"怨",而"恨"则表示"遗憾",区别十分明显。因此,"秦民无不恨者"应翻译为"秦地的百姓没有不感到遗憾的"。

如果不能正确地理解词义,就会造成翻译的错误,上面就是最好的例证。除了正确地理解词义之外,还必须准确地理解古代汉语的语法规则,如果语法规则理解错误,那么翻译也会出现错误。例如:

③ 原文:少时,一狼径去,其一犬坐于前。(《聊斋志异·狼》)
译文:过了一会儿,一只狼径直走开了,其中一只狗坐在屠夫的前面。

这里的翻译是典型的错误,错误原因在于语法规则理解的错误。"犬"在此句中是名词做状语,译者没有弄清语法关系,把"犬"字当主语。正确的译文是"其中的一只狼像狗一样蹲坐在屠夫的前面"。

又例如:

④ 原文:子曰:"以吾一日长乎尔,毋吾以也。居则曰:'不吾知也!'如或知尔,则何以哉?"(《论语·先进》)
译文:孔子说:"不要因为我年纪比你们大一点,我就不敢讲了。(你们)平时常说:'没有人我了解呀!'假如有人了解你们,那么(你们)打算怎

做呢?"

这是孔子亲切地问他学生的话。由于没有理解古汉语宾语前置的语法规则,所以翻译错误。"毋吾以也"应翻译为"不回答我","不吾知也"应翻译为"没有人了解我呀"。

2. 达——通顺流畅,符合现代汉语的语言规范

"达"指译文通顺流畅,符合现代汉语语法规范。也就是说要求翻译过来的字句要通顺、明了,自然,即读着顺口,理解起来容易。但是由于语言的发展变化,古今汉语的表达方式有很多差异。如果译文不符合现代汉语的语言规范,也会影响对原文的理解。例如:

⑤ 原文:永州之野产异蛇,黑质而白章。触草木,尽死。(柳宗元《捕蛇者说》)

译文(1):永州的野外生长奇异蛇,黑色的底而白色的纹。异蛇触草木,草木全尽死。

译文(2):永州的郊野生长一种怪蛇,黑色的皮上带有白色斑纹。它碰到草和树木,草和树木都会死去。

译文(1)与译文(2)在意思上没有什么太大差异,但是译文(1)不通顺,不符合现代汉语的语言规范。

又例如:

⑥ 原文:桓公问治民于管子。(《管子·小问》)

译文(1):齐桓公询问治理百姓的办法向管仲。

译文(2):齐桓公向管仲询问治理百姓的办法。

译文(1)与译文(2)都能准确地翻译句子,但是译文(1)不如译文(2)那样通顺流畅。古代汉语中的人事补语对译时一般要移前作状语,应像译文(2)这样对译。

又例如:

⑦ 原文:孔子登东山而小鲁。(《孟子·尽心上》)

译文(1):孔子登上东山而小了鲁国。

译文(2):孔子登上东山而觉得鲁国变小了。

译文(1)将"小鲁"译为"小了鲁国",没有准确表达原文意思,这是由于不了解"小"是形容词意动用法而造成的误译。译文(2)通顺畅达,符合原意。

又例如:

⑧ 原文:一旦山陵崩,长安君何以自托于赵?(《战国策·赵策四》)

译文:一旦山陵崩塌了,长安君靠什么在赵国安身?

"山陵崩"是对赵太后死的委婉说法,这种说法在现代汉语中已经消失,因此不能按照字面来对译,应该用"过世"、"百年之后"等委婉词语来对译。

3. 雅——典雅优美,表现原文的风格和神韵

"雅"是对译文较高层次的要求。它要求译文在信实通顺的基础上能表达得生动、优美、再现原作的风格神韵。例如:

⑨ 原文:前者呼,后者应。(欧阳修《醉翁亭记》)

译文(1):前面的人呼喊,后面的人答应。

译文(2):走在前面的召呼着,走在后面的答应着。

译文(3):前面的人呼唤,后面的人应和。

这三种译文内容上没有什么不妥，也都通顺，但有优劣之分。欧阳修这两句是描写滁人游山情景的。译文（1）显得匆忙窘迫，粗声粗气，不像描写游山，与原文风格相距较远；译文（2）则好像描写赶路，语言风格也与原作不类。相对而言，译文（3）比较合乎"雅"的要求。

再例如：

⑩ 原文：沙鸥翔集，锦鳞游泳。（范仲淹《岳阳楼记》）

译文（1）：沙鸥飞散开来又停歇拢来，鳞片闪光的大鱼游来游去。

译文（2）：沙鸥在湖面上飞翔或聚止，鱼儿在水里自由游荡。

译文（3）：自在的沙鸥飞翔群集，美丽的鱼儿游来游去。

上述三个译文都符合"信"、"达"的要求。但译文（1）和译文（2）对原句是对偶句这一语言特色考虑不足。译文（3）以对偶句来翻译，情调风格与原作相近，因此比较合乎"雅"的要求。

译文的"雅"是建立在"信"、"达"的基础上的，不能脱离原文的思想内容和语言特色去追求外加的所谓"雅"。那种不顾原文而随意发挥，甚至凭空增添修饰成分，借以使译文生动优美的做法，是错误的。例如：

⑪ 原文：愬亲行视士卒，伤病者存恤之，不事威严。（司马光《资治通鉴》）

译文（1）：李愬在军中，时常下去了解战士的情况，看见病号和受伤的人，总是亲切慰问，端汤捧药，一点架子也没有。

译文（2）：李愬亲自下去视察士卒，对伤病员亲切慰问，不要威风。

译文（1）看上去细致生动，但有许多词语是凭想象硬加上去的，如"时常"、"总是"、"端汤捧药"、"一点"等等。这样做连"信"的要求都没有达到，更谈不上"雅"了。译文（2）把原文朴实无华的语言风格自然地表现了出来。

译文油滑俗气与不恰当地使用生僻方言词语，是最伤"雅"的，应注意避免。例如：

⑫ 原文：彼与彼年相若也，道相似也。（韩愈《师说》）

译文（1）：他跟他年龄差不多，学问也是半斤八两。

译文（2）：某人和某人年龄相近，学问也相仿。

译文（1）将"相似"译为"半斤八两"，与原作端庄严肃的特色相背离，给人一种油滑俗气的感觉，相比之下，译文（2）显得"雅"。

二、古文今译的方法

做好古文翻译，重要的问题是准确地理解古文，这是翻译的基础。但翻译方法也很重要。这里主要谈谈翻译方法方面的问题。

（一）基本方法

文言文翻译的基本方法有直译和意译两种。

1. 关于直译

所谓直译，是指用现代汉语的词对原文进行逐字逐句地对应翻译，做到实词、虚词尽可能文意相对。直译的好处是字字落实。例如：

⑬ 原文：樊迟请学稼。子曰："吾不如老农。"请学为圃。子曰："吾不如老圃。"（《论语·子路》）

译文：樊迟请求学种庄稼。孔子道："我不如老农民。"又请求学种菜蔬。孔子道："我不如老菜农。"（杨伯峻《论语译注》）

又例如：

⑭原文：齐宣王问曰："汤放桀，武王伐纣，有诸？"（《孟子·梁惠王下》）

译文：齐宣王问道："商汤流放夏桀，武王讨伐殷纣，真有这回事吗？（杨伯峻《孟子译注》）

上面两段译文紧扣原文，字词落实，句法结构基本上与原文对等，属于直译。

但对直译又不能作简单化理解。由于古今汉语在文字、词汇、语法等方面的差异，今译时对原文作一些适当的调整，是必要的，并不破坏直译。例如：

⑮原文：逐之，三周华不注。（《左传·成公二年》）

译文：〔晋军〕追赶齐军，围着华不注山绕了三圈。

译文在"追赶"前补上了省略的主语"晋军"，把"三"由原句作状语调整为补语，这样增补调整才符合现代汉语的表达习惯。如果拘泥于原文，译成"追赶他们，三圈围绕华不注山"，这种不符合现代汉语表达习惯的翻译只能称之为硬译或死译。

2. 关于意译

意译是指在透彻理解原文内容的基础上，为体现原作神韵风貌而进行整体翻译的今译方法。意译有一定的灵活性，文字可增可减，词语的位置可以变化，句式也可以变化。意译的好处是文意连贯，译文符合现代语言的表达习惯，比较通顺、流畅、好懂。例如：

⑯原文：凌余阵兮躐余行，左骖殪兮右刃伤。霾两轮兮絷四马，援玉枹兮击鸣鼓。天时坠兮威灵怒，严杀尽兮弃原野。（《楚辞·九歌·国殇》）

译文：阵势冲破乱了行，车上四马，一死一受伤。埋了两车轮，不解马头韁，擂得战鼓咚咚响。天昏地黑，鬼哭神号，片甲不留，死在疆场上。（郭沫若《屈原赋今译》）

由上段译文可见，意译不强求字、词、句的对等，而着重从整体上表达原作的内容，力求体现原作的风采神韵，译法比直译灵活自由。

对意译也要防止一种错误理解。有人认为，意译既然不拘于原文字句，而以传达神韵为主，那么译时就可以随意增删，任意发挥。这样的"意译"，只能称之为乱译。意译是一种要求很高的今译方法，只有透彻理解原作的思想内容，真正领悟原作的语言特色，才有可能进行象样的意译。初作今译练习，一般应直译，切不可借口意译而任意乱译。

3. 直译与意译的优与劣

直译忠实于原文的语言，古今词语基本对应，可以帮助读者对应理解原文的语言结构，能有效保留原文的语言风格。但往往显得语句拘谨，有时会表达不清。

意译不拘泥原文字句，对原作的思想情感可细致挖掘，便于读者理解原作的思想内容。但不利于读者理解原文的字句，有时会丧失原文的语言风格。

为了克服直译和意译的不足和发扬直译和意译的优点，翻译的基本方法应该以"直译为主，意译为辅"。在古文翻译中，从词语到句子结构，能直接对译的就直接翻译，只有在直译表达不了原文意旨的情况下，才在相关部分辅之以意译。

（二）具体方法

直译和意译是对译文的总体分类，在今译时还应运用具体的翻译方法。具体方法大体包括对译、移位、增补、删除、保留等项。

1. 对译。对译是按原文词序和句法结构，逐字逐句地进行翻译。这是古文今译最基本的方法。古今汉语词序一致，句法结构相同的句子，今译时不改变原句词序的句法，只要对原句中的字词，从现代汉语中选择最恰当的有对应意义的词语来翻译就可以了。

例如：

⑰ 原文：十年春，齐师伐我。公将战，曹刿请见。(《左传·庄公十年》)

译文：〔鲁庄公〕十年的春天，齐国军队攻打我国。庄公将要应战，曹刿请求接见。

⑱ 原文：吾不能早用子，今急而求子，是寡人之过也。(《左传·僖公三十年》)

译文：我不能早任用您，现在〔国家〕危急才来求您，这是我的过错。

上面两段译文，除〔 〕内是必要的增补外，字词，古今是一对一的关系；词序、句法结构，古今相同。这种翻译方法就是对译。

对译的好处是逐字逐句落实，便于准确地表达原文内容。由于古今汉语相同之处颇多，所以对译也就成了古文今译的一项基本方法。凡是能够对译的地方，应尽量对译。对译有困难或对译后意思表达不清楚的，才可作适当调整。

2. 移位。移位是指古代汉语某些特殊词序与表达方式，今译时按现代汉语表达习惯移动词语位置。例如：

⑲ 原文：彼且奚适也？(《庄子·逍遥游》)

译文：他将要去哪里呢？

⑳ 原文：楚国方城以为城，汉水以为池。(《左传·僖公四年》)

译文：楚国把方城山作为城墙，把汉水作为护城河。

㉑ 原文：命子封帅车二百乘以伐京。(《左传·隐公元年》)

译文：命令子封率领二百辆战车来讨伐京邑。

㉒ 原文：晋侯饮赵盾酒。(《左传·宣公二年》)

译文：晋侯使赵盾饮酒。

㉓ 原文：邴夏御齐侯。(《左传·成公二年》)

译文：邴夏给齐侯驾车。

例⑲的"奚"是疑问代词作宾语，置于动词"适"的前面，今译时应按现代汉语词序置于动词后面。"奚适"应译为"去哪里"或"往哪里去"。例⑳的"方城"、"汉水"是介词"以"的前置宾语，今译时要移至介词后面。例㉑的"二百乘"是"车"的后置定语，今译时要移至"战车"的前面。例㉒中"饮"与"赵盾"之间是古汉语特有的动宾关系，今译时，词序应调整为"使赵盾饮"。例㉓"御齐侯"也是一种特殊的动宾关系，宾语不是行为的目的物，而是动词为宾语而动，今译时词序应调整为"给齐侯驾车"。

3. 增补。增补是指古代汉语省略或表达过于简古的地方，今译时作必要的增添补充。古代汉语省略主语和宾语比较常见，也有省略其他句子成分的情况，而现代汉语往往不能省略，因此译文应按照现代汉语的表达习惯将该补足的省略成分增补出来，使句子结构完整。有时候，古文中并没有省略句子成分，然而在翻译时我们还必须增补某些词语才能使译文通畅。所增补的词语可以用括号来表示。例如：

㉔ 原文：及庄公即位，为之请制。公曰："制，岩邑也，虢叔死焉。佗邑唯命。"（《左传·隐公元年》）

译文：等到庄公登上君位，〔姜氏〕替共叔段请求制这个地方。庄公说："制是险要的城邑，〔从前〕虢叔死在那里，〔不适合给他〕。别的城邑一定听从〔您的〕吩咐。"

㉕ 原文：一鼓作气，再而衰，三而竭。（《左传·庄公十年》）

译文：第一次击鼓振作士气，第二次〔击鼓〕〔士气〕已经衰落，第三次〔击鼓〕〔士气〕便泄尽了。

例㉔的译文，补出"姜氏"以明确"为之请制"的主语；增添"从前"和"不适合给他"两处，是为了揭示原文中隐含的意义；增补"您的"以限定听从谁的"吩咐"，使语意表达更清楚。例㉕于"再"、"三"之前承前省略了谓语动词"鼓"，在"衰"、"竭"前面省略了主语"气"。翻译时分别补出"击鼓"和"士气"，这样才能使语意显豁。

增补宜慎重，只有不增补原意无法表达清楚的地方，才可增补。如随意乱补，就会使译文累赘，失去准确性。

4. 删减。与"增补"相反，删减是指原文中个别词语可以删掉不译。古代汉语中某些表达方式和某些虚词，现代汉语中已不再使用，也没有类似的句法结构和相应的虚词，遇到这种情况，只要译文已把原文的意思表达清楚了，个别词语可以删除不译。另外，在古代汉语中使用了"同义连用"和"连及"的修辞方式时，译文可以选择其中的一个词语进行翻译而删除另外的词语不译。例如：

㉖ 原文：尔来二十有一年矣。（诸葛亮《出师表》）

译文：从那时以来已经二十一年了。

㉗ 原文：狼度简子之去远。（马中锡《中山狼传》）

译文：狼估计赵简子已经离远了。

㉘ 原文：陈胜者，阳城人也（《史记·陈涉世家》）

译文：陈胜（是）阳城人。

例㉖十位数与个位数之间起连接作用的"有"字；例㉗置于"简子"和"去远"之间取消句子独立性的助词"之"字；例㉘原文中的"者"，是句中语气助词，常用在主语、时间词或分句之后，表提顿；"也"字用在判断句末，表示判断语气。"……者，……也"是古代汉语里判断句的常用形式。以上原文中的上述虚词今译时均可删除不译。下面再看删除实词不译的例子：

㉙ 原文：先帝创业未半而中道崩殂，今天下三分，益州疲弊，此诚危急存亡之秋也。（诸葛亮《出师表》）

译文：先帝创建统一全国的大业没有完成一半就中途去世了。现在天下分裂成三国，蜀汉衰弱，这的确是危急灭亡的时候啊。

例㉙原文中的"崩"，古时指皇帝的死亡；"殂"也表示死亡。这里的"崩殂"是同义连用，只需翻译其中的一个即可。原文中的"存亡"，实际上是偏指"亡"，因说"亡"而连带说及"存"，这里是运用了连及的修辞方式，因此只需翻译"亡"即可。

5. 改易。这是指古代汉语中的某些词语，在现代汉语里很难找到与之相对应的说法时，而采用意思大致相当的词语来改易原文。例如：

㉚ 原文：一旦山陵崩，长安君何以自托于赵？（《战国策·赵策四》）
    译文：一旦您不幸逝世，长安君凭什么在赵国托身？
㉛ 原文：豫州今欲何至？（《资治通鉴·赤壁之战》）
    译文：刘备如今准备去哪里？

例㉚原文中"山陵崩"是对于赵太后将来不幸辞世的一种委婉说法。现代汉语里没有与它相对应的词语。如果从字面上硬译为"山陵崩塌"，则词不达意。并且与下文"长安君何以自托于赵"没有联系，因此译文把"山陵崩"改译为"不幸逝世"。例㉛原文中的"豫州"本是地名，因刘备曾任豫州刺史，故以豫州代刘备，这是用了借代的修辞方式。如果仍从字面上来理解，译为"豫州如今准备去哪里"，则使人难以理解，因此译文把"豫州"改译为它所表达的对象"刘备"。

6. 保留。这是指原文中有些词语可以不译而径直保留在译文中。凡古今意义相同的词语，特别是许多基本词汇，如人、牛、山、草等，可以保留不译；像一些表示已经消失的古代事物的词语，一些专有名词，诸如人名、国名、历史地名、民族名及官号、年号、谥号、特殊称谓、特殊学术用语以至专业术语等，一般都可保留不译。例如：

㉜ 原文：初，郑武公娶于申，曰武姜，生庄公及共叔段。（《左传·隐公元年》）
    译文：当初，郑武公在申国娶妻，称为武姜，生下庄公和共叔段。
㉝ 原文：道可道，非常道；名可名，非常名。（《老子》）
    译文：道可以用言词表达的，就不是常道；名可以说得出来的，就不是常名。
㉞ 原文：子厚以元和十四年十一月八日卒，年四十七。（韩愈《柳子厚墓志铭》）
    译文：子厚在元和十四年十一月八日逝世，享年四十七岁。

例㉜中的人名、国名都移入译文，保留不译；例㉝中的"道"、"名"、"常道"、"常名"都是具特定含义的哲学概念，也可径直移入译文，保留原貌；例㉞中的"子厚"是柳宗元的字，"元和"是唐宪宗年号，也保留不译。

所谓保留，是就字面说的，实质上它仍是对译。这类保留的词语如须加以说明，可用加注方式处理，如在"元和"后用（唐宪宗年号）注明。但所加的注只是解说，而不是翻译。

上述六种具体方法中，对译是最基本的，其他几项则是根据具体情况在对译基础上的变通调整。我们在今译时应当灵活运用各种方法，以求既准确信实地译出原文内容，又行文通畅，符合现代汉语的语法规范和表达习惯。

这里特别要强调的是，平时练习中，要注意练习"操作程序"，这就是：

第一步，将古文中词的现代汉语的意义对应着写下来。

第二步，看不能理解的句子是否是词类活用、名词状语、前置宾语等。尤其要注意词类活用。

第三步，看有无需要调整的地方（移位、增补、删减等）。

如果按部就班，即使有难以理解的句子，一般都可以顺利地解决。

三、古文今译常见的错误

1. 因不了解字词含义造成的误译

由于不理解通假字和古今字、词的本义和引申义、古义与今义、单音词与复音词等字词问题而造成误译。例如：

㉟ 齐国虽褊小，吾何爱一牛。(《孟子·梁惠王上》)
㊱ 周道：太子死，立適孙。(《史记·梁孝王世家》)
㊲ 八月剥枣，十月获稻。(《诗经·豳风·七月》)
㊳ 先帝不以臣卑鄙，猥自枉屈，三顾臣于草庐之中。(诸葛亮《出师表》)

"爱"字在古代有两个常用义项，一是亲爱义，古今相同；一是吝惜义，今已消失。例㉟中的"爱"字正是吝惜义。"吾何爱一牛"应译为"我怎么会吝惜一头牛"。有人由于不明古义，误译为"我怎么会疼爱一头牛"。例㊱的"適"是"嫡"的古字。在宗法社会中正妻称"適（嫡）"，正妻所生的儿子称"適（嫡）子"，立嫡长子是宗法社会的王位继承制度。句中"適孙"，指帝王的长孙，有人按"適"的简化字"适"译为"合适的孙子"，与原意相差很远。例㊲的"剥"，是"扑"的通假字，意思是扑打。有人就"剥"的本义"割裂"来翻译，造成误译。例㊳的"卑鄙"是个词组。"卑"是卑下，指身份低微；"鄙"是鄙陋，指知识浅薄。可译为"地位低，知识浅"。有人把这个词组理解为双音节词，径直移入译文，就误译成诸葛亮道德品质恶劣的意思了。

2. 因不了解古代汉语语法修辞造成的误译

这类错误数量也很多。例如：

㊴ 孔子登东山而小鲁。(《孟子·尽心上》)
㊵ 少时，一狼径去，其一犬坐于前。(蒲松龄《狼》)
㊶ 我二十五年矣。又如是而嫁，则就木焉。(《左传·僖公二十五年》)

例㊴的"小鲁"，有人译为"小了鲁国"，这是由于不了解此处"小"字是形容词的意动用法而误译。此句应译为"孔子登上东山而觉得鲁国小了"。例㊵"其一犬坐于前"，有人译为"其中一条狗坐在前面"，这是不了解"一"字后省略"狼"字，"犬"字是名词用作状语而造成的误译。此句应译为"其中一条狼像狗那样蹲坐在前面。"例㊶中"就木"的"木"字，指棺椁，属修辞上的借代格。"就木"是走向棺木，可译为"进棺材"。有人译为"去寻找木头"。这是由于不了解古代汉语修辞而造成的误译。

3. 不了解古代生活与典章制度而误译

缺乏古代文化常识，不了解古代社会生活，常会造成误译。例如：

㊷ 故有所览，辄省记。通籍后，俸去书来，落落大满。(袁枚《黄生借书说》)
㊸ 待其酒力醒，茶烟歇，送夕阳，迎素月，亦谪居之胜概也。(王禹偁《黄州新建小竹楼记》)
㊹ 董生举进士，连不得志于有司。(韩愈《送董邵南序》)

例㊷的"通籍"，意思是做官，古代中进士取得做官资格称"通籍"，意为朝廷中有了名籍。有人译为"精通书籍"，这是不了解古代习俗造成的误译。这几句可译为："所以看了什么书，总是弄懂并记牢。做官后，花掉官俸，买来书籍，一堆堆地装满书册。"例㊸"茶烟歇"，有人译为"茶品完了，烟抽完了"，这是不了解当时社会生活造成的误译。原文"烟"指煮茶的炉烟。宋代喝茶要煮过，与现代用开水冲不同；烟草于明代才传入我国，北宋初的王禹偁根本不可能抽烟。"茶烟歇"应当译为"茶炉的烟散尽了"。例㊹"举进士"，有人译为"中了进士"这是不了解唐代的科举制度与明清不同而造成的误译。唐代参加"进士科"考试的人称进士，"举进士"是"被推举参加进士科考试"的意思。如已考上进士，就不能说"连不得志于有司"了。

4. 不了解词的注释与翻译的区别而造成误译

字典辞书与古文注本对字词的解说与翻译是不同的。有人不了解这一点，把字词的解说简单地移入译文而造成误译。例如：

㊹ 贞元十九年，由蓝田尉拜监察御史。（韩愈《柳子厚墓志铭》）

㊺ 雩而雨，何也？（《荀子·天论》）

例㊹有人译为"唐德宗李适年号十九年，〔柳宗元〕由蓝田县尉升任御史台的属官，掌监察百官、巡按郡县狱讼、军械等事。"这是把"贞元"和"监察御史"的解说抄入译文所造成的误译。唐德宗年号除"贞元"外尚有"建中"、"兴元"；"御史台的属官"也不止"监察御史"一种。照抄解说，反而造成含义不清、文句不通。例㊺有人译为"古代求雨的一种祭祀而下雨，为什么呢？"这是照抄"雩"字的解说而造成的误译，"雩"是求雨的祭祀，既可用作名词，也可用作动词，例㊺中用作动词。"雩而雨"应译为"祈天求雨后下雨了"或"雩祭后下雨了"。

古文今译就是把文言文用现代汉语准确而通顺地表述出来，使它成为白话文。不认真阅读、分析原文，是产生误译的重要原因。如上面所举"其一犬坐于前"句，前面已有"一狼径去"，而根本没有出现"犬"字，只要细心分析就会清楚："其一"是指其中一只狼，只不过"狼"字承前省略了。"犬坐于前"的主语既然是"狼"，"犬坐"当然不是"狗蹲坐"，而只能是"像狗那样蹲坐"的意思。误译者没有发现"犬"字是名词用作状语而导致误译。文章是个整体，字、词、句都是文章的有机组成部分。词与词、句与句、段落与段落之间，都是互相联系，互相制约的。也就是说，词、句在具体的语言环境中，意义才是确定的。所以必须认真阅读原文，从文章整体出发进行今译，才能少出或不出错误。

思考与练习

一、回答下面问题。

1. 什么是直译？什么是意译？古文今译的基本要求是什么？
2. 古文今译有哪些方法？常见的错误是什么？

二、标点下列短文并译成现代汉语。

1. 孟子曰孔子登东山而小鲁登太山而小天下故观于海者难为水游于圣人之门者难为言观水有术必观其澜日月有明容光必照焉流水之为物也不盈科不行君子之志于道也不成章不达（《孟子·尽心上》）

2. 博学之审问之慎思之明辨之笃行之有弗学学之弗能弗措也有弗问问之弗知弗措也有弗思思之弗得弗措也有弗辨辨之弗明弗措也有弗行行之弗笃弗措也人一能之己百之人十能之己千之果能此道矣虽愚必明虽柔必强（《礼记·中庸》）

3. 呜呼吾少孤及长不省所怙惟兄嫂是依中年兄殁南方吾与汝俱幼从嫂归葬河阳既又与汝就食江南零丁孤苦未尝一日相离也吾上有三兄皆不幸早世承先人后者在孙惟汝在子惟吾两世一身形单影只嫂尝抚汝指吾而言曰韩氏两世惟此而已汝时尤小当不复记忆吾时虽能记忆亦未知其言之悲也（韩愈《祭十二郎文》）

第五节 诗　律

　　诗律就是诗的格律，是近体诗在句式、押韵、平仄、对仗等形式方面的规则和要求。
　　我国的诗歌历史悠久，源远流长。先秦时代产生了《诗经》与《楚辞》。汉魏六朝又出现了五言诗、七言诗和乐府。到了齐梁时代，诗体又有了新的发展。南朝齐永明年间，周颙注意到了汉语平上去入四种声调，同时代的著名诗人沈约等人，自觉地把声律运用到诗歌创作中，力求做到"一简之内，音韵尽殊；两句之中，轻重悉异"。这就是以讲究声律为特色的"永明体"。初唐，在诗歌创作中就逐渐形成了诗的格律，出现了按照诗律进行创作的格律诗。到了盛唐，律诗兴起，诗歌就具有了严格的格律。从格律上看，诗可分为古体诗和近体诗。古体诗又称古诗或古风，不讲求格律；近体诗又称今体诗，按照诗律创作。
　　古体诗和近体诗的区别主要表现在句数、押韵、平仄、对仗四个方面，诗律的基本内容也表现在这四个方面。

一、句数的限制

　　古体诗没有限制，一首诗可以是四句、五句、也可以八句、十句乃至更长。诗句可以五言、七言，也可以长短交错，形式自由。近体诗则不然。近体诗的句数有严格的规定，共有三类：律诗、绝句和排律，各自又分为五言和七言两种。

（一）律诗

　　律诗不论五言还是七言，都是八句，由四联组成。每联两句，上句叫作"出句"，下句叫"对句"。各联都有自己的名称，第一联叫"首联"，第二联叫"颔联"，第三联叫"颈联"，第四联叫"尾联"。例如王维的五言律诗《山居秋暝》：

首联 { ① 出句：空山新雨后，
　　　② 对句：天气晚来秋。
颔联 { ③ 出句：明月松间照，
　　　④ 对句：清泉石上流。
颈联 { ⑤ 出句：竹喧归浣女，
　　　⑥ 对句：莲动下渔舟。
尾联 { ⑦ 出句：随意春芳歇，
　　　⑧ 对句：王孙自可留。

又如杜甫的七律《登高》：

首联 { ① 出句：风急天高猿啸哀，
　　　② 对句：渚清沙白鸟飞回。
颔联 { ③ 出句：无边落木萧萧下，
　　　④ 对句：不尽长江滚滚来。
颈联 { ⑤ 出句：万里悲秋常作客，
　　　⑥ 对句：百年多病独登台。

尾联 { ⑦ 出句：艰难苦恨繁霜鬓，
⑧ 对句：潦倒新停浊酒杯。

出句都是奇数句，对句都是偶数句。

（二）绝句

绝句仅有四句，恰是律诗的一半，由首尾两联组成。绝句根据不同的情况，呈现出多种形式：有的可以完全不用对仗；有的可以都用对仗；有的前一联对仗；有的后一联对仗。不作统一的规定。例如唐王维的五绝《相思》：

首联 { ① 出句：红豆生南国，
② 对句：春来发几枝？

尾联 { ③ 出句：愿君多采撷，
④ 对句：此物最相思。

又如杜甫的七绝《绝句》

首联 { ① 出句：两个黄鹂鸣翠柳，
② 对句：一行白鹭上青天。

尾联 { ③ 出句：窗含西岭千秋雪，
④ 对句：门泊东吴万里船。

上面的两首诗都是绝句，不过王维的《相思》完全不对仗，而杜甫的《绝句》全诗都对仗。

（三）排律

八句以上的律诗叫"排律"。排律是律诗的延长，句数长短虽然没有具体的规定，但一般喜欢用整数，如十韵、二十韵、五十韵乃至一百韵等。有的虽然不是整数，但必须以韵（两句为一韵）位延长单位，不能出现单句。

二、押韵的要求

韵是和谐的声音。古人把韵腹、韵尾和声调相同的字归在一起，叫作"韵部"。每一韵部都用一个字作为代表并确定其次第，叫作"韵目"。把汉字分韵编排在一起的就是韵书。

最早的韵书有三国魏李登的《声韵》，晋吕静的《韵集》，但均已亡佚。隋代陆法言的《切韵》是近体诗押韵的依据，唐代孙愐的《唐韵》，北宋陈彭年等重修的《广韵》，都是增订《切韵》之作。《切韵》分为193韵，《广韵》又细分为206韵。由于这些韵书分韵过于琐细，当时已有"同用"的规定，即可以把邻近的韵合起来用。南宋江北平水刘渊的《壬子新刊礼部韵略》便把"同用"的韵合并起来，分为107韵。同时代的金人王文郁的《平水新刊韵略》进而归并为106韵，后简称为"平水韵"。从南宋到近代，尽管实际语音已经有了很大变化，但做诗的人还一直用"平水韵"。韵目表如下：

平声三十韵：
上平声：

一东	二冬	三江	四支	五微	六鱼
七虞	八齐	九佳	十灰	十一真	十二文
十三元	十四寒	十五删			

下平声：

一先	二萧	三肴	四豪	五歌	六麻
七阳	八庚	九青	十蒸	十一尤	十二侵
十三覃	十四盐	十五咸			

上声二十九韵：

一董	二肿	三讲	四纸	五尾	六语
七麌	八荠	九蟹	十贿	十一轸	十二吻
十三阮	十四旱	十五潸	十六铣	十七筱	十八巧
十九皓	二十哿	二十一马	二十二养	二十三梗	二十四迥
二十五有	二十六寝	二十七感	二十八琰	二十九豏	

去声三十韵：

一送	二宋	三绛	四寘	五未	六御
七遇	八霁	九泰	十卦	十一队	十二震
十三问	十四愿	十五翰	十六谏	十七霰	十八啸
十九效	二十号	二十一箇	二十二祃	二十三漾	二十四敬
二十五径	二十六宥	二十七沁	二十八勘	二十九艳	三十陷

入声十七韵：

一屋	二沃	三觉	四质	五物	六月
七曷	八黠	九屑	十药	十一陌	十二锡
十三职	十四缉	十五合	十六叶	十七洽	

"平水韵"反映了唐代诗人作诗用韵的部类，唐以后直至近现代，尽管实际语音已经发生了很大的变化，但熟悉诗韵的人们作近体诗仍以"平水韵"作为押韵的依据。

近体诗的押韵格式也有严格的规定，规定必须在逢双数的句子的句尾押韵，除第一句外，逢单数的句子一律不能押韵。但这一点不是近体诗和古体诗押韵的本质区别，因为古体诗一般也采用这种隔句押韵的格式。近体诗押韵严格主要体现在以下：

（一）一般只押平声韵

近体诗除了极少数诗用仄声韵外，一般用平声韵。但古体诗则比较随便，可押平声韵，也可以押仄声韵。例如王勃《滕王阁》：

滕王高阁临江渚，佩玉鸣鸾罢歌舞。
画栋朝飞南浦云，珠帘暮卷西山雨。
闲云潭影日悠悠，物换星移几度秋？
阁中帝子今何在？槛外长江空自流。

诗中"渚、舞、雨"押的是仄声韵，"悠、秋、流"押的则是平声韵。

（二）不能换韵和出韵

近体诗必须一韵到底，中间不能换韵。也不许换用邻韵的字，如果用了邻韵的字，就叫"出韵"（只有入韵的首句才可用邻韵的字）。不仅律诗绝句如此，就是长达一、二百句的长律也是如此。这说明近体诗用韵是极其严格的。

古体诗则不同，它可以换韵，也可用邻韵的字。如上例《滕王阁》诗，前四句押的是仄声韵，后四句则换成了平声韵。"渚、舞、雨"三字押韵，而"渚"为语韵字，"舞、雨"为麌韵字，语、麌通押。

三、平仄的格式

平仄指平声和仄声，是形成近体诗最重要的因素。一首五言八句或七言八句的诗是不是近体诗，主要是看它符不符合近体诗的平仄要求。古代汉语的平声在现代汉语普通话中分化为阴平和阳平两种声调。仄是不平的意思，指上、去、入三声。古代汉语的入声在现代汉语普通话中已经消失，分别归入阴平、阳平、上声、去声。讲近体诗的格律，主要是讲平仄。

（一）平仄的句式与规则

讲究平仄是近体诗格律中最重要的因素，古体诗不讲究平仄，而近体诗讲究平仄，这是近体诗和古体诗的区别。近体诗的平仄格式，是按照首句第一二两字（称"起"）和最后一个字（称作"收"）的平仄来划分的。基本句式都有四种：

① 仄起仄收：仄仄平平仄
② 平起平收：平平仄仄平
③ 平起仄收：平平平仄仄
④ 仄起平收：仄仄仄平平

以上是五言的平仄句式。七言的平仄句式要在五言句式的前面加上与句首二字相反的平仄，也是四种：

① 平起仄收：平平仄仄平平仄
② 仄起平收：仄仄平平仄仄平
③ 仄起仄收：仄仄平平平仄仄
④ 平起平收：平平仄仄仄平平

近体诗的平仄看起来似乎很复杂，但它的交替是有规律可循的，基本规则主要表现在下面三点：

1. 平仄相间

近体诗平仄的基本要求只有一点，即平仄相间，从而使声调抑扬顿挫。如五言句的平仄，可以看成在"平平——仄仄"或"仄仄——平平"的基础上再加一个音节组成。但在句尾，不能出现三个平声或仄声。句尾连续出现三个平声字，称"三平调"，是近体诗所不允许的。

2. 平仄相对

所谓"相对"就是同一联中出句和对句的平仄应该相反（特别是逢双的字和句尾要求严格）。例如，假如出句是甲种句"仄仄平平仄"，那么符合"对"的规则的对句就只有乙种句"平平仄仄平"。注意同一联的出句与对句的平仄相反，"一三五不论，二四六分明"，主要看第二字。如果违反这一要求，就是"失对"。

3. 平仄相粘

所谓"相粘"就是下一联出句和上一联对句第二字的平仄相同。例如，假如上一联对句为乙种句"平平仄仄平"，那么符合"粘"的规则的下一联的出句就必定是丙种句"平平平仄仄"。总之，上一联的对句与下一联的出句的平仄相同，称为"粘"，违反了就称为"失粘"。

律诗的平仄要求比较严，但是时代较早的唐代作品，由于律诗还未定型，偶有一些失粘的律诗。如王维《使至塞上》前四句：

　　单车欲问边，属国过居延。
　　征蓬出汉塞，归雁入胡天。

第三句与第二句失粘。到后来，失粘的情况非常罕见。至于失对，更是诗人留心避免的。

　　以上规则与近体诗押韵要求（对句句尾必定是平声）结合起来，就构成了整体诗的平仄格式：

甲、五律

（1）仄起仄收式

		春　　望
		杜甫
①仄仄平平仄	出句，仄起仄收式。	国破山河在，
②平平仄仄平	对句，对，尾必平。	城春草木深。
③平平平仄仄	出句，粘，尾必仄。	感时花溅泪，
④仄仄仄平平	对句，对，尾必平。	恨别鸟惊心。
⑤仄仄平平仄	出句，粘，尾必仄。	烽火连三月，
⑥平平仄仄平	对句，对，尾必平。	家书抵万金。
⑦平平平仄仄	出句，粘，尾必仄。	白头搔更短，
⑧仄仄仄平平	对句，对，尾必平。	浑欲不胜簪。

（2）平起平收式（首句入韵）

		晚　　晴
		李商隐
①平平仄仄平	出句，平起平收式。	深居俯夹城，
②仄仄仄平平	对句，对，尾必平。	春去夏犹清。
③仄仄平平仄	出句，粘，尾必仄。	天意怜幽草，
④平平仄仄平	对句，对，尾必平。	人间重晚晴。
⑤平平平仄仄	出句，粘，尾必仄。	并添高阁迥，
⑥仄仄仄平平	对句，对，尾必平。	微注小窗明。
⑦仄仄平平仄	出句，粘，尾必仄。	越鸟巢干后，
⑧平平仄仄平	对句，对，尾必平。	归飞体更轻。

（3）平起仄收式

		山居秋暝
		王维
①平平平仄仄	出句，平起仄收式。	空山新雨后，
②仄仄仄平平	对句，对，尾必平。	天气晚来秋。
③仄仄平平仄	出句，粘，尾必仄。	明月松间照，
④平平仄仄平	对句，对，尾必平。	清泉石上流。
⑤平平平仄仄	出句，粘，尾必仄。	竹喧归浣女，
⑥仄仄仄平平	对句，对，尾必平。	莲动下渔舟。

⑦仄仄平平仄｝出句，粘，尾必仄。
⑧平平仄仄平｝对句，对，尾必平。

（4）仄起平收式（首句入韵）

①仄仄仄平平｝出句，仄起平收式。
②平平仄仄平｝对句，对，尾必平。
③平平平仄仄｝出句，粘，尾必仄。
④仄仄仄平平｝对句，对，尾必平。
⑤仄仄平平仄｝出句，粘，尾必仄。
⑥平平仄仄平｝对句，对，尾必平。
⑦平平平仄仄｝出句，粘，尾必仄。
⑧仄仄仄平平｝对句，对，尾必平。

乙、七律

（1）平起仄收式

①平平仄仄平平仄｝出句，平起仄收式。
②仄仄平平仄仄平｝对句，对，尾必平。
③仄仄平平平仄仄｝出句，粘，尾必仄。
④平平仄仄仄平平｝对句，对，尾必平。
⑤平平仄仄平平仄｝出句，粘，尾必仄。
⑥仄仄平平仄仄平｝对句，对，尾必平。
⑦仄仄平平平仄仄｝出句，粘，尾必仄。
⑧平平仄仄仄平平｝对句，对，尾必平。

（2）仄起平收式（首句入韵）

①仄仄平平仄仄平｝出句，仄起平收式。
②平平仄仄仄平平｝对句，对，尾必平。
③平平仄仄平平仄｝出句，粘，尾必仄。
④仄仄平平仄仄平｝对句，对，尾必平。
⑤仄仄平平平仄仄｝出句，粘，尾必仄。
⑥平平仄仄仄平平｝对句，对，尾必平。
⑦平平仄仄平平仄｝出句，粘，尾必仄。
⑧仄仄平平仄仄平｝对句，对，尾必平。

随意春芳歇，
王孙自可留。

月夜忆舍弟
杜甫
戍鼓断人行，
边秋一雁声。
露从今夜白，
月是故乡明。
有弟皆分散，
无家问死生。
寄书长不达，
况乃未休兵。

客　至
杜甫
舍南舍北皆春水，
但见群鸥日日来。
花径不曾缘客扫，
蓬门今始为君开。
盘飧市远无兼味，
樽酒家贫只旧醅。
肯与邻翁相对饮，
隔篱呼取尽余杯。

无　题
李商隐
相见时难别亦难，
东风无力百花残。
春蚕到死丝方尽，
蜡炬成灰泪始干。
晓镜但愁云鬓改，
夜吟应觉月光寒。
蓬山此去无多路，
青鸟殷勤为探看。

（3）仄起仄收式

闻官军收复河南河北

杜甫

①仄仄平平平仄仄　出句，仄起仄收式。　剑外忽传收蓟北，
②平平仄仄仄平平　对句，对，尾必平。　初闻涕泪满衣裳。
③平平仄仄平平仄　出句，粘，尾必仄。　却看妻子愁何在，
④仄仄平平仄仄平　对句，对，尾必平。　漫卷诗书喜欲狂。
⑤仄仄平平平仄仄　出句，粘，尾必仄。　白日放歌须纵酒，
⑥平平仄仄仄平平　对句，对，尾必平。　青春作伴好还乡。
⑦平平仄仄平平仄　出句，粘，尾必仄。　即从巴峡穿巫峡，
⑧仄仄平平仄仄平　对句，对，尾必平。　便下襄阳向洛阳。

（4）平起平收式（首句入韵）

钱塘湖春行

白居易

①平平仄仄仄平平　出句，平起平收式。　孤山寺北贾亭西，
②仄仄平平仄仄平　对句，对，尾必平。　水面初平云脚低。
③仄仄平平平仄仄　出句，粘，尾必仄。　几处早莺争暖树，
④平平仄仄仄平平　对句，对，尾必平。　谁家新燕啄春泥。
⑤平平仄仄平平仄　出句，粘，尾必仄。　乱花渐欲迷人眼，
⑥仄仄平平仄仄平　对句，对，尾必平。　浅草才能没马蹄。
⑦仄仄平平平仄仄　出句，粘，尾必仄。　最爱湖东行不足，
⑧平平仄仄仄平平　对句，对，尾必平。　绿杨阴里白沙堤。

此外，绝句虽然只有四句，排律尽管可以延长至数百句，但它们的平仄格式也都是按照"粘""对"等规则构成的。

（二）平仄不拘与拗救

上述四种格式是近体诗平仄的基本格式，在诗人的创作中许多诗作与这些基本格式并不完全一致。事实上，诗律也没有要求每个字都必须符合平仄，有的地方可平可仄。"一三五不论，二四六分明"讲的就是这个意思。如杜甫的《闻官军收复河南河北》一诗的平仄。

剑外忽传收蓟北，　　　仄仄平平平仄仄
初闻涕泪满衣裳。　　　平平仄仄仄平平
却看妻子愁何在，　　　平平仄仄平平仄
漫卷诗书喜欲狂。　　　仄仄平平仄仄平
白日放歌须纵酒，　　　仄仄平平平仄仄
青春作伴好还乡。　　　平平仄仄仄平平
即从巴峡穿巫峡，　　　平平仄仄平平仄
便下襄阳向洛阳。　　　仄仄平平仄仄平

此诗首句第三字，格式是"平"而用了仄声字"忽"；第三句首字，格式是"平"而用了仄声字"却"，第三字，格式是"仄"而用了平声字"妻"等等，但所有这些部位，

都是可以不拘平仄的，因此，杜甫此诗是符合平仄要求的。

"一三五不论，二四六分明"讲的就是逢单的字平仄可以不论，逢双的字则平仄必须分明。这种口诀基本上是对的，但是并不是完全正确。因为逢单的字也不是都能随意变更平仄的，而逢双的字有时也能变更平仄，条件是必须符合拗救规则。

近体诗中有些地方的平仄是不能随意改变的，如违反了平仄格律就叫"拗"，但是拗了以后可以用改变其他字的平仄的方法来"救"，这就是"拗救"。如果拗了不救（或者无法可救），那就违反平仄格律，而虽拗但救了的诗，就仍然要算合律的。

1. 五言"平平仄仄平"中的第一个字，七言"仄仄平平仄仄平"中的第三字应该用平声，如果改用仄声字，全句除句尾外，只有一个平声，这就叫"犯孤平"。"犯孤平"是诗家大忌。但孤平是可以救的，即把本句第三个字（七言是第五字）由仄声改为平声，全句变成"仄平平仄平"、"仄仄仄平平仄平"。例如李白《宿五松山下荀媪》颈联"跪进雕胡饭，月光明素盘"。它的平仄是"仄仄平平仄，平平仄仄平"。对句第一字当用平声字而用了仄声字"月"，拗，第三字就用平声字"明"来"救"，成"仄平平仄平"。

2. 五言"仄仄平平仄"中的第四字，七言"平平仄仄平平仄"中的第六字也允许改用仄声字，但必须把对句的第三个字（七言是第五个字）由仄声字改为平声字来补救。例如前面所举的白居易诗《赋得古原草送别》中的"野火烧不尽，春风吹又生"。出句因"不"拗而成为"仄仄平仄仄"，对句第三个字就改用平声字"吹"来补救，成为"平平平仄平"。

3. 五言"平平平仄仄"中的第四个字、七言"仄仄平平平仄仄"中的第六个字也可以不分明，可以改用平声字，但必须要把五言第三个字和七言第五个字由平声改为仄声来补救，成为"平平仄平仄"、"仄仄平平仄平仄"的格式。例如王勃诗《送杜少府之任蜀川》中的"无为在歧路、儿女共沾巾"。第四字应仄而用了平声字"岐"，拗，第三字就用了仄声字"在"来补救，成"平平仄平仄"。"平平仄平仄"这种格式是常见的，几乎取得了与"平平平仄仄"同样的正格地位。

4. 五言"仄仄仄平平"中的第三个字、七言"平平仄仄仄平平"中的第五个字平仄也不能变动，否则句末连用三个平声字，这叫做"三平调"。古体诗中多用这种句式，但近体诗中是不允许出现的。

拗救还有一些格式，不详述，除拗救的情况之外，"一三五不论，二四六分明"就比较正确地说明了近体诗平仄律的基本要求。

四、对仗的规定

古体诗可以不用对仗，但是近体诗必须使用对仗。

对仗，又称"骈偶"、"对偶"，两马并驾为"骈"，两人并列为"偶"，都是两两相对，古代的仪仗也是两两相对的，所以称对仗。诗的对仗是指词语相对，即同一联的两句中位置相同的词要词性相配，名词对名词，动词对动词，形容词对形容词，副词对副词等等。例如王维诗《新晴野望》：

首联 { 新晴原野旷，
       极目无氛垢。

颔联 { 郭门临渡头，
村树连溪口。

颈联 { 白水明田外，
碧峰出山后。

尾联 { 农月无闲人，
倾家事南亩。

　　颔联的"郭"与"村"、"门"与"树"、"渡"与"溪"、"头"与"口"，是名词与名词相对，"临"与"连"是动词与动词相对；颈联中的"白"与"碧"是形容词相对，"水"与"峰"、"田"与"山"、"外"与"后"是名词相对，对仗都很工整。而"明"与"出"是形容词与动词相对，这在古代因为没有像现代有明确的语法概念和要求，所以仍属于对仗。在诗句中，名词、动词是主要成分，名词必须和名词相对，而形容词有时却可以和动词（尤其是不及物动词）相对。

　　近体诗对对仗有明确要求。律诗一般要在颔联、颈联处对仗，至少颈联要对仗。绝句则根据不同情况，呈现多种形式：有的可以完全不用对仗；有的可以都用对仗；有的前一联用对仗；有的后一联用对仗，不作统一规定。排律除首尾两联外，都要对仗。

　　总结对仗的情况，一般可分三类：

　　1. 工对与宽对

　　工对是指用意义范畴相一致的词的对仗。要做到对仗工整，一般必须用同一门类的词语为对，对仗须用同类词性，如名词对名词，代词对代词，形容词对形容词，副词对副词等。旧时把名词又分为天文、时令、地理、器物、衣饰、饮食、文具、文学、草木、鸟兽虫鱼、形体、人事、人伦等门类。如杜甫《绝句》"两个黄鹂鸣翠柳，一行白鹭上青天。窗含西岭千秋雪，门泊东吴万里船。"对仗相当工整。诗中的"两个"对"一行"（数量结构对数量结构），"黄鹂"对"白鹭"（禽类名词相对）、"翠"对"青"（颜色名词相对）、"千"对"万"（数词相对）都是同类词为对，非常工整。

　　只要求互相为对的词语词类相同，不要求所指称事物相类的对仗则为"宽对"。例如杜甫《春望》："烽火连三月，家书抵万金。"

　　2. 借对

　　诗人还常利用汉字一词多义和同音字的特点，巧妙地进行对仗。这类对仗看上去诗句中并行两字的意义范畴并不一致，但某字另外的意义却和并行字的意义范畴一致，因而构成工整的对仗，这就是"借对"。借对又分为借义和借音两种。借义对是利用一词多义而构成的对仗。如杜甫《曲江》："酒债寻常行处有，人生七十古来稀。""寻常"在今为普通之意，属形容词，但古制"寻"、"常"又皆为度量单位，属量词。古制八尺为"寻"，倍寻为"常"，此联借用此含义，则与数词"七十"相对。再如李白《送友人》："此地一为别，孤蓬万里征。""一"在句中是"一旦"的意思，同时又用数目"一"的意思和"万"构成数目对。借音对是利用谐音关系而构成的对仗。如李商隐《锦瑟》："沧海月明珠有泪，蓝田日暖玉生烟。""沧海"的"沧"借作和它同意的"苍"，跟"蓝"构成颜色对。

　　3. 流水对

　　一般情况下，互为对仗的两句诗是相互独立的两句话，但有时候是一句话，这种两句诗用一个意思连贯下来的对仗就叫"流水对"。例如杜甫《闻官军收河南河北》:"即从巴峡穿巫峡,便从襄阳向洛阳。"元稹《遣悲怀》:"唯将终夜长开眼,报答平生未展眉。"流水对多用在尾联,例如上引二例即都属尾联。

思考与练习

一、回答下面问题。
1. 什么是古体诗?什么是近体诗?二者之间的区别表现在哪里?
2. 什么是"对"和"粘"?什么是"三平调"?什么是犯孤平?
3. 押韵有哪些要求?平仄有哪些格式?
4. 对仗有哪些情况?各自的特点是什么?

二、根据平仄格式的构成规则,写出下列各式的平仄格式。
①仄仄平平仄　　②平平仄仄平
③平平平仄仄　　④仄仄仄平平

三、分析下列律诗的平仄,说明有无拗救或违反规律的地方

登鹳雀楼
王之涣
白日依山尽,黄河入海流,
欲穷千里目,更上一层楼。

春夜洛城闻笛
李白
谁家玉笛暗飞声,散入春风满洛城。
此夜曲中闻折柳,何人不起故园情?

月　夜
杜甫
今夜鄜州月,闺中只独看。
遥怜小儿女,未解忆长安。
香雾云鬟湿,清辉玉臂寒。
何时倚虚幌,双照泪痕干。

黄鹤楼
崔颢
昔人已乘黄鹤去,此地空余黄鹤楼。
黄鹤一去不复返,白云千载空悠悠。
晴川历历汉阳树,芳草萋萋鹦鹉洲。
日暮乡关何处是?烟波江上使人愁。

第六节 词 律

　　词律是词的格律，是作词必须遵守的规则。
　　词萌芽于南朝，形成于唐代，盛行于宋代。词最初是民间演唱曲子的歌词，所以成为"曲子词"。写词则称为"填词"。词又由于句子长短不一，故又称为"长短句"。中唐时期，一些文人也开始为曲子配词，从而使词的内容不断丰富，艺术技巧也趋于成熟，逐渐成了诗的别体。至宋代，词的创作达到了鼎盛时期，成为宋代文学的主要样式。
　　词之所以称为"曲子词"，就是因为与音乐有着密切的关系，由乐以定调就是它的特点。词的句子一般是长短不齐，词的创作是依声填词的，因而他有着严格的声律。随着创作的发展，词渐渐脱离了乐曲，但词的创作仍受词调的严格约束。
　　词与古诗不同。古体诗中也有长短句，但都是任意的，而词的长短句则必须依循词调的要求。
　　词与近体诗在形式上的区别更为明显。词是长短句交错的，而近体诗是五言或七言的整齐排列。为适应演唱的需要，词在平仄变化上与近体诗也有很大不同，词的平仄必须依照词谱的规定，这一点比诗的要求更严格，更固定。

一、词调、词牌、词谱

　　词本来是配了音乐供演唱用的歌词。前人曾根据字数的多少把词分为小令、中调和长调三类。一般把58字以内的叫小令，59字到90字的叫中调，91字以上的叫长调。又根据分段的情况把词分为单调、双调、三叠和四叠四类。不分段的叫单调，分为两段的叫双调，上、下阕或前、后阕，分为三段或四段的叫三叠和四叠。四类中以双调最常见。
　　词调是指写词时所依据的乐谱。唐宋时代，词调有好几个来源。有的来自民间音乐，有的来自西域音乐，有的是乐工歌妓或词人创制的，有的是国家音乐机关创制的，还有其他的来源。各种不同的词调本来有各种不同的声情（表达不同的音乐形象），但到后来，词调就和音乐脱离了，词的感情就不一定和词调的声情一致了。正如沈括说的："哀声而歌乐词，乐声而歌哀词。"词调很多，每种词调都有特定的名称，叫做"词牌"。
　　词牌名称的来源也是多种多样的，有的本来是乐曲的名称，如"浣溪沙"又名"小庭花"，是唐玄宗时教坊曲名，后用为词调。有的是截取本词中的词句，如"忆王孙"就是取自秦观的"萋萋芳草忆王孙"句。有的是采用古人的诗句，如"玉楼春"取自白居易"玉楼宴罢醉和春"句。有的是采用地名，如姜夔在扬州时创作的的词就命名为"扬州慢"。有的是以风俗习惯命名的，如"菩萨蛮"取名于女蛮国妇女装束似菩萨而命名。有的本来是词的题目，如张志和的《渔歌子》就是写渔父生活的，白居易《忆江南》写的就是对江南的怀念。但后来人们再写"渔歌子"、"忆江南"时就和渔父的生活、对江南的怀念无关了。于是有的作家就在词牌上另外注明自己的题目。如苏轼《江城子·密州出猎》、《念奴娇·赤壁怀古》；也有的在词牌下写一小序，如辛弃疾《摸鱼儿》词牌下有小序："淳熙已亥，自湖北漕移湖南，同官王正之置酒小山亭，为赋。"说明作词的缘由。
　　词牌既与词的声情无关，又与词的内容无关，所表示的就仅仅是词的句式、平仄和用韵了。比如"忆江南"这个词牌，就规定这首词应该是多少句，每句各有多少字，何处用平，何处用仄，何处押韵，押平声韵还是仄声韵等等。不过应当说明，词牌的名称和对词的字句、平仄、押韵的规定，并不是一开始就有的，而是逐渐形成的。比如白居易在写《忆江南》的时候，并没有把"忆江南"当作一个词牌，更没有为它规定字句、平仄、押韵，而是他写了这首词以后，后人以此为楷模，按照它的名式、平仄和韵律来写作。后来，这些字句、平仄、韵律才成为一种定规，"忆江南"也就由作品的题目变成了词牌。当种种词牌的字句、平仄、韵律等大致定型以后，就有人把它们汇集在一起，把它们的句式、平仄、韵律标出来，编辑成书，供他人照着填写，这就是词谱。所以创作词又叫"填词"。比较通行的词谱有清朝万树编的《词律》和王奕清等奉康熙皇帝之命编的《钦定词谱》。

由于对同一首词命名角度不同或词人按照乐曲创作时的一些变化，所以出现了一调数名和数调同名的情况。

1. 一调数名。即同一词调有几种不同的调名。如《念奴娇》又名《百字令》、《百字谣》、《大江东去》、《大江西上曲》、《壶中天》等；忆江南》又名《梦江南》、《归塞北》、《望江梅》、《江南好》、《春去也》、《谢秋娘》等。

2. 数调同名。即不同词调有相同的调名。如《忆王孙》有31字和54字两体，《望江南》有单调和双调之别，《满江红》有押平声韵的，也有押仄声韵的。《相见欢》、《锦堂春》别称都是《乌夜啼》等。《词谱》一书收了826个词调，但有2306体，可见同调异名之多。

词谱是辑录各种词调、说明词的格律的著作。词谱对各种词调的句式、平仄、韵律都有具体的标明。例如《词律》中的《水调歌头》：

水调歌头（95字梦窗名江南好，白石名花犯念奴）

明可仄月几时有句把可平酒问青天韵不可平知天可仄上宫可仄阙可平今可仄夕是何年叶我可平欲乘可仄风归可仄去句又可平恐琼楼玉作字句高可仄处不胜寒叶起舞弄清影句何可仄似在人间叶

转可平朱可仄阁可平低可仄绮可平户句照无眠叶不可平应有可平恨何可仄事可平长可仄向别时圆叶人可仄有悲可欢欢离可仄合句月可平有阴晴圆可仄缺句此可平事古难全叶但可平愿人可仄长久句千可仄里共婵娟叶

二、词的字数和分段

前面讲过最初作词没有严格的字数限制，因是为乐曲配词，所以词的长短都是由乐谱来决定的。唐五代的词都是短调，宋词兼有长调。词律载有最短的词是《竹枝词》，仅14字；最长的是《莺啼序》，达140字。虽然根据字数的多少，词可以分为小令、中调、长调三大类，但实际上分类的界限不一定这样严格。

词牌上有"令"、"引"、"近"、"慢"、"摊破"、"减字"、"偷声"、"促拍"等名称，它们都与词的字数多少有关。"令"是词牌的通称，许多词牌尾加"令"字与原调并无区别；词牌尾加"引"、"近"的词，字数比原词多，如"千秋岁引"比"千秋岁"多10字；"诉衷情近"比"诉衷情"多42字。加"慢"字的则增加更多，如"浪淘沙"54字，"浪淘沙慢"达133字，"西江月"50字，而"西江月慢"达104字等，这些都属于长调。

  词牌上加"摊破"的不仅比本调字数有所增加（摊），而且个别句子还分为两句（破）。加"减字"、"偷声"的则字数比本调有所减少，如"木兰花"56字，"减字木兰花"则为44字，"偷声木兰花"50字。加"促拍"的则字数比本调增多，如"丑奴儿"44字，"促拍丑奴儿"62字。

  绝大多数词调都是一首分为数段的。词的段落有专门名称，一般叫作"一片"，又叫"阕"，都与音乐有关。

三、词的用韵

  词的用韵与近体诗不同，近体诗的用韵是规定的，而词是"诗之余"，所以用韵没有正式的规定。唐人创作词时都是用诗韵，五代以后，渐渐与诗韵分离，加上词是为演唱而作的，用韵都按照乐曲的要求，做到顺口悦耳。词的用韵归纳起来主要有以下四种：

  1. 一韵到底。这类词占大多数，和近体诗用韵相同。例如"渔歌子"、"浪淘沙"等都是平声韵，"念奴娇"、"水龙吟"都用入声韵等。

  2. 同部上去通押。在唐宋古体诗中，已有上去通押的情况，在词中更加普遍。例如苏轼《永遇乐》：

    明月如霜，好风如水，清景无限（上声，产韵）。曲港跳鱼，圆荷泻露，寂寞无人见（去声，霰韵）。紞如三鼓，铿然一叶，黯黯梦云惊断（去声，换韵）。夜茫茫，重寻无处。觉来小园行遍（去声，霰韵）。

    天涯倦客，山中归路，望断故园心眼（上声，产韵）。燕子楼空，佳人何在？空锁楼中燕（去声，霰韵）。古今如梦，何曾梦觉，但有旧欢新怨（去声，愿韵）。异时对，黄楼夜景，为余浩叹（去声，翰韵）。

以上声韵限、眼与去声见、断、遍、燕、怨、叹通押，都在第七部。

  3. 同部平仄互押。即同部平声和上声互押。例如司马光《西江月》：

    宝髻松松绾就，铅华淡淡妆成（平声，清韵）。红烟翠雾罩轻盈（平声，清韵），飞絮游丝无定（去声，径韵）。

    相见争如不见，有情还似无情（平声，清韵）。笙歌散后酒微醒（上声，迥韵），深院月明人静（上声，静韵）。

以上成、盈、定、情、醒、静平仄互押，都在第十一部。平仄互押和上去通押不同，上去通押是任意的，没有限定位置；平仄互押却是规定某处用平，某处用仄，不能任意改变。

  4. 平仄换韵。"通押"和"互押"都是在同一韵部内进行，而平仄换韵则是改换韵部，一般以平转仄或仄转平为原则。换韵位置也有具体规定。例如欧阳炯的《南乡子》：

    岸远沙平（平声，庚韵，十一部），日斜归路晚霞明（平声，庚韵，十一部）。孔雀自怜金翠尾（上声，尾韵，三部），临水（上声，旨韵，三部），认得行人惊不起（上声，止韵，三部）。

这首词"平"字平声起韵，"明"与"平"字同为十一部庚韵；到"尾"换仄声的尾韵；"水"押旨韵，"起"押止韵，与"尾"同在第三部。

  后人归纳宋词的用韵情况，编写了各种词用韵专著，其中以清代戈载所著的《词林正韵》比较完备，一般论词韵都以此为准绳，它共分 19 部，其中平、上、去声共 14 部，入声 5 部。韵目如下：

第一部
  平声 一东 二冬 三钟
  上声 一董 二肿
  去声 一送 二宋 三用
第二部
  平声 四江 十阳 十一唐
  上声 三讲 三十六养 三十七荡
  去声 四绛 四十一漾 四十二宕
第三部
  平声 五支 六脂 七之 八微 十二齐 十五灰
  上声 四纸 五旨 六止 七尾 十一荠 十四贿
  去声 五寘 六至 七志 八未 十二霁 十三祭
     十四太半，十八队 二十废
第四部
  平声 九鱼 十虞 十一模
  上声 八语 九麌 十姥
  去声 九御 十遇 十一暮
第五部
  平声 十三佳半 十四皆 十六咍
  上声 十二蟹 十三骇 十五海
  去声 十四太半 十五卦半 十六怪 十七夬 十九代
第六部
  平声 十七真 十八谆 十九臻 二十文 二十一欣 二十三魂
     二十四痕
  上声 十六轸 十七准 十八吻 十九隐 二十一混 二十二狠
  去声 二十一震 二十二稕 二十三问 二十四焮 二十六慁 二十七恨
第七部
  平声 二十二元 二十五寒 二十六桓 二十七删 二十八山 一先
     二仙
  上声 二十阮 二十三旱 二十四缓 二十五潸 二十六产 二十七铣
     二十八狝
  去声 二十五愿 二十八翰 二十九换 三十谏 三十一裥 三十二霰
     三十三线
第八部
  平声 三萧 四宵 五爻 六豪
  上声 二十九篠 三十小 三十一巧 三十二皓
  去声 三十四啸 三十五笑 三十六效 三十七号

第九部
　　平声　七歌　　八戈
　　上声　三十三哿　三十四果
　　去声　三十八箇　三十九过
第十部
　　平声　十三佳半　九麻
　　上声　三十五马
　　去声　十五卦半　四十祃
第十一部
　　平声　十二庚　十三耕　十四清　十五青　十六蒸　十七登
　　上声　三十八梗　三十九耿　四十静　四十一迥　四十二拯　四十三等
　　去声　四十三映　四十四诤　四十五劲　四十六径　四十七证　四十八嶝
第十二部
　　平声　十八尤　十九侯　二十幽
　　上声　四十四有　四十五厚　四十六黝
　　去声　四十九宥　五十候　五十一幼
第十三部
　　平声　二十一侵
　　上声　四十七寝
　　去声　五十二沁
第十四部
　　平声　二十二覃　二十三谈　二十四盐　二十五沾　二十六严　二十七咸
　　　　　二十八衔　二十九凡
　　上声　四十八感　四十九敢　五十琰　五十一忝　五十二俨　五十三豏
　　　　　五十四槛　五十五范
　　去声　五十三勘　五十四阚　五十五艳　五十六桥　五十七验　五十八陷
　　　　　五十九鑑　六十梵
第十五部
　　入声　一屋　二沃　三烛
第十六部
　　入声　四觉　十八药　十九铎
第十七部
　　入声　五质　六术　七栉　二十陌　二十一麦　二十二昔
　　　　　二十三锡　二十四职　二十五德　二十六缉
第十八部
　　入声　八勿　九迄　十月　十一没　十二曷　十三末
　　　　　十四黠　十五辖　十六屑　十七薛　二十九叶　三十帖
第十九部
　　入声　二十七合　二十八盍　三十一业　三十二洽　三十三狎　三十四乏

以上韵部是戈载根据《集韵》归并的，韵字前的数字表示该字在《集韵》中的目序。《集韵》中属于一个韵部的字，在词韵中分归两个韵部，则标以"半"字作为标志。《词林正韵》印行之后，便成为后人作词用韵的依据。

四、词的平仄

词是长短句，句式丰富多样，最短的一句仅有一字，最长的一句可达十一字。词的平仄交错变化，相当复杂，例如四字句有八种句式：仄平平仄、平平平仄、仄平仄仄、平仄平平、平仄仄平、仄仄仄平、平仄仄平、仄仄平平。五字句有十几种平仄句式，而六字句竟多达二十几种。这些平仄句式，既有与近体诗相同的律句，也存在小有变化的准律句，还有与律句相对为词所特有的拗句。

词的平仄变化虽然复杂多样，但也不是任意的。何处用仄，何处用平，词谱都有明确的规定，许多地方比近体诗要求更为严格，主要表现在以下方面：

（一）律诗里有些平仄不拘的地方，词里却不能变通

1. 一字句。词谱中只有"十六字令"的首句为一字句，限用平字句并且押韵。例如蔡伸《十六字令》："天！休使圆蟾照客眠。"

2. 一字豆。一字豆是词的句法特点之一。它与一字句不同，并不独立成句，而是句中语气上很短的停顿。其作用在于领句，可领起一句或几句。多使用虚词或动词，大多用去声字。例如王安石《桂枝香》："正故国晚秋，天气初肃。"又如毛泽东《沁园春》"看万山红遍，层林尽染；漫江碧透，百舸争流。"

3. 二字句。一般而言，二字句或用于叠句，或用于起句，即平仄，例如李清照《如梦令》："知否？知否？应是绿肥红瘦。"用平平的也常见，例如周邦彦《满庭芳》："年年，如社燕，漂流瀚海，来寄修椽。"

4. 三字句。多用律句的末三字，常见的有仄平平、平仄仄、平平仄。仄平平如"鬓微霜，又何妨"（苏轼《江城子》），平仄仄如"胡未灭"（陆游《诉衷情》），平平仄如"伤漂泊"、"从军乐"（柳永《满江红》）。

5. 四字句。一般用七言句的前四个字。即平平仄仄，例如"长淮望断"（张孝祥《六州歌头》）；或仄仄平平，例如："怒发冲冠"（岳飞《满江红》）。还有一种是词特有的常见格式，即仄平平仄，第三字必是平声，例如"大江东去"、"江山如画"、"雄姿英发"、"人生如梦"（苏轼《念奴娇》）。

6. 五字句。五字句除使用五言律句外，常见的拗句有：仄仄仄平仄，例如"起舞弄清影"（苏轼《水调歌头》）；仄平平仄平，例如"有人楼上愁"（李白《菩萨蛮》）；仄平平平仄，例如"看名王宵猎"（张孝祥《六州歌头》）。

7. 六字句。一般是七言律句的前六字。常见的有仄仄平平仄仄，例如"九地黄流乱注"（张元干《贺新郎》）。或平平仄仄平平，例如"除非问取黄鹂"（黄庭坚《清平乐》）。还有一种是词特有的常见格式，即仄仄仄平平仄，例如"何况落红无数"、"脉脉此情谁诉"（辛弃疾《摸鱼儿》）。

8. 七字句。七字句一般使用七言律句。

八字句至十一字句都可以看做是由两个上述句式复合而成，每个组成部分的平仄格式大致不超过以上所列句式的范围，就不一一列举了。

词除了平仄安排复杂多样外,句子的句法结构,即句子的节奏也复杂多样。例如四字句节奏一般是二二,如"怒发冲冠"(岳飞《满江红》);但也有上一下三的,如"是离人泪"(苏轼《水龙吟》);或上三下一的,如"心字香烧"(蒋捷《一剪梅》)。这里就不再细说。

(二)词的仄声有时上、去、入分清,不能通用

律诗里仄声中的上、去、入可以通用。而词的仄声有时上、去、入分清,不能通用。尤其是去、入二声,有些词调有明确规定,不能改用他声。例如姜夔的《扬州慢》:

> 淮左名都,竹西佳处,解鞍少驻初程。过春风十里,尽荠麦青青,自胡马窥江去后,废池乔木,犹厌言兵。渐黄昏,清角吹寒,都在空城。
>
> 杜郎俊赏,算而今、重到须惊。纵豆蔻词工,青楼梦好,难赋深情。二十四桥仍在,波心荡、冷月无声。念桥边红药,年年知为谁生?

词中领头句首字都须用去声,正如万树在《词律》中所说:"盖此一字领句必去声方唤得起下面也。"

词的平仄之所以比近体诗的要求更严、更细,根本原因是乐曲的需要。词是用来演唱的,择调选字必须合乎音乐的律度。北宋词人选字更进一步分五音、五声、六律、清浊音等,以配合、强化音乐的声调。可见,这就远不是平仄所能概括的了。

五、词的对仗

词的对仗和律诗的对仗有着明显的不同,这表现在词的对仗比律诗更自由,这主要表现在以下几个方面:

1. 近体诗必须对仗,且有规定的位置,而词的对仗一般没有固定的位置,可以对仗,也可以不对仗。例如"满江红"上阕五、六两句都是七字句,字数相同,按说可以形成对仗。岳飞"三十功名尘与土,八千里路云和月"、陈亮"北向争衡幽愤在,南来遗恨狂酋失"就用了对仗,而辛弃疾"不念英雄江左老,用之可以尊中国"、柳永"几许渔人飞短艇,尽将灯火归村落"却没有用对仗。

2. 近体诗的对仗声调上要求平仄相对,而词的对仗平仄可以不相对。例如:

   纤云弄巧　　　平平仄仄
   飞星传恨　　　平平平仄　　(秦观《鹊桥仙》)

   一川烟草　　　仄平平仄
   满城飞絮　　　仄平平仄　　(贺铸《青玉案》)

3. 近体诗避免同字相对,而词却不避同字相对。例如:

   春到三分,秋到三分。　　　　　(吴文英《一剪梅》)
   红了樱桃,绿了芭蕉。　　　　　(蒋捷《一剪梅》)
   人有悲欢离合,月有阴晴圆缺。　(苏轼《水调歌头》)

此外,还有两种对仗是词特有的,都出现在一字豆之后。

其一,一般词在上下句字数相同的时候常用对仗,但有时上下句字数不同,也可以对仗。例如:

   爱箫声飘渺,帘影玲珑。　　　　(马洪《凤凰台上忆吹箫》)
   正十分皓月,一半春光。　　　　(吴文英《高阳台》)

> 但身为利锁，心被名牵。　　　　（吴潜《满庭芳》）

这种情况多出现在上五下四的两句。因为上面虽然是五个字，但实际上是四字句加一字豆，所以可以对仗。

其二，扇面对。就是上两句和下两句对仗。例如：

> 似谢家子弟，衣冠磊落；
> 　相如庭户，车骑雍容。　　　　（辛弃疾《沁园春·灵山齐庵赋》）
> 叹年光过尽，功名未立；
> 　书生老去，机会方来。　　　　（刘克庄《沁园春·梦孚若》）

"似"和"叹"都是一字豆，后面的四句构成对仗：第一句"谢家子弟"和第三句"相如庭户"对仗，第二句"衣冠磊落"和第四句"车骑雍容"对仗，这就是"扇面对"。另外，扇面对多出在《沁园春》中。

思考与练习

一、回答下面问题。

1. 什么是词调、词牌、词谱？
2. 词的用韵有哪些类型？它的用韵、平仄、对仗与近体诗有什么区别？
3. 词分为小令、中调、长调的依据是什么？
4. 令、引、近、慢、摊破、减字、偷声、促拍等加在词牌上之后与本调是什么关系？

二、说明下列词的词牌、词题，并说明该词是小令，中调还是长调？

相见欢
李　煜

无言独上西楼，月如钩。寂寞梧桐深院，锁清秋。剪不断，理还乱，是离愁。别是一般滋味在心头。（注：此词作者一作孟昶，参《南唐二主词校订》）

玉楼春
欧阳修

樽前拟把归期说，欲语春容先惨咽。人生自是有情痴，此恨不关风与月。

离歌且莫翻新阕，一曲能教肠寸结。直须看尽洛城花，始共春风容易别。

望海潮
柳　永

东南形胜，三吴都会，钱塘自古繁华。烟柳画桥，风帘翠幕，参差十万人家。云树绕堤沙，怒涛卷霜雪，天堑无涯。市列珠玑，户盈罗绮，竞豪奢。

重湖叠巘清嘉，有三秋桂子，十里荷花。羌管弄晴，菱歌泛夜，嬉嬉钓叟莲娃。千骑拥高牙，乘醉听箫鼓，吟赏烟霞。异日图将好景，归去凤池夸。

第七节　字典、词典的使用

一、字典、词典的编排与查检

"工欲善其事，必先利其器"（《论语·卫灵公》）。各种工具书就是我们的"器"，不论学习、研究古代汉语，还是阅读古代文献，都离不开它，对于初学的学生来说，更是如此。工具书的种类很多，包括字典、词典、索引、类书、韵书、年表、百科全书等等。其中字典和词典是常见常用的工具书。

字典，是以字为单位，按一定次序编排并逐字加以解释的工具书。

词典，也作"辞典"，是汇集语言中的词语，加以编排、解释的工具书。

"字典"一词，始于清代康熙年间的《康熙字典》；"词典（辞典）"一词，更是现代才出现的。

但是，字典、词典这类工具书，在我国的产生是很早的。第一部词典《尔雅》，成书于汉初；第一部字典《说文解字》，著述于东汉，距今将近两千年。由于古汉语中单音节词占主体地位，"字"和"词"在书写形式上往往是统一的，没有什么区别，所以，古人将这类书统称为"字书"。这一名称，略同于今天所说的"辞书"，是字典、词典的统称。

字典和词典的区别在于收录对象的不同。然而，字典虽以收字为主，一般不收录由两个以上的字组成的词和词组，但所谓字，即使在现代汉语中，大多数也能独立成词，这就是单音词；而词典虽然以收词为主，但为了引出词目，也要收录字，包括即使本身不能单独成词的字。从这个角度看，字典和词典不是截然不同的，而是属于同一类的工具书。

任何字典、词典都是依照一定的次序有规则地组织起来，我国字典、词典的编排主要有如下几种方法。

（一）义类法

这是将所收汉字、词按照意义分门别类进行编排的方法。

我国古代的字典、词典采用这种方法编排的很多，首先，汉代的《尔雅》、《方言》、《释名》等书开肇其端。其后，三国魏的《广雅》、宋代的《埤雅》、明代的《通雅》、清代的《比雅》等历代"雅书"，以及清代的《通俗编》、《恒言录》、近人章炳麟所著的《新方言》等方言词典，都沿用《尔雅》的这种方法。此外，还有一些其他类型的字典、词典，也采用义类法编排，如宋代《六书故》、清代《骈字类编》等。甚至今人还有采用此法的，如蒋礼鸿著《敦煌变文字义通释》。

这种编排，略同于类书，对于查找事项特别方便。同时，其作用又相当于同义词词典，将同义、近义以及同类的字词编排一起，供人查检使用。

但是，义类法没有固定的标准，各书所分类别的多寡、次序，以致某些字词的归类，都有所不同，因此，使用时检索比较困难。

（二）形序法

形序法又称形序排检法，是按汉字形体结构的某些共同特点进行排检汉字的方法，包括部首法、笔画笔顺法、笔形法等。

1. 部首法

部首法实际上是对汉字偏旁的分类，即将相同偏旁的合体字归为一部，每部统属的字，列于该部之首的偏旁即为"部首"，再按部首笔画来排检汉字的一种查字法。部首溯源于许慎编《说文解字》，书中将所收的9353个字依"六书"体系分归540个部首。随着汉字形体的改革与发展，部首几经归并为214个，并经《康熙字典》采用后遂得通行，故亦称为"康熙字典部首"。旧版《辞源》、《辞海》及《中华大字典》等辞书，都采用这种方法。解放后新编辞书对康熙字典部首又进行了多次改革。《新华字典》简化为189个，《现代汉语词典》减为188个。《辞海》（1979年版）在214个部首的基础上进行删并、分立、改立或新增加为250个部首。1982年中国文字改革委员会和上海辞书出版社又将其重新调整为200个，并据此编成《汉语大字典》、《汉语大词典》。

部首法不仅用于编排字、词典正文，而且也广泛用来编排字词典的辅助索引和各种目录、索引等检索工具。

2. 笔画法、笔顺法

笔画法是按汉字笔画数之多少为序来排检汉字的查字法。笔画少的字排在前面，笔画多的排在后面，笔画数目相同的字，再按规定的笔顺次序排列先后。例如，20世纪50年代初期北京师范大学编纂的《学文化字典》，就是采用这种方法编排的。

笔画法原理简单，使用却困难。这是由汉字笔画结构多种多样，书写体与印刷体笔画又多有不同，而且每一笔画下所包括的字数又很不平衡所决定的。如《辞海》（1979年版）在8～15画下的笔画数内各含单字1000个以上，均给查字带来诸多不便。

笔顺法是按照汉字的笔形顺序排字的方法。汉字的基本笔形有点、横、竖、撇、捺、折（丶一丨丿乁），书写起笔只用（丶一丨丿乁）5种笔形。有的只用第一笔（起笔）笔形；有的用各笔的顺序排列，而且笔顺也不一致。其中有用4笔的，其笔顺即有"元亨利贞"（一、丿丨）、"江山千古"（丶丨丿一）和"寒来暑往"（丶一丨丿）的起笔顺序排的；《汉语大辞典》的《部首总表》及其条目单字的排列则采用"一丨丿、乙"为序。而《辞海》（1979年版）的《笔画查字表》却用"一丨丿、"的起笔笔形为序。

可见，用部首法和笔画法、笔顺法编排的工具书各有优缺点。但是将这两种方法结合起来，就比较科学了，我们可称之为"部首笔画笔顺法"，或简称"部首笔画法"。也有些字典、词典只用部首和笔画排列，不再考虑笔顺。

明代梅膺祚著《字汇》，将《说文解字》以来沿用的旧部首进行归并，简化成214部。归部的原则也不再重于"六书"体系，而是着眼于检字的方便。同时，将部首的排列和各部中汉字的排列都按笔画多少为先后，为近代采用部首笔画编排法的先声。

现在，比较大型的字典、词典，一般都采用这种方法编排，如《辞源》、《辞海》、《汉语大词典》、《汉语大字典》等。

3. 四角号码法

四角号码法是根据方块汉字的特点而发明的一种查字法。分别以不同代码代表汉字四个角的笔形并连成为四位数的号码，再依号码大小为序排列汉字即成为四角号码查字法。四角号码查字法，具有不论部首、不数笔画，不知读音也能见字知码和按号查字的特点。但其取号规则烦琐，笔形辨认不准取号也颇周折。

四角号码最初由王云五提出，称为"四角号码检字法"，1928年编成《四角号码学生字典》。1964年做了修改,改称"四角号码查字法",亦称为"新四角号码法"。目前一些工具书或用新法或用旧法编排正文或辅助索引。诸如《四角号码新词典》以及《中国丛书综录》第三册"子目书名索引"和"子目著者索引"即用新法编排;《辞源》的辅助索引则用旧法编排。

四角号码法把汉字笔形分为10种,分别用0到9作为代码。其口诀是:

横一竖二三点捺,叉四插五方框六,七角八八九是小,点下有横变零头。

取号时,依汉字的左上角、右上角;左下角、右下角的顺序分别取其笔形代码并连成一组,即为该字的四角号码。为便于排列,对号码相同的字还要取第五角作为"附角"号码写于末位数的下方以示区别。如"经"字的号码为2711_2,"雷"字的号码为1060_3。新旧法对取角规则有所不同,如"天"字旧号码为1043_0;新号码为1080_4。《四角号码新词典》附有"新旧四角号码对照表"可供参考。

总之,这种编排具有直接便捷的优点,但学习掌握比较困难。许多词典常附有《四角号码检字法》,对于笔形和号码、查字方法与规则等有较详的叙述,可以参考。另外,商务印书馆出版的丁木、仲芸编著的《怎样学会四角号码检字法》一书,论述系统,便于初学。

(三) 音序法

音序排检法是按照字音及表示读音的音符顺序排列汉字的方法。包括汉语拼音字母排检法、注音字母排检法、韵部排检法等。其优点比较精确、简捷,缺点是不知读音就无法查字。

1. 汉语拼音字母排检法

此法以《汉语拼音方案》的字母表顺序排列字头,同一字母的再逐一类比,定其先后,如《汉语主题词表》;同音字再按声调(阴平、阳平、上声、去声)排列。目前多数中文工具书和索引都采用汉语拼音字母排检法排列正文条目。如《新华字典》。

2. 注音字母排检法

注音字母是由汉字偏旁改造而成的40个字母,其中分声母24个、韵母16个。它以北京语音为标准音,1958年前后出版的字(词)典大多数都以注音字母注明其读音,如《新华字典》1956年、1959年版和《同音字典》等。目前台湾省出版的工具书仍然采用。其方法是先声母、后韵母,同声同韵的字母按阴、阳、上、去四声的次序排列。

3. 韵部排检法

韵部排检法也称"声韵法",是我国古代按音韵排列汉字的一种方法。按韵部编排的字典称为"韵书"。我国在不同的历史时期有不同的韵部。宋代《广韵》分206个韵部,为《集韵》所沿用。自宋以来流行的平水韵(《平水新刊礼部韵略》)将其删并为106韵,从而成为文人作诗用韵的规范。一些主要工具书也按平水韵编排,如清代编的《佩文韵府》、《经籍纂诂》以及现代编的《辞通》等都按词目的末字分韵编排。《九史同姓名略》则按条目首字分韵编排。

利用韵部编排的工具书来查字词,可通过新印本所附的索引先查出该字的韵后,再按韵部去查。如新印本《佩文韵府》和《辞通》都编有首字四角号码和笔画索引。亦可先利用有关的字典查出该字的韵后,间接来查。

二、常用字典、词典简介

（一）字典类

1.《说文解字》

《说文解字》是我国第一部字典。东汉许慎编著。全书共 15 卷，收字 9353 个，另有重文 1163 个，共计 10516 字。作者将这些字依形体结构分为 540 部，"分别部居"、"据形系联"，首创有系统的部首编排法。字体以小篆为主，兼收古文和籀文。每字下的解释，一般先说字义，再说形体构造及读音，间引书证。依据"六书"理论解说文字，使读者可据以上求造字根源，下辨字体变迁，无论研究甲骨金石文字，还是当前的汉字应用和规范工作，都应该对此书加以研究和利用。许慎的说解总结了汉代儒家对经传文字的训释，是从生动的语言实际中概括归纳出的有体系的系统说解，所以，对我们研究学习古代汉语和阅读古书是很有参考价值的。

《说文解字》分部标准与现代辞书不尽相同，虽然书中列有部首总目，但部首的编排及部中各字的次第均无严格的规则，检查使用很不方便。1963 年中华书局影印出版的《说文解字》，于每个篆文之上加注楷体，卷末附有"部首检字表"和"正文检字表"，都以笔画顺序排列，较便于初学者使用。

历代研究和解释《说文解字》的著作很多，较好的有清代段玉裁的《说文解字注》、朱骏声的《说文通训定声》、桂馥的《说文解字义证》等，王筠的《说文句读》一书较便初学入门。

2.《康熙字典》

《康熙字典》是清初康熙时张玉书等人奉诏编撰的一部字典。该书的编撰工作始于康熙四十九年（1710），成书于康熙五十五年（1716），历时六年，因此书名叫《康熙字典》。全书共收了 47035 字，是我国古代字典中收字较多的一部。用部首笔画法编排，分成 214 部，以子、丑、寅、卯、辰、巳、午、未、申、酉、戌、亥十二地支为标目，将全书分为 12 集，每集又分上中下，并将 214 个部首按照笔画数目分属在 12 集中。同部之字以笔画数目排列，少的在前，多的在后。

这部字典正集前面列有总目、检字、辨似、等韵等。正集后面附有备考、补遗等。总目列有 214 个部首的次第；检字收的是部首不明确或不易查检的字；辨似是将某些笔画相似的字列在一起，加以对照分辨；备考所收为不通用的字和音义考证不清的字；补遗则是正集漏收的字。

释字体例是先音后义。先列历代主要韵书的反切，再解释意义，每义之下一般都引古书书证。

此书依据明朝《字汇》、《正字通》两书加以增订，对两书错误之处，做过一番"辨疑订讹"的工夫。《康熙字典》有三个优点：一是收字相当丰富，在很长一个时期内是我国字数最多的一部字典（直到 1915 年《中华大字典》出版，达四万八千余字，才超过了它）；二是它以 214 个部首分类，并注有反切注音、出处、及参考等，差不多把每一个字的不同音切和不同意义都列举进去，可以供使用者检阅；三是除了僻字僻义以外，它又差不多在每字每义下，都举了例子；这些例子又几乎全都是引用了"始见"的古书。

《康熙字典》有优点的同时，也存在两个缺点：一是全书反切和训释罗列现象，漫无标准，作者很少提出自己的见解，不利于初学者使用；二是其中疏漏和错误实多，王引之《字典考证》12卷，纠正其讹误2588条，这还只是其中的一部分错误。

《康熙字典》除清刻本外，常见的有上海鸿宝斋石刻本，书眉上附列篆体；商务印书馆铜版印本，书后附王引之《字典考证》。中华书局的影印精装本，则兼列篆文和《字典考证》，使用最为方便。

3.《中华大字典》

《中华大字典》著于1915年，由欧阳溥存等人编。比《康熙字典》晚了近二百年，该书编撰的目的就是要纠正《康熙字典》中的错误，弥补其不足，力求取而代之。全书共四百余万字，是辛亥革命后编辑出版的一部大字典。

用部首笔画法编制，编排体例略同《康熙字典》而调整了一些部首的排列顺序，书前列有检字表，依笔画编排，可供不熟悉字的部首偏旁者使用。

释义体例是先注反切，再注直音和韵部，反切以《集韵》为主，韵部依"平水韵"分为106部。释义按字义不同分列义项，每项另起行，逐次排列，解释也较扼要明晰。引用书证注明篇名，便于核对原文。

这部字典收字比《康熙字典》还多，义项收录较为完备，编辑体例也较精善，许多方面都针对《康熙字典》等旧字书的缺点而加以改进。但也未免有疏漏之处，如沿用旧说、释义不清、漏载引书篇名等等。而且，过于追求释义详备，也往往有一味堆砌有失归纳之嫌。所以与《康熙字典》相比，虽略胜一筹，但并没有取而代之。相反两者之间只是优劣互见对观而用，并参考《辞海》、《辞源》、《汉语大词典》、《汉语大字典》等以定取舍。特别是采用所引书证，须查对原书原文，以免延误。

目前海峡两岸的学者正在加紧编写《中华大字典》，这部大字典将收录两岸现代全部常用词汇，包括两岸分隔后各自产生的不同现代汉语词汇。编写《中华大字典》就是想将常用汉字词汇整理起来，方便两岸的沟通交流，也有利于在海外推行汉语教育。

（二）辞典类

1.《辞源》

辞源的编纂开始于1908年。1915年以甲乙丙丁戊五种版式出版。1931年出版《辞源》续编，1939年出版合订本。1949年出版简编。现在通行的是1979年至1983年出版的四册修订本。

辞源以旧有的字书、韵书、类书为基础，吸收了现代词书的特点；以语词为主，兼收百科；以常见为主，强调实用；结合书证，重在溯源。这是我国现代第一部较大规模的语文词书。

全书共收单字12890个，复词84134条，共计97024条目。用繁体字排版，采用部首笔画法编制。也以十二地支将全书分为十二集以统摄214个部首，同部之字按笔画为序，同笔画者依起笔形点、横、竖、撇、折为序。复音词或词组收在该词或词组的第一个字后，先按字数多少编排，字数相同者再依第二、三诸字的笔画和笔顺排列先后。每册末附"四角号码索引"，全书后附"单字汉语拼音索引"。

释义体例是先释单字音义，注音兼用汉语拼音、注音字母和反切，并注明古调类、韵部和声纽。再释复音词或词组的意义和用法。多义的单字和复音词都分条释义，逐条加引书证。

新版《辞源》收词止于鸦片战争,是专为解决阅读古籍时关于语词典故和有关古代文物典章制度等知识性疑难问题而编的,是一部古代汉语工具书。

《辞源》收词丰富,释义较精当,引文详注出处,是学习和研究古代汉语必备的工具书。

2. 《辞海》

《辞海》是中国最大的综合性辞典。《辞海》是以字带词,兼有字典、语文词典和百科词典功能的大型综合性辞典。"辞海"二字源于陕西汉中著名的汉代石崖摩刻《石门颂》。旧《辞海》自1915年秋启动后,至1928年止,时作时辍。1928年起专聘舒新城先生担任《辞海》主编,终于在1936年正式出版了《辞海》两巨册,声动全国,名重一时,成为中国出版史上永久载入的一件大事。1958年重新修订,1979年由上海辞书出版社出版三卷本。1989年再次修订出版。词目包括一般词语和百科词语两部分,共12万余条,1588万字。除三卷本外,另有缩印本一卷以及按学科分类编排的26个分册。1989年版《辞海》收录380580条汉语词汇,基本涵盖了全部的常用词语。1999年版《辞海》较1989年版略增,条目有大量修订,主要是反映国内外形势的变化和文化科学技术的发展,弥补缺漏,纠正差错,精简少量词目和释文。本版新增彩图本,配置16000余幅图片,版式也有革新,分为四卷,另加附录、索引一卷。

现在正在推行的是2009年上海辞书出版社出版江泽民题字的新版《辞海》。2009年版《辞海》,通过数以千计的作者、编者、出版者近五年的奋战,终于大功告成。据初步统计,2009年版《辞海》总条数近13万条,比1999年版增8%;其中新增1万多条,词条改动幅度超过全书的三分之一;删去条目7000条左右;总字数约1900万字,比1999年版增加约10%。2009年出版的《辞海》与1999年出版的《辞海》相比有以下特点:①增收"三个代表"重要思想、科学发展观及相关系列条目,使中国特色社会主义理论体系条目系列化。②首次增收现代汉语,突破历版《辞海》只收古汉语惯例。"超女""囧"等落选,"汶川特大地震""北京奥林匹克运动会"入选。③首次增收新中国成立后的文学作品,弥补中国现代文学史条目空缺,《红岩》等入选。④陈省身、王选、华国锋、巴金、谢晋、叶利钦、萨达姆、苏哈托等人物首次入选。⑤新收录两位广东籍人物:"中国民俗学之父"、海丰人钟敬文和著名电影演员、番禺人谢添等。

《辞海》与《辞源》收词重点、范围都有所不同:《辞海》更讲究字量,释文主要是介绍基本知识,解决读者"质疑问题"的需要,兼顾各学科的固有体系;《辞源》偏重于源头,侧重解释语词典故、古代文物典章制度,不收现代自然科学和社会科学词目,收词止于鸦片战争。二书对照使用,可以取长补短。

3. 《现代汉语词典》

《现代汉语词典》,是中华人民共和国的第一部普通话词典,由中国社会科学院语言研究所词典编辑室编写,其编辑主任是吕叔湘和丁声树,商务印书馆出版,在中国大陆语言界具权威地位。该书1978年初版,1983年和1996年曾出版过两部修订本,2002年出版增补本,截至2009年最新版本是2005年版(第五版)。全书收的字、词、词组、熟语、成语等在不同版上数量不同,1978年第1版56000条,1983年第2版56000条,1994年第3版60000条、2002年第4版61000万条、2005年第5版65000条。

《现代汉语词典》按音序编排,先释单字,后释以该字为字头的复音词、词组。每条

古代汉语

都用汉语拼音字母注音，单字条目所用汉字形体以现在通行的为标准，分析意义以现代汉语为主导。书前附有《音节表》、《新旧字形对照表》、《部首检字表》以及《四角号码检字表》。

《现代汉语词典》虽然以现代汉语为主，但也收了一些常见的古代汉语字词，立有古代义项和古代用法。书面上的文言文词用〈书〉来表示，古代用法用〈古〉来表示。这些对学习古代汉语有一定的帮助。

4．《汉语大词典》

这是中国大型的汉语词典，编纂始于1975年。山东、江苏、安徽、浙江、福建、上海五省等有关单位参与编写。罗竹风主编。1986年由汉语大词典出版社出版第一卷，至1993年全书出齐。1998年出版了《汉语大词典》简编本。简编本分上、下两册，收单字2万余个，复词熟语20万余条，全书1500万字。在立目、释义、举证等方面精心筛选，保留了《汉语大词典》中最精粹的内容。

其内容之浩繁，包括社会生活、古今习俗、中外文化乃至各种宗教的教义等，都发生纵向或横向联系。全书12卷，共收词目约37万条，5千余万字。并配有插图两千余幅；另有《附录·索引》1卷。它的编辑方针是"古今兼收，源流并重"。其专业性质，只收汉语一般语词，着重从语词的历史演变过程加以全面阐述。所收条目力求义项完备，释义确切，层次清楚，文字简练。单字则以有文献例证者为限。所引例证都是从原书摘录的第一手资料，准确可靠。单字采用部首检字法编排，在214部首的基础上稍加改进。其他检字法如音序、笔画等一系列为附录。

5．《汉语大字典》

《汉语大字典》是当今世界上规模最大、收集汉字单字最多、释义最全的一部汉语字典，由四川、湖北两省三百多名专家、学者和教师经过十年努力编纂而成。

《汉语大字典》注重形音义的密切配合，尽可能历史地、正确地反映汉字形音义的发展。在字形方面，在楷书的单字条目下，收录了能够反映形体演变关系的、有代表性的甲骨文、金文、小篆和隶书形体，并简要说明其结构的演变。所收入的每一个形体都有可靠的实物或拓片为依据，不选用二手或三手材料。在字音方面，对收寻的楷书单字尽可能地注出了现代读音，并收列了中古的反切，标注了上古的韵部。在字义方面，不仅注意收列常用字的常用义，而且注意考释常用字的生僻义和生僻字的义项，还适当地收录了复音词中的词素义。释义准确，义项齐备，例证丰富典范。全书约2000万字，共收楷书单字56000多个，是当今世界上收录汉字最多的一部字典。凡古今文献资料中出现的汉字，基本上都可以在该字典中找到。该字典以部首编排。在传统的214个部首的基础上，酌情删并为200个部首。正文7卷，每册前有"总部首目录"、"部首排检法说明"、"新旧字形对照举例"、各卷"部首目录"和"检字表"。第8卷是各种附录、分卷部首表、全书笔画检字表和补遗。

1992年，湖北辞书出版社和四川辞书出版社出版了《汉语大字典》缩印本1册，在印制工艺许可的范围内，对个别字头的明显讹误作了必要的订正，并对原《笔画检字表》重新进行了编排。1995年，又出版了3卷本的《汉语大字典》。3卷本《汉语大字典》除对原8卷本的附录进行了适当的删节外，并对个别字头在形、音、义方面的讹误再次做了必要的订正。

使用《汉语大字典》时要注意，由于全书采用繁体字编排，必须按繁体字进行查找。

《汉语大词典》与《汉语大字典》是迄今为止规模最大、最完备的字词工具书，代表了汉语辞书学的最新成果，使我国汉语辞书的编纂达到新水平。

（三）虚词类

目前，关于古代汉语虚词的词典比较多，下面简单介绍几个比较常用的虚词词典。

1. 《古代汉语虚词词典》

它是一部关于古汉语虚词的工具书。何乐士主编，语文出版社出版。《古代汉语虚词词典》收录虚词的量比较适中，共收单音虚词382个，固定格式、惯用词组和复音虚词1100个。语料的依据，以先秦两汉古籍为重点，延及唐、宋、元、明、清，其中又以中学语文课本中的文言文及诗、词、赋选篇为主，兼顾广大读者较熟悉的古籍名篇以及《大学语文》的部分篇目。本书分为前言、凡例、正文音序检字表、词典正文、附录一（助动词介绍）、附录二（本书虚词系统）、附录三（主要参考文献）、后记几个部分。词典对每一虚词都从所属词类、所含再分类、所含义项，在句中位置以及所扮演的句子成分、所在句式的特点、与其他句子成分的搭配关系，可译语、举例等方面进行描写和说明。尽力探讨虚词的系统性并努力追求对虚词作用和特点解释的合理性和科学性。为了做到以普及为主，在内容的介绍上力求以纲带目，条理清晰；在语言的解说上力求深入浅出，通俗易懂；全部例句除极少数不需译文外，都有现代汉语译文，并对个别难懂的词语作了简要注释，对一些难读难认的字附了汉语拼音。

2. 《古代汉语虚词词典》（最新修订版）

它是一部普及性的古代汉语工具书。迟铎主编，商务印书馆国际有限公司出版。《古代汉语虚词词典》（最新修订版）分为前言、凡例、词目音序检字表、词典正文、附录、古汉语语法提纲几个部分。全书收录虚词676条，每个词条都从词性、用法、意义、例句等方面加以说明。6000余条书证选自1060篇古代典籍，并翻译为现代汉语，方便读者理解。体例科学严谨，解释简明扼要，译文准确流畅。双色印刷，方便读者查阅。

三、使用工具书应注意的问题

（一）熟悉工具书体例

所谓辞书体例，指的是编排、词目、字体、注音、释义以及引文书证等。这些问题一般在书前"序"、"凡例"及有关规定中都有阐释，掌握了这些体例就可以提高查阅字典、词典的效率。

（二）掌握查字、定音、选义的要领

查字、定音、选义概括了查阅辞书的基本内容。查阅字典、词典时，首先要找到所查的字。前面介绍了常用的查字法，即部首查字法、音序查字法、笔画笔顺查字法和四角号码查字法等。其中以部首查字法使用最多。部首检字法在运用时要注意变形部首，如"心"的变形等。其次注意选择义项要符合文意，符合通篇的语言规律。

（三）充分发挥工具书的效能

任何一部完善的辞书，也不能把词所有的意义都收集进来。我们利用辞书时要发挥主观能动性，充分发挥它的效能。例如有些词组查不到，我们就要灵活地查找与此词组相关的词，综合文意加以概括和提炼。

思考与练习

一、回答下面问题。

1. 使用工具书应注意哪些问题？
2. 字典类和辞典类有哪些常用工具书？

二、利用《康熙字典》或新《辞海》查阅下列各字所属的部首。

戈 戍 泰 幽 蜀 胥 存 祭
虞 董 之 闽 我 义 见 望

三、利用新《辞海》，解释下文中加点词的词义，并注出正确的读音。

国子先生晨入太学，招诸生立馆下，诲之曰："业精于勤，荒于嬉；行成于思，毁于随。方今圣贤相逢，治具毕张，拔去凶邪，登崇畯良。占小善者率以录，名一艺者无不庸。爬罗剔抉，刮垢磨光。盖有幸而获选，孰云多而不扬？诸生业患不能精，无患有司之不明；行患不能成，无患有司之不公。"（韩愈《进学解》）

【选词概述】

相　观　除　拜　毙　厌　即　封　质　谢　市　北　乘　步　给
所　树　就　薄　礼　逝　遗　去　令　暴　奔　好　将　宗　名

【相】①本义是仔细看，审视，动词。许慎《说文解字》："相，省视也。"所以从目。如王充《论衡·订鬼》："伯乐学相马，顾玩所见，无非马者。"②旧时指人的形体、相貌。《孔雀东南飞》："儿已薄禄相，幸复得此妇。"③帮助，辅助。王安石《游褒禅山记》："有志与力，而又不随以怠，至于幽暗昏惑而无物以相之，亦不能至也。"④为辅佐君主的大臣，如宰相，丞相，相国。《资治通鉴·赤壁之战》："操虽托名汉相，其实汉贼也。"⑤用作副词，互相。《史记·廉颇蔺相如列传》："卒相与欢，为刎颈之交。"⑥表示动作偏向一方，或从单方面发出，而非互相的关系。《列子·汤问》："杂然相许。"

【观】（觀）①本义是仔细看，观看，动词。《说文解字》："观，谛视也。"《广雅·释诂一》："观，视也。"《史记·孙子吴起列传》："吴王从台上观，见且斩爱姬，大骇。"②观察、考察。柳宗元《捕蛇者说》："故为之说，以俟夫观人风者得焉。"③观赏、欣赏。范仲淹《岳阳楼记》："予观夫巴陵胜状，在洞庭一湖。"④"观"由仔细看引申为示范、显示的意思。《左传·襄公十一年》："诸侯之师观兵于郑东门。"《汉书·宣帝纪》："飨赐单于，观以珍宝。"这里则有炫耀之意。⑤景象。范仲淹《岳阳楼记》："此则岳阳楼之大观也。前人之述备矣。"⑥用作名词，本指古代宫门外高台上的望楼。《史记·廉颇蔺相如列传》："今臣至，大王见臣于列观，礼节甚倨，得璧，传之美人，以戏弄臣。"后来道教的庙宇也称观。

【除】①本义是宫殿的台阶。《说文解字》："除，殿陛也。"《汉书·王莽传》："自前殿南下椒除。"②泛指一般的台阶。《汉书·李广苏建传》："扶辇下除，触柱折辕。"③清除、去掉，动词。《战国策·燕策三》："然则将军之仇报，而燕国见陵之耻除矣。"④修治、整修之意。张溥《五人墓碑记》："至于今，郡之贤士大夫请于当道，即除魏阉废祠之址以葬之。"⑤用作拜官、授职的意思。文天祥《指南录后序》："予除右丞相兼枢密使，都督诸路军马。"

【拜】①本义：古代一种表示恭敬的礼节，两手合于胸前，头低到手。许慎《说文解字》："从两手，从下。"《说文解字》引扬雄说："拜从两手下。"表示双手作揖，或下拜。《史记·廉颇蔺相如列传》："拜送书于庭。"②引申为下跪叩头。《史记·项羽本纪》："哙拜谢，起，立而饮之。"③谒见，拜见。《论语·阳货》："孔子时其亡也，而往拜之。"可解释为拜谢。行拜礼表示感谢。《左传·僖公三十三年》："三年，将拜君赐。"④授给官职。《史记·廉颇蔺相如列传》："相如既归，赵王以为贤大夫，使不辱于诸侯，拜相如为上大夫。"⑤受官，就任。文天祥《指南录后序》："于是辞相印不拜，翌日，以资政殿学士行。"⑥上，献。李密《陈情表》："谨拜表以闻。"

【毙】（斃）①因病或受伤而倒下。《左传·成公二年》："射其右，毙于车中。"②死，杀死。《聊斋志异·促织》："及扑入手，已股落腹裂，斯须就毙。"《聊斋志异·狼》："以刀劈狼首，又数刀毙之。"③灭亡、死亡、垮台的意思。《左传·隐公元年》：

古代汉语
GU DAI HAN YU

"多行不义，必自毙。"

【厌】（厭）①通"餍"（yàn），饱，满足的意思。《论语·述而》："学而不厌，诲人不倦，何有于我哉？"《韩非子》："服文采、带利剑、厌饮食。"②厌倦、厌恶。《孟子公孙丑上》："我学不厌而教不倦也。"③嫌恶、憎恶。《谭嗣同传》："人常厌事。"在现代汉语中一般不单用。

【即】①本义是走近去吃东西，《说文解字》："即，即食也。"《易·鼎》："鼎有实，我仇有疾，不我能即。"②靠近、接近。柳宗元《童区寄传》："夜半，童自转，以缚即炉火烧绝之。"③古时还特指登上天子或诸侯之位，登上，走上。《左传·隐公元年》："及庄公即位，为之请制。"④就、立即、马上。陶渊明《桃花源记》："太守即遣人随其往。"⑤当、当时。《史记·项羽本纪》："项王即日因留沛公与饮。"⑥倘若。《史记·滑稽列传》："即不为河伯娶妇，水来漂没，溺其人民云。"⑦与"则"的用法相同，相当于"那就"之意。《史记·陈涉世家》："且壮士不死即已，死即举大名耳。"

【封】①本义是聚土培植。《说文解字》："封，爵诸侯之土也。"《左传·昭公二年》："宿敢不封殖此树。"②疆界、边界。《史记·商君列传》："开阡陌封疆。"③用作动词，即指帝王把土地（或爵位）授予臣子。苏洵《六国论》："以赂秦之地，封天下之谋臣。"《史记·项羽本纪》："劳苦而功高如此，未有封侯之赏。"④指帝王或将领筑土为坛以祭山神、纪念胜利，称为封山。辛弃疾《永遇乐·京口北固亭怀古》："元嘉草草，封狼居胥，赢得仓皇北顾。"⑤封闭、封合。《史记·项羽本纪》："吾入关，秋毫不敢有所近，籍吏民，封府库，而待将军。"

【质】（質）①本义是以物抵押。《说文解字》："质，以物相赘。"②引申为抵押品，即作为保证的人或物。方苞《狱中杂记》："惟大辟无可要，然犹质其首。"③指朴实无华，与"文"相对。《论语·雍也》："文质彬彬，然后君子。"④资质、质地。柳宗元《捕蛇者说》："永州之野产异蛇，黑质而白章。"⑤问对，质询。宋濂《送东阳马生序》："余立侍左右，援疑质理。"

【谢】（謝）①本义是向人认错道歉。《史记·项羽本纪》："旦日不可不蚤自来谢项王。"②用委婉言辞推辞、谢绝。《史记·孙子吴起列传》："齐威王欲将孙膑，膑辞谢。"含有告诉的意思。《孔雀东南飞》："多谢后世人，戒之慎勿忘！"③有感谢之意。《史记·项羽本纪》："哙拜谢，起，立而饮之。"④辞去官职的意思。王维《送张五归山》："当亦谢官去，岂令心事违。"⑤衰败、凋落。李渔《闲情偶寄》："及花之既谢，亦可告无罪于主人矣。"

【市】①做买卖的场所，市场。《说文解字》："市，买卖所之也。"《木兰诗》："东市买骏马，西市买鞍鞯。"②用作动词，商品交易、买卖、购买。《木兰诗》："愿为市鞍马，从此替爷征。"③古代常与"井"字连用，引申为城市、市镇。《史记·信陵君列传》："臣乃市井鼓刀屠者。"

【北】①常用义指方向，表方位词，北方、北面。苏轼《石钟山记》："南声函胡，北音清越。"《列子·汤问》："太行、王屋二山，本在冀州之南，河阳之北。"②引申为溃败，也指败逃者。贾谊《过秦论》："追亡逐北，伏尸百万，流血漂橹。"《战国策·燕策一》："燕兵独追北，入至临淄。"

【乘】①本义是登、升。《诗·豳风·七月》："亟其乘屋。"②驾（车）、坐（车）、骑（马）。《左传·庄公十年》："公与之乘。战于长勺。"③趁、冒着。姚鼐《登泰山记》："自京师乘风雪。"④用作名词，表兵车，读 shèng。《左传·宣公十二年》："而卒乘辑睦，事不奸矣。"表示车辆数量，⑤引申为数字"四"。《左传·僖公三十三年》："弦高将市于周，遇之，以乘韦先，牛十二犒师。"⑥又作量词。《战国策·赵策四》："于是为长安君约车百乘。"

【步】①本义：行走。许慎《说文解字》："步，行也。"方苞《狱中杂记》："一人六倍，即夕行步如平常。"屈原《楚辞·涉江》："步余马兮山皋。"又可解释为步行，徒步行走，与骑马相比较。《资治通鉴》："操引军从华容道步走，遇泥泞，道不通，天又大风，悉使羸兵负草填之，骑乃得过。"②按照，跟着，跟随。毛泽东《浣溪沙》："柳亚子先生即席赋浣溪沙，因步其韵奉和。"③举足两次为一步。古时一举足叫跬（半步），两足各跨一次叫步。今指行走时两脚之间的距离。杜牧《阿房宫赋》："五步一楼，十步一阁。"《荀子·劝学》："不积跬步，无以至千里。"还可解释为脚步，步伐。《玉台新咏·古诗为焦仲卿妻作》："纤纤作细步。"《乐府诗集·陌上桑》："盈盈公府步，冉冉府中趋。"④步兵（诸兵种之一）。《资治通鉴》："诸人徒见操书言水步八十万而各恐慑，不复料其虚实。"⑤长度单位。历代不一，周代以八尺为步，秦代以六尺为步，旧制以营造尺五尺为步。《荀子·劝学》："骐骥一跃，不能十步。"陶渊明《桃花源记》："忽逢桃花林，夹岸数百步，中无杂树，芳草鲜美，落英缤纷。"

【给】（給）①本义：衣食丰足，充裕。读 jǐ。许慎《说文解字》："给，相足也。"贾思勰《齐民要术·序》："岁岁广开，百姓充给。"②引申为供给，供应。《史记·高祖本纪》："镇国家，抚百姓，给馈饷。"③授与，交付。《吕氏春秋》："若残竖子之类，恶能给若金！"④口齿伶俐。《论语·公冶长》："御人以口给，屡憎于人。"《荀子·非十二子》："辩说譬谕齐给便利。"

【所】①本义：伐木声。许慎《说文解字》："伐木声也。从斤户声。"读 hǔ。②假借为"处"。处所，地方。《左传·隐公元年》："不如早为之所。"《墨子·号令》："夜以火指鼓所。"③量词。套、座，用于房屋。班固《西都赋》："离宫别馆，三十六所。"《括地志》："百济国西南海中有大岛十五所。"④着落，结果。《左传·僖公三十二年》："勤而无所，必有悖心。"黄宗羲《原君》："今也天下之人怨恶其君，视之如寇仇，名之为独夫，固其所也。"⑤代词，放在动词前面，组成名词性词组。表示"……的人"、"……的事"、"……的地方"等。《孟子·告子上》："生，亦我所欲也；义，亦我所欲也。"⑥用在数量词后面，表示大概的数目。《史记·留侯世家》："父去里所，复还。"《左传·僖公十二年》："从弟子女十人所，皆衣缯单衣，立大巫后。"⑦和介词"以"组成"所以"短语。主要有两个方面的意思：一是表示"……的原因"。《商君书·农战》："国之所以兴者，农战也。"诸葛亮《出师表》："亲贤臣，远小人，此先汉所以兴隆也。"二是表示"用来……的东西"。《韩非子·五蠹》："夫仁义辩智，非所以持国也。"《吕氏春秋·察今》："先王之所以为法者，人也。"⑧用在作主谓结构的谓词前，相当于"之"、"的"。《史记·平准书》："各因其土地所宜，人民所多少而纳职焉。"⑨与"为"呼应，构成"为……所……"句式，表示被动。苏洵《六国论》："为国者无使为积威之所劫哉。"《资治通鉴》："巨是凡人，偏在远郡，行将为人所并。"

【树】（樹）①本义是栽种、种植。《诗经·郑风·将仲子》："无折我树杞。"②竖立、设置。《冯婉贞》："筑石寨土堡于要隘，树帜曰'谢庄团练冯'。"③用作名词，指树木。陶渊明《桃花源记》："忽逢桃花林，夹岸数百步，中无杂树，芳草鲜美，落英缤纷。"

【就】①本义是到高处去住。《说文解字》："就，就高也。"②接近、靠近。《三国志·蜀书·诸葛亮传》："此人可就见，不可屈致也。"③赴任、就职。《后汉书·张衡传》："永元中，举孝廉不行，连辟公府不就。"④完成。王安石《伤仲永》："自是指物作诗立就，其文理皆有可观者。"⑤成功。黄宗羲《明夷待访录·原君》："汉高帝所谓'某业所就，孰与仲多'者，其逐利之情，不觉溢之于辞矣。"

【薄】①本义是指草木丛生处。《说文解字》："薄，林薄也。"《楚辞·涉江》："露申辛夷，死林薄兮。"②通"迫"，迫近、临近。范仲淹《岳阳楼记》："薄暮冥冥，虎啸猿啼。"③减少，减轻。晁错《论贵粟疏》："薄赋敛，广畜积，以实仓廪。"④轻视，看不起。诸葛亮《出师表》："不宜妄自菲薄，引喻失义，以塞忠谏之路也。"⑤侵入，混杂。方苞《狱中杂记》："矢溺皆闭其中，与饮食之气相薄。"⑥微小，少。《聊斋志异·促织》："不终岁，薄产累尽。"⑦感情不深，冷淡，与"厚"相对，读作 báo。《孔雀东南飞》："慎勿为妇死，贵贱情何薄？"

【礼】（禮）①本义为举行仪礼，祭神求福。《说文解字》："禮，履也。所以事神致福也。"《史记·廉颇蔺相如列传》："设九宾礼于廷。"②表示敬意，礼貌。宋濂《送东阳马生序》："或遇其叱咄，色愈恭，礼愈至，不敢出一言以复。"③礼遇，以礼相待。苏洵《六国论》："以事秦之心礼天下之奇才。"④用作名词，表礼节。泛指奴隶社会和封建社会的等级制度，以及与此相适应的礼节仪式。《论语·为政》："导之以德，齐之以礼。"

【逝】①本义为去，往。《说文解字》："逝，往也。"《论语·子罕》："君子可逝也。"②离去。柳宗元《小石潭记》："俶尔远逝，往来翕忽。"③死亡，去世。曹丕《与吴质书》："徐、陈、应、刘，一时俱逝，痛可言邪。"④通"誓"，表决心。《诗经·魏风·硕鼠》："逝将去女，适彼乐土。"

【遗】（遺）①本义为遗失、丢失。《说文解字》："遗，亡也。"范晔《后汉书·乐羊子妻》："羊子尝行路，得遗金一饼。"②遗漏，因疏忽而漏掉。韩愈《师说》："小学而大遗，吾未见其明也。"③遗留，特指死人留下的东西。诸葛亮《出师表》："察纳雅言，深追先帝遗诏。"④读作 wèi，赠送、给予。《史记·魏公子列传》："公子闻之，往请，欲厚遗之。"⑤不自主地排泄。《汉书·东方朔传》："朔尝醉入殿中，小遗殿上。"

【去】①本义是离开、离去。《说文解字》："去，人相违也。"柳宗元《小石潭记》："不可久居，乃记之而去。"②距、距离。《史记·项羽本纪》："当是时，项王军在鸿门下，沛公军在霸上，相去四十里。"③除去。《资治通鉴·赤壁之战》："当横行天下，为汉家除残去秽。"④前往，到别处，跟"来"相反。《玉台新咏·古诗为焦仲卿妻作》："汝可去应之。"⑤用在谓词或谓词结构后表示动作的趋向。辛弃疾《永遇乐·京口北固亭怀古》："风流总被雨打风吹去。"

【令】①本义是发布命令，《说文解字》："令，发号也。"《论语·子路》："其身正，不令而行。"②有使、让之意。《史记·陈涉世家》："又间令吴广之次所旁丛祠中，夜篝火。"③用作名词，表示所发布的命令或法令。《战国策·齐策一》："令初下，群臣进谏，门庭若市。"④引申为中国古代政府某部门或机构的长官，如郎中令；或指县一级长官，如县令。蒲松龄《聊斋志异·促织》:"有华阴令欲媚上官。"⑤用作形容词,有善、美好的意思。《玉台新咏·古诗为焦仲卿妻作》:"年始十八九,便言多令才。"

【暴】①本义为晒。《劝学》:"虽有槁暴,不复挺者,𫐓使之然也。"②暴露,显露。读作 bào。苏洵《六国论》:"思厥先祖父,暴霜露,斩荆棘,以有尺寸之地。"③有凶恶、残暴之意。《史记·陈涉世家》:"将军身被坚执锐,伐无道,诛暴秦。复立楚国之社稷,功宜为王。"④还有脾气过分急躁的意思。《玉台新咏·古诗为焦仲卿妻作》:"性行暴如雷。"⑤用作副词,猛然、突然。《吕氏春秋·察今》:"澭水暴益,荆人弗知。"

【奔】①本义为快跑、急走。柳宗元《捕蛇者说》:"永之人争奔走焉。"②逃跑,逃亡。文天祥《指南录后序》:"得间奔真州。"③用作名词,指飞奔的马。《水经注·三峡》:"其间千二百里,虽乘奔御风不以疾也。"

【好】①本义貌美。《战国策·赵策三》:"鬼侯有子而好。"《史记·滑稽列传》:"是女子不好,烦大巫妪为入报河伯,得更求好女,后日送之。"②美好,良好。《诗经·郑风·缁衣》:"缁衣之好兮,敝,予又改造兮。"③用作动词,爱好,喜欢。跟"恶"相对。刘向《说苑·建本》:"老而好学,如炳烛之明。"④和好,友爱。《孟子·告子下》:"既盟之后,言归于好。"

【将】(將)①奉献。《诗经·周颂·我将》:"我将我享,维羊维牛。"②奉养。《诗经·小雅·四牡》:"王事靡盬,不遑将父。"③扶持。《史记·田叔列传》:"少孤贫,为人将车。"④带着,带领。音 jiàng。《水经注·庐江水》:"吴猛将子弟登山。"《史记·廉颇蔺相如列传》:"赵使廉颇将攻秦。"⑤用作名词,表示将领、将帅。《史记·廉颇蔺相如列传》:"赵王因以括为将。"做动词时,表示使为将。《史记·廉颇蔺相如列传》:"赵王不听,遂将之。"⑥用作副词,表示将要、快要。《论语·阳货》:"吾将仕矣。"⑦用作连词,表示并列关系。和,同。李白《月下独酌》:"暂伴月将影,行乐须及春。"

【宗】①本义:宗庙,祖庙。许慎《说文解字》:"宗,尊祖庙也。"《诗·大雅·凫鹥》:"既燕于宗。"②引申为祖宗、祖先。《左传·成公三年》:"若不获命,而使嗣宗职。"即"嗣其祖宗之职位。"③解释为宗族,同族。同一祖先的后代称宗,同祖同宗。《国语·晋语》:"其宗灭于绛。"④尊奉。《礼记·檀公上》:"夫明王不兴,而天下其孰能宗予?"还可解释为尊崇、尊敬。《仪礼·士昏礼》:"宗尔父母之言。"⑤宗旨,主旨。《吕氏春秋》:"以天为法,以德为行,以道为宗。"⑥引申为同出一祖的派别,宗派。特指学术领域中值得继承的人。许浑《冬日宣城开元寺赠元孚上人诗》:"一钵事南宗,僧仪称病客。"

【名】①人的名字。《说文》:"名,自命也。"《楚辞·离骚》:"肇赐余以嘉名。"②命名。沈括《梦溪笔谈·雁荡山》:"又有经行峡、宴坐峰,皆后人以贯休诗名之也。"③名分,名义。《史记·袁盎晁错列传》:"以诛错为名,其义非在错也。"④声誉,名声。辛弃疾《破阵子》词:"赢得生前身后名,可怜白发生!"⑤出名的,有名声的。李白《庐山谣寄卢侍御虚舟》诗"五岳寻仙不辞远,一生好入名山游。"⑥山川因大而有名,于是产生"大"的意思。《庄子·人间世》:"宋有荆氏者,宜楸、柏、桑,……三围四围,求高名之丽者斩之。"⑦字,文字。《仪礼·聘礼》:"百名以上书于策,不及百名书于方。"

【文选阅读】

一、子路、曾晳、冉有、公西华侍坐

《論語》

[學習指導]

本篇選自《論語·先進》，編者取文章第一句作爲標題。它生動地記述了孔子與孔門四弟子的關於言志的對話，表現了四弟子的不同性格、志趣，也表明了孔子的教育目的和教學方法。文章以言志爲線索，通過人物對話、動作、神態的描述，反映了儒家"足食足兵"、"先富後教"和"禮樂治國"的政治思想及孔子循循善誘、因材施教的教育方法。

掌握文中"居、或、攝、俟、撰、傷、鼓、禮、讓、安、孰、師旅、饑饉、比及、喟然、是故"等詞與短語的意義。掌握"毋吾以也"和"不吾知也"的賓語前置句法。

子路、曾晳、冉有、公西華侍坐[1]。子曰："以吾一日長乎爾，毋吾以也[2]。居則曰：'不吾知也[3]！'如或知爾，則何以哉[4]？"子路率爾而對曰[5]："千乘之國，攝乎大國之間，加之以師旅，因之以饑饉[6]；由也爲之，比及三年，可使有勇，且知方也[7]。"夫子哂之[8]。"求！爾何如？"對曰："方六七十，如五六十[9]，求也爲之，比及三年，可使足民[10]。如其禮樂，以俟君子[11]。""赤！爾何如？"對曰："非曰能之，願學焉[12]。宗廟之事，如會同[13]，端章甫[14]，願爲小相焉[15]。""點！爾何如？"鼓瑟希，鏗爾，舍瑟而作[16]。對曰："異乎三子者之撰[17]。"子曰："何傷乎[18]？亦各言其志也。"曰："莫春者，春服既成[19]。冠者五六人，童子六七人[20]，浴乎沂，風乎舞雩，詠而歸[21]。"夫子喟然歎曰："吾與點也[22]！"

[註釋]

[1] 子路：姓仲，名由，字子路，一字季路。曾晳（xī）：名點，曾參的父親。冉有：名求，字子有。公西華：名赤，字華。公西是複姓。侍坐：陪侍（孔子）坐着。侍，本指侍立於尊者之旁。

[2] 以：因爲。一日長乎爾：比你們年紀大些。一日：一兩天的意思，表示時間短，作"長"的狀語。長：年紀較大。乎：介詞，同"於"，這裏表示比較。爾：第二人稱代詞，這裏表複數，你們。毋吾以也：不要因爲我（而不敢講話了）。毋：否定副詞，不要。以：因爲。"吾"是"以"的賓語，在否定句中代詞賓語前置。

[3] 居：平居，即平常。這句主語是"你們"。則：同"輒"，副詞，往往，總是。不吾知：不知吾。否定句，代詞賓語前置。知：瞭解。

[4] 如或：如果有人。如：連詞，如果。或：肯定性無定代詞，有人。何以：怎麽辦。

[5] 率爾：不假思索的樣子。爾，助詞，用作修飾語的詞尾，表示"……的樣子"。
[6] 千乘之國：擁有一千輛戰車的國家。千乘之國屬於中等諸侯國。乘：古時一車四馬叫一乘。攝：夾。乎：介詞，表所在。加：加在上面，這裏指軍隊加在上面，即進攻，侵犯。之：代詞，指千乘之國。以：介詞，用。師旅：古代軍隊編制的單位。五百人爲一旅，二千五百人爲一師。這裏指大國來侵犯的軍隊。因：動詞，繼，接續。之：代詞，指代大國軍隊侵犯。饑饉（jǐn）：指災荒。《爾雅·釋天》："穀不熟爲饑，菜不熟爲饉。"
[7] 比（舊讀 bì）及：等到。"使"後省兼語"之"，指代國家的人民。且：連詞，並且。方：方向，即義方，正道，這裏指道義的方向。
[8] 哂（shěn）：字亦作"吲"，微笑。這裏略帶譏笑的意思。之，代子路。
[9] 方：見方，指面積。如：連詞，表選擇，或者。
[10] "使"後省兼語"之"，指代這樣的國家。足民：使民豐足。
[11] 如其：至於那個。如：若，至於，有表轉折的作用。其：指示代詞，那個。禮樂：禮與樂的合稱。俟：等待。
[12] 焉：這裏作指示代詞兼語氣詞，所指代的內容即下文所說的"小相"這種工作。
[13] 宗廟：祖廟，諸侯國有宗廟。這裏指諸侯祭祀祖先的事。如：連詞，或者。會同：古代諸侯朝見天子，如不是按規定的時間去朝見叫"會"，與眾諸侯一起去朝見叫做"同"，後來兩君相見也叫"會"。
[14] 端：玄端，古代的一種禮服。章甫：當時貴族通常戴的一種黑色禮帽。這裏都是名詞用作動詞，意思是"穿着禮服，戴着禮帽"。"甫"一作"父"。
[15] 小相：在祭祀、會盟或朝見天子時主持贊禮和司儀的人。卿大夫擔任贊禮工作叫"大相"，士擔任贊禮工作叫"小相"。公西華表示願爲小相，態度更謙虛。
[16] 鼓：彈奏。瑟：古代一種弦樂器，一般有二十五弦。希：同"稀"，稀疏，這裏指鼓瑟的聲音已接近尾聲。這句主語是"曾晳"。鏗爾：擬聲詞，這裏指曲終收撥劃動琴弦的聲音。舍：捨棄，這裏指"推開"、"放下"。作：站起來。
[17] 撰：才具、才幹。
[18] 何傷乎：有什麼關係呢？
[19] 莫春：指農曆三月。莫，音義同"暮"，"暮"的本字。者：助詞，用在表示時間的詞後面表提頓。春服：夾衣。
[20] 冠（guàn）者：古代貴族男性青年，有二十行冠禮的制度。所謂"冠者"：即指二十歲以上的成年人。童子：尚未成年的孩子。
[21] 沂（yí）：水名，發源於山東鄒縣東北，西流經曲阜與洙水會合，入泗水。乎：介詞，表所在。風：名詞用作動詞，吹風，乘涼。舞雩（yú）：地名，在今曲阜縣城東南。雩：本是求雨的祭名，古代求雨之祭，叫"雩祭"。雩祭時，有巫人在壇上歌舞，故稱舞雩。雩祭的地方築有土壇，周圍種有樹，所以能乘風涼。詠：唱歌，動詞用作狀語，表示行爲的方式。
[22] 喟（kuì）然：歎息的樣子。與：動詞，贊成，同意。

三子者出，曾皙後[1]。曾皙曰："夫三子者之言何如[2]？"子曰："亦各言其志也已矣。"曰："夫子何哂由也？"曰："爲國以禮，其言不讓[3]，是故哂之。""唯求則非邦也與[4]？""安見方六七十如五六十而非邦也者？""唯赤則非邦也與？""宗廟會同，非諸侯而何[5]？赤也爲之小，孰能爲之大[6]？"

[註釋]

[1] 後：後出，用作動詞。
[2] 夫：指示代詞，那。
[3] 也已矣：語氣詞連用。可譯爲"罷了"。讓：謙虛，謙讓。
[4] 唯：句首語氣詞。求：這裏指冉求所說的。則：副詞，就。邦：國家。與：疑問語氣詞，這裏表示反問。
[5] 安：疑問代詞作狀語，怎麼。也者：語氣詞連用，與"安"相呼應，表疑問語氣。宗廟會同：意思是有宗廟之事，有會同之事。非諸侯而何：不是諸侯國是什麼？諸侯：這裏指國家，即曾皙所謂的"邦"。
[6] 爲之小，爲之大：都是雙賓語。爲，動詞，做。之：指諸侯國。小、大：指小相、大相。

二、登 楼 赋

王 粲

[學習指導]

王粲（177—217），字仲宣，山東高平（今山东邹县）人。出身于名門望族之家，從小受到過良好的家庭教育，兼天資聰慧，少年時便有才名。17岁依附刘表，遇漢末动乱，从此滞留荆州15年。曹操陷荆州后，归附曹操，累获升迁，41岁病故军中。

王粲是"建安七子"中成就最高的作家，《文心雕龍·才略》稱他爲"七子之冠冕"。建安九年（204），王粲久客思歸，登上當陽東南的城樓，縱目四望，萬感交集，寫下這篇歷代傳誦不衰的名作。

本篇賦作主要抒寫作者生逢亂世、長期客居他鄉、才能不得施展而產生思鄉、懷國之情和懷才不遇之憂，表現了作者對動亂時局的憂慮和希望國家和平統一，也傾吐了自己渴望一展抱負、建功立業的心情。

掌握文中"暇、寡、臨、彌、盈、信、紀、憑、極、窮、徒、匪、顧、除、參、盤桓、逶迤等詞的意義。

登茲樓以四望兮[1]，聊暇日以銷憂[2]。覽斯宇之所處兮，實顯敞而寡仇。挾清漳之通浦兮[3]，倚曲沮之長洲[4]。背墳衍之廣陸兮[5]，臨皋隰之沃流[6]。北彌陶牧[7]，西接昭丘[8]。華實蔽野[9]，黍稷盈疇。雖信美而非吾土兮[10]，曾何足以少留[11]！

[註釋]

[1] 茲樓：此樓，指湖北當陽縣城樓。
[2] 聊：姑且。暇日：假借此日。暇：通"假"，借。銷憂：解除憂慮。
[3] 斯宇：此樓。所處：所處的地理位置。顯敞：明亮寬敞。寡仇：少有匹敵。漳：漳水，在今湖北當陽縣境內。浦：大水有小口別通曰浦。
[4] 沮（jū）：沮水，在當陽縣境內，與漳水會合流入長江。
[5] 背：背靠着。墳衍：地勢高起爲墳，廣平爲衍。廣陸：廣闊平原。
[6] 皋（gǎo）隰（xí）：水邊之地爲皋，低濕之地爲隰。沃流：可以灌溉的河流。
[7] 彌：盡頭。陶：鄉名，傳說是陶朱公范蠡的葬地。牧：郊野。
[8] 昭丘：楚昭王墳所在地。在當陽縣郊。
[9] 華實：花和果實。
[10] 信美：確實美好。土：故鄉。
[11] 曾：語氣助詞。少留：暫且居住。

遭紛濁而遷逝兮，漫踰紀以迄今[1]。情眷眷而懷歸兮，孰憂思之可任？憑軒檻以遙望兮，向北風而開襟[2]。平原遠而極目兮，蔽荆山之高岑[3]。路逶迤而修迥兮，川既漾而濟深。悲舊鄉之壅隔兮，涕橫墜而弗禁。昔尼父之在陳兮，有"歸歟"之歎音[4]。鍾儀幽而楚奏兮[5]，莊舄顯而越吟[6]。人情同於懷土兮，豈窮達而異心[7]！

[註釋]

[1] 紛濁：紛亂污濁。這裏指長安戰亂。紀：一紀爲十二年。
[2] 眷眷：懷戀的樣子。任：擔當、承受。軒檻：樓上的窗和欄杆。向：面對着。
[3] 極目：縱目遠望。荆山：在今湖北省南漳縣，漳水發源於此。岑：小而高的山。
[4] 逶迤：綿遠曲折的樣子。迥：遠。"昔尼父"兩句：尼父，即孔子。孔子在陳絕糧，曾歎息說："歸歟！歸歟！"（見《論語·公冶長》）
[5] 鍾儀句：鍾儀，楚國樂官，被晉所俘，晉侯叫他操琴，彈的仍是楚國樂調。《左傳·成公九年》："樂操土風，不忘舊也。"
[6] 莊舄（xì）句：據《史記·陳軫傳》，越人莊舄在楚國做大官，雖然地位顯赫，但病中唱的仍是越國的歌曲。
[7] 懷土：懷念故鄉。

惟日月之逾邁兮，俟河清其未極[1]。冀王道之一平兮，假高衢而騁力。懼匏瓜之徒懸兮[2]，畏井渫之莫食[3]。步棲遲以徙倚兮[4]，白日忽其將匿。風蕭瑟而並興兮，天慘慘而無色。獸狂顧以求群兮，鳥相鳴而舉翼。原野闃其無人兮[5]，征夫行而未息。心悽愴以感發兮，意忉怛而憯惻[6]。循堦除而下降兮[7]，氣交憤於胸臆。夜參半而不寐兮，悵盤桓以反側[8]。

[註釋]

[1] 逾邁：時光流逝。河清：逸《詩》有"俟河之清，人壽幾何？"之語（見《左傳·襄公八年》）。古以黃河水清喻時世太平。極：至。
[2] 王道：猶王政，朝廷的政治。一平：統一穩定。高衢：大道。這裏指清明政治。騁力：發揮能力。"懼匏（páo）瓜"句：《論語·陽貨》："（子曰）吾豈匏瓜也哉，焉能繫而不食？"以匏瓜徒懸喻不爲世用。匏瓜：葫蘆。
[3] 畏井渫（xiè）句：《周易·井卦》："井渫不食，爲我心惻。"渫，除去污穢的水，這裏比喻自己雖修潔其身卻不被世所用。
[4] 棲遲：遊息。徙倚：徘徊的樣子。
[5] 狂顧：慌忙地四處張望。闃（qù）：寂靜。
[6] 忉（dāo）怛（dá）：哀傷。憯（cǎn）惻：悽慘。
[7] 堦除：階梯。
[8] 交：鬱結。夜參半：直到半夜。參：到。盤桓：本指徘徊，這裏指內心的不平靜，思前想後。反側：身體翻來覆去，不能入睡。

三、蘭亭集序

王羲之

[學習指導]

《蘭亭集序》又名《蘭亭宴集序》、《臨河序》、《禊序》、《禊貼》。作者王羲之和他的朋友四十二人在蘭亭（爲東晉會稽郡山陰城西南郊名勝，風景幽絕）修禊宴聚，會上每人作詩一首。之後，王羲之將諸人所作詩一一記錄，編爲蘭亭集，並爲此寫了這篇序文。

本篇前半部分生動而形象地記敍了蘭亭集會的盛況和樂趣，後半部分抒發了盛事不常、人生短暫的感慨，情緒頗爲憂傷，但緊接着通過對"一死生""齊彭殤"的批判，又在一定程度上表露出不甘虛度歲月的積極進取和達觀精神。

掌握文中"修、畢、咸、引、次、察、極、信、或、及、系、契、喻、彭殤、致、斯"等詞的意義。

永和九年[1]，歲在癸丑，暮春之初，會於會稽山陰之蘭亭[2]，修禊事也[3]。群賢畢至[4]，少長咸集[5]。此地有崇山峻嶺，茂林修竹，又有清流激湍，映帶左右。引以爲流觴曲水[6]，列坐其次[7]，雖無絲竹管弦之盛，一觴一詠[8]，亦足以暢敍幽情。是日也，天朗氣清，惠風和暢[9]。仰觀宇宙之大，俯察品類之盛[10]，所以遊目騁懷，足以極視聽之娛[11]，信可樂也。

[註釋]

[1] 永和：晉穆帝司馬聃的年號（345—356），晉穆帝永和九年即公元353年。
[2] 會（kuài）稽：郡名，治所在今浙江紹興市，包括現在的浙江西部、江蘇東南部一帶地方。山陰：縣名，後合併於紹興。
[3] 修禊（xì）：古代習俗，農曆三月上旬的巳日到水邊設祭、洗濯，以祓除不祥和求福。實際上這是古人的一種遊春活動。曹魏以後固定在三月三日。
[4] 群賢：指謝安等四十二位與會的名流。畢：盡。
[5] 少長：指王凝之等九位與會的本家子弟。咸：都。
[6] 觴（shāng）：酒杯。曲水：引水環曲爲渠，用以流杯飲酒。流觴曲水：用漆制的酒杯盛酒，放入彎曲的水道中任其飄流。杯停在某人面前，某人就引杯飲酒。這是古人一種勸酒取樂的方式。
[7] 次：處所，這裏指曲水旁。
[8] 一觴一詠：一杯酒一首詩。
[9] 惠風：春日的和風。
[10] 品類：品種、類別，這裏泛指萬物。
[11] 極：窮盡。

夫人之相與，俯仰一世[1]。或取諸懷抱，晤言一室之内[2]；或因寄所託，放浪形骸之外[3]。雖趣舍萬殊[4]，靜躁不同，當其欣於所遇，暫得於己，快然自足，曾不知老之將至[5]。及其所之既倦[6]，情隨事遷[7]，感慨係之矣[8]。向之所欣[9]，俯仰之間，已爲陳跡，猶不能不以之興懷[10]。況修短隨化，終期於盡[11]。古人云："死生亦大矣[12]！"豈不痛哉！

[註釋]

[1] 人之相與：人們之間交往相處。俯仰一世：很快就度過一生。俯仰，低首抬頭之間，形容時間短暫。
[2] 晤言：面對面談話。《晉書·王羲之傳》、《全晉文》均作"悟言"，指心領神會的妙悟之言。亦通。
[3] 放浪形骸之外：行爲放縱不羈，形體不受世俗禮法所拘束。
[4] 趣舍：同"取捨"。選取和捨棄。萬殊：千差萬別。
[5] 靜躁：安靜和躁動。欣於所遇：對自己見到的事物而喜悅。老之將至：語出《論語·述而》："其爲人也，發憤忘食，樂以忘憂，不知老之將至云爾。"
[6] 及：等到。之：往，到。
[7] 遷：改變。
[8] 係之：隨之而來。
[9] 向：以往。
[10] 猶：尚且。興懷：產生出感慨。
[11] "況修"二句：何況人的壽命長短全憑造化，最後都歸於消亡。
[12] 死生亦大矣：這是《莊子·德充符》中假託孔子所說的話。

每覽昔人興感之由，若合一契[1]，未嘗不臨文嗟悼[2]，不能喻之於懷[3]。固知一死生爲虛誕[4]，齊彭殤爲妄作[5]。後之視今，亦猶今之視昔[6]，悲乎！故列敍時人，錄其所述。雖世殊事異[7]，所以興懷，其致一也[8]。後之覽者，亦將有感於斯文[9]。

[註釋]

[1] 契：符契，古代的一種信物。在符契上刻上字，剖而爲二，各執一半，相合以取信。
[2] 臨文：面對這樣的文章。嗟悼：歎息感傷。
[3] "不能"句：從心裏卻不理解爲什麼會這樣。
[4] 一死生：把死和生看做一回事。《莊子·大宗師》："孰知生死存亡之一體者，吾與之爲友矣。"
[5] 齊彭殤：把高壽的彭祖和短命的殤子等量齊觀。彭，彭祖，相傳爲顓頊帝的玄孫，上古長壽之人，活了八百歲。殤，未成年而死的人。《莊子·齊物論》："莫壽於殤子，而彭祖爲夭。"都是把死與生、長壽和短命看做一樣。
[6] 猶：如同。
[7] 世殊事異：時代不同，人事有別。
[8] 致：情趣。
[9] 斯文：這篇序文。

四、答李翊书

韓　愈

[學習指導]

本文選自《韓昌黎文集》，是韓愈寫給時人李翊的信。作者在這封信裏介紹了自己學習古文和從事寫作的切身體驗與艱苦歷程。在創作論上，他認爲道德是文章的源泉，辭章形式取決於思想內容，他提出了"氣盛則言宜"的文氣說，作家的精神力量、儒道修養對創作起着決定的作用；在文體改革論上，他主張作家在語言上要創新，提出了"惟陳言之務去"的著名論點，努力運用口語的新詞和句法。這對推動當時的古文運動、反對六朝以來浮豔的文風起到了重要作用。

掌握文中"抑、文、焉、蘄、膏、遂、去、距、肆、其、畢、諸、戶、亟、雖然、藹如、儼乎、以爲"等詞與短語的意義。掌握"惟陳言之務去"和"其用於人也奚取焉"的賓語前置，以及"無誘於勢利"和"志乎古必遺乎今"的被動句。

六月二十六日，愈白[1]。李生足下[2]：生之書辭甚高[3]，而其問何下而恭也[4]！能如是，誰不欲告生以其道[5]？道德之歸也有日矣[6]，況其外之文乎[7]？抑愈所謂望孔子之門牆而不入於其宮者[8]，焉足以知是且非邪[9]？雖然[10]，不可不爲生言之。

[註釋]

[1] 六月二十六日：指貞元十七年農曆六月二十六日。白：告白，陳述，是當時書信的習慣用語。《正字通·白部》："白，下告上曰稟白，同輩述事陳義亦曰白。"

[2] 李生：韓愈對李翊（yì）的稱呼。足下：古時對對方的敬稱。

[3] 辭甚高：文辭很高妙。即下文之"蘄勝於人而取於人，則固勝於人而可取於人"。

[4] 下而恭：謙卑而恭敬。

[5] 誰不欲告生以其道：誰不想把自己知道的道理告訴你呢？以其道：介賓短語。韓愈所談的"道"，內容很複雜。即《原道》所說的以仁義爲內容的"道"，也就是本文所講的"仁義之人，其言藹如也"、"行之乎仁義之途"的仁義。

[6] 道德句：意謂李翊以謙恭的態度向人請教，不久他就會掌握"道"，並寫出好文章來。歸：歸屬。有日，有一定時間，即時間不長。

[7] 其外之文乎：即道爲文的內涵，而文爲道的外在表現。其：代詞，指道德。文：文章。

[8] 望孔子句：《論語·子張》："子貢曰：譬之宮牆，賜之牆也及肩，窺見室家之好。夫子之牆數仞，不得其門而入，不見宗廟之美，百官之富。"又《論語·先進》："子曰：由（仲由，字子路）也升堂矣，未入於室也。"此乃韓愈自謙，稱他本人對聖人之道尚未登堂入室。

[9] 焉足以知是且非邪：焉：哪里，怎麽。是且非：正確與錯誤。邪：通"耶"，疑問語氣助詞。

[10] 雖然：雖然是這樣。雖：雖然。然：代詞，指代上一句。

　　生所謂"立言"者，是也[1]；生所爲者與所期者[2]，甚似而幾矣[3]。抑不知生之志，蘄勝於人而取於人邪[4]？將蘄至於古之立言者邪[5]？蘄勝於人而取於人，則固勝於人而可取於人矣[6]！將蘄至於古之立言者，則無望其速成[7]，無誘於勢利[8]，養其根而竢其實[9]，加其膏而希其光[10]。根之茂者其實遂[11]，膏之沃者其光曄[12]。仁義之人，其言藹如也[13]。

[註釋]

[1] 生所謂句：你所說的"立言"這句話是對的。立言：指著書立說。《左傳·襄公二十四年》："太上有立德，其次有立功，其次有立言，雖久不廢，此之謂不朽。"《舊唐書·韓愈傳》："愈所爲文，務反近體，抒意立言，自成一家新語。後學之士，取爲師法。"

[2] 所爲者：所做的事，指寫的文章。所期者：所希望達到的目的，指立言。

[3] 甚似而幾矣：很相似很接近了。幾（jī）：接近，差不多。下文"幾于成"的"幾"與此義相同。

[4] 蘄（qí）：通"祈"，求。勝於人：超過別人。取於人：爲人所取，意即見取於人。邪：句尾語氣助詞，表示猜測語氣。全句意思是：可是不知道你的立言之志，是求得勝過別人而被人所取法呢？

[5] 將蘄句：還是要求得達到古代立言者的境界呢？將：副詞，將要。

[6] 蘄勝句：如果目的是求得勝過別人而爲人所取法，那麽你現在的成就本已勝過別人而能夠爲人所取法了。固：副詞，本來。

[7] 速成：迅速取得成就。其：指達到古代立言者的境界。

[8] 無誘於勢利：不要爲勢利所誘惑。"於"表示被動。當時應科目考試和士大夫階層所慣用的文體是時文（駢體文），作時文可以獲取富貴，韓愈卻希望人們作古文，所以說不要爲勢利所誘惑。

[9] 養其根而竢其實：培養其根本，等待果實豐碩。竢（sì）：同"俟"，等待，期待。實：果實。

[10] 加其膏而希其光：增添燈裏的油膏，期待燈光明亮。膏，油脂。

[11] 其實遂：果實結得飽滿。遂，成，指順利成熟。

[12] 膏之沃者其光曄：油足則燈光明亮。沃，豐美，盛多。曄，光明。韓愈《答李秀才書》："然愈之所志于古者，不惟其辭之好，好其道焉爾。"又《答尉遲生書》："實之美惡，其發也不掩：本深而末茂，形大而聲宏，行峻而言厲，心醇而氣和。"其基本意思與此數句相通。

[13] 藹（ǎi）如：和氣可親的樣子。

　　抑又有難者。愈之所爲，不自知其至猶未也[1]；雖然，學之二十餘年矣。始者，非三代兩漢之書不敢觀[2]，非聖人之志不敢存[3]。處若忘[4]，行若遺[5]，儼乎其若思[6]，茫乎其若迷[7]。當其取於心而注於手也[8]，惟陳言之務去[9]，戛戛乎其難哉[10]！其觀於人，不知其非笑之爲非笑也[11]。如是者亦有年，猶不改[12]。然後識古書之正僞[13]，與雖正而不至焉者[14]，昭昭然白黑分矣[15]，而務去之[16]，乃徐有得也[17]。當其取於心而注於手也，汩汩然來矣[18]。其觀於人也，笑之則以爲喜[19]，譽之則以爲憂[20]，以其猶有人之說者存也[21]。如是者亦有年，然後浩乎其沛然矣[22]。吾又懼其雜也[23]，迎而距之[24]，平心而察之[25]，其皆醇也，然後肆焉[26]。雖然，不可以不養也[27]，行之乎仁義之途，遊之乎《詩》《書》之源[28]。無迷其途，無絕其源，終吾身而已矣。

[註釋]

[1] 抑又有難者：不過又有困難之事。抑，不過。至猶未也：達到還是沒有達到。此處指上文所說的"古之立言者"的標準。猶：副詞，還是。

[2] 三代：指夏、商、周。兩漢：西漢、東漢。

[3] 聖人之志：指儒家思想，孔孟之道。存，保存。

[4] 處若忘：呆着時候好像忘掉了什麼。處：居處，居住。若：好像。

[5] 行若遺：行走時就好像丟掉了什麼。遺：丟失，丟掉。

[6] 儼乎：莊重的樣子。乎：形容詞詞尾。與"然"的用法相同。若思：像有所思索似的。

[7] 茫乎：不清晰的樣子。迷：迷惑。上面四句是形容學習古文時的潛心專業。

[8] 當其句：當自己把思考的成果從心裏取出而在手頭上寫出來。其：指韓愈自己。注：灌注，這裏指傳寫。

[9] 惟陳言之務去：即"務去陳言"。陳言：指陳詞濫調，慣用的沒有生氣的詞語。"陳言"是前置賓語，有突出強調的作用。之：複指前置賓語。惟：範圍副詞，表示行爲的單一性。務：力求做到。

[10] 戛戛（jiájiá）乎：很困難的樣子。

[11] 其觀於人：文章被人看，也就是把寫好的文章拿給人看。非：非難。笑：譏笑。是說不怕別人譏笑自己的文章不合時宜。

[12] 如是者亦有年：如是：像這樣。有年：有了不少年頭。猶不改：還是不改變。指堅持用這種態度和方法寫作古文。

[13] 正僞：意即符合"聖人之志"者爲正，不合者爲僞。然後：這樣，才。識：判別。

[14] 雖正而不至焉者：指大體上純正但仍未達到極致的作品。焉，指示代詞，指"聖人之志"。如韓愈《讀荀子》有云："荀與揚（雄），大醇而小疵"。

[15] 昭昭然：明白清晰的樣子。白黑分：像黑白兩色那樣分明。全句的意思是讀書能辨析真僞，必須有真知灼見，學道學文兩方面都有所得，然後才能做到。

[16] 而務去之，：一定要除去"僞"與"不至"者。

[17] 乃徐有得也：才漸有所得。乃：才。得：收穫，心得。

[18] 汩汩（gǔgǔ）然：水流暢的樣子。汩汩：擬聲詞，指流水聲。此處形容文思如水流。

[19] 笑之則以爲喜：有人譏笑我的文章就把它當作喜事。之：指自己寫的文章。以爲喜：即"以〔之〕爲喜"，"之"指譏笑自己文章這件事。

[20] 譽之則以爲憂：有人稱讚我的文章就把它當作愁事。以爲憂：即"以〔之〕爲憂"，"之"指稱讚自己文章這件事。

[21] 以其猶有人之說者存也：因爲文章中還有他人的陳言舊說存在。說者：指見解。

[22] 浩乎其沛然：比喻文章氣勢之大如浩瀚江河。皇甫湜《諭業》："韓吏部之文，如長江大注，千里一道，行飆激浪，汙流不滯。"浩，大。沛然，充足盛大的樣子。

[23] 雜：駁雜不精純。

[24] 迎而距之：迎上去阻擋那些不純正的思想和文辭。距：通"拒"，拒止。

[25] 平心而察之：平心靜氣地考察它。

[26] 其皆句：此句意謂由於文思沛然湧出，擔心它駁雜不純，因而要停以蓄神，平心靜氣地明察；當其全部純正時，再放手抒發出來。此處當係指道與文兩方面，既要求內容的醇正，又要求文字的精當。醇（chún）：純正。肆：放縱。

[27] 雖然句：雖然道德文章達到了這樣高的境界，仍不可不繼續加強修養。

[28] 《詩》《書》之源：指儒家經典。

氣，水也[1]；言，浮物也[2]。水大而物之浮者大小畢浮[3]。氣之與言猶是也[4]，氣盛則言之短長與聲之高下者皆宜[5]。雖如是，其敢自謂幾於成乎[6]？雖幾於成，其用於人也奚取焉[7]？雖然，待用於人者，其肖於器邪[8]？用與舍屬諸人[9]。君子則不然。處心有道，行己有方[10]，用則施諸人[11]，舍則傳諸其徒[12]，垂諸文而爲後世法[13]。如是者，其亦足樂乎？其無足樂也[14]？

[註釋]

[1] 氣，水也：氣如同水一樣。判斷句。氣：指作家的思想修養。

[2] 言，浮物也：言詞好像漂浮在水面上的東西。判斷句。

[3] 水大句：意思是水勢大，物當中凡能漂起來的，不論大小，就全部漂浮起來。畢：完全。

[4] 氣之與言猶是也：氣和言詞的關係就像是這樣。是：這樣。

[5] 氣盛句：氣勢弘盛，則寫文章時辭句的短長與聲調的抑揚全都適宜。言之長短：文章語句的長短。聲之高下：聲調的抑揚。全句的意思是，作家如有較高的思想修養，就能夠駕馭語言，運用自如。

[6] 雖如是：即使像上面所說的這樣。幾於成：差不多成功，接近於完美。雖：即使。

[7] 全句：即使接近于成功，它被人用時又能從那裏取得什麽呢？奚：疑問代詞作"取"的前置賓語，什麼。焉：相當於"於是"，從它那裏，"是"指"幾於成"的文章。

[8] 全句：等待被人任用的人，大概就像器物吧？

[9] 用與舍屬諸人：用和不用都被別人決定。屬：歸屬，指取決。諸：作用同"於"。

[10] 處心句：使自己的思想不離道，讓自己的行動合乎準則。處：處理，安排。心：思想。方：準則。
[11] 用則施諸人：被用時就把自己的道德學識施加世人。施：施行，施加。諸：合音詞，之於。"之"指道德修養。
[12] 舍：捨棄，不被用。傳：傳授。徒：門徒，弟子。
[13] 垂諸文：把它表現于文章而留傳下去。垂：傳下去。爲後世法：被後代的人所效法。法：效法。
[14] 如是者句：像這樣，是值得快樂呢，還是不值得快樂呢？通過問句表示其中有至樂。其：句首語氣助詞。

有志乎古者希矣[1]，志乎古必遺乎今[2]。吾誠樂而悲之[3]。亟稱其人，所以勸之[4]，非敢襃其可襃而貶其可貶也[5]。問於愈者多矣[6]，念生之言不志乎利[7]，聊相爲言之[8]。愈白。

[註釋]

[1] 有志句：有志于古的人稀少了。乎：介詞，相當於"於"，表示對象。希："稀"的古字。
[2] 遺乎今：被今人所遺棄。遺：棄。乎：介詞，表被動。
[3] 全句：我確實爲這樣的人而高興，也爲這樣的人而悲憤。誠：副詞，確實，實在。之：指有志於古的人。
[4] "亟稱"句：我屢次稱讚有志於古的人，是以此來勉勵他們。亟（qì）：屢次。所以：固定結構，表示行爲的憑藉，這裏指用來勉勵他們的方法。勸：勉勵。
[5] 全句：不敢表彰那可以表彰的，批評那可以批評的。可襃：可以表彰的。襃：表彰，表揚。貶：批評。意思是不敢隨意襃貶。
[6] 全句：向我詢問的人多了。問：詢問。
[7] 不志乎利：即"不志於利"，不追求利。
[8] 聊相爲言之：姑且對你講這些。聊：姑且。

五、祭十二郎文

韓 愈

[學習指導]

《祭十二郎文》是韓愈爲他先逝的晚輩所作的一篇祭文。它是我國古代散文作品中不可多得的珍貴名篇，歷來被譽爲"祭文中千年絕調"。

本篇寫於唐德宗貞元二十年（804），當時作者在京師作監察御史。韓愈之父有子三人，十二郎，是韓愈的侄子，名老成。韓愈幼年喪父，由韓會夫婦撫養成人。他和老成生活在一起，同歷患難，所以叔侄間感情特別深厚。十二郎死於宣州（今安徽宣城）家中。唐時稱年輕男子爲郎子，稱年輕女子爲娘子。十二郎，在韓氏家族中排行十二，故稱十二郎。本篇追敍了他與十二郎的共同生活和深厚情誼，以及十二郎之死所帶給他的莫大哀痛。標題又作《祭兄子十二郎老成文》。

掌握文中"致、既、就、省、遽、去、夭、冀、竟、妄、吊、尤、曷、饗等詞的意義和"惟兄嫂是依"的賓語前置。

年月日[1]，季父愈聞汝喪之七日[2]，乃能銜哀致誠[3]，使建中遠具時羞之奠[4]，告汝十二郎之靈[5]：

[註釋]

[1] 年月日：此爲擬稿時原樣。《文苑英華》作"貞元十九年五月廿六日"；但祭文中有"汝之書六月十七日也"的話，而祭文又作於得到老成死的消息的後七天，不可能是五月二十六日，"五"字當誤。

[2] 季父：父輩中排行最小的叔父。

[3] 銜哀：心中含着悲哀。致誠：表達赤誠的心意。

[4] 建中：人名。和下文的"耿蘭"可能都是韓愈家中僕人。時羞：時鮮的食品。羞，同"饈"。奠：以酒食祭死者。

[5] 十二郎：一作"十二郎子"。靈：神。

嗚呼！吾少孤[1]，及長，不省所怙[2]，惟兄嫂是依。中年兄歿南方[3]，吾與汝俱幼，從嫂歸葬河陽[4]，既又與汝就食江南[5]，零丁孤苦，未嘗一日相離也。吾上有三兄，皆不幸早世[6]。承先人後者[7]，在孫惟汝，在子惟吾，兩世一身[8]，形單影隻。嫂常撫汝指吾而言曰："韓氏兩世[9]，惟此而已。"汝時尤小，當不復記憶；吾時雖能記憶，亦未知其言之悲也。

[註釋]

[1] 孤：幼年喪父稱"孤"。韓仲卿死於770年，時韓愈三歲。《新唐書·韓愈傳》："愈生三歲而孤，隨伯兄會貶官嶺表。會卒，嫂鄭（氏）鞠之。"

[2] 省（xǐng）：知。怙（hù）：《詩·小雅·蓼莪》："無父何怙，無母何恃。"怙：依靠的意思。所怙：指父親。

[3] 中年兄歿南方：代宗大曆十二年（777）五月，韓會由起居舍人貶爲韶州（今廣東韶關）刺史，次年死於任所，時韓愈十一歲，隨兄在韶州。中年：指兄韓會死於韶州貶所，年四十三。

[4] 河陽：今河南孟縣西，是韓氏祖宗墳墓所在地。

[5] 就食江南：唐德宗建中二年（781），北方藩鎮李希烈反叛，中原局勢動盪。韓愈隨嫂遷家避居宣州（今安徽宣城）。因韓氏在宣州置有田宅別業。韓愈《復志賦》："值中原之有事兮，將就食於江之南。"《祭鄭夫人文》："既克返葬，遭時艱難。百口偕行，避地江濆。"即指此。

[6] 吾上有三兄：三兄指韓會、韓介，還有一位死時尚幼，未及命名。一說：吾：古代人稱代名詞，一般用於單數，但也可表複數。這裏的"吾"是複數，我們，即韓愈和十二郎。三兄指自己的兩個哥哥韓會、韓介和十二郎的哥哥韓百川（韓介的長子）。

[7] 先人：指自己已去世的父親韓仲卿。

[8] 兩世一身：子輩和孫輩都只剩下一個男丁。

[9] 韓氏兩世：這裏專指韓仲卿的子孫兩代。

吾年十九，始來京城。其後四年，而歸視汝[1]。又四年，吾往河陽省墳墓[2]，遇汝從嫂喪來葬[3]。又二年，吾佐董丞相于汴州[4]，汝來省吾；止一歲[5]，請歸取其孥[6]；明年，丞相薨[7]，吾去汴州，汝不果來[8]。是年，吾佐戎徐州[9]，使取汝者始行[10]，吾又罷去[11]，汝又不果來。吾念汝從於東[12]，東亦客也，不可以久；圖久遠者，莫如西歸，將成家而致汝。嗚呼！孰謂汝遽去吾而歿乎[13]！吾與汝俱少年，以爲雖暫相別，終當久相與處，故捨汝而旅食京師，以求斗斛之祿[14]；誠知其如此，雖萬乘之公相[15]，吾不以一日輟汝而就也[16]！

[註釋]

[1] 貞元二年（786），韓愈十九歲，由宣州至長安應進士舉，至貞元八年春始及第，中間曾回宣州一次。但據韓愈《答崔立之書》與《歐陽生哀辭》均稱二十歲至京都舉進士，與本篇所記相差一年。視：古時探親，上對下曰視，下對上曰省。

[2] 省（xǐng）：探望，此引申爲憑弔。

[3] 遇汝從嫂喪來葬：意謂老成奉母鄭氏的靈柩來河陽安葬，與韓愈相遇。韓愈嫂子鄭氏卒於貞元九年（793），韓愈有《祭鄭夫人文》。

[4] 董丞相：指董晉。貞元十二年（796），董晉以檢校尚書左僕射，同中書門下平章事任宣武軍節度使，汴、宋、亳、潁等州觀察使，時韓愈在其幕中任節度推官。汴州：治所在今河南開封市。

[5] 止：住。

[6] 取其孥（nú）：把家眷接來。孥，妻和子的統稱。

[7] 薨（hōng）古時諸侯或二品以上的官死曰薨。貞元十五年（799）二月，董晉死

於汴州任所,韓愈隨喪西行。離開後的第四天,汴州即發生兵變。

[8] 不果:沒能夠。指因兵變事。

[9] 佐戎徐州:這年秋天,宵武軍節度使張建封辟韓愈為節度推官。節度使府在徐州(今江蘇徐州)。佐戎,輔助軍務。

[10] 取:迎接。

[11] 罷去:貞元十六年(800)五月,張建封卒,韓愈離開徐州赴洛陽。

[12] 東:指故鄉河陽之東的汴州和徐州。

[13] 汴、徐在修武之東。西歸:謂西歸修武。孰謂:誰料到。遽(jù):驟然。

[14] 韓愈離開徐州後,於貞元十七年(801)來長安選官,調四門博士,貞元十九年,遷監察御史。斗斛(hú):古以十斗為一斛。斗斛之祿,指微薄的俸祿。

[15] 萬乘(shèng)之公相:指高官厚祿。公:三公。相:宰相。周制,封國大小以兵賦計算。戰國時,凡地方千里的大國,稱為萬乘之國。

[16] 輟(chuò):停止。輟汝,和上句"捨汝"義同。就:就職。

去年孟東野往[1],吾書與汝曰:"吾年未四十,而視茫茫,而髮蒼蒼,而齒牙動搖[2]。念諸父與諸兄,皆康強而早世,如吾之衰者,其能久存乎!吾不可去,汝不肯來,恐旦暮死,而汝抱無涯之戚也[3]。"孰謂少者歿而長者存,強者夭而病者全乎!嗚呼!其信然邪[4]?其夢邪?其傳之非其真邪?信也,吾兄之盛德而夭其嗣乎?汝之純明而不克蒙其澤乎[5]?少者強者而夭歿,長者衰者而存全乎?未可以為信也。夢也,傳之非其真也?東野之書,耿蘭之報[6],何為而在吾側也?嗚呼!其信然矣!吾兄之盛德而夭其嗣矣!汝之純明宜業其家者[7],不克蒙其澤矣!所謂天者誠難測,而神者誠難明矣!所謂理者不可推,而壽者不可知矣[8]!雖然,吾自今年來,蒼蒼者或化而為白矣,動搖者或脫而落矣[9]。毛血日益衰,志氣日益微[10],幾何不從汝而死也!死而有知,其幾何離[11];其無知,悲不幾時,而不悲者無窮期矣。汝之子始十歲,吾之子始五歲[12],少而強者不可保,如此孩提者[13],又可冀其成立邪?嗚呼哀哉?嗚呼哀哉!

[註釋]

[1] 去年:指貞元十八年(802)。孟東野:即韓愈的詩友孟郊。孟郊時由長安選官,出任溧陽(今屬江蘇溧陽)尉,溧陽去宣州不遠,故韓愈托他捎信給宣州的十二郎。

[2] 吾年未四十:貞元十八年,韓愈年三十五歲。茫茫:模糊的樣子。蒼蒼:斑白的樣子。

[3] 無涯之戚:無窮的悲傷。涯,邊。戚,憂傷。

[4] 其信然邪:難道真的是如此嗎?其:句首語助詞。下兩句"其"字用法同。

[5] 純明:純正賢明。不克:不能。蒙:承受。

[6] 耿蘭:生平不詳,當時宣州韓氏別業的管家人。十二郎死後,孟郊在溧陽寫信告訴韓愈,時耿蘭也有喪報。

[7] 業:用如動詞,繼承之意。業其家:意指繼承先人事業。

[8] 而壽者不可知矣:壽:一作"年"。

[9] 動搖者或脫而落矣：這年韓愈有《落齒》詩云："去年落一牙，今年落一齒；俄然落六七，落勢殊未已。"

[10] 毛血：指體質。志氣：指精神。

[11] 其幾何離：分離會有多久呢？意謂死後仍可相會。

[12] 汝之子：韓老成有二子，長韓湘，次韓滂。始十歲：當指長子韓湘。十歲，一本作"一歲"，則當指韓滂，滂生於貞元十八年（802），父死時才一歲。韓滂出嗣十二郎的哥哥韓百川爲子，見韓愈《韓滂墓誌銘》。吾之子始五歲：韓愈子三人，長子韓昶（chǎng），貞元十五年（799）生於徐州符離，小名曰符，這年五歲。

[13] 孩提：本指二三歲的幼兒。此爲年紀尚小之意。

汝去年書云："比得軟腳病[1]，往往而劇。"吾曰："是疾也，江南之人，常常有之。"未始以爲憂也。嗚呼！其竟以此而殞其生乎！抑別有疾而至斯乎[2]？汝之書，六月十七日也。東野雲：汝歿以六月二日。耿蘭之報無月日②。蓋東野之使者，不知問家人以月日；如耿蘭之報，不知當言月日。東野與吾書，乃問使者，使者妄稱以應之耳[3]。其然乎？其不然乎？

[註釋]

[1] 比［bì］：近來。軟腳病：即腳氣病。

[2] 汝之書五句：言老成死前，韓愈還收到他最後的一封書信，信是六月十七日寫的，則他的死期自然是在十七日以後，決不可能是孟郊信裏說的六月二日，而耿蘭報喪的信又無日月，因而老成到底哪天死的，無從得知，故下文云："汝歿吾不知日。"

[2] 抑：副詞。表示推測的語氣，或者，或許。

[3] 妄：胡亂，隨便。

今吾使建中祭汝，弔汝之孤與汝之乳母[1]，彼有食可守以待終喪[2]，則待終喪而取以來[3]；如不能守以終喪，則遂取以來。其餘奴婢，並令守汝喪。吾力能改葬，終葬汝于先人之兆[4]，然後惟其所願[5]。

[註釋]

[1] 弔：此指慰問。孤：指十二郎的兒子。

[2] 終喪：守滿三年喪期。古禮：人死三年除服，稱爲終喪。《孟子·滕文公上》："三年之喪，……自天子達於庶人，三代共之。"

[3] 取以來：指把十二郎的兒子和乳母接來。

[4] 吾力能改葬二句：意指老成死後，就地葬於宣州。因宣州不是故鄉，倘若將來自己有力量的話，一定把棺柩遷回故鄉，改葬於河陽。兆：葬域，墓地。

[5] 惟其所願：才算了卻心事。

嗚呼！汝病吾不知時，汝歿吾不知日。生不能相養以共居，歿不得撫汝以盡哀[1]。斂不憑其棺，窆不臨其穴[2]。吾行負神明，而使汝夭，不孝不慈，而不得與汝相養以生，相守以死。一在天之涯，一在地之角，生而影不與吾夢相依。死而魂不與吾夢相接。吾實爲之，其又何尤[3]。彼蒼者天，曷其有極[4]！自今已往，吾其無意於人世矣。當求數頃之田於伊、潁之上[5]，以待餘年，教吾子與汝子，幸其成；長吾女與汝女，待其嫁[6]，如此而已。嗚呼！言有窮而情不可終，汝其知也邪？其不知也邪？嗚呼哀哉！尚饗[7]。

[註釋]

[1] 撫汝以盡哀：指撫屍慟哭。
[2] 斂：同"殮"。爲死者更衣稱小殮，屍體入棺材稱大殮。窆（biǎn）：葬時下棺入穴。
[3] 其又何尤：又能怨怪誰呢？尤：歸咎。
[4] 彼蒼者天二句：一種無可奈何的沉痛心情的表現。意謂你青蒼的上天啊，我的痛苦哪有盡頭啊。語本《詩經·唐風·鴇羽》："悠悠蒼天，曷其有極。"
[5] 伊、潁（yǐng）：伊水和潁水，均在今河南省境。此指故鄉。
[6] 幸其成：指望其日後有所成，韓昶後中穆宗長慶四年進士。韓湘後中長慶三年進士。長（zhǎng）：用如動詞，養育之意。待其嫁：养育以待其出嫁。
[7] 尚饗：古代祭文結語用辭，意爲希望死者享用祭品。

六、留侯論

蘇 軾

[學習指導]

本篇係宋仁宗嘉祐六年（1061），作者爲答御試策而寫的一批論策中的一篇。根據《史記·留侯世家》所記張良圯下受書及輔佐劉邦統一天下的事例，論證了"忍小忿而就大謀"、"養其全鋒而待其敝"的策略的重要性。文筆縱橫捭闔，極盡曲折變化之妙，行文雄辯而富有氣勢，體現了蘇軾史論汪洋恣肆的風格。

掌握文中"見、安、然、微、勝、逆、信、歸、度、全、乃、輕、王、稱、無故、所以"的意義。

古之所謂豪傑之士者，必有過人之節[1]。人情有所不能忍者，匹夫見辱[2]，拔劍而起，挺身而鬭，此不足爲勇也。天下有大勇者，卒然臨之而不驚[3]，無故加之而不怒。此其所挾持者甚大[4]，而其志甚遠也。

[註釋]

[1] 過人之節：超過一般人的節操。節：氣節、節操。
[2] 匹夫見辱：普通人被侮辱。見，表示被動。
[3] 卒然：突然。卒：通"猝"。
[4] 挾持者甚大：胸懷廣闊，志向高遠。所挾持者：抱負。

夫子房受書於圯上之老人也[1]，其事甚怪。然亦安知其非秦之世有隱君子者出而試之[2]？觀其所以微見其意者[3]，皆聖賢相與警戒之義。而世不察，以爲鬼物[4]，亦已過矣。且其意不在書[5]。當韓之亡[6]，秦之方盛也，以刀鋸鼎鑊待天下之士[7]，其平居無罪夷滅者[8]，不可勝數；雖有賁、育[9]，無所復施。夫持法太急者[10]，其鋒不可犯[11]，而其勢未可乘。子房不忍忿忿之心[12]，以匹夫之力，而逞於一擊之間[13]。當此之時，子房之不死者，其間不能容髮[14]，蓋亦已危矣！千金之子，不死於盜賊[15]。何者？其身之可愛[16]，而盜賊之不足以死也[17]。子房以蓋世之才[18]，不爲伊尹、太公之謀[19]，而特出於荊軻、聶政之計[20]，以僥倖於不死，此圯上老人之所爲深惜者也。是故倨傲鮮腆而深折之[21]，彼其能有所忍也，然後可以就大事，故曰："孺子可教也[22]。"

[註釋]

[1] 子房：張良字子房。圯（yí）：橋。
[2] 安知：怎麼知道。隱君子：隱居的高人逸士，指圯上老人黃石老人。
[3] "觀其"句意謂：看他之所以要稍微顯現一下他的意圖。其：代詞，指圯上老人。見：現。
[4] 鬼物：指圯上老人。按古人多以爲圯上老人黃石公爲黃石的精怪。

[5] 其意不在書：指圯上老人的意圖不在於授張良兵書，而要試試他有沒有氣度。
[6] 韓之亡：韓國亡於公元前230年。秦滅六國，首先滅韓。
[7] 鼎鑊（huò）：這裏指用鼎鑊烹人的嚴酷刑罰。天下之士：指天下有才智的人。
[8] 夷滅：抄斬，滅族。
[9] 賁（bēn）、育：即孟賁、夏育，兩人都是古代著名的勇士。
[10] 持法太急者：指使用刑法非常嚴厲的秦政權。
[11] 鋒：鋒芒。指秦暴政的兇焰。
[12] 不忍：忍不住。
[13] 逞於一擊之間：指張良派刺客用鐵錐襲擊秦始皇事。逞：逞能，冒險。
[14] 其間不能容髮：當中容不下一根毛髮，比喻情勢危急，差一點點就完了。
[15] "千金"兩句意謂：富貴人家的子弟，不願死在強盜和小偷手裏。
[16] 可愛：可貴。
[17] "而盜賊"句：意謂不值得同盜賊拼命而死。
[18] 蓋世：超過世人。蓋：壓倒。
[19] 伊尹、太公之謀：指安邦定國的謀略。伊尹：商湯的大臣，曾輔佐湯建立商朝。太公：指太公望，即呂尚，周朝的開國大臣。
[20] 荆軻、聶政之計：指行刺的下策。荆軻曾爲燕太子丹行刺秦王，聶政曾爲嚴仲子刺殺韓相韓傀。
[21] 倨傲：驕傲。鮮（xiǎn）腆（tiǎn）：沒有禮貌。鮮：少；腆：善，和氣。深折之：重重地挫折他的匹夫之勇。
[22] 孺子：小孩，幼兒。

楚莊王伐鄭，鄭伯肉袒牽羊以逆[1]。莊王曰："其君能下人[2]，必能信用其民矣[3]。"遂捨之。勾踐之困於會稽[4]，而歸臣妾於吳者[5]，三年而不倦[6]。且夫有報人之志[7]，而不能下人者，是匹夫之剛也。夫老人者，以爲子房才有餘，而憂其度量之不足，故深折其少年剛銳之氣，使之忍小忿而就大謀。何則？非有平生之素[8]，卒然相遇於草野之間，而命以僕妾之役[9]，油然而不怪者[10]，此固秦皇之所不能驚，而項籍之所不能怒也[11]。

[註釋]

[1] 鄭伯：即鄭襄公，春秋時鄭國國君。肉袒，袒衣露體，表示等待責打或殺戮。牽羊：用羊作奉獻的禮物。逆：迎接。
[2] 下人：甘居人之下。
[3] 信用其民：取得人民的信任，人民樂於爲他所用。
[4] 勾踐：春秋時越國國君。會稽：即會稽山，在今浙江紹興。越王勾踐曾被吳王夫差（chāi）圍困於此。
[5] 歸臣妾於吳者：意即投降吳國，爲其臣妾。
[6] 倦：這裏作"懈怠"解。
[7] 報人：向人報仇。
[8] 非有平生之素：意即向來不熟悉，彼此無交往。非：表示否定判斷。

[9] 僕妾之役：指圯上老人命張良拾鞋一事。
[10] 油然而不怪：指張良對圯上老人甘心聽命而不責怪。油然：敬悅的樣子。
[11] "此固"兩句意謂：這自然是秦始皇不能把他嚇到，項羽不能使他發怒了。

觀夫高祖之所以勝[1]，而項籍之所以敗者，在能忍與不能忍之間而已矣。項籍唯不能忍，是以百戰百勝，而輕用其鋒[2]。高祖忍之，養其全鋒，而待其弊[3]。此子房教之也。當淮陰破齊[4]，而欲自王，高祖發怒，見於詞色[5]。由此觀之，猶有剛強不忍之氣，非子房其誰全之[6]？

[註釋]

[1] 高祖：漢高祖劉邦。所以：表示原因。
[2] 輕用其鋒：輕率地使用、消耗精銳的兵力。鋒：鋒芒，這裏比喻主力部隊。下文的"鋒"同義。
[3] "高祖"三句漢高祖劉邦在強大的楚軍面前，經常採取守勢，以保持軍隊實力。
[4] 淮陰：指韓信，他後來被封爲淮陰侯。
[5] "而欲"三句：據《史記·淮陰侯列傳》載，當劉邦被項羽圍困在滎陽時，韓信奪得齊地，派人向劉邦請求封他爲齊王。劉邦大怒。鑒於當時楚漢相爭，形勢於漢不利，張良就勸劉邦暫封韓信爲齊王，並要他發兵擊楚。詞色：言詞和臉色。
[6] "猶有"兩句意謂：劉邦還有剛強不能忍耐的火爆脾氣，如果不是張良及時提醒，有誰能成全他的事業。

太史公疑子房以爲魁梧奇偉[1]，而其狀貌乃如婦人女子，不稱其志氣[2]。嗚呼！此其所以爲子房歟[3]！

[註釋]

[1] 太史公：即司馬遷。
[2] 稱（chèn）：相稱，相符。
[3] 這句意謂：張良外形柔弱，正是能"忍"的豪傑之士的狀貌。

附录　中国古代文化常识

一、古代的姓氏与名号

我国古代的姓氏名字号，不仅有所讲究，还有其深远的历史文化渊源。了解这方面的文化知识，对于今天的我们，认识、继承和发扬古代文化有积极的促进作用。现代对姓氏的研究已形成一门比较系统的学科，它与人口普查、语言学、历史学、考古学及民俗学等都有着极为密切的联系，对于现代的人口资源的科学管理也有着较为重要的作用。

（一）古代的姓氏

1. 姓氏的起源和变化

许慎《说文解字》："姓，人所生也……从女、生，生亦声。"班固《白虎通义》："姓者，生也，人禀天气所以生者也。"道出了"姓"的本义是"生"。

"姓"是从居住的村落，或者所属的部族名称而来。它最初是代表着有共同血缘、血统、血族关系的种族称号，简称族号。姓的产生，可以追溯到原始社会后期的母系氏族阶段。当时以母系血统为纽带形成了一个个氏族，每个氏族为区别于其他氏族，必须有一个统一的称号，这些称号就是姓。从"姓"字的构造结构来看，它是个会意字，从女从生，《说文》释作"人所生也"，表明由同一女性所生的后代即为同姓。许多古姓都是从"女"字旁，例如黄帝，姬姓；炎帝，姜姓；虞舜，姚姓；还有嬴、姒等姓。最初的同姓较少，但随着生产力的提高，物质条件的改善，后代不断繁衍，相同的姓也就逐渐的多起来。

顾炎武认为："言姓者本于五帝，见于春秋者，得二十有二。"这二十二个姓是：妫、姒、子、姬、风、嬴、己、任、姞、祁、芈、曹、董、姜、偃、归、曼、熊、隗、漆、妘、允。北宋的《百家姓》则一共收入502个姓氏。明代《皇明千家姓》，收姓氏1968个。清人张澍在《姓氏寻源》《姓氏辨误》中统计古代姓氏有5129个。新中国成立后，《中国姓氏汇编》共收姓氏5730个。其中单姓3470个，双字姓2085个，三字姓163个，四字五字姓12个。依据中国语言文字改革工作委员会汉字处1984年的抽样调查和有关专家的估计，直到今天还在使用的姓氏起码在3000个以上。

氏是姓的分支，起源于父系氏族社会，是古代贵族标志宗族系统的称号。姓与氏有渊源联系但又有所不同。吕祖谦在《左氏博议》中所言："曰姓者，统其祖考之所自出者也，百世而不变者也。曰氏者，别其子孙之所自分者也，数世而一变者也。"这比较准确地阐明了姓与氏的异同点。

随着社会的发展，人口逐渐增多，原来单一的部族又分出若干新的部族，这些部族之间为了相互区别以彰显本部族的特异性，就规定自己之下的分支部族既传承本部族的共同文化精神，显示同根同祖；又必须独立生息并以一些特殊的称号作为部族区别的标志，在这种背景下，"氏"出现了。所以"氏"可以看成是姓的分支。

最早的氏，大约出现于母系氏族社会向父系氏族社会过渡阶段。据记载，原始社会末期，黄帝治理天下时，已有"胙土命氏"的说法，出现了氏。神话传说中的人物，诸如轩辕氏、神农氏、伏羲氏、燧人氏等,其实也都是各父系氏族的称号,这可能是我国古代最早的一些氏。氏产生之后,就出现了同姓异氏的现象。例如,子是商代祖先的姓,子姓的下面又分氏,据《史记·殷本纪》有殷氏、来氏、宋氏、空桐氏、稚氏、北殷氏、目夷氏等。而周代则是我国氏发展的最重要的阶段。

氏的来源很多,但一般都与祖先有关。比较常见的有:得之于祖先之号的,如轩辕、高阳;得之于祖先之谥的,如文、武、昭;得之于祖先所封之国的,如齐、吴、燕、赵;得之于祖先所得之爵的,如王、侯;得之于祖先所从事职业的,如巫、史、卜、陶;得之于祖先所居之地的,如西门、东郭、南宫。还有,古代少数民族与汉族互相融合,后借用汉字单字作为氏的,例如拓跋氏改为元氏、关尔佳氏改为关、钮祜禄氏改为钮等;有因赐姓、避讳改姓氏的,例如唐王朝赐给立有军功的大臣们以李姓,朱明王朝赐以朱姓;汉文帝名刘恒,凡恒性因避讳改为常氏。晋朝帝王祖上有司马师,天下师姓皆缺笔改为帅氏等;因逃避仇家追杀改姓的,例如端木子贡后代避仇改沐姓等。

随着生产力的提高,人口增加,宗族分支不断,氏的内容也愈来愈丰富,大大超过了"姓"的数量。再加上氏具有鲜明的时代特征,使它的命名情况也颇为复杂多样。因此,有时同一个人可能会拥有几个不同的氏。例如,商鞅本是卫国人,以卫为氏,称卫鞅;作为公室子孙,以公孙为氏,称公孙鞅;后来被封于商,又以商为氏,称商鞅。

顾炎武在《原姓》中认为:"氏一再传而可变,姓千万年而不变",明确指出姓是稳定的,而氏的变化可以很大。例如,周人姓姬,相传是从黄帝时延续下来的,齐人姓姜,相传是从炎帝时延续下来的,都历时很长且没有变化。氏的情况就不同,变化较大。孔子本是宋国贵族的后代,而宋是殷商遗民建立的诸侯国,应为子姓;他的先祖以公孙为氏,到孔父嘉时,"五世亲尽,别为公族"(《孔子家语·本姓解》),便又以孔为氏。战国以后,我国社会普遍以氏为姓,姓氏逐渐合而为一;到了汉代,通称为姓,结束了平民没有自己的姓的历史。

2. 姓氏的特点和作用

姓和氏有哪些特点和作用呢?班固在《白虎通义》中说:"人所以有姓者何?所以崇恩爱,厚亲亲,远禽兽,别婚姻也。故纪世别类,使生相爱,死相哀,同姓不得相娶者,皆为重人伦也。"他认为使用姓的目的是"纪世别类","别婚姻"和"崇恩爱,厚亲亲"。

这里引用郑樵在《通志·氏族略序》中的观点从两个方面加以解释:

①"男子称氏,妇人称姓,氏所以别贵贱……姓所以别婚姻"。产生于母系氏族社会向父系氏族社会过渡阶段的氏,实际上体现了同姓者地位与财富的高下差别,由于这个时候男子逐渐成为氏族实际事务的主导者,他们称氏,便可将自己的地位与财富同其他氏族区别开来,所以男子称氏,而不再以姓相称。顾炎武在《原姓》中对此作了深入研究,他列举出《左传》大量实例总结道:"考之于《传》,二百五十五年之间,有男子而称姓者乎?无有也。"例如,屈原芈姓,以屈为氏,因此如果说屈原姓屈名原,那就是谬说了。

姓的基本作用是明血缘、别婚姻,同姓不婚是一条重要原则。"男女同姓,其生不蕃"(《左传·僖公二十三年》),这个理论记载,说明古人早就懂得男女同姓(也就是同族)结婚,后代不会兴旺的道理,这是中国古人对优生优育理论的正确认识。郑樵《通志·氏族略序》则概括说:"氏同姓不同者,婚姻可通;姓同氏不同者,婚姻不可通。"可见姓对于婚姻的重要意义。郑樵又称,"三代之前,姓氏分而为二,男子称氏,妇人称姓。"这样,为防止同姓通婚,古代女性的姓比名显得更为重要,因为它关系着子孙后代的发达,必须加以明确。

概括起来,古代女性大致有这么几种区分情况:一是尚未成亲的女子,在姓前加上孟(伯)、仲、叔、季来表示排行,例如孟姜、伯姬、仲姜、叔隗、季姒。二是出嫁之后,在姓前加上自己本身的国名或氏,例如齐姜、秦嬴、晋姬、褒姒。三是嫁给别个诸侯国的国君,在姓前加上所嫁配偶的国名,例如秦姬、孔姬、芮姜。四是嫁给别国的卿大夫,在姓前加上所嫁配偶的氏或邑名,例如孔姬(孔圉之妻)、秦姬(秦遄之妻)、赵姬(赵衰之妻)、棠姜(棠公之妻,棠是邑名)。五是死后在姓前加上配偶或本人的谥号,例如武姜(郑武公之妻)、穆姬(秦穆公之妻)、文嬴(晋文公之妻)、文姜(鲁桓公之妻,文是其本人谥号)。

②"贵者有氏,贱者有名无氏"。先秦时期,只有贵族才有氏,普通的平民一般没有氏,不需"别贵贱"。像弈秋、庖丁、匠石、医和、优孟等人,其实就是在他们各自所从事的职业或具有的专长之后加上名所构成的称号,其中的"弈"指棋手、"庖"指厨师、"匠"指木工、"医"指医生、"优"指演戏的人。

姓和氏有严格规定和区分,姓氏相别的制度一直沿用到战国后期。汉代以后,社会转型,天下大乱,冲击了严格的等级制度,姓和氏的区别已经模糊。"氏"演化为姓,姓氏不加区分,逐渐合而为一,统称为姓。姓氏合而为一,见之于典籍记载的,最早大概是《史记》,司马迁作《史记》时,将姓氏相合。"姓氏之称,自太史公始混而为一,《本纪》于秦始皇则曰'姓赵氏',于汉高祖则曰'姓刘氏'。"(顾炎武《日知录》)。

3. 关于姓氏的记载

唐太宗(627)的时候,朝中吏部尚书高士廉,把民间的"姓"记录下来,写成《氏族志》一书,颁行天下,作为当时推举贤能作官,或撮合婚姻的依据。中国旧时流行的《百家姓》是北宋(960)的时候写的,大致收姓四五百左右。发展到后来,据说有4000到6000个,但是实际使用的,只有1000个左右。

中国旧时有张、王、李、赵四大姓,后又有学者进一步统计,有张、王、李、赵、陈、杨、吴、刘、黄、周十大姓,这十姓占华人总人口的40%。世界知名大国也有大姓的说法,例如,美国是:Smith, Johnson, Carson;英国是:Smythe, Jones, Williams;法国是:Martin, Bernard, Dupont;德国是:Schultz, Mueller, Shmidt;苏联是:Ivanov, Vasiliev, Deternov。

(二) 古代的名和字

"名字"是个人的称谓符号,包括名和字两部分。古代名是名,字是字。如果是贵族身份或有地位的人,幼有名,长有字,死有谥。此外还有号、别号。现在的人一般只有姓名,无字,无号(作家可能自己取有笔名或别号)。

1. 古代的名

名是一个人的代号。在古代,姓氏是公共的,名则是属于个人的。《说文解字》:"名,自命也。从口夕,夕者,冥也,冥不相见,故以口自名。"意指黄昏后,天色暗黑人们不能互相辨认,各以代号相称,这便是名的由来。上古时代,婴儿出生3个月后,由父辈(祖辈),或师长、亲友当中的长辈起"名"。

我们现在所能看见最早的古代的名是商代人的名。当时的习惯,崇尚以天干为名,有时也往往以其生日干支命名。商代则主要是天干命名。如天乙（成汤）、太丁、盘庚、帝辛（纣）、武丁等。随着儒学的兴起，人们出于对王权和神的敬畏等，开始对起名有所选择和讲究。

《礼记》就规定了起名"六不"，即不以国，不以官，不以山川，不以隐疾，不以畜牲，不以器币命名。

汉人取名，崇尚英武、雄浑劲健。名字中多使用胜、武、勇、超、猛、固、彪等。那个时代还有的见贤思齐、追慕圣人，起名如张禹，赵禹、邓禹、陶汤、张汤、赵汤、周昌、张尧、黄舜等；有的求长生长寿，起名如万年、延寿、千秋、去病、去疾、彭祖、彭生等。南北朝因佛教盛行，故取佛僧之名成了时尚。一时之间，僧佑、僧护、僧智、摩诃之名比比皆是。唐人追求雅，以文、德、儒、元、雅、士等字命名很流行。

秦汉以后，随着封建专制的加强，对一些寓含专属意义的字词如龙、天、君、王、帝、上、圣、皇等字严禁使用。

2. 古代的字

《说文解字》说："字，乳也。"字是从名孳生出来的，是名的增衍和延伸，所以字与名的关系非常密切。《颜氏家训·风操篇》："古者，名以正体，字以表德。"《白虎通义》："闻名即知其字，闻字即知其名。"这些都说明名与字是互相联系的。

《礼记·曲礼》上说："男子二十冠而字"，"女子许嫁笄而字"。只有成年男女才可取字。取字的目的是为了让人尊重他，供他人称呼。一般人尤其是同辈和属下只许称尊长的字而不能直呼其名。

古人取字的形式常见的有：①同义反复。如屈原名平，字原，广平为原。诸葛亮字孔明，陶渊明字元亮，周瑜字公瑾，诸葛瑾字子瑜，文天祥字景瑞，都属此类。②反义相对。晋大夫赵衰（减少意）字子余（增多），曾点（小黑也）字子晳（色白也），朱熹（火亮）字元晦，赵孟頫字子昂，晏殊字同叔。即意义相对。③连义推想。赵云字子龙（云从龙），晁补之字无咎，苏轼字子瞻（扶轼可向前看），岳飞字鹏举，唐寅字伯虎（寅属虎）。④用男子美称子、甫及褒义词公、元、文、德等起字的。例如司马迁字子长，曹植字子建，杜甫字子美，柳宗元字子厚，周瑜字公瑾。

"字"的作用，表现为两个方面：一是表示成年。《礼记·曲礼》："男子二十，冠而字……女子许嫁，笄而字。"二是明白尊卑，显示地位。秦汉以前，平民一般有名无字。有字的人，一般是有地位、有学问的。交际场中，尊称他人，用字不称名。《赤壁之战》中孙权称鲁肃为"子敬"，上对下称字。也有上对下不称字的，称名。如《论语》中孔子称"求"名。

3. 古代姓、名、字排列的顺序

先秦时期是先字后名。例如《秦晋崤之战》中秦三员统军将领，孟明是百里奚的儿子，"百里"是复姓。"视"是名，"孟明"是字。百里/孟明/视。

汉代以后是先名后字。例如《游褒禅山记》："四人者：……萧/君圭/君玉，……王/回/深父，余弟（王）/安国/平父、（王）/安上/纯父。"

4. 古代的号

《周礼·春官·大祝》郑玄注："号为尊其名更美称焉。"名、字是由尊长所取，而号则不同，号开始时是自己取，称自号；后来，有别人送上的称号，称尊号、雅号等。号也叫别称、别字、别号。

除了上述的名、字、号外，历史上常用来代替个人姓名的还有：

一是地名（包括出生地、住地和任职所在地等）。如东汉孔融称为孔北海、唐代韩愈称为韩昌黎、柳宗元称为柳河东或柳柳州、宋代苏辙称为苏栾城等。在古代，以地名称人在封建时代是表尊敬，叫做称"地望"。曾经，清末时有人拟了一副对联："宰相合肥天下瘦，司农常熟世间荒。"上联指任北洋大臣（宰相）的李鸿章（合肥人）、下联指任户部尚书（司农）的翁同龢（常熟人），利用"地望"的双关语义讽刺了封建大官僚的贪婪骄奢。

二是官爵名（包括职衔、封号等）。如东汉发出"穷当益坚、老当益壮"豪言的马援称马伏波（曾任伏波将军），投笔从戎的班超称班定远（曾封定远侯），蔡邕称蔡中郎（曾任中郎将），三国嵇康称嵇中散（曾任中散大夫），唐代杜甫称杜工部、杜拾遗（曾任工部员外郎、左拾遗）等。

三是弟子或后人所上的尊称。如宋代的周敦颐称濂溪先生，北宋吕本中和南宋吕祖谦先后称东莱先生，明代归有光称震川先生，王夫之称船山先生等。别人赠号一般以其轶事特征为号。如李白，人称谪仙人；宋代贺铸因写了"一川烟柳、梅子黄时雨"的好词句，人称贺梅子；张先因写了"云破月来花弄影"，"浮萍断处见山影"，"隔墙送过秋千影"三句均带"影"字的好诗，人称"张三影"。还有在死后由门人、后人上的尊号（"私谥"）如东晋陶潜的靖节、隋代王通的文中子等。

四是谥号，即死后由皇帝（朝廷）颁赐的荣誉称号。如宋代包拯称包孝肃、岳飞称岳武穆、明代徐光启称徐文定、清代纪昀称纪文达等。

五是在姓氏前加形容词指称特定的同姓者。如大戴、小戴分指汉代学者戴德、戴圣叔侄（他们编纂的《礼记》也因此分别称为《大戴礼》、《小戴礼》）；晋代作家阮籍、阮咸叔侄也分别称为大阮和小阮（"大阮"和"小阮"因而成了"叔"、"侄"的同义词）；南朝谢灵运和堂弟谢惠连都是诗人，也被人称为大、小谢；唐代诗人中老杜（亦作大杜）专指杜甫，小杜专指杜牧；老苏、大苏、小苏则指宋代苏洵、苏轼、苏辙父子。

六是以情趣抱负自号：杜甫自号少陵野老；"六一居士"（"一万卷书、一千卷古金石文、一张琴、一局棋、一壶酒、一老翁"）是欧阳修晚年的自号。这些大都表示个人的生活情趣。

七是以生辰年龄、文学境况、形貌特征等自号。辛弃疾自号六十一上人；赵孟頫甲寅年生，自号甲寅人；元郑元右，自号尚左生；明代祝允明自号祝枝指生，后在民间演变成祝枝山。

八是以几个姓并称特定的几个人。如"伊吕"指商代伊尹、周代吕尚；"班马"指司马迁（《史记》作者）、班固（《汉书》作者）；唐诗人中"李杜"（李白、杜甫），"元白"（元稹、白居易），"韩柳"（韩愈、柳宗元）；还有上文提及的大谢小谢（"二谢"）加上南朝另一诗人谢朓又合称"三谢"；"二程"专指宋代学者程颢、程颐兄弟；苏洵、苏轼、苏辙又合称"三苏"。

九是在唐代还常以排行连同姓名官职等称人。王维有诗题《送元二使西安》，唐诗中屡见《答王十二》、《问刘十九》、《同李十一醉忆元九》、《送裴十八图南》、《寄丘二十二员外》之类的题目，都是以排行称人的。如李白是李十二、韩愈是韩十八、柳宗元是柳八、元稹是元九等。排行还可连同名和官职并称，如裴图南称裴十八图南、杜甫称杜二拾遗、白居易称白二十二舍人等。宋代也沿有此习，如秦观称秦七、欧阳修称欧九、黄庭坚称黄九等。

近代以来，尤其是建国以后，文人用号之风大减，不少人发表作品用真名，不用笔名。少数文人存有别号，这些多为20世纪三四十年代前就出名的文人。

总之，并不是所有的古人都可以用地名或官职名等称呼；也并不是所有与某人有关的地名、官职名都可以用来称代某人。这只是一种历史上的约定俗成的习惯，封建社会里，姓、名、字、号不仅以它的字形、字义反映封建宗法制度和伦理道德观念，而且也常被当作直接用来臧否人物的工具。

（三）古代常见的几种称谓

【谦称】表示谦逊的态度，用于自称。

（1）一般人自称仆、不地、愚等。其他自谦词有：因为古人坐席时尊长者在上，所以晚辈或地位低的人谦称在下；小可是有一定身份的人的自谦，意思是自己很平常、不足挂齿；小子是子弟晚辈对父兄尊长的自称；老人自谦时用老朽、老夫、老汉、老拙等；女子自称妾；老和尚自称老衲；对别国称自己的国君为寡君。

（2）古代帝王的自谦词有孤（小国之君）、寡（少德之人）、不谷（不善）。

（3）古代官吏的自谦词有臣、下官、末官、小吏等。

（4）读书人的自谦词有小生、晚生、晚学等，表示自己是新学后辈；如果自谦为不才、不佞、不肖，则表示自己没有才能或才能平庸。

（5）古人称自己一方的亲属朋友时，常用"家"、"舍"等谦词，如家父、家母、家兄等；以及寒舍、敝舍，舍弟、舍妹、舍侄等。

【敬称】表示尊敬客气的态度，也叫"尊称"。

（1）对帝王的敬称有万岁、圣上、圣驾、天子、陛下等。驾，本指皇帝的车驾。古人认为皇帝当乘车行天下，于是用"驾"代称皇帝。古代帝王认为他们的政权是受命于天而建立的，所以称皇帝为天子。古代臣子不敢直达皇帝，就告诉在陛（宫殿的台阶）下的人，请他们把意思传达上去，所以用陛下代称皇帝（已死的称庙号，如宋太祖，宋仁宗等）。

（2）对皇太子、亲王的敬称是殿下。

（3）对将军的敬称是麾下。

（4）对有一定地位的人的敬称：对使节称节下；对三公、郡守等有一定社会地位的人称阁下，现在多用于外交场合，如大使阁下。

（5）对于对方或对方亲属的敬称有令、尊、贤、仁等。令，意思是美好，用于称呼对方的亲属，如令尊（对方父亲）、令堂（对方母亲）、令阃（对方妻子）、令兄（对方的哥哥）、令郎（对方的儿子）、令爱（对方的女儿）。尊，用来称与对方有关的人或物，如尊上（称对方父母）、尊公、尊君、尊府（皆称对方父亲）、尊堂（对方母亲）、尊亲（对方亲戚）、尊驾（称对方）、尊命（对方的嘱咐）、尊意（对方的意思）。贤，用于称平辈或晚辈，如贤家（称对方）、贤郎（称对方的儿子）、贤弟等。仁，表示爱重，应用范围较广，如称同辈友人中长于自己的人为仁兄，称地位高的人为仁公等。

（6）称年老的人为丈、丈人，如"子路从而后，遇丈人"（《论语》）。唐朝以后，丈、丈人专指妻父，又称泰山，妻母称丈母或泰水。

（7）称谓前面加"先"，表示已逝，用于敬称地位高的人或年长的人，如称已死的皇帝为先帝，称已经死去的父亲为先考或先父，称已经死去的母亲为先慈或先妣，称已死去的有才德的人为先贤。称谓前加"太"或"大"表示再长一辈，如称帝王的母亲为太后，称祖父为大（太）父，称祖母为大（太）母。唐代以后，对已死的皇帝多称庙号，如唐太宗、唐玄宗、宋太祖、宋仁宗、元世祖、明太祖等；明清两代，也用年号代称皇帝，如称朱元璋为洪武皇帝，称朱由检为崇祯皇帝，称玄烨为康熙皇帝，称弘历为乾隆皇帝。

（8）对尊长者和用于朋辈之间的敬称有君、子、公、足下、夫子、先生、大人等。

（9）君对臣的敬称是卿或爱卿。

（10）对品格高尚、智慧超群的人用"圣"来表敬称，如称孔子为圣人，称孟子为亚圣。后来，"圣"多用于帝王，如圣上、圣驾等。

【贱称】表示轻慢斥骂的态度。

称人为"竖子"。如《荆轲刺秦王》："往而不反者，竖子也。"《毛遂自荐》："白起，小竖子耳。"《鸿门宴》："竖子不足与谋！"

称呼"小子"。《孔雀东南飞》："小子无所畏，何敢助妇语！"

【特殊称谓】主要有以下五种：

（1）百姓的称谓。常见的有布衣、黔首、黎民、生民、庶民、黎庶、苍生、黎元、氓等。

（2）职业的称谓。对从事某项技艺职业的人，称呼时常在其名前加一个表示他的技艺职业的字词。如《庖丁解牛》中的"庖丁"，"丁"是名，"庖"是厨师，表明职业。《师说》中的"师襄"和《群英会蒋干中计》中提到的"师旷"，"师"，意为乐师，表明职业。《柳敬亭传》中的"优孟"，是指名叫"孟"的艺人。"优"，亦称优伶、伶人，古代用以称以乐舞戏谑为职业的艺人，后亦称戏曲演员。

（3）不同的朋友关系之间的称谓。

贫贱而地位低下时结交的朋友叫"贫贱之交"；情谊契合、亲如兄弟的朋友叫"金兰之交"；同生死、共患难的朋友叫"刎颈之交"；在遇到磨难时结成的朋友叫"患难之交"；情投意合、友谊深厚的朋友叫"莫逆之交"；从小一块儿长大的异性好朋友叫"竹马之交"；以平民身份相交往的朋友叫"布衣之交"；辈份不同、年龄相差较大的朋友叫"忘年交"；不拘于身份、形迹的朋友叫"忘形交"；不因贵贱的变化而改变深厚友情的朋友叫"车笠交"；在道义上彼此支持的朋友叫"君子交"；心意相投、相知很深的朋友叫"神交"（"神交"也指彼此慕名而未见过面的朋友）。

（4）年龄的称谓。古人的年龄有时不用数字表示，不直接说出某人多少岁或自己多少岁，而是用一种与年龄有关的比较固定的称谓来代替。

襁褓：婴儿，不满周岁。黄口：本指雏鸟，后比喻10岁以下的幼儿。孩提：2～3岁的儿童。垂髫（也称始龀）是三四岁至八九岁的儿童（髫，古代儿童头上下垂的短发）。总角是八九岁至十三四岁的少年（古代儿童将头发分作左右两半，在头顶各扎成一个结，形如两个羊角，故称"总角"）。豆蔻是十三四岁至十五六岁（豆蔻是一种初夏开花的植物，初夏还不是盛夏，比喻人还未成年，故称未成年的少年时代为"豆蔻年华"）。束发是男子15岁（到了15岁，男子要把原先的总角解散，扎成一束）。及笄：15岁女子。弱冠是男子20岁（古代男子20岁行冠礼，表示已经成人，因为还没达到壮年，故称"弱冠"、加冠）。而立是男子30岁（立有"立身、立志"之意）。不惑是男子四十岁（不惑有"不迷惑、不糊涂"之意）。知命是男子50岁（知命，"知天命"之意。也称半百、知非，知非之年、知命之年、艾服之年、大衍之年等）。花甲（也称平头甲子、耆、耳顺之年、杖乡之年）是60岁。古稀是70岁（也称杖国之年、致事之年、致政之年）。耄耋（耋：70～80岁；耄：80～90岁，杖朝之年：80岁，鲐背之年：90岁）指八九十岁。期颐指一百岁。

（5）避讳。封建社会对君主和尊长的名字，避免直接说出和写出，用改字、缺笔、空字，用同义词等方法加以回避。如"以俟观人风者得焉"中"人风"即"民风"避唐太宗李世民讳。

二、古代职官

我国古代的职官制度，历代有所不同，甚至一个王朝之内，前后也有变化。古代官职的情况，涉及官署名、官名、官员的职掌等方面。从一些古代文献中了解到，秦汉之前还没形成全国统一的官制。秦统一之后，才建立起中央集权的较为统一的官制，并将官吏分为中央和地方两类。汉代基本沿袭秦制，以后历代王朝虽有改变，但两千年来大致是以秦汉官制为基础发展演变的。下面按照中央官职和地方官职两大类别，对古代官制做一简要介绍。

（一）中央官职

秦代设丞相、太尉和御史大夫，共同组成中枢领导机构。其中，丞相管行政、太尉管军事、御史大夫管监察和秘书工作。汉朝大体上沿袭秦代这一政治体制称为三公，下分设九卿，掌管各方面政务。西汉时期，"三公"的权力比较大。到东汉时，"虽置三公，事归台阁"（《后汉书·仲长统传》），此时，三公已经没有实权，台阁成为实际上的宰相府。魏文帝时，鉴于东汉台阁的权势太大，将它改为外围的执行机构，另设立中书省，参掌中枢机密。南北朝时，又设置门下省，这样便形成了尚书、中书和门下三省分职的制度，后世又演变为三省六部制。

三省为中书省（决策）、门下省（审议）、尚书省（执行），中书令、侍中、尚书令分别代表三省，共同帮助皇帝处理政事。只要皇帝倚重，三省的长官都是宰相，它是隋唐时期中央官制的基础。宋代中央由中书和枢密院分掌文武大权，号称两府。中书省职权扩大，门下、尚书省遂废。元代以尚书省、中书省为宰相府，以尚书令、左右丞相、平章政事为宰相。后又废尚书省，归于中书省。明代废中书省，皇帝亲理朝政，以翰林院加龙图阁大学士等草拟诏谕。内阁为最高政务机构，内阁大臣称为辅臣，首席称首辅（即实际上的宰相）。清沿明制，雍正时设立军机处，王公、尚书等为军机大臣，协助皇帝掌握政府大权，大学士到此，已是荣誉称号，没有多少实际职权。

东汉到隋唐，尚书台是行政的中枢，由于事务繁杂，尚书台内分曹办事，每曹设尚书一人，这就是后世中央各部的前身。隋代正式定为吏、民、礼、兵、刑、工六部，属尚书省。唐代因避太宗李世民讳,改民部为户部,后历代相传,基本未作变动。

六部的职责分工大致是:吏部,管官吏任免、考核、升降等事;户部,管土地户口、赋税财政等事;礼部,管典礼、科学、学校等事;兵部,管军事;刑部,管司法刑狱;工部,管工程营造、屯田水利等事。各部长官称尚书,副职为侍郎。部下设司,司的正副长官分别称郎中和员外郎,下属官员有都事、主事等。自六部成立后,诸卿的职权逐渐缩小,后来就裁撤了。

九卿是秦汉时期中央行政机构的长官。汉以太常、光禄勋、卫尉、太仆、廷尉、大鸿胪、宗正、大司农、少府谓之九卿。

九卿的职责分工大致是(1)光禄勋:掌宫廷宿卫及侍从,北齐以后掌膳食帐幕,唐以后始专司膳。(2)太仆:掌舆马畜牧之事,北齐始曰太仆寺,清光绪改革官制时并入陆军部。(3)太常:秦署奉常,汉改太常,掌宗庙礼仪,至北齐始有太常寺。(4)宗正:明清为宗人府,掌皇族事务。(5)廷尉:掌刑狱案件审理,北齐为大理寺,历代沿袭,清改为大理院。(6)卫尉:掌宫门近卫军,北齐改为卫尉寺,隋改为军器仪仗、帐幕之类,明废,清有銮仪卫。(7)鸿胪:秦曰典客,汉改大鸿胪,掌管各少数民族和外国来朝事务。至北齐曰鸿胪寺。(8)少府:掌山泽之事,后又掌宫中服饰衣物、宝货珍贵之物,隋改为监,历代沿袭,明始废。(9)太府:即大司农,掌管钱谷金帛诸货币。

历代的中央机构都设有监察官和谏官。监察官负责对百官的纠察弹劾,谏官则对皇帝进行规谏。监察机构称御史台,长官是御史大夫或御史中丞,他们又统称台官,与谏官合称台谏。此外,还有一些比较重要的中央行政长官,如中尉,掌管京师治安;将作少府,掌管营建宫室;还有一些不属于行政系统的官职,例如翰林待诏或翰林学士等。我国历代还设有负责管理图书、编修历史、制定历法等工作的专门机构和官员,如司马迁、张衡曾任太史令,高启为翰林国史编修等。

(二)地方官职

春秋战国时期,郡县两级的地方行政单位已经初步形成。秦统一后,先分天下为三十六郡,后增至四十郡,郡下设县,郡县长官均由朝廷任命,并随时调整。此后,各代的地方行政单位都是以秦代的郡县制为基础而有所发展。

秦汉时代主要行政区是郡。郡的长官,秦称郡守,汉称太守。地方行政的基层单位是县。万户以上的县之长官称令;不及万户的县的长官称长。另有县丞佐理县政,县尉掌管治安。县的长官以下各有不同职事人等。汉代和郡平行的还有"国",这是皇帝子弟的封地,也叫"诸侯王国"。此外,汉代为加强中央集权,把天下分为十几个监察区,称为州或部,每州设刺史一人,负责监察所属郡国,维护统一。

魏晋南北朝时代,刺史一般兼有将军称号,拥有部属,权柄极大。另外,朝廷为安置官吏,设立名目繁多的地方官职,因而这个时代地方官制最为混乱。隋唐以后,随着社会的稳定又趋于规范。

隋唐和宋代主要行政区是州,州官称刺史,属官有长史、司马等。隋唐的县的长官统称令。唐太宗时把全国分为十道,每道由中央政府派官吏一人巡察所属州郡,称为巡察使、按察使、黜陟使或观察使等,职责与汉之刺史同。唐代还在一些军事或边境重镇设节度使,属官有行军司马、参谋、掌书记等。原意是防止外族入侵和巩固国防,后来逐渐在内地普遍设置节度使,造成了唐代后期藩镇割据的混乱局面,此一现象至宋代废除。宋代为加强对县一级政权的控制，由中央直接安排官员出掌一县行政，称为"知某县事"，简称知县，州官则简称知州。宋代全国分二十左右路，路中设若干司，分管各方事务。

元代地方最高行政机构称行中书省，体制仿中央政府。明初沿袭元制，虽后来改为承宣布政使司（布政司），但称省习惯没变。遇有战事，则派朝中大臣出巡地方，处理军务，称巡抚。如果战事牵连几省，则派总督协调处理。总督与巡抚都是根据形势需要，由中央政府临时任命。到清代，才成为固定的"封疆大吏"长居地方。明清时一省分为数道，道有道员。道下设府，称知府；府下有州，州下有县，并沿用知县的名称。

（三）古代常见的官称

【爵】即爵位、爵号，是古代皇帝对贵戚功臣的封赐。旧说周代有公、侯、伯、子、男五种爵位，后代爵称和爵位制度因时而异有些许变化。

【丞相】是封建官僚机构中的最高官职，是秉承君主旨意总理全国政务的人。有时称相国，常与宰相通称，简称"相"。

【太师】有两种含义。①古代称太师、太傅、太保为"三公"，后多为荣誉加衔，表示恩宠而无实职，如宋代赵普、文彦博等曾被加太师衔。②古代又称太子太师、太子太傅、太子太保为"东宫三师"，都是太子的老师，太师是太子太师的简称，后来也逐渐成为虚衔。

【尚书】最初是掌管文书奏章的官员。隋代始设六部，唐代确定六部为吏、户、礼、兵、刑、工，各部以尚书、侍郎为正副长官。

【侍郎】初为宫廷近侍。东汉以后成为尚书的属官。唐代始以侍郎为三省（中书、门下、尚书）各部长官（尚书）的副职。

【郎中】战国时为宫廷侍卫。自唐至清成为尚书、侍郎以下的高级官员，分掌各司具体事务。

【学士】魏晋时是掌管典礼、编撰诸事的官职。唐以后指翰林学士，成为皇帝的秘书、顾问，参与机要，因而有"内相"之称。明清时承旨、侍读、侍讲、编修、庶吉士等虽亦为翰林学士，但与唐宋时翰林学士的地位和职掌都不同。

【大将军】先秦、西汉时是将军的最高称号。如汉高祖以韩信为大将军，汉武帝以卫青为大将军。魏晋以后渐成虚衔而无实职。明清两代于战争时才设大将军官职，战后即废除。

【参知政事】简称"参政"。是唐宋时期最高政务长官之一，与同平章事、枢密使、枢密副使合称"宰执"。宋代范仲淹、欧阳修、王安石等都曾任此职。

【军机大臣】军机处是清代辅佐皇帝的政务机构。任职者无定员，一般由亲王、大学士、尚书、侍郎或京官兼任，称为军机大臣。军机大臣少则三、四人，多则六、七人，被称为"枢臣"。

【御史】本为史官，秦以后置御史大夫，职位仅次于丞相，主管弹劾、纠察官员过失等事。

【枢密使】枢密院的长官。唐时由宦官担任，宋以后改由大臣担任，枢密院是管理军国要政的最高国务机构之一，枢密使的权力与宰相相当，清代军机大臣往往被尊称为"枢密"。

【太尉】元代以前的官职名称。是辅佐皇帝的最高武官，汉代称大司马。宋代定为最高一级武官。后成为虚衔。

【长史】秦时为丞相属官，相当于丞相府的秘书长。两汉以后成为将军属官，是幕僚之长。

【侍中】原为正规官职外的加官之一。因侍从皇帝左右，地位渐高，等级超过侍郎。魏晋以后，往往成为事实上的宰相。

【参军】即"参谋军务"的简称，最初是丞相的军事参谋。晋以后地位渐低，成为诸王、将军的幕僚。隋唐以后逐渐成为地方辅佐官员。

【都尉】职位次于将军的武官。

【校尉】两汉时期次于将军的官职。

【司马】各个朝代所指官位不尽相同。战国时为掌管军政、军赋的副官。隋唐时是州郡太守（刺史）的属官。

【节度使】唐代总揽数州军政事务的总管，原只设在边境诸州；后内地也遍设，造成割据局面，称"藩镇"。

【刺史】原为巡察官名。东汉以后成为州郡最高军政长官，有时称为太守。

【巡抚】明初指京官巡察地方。清代正式成为省级地方长官，地位略次于总督，别称"抚院"、"抚台"、"抚军"。

【县令】一县的行政长官，又称"知县"。

（四）古代官职任免的常用词语

1. 拜：用一定的礼仪授予某种官职或名位。
2. 除：拜官授职。
3. 擢：提升官职。
4. 迁：调动官职，包括升级、降级、平级转调三种情况。为易于区分，人们常在"迁"字的前面或后面加一个字，升级叫迁升、迁授、迁叙，降级叫迁削、迁谪、左迁，平级转调叫转迁、迁官、迁调，离职后调复原职叫迁复。
5. 谪：降职贬官或调往边远地区。
6. 黜：与"罢、免、削、夺、废"都是罢免或废黜官职。
7. 去：解除职务，其中有辞职、调离和免职三种情况。辞职和调离属于一般情况和调整官职，而免职则是削职为民。
8. 乞骸骨：年老了请求辞职退休。
9. 退：一是撤销或降低官职；二是自己辞职。
10. 致仕：古代官员正常退休。一般致仕的年龄为70岁，有疾患可提前。

三、古代军队体制

（一）秦朝军队体制

秦朝是中国历史上第一个中央集权的封建国家。它的建立，标志中国历史进入一个崭新的时代。皇帝是国家的最高统治者，军队的最高统帅。太尉为最高武官，协助皇帝掌军事行政。战争的发动与中止、高级武官的任命与撤换、兵员的征集与调动，都由皇帝掌握。

秦朝军队由京师兵、郡县兵、边防兵构成。京师兵，由于任务不同，分三个系统：郎中令管辖的侍卫官，主要负责殿内值勤、扈从皇帝；卫尉管辖的皇宫警卫兵，由郡县轮番服役的正卒充当，称卫士，主要职责是守卫宫门；中尉管辖的京都戍卫兵，成员是轮番服役的地区正卒，主要职责是保卫都城的安全。郡县兵，指在当地轮流服一年兵役的正卒。由郡尉、县尉管辖。边防兵，指边郡骑士、材官和边郡屯兵、边塞戍卒。

秦军分为步兵（含弩兵）、车兵、骑兵和水军四个兵种。步兵数量较多，是主要兵种，车兵仍是重要作战力量，骑兵尚处于从属地位，弩兵具有较大阵容。作战中，车、骑、步、弩大体混编列阵，配合而行。

（二）汉朝军队体制

汉朝包括西汉和东汉，军事体制保持了秦朝高度集中和统一的特点。汉朝军队由京师兵、郡国兵、边防兵三个部分构成。汉代的国民兵役普遍实行义务兵役制，规定23岁就要服兵役。一是到中央作卫兵；二是到边郡作戍卒；三是在原地方服兵役。

京师兵即中央军，是汉朝军队的精锐，主要负责宿卫皇宫和保卫京师，按任务可分为三个系统：①省殿卫军。②宫城卫士。③京师屯兵。任务是屯戍京师，保卫京师及近畿治安。郡国兵即地方兵。平时参加军事训练，维持地方治安，"兵皆散于郡国，有事则以虎符檄召而用之，事已皆罢归家，无复养兵之费矣"。东汉，改革军制，主要的一项措施就是罢郡国兵，令各还民伍，并取消地方校阅、考核制度，训练、管理日懈，致使郡国常设兵遭到极大削弱。中期以后，刺史、郡守军权逐渐增大，所辖之兵，称为州郡兵。自行招募、私建军队的倾向日重，中央对地方军的控制权逐渐丧失。边防兵，按领属关系和作用，分为四种类型：①朝廷设置的边郡驻屯兵。②边郡兵。边郡兵也是郡国兵。③属国兵。④屯田兵。

汉朝军队分材官（步兵）、骑士（骑兵）、轻车（战车兵）、楼船（水军）四个兵种，平时分别训练，战时则混合编队。步兵是汉朝作战的基本力量，人数多，规模大。武帝时期，骑兵人数迅速增加，装具日益完备，已取代车兵地位，成为主要作战力量。

（三）晋朝军队体制

晋朝包括西晋和东晋。两晋军队，承袭魏的军事体制，分中央军和地方军。中央军分中军和外军。中军，即京师部队。分为宫卫军、城卫军、城外牙门军三个部分。宫卫军的主体，是左、右卫将军分领的左右二卫，负责宿卫殿内，扈从皇帝。此外，尚有羽林等诸多名号的宿卫军，或警卫宫门，或巡徼道路。城卫军，包括领军、护军、骁骑、游击等将军及五营校尉所领的营兵，主要负责宫外及京城的内卫。城外牙门军，屯于京外四周，虽不属于宿卫军，但有保卫京城的任务；遇有战事，即奉命出征，战毕即还。外军，主要指都督所统的驻于各军事重镇的中央军队。晋初，由中央直辖，后随都督成为地方高级军政主官，而逐渐转化为不受中央直接控制的地方军。此外，还有担负边防任务的营兵，由置于沿边的诸校尉统领，当属外军系统。

地方军包括王国兵和州郡兵（有学者认为，这也属外军）。王国兵，出现于武帝分封诸王的泰始年间（265—274），诸王就国后即正式设置，定大国5000人，次国3000人，小国1500人。州郡兵，由州郡刺史、太守统领，负责维护地方治安。

（四）隋朝军队体制

隋朝将国家军队分为中央军和地方军两大系统。府兵是隋代中央军的主体。中央设十二卫府（后改为十六卫府）分统全国骠骑府、车骑府，置骠骑将军、车骑将军为军府长官。下置大都督、帅都督、都督等领兵官。炀帝统改骠骑府、车骑府为鹰扬府，长官改称鹰扬郎将、副郎将，下属分别为校尉、旅帅、队正，取消将军、都督称号。自此，府兵从上而下形成了完备的组织体系。士兵总称卫士，具有禁卫军性质，并有内军、外军之分。左右卫辖下的亲卫、勋卫、翊卫所统骠骑府、车骑府府兵，属于内军；其余各卫府所统骠骑府、车骑府府兵，都是外军。内军和外军皆有宿卫京师和奉调出战的双重任务。除府兵以外，中央军队还有禁兵（专事宿卫的亲兵，分为内卫和外卫，负责保卫皇宫与京师安全）和骁果（炀帝时招募民丁组成的军队）等。

地方军包括州兵和边防军。数量不小，由总管府、郡都尉及其镇、戍、关统领，主要担负边境和内地诸州冲要的屯守任务，战时也奉调出征。

军种以步兵为主，骑兵、水军亦占一定比例。步兵、骑兵是军队的主体。

（五）唐朝军队体制

唐朝沿袭隋朝三省六部制，尚书省下设兵部为中央最高军事行政机关。唐前期，军队以府兵为主体，同时还有北衙禁军、兵募、边防军，以及不脱离生产的团结兵等。

府兵是唐初的主要军事力量，泛指军府统领的兵士，其编制的基本单位是折冲府（又称军府）。府分三等，上府1200人，中府1000人，下府800人。长官为折冲都尉，府兵称卫士或侍官。军府分别隶属于十二卫和六率。十二卫各设大将军一人，直接听命于皇帝。六率各设率一人，隶属于太子。军府最多时有634个，约百分之四十分布在京师所在的关中，以便中央政府手握重兵，控制四方。府兵必须凭尚书省兵部的兵符才能调拨。战时由皇帝任免将军率军出征，战争结束，将领回朝，士卒归府，将无常兵，难以干预国政。

募兵（又称兵募）在唐初不是常备军，只是战争时才临时征募民丁组建军队。后来逐渐制度化，成为常备军。另外，还有北衙禁军，主要任务则是守卫皇宫。

边防军，即各边防军事机构所辖的屯戍部队。随着边防线的延长和战争的频繁，遂设节度使为边境区域性的最高长官。团结兵不入军籍，一般在本境内防守，或应调配合作战，军事任务结束，即回乡耕种。

唐后期的军队，主要是神策六军、藩镇兵。神策军，原先是陇右临洮郡的一支边军。安史之乱起，神策军千人奔赴中原平叛，屯驻陕州。后进入长安禁苑升为天子禁军。神策军在宦官的统领下，饷赐优厚，发展到十八万多人，分别屯驻于京师及京西北诸镇。藩镇军，即节度使统领的军队。唐后期，全国有四五十个藩镇，各藩镇节度使都拥有军队，少则数千，多至十万人。各藩镇兵，由于屯驻地区与担负任务不同，分为牙兵（又称中军、牙中军、牙内兵，屯驻在节度使治所）、牙外军（又称外营兵，屯驻在节度使治所的外城）、外镇兵（屯驻藩镇属郡关津要地）等。

（六）宋代军队体制

宋分北宋和南宋两个历史阶段。宋朝武装力量主要由禁军、厢军、乡兵、蕃兵构成，此外，还有土军和弓手。禁军是中央正规军，是北宋军队的主力，包括皇帝宿卫军和征战戍守部队，分别隶属三衙。其任务是保卫皇宫、镇守京师、准备征战和屯戍边郡、要地。厢军属地方军，是诸州的镇兵，由地方长官控制。主要任务是筑城、制作兵器、修路建桥、运粮垦荒以及官员的侍卫、迎送等，一般无训练、作战任务。乡兵是按户籍抽调的壮丁或招募的地方民众武装，其任务是在本地防守。蕃兵是北宋西北部边防军，由边区少数民族组成,驻于边地。土军和弓手属地方治安部队。有步军和马军两个兵种,水军和炮军附属于步军。

宋朝在中央政府专设枢密院,负责军务。枢密院直接对皇帝负责,它不直接统兵,却有调兵遣将之权。平时军队实行"更戍法",遇有军事行动,统兵将领临时由中央委派,实现了统兵权与调兵权的分离。

南宋军队体制变化较大。初期,北方禁军主力因战事缘故大部溃散,重新编组的中央军,称屯驻大兵;虽保留原番号和建制,但已降为与厢军相类的杂役兵,不再是军队精锐。而南方厢军沿北宋旧制,专供杂役,不事征战。乡兵名目繁多,在与金、元抗衡中发挥过一定作用。蕃兵因陕西的陷落,事实上已不存在。

(七) 元朝军队体制

元朝是以北方蒙古民族为主体建立的统一的多民族的封建王朝。元朝军队,按种族和兵员征发地区,可分为蒙古军、探马赤军、汉军和新附军;按兵种,可分为骑兵、步兵、水军和炮手军等;按任务,则可分为宿卫军、镇戍军和不出戍他乡的土著兵即乡军。

蒙古军,是以进入内地的蒙古人为主体编制而成的军队。散布在内地的色目人军队,除属于侍卫亲军者外,也被列入蒙古军建制。探马赤军,最初是指从蒙古诸部抽调组成的精锐骑兵,后来也有部分色目人、北方汉人参加。由大汗直接任命的将帅统领,专门承担前锋、重役或戍边等繁重、艰苦的战斗任务。汉军,指金朝降元的军队,以及征发原金统治区及四川、云南等地汉人和部分契丹、女真人组成的军队。新附军,是改编南宋降军或收编溃兵游勇组成的军队,地位最低。骑兵和步兵,是元朝军队的主要兵种。蒙古军、探马赤军多为骑兵,长期保持着快速机动和较少依赖后勤补给等特点。

汉军、新附军主要是步兵,也配有部分骑兵。水军是在征服中原及攻宋战争中发展起来的,主要由汉军、新附军将士组成,并组建有蒙古、回回水军。元朝还集中汉族和西域的制炮工匠和炮手,组成炮手军,装备各种抛石机,包括从西域传入的回回炮及后期制造的金属管形火器——火铳,加强了军队的攻坚能力。

元军组织编制,通常为万户府、千户所、百户所、牌子四级,长官称万户、千户、百户和牌子头。非蒙古军的万户府、千户所,并置达鲁花赤(蒙古语音译,意为监督者),主要由蒙古或色目贵族担任。各级军官,一般为世袭职务。

(八) 明代军队体制

明初原设有大都督府,节制天下诸路兵马,大都督成为全国最高的军事长官。后为加强中央实力,将大都督府分为中、左、右、前、后五军都督府,分别统领在京及在外的军队。五军都督府与兵部共掌兵权。兵部是执掌任免将领、发布调遣命令的机构,但不直接统率军队。五军都督府则是主管军籍和军政的机构,虽然分领在京及在各地的军队,但不能自己调遣军队及任命将领。明成祖以后,所有有关军事大权尽归兵部,五府成为形式。

明朝军队实行卫所制。明朝军队的基层组织分为卫、所两级,叫做"卫所制度"。卫所军为全国军队的主体。卫有内外之分,位于京师的称内卫,又称京军,隶属于都督府;余为外卫,隶属于都司。京军,为全国卫所军的精锐,集中部署于京师,承担镇戍京师和机动作战任务。大致五千六百人为一卫,称为卫指挥使司,卫的长官是指挥使。卫隶属于都指挥使司,都指挥使司又分隶于五军都督府,并听命于兵部。

除庞大的卫所军外,还建有名目繁多的地方武装,如民壮、乡兵、土兵、义勇、盐兵、矿兵，少数民族地区的土司兵、狼兵，以及少林、伏牛、五台僧兵等。平时从事百业，闲时按期训练，主要护卫乡里，亦常奉命出征。

（九）清代军队体制

清朝的军队主要有八旗兵、绿营兵、勇营湘军淮军、北洋海军、新军等。其中，八旗兵以正黄、镶黄、正白、镶白、正蓝、镶蓝、正红、镶红八种旗帜为标志，以兵民结合、军政结合、耕战结合为特点，有兵二十余万，绿营兵六十余万。

八旗是清朝特有的制度，早在入关以前，已有满洲、蒙古、汉军各八旗，实际是二十四旗；但习惯上仍称之为八旗。清朝定都北京后，把八旗兵分成为京营和驻防两大部分，人数大约各占一半。京营负责保护皇帝和拱卫京师。八旗兵在北京以外分驻各地，称为驻防，防地是全国各重镇要地，设有专官统辖。最重要的地方设将军，较次要之地设都统或副都统。

绿营兵以营为基本建制单位，又称绿旗兵，采用绿色旗帜，是清兵入关后改编和新招的汉人部队。绿营兵配合八旗兵驻守北京和各省。在北京的称巡捕营，隶属于步军统领（或称九门提督）衙门。在各省的，其最高组织为标，标下设协，协下设营等。实际各省绿营的独立组织就是提标、镇标，提督实为地方的最高武职官。总兵的地位略低于提督，总兵之下，则是副将、参将、游击、都司、守备、千总、把总、外委等官。

清朝把八旗兵和绿营兵交错分布在京师和各省重镇要地，在全国构成军事控制网，既便于防御和镇压人民的反抗，又便于八旗兵监督和控制绿营兵。

勇营湘军淮军。太平天国运动兴起后，八旗兵和绿营兵没有战斗力，清政府急令各省官绅兴办团练助剿。湖南团练大臣曾国藩，编成湘军。湘军以营为基本编制单位，每营319人。湘军最多时约50万人。湘军大部解散后，曾国藩转而扶植李鸿章的淮军。清政府鉴于八旗绿营军纪败坏，遂采纳左宗棠等人建议，将淮军及未解散的湘军改为要地屯防部队，称防军；此前，曾从绿营和八旗中挑选官兵，仿勇营建制编练，称练军。从此，防军、练军成了清朝的主要军队。

四、古代的天文历法

中国是世界上最早进入农耕时代的国家之一。由于客观条件的恶劣，上古之民出于农业生产的需要，需通过天气变化来准确掌握农事季节等，因此十分重视观测天象，逐渐积累了丰富的天文知识。商代以前就有了古代的历法，以后各代渐次改进，到了清代已经趋于完善。下面介绍一些基本的天文历法常识。

【二十八宿】又叫二十八舍或二十八星，是古人为观测日、月、五星运行而划分的二十八个星区，用来说明日、月、五星运行所到的位置。每宿包含若干颗恒星。二十八宿的名称，自西向东排列为：东方苍龙七宿（角、亢、氐、房、心、尾、箕）；北方玄武七宿（斗、牛、女、虚、危、室、壁）；西方白虎七宿（奎、娄、胃、昴、毕、觜、参）；南方朱雀七宿（井、鬼、柳、星、张、翼、轸）。

【四象】古人把东、北、西、南四方每一方的七宿想象为四种动物形象，叫作四象。东方七宿如同飞舞在春天夏初夜空的巨龙，故而称为东官苍龙；北方七宿似蛇、龟出现在夏天秋初的夜空，故而称为北官玄武；西方七宿犹猛虎跃出深秋初冬的夜空，故而称为西官白虎；南方七宿像一展翅飞翔的朱雀，出现在寒冬早春的夜空，故而称为南官朱雀。

【北斗】又称"北斗七星",指在北方天空排列成斗形(或杓形)的七颗亮星。七颗星的名称是:天枢、天璇、天玑、天权、玉衡、开阳、摇光。排列如斗杓,故称"北斗"。根据北斗星便能找到北极星,故又称"指极星"。

【天罡】古星名,指北斗七星的柄。道教认为北斗丛星中有三十六个天罡星、七十二个地煞星。

【北极星】星座名,是北方天空的标志。古代天文学家对北极星非常尊崇,认为它固定不动,众星都绕着它转。其实,由于岁差的原因,北极星也在变更。三千年前周代以帝星为北极星,隋唐宋元明以天枢为北极星,一万二千年以后,织女星将会成为北极星。

【彗星袭月】彗星俗称扫帚星,彗星袭月即彗星的光芒扫过月亮,按迷信的说法是重大灾难的征兆。

【白虹贯日】"虹"实际上是"晕",大气中的光学现象。这种现象的出现,往往是天气将要变化的预兆,可是古人却把这种自然现象视作人间将要发生异常事情的预兆。

【运交华盖】华盖,星座名,共十六星,在五帝座上,今属仙后座。旧时迷信,以为人的命运中犯了华盖星,运气就不好。

【东曦】古代神话说太阳神的名字叫曦和,驾着六条无角的龙拉的车子在天空驰骋。东曦指初升的太阳。

【银河】又名银汉、天河、天汉、星汉、云汉,是横跨星空的一条乳白色亮带,由一千亿颗以上的恒星组成。

【文曲星】星宿名之一。旧时迷信说法,文曲星是主管文运的星宿,文章写得好而被朝廷录用为大官的人是文曲星下凡。

【云气】古代迷信说法,龙起生云,虎啸生风,即所谓"云龙风虎"。又说真龙天子所产生的地方,天空有异样云气,占卜测望的人能够看出。

【农历】我国长期采用的一种传统历法,它以朔望的周期来定月,用置闰的办法使年平均长度接近太阳回归年,因这种历法安排了二十四节气以指导农业生产活动,故称农历,又叫中历、夏历,俗称阴历。古人写文章,凡用序数纪月的,大多以农历为据。

【我国农历各月的别称】

一月:正月、端月、新正、开岁、嘉月。

二月:杏月、丽月、仲春、酣春、如月。

三月:桃月、季月、晚春、暮春、蚕月。

四月:麦月、阴月、梅月、初夏、余月、纯阳。

五月:仲夏、榴月、蒲月、皋月、天中。

六月:季夏、暑月、焦月、荷月、溽暑。

七月:新秋、肇秋、兰秋、兰月、瓜月。

八月:仲秋、桂月、壮月、仲商、竹春。

九月:暮商、季秋、菊月、霜序、朽月。

十月:初冬、开冬、露月、良月、阳月。

十一月:仲冬、辜月、葭月、畅月、龙潜。

十二月:季冬、残冬、腊月、冰月、严月。

【月亮的别称】

月亮是古诗文提到的自然物中最突出的被描写的对象。它的别称可分为：（1）因初月如钩，故称银钩、玉钩。（2）因弦月如弓，故称玉弓、弓月。（3）因满月如轮如盘如镜，故称金轮、玉轮、银盘、玉盘、金镜、玉镜。（4）因传说月中有兔和蟾蜍，故称银兔、玉兔、金蟾、银蟾、蟾宫。（5）因传说月中有桂树，故称桂月、桂轮、桂宫、桂魄。（6）因传说月中有广寒、清虚两座宫殿，故称广寒、清虚。（7）因传说为月亮驾车之神名望舒，故称月亮为望舒。（8）因传说嫦娥住在月中，故称月亮为嫦娥。（9）因人们常把美女比作月亮，故称月亮为婵娟。

【二十四节气】是我国古代历法的重要组成部分。古人根据太阳一年内的位置变化以及所引起的地面气候的演变次序，把一年三百六十五又四分之一的天数分成二十四段，分列在十二个月中，以反映四季、气温、物候等情况，这就是二十四节气。每月分为两段，月首叫"节气"，月中叫"中气"。二十四节气的名称和顺序为：立春、雨水、惊蛰、春分、清明、谷雨、立夏、小满、芒种、夏至、小暑、大暑、立秋、处暑、白露、秋分、寒露、霜降、立冬、小雪、大雪、冬至、小寒、大寒。

五、古代地理

古代的地理是一门专门的学问，这里只简要介绍一些重要的地理专著和常见地理名词。

（一）古代地理专著

1.《山海经》是最古老的地理书，主要记述古代地理、物产、神话、宗教等内容，包括《山经》、《海经》两部，现存18篇。

《山经》是我国最早的一部自然地理著作，是《山海经》中最早也是最重要的组成部分。约成书于春秋、战国时代。《山经》分东、南、西、北、中五部，共五卷，又称《五藏山经》。书中以今山西省西南隅和河南省西部为《中山经》的主要部分。自此以东为《东山经》，以南为《南山经》，以西为《西山经》，以北为《北山经》。也就是把全国划分为五个地区，每个地区又按照一定方向和道里依次描述。

《山经》全书以山为纲，方向与道里互为经纬，次第分明。然后再附上有关地理知识，记述河流发源与流向；动、植物的分布，详述其形态、性能和医药功效；矿物特产则分别记述它们的性状和色泽等特点。《山经》全书只二万二千字，以非常精炼的内容，对自古以来生产斗争的全部地理知识进行了概括和总结。

2.《禹贡》为《尚书》中的一篇，是战国时魏人托名大禹的著作，后以《禹贡》名篇。成书于战国，全书用1193字的篇幅概述了当时中国地理上的重要内容。比如在"九州"一章中，假托大禹治水所划分的政治疆界，而以天然的山、河、海为标志，把全国划分为九个区域，即冀、兖、青、徐、扬、荆、豫、梁、雍九州。每州分叙其山川、湖泊、物产、贡赋、交通及少数民族居住的情况，还区分各州土壤的颜色、肥力以及田赋的等级。这一根据自然地理特征分区的方法，在世界地理学史上也具有创造性的意义。

《禹贡》对历史地理现象的记录与考证，已脱离《山海经》的原始形态而更为完备，它是古代中国综合性地理著作的典范。其校释本较多，如宋代程大昌《禹贡论》等，今人有辛树帜《禹贡新解》等。

3.《管子·地员篇》记述了平原,丘陵和山地三种不同地带的土地与植物生长的关系,探讨了高山地带植物的垂直分布,总结了我国远古时期农业生产实践的经验。它既具有地理学的价值,又具有植物学的价值,被誉为我国最古老的有关生态植物学的论著。

4.《水经》是我国第一部记述河道水系的专著。据清代学者戴震考订,成书于三国时期。该书记述河流水道凡"百三十七",并附《禹贡山水泽地所在》六十条。但在五代至北宋时,部分内容亡佚,现存本只123篇。本书的成就在于以水道为纲,系统地记述其源流和流经地方,确立了因水证地的方法。但所记水道繁简不等,也存在一些错误。

5.《水经注》为北魏郦道元于六世纪初,在《水经》一书的基础上写成。全书四十卷,三十余万字。它系统地描述了黄河、长江、淮河等主要水系共1252条河流的源流脉络、古今变迁及水利开发。以水道为纲,详尽记载沿河所经地区山陵、原隰、水文、气候、土壤、植被等自然地理现象,以及城邑、关津的建置沿革、兴衰过程,穿插了有关的历史事件、人物,甚至神话传说。体例谨严、内容丰富;且文笔绚烂,具有很高的文学价值。

6.《徐霞客游记》由明末清初徐霞客所著,《徐霞客游记》对自然地理现象作了很多科学的观察与记述。他通过实地考察,查明了许多山脉和水系,例如,指出金沙江是长江的真正上游,澄清了《禹贡》以来长江导源于岷山的错误观念,科学地论证了河流坡度、弯曲与侵蚀作用的关系。

徐霞客的最大成就还在于他对广西、云南一带石灰岩溶蚀地貌——即喀斯特地貌的观察和记述。尤其是正确地认识到石灰岩洞因地下水的溶蚀而产生洞顶倒悬的钟乳石及洞底耸列的石笋,是由滴水蒸发后碳酸钙凝聚而成的原理,这是一个了不起的发现。

7.《汉书·地理志》是一篇具有重大价值的古代地理著作,也是我国历史上第一部以"地理"命名的著作。

《汉书·地理志》以行政区划为纲,按照平帝元始二年(2)的疆域政区,在103郡(国),1587县(道、邑、侯国)条目下,记述户口、山川、水利、物产、聚落、关塞、名胜、古迹等。记述范围不局限于西汉当代的地理,还上及战国、秦、汉,是一部历史地理著作。从此开历代正史记述疆域政区建置沿革的滥觞,形成了所谓"沿革地理"这门学问。

8.《元和郡县志》流传至今保存比较完整的最古的一部全国地理总志的代表作,由唐代李吉甫所著。该书共40卷,以贞观十三年(639)的十道为纲,详细记述了唐元和八年间(813)全国各府、州、县的户口、沿革、山川、贡赋以至名胜古迹。各卷之首并有附图,故原名《元和郡县图志》,南宋时图已亡佚,书名也就略称为《元和郡县志》了。《元和郡县志》所记政区沿革,不仅限于唐代,并追溯到周、秦、两汉,特别是有关东晋、南北朝政区沿革的记载,尤为可贵。它不仅是一部唐元和时代重要的疆域地理总志,也是一部划时代的历史地理著作,成为后世总志纂述的典范。

9.《天下郡国利病书》一百二十卷,顾炎武所著,经后人整理编辑而成。专论河流水道、农田灌溉、工矿资源、交通运输、户口、田赋、兵防、徭役等,书中建议政府采矿山,通海舶,以发展经济,增加财政收入,减轻农民负担,反映了当时市民阶层的进步要求,是一部内容丰富的经济地理著作,至今仍有很大的参考价值。

(二）古代常用地理名词

【中国】现为中华人民共和国简称。但在古代文献中它是一个多义性的词组。从春秋战国至宋元明清，多用来泛指中原地区。

【中华】上古时期华夏族居四方之中的黄河流域一带，故称"中华"，后常用来泛指中原地区。

【九州】传说中的我国上古时期划分的九个行政区域，州名分别为：冀、兖、青、徐、扬、荆、豫、梁、雍。后成为中国的别称。

【中原】又称中土、中州。狭义的中原指今河南省一带，广义的中原指黄河中下游地区或整个黄河流域。

【海内】古代传说我国疆土四面环海，故称国境之内为海内。

【江东】因长江在安徽境内向东北方向斜流，而以此段江为标准确定东西和左右。所指区域有大小之分，可指南京一带，也可指安徽芜湖以下的长江下游南岸地区，即今苏南、浙江及皖南部分地区称作江东。也称江左。

【江南】长江以南的总称，所指区域因时而异。

【关东、关西】关东，古代指函谷关或潼关以东地区，近代指山海关以东的东北地区；关西则指函谷关或潼关以西地区，也称关中。

【西域】古代称我国新疆及其以西地区。

【百越】又作百粤、诸越。古代越族居住在江浙闽粤各地，统称为百越。古文中常泛指南方地区。

【三秦】指潼关以西的关中地区。项羽灭秦后曾将此地封给秦军三位降将，故得名。

【郡】古代的行政区域。秦统一天下设三十六郡，后增至四十郡。隋唐后州郡互称，明清称府。

【道】汉代在少数民族聚居区设道，这是一种行政特区，与县相当。唐代的道，先为监察区，后演变为行政区，是州以上一级行政单位。明清在省内设道，其中守道是小行政区，而巡道则带有监察区性质。

【路】宋元时期行政区域，相当于现在的省。

六、中国历代王朝名称的由来

《史记·五帝本纪》："自黄帝至舜禹，皆同姓而异其国号，以章明德。"朝代的名称来源大致有四个要素决定：一是由部族、部落联盟的名称而来；二是来自创建者原有封号、爵位；三是源于创建者原始住所或政权统治的区域；四是源于宗族关系。

夏：据传禹曾受封于夏伯，因用以称其政权为"夏"。另据历史学家范文澜先生说，禹的儿子启西迁大夏（山西南部汾浍一带）后，才称"夏"。

商：相传商（今河南商丘南）的始祖契曾帮助禹治水有功而受封于商，以后就以"商"来称其部落（或部族）。汤灭夏后，就以"商"作为国名。后盘庚迁殷（今河南安阳西北）后，又以"殷"或"殷商"并称。

周：周部落到古公亶父时，迁居于周原（今陕西岐山）。武王灭殷以后，就以"周"为朝代名。周前期建都于镐（今陕西西安西南），后来平王东迁洛邑（今河南洛阳），因在镐的东方，就有"西周"和"东周"的称号。

秦：据《史记》记载，本为古部落，其首领非子为周孝王养马有功劳，被周孝王赐姓为"嬴"，并赐给了一小块土地（今甘肃天水县，另说是陇西谷名）。后来襄公救周有功被封为诸侯，秦始皇统一六国，始建秦朝。

汉：项羽封刘邦为汉王，以后刘邦击败项羽，统一中国，国号称"汉"。汉朝前期都长安，后期都洛阳，故从都城上有"西汉"和"东汉"，从时间上有"前汉"和"后汉"之分。

魏：汉献帝曾封曹操为"魏公"、"魏王"爵位，曹丕代汉后便称"魏"。因皇室姓曹，历史上又称"曹魏"。

蜀：刘备以四川等为主要活动地区，蜀指四川，其政权称"蜀"。历史上也称"蜀汉"。汉意指东汉的继续。

吴：孙权活动于长江下游一带，历史上曾建吴国，曹魏曾封孙权为"吴王"，故史称"孙吴"；又以地位在东，也称"东吴"。

晋：司马昭逼魏帝封他为"晋公"，灭蜀后进爵为晋王。后来他的儿子司马炎继承他的爵位，逼令魏帝退位，自立为皇帝，国号"晋"。

隋：隋文帝杨坚之父杨忠，曾被北周封为"随国公"。隋文帝后袭用此封爵，称为"随朝"。他认为随有走的意思，恐不祥改为"隋"。

唐：唐高祖李渊的祖父李虎，佐周有功，被追封为"唐国公"，爵位传至李渊。太原起兵后，李渊称"唐王"，后废杨侑建唐朝。

辽：辽原称"契丹"，改"辽"是因居于辽河上游之故。

宋：后周恭帝继位后，命赵匡胤为归德节度史，归德军驻宋州（今河南商丘），赵匡胤为宋州节度使。陈桥兵变后，因发迹在宋州，国号曰"宋"。

西夏：拓拔思恭占据夏州（今山西横山县），建国时以夏州得名，称"大夏"。因其在西方，宋人称"西夏"。

金：金都城上京会宁（今黑龙江阿城南），位于按出虎水（今阿什河），相传其水产金，女真语"金"为"按出虎"。

元：据《元史》记载："元"的命名，是元世祖忽必烈定的。是取《易经》上"大哉乾元"句中的"元"，有大、首等意思。但也有人认为与蒙古人的风俗与图腾有关，有的认为与佛教有关。

明：朱元璋是元末起义军首领之一，是继承郭子兴而发展起来的，郭子兴属于白莲教组织。白莲教宣称"黑暗即将过去，光明将要到来"，借以鼓舞人民反对黑暗的元朝统治。所以又称"光明教"。白莲教的首领韩山童称"明王"（他的儿子韩林儿称"小明王"），都体现其教义宗旨。朱元璋不仅曾经信仰白莲教，而且承认自己是白莲教起义军的一支（他曾担任小明王的左副元帅）。朱元璋取得政权后，国号称"明"。

清：满族是女真族的一支。女真族在北宋时建立金国。明末女真势力复强，重建金国（后金）。后金为了向外扩展，割断了同明朝的臣属关系，清太宗皇太极把"女真"改为"满州"，把"金"改为"清"。在宋时女真人受制于契丹人，他针对"辽"字在契丹语中是"铁"的意思，因此命名"金"，表示比铁更坚强有力，可以压倒"辽"。"金"改"清"的原因，史学家有不同意见，有人认为是皇太极为避免引起尖锐的矛盾而为之。

七、古代官吏选拔制度

中国古代官吏选拔的途径很多，有世袭、纳赀、军功、荐举、郎选、恩荫和科举制等。我国古代官吏选拔制度大约始于周朝，到春秋战国时期，各诸侯国为争霸图强，纷纷打破原有的官爵世袭制度，按照"选贤任能"和"论功赏爵"原则来选拔官吏，归纳起来可分为三种类型，即先秦的世袭制、秦汉至魏晋南北朝的荐举制和隋唐至明清的科举制。下面简要介绍几种选拔制度。

（一）察举征召制度

所谓察举有考察、推举的意思，又叫荐举。由侯国、州郡的地方长官在辖区内随时考察、选取人才，推荐给上级或中央，经过试用考核，再任命官职。察举的主要科目有孝廉（汉代察举制的科目之一。孝廉是孝顺父母、办事廉正的意思。实际上察举多为世族大家垄断，互相吹捧，弄虚作假，当时有童谣讽刺："举秀才，不知书；举孝廉，父别居。"）、贤良文学、茂才等。

征召是汉代选拔官吏的另一种形式。就是朝廷征召那些有一定能力又不肯出仕为官的人才，由皇帝召见，当面考察，确有才能，即授予官职。

（二）九品中正制

魏晋南北朝时期的选官制度，是察举制的发展，它将选官权由地方收归中央，在人才任用上是一种创新，选才标准趋于周密。曹魏时期曹丕接受吏部尚书陈群建议，实行"九品官人法"，即"九品中正制"。在州、郡、县设大小中正官，本州郡县的中正官负责考核本籍士人，评定出品级，供朝廷按品级授官。所谓"九品"是按照德才和门第，将士人分成九个等级，分别是上上、上中、上下、中上、中中、中下、下上、下中和下下。由于士族门阀把持中正，因此，日后逐渐沦为门阀垄断选举、把持朝政的工具。

（三）科举制度及常用词汇

1. 科举制度

隋代以后历代封建王朝通过考试选拔官吏的一种制度。由于采用分科取士的办法，所以叫科举。隋统一全国后，为了加强中央集权，隋文帝开皇七年（587）废九品中正制，设秀才科。隋炀帝时又建进士科，以"试第"取士，并创立了以公开考试、择优选才为特征的科举制度。

科举制创于隋代，形成于唐代，发展完备于宋代，强化于明代，衰落于清代，是中国封建社会中后期的官吏主要选拔制度。其主要特点有：一是公开考试，一定程度上的平等竞争。除工商隶皂倡优等人士外，不论门第等级和贫富，只要具有一定文化知识，均可公开报考。二是考试制度日趋完备。科举即分科举士，按科目性质又可分文举、武举。考生来源也趋正规。考试程序，唐代有州试和省试，宋代增加殿试，明代以后又有院试、乡试、会试和殿试。三是以文化知识为主要录取标准。科举考试科目不同，考试内容基本是儒家经义，都以文化知识为主，明清时期以"四书"文句为题，规定文章格式为八股文，解释必须以朱熹《四书集注》为准。

科举制虽为隋、唐以后官员选拔的主要途径，但世袭制，荐举制以及军功、吏进、纳赀捐官、荫封等其他选官制度作为科举制的补充形式仍继续存在。

2. 常用词汇

【八股文】明清科举考试制度所规定的一种文体，也叫时文、制义、制艺、时艺、四书文、八比文。这种文体有一套固定的格式，规定由破题、承题、起讲、入手、起股、中股、后股、束股八个部分组成，每一部分的句数、句型也都有严格的限定。"破题"规定两句，说破题目意义；"承题"三句或四句，承接"破题"加以说明；"起讲"概括全文，是议论的开始；"入手"引入文章主体；从"起股"到"束股"是八股文的主要部分，尤以"中股"为重心。在正式议论的这四个段落中，每段都有两股相互排比对偶的文字，共为八股，八股文由此得名。八股文的题目，出自"四书五经"，八股文的内容，不许超出"四书五经"范围，需模拟圣贤的口气，传达圣贤的思想，考生不得自由发挥。在后来封建社会的发展进程中，八股文对思想发展、人才培养等产生了极大消极影响。

【童生试】也叫"童试"。明代由提学官主持、清代由各省学政主持的地方科举考试，包括县试、府试和院试三个阶段，院试合格后取得生员（秀才）资格，方能进入府、州、县学学习，所以又叫入学考试。应试者不分年龄大小都称童生。

【乡试】明清两代每三年在各省省城（包括京城）举行的一次考试，因在秋八月举行，故又称秋闱。主考官由皇帝委派。考后发布正、副榜，正榜所取的叫举人，第一名叫解元。

【会试】明清两代每三年在京城举行的一次考试，因在春季举行，故又称春闱。考试由礼部主持，皇帝任命正、副总裁，各省的举人及国子监监生皆可应考，录取三百名为贡士，第一名叫会元。

【殿试】是科举制最高级别的考试。皇帝在朝廷大殿之上，对会试录取的贡士亲自策问，以定甲第。但有时皇帝会委派大臣主管殿试，并不亲自策问。录取分为三甲：一甲三名，赐"进士及第"的称号，第一名称状元（鼎元），第二名称榜眼，第三名称探花；二甲若干名，赐"进士出身"的称号；三甲若干名，赐"同进士出身"的称号。二、三甲第一名皆称传胪，一、二、三甲统称进士。

【连中三元】科举考试以名列第一者为元，凡在乡、会、殿三试中连续获得第一名，被称为"连中三元"。据统计，历史上连中三元的至少有十六人。

【金榜】古代科举制度殿试后录取进士，揭晓名次的布告，因用黄纸书写，故而称黄甲、金榜。多由皇帝点定，俗称皇榜。考中进士就称金榜题名。

（四）古代学校称谓

中国大约在夏朝就有了学校。最初的学校是只有贵族才能享受的特殊待遇。贵族的子弟们在学校中学习文字、礼仪等一些必需知识。直至春秋战国时期，孔子将教学推广到民间，私学渐渐兴起，最终形成了蓬勃发展的格局。下面介绍一些古代学校的专用称谓。

【校、庠、序】庠，夏曰校，殷曰庠，周曰序。校是夏代学校的名称，举行祭祀礼仪和教习射御、传授书数的场所。庠是殷商时代学校的名称。序是周代学校的名称。

【国学、乡学】先秦学校分为两大类：国学和乡学。国学为天子或诸侯所设，包括太学和小学两种。太学、小学教学内容都是"六艺"（礼、乐、射、御、书、数）为主，小学尤以书、数为主。乡学是与国学相对而言，泛指地方所设的学校。汉代，是中国古代教育史上一个比较昌盛的时期。汉代的学校分为官学与私学两种。其中私学的书馆，亦称蒙学，系私塾性质，相当于小学程度。

【稷下学宫】战国时期齐国的高等学府,因设于都城临淄稷下而得名。当时的儒、法、墨、道、阴阳等各学派都汇集于此,他们兴学论战、评论时政和传授生徒,孟子和荀子等大师都曾来此讲学,是战国时期"百家争鸣"的重要场所。

【太学】中国封建时代的教育行政机构和最高学府。魏晋至明清或设太学,或设国子学(监),或两者同时设立,名称不一,制度也有变化,但都是教授王公贵族子弟的最高学府,就学的生员皆称太学生、国子生。

【国子监】汉魏设太学,西晋改称国子学,隋又称国子监,从此国子监与太学互称,都是最高学府,兼有教育行政机构的职能。

【书院】唐宋至明清出现的一种独立的教育机构,是私人或官府所设的聚徒讲授、研究学问的场所。比如宋代有著名的四大书院之说:一般是指江西庐山的白鹿洞书院、湖南善化的岳麓书院、湖南衡阳的石鼓书院和河南商丘的应天府书院。

八、古代节日及礼仪风俗

(一) 古代节日

在漫长的历史长河中,我们的祖先在发展自己的同时,也创造了文明,留下了许多让人品味的具有民族特色的各种传统节日。下面,按时间顺序简要介绍我国主要的传统节日。

【春节】我国传统习俗中最隆重的节日。此节乃一岁之首。古人又称元日、元旦、元正、新春、新正等,而今人称春节,是在采用公历纪元之后。古代"春节"与"春季"为同义词。春节习俗一方面是庆贺过去的一年,一方面又祈祝新年快乐、五谷丰登、人畜兴旺,多与农事有关。随着社会的发展,接神、敬天等活动已逐渐淘汰,燃鞭炮、贴春联、挂年画、耍龙灯、舞狮子、拜年贺喜等习俗至今仍保留。

【元旦】正月初一,亦称元日,有祭神贴桃符的习俗。相传东海度朔山大桃树下有神荼、郁垒二神,能食百鬼。古人用桃木画二神像,悬挂在门口来驱鬼。五代开始在符上写联语,后来演变成春联。

【元宵】我国民间传统节日。又称正月半、上元节、元夕、元夜。古代习俗在上元夜张灯为戏,所以又称灯节。元宵习俗有赏花灯、包饺子、闹年鼓、迎厕神、猜灯谜等。宋代始有吃元宵的习俗。元宵即圆子,用糯米粉做成实心的或带馅的圆子,可带汤吃,也可炒吃、蒸吃。

【社日】农家祭土地神的日子。汉以前只有春社,汉代以后开始有秋社。春社在春分前后,秋社在秋分前后。社日这一天,乡邻们在土地庙集会,准备酒肉祭神,然后宴饮。

【寒食】我国民间传统节日。节日里严禁烟火,只能吃寒食。清明前二日,即冬至后一百零五天,有时是一百零六天。相传,春秋时晋公子重耳流亡在外,大臣介之推曾割股啖之。重耳做国君后,大封功臣,独未赏介之推。之推便隐居山中。重耳闻之甚愧,为逼他出山受赏,放火烧山。之推抱木不出而被烧死。重耳遂令每年此日禁火寒食,追念之推,以示对自己过失的遣责。后演变为寒食节。每逢寒食节,人们要禁火三日。因寒食与清明时间相近,后人便将寒食的风俗视为清明习俗之一。

【上巳】原定于三月上旬的一个巳日,所以叫上巳。曹魏以后,这个节日固定在三月三日。早先,人们到水边去游玩采兰,以驱除邪气。后来,演变成水边宴饮,郊外春游的节日。

【清明】我国民间传统节日。按农历算在三月上旬，按阳历算则在每年四月五日或六日。此时天气转暖，风和日丽，"万物至此皆洁静而清明"，清明节由此得名。清明节的习俗主要是踏青和扫墓。

【端午】我国民间传统节日。五月初五，又称端阳、重午、重五。"端"是"初"的意思。据传屈原在五月初五投江，人们争渡去救屈原，后来演变成划龙舟的传统；人们还投粽子到江里，以保护屈原的遗体，又有了吃粽子的传统。端午习俗有喝雄黄酒、挂香袋、吃粽子、插花和菖蒲、斗百草、驱"五毒"等。唐以后端午成为大节日，朝廷有赏赐。

【乞巧】我国民间传统节日。七月七日，又称少女节或七夕。民间传说此日夜间牛郎织女鹊桥相会，妇女们结彩楼，陈酒脯瓜果于庭中，以乞巧。和凝《宫词》："阑珊星斗缀朱光，七夕宫嫔乞巧忙。"每年七月初七晚上，妇女们趁织女与牛郎团圆之际，摆设香案，穿针引线，向她乞求织布绣花的技巧。在葡萄架下，静听牛郎织女的谈话，也是七月七的一大趣事。

【中秋】我国民间传统节日。八月十五日，又称团圆节。农历八月在秋季之中，八月十五又在八月之中，故称中秋。此时秋高气爽，月光最美，为赏月佳节。故有赏月与祭月之俗。唐代将嫦娥奔月与中秋赏月联系起来后，更富浪漫色彩。历代诗人以中秋为题材作诗的很多。中秋节的主要习俗有赏月、祭月、观潮、吃月饼等。

【重阳】我国民间传统节日。九月初九，又称重九。《易经》将"九"定为阳数，日月都逢九，称为重阳。古人认为此日带茱萸囊登山饮菊花酒可以免祸，于是便有了这一天登高饮酒的习惯。主要习俗有登高望远、赏菊赋诗、喝菊花酒、插茱萸等习俗。

【腊日】我国民间传统节日。十二月初八。这是古代岁末祭祀祖先、祭拜众神、庆祝丰收的节日。腊是祭祀名，岁末祭众神叫腊（所以农历十二月叫腊月）。村人击细腰鼓，扮金刚力士来驱逐瘟疫。有吃赤豆粥、祭拜祖先等习俗。佛教的腊八粥后也渗入腊日习俗。

【除夕】我国民间传统节日。农历十二月三十日晚，除是除旧布新。一年的最后一天叫"岁除"，那天晚上叫"除夕"。除夕人们往往通宵不眠，或喝酒聊天，或猜谜下棋，嬉戏游乐，叫"守岁"。

（二）古代礼仪风俗

我国是历史悠久的文明古国，创造了灿烂的文化，形成了较为规范的道德准则和完整的礼仪规范。古代礼仪风俗，范围非常广泛，包括政治体制、朝廷法典、鬼神祭祀、水旱灾害、学校科举、军队征战、行政区划、房舍营造，乃至衣食住行、婚丧嫁娶、言谈举止等，无不与礼仪有关。

【五礼】祭祀之事为吉礼，冠婚之事为嘉礼，宾客之事为宾礼，军旅之事为军礼，丧葬之事为凶礼。

【伯（孟）仲叔季】兄弟行辈中长幼排行的次序。伯（孟）是老大，仲是老二，叔是老三，季是老四。古代贵族男子的字前常加伯（孟）、仲、叔、季表示排行，字的后面加"父"或"甫"字表示男性，构成男子字的全称，如伯禽父、仲尼父、叔兴父等。

【十二生肖】又称属相。古代术数家拿十二种动物来配十二地支，子为鼠，丑为牛，寅为虎，卯为兔，辰为龙，巳为蛇，午为马，未为羊，申为猴，酉为鸡，戌为狗，亥为猪。后以为某人生在某年就肖某物，如子年生的肖鼠，亥年生的肖猪，称为十二生肖。在古代，十二生肖常被涂上迷信色彩，一遇休戚祸福，往往牵扯起来，特别是在婚配中男女属相很有讲究，有所谓"鸡狗断头婚"、"龙虎不相容"等说法。

【生辰八字】一个人出生的年、月、日、时，各有天干、地支相配，每项两个字，四项共八个字。根据这八个字，可推算出一个人的命运。遇有大事，都需推算八字。旧俗订婚时，男女双方互换庚帖，上有生辰八字。双方各自卜问对方的生辰八字命相阴阳，以确定能否成婚，吉凶如何。

【孝悌】孝，指对父母要孝顺、服从；悌，指对兄长要敬重、顺从。孔子非常重视孝悌，把孝悌作为实行"仁"的根本，提出"三年无改于父道"、"父母在，不远游"等一系列孝悌主张。孟子也把孝悌视为基本的道德规范。秦汉时的《孝经》则进一步提出："孝为百行之首。"儒家提倡孝悌的目的，是为了维护宗法等级秩序。

【牺牲】古代祭祀使用的牲畜，色纯为"牺"，体全为"牲"。

【三牲】一指古代用于祭祀的牛、羊、猪，后来也称鸡、鱼、猪为三牲。一指夏、商、周三代所用牺牲的总称。

【太牢、少牢】古代帝王祭祀社稷时，牛、羊、豕三牲全备为"太牢"。古代祭祀所用牺牲，行祭前需先饲养于牢，故这类牺牲称为牢；又根据牺牲搭配的种类不同而有太牢、少牢之分。少牢只有羊、豕，没有牛。由于祭祀者和祭祀对象不同，所用牺牲的规格也有所区别：天子祭祀社稷用太牢，诸侯祭祀用少牢。

【家祭】古人在家庙内祭祀祖先或家族守护神的礼仪。唐代即有专人制定家祭礼仪，相沿施行。

【朝仪】古代帝王临朝的典礼。按规定：天子面向南，三公面向北以东为上，孤（孤，官名，三公之次也。《尚书·周官》立少师、少傅、少保，曰三孤）面向东以北为上，卿大夫面向西以北为上，王族在路门右侧，面向南以东为上，大仆、大右及大仆的属官在路门左侧，面向南以西为上。朝仪之位已定，天子和臣子行揖礼，礼毕退朝。后世也称人臣朝君之礼仪为"朝仪"。

【朝聘】古代宾礼之一。为诸侯定期朝见天子的礼制。诸侯朝见天子有三种形式：每年派大夫朝见天子称为"小聘"；每隔三年派卿朝见天子为"大聘"；每隔五年亲自朝见天子为"朝"。

【朝觐】古代宾礼之一。为周代诸侯朝见天子的礼制。诸侯朝见天子，"春见曰朝，秋见曰觐"，此为定期朝见。春秋两季朝见天子，合称为朝觐。

【揖让】一指古代宾主相见的礼节。揖让之礼按尊卑分为三种，称为三揖：一为土揖，专用于没有婚姻关系的异姓，行礼时推手微向下；二为时揖，专用于有婚姻关系的异姓，行礼时推手平而致于前；三为天揖，专用于同姓宾客，行礼时推手微向上。一指禅让，即让位于比自己更贤能的人。

【长揖】这是古时不分尊卑的相见礼，拱手高举，自上而下。

【拱】古代的一种相见礼，两手在胸前相合表示敬意。

【顿首】古时一种拜礼，为"九拜"之一，俗称叩头。行礼时，头碰地即起。因其头接触地面时间短暂，故称顿首。通常用于下对上及平辈间的敬礼，如官僚间的拜迎、拜送,民间的拜贺、拜望、拜别等。也常用于书信中的起头或末尾。

【稽首】古代的拜礼,为"九拜"之一。行礼时,施礼者屈膝跪地,左手按右手,拱手于地,头也缓缓至于地。头至地须停留一段时间,手在膝前,头在手后。这是九拜中最隆重的拜礼,常为臣子拜见君王时所用。后来,子拜父,拜天拜神,新婚夫妇拜天地父母,拜祖拜庙,拜师,拜墓等,也都用此大礼。

【九拜】我国古代特有的向对方表示崇高敬意的跪拜礼。《周礼》谓"九拜":"一曰稽首,二曰顿首,三曰空首,四曰振动,五曰吉拜,六曰凶拜,七曰奇拜,八曰褒拜,九曰肃拜。"这是不同等级、不同身份的社会成员,在不同场合所使用的规定礼仪。

【跪】两膝着地,挺直身子,臀不沾脚跟,以示庄重。

【坐】古代席地而坐,坐时两膝着地,臀部贴于脚跟。为了表示对人尊重,坐法颇有讲究:"虚坐尽后,食坐尽前。""尽后"是尽量让身体坐后一点,以表谦恭;"尽前"是尽量把身体往前挪,以免饮食污染坐席而对人不敬。

【座次】古时官场座次尊卑有别,十分严格。官高为尊居上位,官低为卑处下位。古人尚右,以右为尊,"左迁"即表示贬官。《廉颇蔺相如列传》:"以相如功大,拜为上卿,位在廉颇之右。"古代建筑通常是堂室结构,前堂后室。在堂上举行的礼节活动是南向为尊。皇帝聚会群臣,他的座位一定是坐北向南的。因此,古人常把称王称帝叫做"南面",称臣叫做"北面"。室东西长而南北窄,因此室内最尊的座次是坐西面东,其次是坐北向南,再次是坐南面北,最卑是坐东面西。

【席次】古代宴会席次,尊卑很有讲究。一般筵席用的是八仙桌,桌朝大门,其位次如下:位尊者居前,8是主人席位。如果客多,可设两桌、三桌或更多,有上桌与散座的区别:上桌与单席的位次相同,散座则不分席次。

【冠礼】古代男子成年时(二十岁)加冠的礼节。冠礼在宗庙中进行,由父亲主持,并由指定的贵宾给行冠礼的青年加冠三次,先后加缁布冠、皮弁、爵弁,分别表示有治人、为国出力、参加祭祀的权力。加冠后,由贵宾向冠者宣读祝辞,并给起一个与俊士德行相当的美"字",使他成为受人尊敬的贵族成员。因为男子二十岁行冠礼,所以后世将二十岁称作"弱冠"。

【婚冠礼】古代嘉礼之一。《周礼》:"以婚冠之礼亲成男女。"古代贵族男子二十岁行冠礼后即可成婚,并享受成人待遇,女子十五岁行笄礼(笄:束发用的簪子。古时女子满十五岁把头发绾起来,戴上簪子)后也可结婚。所以把婚礼、冠礼合称为婚冠礼。

【斋戒】古代祭祀或重大事件,事先要沐浴、更衣、独居,戒其嗜欲,以示心地诚敬,这些活动叫"斋戒"。"斋"又称"致斋",致斋三日,宿于内室,要求"五思"(思其居处、笑语、志意、所乐、所嗜),这主要是为了使思想集中、统一。"戒"又称"散斋",散斋七日,宿于外室,停止参加一切娱乐活动,也不参加哀吊丧礼,以防"失正"、"散思"。古人斋戒时忌荤,但并非忌食鱼肉荤腥,而是忌食有辛味臭气的食物如葱、蒜等,这主要是为了防止祭祀时口中发出的臭气，对神灵、祖先有所亵渎。

【再拜】先后拜两次，表示礼节隆重。旧时书信末尾也常用"再拜"，以表示敬意。

【膜拜】古代的拜礼。行礼时，两手放在额上，长时间下跪叩头。原专指礼拜神佛时的一种敬礼，后泛指表示极端恭敬或畏服的行礼方式。今人多用"顶礼膜拜"形容对某人崇拜得五体投地。

【折腰】即拜揖。鞠躬下拜，表示屈辱之意。

【六礼】中国古代婚姻的六种手续和礼仪，即纳采、问名、纳吉、纳征、请期、亲迎。

【秦晋之好】春秋时，秦、晋两国国君几代都互相通婚，后称两姓联姻为"秦晋之好"。

【举案齐眉】古代妻子为丈夫捧膳食时要举案于眉，表示相敬。

【以文会友】古代文人交往、交友的礼俗。文人相交轻财物而重情谊、才学，故多以诗文相赠答，扬才露己，以表心态。唱酬是通行的方式，即以诗词相酬答。在宴饮等聚会时，更是不可无酒无诗，流行尽觞赋诗之俗。

【死亡讳称】古人对"死"有许多讳称，主要的有：（1）天子、太后、公卿王侯之死称：薨、崩、百岁、千秋、晏驾、山陵崩等。（2）父母之死称：见背、孤露、弃养等。（3）佛道徒之死称：涅槃、圆寂、坐化、羽化、仙游、仙逝等。"仙逝"现也用于称被人尊敬的人物的死。（4）一般人的死称：亡故、长眠、长逝、过世、谢世、寿终、殒命、捐生、就木、溘逝、老、故、逝、终等。

九、古代饮食与家居器具

【古代食器】古代食器种类很多，主要的有：簋（形似大碗，人们从甗中盛出食物放在簋中再食用）、簠（一种长方形的盛装食物的器具，用途与簋相同，故有"簠簋对举"的说法）、豆（像高脚盘，本用来盛黍稷，供祭祀用，后渐渐用来盛肉酱与肉羹了）、皿（盛饭食的用具，两边有耳）、盂（盛饮之器，敞口，深腹，有耳，下有圆形之足）、盆盂（均为盛物之器）、案（又称食案，是进食用的托盘，形体不大，有四足或三足，足很矮，古人进食时常"举案齐眉"，以示敬意）、匕（长柄汤匙）、俎（长方形砧板，两端有足支地）、箸（夹食的用具，与"住"谐音，含有停步之意，因避讳故取反义为"快"，又因以竹制成，故加个"竹"字头为"筷"，沿用至今）。

以上食器的质料均可选用竹、木、陶、青铜等。一般百姓大多用竹、木、陶制成，贵族的食器则以青铜居多。古代统治者所用的筷子，有的用金、银或象牙制成。

【古代炊具】我国古代炊具有鼎、镬、甑、甗、鬲等。鼎，最早是陶制的，殷周以后开始用青铜制作。鼎腹一般呈圆形，下有三足，故有"三足鼎立"之说；鼎的上沿有两耳，可穿进棍棒抬举。可在鼎腹下面烧烤。鼎的大小因用途不同而差别较大。古代常将整个动物放在鼎中烹煮，可见其容积较大。夏禹时的九鼎，经殷代传至周朝，象征国家最高权力，只有得到九鼎才能成为天子，可见它是传国之宝。镬是无足的鼎，与现在的大锅相仿，主要用来烹煮鱼肉之类的食物；后来它又发展成对犯人施行酷刑的工具，即将人投入镬中活活煮死。甑，是蒸饭的用具，与今之蒸笼、笼屉相似，最早用陶制成，后用青铜制作，其形直口立耳，底部有许多孔眼，置于鬲或釜上，甑里装上要蒸的食物，水煮开后，蒸气透过孔眼将食物蒸熟。鬲与鼎相近，但足空，且与腹相通，这是为了更大范围地接受传热，使食物尽快烂熟。鬲与甑合成一套使用称为"甗"。鬲只用作炊具，故体积比鼎小。炊具可分为陶制、青铜制两大类。一般百姓多用陶制，青铜炊具为贵族所用。

【古代酒器】尊，是古代酒器的通称，作为专名是一种盛酒器，敞口，高颈，圈足。尊上常饰有动物形象。壶，是一种长颈、大腹、圆足的盛酒器，不仅装酒，还能装水，故后代用"箪食壶浆"指犒劳军旅。彝、卣、罍、缶，都是形状不一的盛酒器。爵，古代饮酒器的总称，作为专名是用来温酒的，下有三足，可升火温酒。角，口呈两尖角形的饮酒器。觥，是一种盛酒、饮酒兼用的器具，像一只横放的牛角，长方圈足，有盖，多作兽形，觥常被用作罚酒。杯，椭圆形，是用来盛羹汤、酒、水的器物。杯的质料有玉、铜、银、瓷器，小杯为盏、盅。卮，也是一种盛酒器。

【古代家具】我国古代家具主要有席、床、屏风、镜台、桌、椅、柜等。席子，是最古老、最原始的家具，最早由树叶编织而成，后来大都由芦苇、竹篾编成。古人常"席地而坐"，足见席子的应用是很广泛的。床，是席子以后最早出现的家具。一开始，床极矮，古人读书、写字、饮食、睡觉几乎都在床上进行。和这种矮床配合用的家具有几、案、屏风等。还有一种矮榻常与床并用，故有"床榻"之称。魏晋南北朝以后，床的高度与今天的床差不多，成为专供睡觉的家具。唐宋以来，高型家具广泛普及，有床、桌、椅、凳、高几、长案、柜、衣架、巾架、屏风、盆架、镜台等，种类繁多，品种齐全。各个朝代的家具，都讲究工艺手法，力求图案丰富、雕刻精美，表现出浓厚的中国传统气派，成了我国传统文化的一个组成部分。

十、古代乐曲及文化象征

【五声】也称"五音"，即我国古代五声音阶中的宫、商、角、徵、羽五个音级。五声与古代的所谓阴阳五行、五味、五色、五官、五谷等朴素的理论形式一样，是我国早期整体化的美学观，被西方人看做是整个东方音乐的基本形态。

【宫调】音乐术语。古代称宫、商、角、变徵、徵、羽、变宫为七声，其中以任何一声为音阶的起点，均可构成一种调式。凡以宫声为音阶的起点的调式称"宫"，即宫调式，而以其他各声为主者则称"调"，如商调、角调等，统称为"宫调"。

【十二律】古代乐律学名词，是古代的定音方法。即用三分损益法将一个八度分为十二个不完全相同的半音的一种律制。各律从低到高依次为：黄钟、大吕、太簇、夹钟、姑洗、中吕、蕤宾、林钟、夷则、南吕、无射、应钟。十二律又分为阴阳两类，凡属奇数的六种律称阳律，属偶数的六种律称阴律。另外，奇数各律称"律"，偶数各律称"吕"，故十二律又简称"律吕"。

【俗乐】古代各种民间音乐的泛称。宫廷中宴会时所用的俗乐，称为"燕乐"。"雅乐"是统治阶级制定的典礼乐舞，寻根究底，几乎都来自民间音乐，只不过改变了它的内容和情调而已。有著名琴曲《广陵散》《酒狂》《高山》《流水》《梅花三弄》等，琵琶曲《阳春古曲》《平沙落雁》《霓裳曲》，丝竹曲《春江花月夜》《老八板》，广东音乐《旱天雷》《雨打芭蕉》等，以及大量的寺院音乐、各地各种乐曲，其中不少是我国传统文化中的珍宝。

【雅乐】古代帝王祭祀天地、祖先及朝贺、宴享等大典时所用的乐舞。周代雅乐是指"六舞"（云门、咸池、大磬、大夏、大濩、大武，前四种属文舞，后两种属武舞）。以后历代统治者都把这奉为乐舞的最高典范,认为它的音乐"中正和平",歌词"典雅纯正",故称之为"雅乐"。各个朝代均循礼作乐,歌功颂德,此类乐舞统称为"雅乐"。

【春江花月夜】乐府《吴声歌曲》名。相传为陈后主陈叔宝所创,原词已佚。隋炀帝、温庭筠等都曾作有此曲。唐代张若虚所作的《春江花月夜》最为出名。

【霓裳羽衣舞】即《霓裳羽衣曲》,简称《霓裳》。唐代宫廷乐舞。其由来传说不一:有说唐玄宗登三乡驿,望见女儿山,归而作之;有说此曲是《婆罗门曲》之别名;有说唐玄宗凭幻想写成前半曲,又将西凉都督杨敬述进《婆罗门曲》改编成后半曲合而制之。白居易有首诗,对此曲的演唱作了详尽的描述。

【十面埋伏】琵琶大曲。明代后期已在民间流传。乐曲描写公元前202年楚汉战争在垓下最后决战之情景,运用了琵琶特有的表现技巧,表现古代战争中千军万马冲锋陷阵之势,十分生动。此曲是传统琵琶曲的代表作品之一。

【文房四宝】旧时对笔、墨、纸、砚四种文具的总称。文房,即书房。北宋苏易简著有《文房四谱》一书。这些文具,制作历史悠久,名手辈出,且品类丰富,风格独特。著名的有:安徽泾县的宣纸、安徽歙县的歙墨、广东端州的端砚、浙江吴兴的湖笔。

【书法】中国传统艺术之一,是以汉字为表现对象、以毛笔为表现工具的一种线条造型艺术。汉字经历了篆、隶、楷等发展阶段,技法日精,在文字书写的点画篇章之间,表达出作者的性格、情感、意趣、素养、气质等精神因素,遂成为一门独立的艺术。用笔、结构、章法为书法之大要。从商周甲骨文、两周金文、秦篆、汉隶,以及魏晋到唐宋楷、行、草,书体繁复,流派众多,涌现了王羲之、颜真卿、怀素等伟大的书法家,留下了《兰亭序》《自叙帖》等珍贵书法遗产。

【六书】古人分析汉字的架构而归纳出来的六种造字方法,即象形、指事、会意、形声、转注、假借。今人一般认为后两种与造字无关。象形即描摹事物形状的造字法,如"日、月、山、羊、马"等,象形字全是独体字。指事是以象征性的符号来表示意义的造字法,如"上、下、本、末、中、甘、刃"等,指事字也全是独体字。会意是由两个或多个字合起来表达一个新的意义的造字法,如"明、采、休"等。形声是意符和声符并用的造字法,形声字占汉字的百分之八十左右。

【永字八法】"永"字具有汉字的八种基本笔画:点、横、竖、撇、捺、折、钩、提。

【阳文阴文】我国古代刻在器物上的文字,笔画凸起的叫阳文,凹下的叫阴文。

【岁寒三友】指古诗文中经常提到的松、竹、梅。松,是耐寒树木,经冬不凋,常被看做刚正节操的象征。竹,也经冬不凋,且自成美景,它刚直、谦逊,不亢不卑,潇洒处世,常被看做不同流俗的高雅之士的象征。梅,迎寒而开,美丽绝俗,是坚韧不拔的人格的象征。

【花中四君子】古诗文中常提到的梅、竹、兰、菊。兰,一是花朵色淡香清,二是多生于幽僻之处,故常被指代为谦谦君子。菊,不仅清丽淡雅、芳香袭人,而且具有傲霜斗雪的特征;它娇艳于百花凋后,不与群芳争列,故历来被用来象征恬然自处、傲然不屈的高尚品格。"梅、竹"见"岁寒三友"条。

十一、文史典籍

【风骚】《诗经》和《楚辞》的并称。《诗经》是我国第一部诗歌总集,开创了中国诗歌的现实主义传统。《离骚》开创了我国诗歌的浪漫主义传统。

【四书】《大学》、《中庸》、《论语》、《孟子》的合称。宋代抽出《礼记》中的《大学》、《中庸》两篇，与《论语》、《孟子》配合，至南宋淳熙间，朱熹撰《四书章句集注》，"四书"之名由此而定。此后，"四书"始终是我国封建社会正统教育的必读书和科举取士的标准教材。

【五经】《诗》、《书》、《礼》、《易》、《春秋》五部儒家经典的简称。其中存有中国古代丰富的历史资料，是封建时代教育的必读教科书，并被统治阶级作为宣传宗法封建思想的理论依据。

【六经】指的是六部儒家经典，即在"五经"外，另加《乐经》。也有称"六经"为"六艺"的。

【十三经】十三部儒家经典。汉代以来，把《诗》、《书》、《礼》、《易》、《春秋》称为"五经"。唐代把"三礼"（《周礼》、《仪礼》、《礼记》）、"三传"（《公羊传》、《谷梁传》、《左传》），连同《易》、《书》、《诗》称为"九经"。至唐文宗刻石经，将《孝经》、《论语》、《尔雅》列入经部，则为"十二经"。宋代又将《孟子》提升为经，故有"十三经"之称。

【三字经】旧时广泛使用的蒙学课本。相传为宋代王应麟撰，明清学者陆续增补，至清初的本子为一千一百四十字。内容从阐述教育的重要性开始，进而依次讲述名物常识、经书子书、历史知识及古人勤学的故事等。全部用三言韵语，便于儿童诵读。句法灵活丰富，语言通俗易懂。自编成后广为流传，一直使用至清末民初。

【千字文】旧时广泛使用的蒙学课本。南朝梁代周兴嗣编，梁武帝大同年间编成。全书将一千个字，编为四字一句的韵语，介绍有关自然、社会、历史、伦理、教育等方面的知识，基本上无重复的字。自隋代开始流行，至清末一直被广泛用作儿童识字课本。宋代以后，有种种续编和改编本，但都没有旧本流传得广泛、长久。

【千家诗】旧时蒙学读物。有《新镌五言千家诗》、《重订千家诗》两种，前者题王相选注，后者题谢枋得选、王相注，所选均七言诗。两种选本都分绝句、律诗两部分，大都为唐、五代、宋作品，宋诗尤多。因入选之诗浅近易解，所以流传较广。

【唐诗三百首】诗歌总集。清代乾隆年间蘅塘退士孙洙编，实选唐诗三百一十首，分五古、七古、五律、七律、五绝、七绝及乐府诸体排列。选编的原意，本作为家塾课本。所选诗作大都艺术性较高，便于吟诵，是流传最广的唐诗选本。

【文选】现存最早的诗文总集。南朝梁萧统（昭明太子）编选，世称《昭明文选》。选录自先秦至梁的诗文辞赋，共一百二十九家，七百余篇，分三十八类。入选作品大多为骈文。是研究梁以前文学的重要参考资料。

【古文观止】清代康熙年间吴楚材、吴调侯叔侄二人编选的一部历代文章总集，共十二卷。全书收录自东周至明末的文章二百二十二篇，以朝代为序排列。选文多慷慨悲愤之作，语言琅琅上口。是清代以后流传最广、影响较大的古文选本。

【古文辞类纂】清代姚鼐编的各类文章总集。全书七十五卷，选录战国至清代的古文，依文体分为论辨、序跋、奏议、书说、赠序、诏令、传状、碑志、杂记、箴铭、颂赞、辞赋、哀祭等十三类。所选作品主要是《战国策》、《史记》、两汉散文家、唐宋八大家及明代归有光、清代方苞、刘大櫆等的古文。书首有序目，略述各类文体的特点、源流及其义例。

【二十四史】从《史记》到《明史》的二十四部纪传体史书，被称为"正史"，清代乾隆年间定名。全书总计三千二百二十九卷，记载了从黄帝到明末共四千余年的史事，是史学研究的重要资料，也常以之代称中国历史。

【史记】我国第一部纪传体通史。原名《太史公书》，东汉以后始称《史记》，西汉司马迁撰。全书一百三十篇，计十二本纪、十表、八书、三十世家、七十列传，记载自黄帝至汉武帝时期共约三千年的历史。文笔优美生动，结构严谨，被奉为封建时代历史著作的典范，在我国史学史和文学史上都有极重要的地位。

【资治通鉴】北宋司马光等编，全书二百九十四卷。宋神宗以其"鉴于往事，有资于治道"，命名为《资治通鉴》。该书取材广泛，除历朝正史外，尚有野史、实录、谱牒、行状、文集等三百余种。剪裁精审，严谨清晰，功力极深，是一部对后代产生很深影响的编年体通史。

【太平广记】著名类书，由北宋李昉等奉敕编辑。因成书于宋太宗太平兴国年间，故名。全书五百卷，另目录十卷，按题材性质分九十二大类，一百五十余小类，收录上迄先秦两汉，下及北宋初年的作品约七千则。采录汉代至宋初的小说、笔记、稗史等五百余种，保存了今已亡佚的大量古小说资料。

【乐府双璧】《孔雀东南飞》和《木兰诗》

【三言二拍】《喻世明言》、《警世通言》、《醒世恒言》、《初刻拍案惊奇》、《二刻拍案惊奇》

【四大韵文】汉赋、唐诗、宋词、元曲

【六才子书】《庄子》、《离骚》、《史记》、《杜诗》、《水浒传》、《西厢记》（金圣叹点评）

【三本说话经典】《左传》、《战国策》、《世说新语》

【哀祭文三绝】韩愈《祭十二郎文》、欧阳修《泷冈阡表》、袁枚《祭妹文》

【北朝三大散文杰作】《水经注》（郦道元）、《洛阳伽蓝记》（杨炫之）、《颜氏家训》（颜之推）

【明朝五大传奇】《荆钗记》、《白兔记》、《拜月亭》、《杀狗记》、《琵琶记》

【小说界四大奇书】《水浒传》（盗）、《三国演义》（奸）、《西游记》（邪）、《金瓶梅》（淫）（明末清初 李渔评点）

【文集的命名方式】古人为诗文集命名的方式，除了姓子式（如《孟子》、《孙子》、《列子》），姓名式（如《岑参集》、《陆游集》），表字式（如《李太白全集》）、别号式（如《白香山诗集》、《东坡全集》）外；还有其他一些命名方式，如：①封号式。如《诚意伯文集》（刘基封诚意伯）、《王荆公诗笺注》（王安石封荆国公）。②官爵式。如《杜工部集》（杜甫官工部员外郎）、《宋学士文集》（宋濂）。③谥号式。如《范文正公集》（范仲淹谥文正）、《欧阳文忠公集》（欧阳修谥文忠）。④书斋式。如《七录斋集》（张溥）、《饮冰室合集》（梁启超）、《惜抱轩文集》（姚鼐）。⑤显志式。如北宋司马光主编，《资治通鉴》，其目的是"鉴前世之兴衰，考当今之行失"，宋神宗赐名《资治通鉴》（以书名显示撰文编书的目的）。⑥地名式（任职地或隐居地）。如《樊川文集》（杜牧）、《贾长沙集》（贾谊）、《长江集》（贾岛）、《梦溪笔谈》（沈括）。⑦籍贯式。如《临川先生文集》（王安石）、《柳河东集》（柳宗元）。⑧年号式。如《白氏长庆集》（白居易）、

《嘉祐集》（苏洵）。

【史书编写方式】分纪传体、编年体、纪事本末体三种：（1）纪传体是以人物为中心线索来编写的史书体裁，由司马迁首创。《二十四史》全是纪传体。（2）编年体是按年月日先后顺序来记述史实的史书体裁，如《左传》、《资治通鉴》。（3）纪事本末体是以历史事件为中心线索来编写的史书体裁。这种体裁在南宋时才出现，如《通鉴纪事本末》、《宋史纪事本末》。

十二、古汉语常用工具书

在阅读古汉语作品时，常常需要借助工具书来解决疑难问题。我国从汉代起，就已经开始编撰工具书，经过历代的编撰，数量和质量均有较大的改进。下面是几种常用工具书。

【类书】辑录汇集资料，以利寻检、引用的一种古典文献工具书。其体例有集录各科资料于一书的综合类和专收一门资料的专科类两种。编辑方式，一般分类编排，也有按韵、按字分次编排的。现存著名的类书有：唐代的《北堂书钞》《艺文类聚》《初学记》，宋代的《太平御览》《册府元龟》，明代的《永乐大典》，清代的《古今图书集成》等。其价值在于：一为保存我国古代大量的接近原作的珍贵资料，以供校勘典籍、检索诗词文句、查检典故成语出处之用；二为研究者直接提供了专题研究的资料。

【太平御览】类书名。宋初李昉等人奉宋太宗之命辑录。全书一千卷，分五十五部、四千五百五十八子目。引书浩博，达一千六百九十余种。引书较完整，多整篇整段抄录，并注明出处。

【永乐大典】类书名。明代解缙等二千余人奉明成祖之命辑录。该书广泛搜集当时能见到的图书七八千种，辑成二万二千八百七十七卷，另凡例、目录六十卷，共装订一万一千零九十五册，约三亿七千万字，是我国古代最大的一部类书（今只存八百余卷）。

【古今图书集成】类书名。清代康熙年间陈梦雷等原辑，初名《古今图书汇编》，康熙改为今名。雍正初年蒋廷锡等人奉命再编，四年完成，共一万卷，目录四十卷，六千一百零九部，一亿六千万字。每部先列汇考，次列总论，有图表、列传、艺文、选句、纪事、杂录、外编等项，取材繁富，脉络清晰，是我国现存规模最大的类书。

【丛书】按一定的目的，在一个总名之下，将各种著作汇编于一体的一种集群式图书，叫丛书，又称丛刊、丛刻或汇刻等。形式有综合型、专门型两类。世界著名的古代大型综合性丛书，是清代乾隆年间编的《四库全书》，收编古籍达3503种，其中有不少罕见的旧刻和旧钞本。丛书的作用：一是集中大量稀见难得的重要图书文献，对保存、流传、校勘古籍具有巨大意义；二是给人们治学以很大方便。

【四库全书】我国古代最大的一部丛书。纪昀、陆锡熊等四千余人编，清代乾隆三十七年开馆纂修，经十余年始成。共收图书3503种，79337卷，约九亿九千七百万字。分经、史、子、集四部，故名四库。每部再分类、细目。内容极为广泛，对整理、保存古代文献有一定的作用。

【四部丛刊】丛书名。近人张元济主编，分初编、续编、三编，共收书五百零四种。我国古代主要经史著作、诸子百家代表作、历朝著名学者文人的别集，大都辑入。全书按经、史、子、集四部排列，有较高的文献价值。

古代汉语
GU DAI HAN YU

【四部备要】丛书名。中华书局自1924年起辑印，前后共出五集，收书336种，11305卷。选书以研究古籍常备、常见和带注的为主，有的采用清代学者整理过的本子。但文字错讹较多，其版本价值远不及《四部丛刊》。

【佩文韵府】清张玉书等著，康熙五十年（1711）成书。它是一部按韵编排的比较大的古代辞书，正集444卷，拾遗112卷。主要用元明以来流传的《韵府群玉》《五车韵瑞》等书为基础加以修订增补而成，对今天查阅词语典故的出处有一定的参考价值。

【尔雅】我国最早的一部解释词义的专著，也是世界上第一部成体系的词典。研究者认为，此书是西汉初年的学者们编辑周秦至汉诸书的旧文递相增益而成。全书计19篇。累计各篇条目共2091条，释词语四千三百多个。书中采用的通用语词与专科语词既结合又分科的编注体系与方式，开创了我国百科词典的先例。它丰富的词汇训释，是研究古代语言学的重要资料；它的释词方法、编辑体例，对后世训诂学的发展影响很大。

【说文解字】简称"说文"，是我国第一部系统分析字形和考求字的本义的字典。东汉许慎撰，收字9353个，重文（异体字）1163个。首创了部首分类法，将10516个字归入540部。每字先解字义，再按六书说解形体构造，并注明读音。它收录了汉代能见到的多数古文字，是研究古汉语和古文字学极为重要的资料。

【康熙字典】清代张玉书、陈廷敬等编纂；在我国字书史上第一次正式使用"字典"为书名。成书于康熙五十五年。全书42卷，共收字47035个，一般少见的字，大都可以从中查到，是当时规模最大的字书。

【辞源】我国第一部有现代意义的综合词典。陆尔逵、傅运森、蔡文森等主编，1915年出版正编，1931年出续编，1939年出合订本。此书突破我国旧辞书的传统，吸收现代辞书的优点，以语词为主，兼收百科；以常见为主，强调实用；结合书证，重在溯源。共收单字11204个，复词87790个，合计词目98990条。1979年出版的《辞源》（修订本）是一部阅读古籍用的工具书和古典文史研究者的参考书。

【辞海】现代大型综合性百科词典，舒新城等人主编，1936年中华书局出版。收单字13955个，语词21724条，百科词目50124条。按部首排列，以字带词，而词又以字数、笔画为序，在引证、释义、体例、收词等方面都较严密。1957年，毛泽东倡议重新修订《辞海》，先后有九百多人参加工作，1979年由上海辞书出版社出版三卷本，1980年出版缩印本。以后，《辞海》不断增补修订，1983年出版了《辞海》（增补本），1989年出版了修订后的《辞海》（1989年版）。

【中华大字典】是《汉语大字典》出版前我国大陆上收字最多、规模最大的字典。欧阳溥存等主编，1914年成书，1915年由中华书局出版。全书收字四万八千多，按部首分214部排列。此书继承《康熙字典》的字汇，又采录近代的方言和翻译中的新字，体例比《康熙字典》先进。

【中国人名大辞典】商务印书馆编印，1921年出版，这是一部专门查检我国历史人名的工具书。它以"经书"中的重要人名和二十四史中有传的人名为主，参考其他著作出现的人名，每个人名之下先标朝代，次注籍贯，然后简单介绍主要事迹，对我们初步了解历史人物，很有帮助，书中共收录我国历史人名四万多。

【经传释词】古汉语虚词研究专著，清代王引之著，共十卷。以经传为主，兼及子史，收周秦两汉古籍中文言虚词160个，详加解释。

【文言虚字】文言虚词研究著作，吕叔湘著。书中选取最常见的29个文言虚词，广举例句，详加分析，并附有练习。

十三、古代部分刑罚

中国古代的刑罚种类繁多，大致可以归为五大类。隋以前的五种刑罚为：墨刑、劓刑、刖刑、宫刑、大辟，前四种为肉刑。隋代文帝制《开皇律》，基本上以笞刑、杖刑、徒刑、流刑、死刑取代了旧五刑，以身体刑（又称痛苦刑）取代了肉刑。下面简要介绍一些古代刑罚。

墨刑：古代旧五刑之一。即以刀刻凿人面（体）再用墨涂在刀伤创口上，使其永不褪色。汉以前，墨刑主要施于犯人面、额之上，适用于较轻罪犯；以后，墨刑间或有之。

笞刑：古代新五刑的一种，用小荆条或小竹板抽打犯人的臀、腿、背部的刑罚。隋朝定为五刑之一，一直沿用到清代。

刖刑：说法不一。有说是把膝盖以下都砍掉，也有说是把脚砍掉，是一种类似截肢的酷刑。

宫刑：又称腐刑，是仅次于死刑之刑。男子阉割生殖器，女子幽闭（开始于秦汉，即使用木锤锤击妇人腹部，人为地造成子宫脱垂，是对犯淫罪者实施的一种酷刑）。因犯人阉割后畏风须暖，要在蓄火如蚕室之狱中将养百日，所以宫刑也叫做隐宫、下蚕室。

膑刑：一种削掉膝盖骨的酷刑。

大辟：砍头，周、商、春秋、战国时期也作死刑的通称。

炮烙：是把人放在烧红的金属刑具上将人烧烤死的一种刑罚。

车裂：又叫"五马分尸"，把受刑人的头跟四肢套上绳子，由五匹快马拉着向五个方向急奔，把人撕成六块。

汤镬：死刑的一种，也作"烹"，把人放入大鼎或大镬，用滚汤将人活活煮死的酷刑。

腰斩：把人从腰部中间切开，因人主要器官都在上半身，故犯人不会马上死去，斩完以后还会神智清醒，得过好一段时间才会断气。

凌迟：又叫"千刀万剐"，指处决时将人身上的肉一刀刀割去，使受刑人痛苦地慢慢死去。

弃市：在闹市中执行死刑（砍头），并将尸体暴露在街头的一种刑罚。盛行于秦、汉、魏、晋各朝。

参考文献

1. 易国杰、姜宝琦. 古代汉语 [M]. 北京：高等教育出版社，2000.
2. 王力. 古代汉语 [M]. 北京：中华书局，2001.
3. 郭锡良等. 古代汉语 [M]. 天津：天津教育出版社，1998.
4. 全国高等教育自学考试指导委员会. 古代汉语 [M]. 北京：中国人民大学出版社，1999.
5. 郭兴良、周建忠. 古代汉语 [M]. 北京：高等教育出版社，2008.
6. 蒋国才. 文字学知识在语文教学中的运用 [J] 语文教学研究. 1993（5）.
7. 洪成玉. 古代汉语教程 [M]. 北京：中华书局，1990.
8. 朱振家. 简明古代汉语 [M]. 北京：中国广播电视大学出版社，1998.
9. 杨金鼎. 古文观止全译 [M]. 合肥：安徽教育出版社，1984.
10. 关永礼. 古文观止·续古文观止鉴赏辞典 [M]. 上海：同济大学出版社，1990.
11. 罗竹风. 汉语大词典 [M]. 上海：汉语大词典出版社，1997.
12. 王力等. 古汉语常用字字典 [M]. 北京：商务印书馆，2005.
13. 钱大群，秦至沛. 文言常用八百字通释 [M]. 南京：南京大学出版社，1987.
14. 安庆师范学院精品课程《古代汉语》讲稿. 安庆师范学院精品课程网.
15. 郭锡良、李玲璞. 《古代汉语》[M]. 北京：语文出版社，1992.
16. 许慎. 说文解字 [M]. 北京：中华书局，1963.
17. 段玉裁. 说文解字注 [M]. 上海：上海古籍出版社，1981.
18. 唐兰. 中国文字学 [M]. 上海：上海古籍出版社，1979.
19. 裘锡圭. 文字学概要 [M]. 商务印书馆，1988.
20. 何九盈、蒋绍愚. 古汉语词汇讲话 [M]. 北京：北京出版社，1980.
21. 杨伯峻. 文言语法 [M]. 北京：北京出版社，1956.
22. 杨伯峻. 论语译注 [M]. 北京：中华书局，1980.
23. 杨伯峻. 孟子译注 [M]. 北京：中华书局，1960.
24. 孙诒让. 墨子间诂 [M]. 北京：中华书局，1986.
25. 郭庆藩. 庄子集释 [M]. 北京：中华书局，1985.
26. 王先谦. 荀子集解 [M]. 北京：中华书局，1988.
27. 陈奇猷. 吕氏春秋校释 [M]. 上海：学林出版社，1984.
28. 陈奇猷. 韩非子新校注 [M]. 上海：上海古籍出版社，2000.
29. 司马迁. 史记. 中华书局点校本 [M]. 北京：中华书局，1959.
30. 班固. 汉书. 中华书局点校本 [M]. 北京：中华书局，1959.